KB232454

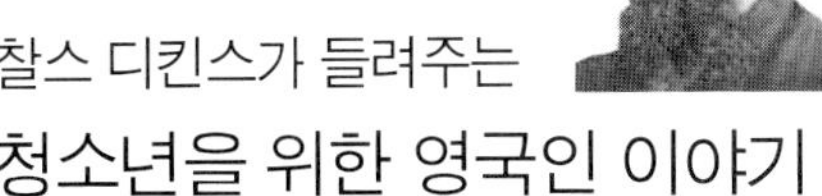

찰스 디킨스가 들려주는
청소년을 위한 영국인 이야기

찰스 디킨스가 들려주는
청소년을 위한 영국인 이야기

초판 인쇄일 : 2012년 11월 7일
초판 발행일 : 2012년 11월 12일

지은이 : 찰스 디킨스
옮긴이 : 최석진
펴낸이 : 최두환
펴낸곳 : 도서출판 시와 진실
출판등록 : 1997. 6. 11. 제 2-2389호
주소 : 서울시 동작구 상도1동 557
         Tel : 02)813-8371
         Fax : 02)813-8377

E-mail : ambros@hanafos.com

정가 : 20,000원

Copyright ©

ISBN 978-89-90890-41-2 03300

이 도서의 국립중앙도서관 출판시도서목록(CIP)은 e-CIP 홈페이지(http://www.nl.go.
kr/ecip)와 국가자료공동목록시스템(http://www.nl.go.kr/kolisnet)에서 이용하실 수 있
습니다.
(CIP제어번호 : 2012004832)

찰스 디킨스가 들려주는 청소년을 위한

Charles Dickens

영국인 이야기

A Child's History of England

찰스 디킨스 · 최석진 옮김

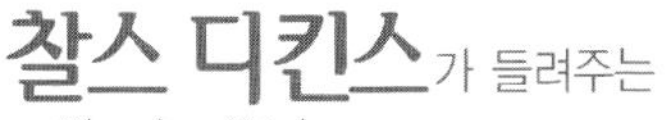

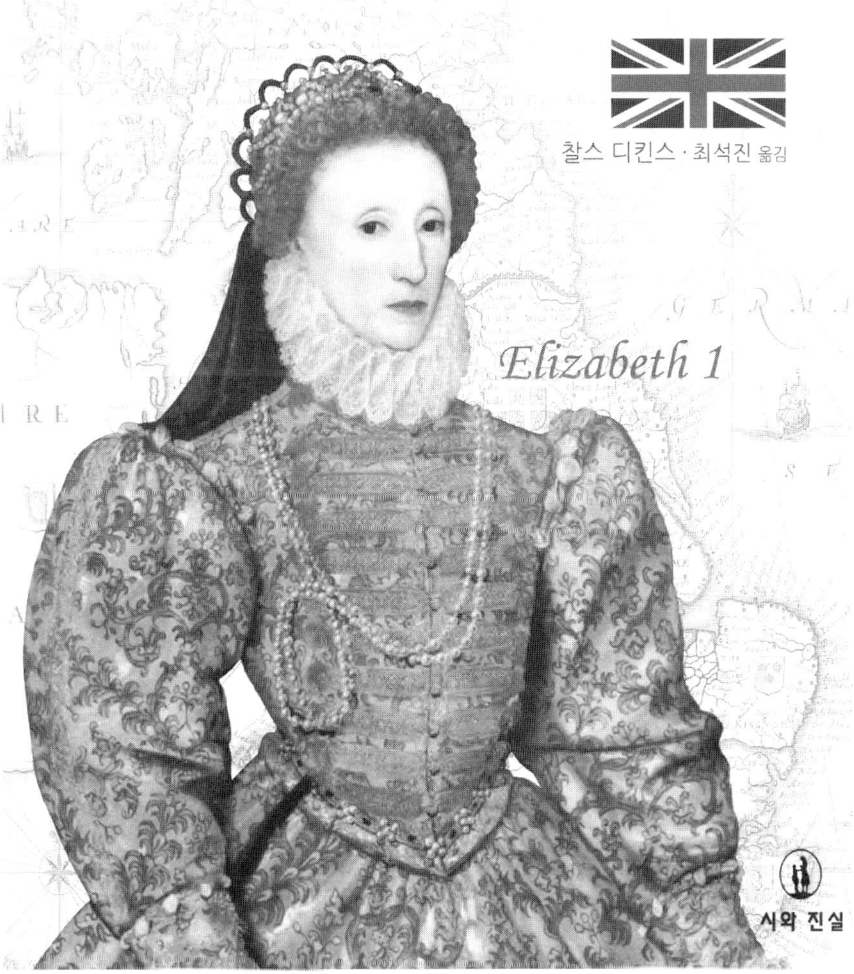

시와 진실

스토노웨이
인버네스
스코트랜드
애버딘
던디
스털링
쿠퍼
에딘버그
글래스고
세인트보스웰
덤프러스
뉴캐슬어폰타인
칼라일
더럼
미들즈브러
영국
노샐러튼
북해
북아일랜드
벨파스트
킹스턴어폰헐
프레스턴
웨이크필드
아일랜드
아일랜드해
맨체스터
리버풀
반즐리
링컨
몰드
체스터
마틀럭
더블린
카나폰
스태퍼드
노팅엄
노리치
웨일스
스루스버리
버밍
레스터
우스터
코번트리
노샘프턴
케임브리치
입스위치
란드린도드 웰스
에일즈베리
베드포드
카마던
글로스터
옥스퍼드
하트퍼드
첼름스포드
뉴포트
런던
스완지
브리스톨
리딩
카디프
킹스톤
메이드스톤
투모브리지
윈체스터
톤턴
치체스터
루이스
엑서터
도체스터
뉴포터
트루로
영국해협
프랑스

영국 지도

잉글랜드 왕국
런던
슬로이스
칼레
아쟁쿠르
플랑드르
크레시
신성 로마제국
영국 해협
셰르부르
루앙
랭스
노르망디
파리
브르타뉴
프랑스 왕국
샤르트르
투르아
앙주(공)
오를레앙
앙주
볼루아
브르고뉴(공)
브장송
푸아티에
부르주
라로셀
리옹
비스케이 만
카스티용
보르도
교황령
기엔공국
아비뇽
프로방스
카르카손
마르세유
백년전쟁 반발사의 영국령
백년전쟁 종료시의 영국령
1429년의 영국령
브레니티화약 후의 영국령

유럽 지도

차 례

일러두기

1. 본서에는 수많은 인명과 지명, 그리고 성城의 명칭 등이 등장합니다. 가독성을 위해, 중요도가 있는 인명과 지명은 본문 중에 병기하지 않고, 후반부에 별도 부록(인명·지명 찾아보기)으로 정리하였으니 영어로 된 원래의 명칭이 궁금한 독자들은 이를 참고하시기 바랍니다. 아울러 중요도가 떨어지고 자주 등장하지 않는 명칭 등은 본문 중 한글 표기 옆에 영어 원어를 표기하는 것을 원칙으로 하였습니다.

2. 프랑스 어로 짐작되는 고유명사는 영어식 발음보다는 일반적으로 통용되는 세간의 방식을 따르도록 했지만, 간혹 영어식으로 표현된 부분이 있음을 밝혀둡니다.

3. 본문 중 ( )안의 설명은 원 저자의 설명이고, 하단의 각주는 역주를 가리킵니다.

4. 본서에서는 '영국'이라는 나라의 명칭을 사용함에 있어 '브리튼Briton'과 '잉글랜드England'를 명확히 구분히기 난처한 경우가 자주 나옵니다. 그렇다고 해도 내용을 이해하는 데는 큰 지장이 없으니 독자들께서는 그때그때 문맥에 따라 적절히 판단하시기 바랍니다.

5. 원 저자인 찰스 디킨스는, 영국 역사에 대해 개괄적 내용을 파악하고 있는 상대방에게 구술하듯이 본서를 엮어가고 있습니다. 따라서 영국 역사에 대해 사전 지식이 별로 없는 독자는 다소 혼란을 겪을 수밖에 없습니다. 이 점을 감안하여 역자는 각 장의 시작 페이지 하단부에 해당하는 시대와 군주에 대한 사전 정보를 서술해놓았습니다.

6. 본서에는 무수한 지명과 인명이 등장하며, 편집 과정에서 가능한 이들 명칭들을 통일하려 노력했습니다. 그러나 서양의 인명과 지명의 특성상 피치 못하게 띄어쓰기 등에서 일부 통일을 기하지 못한 부분이 있습니다. 이 점 독자들께 양해를 구하며, 본서를 읽고 이해하는 데에는 별다른 영향을 미치지 못함을 알려드립니다. 등장하는 명칭들과 관련해서는 부록의 '색인(Index)'에 가능한 빠짐없이 수록하였으니 이를 참고하시기 바랍니다.

역자 서문

　본서는 찰스 디킨스(1812~1870)가, 1851년 1월부터 1853년 12월 사이에, 「일상적 언어Household Words」라는 잡지에 그의 특유의 '분할출판serial publication' 방식으로 출간한 책입니다. 본서의 영어 원 제목은 'A Child's History of England'이지만 도입부를 조금만 읽어봐도 결코 아동용 서적이 아님을 알 수 있습니다. 역자는 번역하는 내내 찰스 디킨스가 어째서 제목에 'Child'라는 단어를 사용했을까 의아했을 뿐입니다. 단지, 그가 본서의 서술 방식을 이야기 형식으로, 들려주듯이 엮어 내려갔기 때문이 아닐까 추측하지만, 이야기에 등장하는 실제적인 역사의 내용은, 아동의 수준에서는 결코 파악할 수 없는, 청소년 이상의 독자들을 위한 책인 것만은 분명합니다.

　찰스 디킨스는 사건 중심으로 이야기 들려주듯이 내용을 전개하지만, 매 순간마다 그 사건과 관련된 자신의 차원 높은 견해를 반드시 들려주는데, 때로는 냉소적이고 때로는 위트가 넘쳐나는 그의 역사풀이는 아동들이 이해하는 수준을 넘어선다는 것이 역자의 소견입니다.

　잘 알려져 있다시피 찰스 디킨스는 그가 활약하던 당대부터 오늘날에 이르기까지 널리 읽히는 이른바 인기작가입니다. 어떤 작가의 책이 그가 작품을 쓰던 당대에도 잘 팔리고, 오늘 날까지 잘 팔린다는 사실은 흔치 않은 일입니다. 그만큼 찰스 디킨스의 글은 독자들의 구미를 당기는 매력이 있다고 할 것입니다. 찰스 디킨스와 관련된 수많은 연구 자료들이 넘쳐나므로 그의 작품들에 관해서는 더 이상 길게 이야기하지 않겠습니다. 다만 그의 작품의 전형적인 요소들, 그러니까 지도층의 부패나 그에 대한 민중들의 저항, 사회 부조리에 대한 신랄한 비판과 함께 짙게 배어나는 휴머니즘 속에 번뜩이는 위트 등이 본 역사서 속에도 그대로 묻어나있음을 강조하고자 합니다.

　사관史觀이 개입되지 않은 역사서란 있을 수 없습니다. 그런 면에서 본서도 결코 예외가 아닙니다. 아니, 어쩌면 디킨스의 독특한 사관이 그 어떤 역사서보다 더 책의 전체를 지배하고 있다고 해도 과언이 아닙니다. 특히나, 유럽의 열강들이 원료 확보와 영토 확장을 목표로 식민지 침탈을 자행하는 제국주의가 서서히 모습을 드러낼 때 탄생한, 본 역사서에 나타난 찰스 디킨스의 사관은 오늘 날 역사적 시각과는 다소 동떨어진 국수주의적chauvinism 색채까지 띠고 있는 것도 사실입니다. 이와 관련하여 역자는 비슷한 시대에 활약했던 두 작가의 서로 다른 시각을 소개하고자 합니다.

찰스 디킨스가, 주변국을 무찌르기 위해 템스 강을 출발하는 영국 함대를 묘사하거나, 반대로 템스 강으로 쳐들어오는 외적들을 묘사할 때와, 비슷한 시대에 활동했던 소설가 조셉 콘라드(Joseph Conrad, 1857~1924)가 그의 대표작 「어둠의 심연Heart of Darkness」 에서 제국주의적 야욕을 위해 템스 강을 출발하는 함선을 묘사할 때의 시각은 하나의 대상을 바라보는 문필가의 서로 다른 시각이자, 역사를 대하는 지식인의 판이한 견해차라 할 것입니다.

영국의 역사도, 다른 나라의 역사와 마찬가지로, 왕조(통치자) 중심의 역사와 기층 민중 중심의 역사가 있습니다.(이 두 가지 시각 중 어느 것이 진실힌 역시인지에 대한 정확한 답은 없습니다. 우리에게 의미 있는 것은 서술된 역시의 진실성입니다.) 그 점에서는 본서는 왕조 중심으로 서술된 역사서입니다. 한마디로 어떤 왕과 왕조가 어떻게 흥하고 망했으며, 또 다른 왕과 왕조가 어떤 식으로 이를 이어받았는가 하는 이야기입니다. 그 속에서 군주와 그 주변 인물들의 신뢰와 배반, 충성과 모반, 사랑과 증오의 이야기들이 펼쳐지는 것입니다.

19세기의 역사학자 토마스 칼라일Thomas Carlyle은 "역사는 위대한 인물들의 전기에 불과하다."는 말을 남겼습니다. 그는 역사를 특별한 인물들의 족적에 초점을 맞춰 해석하려 했습니다. 위인들의 지적인 활동이나 카리스마, 지도력 등을 배경으로 그들이 국가와 사회에서 어떻게 권력을 장악하고 활용하는가를 연구하는 것을 역사라고 주장했던 것입니다. 어떤 사람들은 칼라일의 이런 관점을 '영웅 숭배사상'으로 묘사하기도 합니다. 실제로 칼라일은 역사 속의 위대한 인물들의 영웅적 활약을 통해 우리들 스스로도 영웅적 자질을 갖추려고 노력하는 경향이 있다고 했습니다. 그의 이런 관점은 허버트 스펜서Herbert Spencer 같은 역사학자가 주장하는, 역사는 인물 중심보다 사건 중심의 기록이라는 주장과 배치됩니다.

역자는 이 책을 읽는 독자들이 이 같은 역사를 바라보는 상이한 관점도 염두에 두고 원 작자의 시각을 관찰하는 계기가 되기를 바랍니다.

그러면 우리는 본서와 같은 역사서를 어떤 관점에서 바라보고, 그로부터 무엇을 교훈으로 얻을 수 있을까요? 이점과 관련하여 역자는 본서를 네 가지 측면에서 살펴보고자 합니다.

첫 번째는 영국의 지정학적 상황과 관련한 측면입니다. 주지하다시피 영국British은 '잉글랜드'와 '아일랜드', '스코틀랜드', '웨일즈'가 합쳐진 나라입니다. 이들 각각의 지방들이 서로 다른 국가라고 해도 틀린 말이 아닐 정도로 서로 민족도 다르고, 역사적 배경도 다릅니다. 바로 이질적인 이들 지방들이 어떻게 영국이라는 이름 아래로 통합되고, 그 과정에서 엄청난 갈등을 겪는지를 살펴볼 필요가 있습니다. 이런 갈등을 배경으로 아일랜드는 다른 나라가 된지 오래되었고, 북아일랜드나 스코틀랜드의 경우는 최근까지도 독립 이야기가 끊이지 않고 있습니다.

역자는 아일랜드 출신의 지식인이 과거 영국으로부터 받았던 압제를 강조하며, 올리버 크롬웰을 아일랜드 민족의 크나큰 원수처럼 설명하는 것을 목격한 적이 있습니다. 그러나 본서에서 찰스 디킨스는 올리버 크롬웰에 대해 그 어느 누구보다도 더 긍정적 평가를 내리고 있습니다. 여러분들은 본서를 통해 서로 다른 그 시각이 왜 생겼는지를 스스로 헤아려보기 바랍니다.

그리고 영국이 섬나라였기 때문에, 로마나 노르만을 포함하여, 주변에서 출몰하는 여러 민족들의 끊임없는 침탈에 시달렸고, 그 과정에서 영국이 자연스럽게 여러 민족이 섞인 오늘 날의 다민족 국가를 구성한 것은 미국이 다

민족 국가로 만들어진 것과는 또 다른 과정이라 할 것입니다.

　두 번째로는, 역사에는 어느 나라를 막론하고 반드시 등장하는 권력과 그를 둘러싼 인간군상 들의 이야기입니다. 이 점과 관련하여 역자는, 본서에 등장하기도 하는 섹스피어의 저 유명한 비극「맥베스」에 관한 이야기를 (제6장. '토끼 발' 헤럴드와 하디카뉴트 그리고 '참회왕' 에드워드 편 참조) 해볼까 합니다. 그 이야기는 다음과 같습니다.

　스코틀랜드의 장군 맥베스는 (마녀들과 부인의 사주가 있었다고는 하지만) 권력에 눈이 뒤집혀 자신의 주군인 스코틀랜드의 왕 덩컨을 살해하고 스스로 왕에 오릅니다. 궁정 모반 사건의 대표적 모습이지요. 실제로 영국 역사에도 이와 같은 모습은 다반사로 등장하고, 본서의 대부분이 궁정에서 일어난 믿음과 배반의 기록이라 해도 틀린 말이 아닐 정도입니다. 어쨌든 맥베스는 왕권은 성공적으로 찬탈하였지만, 그때부터 인간적인 고뇌에 시달리다가 비극적 종말을 맞이합니다. 섹스피어는 바로 이 인간적 욕망과 그로 인한 갈등을 묘사하려 했고, 그 결론은 결코 흑백논리로 단정 지을 수 없다는 점을 강조하고자 했을 겁니다.("고운 건 더럽고, 더러운 것은 곱다.")

　바로 위와 같은 시각이 본 역사서에도 그대로 드러나며, 이 점은 찰스 디킨스가 예리한 통찰력을 지닌 작가이기에 더욱 박진감 넘치게 그려집니다. 그리고 작가는, 제왕들과 그 주변 인물들이라는 특수한 신분의 사람들이 만들어낸 역사이지만 그들의 생각과 행동도 여느 사람들처럼 지극히 인간적인 욕망과 갈등에 기반을 두고 있음을 강조합니다.

　한 가지 예를 들어, 헨리 I 세와 그의 형 로버트 공작의 이야기에서, 권력과 야망을 추구하는 인간의 모습과 성공한 자와 실패한 자의 말로가 극명하게 달라지는 것을 보면서, 우리는 우리 역사 중 이씨 조선 시대에 태종이나 세조의 권력 찬탈 과정을 떠올리게 됩니다.(제10장. '현학자'라 불리던 헨리 I 세 참조) 형제가 서로 죽이고, 친구가 친구를 죽이고……. 등장인물이나 시대만 조금 다르지 권력을 중심으로 돌아가는 인간들의 모습이나, 그 권력의 냉혹함이 어찌 그리 똑같은지요?

그리고 세 번째로는, 의회민주주의를 최초로 도입한 영국 역사의 과정도 우리가 반드시 주목해야 하는 부분입니다. 작가는 영국에서 의회 민주주의가 성립되는 과정과, 그 과정에서 피 흘리며 싸워온 영국 민중들의 이야기 또한 박진감 있게 피력하고 있습니다. 오늘날 우리가 누리는 제도적 민주주가 하루 하침에 이뤄진 것이 아니라 영국처럼 장구한 세월을 거치면서 민중들의 피를 자양분삼아 차근차근 이룩되었다는 사실을 우리는 항상 기억해야 합니다.

마지막 네 번째는 인류의 영원한 담론인 종교 이야기입니다. 로마인들과 함께 영국으로 들어온 기독교, 정확히 말하면 로마가톨릭교는 헨리VIII세 때까지 번성을 누리다가 새로운 모습으로 변모하게 됩니다. 헨리VIII세가 정치적이고 개인적인 이유로 로마가톨릭의 교주인 교황에 대항해 영국에 새로운 기독교를 세운 것입니다. 그때부터 영국 땅에는 구교인 로마가톨릭을 믿는 사람들과 신교인 영국 국교(성공회)를 믿는 사람들 사이에 피비린내 나는 살육전이 끊이지를 않습니다. 특히 '블러디 메리Bloody Mary'라 불렸던 여왕 메리 I 세 때의 참화는 목불인견이라 할 수 있을 겁니다. 얼마나 민중들의 피를 흘리게 했으면 '블러디'란 별칭이 따라다닐까요? 찰스 디킨스는 이런 상황을 일러, 로마가톨릭을 따르지 않는다는 이유 하나만으로 '전국에서 화형火刑의 연기가 끊일 날이 없었다.'고 묘사하기도 합니다.

하지만 이와 같은 종교적 박해 현상은 영국에만 국한된 것이 아니고, 전 유럽에 걸쳐 비슷한 시기에 똑같은 모습으로 일어납니다. 프랑스에서 벌어진 성 바돌로메Bartholomew 축일의 대학살 장면은 (제30장. 여왕 엘리자베스 I 세, [2부] 참조) 그날이 성인聖人을 기념하는 축일祝日이어서 더욱 역설적이고, 안타까운 모습으로 보입니다. 분명 종교(기독교)가 인간들의 삶에 유익을 가져다주기 위해 생겨난 것일진대, 그 신앙이 옛것이냐 새로운 것이냐를 놓고 서로 무참히 죽고 죽이는 살육전을 벌인다는 것이 말이나 되는 이야기일까요? 로마가톨릭이 어떻고, 영국국교가 어떻고, 청교도Puritan, 신교도Protestant가 어떻고 위그노Huguenot가 어떻게 다른 것인지 역자는 알지 못합니다. 다만 그들이 모두 같은 하나님과 예수님을 믿는 같은 종교라는 사실 밖에는.

하지만 더욱 안타까운 것은 그로부터 수 백 년이 지난 오늘날에도 이와 같은 종교적 반목과 박해는 현재 진행형이라는 점입니다. 인간의 삶에 기여해야 한다는 종교의 보편성을 도외시하고 나와 다른 종교를 믿는다는 이유로 타종교를 박해하는 현상이 왜 일어나고, 그것이 묵묵히 교리를 믿고 따르는 일반 신도들의 탓인지, 아니면 교리를 이용해 사람들을 겁박하고 탄압하고, 나아가 사리사욕에 집착하는 직업종교인들 탓인지 본서를 통해 살펴보시기 바랍니다.

역사의 모습은 외형만 다르지 그 본질은 반복되는 것이라고 역자는 믿습니다. 그렇기 때문에 지난 역사에서 교훈을 얻지 못하는 민족과 나라는 반드시 혹독한 대가를 치를 수밖에 없다는 것 또한 역자의 믿음입니다. 우리가 우리나라뿐만 아니라 다른 나라의 역사에 관심을 가지는 것도 바로 이런 이유지요. 본 역사서를 통해 역사가 주는 보편적 교훈을 얻고, 그 속을 살았던 사람들의 삶을 통해 올바르게 살아가는 진리를 깨달을 수 있기를 바랍니다.

끝으로 너무 오래 지체된 번역과 편집 일정에도 묵묵히 기다려준 '시와 진실' 출판사의 최두환 사장님과 출판사 직원들에게 사죄와 감사의 말씀을 전하고 싶습니다.

2012년 10월

최석진

제1장
고대 영국과 로마인들
ANCIENT ENGLAND AND THE ROMANS

스톤헨지

세게 지도를 놓고 유럽의 북반부를 살펴보면 여러분은 북쪽 상단 부분에 두 개의 커다란 섬이 바다 위에 떠있는 것을 발견하게 될 겁니다. 그 섬들이 바로 잉글랜드와 스코틀랜드 그리고 아일랜드입니다. 잉글랜드와 스코틀랜드로 이루어진 섬이 가장 크고 아일랜드가 두 번째 크기의 섬이며 지도상에는 거의 점들로 보이는 작은 섬들은 주로 스코틀랜드에 속하는 것들입니다. 이 작은 섬들은 아주 오래전 지구상에 지각변동이 심할 때 용솟음치는 바다의 힘에 밀려 떨어져나간 것들이라고 생각됩니다.

예수 그리스도가 이 세상에 탄생하기도 전인 아주 오랜 옛날에는 이 섬들은 모두 하나의 땅덩어리였고, 지금과 마찬가지로 휘몰아치는 무서운 폭풍이 사방을 둘러싸고 있었습니다. 하지만 당시의 바다는 세상의 다른 지역에서 이 지역을 향해 들락거리는 거대한 선박이나 용감무쌍한 선원들이 전혀 없는, 그저 조용한 바다에 불과했습니다. 이 섬들은 광대한 바다 한가운데에 조용히 자리 잡고 있었을 뿐입니다. 흰 거품을 일으키는 파도만이 벼랑 아래에 내리치고 사나운 바닷바람이 대지의 숲을 가로지르고 있었지요. 그러나 이 파도와 바람 때문에 어떤 모험가도 함부로 이 섬에 발길을 들여놓지 못했고, 섬에 살던 미개한 원주민들은 바깥세상에 대해서는 아무것도 아는 것이 없었습니다. 물론, 바깥세상도 그들에 대해 모르는 것이 없기는 마찬가지였습니다.

일반적으로 이 섬들에 처음 발을 들인 외부인은 고대의 페니키아[1] 인들로 알려져 있습니다. 무역에 능통했던 그들은 배를 타고 이 섬들에 도착해서는 원주민들이 주석과 납을 생산하고 있는 것을 알게 되었습니다. 여러분들도 알겠지만, 이 두 광물은 오늘날까지도 유용하게 사용되는 자원이고 지금도 해안가에서 생산을 계속하고 있을 정도입니다. 주석 광산으로 가장 유명한 콘월 지방은 지금도 여전히 해안에 가까이 자리하고 있지요. 필자가 직접

---

1 Phoenicians, 기원전 3000년 무렵에 시리아 중부 지방에 건설한 도시 국가를 통틀어 이르는 말. 기원전 1세기에 로마에 병합되었다.

영국 남서부의 황량한 해안가(콘월 지방)

둘러본 그 광산 중의 한 곳은 바닷가에 근접해서 바다 밑으로 채광 굴을 뚫었기 때문에 지금도 굴 깊숙한 곳에서 작업을 하는 광부들은 폭풍이 심한 날이면 머리위에서 울리는 천둥 같은 파도 소리를 들을 수 있다고 합니다. 이러한 이유로 섬 주변을 다니며 무역을 하던 페니키아 인들이 별다른 어려움 없이 주석과 납을 구할 수 있는 곳으로 자주 출몰하곤 했지요.

페니키아 인들은 주석과 납을 받아가는 대신에 원주민늘에게 다른 유용한 물품들을 제공해 주었습니다. 원주민들은 가난하고 미개한 사람들에 불과해서 다른 야만인들처럼 처음에는 거의 벗고 다니거나 동물 가죽으로 만든 것들을 걸치고, 식물의 즙이나 형형색색의 진흙을 몸에 칠하고 살았습니다. 하지만 반대편 프랑스나 벨기에의 해안가를 오가던 페니키아 인들이 그곳 사람들에게, '맑은 날이면 육안으로도 볼 수 있는 바다 건너 저쪽 해안가 절벽에 가보았으며, 브리튼BRITAIN이라고 불리는 그 지역으로부터 이 주석과 납을 가지고 왔다.'고 전하자, 이 말에 이끌린 프랑스와 벨기에 사람들이 이 섬들에 나타나기 시작했습니다. 이들은 지금은 켄트라고 불리는 잉글랜드의 남쪽 해안가에 자리를 잡았으며, 자신들도 개화된 사람들이 아님에도 불구하고 더욱 미개한 원주민들에게 몇 가지 유용한 기술을 가르쳐줌으로써 그 지역의 발전에 기여를 했습니다. 한편 아일랜드에는 스페인 지방에서 다른 사람들이 건너와 자리를 잡았습니다.

이처럼 이방인들이 점점 섬의 원주민들과 섞이게 되었으며, 원시적인 브리튼들Briton은 사납고 강한 사람들로 변모에 갔지만 외부인들이 발을 들여놓지 않은 섬의 내륙 깊숙이에는 거칠고 용맹스럽고 힘이 강한 야만적 원주민들이 여전히 자리 잡고 있었습니다.

섬의 모든 지역은 숲과 늪지대로 이루어져 있었지요. 대부분의 지역은 안개가 낀 차가운 날씨 하에 놓여있었습니다. 제대로 이름을 붙일만한 길이나 다리나 건물 같은 것도 없었습니다. 깊은 숲속에 위치한 마을에는 밀집으로 엮어 만든 오두막들이 자리하고 있었고, 주변에는 진흙으로 만든 낮은 담이나 도랑이 자리하고 있었으며, 나무 둥치들이 여기저기 흩어져 있었지요. 사람들은 곡식을 거의 재배하지 않았고, 방목하는 가축들의 고기를 먹고 살았을 뿐입니다. 그들은 동전을 사용하지는 않았지만 화폐의 목적으로 금속 반지를 사용했습니다. 그들은 다른 야만인들이 그랬던 것처럼 바구니를 만드는 데 뛰어난 솜씨를 지니고 있었으며 조잡한 수준의 의복을 만들 수 있었고 약간의 토기를 만들어 사용하기도 했습니다. 하지만 그들은 전쟁을 위한 요새를 만드는 데는 매우 뛰어났습니다.

그들은 동물 가죽을 씌운 밀집 배를 만들었지만 해안가에서 멀리 나가는 일은 없었습니다. 그들은 주석을 섞은 구리를 이용해 칼을 만들었으나 이 칼들은 너무 조잡하고 무뎌서 한번 내리치면 구부러지기 일쑤였습니다. 그들은 가벼운 방패를 만들었고 손잡이에 가죽 줄을 달아 공격한 후 다시 잡아당기게 만든 끝이 날카로운 단검이나 창을 만들었습니다. 손잡이에는 방울뱀 모양을 새겨 넣어 적이 탄 말이 놀라도록 했습니다. 고대의 브리튼들은 30~40개의 부족으로 나뉘어 있었는데, 각각의 부족은 왕이 지배를 하고 있

드루이드 의식과 스톤헨지

었으며 미개의 종족들이 그런 것처럼 위와 같은 무기들을 이용해서 서로 끊임없이 싸우고 있었지요.

그들은 말을 무척 좋아했습니다. 켄트족의 깃발에는 백마가 그려져 있었지요. 그들은 말을 아주 잘 다뤘습니다. 비록 크기는 작았지만 아주 많은 말들을 보유하고 있었고, 말들을 다루는 솜씨들이 매우 뛰어나서 그 수준이, 인간들이 훨씬 똑똑해진 지금과 비교해도 결코 손색이 없을 정도였다고 합니다. 이 말들은 사람들의 모든 명령어를 알아듣고 복종해서, 주인이 말에서 내려 싸우는 전쟁터의 혼란 속에서도 제자리를 지키고 있을 정도였습니다. 영리하고 믿음직스런 이 동물이 없었다면 브리튼들은 그처럼 뛰어난 업적을 이루지 못했을 겁니다. 역사를 통해 칭송받는 이 업적 중 가장 뛰어난 것은 전투용 전차 제작과 이용이라 할 수 있습니다. 전면은 가슴 높이 아래로 막고, 뒤는 완전히 트여 있는 이 전차는 운전자 한 명과 전투원 두세 명이 올라타, 선 채로 전투에 임하도록 만들어졌습니다. 전차를 끄는 말들은 대단히 잘 훈련되어 있어서 돌길이나 숲속에서도 최대의 속도를 낼 수 있었고, 적들을 향해 달려들어 말발굽으로 짓이기기도 했고, 전차의 양쪽 바퀴에는 날카로운 칼이나 낫이 달려 있어서 적들을 잔인하게 죽일 수도 있었습니다.

브리튼들은 드루이드Druid라고 하는 매우 독특하고 기괴한 종교를 믿었습니다. 사실 이 종교는 바다 건너 맞은편 프랑스 지방(고대에는 이 지방을 골Gaul 또는 갈리아Gallia라고 불렀습니다.)에서 건너온 후 뱀, 태양, 달을 숭배하는 신앙과 결합된 것처럼 보입니다. 그런 후 이교도의 신을 숭배하던 브리튼들의 사상과 결합된 것이지요. 대부분의 드루이드 종교 의식은 '드루이드'라고 불리던 사제들에 의해 은밀하게 진행되었는데, 그들은 스스로를 마법사라 부르며, 마법의 지팡이를 소지하고, 목에는 괴상한 목걸이를 두르고 무지몽매한 민중들에게는 이를 황금에 싸인 뱀의 알이라며 겁을 주었습니다.

여기서 분명한 것은 드루이드의 의식에는 인간을 재물로 바치는 것이 들어있었다는 점입니다. 범죄 혐의자를 재물로 바치기도 하고, 어떤 경우에는 나뭇가지로 만든 거대한 망 안에 다수의 동물들과 함께 사람들을 집어넣고 산채로 불태우기도 했습니다. 그리고 드루이드의 사제들은 오늘날 우리가 크리스마스트리 장식에 사용하는 참나무와, 그 나무에 붙어 살아가며 열매를 맺는, 겨우살이를 숭배하는 사상을 지니기도 했습니다. 또, 그들은 '성스러운 숲'이라 불리는 어두운 숲속에서 회합을 가졌으며, 그곳에서 자신들만의 신비스러운 비법을 이용해서 문하생으로 찾아온 젊은이들을 가르쳤고, 이들 문하생들 중에 어떤 이들은 20년이나 드루이드와 함께 생활을 한 이들도 있었습니다.

이들 드루이드들은 하늘을 향해 지어진 위대한 사원과 재단齋壇을 건설했는데, 일부는 지금도 유적으로 남아 전해지고 있습니다. 솔즈베리 평원

Salisbury Plain과 월트서 주에 남아있는 스톤헨지Stonehenge는 이들 중 가장 독특한 형태를 띠고 있습니다. 그밖에 켄트 지방의 메이드스톤 근처에 있는 블루벨 언덕Bluebell Hill에 자리한, 키츠 코티 하우스Kits Coty House라고 불리는 세 개의 돌들도 흥미를 끌기에 충분합니다. 당시에 사용되었던 거석巨石들을 조사해보면, 특별한 장치의 도움이 없었다면 그런 건축물들을 만들 수 없었을 거라는 점을 알 수 있습니다. 이런 장치들을 사용하는 것은 오늘날은 일반적인 일이지만 고대의 브리튼들이 보통 사람들의 누추한 거처를 짓는 데 그런 장치들을 사용했을 리가 없습니다. 필자는 드루이드 사제들이, 20년간이나 동고동락하던 제자들과 함께, 자신들의 뛰어난 식견을 활용해서, 사람들의 눈을 피해 이 건축물들을 만들어놓고는 그것들이 마치 신비한 마술의 힘으로 이룩된 것처럼 보이게 했다는 주장이 일리가 있다고 생각합니다. 어쩌면 그들은 요새要塞를 짓는 데도 탁월한 능력을 지녔을 겁니다. 권력을 소유하고, 사람들에게 추앙받고, 법을 만들고 집행하면서도 세금은 내지 않았으므로 드루이드들이 자신들의 직업을 자랑스러워했을 것은 명약관화한 일이며, 사람들이 드루이드들을 선망했으므로 드루이드들의 숫자가 적지 않았을 것은 분명한 일입니다. 하지만 오늘날에는 그때처럼 마술사의 지팡이나 뱀의 알을 가지고 위협하는 드루이드들이 없다는 사실이 참으로 다행이라 생각합니다.

로마인들의 자신들의 위대한 영웅 줄리어스 시저의 영도 아래 전 세계의 지배자로 군림하던 때가 바로 이처럼 고대 브리튼들이 차츰 자신들의 삶을 개척해나가며 작은 발전을 이루던 시절이었습니다. 때는 예수님이 이 세상에 오시기 55년 전의 일이었습니다. 줄리어스 시저는 마침 갈리아 지방을 정복하는 데 성공을 거두고 있었습니다. 시저는, 갈리아 지방에서, 건너편 바닷가 벼랑이 높은 곳에 사는, 용감한 브리튼들에 관해 많은 이야기들을 들을 수 있었습니다. 브리튼들은 시저와 싸우는 갈리아 사람들을 돕기 위해 원정을 오기도 했던 겁니다. 그는 브리튼들의 고장이 멀지 않은 곳에 있었

로마의 침공

기 때문에 다음에는 브리튼을 정복하리라 다짐했습니다.

결국 줄리어스 시저는 우리들이 사는 이 섬으로, 팔십 척의 함선과 1만2천 명의 군대를 이끌고 쳐들어왔습니다. 프랑스 칼레와 불로뉴 사이의 해안에서 출발하면 브리튼까지 가장 빨리 도달할 수 있습니다. 시저는 이곳에서 함대를 출발시켰습니다. 이 지역은 영국과 프랑스의 최단 거리로 지금도 증기선들이 같은 항로를 매일 운항하는 곳입니다. 시저는 처음에는 브리튼을 쉽게 점령할 것으로 생각했습니다. 그러나 상황은 그가 생각하는 것처럼 그렇게 쉽게 진행되지 않았습니다. 브리튼들은 용맹스럽게 싸웠습니다. 시저는 심한 폭풍우 때문에 그가 자랑하던 기마병들을 대동할 수 없었고, 바닷가에 도달해서는 높은 파도가 전함의 일부를 집어삼켜버려서 그는 하마터면 대패를 당할 뻔 했습니다. 하지만 시저를 당해낼 수는 없었습니다. 브리튼들이 한 번 싸워서 이기기는 했지만, 시저는 두 번이나 승리를 거두었던 것입니다. 그는 만족스럽지는 못하지만 그런대로 크게 기뻐하며 브리튼들의 휴전 제안을 받아들이고 철수를 했습니다.

그러나 다음 해 봄에 시저는 다시 돌아왔습니다. 이번에는 8백 척의 전함과 3만 명의 군대를 이끌고 쳐들어왔습니다. 브리튼의 여러 부족들은 그들 중에서 한 명을 뽑아 총대장으로 임명해 로마인들과 맞섰습니다. 로마인들을 그 대장을 카시벨로너스라는 이름으로 부르지만 그의 정확한 브리튼 이름은 카스월론입니다. 그는 참으로 용맹스런 장군이었으며 그와 그의 부하들은 로마 군대에 맞서 너무도 잘 싸웠습니다. 로마군들은 전투에 임해서, 바람 같이 빠른 브리튼의 전차가 울리는 굉음을 듣고, 무섭게 날리는 흙먼지를 볼 때마다 두려움에 떨어야 했습니다. 이런 저런 소소한 전투들이 많이 있었지만 켄트 주의 캔터베리 전투, 서리 주의 처트시Chertsey 전투, 카시벨로너스가 속한 지역의 수도인 늪지대 전투(이 지역은 아마도 지금의 하트퍼드서 주의 세인트 알반즈 인근일 것입니다.) 등이 가장 유명합니다.

하지만 아무리 카시벨로너스가 용맹하게 싸웠다 한들 로마군을 당해내기란 만만한 일이 아니었습니다. 브리튼의 다른 장군들이 늘 그를 모함하고 서로 다투었으므로 그는 마침내 싸움을 포기하고 평화를 제안하기에 이르렀습니다. 줄리어스 시저는 크게 기뻐하며 휴전을 받아들였고 남은 군대와 전함을 이끌고 또 다시 돌아갔습니다. 시저는 브리튼에서 진주를 발견하리라는 기대를 품고 쳐들어왔는네, 잘은 모르지만 어느 정도의 진주를 가지고 돌아갔을 것으로 추즉됩니나. 그러나 그기 주료 언은 것은 맛있는 굴이었습니다. 그리고 확언하건데 시저는 길들여지지 않는 브리튼들에 대해 크게 깨달았을 겁니다. 그는 분명 투박한 브리튼들에 대해 불평을 늘어놓을 수밖에 없었을 것이며, 이 불평은 그 후 1천8백 년 뒤 프랑스의 위대한 장군 보나파르트 나폴레옹이 전투에서 크게 패한 후, 영국인들은 도대체 이해할 수 없는 사람들이라고 했던 불평과 맥이 닿아있습니다. 그렇습니다! 그들은 브리튼들을 이해 못했으며 앞으로 이해하지 못할 것입니다.

이후 거의 1백 년이 경과했으며 그동안 브리튼에는 평화가 지속됐습니다. 브리튼들은 풍습을 향상되어 개화된 사람들로 변모했으며, 각지를 돌아다니고 갈리아와 로마로부터 많은 것을 배웠습니다. 그리고 마침내 로마의 황제 클라우디우스는 막강한 힘을 지닌 뛰어난 장군 아울루스 플로티우스를 보내 이 섬을 정복하려 했고 곧바로 황제 자신도 이 섬에 도착했습니다. 하지만 그들은 별로 한 일이 없었습니다. 그리고 또 다른 장군 오스토리우스 스카풀라가 도착했습니다. 이때 브리튼족의 어떤 족장들은 항복을 하기도 하고 어떤 족장들은 목숨을 걸고 싸우기도 했습니다.

투쟁을 선언한 용맹한 족장들 중에서도 가장 용감무쌍했던 사람은 카락타쿠스 혹은 카라독이라 불리는 이였습니다. 카락타쿠스는 북 웨일즈의 산악 지대에서 군대를 이끌고 로마군을 공격했습니다. 그는 부하들에게 이렇게 선언했습니다. "오늘은 우리 브리튼의 운명이 결정되는 날이다. 영원히 노예가 되느냐 아니면 자유를 얻느냐가 오늘 이 순간 결정된다. 그토록 공포의 대상이었던 줄리어스 시저를 바다 밖으로 몰아낸 우리의 선조들을 기억하라." 이 말을 듣자마자 그의 부하들은 커다란 함성과 함께 로마군에 돌격해 들어갔습니다. 하지만 백병전에 임해서는 브리튼의 허약한 무기들은 강인한 로마군의 창과 철갑을 뚫을 수 없었습니다. 브리튼들은 패배했습니다. 카락타쿠스의 아내와 딸은 포로가 되었고 그의 형제들은 스스로 항복했습니다. 카락타쿠스 자신은 추악한 계모의 간계에 걸려 로마군에 사로잡히게 되었습니다. 로마군들은 카락타쿠스와 그의 가족들을 전리품으로 로마로 압송해갔습니다.

그러나 영웅은 역경에서도 빛을 발합니다. 카락타쿠스는 잡혀 와서도 그 빛을 잃지 않았습니다. 역경을 견뎌내는 그의 고귀한 태도는 로마인들을 감동시켰고, 로마인들은 그를 보기 위해 길거리에 몰려나왔으며, 그와 가족은 마침내 자유를 되찾게 됩니다. 카락타쿠스가 비탄에 잠긴 채 로마에서 쓸쓸히 여생을 보냈는지 아니면 사랑하는 고국의 품으로 돌아갔는지에 대해서는 아무도 아는 이가 없습니다. 용맹했던 카락타쿠스의 여생에 관한 이야기는 잊혀졌을지 모르지만 도토리에서 자란 영국의 오크 나무가 수백 년을 살다가 시들어 사라지면 바로 그 자리에 다른 오크 나무가 자라나듯이 영국의 면면한 역사는 이어질 것입니다.

　브리튼들은 굴복하지 않았습니다. 그들은 계속해서 들고일어났으며 싸움터에서 수천 명씩 사라져갔습니다. 그들은 싸움이 가능한 곳이면 어디서든지 저항했습니다. 로마의 또 다른 장군 수토니우스는 앵걸시 섬the Island of Anglesey으로 쳐들어갔습니다. 앵걸시는 신성한 지역이었습니다. 그곳에서 수토니우스는 드루이드 교도들을 사로잡아, 드루이드들이 사용하던 밀집망에 집어넣고, 드루이드들의 방식으로 불태워 죽였습니다. 하지만 수토니우스가 주둔할 때에도 브리튼들은 저항했습니다. 노픽 주와 서픽 주를 관할하는 왕의 미망인인 보디시아 여왕이 로마인들의 약탈 행위에 대항하자, 로마군 장교인 캐터스는 그녀에게 보복을 가하고 두 딸들을 그녀가 보는 앞에서 욕보였으며, 그녀 남편의 가족들을 노예로 삼아버렸습니다. 브리튼들은 이 치욕을 앙갚음하기 위해 온힘을 다해 일어섰습니다. 그들은 캐터스를 갈리아 지방으로 내몰았고, 로마군의 물자를 잿더미로 만들고 런던(당시의 런던은 보잘 것 없는 작은 도시였지만, 상업이 번성한 곳이었습니다.) 밖으로 격퇴시켰습니다. 브리튼들은 며칠 만에 7만 명에 달하는 로마군들을 목매달고, 화형에 처하고, 십자가에 매달고, 창으로 찔러 죽였습니다. 그러자 수토니우스는 군대를 승상해서 진격해 들어왔습니다. 브리튼들도 물러서지 않고 로마군이 주둔한 들판으로 쳐들어갔습니다. 첫 공격을 앞두고 보디시아는 상처 입은 딸들을 앞에 두고, 긴 머리를 휘날리며, 전차에 올라타고, 전사들 사이를 지나면서 추잡한 로마인들에게 복수할 것을 다짐했습니다. 그러나 브리튼들은 최후까지 잘 싸웠지만 엄청난 희생자를 내며 패했습니다. 결국 그 불운한 여왕은 독약을 마시고 자살하였습니다.

　이러한 역경 속에서도 브리튼들의 불굴의 정신만은 꺾이지 않았습니다. 수토니우스가 떠나자 그들은 로마군을 습격해서 앵걸시 섬을 다시 차지했습니다. 대략 15년에서 20년 후에 이번에는 아그리콜라가 들이닥쳤고, 브리튼을 정복하는 데 7년이라는 세월을 보내야 했습니다. 아그리콜라가 특이

30

애를 먹은 곳은 오늘날 스코틀랜드로 불리는 곳입니다. 칼레도니아 사람들[2]은 한 치의 양보도 없이, 아그리콜라와 로마군에 대항해 피비린내 나는 싸움을 벌였습니다. 적에게 포로가 될까봐 스스로 자신들의 아내와 자식들을 살해하고 전투에 임할 정도였습니다. 지금도 스코틀랜드의 언덕들 중 어떤 곳에는 그들의 주검위에 세워진 돌무더기가 온통 수를 놓을 정도로 그들은 싸우다 스러져갔습니다. 그 후 30년이 지나 하드라이언이 들이닥쳤을 때도 그들은 그에 대항했습니다. 그리고 그 뒤로 거의 1백 년이 지나서 세베루스가 찾아왔을 때도 칼레도니아 인들은 그의 군대를 끈질기게 물고 늘어졌습니다. 그들은 로마군들이 늪지대에서 수천 명씩 허우적대다가 죽어가는 꼴을 보며 즐거움을 만끽했습니다. 세베루스의 아들이자 계승자인 카라칼라는 정복자로서 한동안 가장 성과를 거둔 인물이었습니다. 그러나 그의 방법은 무력이 아니었습니다. 그는 무력으로는 아무런 성과를 거둘 수 없음을 알았습니다. 그는 칼레도니아 인들에게 일정한 정도의 토지를 불하해주었고, 브리튼들에게는 로마인들과 같은 특권을 주었습니다. 그리하여 그 이후 70년 간은 평화로운 시기를 맞이할 수 있었습니다.

그리고 새로운 적들이 나타나기 시작했습니다. 그들은 색슨족Saxons으로, 독일의 라인 강(이 강의 둑에는 저 유명한 독일 와인의 원료가 되는 최상품의 포도들이 자라고 있습니다.) 북부 지역에 거주하면서 해양 탐험을 즐기는 사나운 사람들이었습니다. 그들은 해적선을 타고 갈리아 지방과 브리튼의 해안가에 출몰해 약탈 행위를 저지르기 시작했습니다. 카라우시우스라는 인물이 그들을 막아냈는데, 그는 브리튼 토박이(혹은 벨기에) 출신으로 로마 사람들에 의해 지휘관으로 임명된 인물입니다. 브리튼들은 카라우시우스의 지휘 아래 처음에는 바다에서 색슨족들을 막아냈지만, 얼마의 시간이 지난 후 색슨족들은 약탈 행위를 다시 시작했습니다. 몇 년의 세월이 흐른 후 스코트족('스코트Scots'는 당시에는 아일랜드 사람들을 가리키는 말이

---

2 Caledonians, 옛 스코틀랜드 사람들을 가리킴

세베루스의 성벽the wall of SEVERUS

었습니다.)과 픽트족(Picts, 북부 지역에 기주하던 사람들)들이 브리튼의 남
부 지역에 빈번하게 침략 행위를 저질렀습니다. 이런 침략 행위들은 로마
점령관들의 기나긴 통치 기간을 거치면서도 2백 년 동안 일정한 간격을 두
고 반복적으로 발생했습니다. 이 기나긴 세월 동안 브리튼들은 로마에 대항
해 끊임없이 싸웠습니다. 그리고 로마의 황제 호노리우스 시절, 로마의 위세
가 전 세계적으로 급격하게 쇠퇴를 맞이하게 되어서 각지에 흩어진 군대를
본국으로 불러들일 수밖에 없게 되었을 때, 마침내 로마인들은 브리튼 정복
의 모든 꿈을 접고 이 땅을 떠나갔습니다. 브리튼들은 그들이 처음에 그랬
던 것처럼 마지막도 불굴의 정신을 잊지 않았습니다. 그들은 로마인들이 자
발적으로 물러나기 직전에 로마의 행정장관을 쫓아내고 스스로 독립 민족
임을 선언했습니다.

　로마인들이 이 땅을 영원히 떠난 것은 줄리어스 시저가 최초로 발을 들여 놓은 이후 5백 년이 지난 다음이었습니다. 그 기간 동안 로마인들은 유혈 참극의 원인 제공자이기도 했지만, 브리튼들의 생활을 향상시키는 역할을 하기도 했습니다. 그들은 수많은 군사용 도로를 개설했고, 성채城砦를 건설했으며, 브리튼들이 과거에는 서투르기만 했던 무장武裝하는 법을 가르쳐주었습니다. 요컨대 그들은 브리튼의 모든 삶의 방식에 혁신을 가져다주었던 겁니다. 아그리콜라는, 뉴캐슬에서 시작해서 칼라일 지역을 넘어서는, 110킬로미터가 넘는 흙으로 지어진 성벽을 건설해서 픽트족과 스코트족의 침입을 견제했으며, 하드라이언은 이를 보강했고, 세베루스는 성벽을 보수하는 데 손길이 많이 가자 아예 이를 돌로 새롭게 지었습니다.

　로마인들이 전파한 것 중 가장 탁월한 것은 기독교라는 종교의 전파입니다. 로마인들은, '하나님의 눈에 들고 천국에 가기 위해서는 사람들은 이웃을 내 몸과 같이 사랑해야 하며, 남에게 대접받고자 하는 대로 남을 대접해야 한다.'고 가르쳤습니다. 드루이드 교도들은 그런 종교를 믿는 것은 사악한 짓이라 선언하고 기독교도들에게 저주를 퍼부었습니다. 하지만 사람들은, 드루이드의 축복이 있어도 특별히 나아지는 것도 없고, 드루이드의 저주가 있어도 특별히 나빠지는 것도 없다는 사실과, 태양이 빛나고 비가 내리는 일들이 드루이드와는 아무런 관련이 없다는 사실을 차츰 알아가기 시작했습니다. 그들은 드루이드들도 자신들과 같은 단순한 사람들이라는 사실을 인지하고 드루이드의 축복이나 저주가 별로 영향을 미치지 않는다는 사실을 알게 되었던 겁니다. 그리하여 따르는 무리들의 숫자가 급감하자 드루이드들은 다른 살길을 찾을 수밖에 없었습니다.

　이와 같이 해서 필자는 고대 영국 역사의 로마 지배 시절 이야기를 끝마치려 합니다. 5백 년 동안의 이 기간에 대해서는 알려진 것이 별로 없지만 지금도 유적들이 발견되고 있습니다. 집이나 교회를 짓기 위해 땅을 파다가

인부들이 로마 사람들이 만든 녹슨 금화를 발견하는 일이 자주 발생하곤 합니다. 또 로마 사람들이 음식을 먹었던 접시 조각이나 술잔 등이 발견되기도 하고, 농부가 쟁기질을 하거나 정원사가 삽질을 하던 중 로마 시절의 도로가 드러나기도 합니다. 그리고 로마인들이 파놓은 우물들에서는 지금도 물이 솟아나고 있으며 로마인들이 만들어놓은 도로는 지금도 우리의 주요 도로를 형성하고 있습니다.

오래된 전적지에서는 브리튼의 창날과 로마군의 갑옷이 뒤섞인 채 발견되어, 참혹했던 전투 현장을 말해주기도 합니다. 들풀로 뒤덮인 로마군 주둔지나 브리튼들의 시체를 파묻었던 둔덕들은 전국 어디에서나 쉽게 찾아볼 수 있습니다. 노섬벌랜드 주의 황무지를 가로질러, 이끼와 잡초들로 우거진 세베루스의 성벽은 폐허를 이룬 채 길게 늘어져 있어서, 여름 한철에는 양치기와 개들이 그 위에 누워 잠을 청하기도 합니다. 솔즈베리 평원에는 스톤헨지가 여전히 위용을 자랑하며 서 있습니다. 스톤헨지는, 로마라는 이름이 아직 브리튼에 알려지기도 전에, 그리고 드루이드가 등장해서 마법의 지팡이로 폭풍우 몰아치는 해변에 이름 모를 글씨를 휘갈겨 쓰기도 전에 세워진 기념비입니다.

제2장
초기 색슨족이 지배하던 고대 영국
ANCIENT ENGLAND UNDER THE EARLY SAXONS

초기 색슨족의 모습

영국인들이 떠나자마자 브리튼들은 그들이 떠나간 것을 아쉬워하게 되었습니다. 왜냐하면 오랜 전쟁으로 브리튼들의 숫자가 눈에 띄게 감소한 상태에서 로마인들이 떠나자, 세베루스의 성벽은 허물어졌고, 경비병도 사라진 틈을 타서, 픽트족과 스코트족들이 떼를 지어 밀려들어오기 시작했기 때문입니다. 그들은 부유한 도시들을 약탈하고 사람들을 죽였습니다. 그리고 그들이 더 많은 약탈을 위해 또 다시 쳐들어와서 학살을 자행했기 때문에 불쌍한 브리튼들은 공포의 나날을 보내야했습니다. 본토에서 침입하는 픽트족이나 스코드족만 해도 버거운데 엎친 데, 덮친 격으로 바다에서는 색슨족[1]이 침공해 들어왔습니다. 그리고 그것으로도 부족해서 브리튼들은 종교적 갈등으로 서로 대립했습니다. 성직자들은 기도의 주제와 방식을 놓고 서로를 심하게 물고 뜯었으며, (예전의 드루이드들과 신기하리만큼 비슷하게도) 자신들을 따르지 않는 사람들을 저주했습니다. 그리하여 브리튼들은 어려운 나날을 보낼 수밖에 없었습니다.

브리튼들의 삶이 얼마나 피폐했는지는 그들이 로마에 보낸 탄원서를 보면 알 수 있습니다. 그들은 스스로 '신음하는 브리튼Groans of the Britons'이라고 불렀던 그 탄원서에서, "야만족들은 우리를 바다로 내몰고, 바다에 서면 더 이상 물러설 곳이 없습니다. 우리들에게 남은 선택이라곤 야만족의 칼에 죽음을 맞이하거나 바다에 빠져 죽는 길밖에 없습니다."라고 하소연했습니다. 하지만 로마는 그들을 돕고 싶어도 도울 수가 없었습니다. 당시 로마인들은 대단히 호전적이고 힘이 강한 자신들의 적들을 막아내는 데에도 급급했기 때문입니다. 결국, 하는 수 없이, 브리튼들은 색슨족과 평화협정을 맺고 그들을 맞이해서 그들과 함께 픽트족과 스코트족을 막아내기로 했습니다.

보티전이라 불리는 브리튼족의 왕자가 이 평화협정을 이끌어서 그는 색슨족의 두 족장 헹기스트, 그리고 호사와 평화조약을 맺었습니다. 고대 색슨언어에서는 이 두 이름은 말Horse을 의미합니다. 사납고 거친 배경을 가진 민족이 모두 그러하듯이 색슨족도 사람의 이름에 동물을 즐겨 사용했습니다.

---

1 Saxon, 한때 독일 서북부에 살았던 민족. 그들 중 일부가 5~6세기에 영국에 정착함

말Horse이나 늑대Wolf, 곰Bear, 사냥개Hound 등이 그것입니다. 색슨족보다 많이 열등하기는 하지만 북아메리카의 인디언들도 그와 비슷한 풍습이 있습니다.

헹기스트와 호사는 픽트족과 스코트족을 몰아내는 데 성공했으며, 이를 감사하게 생각한 보티전 왕은 지금의 다넷 섬Isle of Thanet에 그들이 정착해 살면서 자기 종족을 더 데리고 올 수 있도록 해주었습니다. 한편 헹기스트에게는 로웬나라는 아름다운 딸이 하나 있었는데, 어느 날 연회가 열렸을 때 그녀가 금으로 만든 술잔에 와인을 가득히 따라 달콤한 목소리로 '폐하의 건강을 위하여!'라고 축배를 권하는 순간 왕은 그녀와 사랑에 빠지고 말았습니다. 필자는, 이 모든 것은 교활한 헹기스트의 계략이었을 것으로 추측합니다. 브리튼 왕에게 색슨족의 영향력을 확대하기 위해 연회나 아름다운 딸 등이 동원되었던 것이지요.

어쨌든 왕과 로웬나는 결혼을 했고, 그 이후 왕이 색슨족의 침탈 행위에 대해 분노할 때마다 아름다운 로웬나는 왕의 목에 부드럽게 팔을 감고서는, '폐하, 그 사람들은 제 나라 사람들이잖아요. 폐하를 사랑하는 제가 폐하께 정성을 바쳐 술잔을 올리던 날을 기억해주세요.'라는 달콤한 말을 속삭이곤 했습니다. 필자는 이런 상황에서 왕이 제징신을 차릴 수 있었을까 확신할 수 없습니다.

그리고 시간이 흘러, 다른 인간들처럼, 보티전 왕도 죽고(유감스럽게도 그는 폐위당하고 옥사했습니다.), 로웬나 왕비도 죽고, 색슨족이나 브리튼족의 여러 세대들도 죽어갔습니다. 오랜 시간 동안 벌어진 이 모든 이야기들은 음유시인들의 입을 통해 구전되고 있습니다. 하얀 수염을 휘날리면서, 이 지역 저 지역을 떠돌아다니며 선조들의 무용담을 읊조렸던 음유시인들이 없었다면 이와 같은 이야기들은 전해질 수 없었을 겁니다. 그들 음유시인들이 노래로 전해주던 이야기 중에 가장 유명한 것이, 오랜 옛날 브리튼족

아더왕

의 왕자였던 아더 왕의 용맹과 미덕에 관한 것입니다. 그러나 아더 왕과 같은 인물이 실제로 존재했는지, 아니면 그런 비슷한 무훈을 세운 몇몇 인물들의 이야기가 한 사람의 이름으로 합쳐져서 전해져오는 것인지, 그도 아니면 순전히 지어낸 이야기인지는 아무도 모릅니다.

필자는 그저 색슨족 시대 초기의 흥미로운 이야기를, 음유시인이 전하는 노래와 이야기에 드러난 대로, 소개할까 합니다.

보티전 왕 후반기부터 색슨족의 새로운 무리들이 브리튼에 물밀듯 밀려들어왔습니다. 이들 중 동쪽으로 들어와 브리튼족을 정벌하고 정착한 무리들은 자신들의 왕국을 에섹스Essex² 라고 불렀으며, 서쪽을 점령한 다른 무리들은 자신들을 웨섹스Wessex³ 라고 불렀습니다. 노스퍽Northfolk 혹은 노퍽Norfolk이라고 부리던 사람들도 한 지역을 차지했고 사우스퍽Southfolk 혹은 서퍽Suffolk이라고 불리던 사람들도 다른 지역에 자리를 잡았습니다. 이렇게 해서 색슨족의 7왕국the Saxon Heptarchy의 시대가 영국에서 서서히 자리를 잡아가게 되었습니다. 순진하게도 이들 호전적인 부족들을 친구로 받아들였던 가련한 브리튼족은 웨일즈 지방이나 데번셔나 콘월과 같은 다른 인접 지역으로 밀려날 수밖에 없었습니다. 영국의 이 지역들은 그 뒤로도 정복되지 않은 상태로 남겨지게 됩니다. 그리고 지금 콘월 지방에 가면 — 콘월 지방은 폭풍우가 심하고, 가파른 벼랑이 서 있는 음산한 해안가를 지니고 있어서, 겨울철 어두운 날에는 배들이 해안가에 부딪혀 선원들이 몰살당하기도 하며, 무섭게 울부짖는 바람과 파도로 인

---

2   East Saxons의 뜻

3   West Saxons의 뜻

해 단단한 바위들이 부서지거나 벽에 굴이 생기기도 하는 지역입니다. ―지금도 사람들이 아더 왕의 궁전 자리라고 부르는 고대의 유적이 존재합니다.

　색슨족의 7왕국 중에는 켄트 왕국이 가장 유명한데, 로마로부터 건너온 어거스틴이라는 수도사가 색슨족의 세력이 가장 드센 곳인 켄트를 선택에 포교활동에 나섰기 때문입니다. 그 결과 켄트의 에델버트 왕이 곧바로 개종改宗하고, 자신이 기독교도라고 선언하자마자 그의 신하들도 뒤이어 왕을 따르게 되었습니다. 그 이후 1만 명이나 되는 켄트족의 신하들이 기독교도가 되었습니다. 어거스틴은 왕의 궁전 옆에다 작은 교회를 지었습니다. 현재 이곳에는 아름다운 위용을 자랑하는 캔터베리 대성당이 들어서있습니다. 왕의 조카인 세버트는 아폴로 신의 사원이 있던, 런던 근처의 축축한 진흙땅 위에 성 베드로를 기리는 교회를 지었는데 이곳이 지금 웨스트민스터 수도원이 자리한 곳입니다. 그리고 런던에는 다이아나 여신의 사원이 있던 자리에 자그마한 교회를 세웠는데, 이 교회는 이후 성장해서 성 바울 대성당으로 자리 잡게 됩니다.

　에델버트의 뒤를 이어 노섬브리아의 왕이 된 에드윈은 연약한 여자나 어린 아이라 할지라도 마음 놓고 금화金貨를 소지하고 다녀도 될 정도로 안정된 사회를 이룩했습니다. 그는 자신의 딸이 세례를 받도록 하고, 자신을 포함한 선 백성이 기독교를 받아들일 깃인가 아닌가를 결정하는 종교회의를 개최해서 기독교를 국교로 받아들이도록 했습니다. 이 회의에서 이교도의 수장이었던 코이피는 자신이 믿었던 과거의 신들은 몽땅 사기꾼들이라는 명연설을 남기게 됩니다. 그는 다음과 같이 말했습니다. "나는 확신할 수 있습니다. 나를 보십시오. 나는 과거의 신들을 받드는 데 전 생애를 바쳤습니다. 그렇지만 돌아온 것은 아무것도 없었습니다. 신들이 정말로 전지전능하다면 그들은 나의 인생에 큰 도움을 주었어야 합니다. 내 인생이 별로 나아진 것이 없으므로 나는 그 신들은 사기꾼이라고 확신합니다." 이 괴짜 성직자는 이와 같은 연설을 마치자마자 무장을 하고 말에 올라타서 여러 사람이 지켜보는 가운데 사원으로 달려가, 창을 휘두르면서 옛 종교의 흔적에 먹칠을 했습니다. 바로 그 순간부터 기독교는 색슨족에 널리 퍼지게 되었습니다.

다음으로 유명한 왕자는 에그버트입니다. 그는 에드윈 왕보다 150년 뒤에 활약했던 인물입니다. 그는 웨섹스의 왕권은 베어트릭에게 있는 것이 아니고 자신에게 있다는 주장을 펴다가 쫓겨 다니는 신세가 됩니다. 베어트릭은 색슨 왕국 중에서 가장 강력한 세력을 떨치던 인물이었습니다. 베어트릭 왕에게는 에드버가라는 아름다운 왕비가 있었는데, 에드버가는 7왕국 중의 한 왕국의 왕인 오파의 딸이었습니다. 에드버가는 치명적 아름다움을 소유한 왕비였습니다. 그녀는 자신을 비방하는 사람들을 독살하는 것으로 악

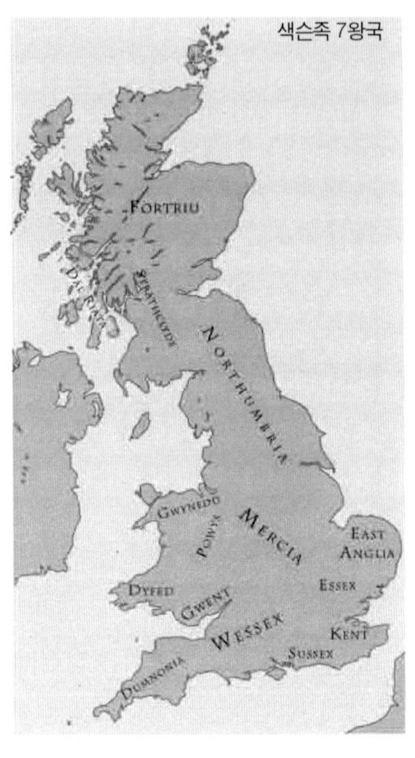

명을 떨쳤습니다. 그러던 어느 날 그녀가 어떤 귀족을 독살하고자 컵에 독약을 준비해놓았는데, 그만 실수로 그녀의 남편이 그것을 마시고 죽어버렸습니다.

왕이 죽자마자 민중들은 봉기를 일으켜, 왕궁으로 몰려가 궁전 문을 두드리며 외쳐댔습니다. "사람들을 독살하는 간악한 여왕에게 죽음을 내려라!" 그리고 사람들은 여왕을 나라 밖으로 내쫓아버렸습니다. 이후 수년의 시간이 흐른 다음 이태리를 여행하고 돌아온 여행자들은, 이태리 파비아 시에서 누더기를 걸치고 초라한 모습으로 거리 여기저기서 구걸하는 거지 여인을 목격했는데, 그녀는 다름 아닌 독살을 일삼던 잉글랜드의 왕비였다는 목격담을 전해주었습니다. 그렇습니다. 그녀는 분명 에드버가였습니다. 한 왕국

의 왕비였던 그녀는 그렇게 비참한 몰골로 죽어가야 했습니다.

자기가 왕이 되었어야 했다고 주장하는 바람에 정적인 베어트릭에게 미움을 사서, 잉글랜드에 남아있어서는 목숨을 부지하기 어렵다고 판단한 에그버트는 프랑스 왕인 샤를마뉴에게로 도피해 있었습니다. 이후 그는 베어트릭 왕이 불운하게 독약을 마시고 죽게 되자 브리튼으로 돌아와서, 웨섹스의 왕권을 차지한 후 7왕국의 다른 군주들을 하나씩 제거하고 영토를 확장했습니다. 이렇게 해서 최초로 잉글랜드ENGLAND라고 불리는 나라가 탄생하게 됩니다.

이때쯤 그동안 끊임없이 영국을 지독히도 괴롭혀온 새로운 적들이 준동하기 시작했습니다. 덴마크와 노르웨이 사람들로 구성된 이들 북유럽 민족들을 가리켜 영국인들은 데인족Danes이라 불렀습니다. 그들은 호전적이며, 항해술에 능숙하고, 두려움을 모르는 잔인한 성격의 소유자들로 비기독교도들이었습니다. 그들은 배로 들이닥쳐서는 발 닿는 곳마다 약탈을 자행하고 불을 질러댔습니다. 에그버트는 그들과 밀고 밀리는 공방전을 벌였습니다. 그러나 그들은 싸움에서 지는 것을 치욕적으로 여기는 사람들이었습니다. 이후 짧은 기간 동안 왕이 네 사람이나 바뀌었는데(에델울프와 그의 아들들인 에넬볼드와 에넬버트, 에델레드의 통치 기간), 그 사이에 데인족은 수없이 쳐들어와 약탈과 방화를 일삼아서 영국을 황폐화시켰습니다.

그리고 네 번째 왕인 에델레드의 통치 기간 중 그들은 동부 잉글랜드의 왕인 에드먼드를 사로잡아 나무에 묶어놓고는 개종할 것을 강요하기도 했습니다. 그러나 독실한 기독교인이었던 에드먼드는 이를 단호하게 거절했습니다. 화가 난 그들은 무방비 상태인 왕을 학대하고 웃음거리로 만든 다음, 화살을 쏘아 살해했습니다. 만일 뒤이어 영국에서 역사상 가장 뛰어난 왕이 등장하지 않았다면 얼마나 더 많은 사람들이 데인족에 희생당해야 했을지 짐작할 수 없을 정도입니다. 에델레드 왕이 데인족과 전투에서 입은 상처 때문에 사망한 후 왕권은 영국 역사상 가장 뛰어난 인물에게로 돌아갑니다.

제3장
색슨족의 영웅 알프레드 대왕
ENGLAND UNDER THE GOOD SAXON, ALFRED
[생몰 : 849~901,　재위 : 871~901]

알프레드 대왕이 왕이 되었을 때 그의 나이는 불과 23살이었습니다. 당시 색슨족 귀족들은 종교적인 이유로 로마에 여행하는 전통이 있었는데, 알프레드도 어린 나이임에도 불구하고 두 번이나 로마에 머물러야 했으며 한 번은 프랑스 파리에 머물기도 했습니다. 한편, 당시의 분위기는 학문을 별로 중요하게 여기지 않아서 그는 12살의 나이에도 불구하고 글을 읽을 줄 몰랐습니다. 부왕인 에델울프의 왕자들 중에서 막내이고, 가장 총애를 받았음에도 불구하고 교육받지 못했던 겁니다. 그러나 위대한 업적을 남긴 대부분의 인물들이 그러하듯이 어린 알프레드에게는 현명한 어머니가 있었습니다. 어느 날 오스버가라 불리는 그의 어머니는 자녀들에게 색슨족의 시를 읽어주고 있었습니다. 아직 인쇄술이 세상에 소개되려면 한참이나 있어야 할 시대여서 그 책은 손으로 직접 제작한, 아름다운 광채를 지닌 채색彩色 사본이었지요. 책의 아름다움에 넋이 나간 형제들을 지켜본 어머니는, "너희들 네 형제들 중 가장 먼저 읽기를 깨우친 아이에게 이 책을 주겠다."고 말했습니다. 알프레드는 바로 그날 선생님을 찾아내 열심히 공부해서 얼마 후 그 책을 차지했습니다. 그는 자신의 전 생애를 두고 그 일을 늘 자랑스럽게 여겼습니다.

대왕은 통치 첫 해에 데인족과 아홉 차례의 싸움을 치러야 했습니다. 그리고 협정을 맺어 그들이 잘못을 뉘우치고 이 땅에서 물러가도록 했습니다. 데인족은 자신들이 차고 다니는 성스러운 팔찌를 두고 맹세를 하며 약속을 준수할 것처럼 했습니다. 그러나 그들은 맹세나 협약을 헌신짝처럼 저버리고, 마음 내키면 언제든지 다시 쳐들어와 약탈과 방화를 자행했습니다. 통치 4년째 접어들던 어느 지독한 겨울날 데인족은 영국 전역에 걸쳐 밀려들어와 공세를 펼쳤습니다. 대왕은 부하들이 모두 도망가고 혼자 남게 되자 평범한 농부로 변장하고 자신을 알아보지 못하는 목동의 집 오두막에 숨어들었습니다.

데인족이 그를 찾아 이곳저곳을 뒤지는 동안에 알프레드 대왕은 농가에 홀로 남아 농부의 부인이 화덕에 올려놓은 케이크가 구워지는 것을 지켜보아야 했습니다. 그러나 대왕이, 활과 화살을 등에 멘 채, 때가 돌아오면 간악한 데인족에 복수할 생각에 몰두하고, 데인족에 쫓겨 다니는 자신의 신하들을 걱정하는 사이에 그만 케이크가 까맣게 타버렸습니다. "어머나!" 농부의 아내가 소리쳤습니다. 이어서 그녀는 자신이 야단치는 사람이 왕이라는 사실을 까맣게 모른 채 "먹을 생각만 하지, 케이크가 타버리는 건 신경 쓰지도 않다니. 이 게으름뱅이야!"라고 왕을 몰아세웠습니다.

마침내 데번셔에서 승전보가 들려왔습니다. 데번셔 사람들은 데인족의 새로운 무리들을 물리치고 우두머리를 죽인 후 까마귀가 그려진 깃발을 빼앗았습니다. 까마귀는 노략질을 일삼는 무리의 상징으로서는 참으로 어울리는 동물이라고 필자는 생각합니다. 깃발을 빼앗긴 데인족은 (세 자매들이 하루 만에 짜서 만든) 그 깃발이 신비한 힘을 지니고 있다고 믿었으므로 상심이 이만저만이 아니었습니다. 자신들이 전쟁에서 승리하면 그 깃발 속의 까마귀가 날개를 펴고 웅비하는 것처럼 보이며, 반대로 패배하면 축 늘어지는 모습을 한다고 그들은 믿고 있었던 것입니다. 까마귀가 똑똑했다면 이제 더 이상 날개를 펼 수 없다는 사실을 알았을 겁니다. 알프레드 대왕이 데번셔 민중들과 합류한 후, 섬미셋 주의 늪지에서 선열을 가다듬고, 복수의 칼날을 앞세우며 노탄에 빠진 백성들을 구출하기 위해 나섰기 때문입니다.

하지만 악독한 데인족의 숫자가 얼마나 되는지, 또 그들이 요새를 어떻게 강화하고 있는지 살피는 것이 우선이라고 생각한 알프레드 대왕은, 자신의 음악적 재능을 이용해, 방랑시인으로 변장한 후 하프를 지니고 데인족의 캠프를 찾았습니다. 그는 데인족의 우두머리인 거트럼의 군막을 직접 찾아가 악기를 연주하고 노래를 불렀습니다. 그리고 그들이 흥에 겨워 술에 취하도록 만들었습니다. 겉으로 보기에는 대왕은 음악에만 신경 쓰는 것처럼 보였지만 속으로는 그는 적의 텐트와 장비, 훈련 정도 등을 살피는 데 여념이 없었습니다. 그는 새로운 노래로 그들의 흥을 돋운 후 미리 약속된 장소로 가서 심복들을 불러 모았습니다. 그의 부하들은 군주가 죽었거나 영영 돌아오

데인족과의 전투를 지휘하는 알프레드 대왕

지 못할 것이라고 낙담해 있었으므로 대왕이 생환한 것을 환호하며 반겼습니다.

알프레드는 무리를 진두지휘하며 데인족 진영으로 쳐들어가서 복수의 학살극을 펼치고 그들이 탈출하지 못하도록 14일 동안을 포위하였습니다. 하지만 대왕은 용맹하기도 했지만 그만큼 자비심도 컸습니다. 그는 적들을 죽이는 대신에 평화를 선택했습니다. 그는, 데인족이 영국의 서부를 떠나 동부에 정착하고, 우두머리인 거트럼이 기독교를 믿는 것을 조건으로 자신을 그토록 괴롭혔던 적을 용서해주었습니다. 거트럼은 이에 응했고, 그의 세례식에는 알프레드 대왕 자신이 직접 참여해 대부가 되어주기도 했습니다. 거트럼이 이후 대왕에게 충성을 다했으므로 그는 그러한 관용을 받을만한 충분한 자격이 있는 사람이었습니다. 물론 거트럼의 통솔 아래 있는 데인족도 대왕에게 충성을 다하기는 마찬가지였습니다. 그들은 약탈과 방화를 멈추고 충직한 백성으로 열심히 일했습니다. 그들은 쟁기질을 하고, 씨를 뿌리며, 수확하는 등 전통적 영국 농부들처럼 착실하게 살았습니다.

필자는 그들 데인족의 어린이들이 색슨족의 어린이들과 뛰어노는 모습이나, 데인족의 청년이 색슨족 처녀와 사랑에 빠져 결혼하는 장면, 그리고 여행 중이던 영국 사람이 날이 저물어 데인족의 오두막 대문을 두드리며 아침까지 머물 곳을 청하는 모습을 그려봅니다. 그리고 데인족과 색슨족이 화롯가에 앉아 서로 친구가 되어 알프레드 대왕의 위대한 업적에 대해 한담을 나누는 모습을 회상하곤 합니다.

그러나 모든 데인족이 거트럼의 휘하에 있는 사람들과 같지는 않았습니다. 몇 년이 지난 후 더 많은 데인족이 과거처럼 약탈과 방화를 일삼으며 쳐들어왔습니다. 그들 중 해스팅스라는 무지막지한 해적은 80척의 배를 이끌고 템스 강을 거슬러 올라 그레이브센드까지 침공해 들어왔습니다. 3년간의 전쟁이 이어졌고, 국토에는 기근과 역병이 돌아 사람과 가축에 피해를 주었습니다. 그러나 패배를 모르는 불굴의 알프레드 대왕은 거대한 전함을 만들어 바다에서 해적들은 추격했고, 육지에서는 스스로 모범을 보이며 부하들을 격려함으로써 적들에 맞섰습니다. 그리고 마침내 대왕은 적들을 완전히 소탕하고, 잉글랜드에는 평화가 찾아왔습니다.

알프레드 대왕은, 전쟁에서뿐만 아니라 평화 시에도 그 뛰어난 능력을 발휘해, 한시도 쉬시 않고 민중들의 삶을 향상시키기 위해 줄기찬 노력을 기울였습니다. 그는 재주 있는 사람들과 대화하기를 즐겨했고, 외국 여행객들로부터 외국 문물에 대한 이야기를 듣고 이를 기록해서 민중들이 알게 하도록 했습니다. 그는 영어를 배운 후에는 라틴어를 배웠고 라틴어로 쓰여진 책들을 영국과 색슨족의 언어로 번역하는 등 민중들의 삶을 향상시키는 노력을 게을리 하지 않았습니다.

그는 공평한 법률을 제정해서 민중들이 더욱 편안하고 자유롭게 살 수 있도록 했으며, 부당한 권력에 침해받지 않도록 인권 신장을 위해 노력했습니다. 또한 대왕은 민중들의 재산을 소중하게 여겨서 도둑을 엄하게 처벌함으로써, 알프레드 대왕 치하에서는 황금이나 보석으로 만든 화환을 길거리에 내다걸어도 아무도 그것을 욕심내는 사람이 없다는 말이 돌 정도로 안전하사회가 유지됐습니다. 나아가 그는 학교를 세우고, 직접 법정에 나가 인내심을 가지고 당사자들의 의견을 들어주었습니다. 그의 궁극적 포부는 신하들에게 올바르게 대하며, 영국이 이전보다 모든 면에서 행복하고 현명한 나라가 되는 것이었습니다.

이런 희망을 위해 나아가는 그의 근면함은 상상을 초월하는 것이었습니다. 대왕은 하루하루의 일과를 정확하게 나누어서 쓰고자 했습니다. 그는 같은 크기의 양초를 만들도록 해서 양초 사이에 같은 간격으로 금을 그어놓고 양초가 타들어가는 것으로 시간 계산을 했습니다. 오늘날 우리가 시계를 보면서 시간을 나눠 사용하는 것과 같은 방법으로 그는 시간을 나눠서 사용했던 겁니다. 하지만 양초가 처음 만들어졌을 때는 궁전으로 불어오는 바람이나 광풍이 촛불을 꺼뜨리거나 해서 양초가 정확한 시간을 두고 타들어가지 않자 양초를 바람으로부터 보호하는 가리개를 만들어 사용하기도 했습니다. 바로 이것이 영국에서 가장 먼저 만들어진 랜턴입니다.

이러는 와중에도 그는 자신을 끊임없이 괴롭히는 원인모를 치명적 질병과 싸움을 해야 했습니다. 그는 자신의 전 생애에 걸려 역경을 이겨낸 것처럼 이 질병과도 맞서 싸웠습니다. 하지만 대왕의 나이 53살, 통치 기간 30년 후에, 그는 죽음을 맞이했습니다. 그가 사망한 해는 서기 901년이었지만 그의 명성과 신하들로부터 받았던 존경은 길이남아 오늘날까지 생생하게 전해지고 있습니다.

알프레드 대왕의 통치를 이어받은, '연장자THE ELDER'라는 별칭으로 불리기도 했던, 에드워드는 대왕의 조카로서 왕권을 차지하는 과정에서 나라를 혼란에 빠뜨리기도 했지만, 영국의 동부에 거주하던 데인족은 에드워드의 손을 들어주었습니다.(데인족은 알프레드 대왕을 너무 흠모해서 그의 조카에게까지 좋은 감정을 지녔던 것으로 보입니다.) 누나의 도움을 얻어, 정적들과의 싸움에서 승리하고 왕이 된 에드워드는 24년간을 통치했습니다. 그는 점차로 통치 영역을 넓혀갔고, 마침내 전 영국에까지 지배권을 확장함으로써 7왕국의 시대를 종식시키고 통일된 하나의 나라로 만들었습니다.

색슨족이 영국에 이주하고, 한명의 색슨족 왕이 다스리는 하나의 왕국으로 통일될 때까지 450년의 세월이 흘렀습니다. 그 기간 동안 영국의 풍습에는 거대한 변화가 일어났습니다. 색슨족은 여전히 대식가들이었으며 그들의 연회는 흥청거리는 술판으로 끝나는 일이 많았습니다. 그러나 차츰 새로운 오락거리와 고상한 풍습이 알려져서 빠르게 자리를 잡아갔습니다.

새나 꽃을 수놓아 아름답게 장식한 비단 족자들이 사용되었으며, 책상과 의자들은 서로 다른 재질들을 이용한 나무들로 장식되고, 금과 은을 이용해 장식되기도 했으며 가끔씩은 값비싼 금속을 이용해 만들어지기도 했습니다. 나이프와 수저들이 식사 시간에 등장하기 시작했으며 사람들은 비단과 금실로 수를 놓은 장신구들을 착용하고 금과 은, 놋쇠로 만든 식기들을 사용하였습니다. 술잔이나 침대, 그리고 악기들에도 다양한 형태가 나타나기 시작했습니다. 연회 자리에서는 술잔이 돌아가는 것처럼 손님들에게 하프가 차례로 돌아갔으며, 자기 차례가 돌아오면 사람들은 언제나 하프를 연주하고 노래를 불렀습니다. 색슨족의 무기는 더욱 강인해졌으며, 그것들 중에는 지뢰적 타격을 가하는 무시무시한 해머도 있었습니다.

색슨족은 비교적 잘 생긴 외모를 자랑하는 민족입니다. 남자들은 기운데를 가른 가르마를 지닌 긴 머리카락을 소유하고, 풍성한 턱수염을 자랑했습니다. 또, 그들은 시원시원한 용모를 지니고 있었으며, 눈빛이 또렷했습니다. 색슨족 여성들의 아름다움은 전 영국을 새로운 기쁨과 영광으로 넘쳐나게 했습니다.

색슨족과 관련해서는 말할 것들이 많지만, 그런 세세한 이야기는 그만 하기로 하겠습니다. 그런 설명보다 훨씬 중요한 것은 알프레드 대왕 시절부터 영국 색슨족의 특질이 뚜렷하게 드러나기 시작한다는 사실입니다. 대왕 자신부터 영국 색슨족의 가장 뛰어난 장점들을 지니고 있었고, 이는 인류 역사상 가장 훌륭한 특질이라 할 수 있습니다. 색슨족의 후손들은 바다나 대륙 어디를 가든지 ―심지어는 가장 먼 오지를 가더라도― 강인한 정신력을 잃지 않고, 한번 품은 모험 정신을 포기하는 법이 없습니다. 유럽, 아시아, 아프리카, 아메리카 대륙을 비롯한 세계 어디를 가든지, 또 사막이나 열대림이나 바다 위에서 작열하는 태양에 그을리거나 혹한의 날씨에도 색슨족의 의지는 절대로 변하지 않습니다. 색슨족이 가는 곳에는 풍습과 산업이 번창하며, 삶의 질을 높이기 위해 꾸준히 인내하는 그들로 인해 언제나 긍정적 결과가 도출됩니다.

여기서 필자는 잠시 발길을 멈추고, 색슨족의 모든 미덕을 대표하던 위대한 왕에 대해 존경을 표합니다. 어떠한 역경도 그를 이기지 못했고, 어떤 부귀영화도 그를 타락시키지 못했던, 강인한 인내력을 소유했던 왕에 대한 존경심입니다. 그는 패배했을 때도 희망을 잃지 않았으며, 성공했을 때는 자비를 베풀 줄 알았습니다. 그는 정의와 자유 그리고 진리와 지식을 사랑했습니다. 그는 민중을 개화시키기 위해 수많은 노력을 기울여 아름다운 색슨족의 언어를 보전하는 데 심혈을 기울였습니다. 그가 없었다면 지금 이 이야기를 전하고 있는 영어는 그 뜻을 절반도 제대로 표출하지 못했을 겁니다.

사람들은 알프레드 대왕의 정신이 우리의 법률에 지금도 면면히 흐르고 있다고 말합니다. 필자는, 우리들 영국인들의 마음속에 대왕을 닮고자 하는 열정이 불타올라, 배우지 못해 무지한 민중들을 볼 적마다, 최선을 다해 그들을 가르치겠다는 열성이 여러분과 필자에게 일어나기를 기원합니다. 그리고 나아가 자신이 통치하는 민중들을 개화시키기를 게을리 하는 군주를 꾸짖고, 알프레드 대왕이 서거한 901년 이후 수없는 세월이 흘렀지만 별로 나아진 것이 없음을 한탄합니다.

제4장
아델스탠 왕과 여섯 소년 왕
ENGLAND UNDER ATHELSTAN AND THE SIX BOY-KINGS

아델스탠 왕

에드워드 왕의 아들인 아델스탠이 왕위를 이어받았습니다. 그는 불과 15년을 통치했을 뿐이지만 할아버지 알프레드 대왕 시대의 영광을 잊지 않고 영국을 잘 다스렸습니다. 그는 거친 성격의 웨일즈 사람들을 정복해서 재물과 소, 매, 사냥개 등으로 공물을 바치도록 했습니다. 그는 또 그때까지 색슨족에게 복종하기를 거부하던 콘월 지방 사람들을 제압하기도 했습니다. 그는 과거의 훌륭한 법률을 찾아내어 복원하고, 새로운 법률을 제정했으며, 힘없고 가난한 사람들을 위한 정책을 펼쳤습니다. 그는 또 오랫동안 동맹 관계를 유지해오던 덴마크의 왕자 안래프와 스코트 족과 북 웨일즈 사람들이 반란을 일으키자 대대적인 전투를 벌여서 역사상 기록에 남을 정도의 살육전을 벌이며 승리를 이끌어냈습니다. 그 이후 그의 치세는 평온한 날을 보냈습니다. 왕 주변의 귀족들은 예법을 배우기 위해 시간을 투자했으며, 외국의 왕자들은 영국의 왕궁을 즐겨 방문하곤 했습니다.

아델스탠 왕이 사망하자 그의 동생인 에드먼드가 불과 18살에 왕위를 이어받았습니다. 그는 지금부터 한동안 이야기하게 될 6명의 소년 왕 중 첫 번째 인물입니다.

사람들은 에드먼드가 개혁적 성향을 지녔었기 때문에 그를 숭고한 이상을 지닌 인물로 기억합니다. 하지만 그는 데인족에 둘러싸여서 어려운 통치 기간을 보내고, 결국 비참한 최후를 맞이하게 됩니다. 어느 날 밤 그는 궁전에서 연회를 베풀고 많이 취한 상태에서 한 남자를 발견하게 되었습니다. 그 남자는 레오프라 불리는 강도로 영국에서 추방당한 인물이었습니다. 어떻게 그런 인물이 궁전에 들어올 수 있었는지 의아하게 생각한 왕은 시종에게 다음과 같이 지시했습니다. "죄를 저지르고 영국에서 추방당한 강도가 저기에 앉아있다. 저자의 목숨은 언제든지 처단해도 좋다. 저자를 쫓아내거라!" 그러자 레오프가 맞받아쳤습니다. "나는 물러가지 않을 것이다." "안 나간다고?" 왕은 화가 나서 소리쳤습니다. "그래. 절대로 안 물러난다." 이 말을 들은 왕은 벌떡 일어나 레오프에게 달려들어, 긴 머리채를 휘어잡고 그를 넘어뜨리려 했습니다. 하지만 서로 밀치는 틈을 타서 그 강도는 외투 아래 숨기고 있던 단검으로 왕을 찔러 죽였습니다. 그리고 그는 벽을 등진 채 죽음을 불사하며 호위병들과 싸움을 벌였습니다. 그 강도가 비록 호위병들의 칼에 온몸이 갈기갈기 찢겼지만 병사들의 피해도 적지 않았습니다.

이 이야기에서 여러분들은 당시의 왕들이 얼마나 거친 삶을 살았는지 짐작할 수 있을 겁니다. 왕의 연회장에 들어온 강도의 이야기나, 왕이 술이 취해 사람들이 보는 앞에서 강도와 싸움을 하다 칼에 찔려죽는다는 이야기는 지금으로서는 상상하기 어려운 내용입니다.

그리고 다른 소년 왕인 에드레드가 뒤를 이었습니다. 에드레드는 허약한 신체를 지니고 있었지만 의지만은 강했습니다. 그의 군대는 스캔디나비아 인들이나 데인족, 노르웨이 사람들, 그리고 해적들과 싸워 승리를 거두기도 했습니다. 그리고 9년의 세월이 지나 에드레드 왕은 죽었습니다.

이어서 소년 왕 에드위가 15살의 나이에 즉위했습니다. 하지만 실제적인 권한을 가진 인물은 던스탄이라 불리던 수도승이었습니다. 던스탄은 지략을 지닌 성직자였지만 광기에 사로잡히고 자만심과 잔인함이 넘치던 인물이었습니다.

던스탄은 숭고한 이상을 지녔던 에드민드 왕이 묻혀있는 글래스톤베리 수도원의 수도원장을 지낸 인물입니다. 아직 소년이었을 때, 어느 날 밤 그는 열병에 걸려 침대를 빠져나와 자신도 모르게 당시 보수 공사 중이던 글래스톤베리 수도원으로 발길을 옮깁니다. 당시 수도원에는 단두대가 널브러져 있었는데 어린 던스탄은 아무런 손상도 입지 않은 채 날카로운 단두대 위를 통과했습니다. 이런 신기한 경험 때문에 사람들은 천사가 그를 구출하기 위해 하늘에서 내려왔다는 말을 믿게 됩니다. 그는 또 에올리언 하프[1] 처럼 저절로 울리는 하프를 만들기도 했는데, 사람들은 지금도 이 하프가 바람이 불면 여전히 저절로 울린다고 믿고 있습니다. 이런 이적을 행했기 때문에 그

---

1 AEolian Harps, 바람을 받으면 저절로 울린다는, 그리스 신화에 등장하는 하프

악마의 코를 잡아당기는 던스탄

가 아델스탄 왕의 총애를 받게 되자 그를 시기하던 사람들은 그를 마술사라고 비난했습니다. 결국 그는 길에서 습격을 받아 손발이 묶인 상태에서 늪지대에 던져지게 되지만 어찌된 일인지 죽지 않고 살아나와 세상을 혼란에 빠뜨리는 원인을 제공하게 됩니다.

그 시절의 수도사들은 일반적으로 학자의 역할을 함께 하고 있었습니다. 그들은 많은 것을 통해서 배웠습니다. 군주로부터 하사받은 불모지에 수도원을 지어야 했기 때문에, 그들은 훌륭한 농부나 정원사가 되어야했습니다. 그들에게 그런 능력이 없었다면 그런 땅에서 무엇을 이룩한다는 것은 불가능에 가까운 일이었을 겁니다. 기도하는 장소인 성당을 꾸미고, 먹고 마시기 위한 휴게소를 안락하게 만들기 위해서 그들은 솜씨 좋은 목수나 대장장이, 칠장이가 되어야 했던 겁니다. 또, 홀로 떨어진 수도원에서 외로이 지내야 했으므로 아플 때나 사고나 났을 때를 대비해서 약초나 식물의 효능에 대한 지식도 알고 있어야 했으며, 상처나 화상, 타박상 등의 치료 및 부러진 뼈를 맞추는 일 등을 스스로 할 줄 알아야 했습니다. 그들은 자연스럽게 다양한 지식에 대하여 스스로 공부하거나 서로를 가르쳐주게 되었으며, 나아가 농업과 의학 그리고 수공예 분야의 전문가가 되었습니다. 그리고 그들은 무지한 농민들의 눈을 속이기 위해 간단한 기계 장치의 도움이 필요할 때 (지금은 아무 것도 아니지만) 당시의 눈으로는 놀랄만한 기술을 보유하고, 자주 사용했다고 필자는 믿고 있습니다.

글래스톤베리 수도원의 원장이었던 던스탄은 이런 수도사들 중에서도 지략이 가장 뛰어난 인물이었습니다. 그는 대장장이 솜씨도 뛰어났는데, 수도원 내의 몹시 비좁은 방에 있는 화덕에서 일을 했습니다. 그리고 그는 그 공간에 찾아와 그를 못살게 구는 악마나 악령 등에 관한 이상한 이야기를 사람들에게 하곤 했습니다. 예를 들면, 어느 날 그가 일을 하고 있는데 악마가 작은 창문으로 그를 내려다보더니, 일하지 말고 그냥 편하게 살라는 유혹을 했다는 식의 거짓말을 즐겨 했습니다. 이 말을 들은 그가 빨갛게 단 집게로 악마의 코를 잡아당기자 악마는 고통에 울부짖었으며, 그 울음소리가 십리 밖까지 들렸다는 것이었습니다. 일부 사람들은 이 이야기가 던스탄의 광기 때문이리고 믿고 있지만 (그는 실제로 열병을 오래 앓았습니다.) 필자는 그렇게 생각하지 않습니다. 필자는 그가 무지한 민중들로부터 신비한 힘을 지닌, 성스러운 인물이라는 추앙을 받기 위해 일부러 이야기를 지어냈다고 믿습니다. 그는 늘 그런 야망을 지니고 살아왔기 때문입니다.

인물이 훤칠했던 소년 왕 에드위의 대관식이 있던 날입니다. 데인족 출신인 캔터베리 대주교 오도는 왕이 사람들이 잔뜩 모여 있는 대관식 연회장을 조용히 빠져나가는 것을 목격하게 됩니다. 기분이 상한 오도는 친구인 던스탄을 보내 왕을 찾아오게 했습니다. 왕이 아름다운 아내 엘지바와 자애로운 성품의 장모 에델지바와 함께 있는 것을 발견한 던스탄은 왕을 심하게 꾸짖었을 뿐 아니라 어린 왕을 연회장으로 강제로 다시 끌고 갔습니다. 미녀 왕비 엘지바는 던스탄의 조카였으며, 당시 수도사들에게는 자기 조카와 결혼한 사람을 경시輕視하는 풍조가 있었습니다. 사람들은 그런 풍조 때문에 던스탄이 왕에게 화를 냈다고 믿고 있습니다. 하지만 필자는 그가 후안무치하고 천성이 사악한 인물이기 때문에 —자신이 수도사가 되기 이전부터 연모하던 어린 조카가 남의 왕비가 된 사실을 참을 수 없었기 때문에 이런 일이 일어났다고 생각합니다.

왕은 나이는 어렸지만 이 모든 것을 치욕으로 받아들였습니다. 던스탄은 부왕 시절에 국가의 재무를 담당하는 일을 하기도 했었습니다. 왕은 부왕의 재산을 갈취했다는 죄목으로 던스탄을 처벌하고, 수도원은 던스탄이 그토록 미워했던 결혼한 성직자들에게 넘겨주려 했습니다. 그러나 던스탄은 그를 체포해서 안구를 적출하려는 추적자들을 가까스로 뿌리치고 벨기에로 탈출하는 데 성공합니다. (여러분들은 이 이야기의 결말을 듣고 나면 그때 그가 잡혔어야 하는데 하는 아쉬움을 가질 겁니다.)

피신한 던스탄은 친구인 데인족 출신의 오도와 공모해서 왕의 동생인 에드가를 옹립하려는 시도를 하고, 이것으로도 분이 풀리지 않자 17살의 어린 왕비인 엘지바를 납치해서 뻘겋게 달군 쇠로 뺨을 지진 후 아일랜드에 노예로 팔아버렸습니다. 하지만 아일랜드 사람들은 왕비를 가엾게 여겨서 그녀를 친구로 받아들이고, '가여운 어린 왕비를 왕에게 돌려보내 행복하게 살도록 하자.'며 그녀의 상처를 치료해주고 이전처럼 아름다운 얼굴로 만들어준 다음 고향으로 돌려보냈습니다. 그러나 악독한 던스탄과 오도는 기쁨에 넘쳐 귀향 중이던 왕비를 글로스터에서 급습해 잔인하게 살해해버렸습니다. '미소년 왕' 에드위는(사람들은 왕이 참으로 잘 생기고 젊었기 때문에 그를 이렇게 부르곤 했습니다) 그녀의 끔찍한 운명에 관한 소식을 듣고는 심장마비를 일으켜 죽어버렸습니다. 가련한 왕과 왕비의 이야기는 이렇게 끝이 납니다. 아, 그런 험악했던 시절에 뛰어난 왕과 왕비면 무엇하리! 그 시절의 영국의 왕과 왕비보다는 차라리 오늘날 초라한 농가의 연인들이 더 나은 운명

에드가 왕과 8명의 군주들

인 것을!

그리고 '평화주의자the Peaceful'라고 불렸던 또 하나의 소년 왕 에드가가 15살에 즉위를 했습니다. 여전히 실질적 권력을 움켜쥐고 있던 던스탄은 결혼한 성직지들을 전부 수도원과 싱당에서 몰아내고, 자신저럼 결혼하지 않은 수도사들로 대체한 다음, 자신들을 엄격한 규율을 준수하는 베네딕트회Benedictines라고 불렀습니다. 그는 스스로 캔터베리의 대주교가 되었으며, 브리튼의 다른 군주들에게까지 영향력을 뻗쳐서, 권력을 강화하고자 했습니다.

한 번은, 대관식을 끝낸 왕 에드가가 그를 알현하기 위해 달려온 주변국의 군주들과 함께, 체스터에서 사도 요한 수도원으로 가기 위해 디Dee 강을 배로 거슬러 올라간 일이 있었습니다. 영국의 왕이 조정키를 잡고 나머지 8명의 군주들이 노를 젓는 이 모습을 오늘날 우리들은 노래를 지어 부르며 칭송하곤 하지요.

에드가가 던스탄과 수도사들에게 절대적으로 충성하는 모습을 보였으므로 다른 군주들은, 그를 자신들의 절대적 대표자로 쉽게 인정할 수 없었습니다. 사실, 에드가는 난봉꾼에다가 사악한 인물이었습니다. 한 번은 그가 월튼Wilton에 있는 수녀원에서 젊은 여인을 강제로 납치해오기도 했습니다. 이를 본 던스탄은 짐짓 놀란 척하며 왕에게 7년간 머리에 왕관을 쓰지 말도록 하는 벌을 내렸습니다. 그러나 필자는 감히 주장하지만, 그건 절대 징벌의 역할을 하지 않았을 겁니다. 왕에게 있어 왕관이 없다는 것은 프라이 펜에 손잡이가 없는 것보다 더 불편하지는 않았을 테니 말이지요.

왕의 통치 기간 중 최악의 사건은 왕이 엘프리다와 두 번째 결혼을 한 일이었습니다. 엘프리다의 미모에 대한 소문을 들은 왕은 아델울드를 데번셔에 있는 그녀의 아버지에게 보내서 그녀의 미모가 정말로 그토록 아름다운지 확인하고자 했습니다. 하지만 엘프리다를 만나본 아델울드는 그녀의 미모에 반해 자기가 결혼해버리고는 왕에게는, 그녀는 그저 돈이 많은 여자일 뿐이지 미인은 아니라고 거짓 보고를 했습니다. 아델울드의 진실성을 의심했던 왕은 신혼부부를 축하하기 위해 그들의 집을 방문하겠다고 했습니다. 질겁한 아델울드는 아내에게 자신이 왕을 속인 사실을 털어놓고, 왕의 분노를 살 것이 두려워, 그녀에게 미녀가 아니라 그냥 평범한 여자로 보이도록 옷매무새와 화장을 바꾸도록 했습니다. 엘프리다는 그렇게 할 것을 약속했습니다. 그러나 그녀는 야심이 많은 여자였습니다. 그녀는 신하의 부인이 되기보다는 왕비가 되고자했던 여자였습니다. 그녀는 남편의 부탁을 거절하고 가장 아름다운 옷과 보석으로 치장하고 왕을 맞이했습니다. 마침내 왕은 자신이 속은 것을 알고 친구였던 아델울드를 비난하고, 숲속에서 살해한 후 그의 못된 아내 엘프리다와 결혼했습니다. 이후 6~7년 뒤 왕은 숨을 거두고 자신이나 던스탄이 그토록 애지중지하던 글래스톤베리 수도원에 묻히게 됩니다.

이 시기에 영국은 들판으로 몰려나온 이리 떼로 인해 골머리를 앓고 있었습니다. 그래서 웨일즈 사람들에게는 공물 대신에 매년 3백 마리의 이리를 잡아 바치는 조건이 허락되었습니다. 결국 웨일즈 사람들은 공물로 바쳐야 하는 돈을 절약하기 위해 이리를 잡는 데 혈안이 되어서 4년 뒤에는 이리의 흔적을 찾아볼 수 없을 정도가 되었습니다.

　그리고 그의 마지막 모습으로 인해 '순교자'라고 불리던 어린 왕 에드워드가 왕위에 오릅니다. 엘프리다에게는 에델레드라는 아들이 하나 있었는데 그녀는 그 아들이 왕이 되어야 한다고 주장했지만 던스탄은 이를 거부하고 에드워드를 왕에 앉혔습니다.

　어느 날 어린 왕은 도셋셔 지방에서 사냥을 하다가 엘프리다와 에델레드에게 인사를 하기 위해, 일행과 홀로 떨어져서, 그들이 살고 있는 코르페 성 Corfe Castle으로 말을 몰아갔습니다. 해질녘이 되어 성 앞에 도착한 왕은 사냥 나팔을 불어 자신이 도착한 것을 알렸습니다. "폐하, 어서 오세요." 엘프리다가 나와 왕을 상냥하게 맞이했습니다. "말에서 내려 안으로 드시지요." "아니오. 부인." 왕이 말했습니다. "나의 일행들이 혹시 내게 무슨 일이 일어나지나 않았는지 걱정하며 나를 찾을 것입니다. 와인이나 한 잔 주시면 말 위에서, 이렇게 부인과 나의 어린 동생을 위해 축배를 들고 서둘러 돌아가겠습니다." 와인을 가져오기 위해 사라진 엘프리다는 무기를 들고 숨어있던 심복에게 귓속말로 뭔가를 지시했습니다. 왕이 말 위에서 컵을 입에 가져가며, 어린 아들의 손을 잡고 미소를 짓고 있는 엘프리다를 향해 "건강을 위해!"라고 외치는 순간 갑자기 나타난 엘프리다의 심복은 왕에게 뛰어올라 왕의 등을 검으로 찔렀습니다. 왕은 술잔을 떨어뜨리고 말을 몰아 달아났지만, 피를 너무 많이 흘려 얼마 못가 안장에서 떨어지고 말았습니다. 왕이 말에서 떨어지는 순간 그의 발이 등자鐙子에 걸렸고 놀란 말이 내달리는 바람에 왕의 머리가 땅바닥에 끌리게 되었습니다. 사냥꾼들이 핏자국을 따라 추적하다가 그의 말굴레를 발견하고 만신창이가 된 시신을 끌어내릴 때까지 왕은 젊고 준수한 얼굴이 길바닥에 쓸리고 돌부리와 가시덤불에 걸리며 끌려 다녀야 했습니다.

다음으로 마지막 6번째 소년 왕 에델레드가 등장합니다. 앞서의 이야기에서, 에델레드는 자신의 성 앞에서 말에 끌려가다 죽어가는 형의 모습을 보고 크게 놀라 울부짖었는데, 이를 본 어머니 엘프리다는 옆에 있던 시종의 횃불 손잡이로 에델레드를 마구 두들겨 패기도 했습니다. 그의 잔인한 어머니 때문에 사람들이 에델레드를 별로 좋아하지 않았으므로 던스탄은 에델레드 대신에 에드지타를 영국의 여왕에 앉히고자 했습니다. 에드지타는 에드가 왕과 그가 윌튼의 수녀원에서 납치한 여자 사이에서 태어난 딸입니다. 그러나 어린 왕들의 비참한 운명을 너무나 잘 알고 있던 에드지타는 그냥 수녀원에서 평화롭게 살고자 했습니다. 결국 다른 대안이 없게 되자 던스탄은 하는 수 없이 에델레드를 왕위에 앉히고 그에게 '준비되지 않은 왕THE UNREADY'이라는 별칭을 부여했습니다. 왕의 이 별칭을 통해 우리는 이 왕에게는 단호함이 부족했음을 짐작할 수 있습니다.

초기에는 엘프리다는 어린 왕에게 절대적 영향력을 행사했습니다. 그러나 시간이 흘러 왕이 나이가 들자 그 영향력은 차츰 줄어들기 시작했습니다. 오욕으로 얼룩진 과거를 가진 여인은, 더 이상 사악한 행동을 할 수 없게 되자, 궁정에서 물러나, 당시의 시류대로 교회와 수도원을 짓고 자신의 죄를 속죄하며 여생을 보냈습니다. 하늘높이 지어올린 교회가 마치 말에 끌려가며 죽음을 맞이해야 했던 어린 왕에 대한 속죄의 표시나 되는 것처럼, 그리고 생명 없는 돌덩이를 하나씩 쌓아서 만든 수도원 밑에 자신의 사악했던 과거를 묻기라도 하려는 것처럼 말입니다.

에델레드 통치 10년이 경과한 후 던스탄은 세상을 떠났습니다. 말년의 그는 더욱 엄격하고 노회한 사람이 되어갔습니다. 에델레드의 통치 기간 중에는 던스탄과 관련해서 두 가지의 큰 사건이 발생했습니다. 한번은, 성직자들의 결혼 여부를 결정짓는 토론장에서의 일이었습니다. 그는 분명히 생각에 잠겨 고개를 떨어뜨리고 있었는데, 실내의 십자가에서 어떤 음성이 들려와, 던스탄의 의견대로 결정할 것을 강요했던 겁니다. 이는 던스탄이 자신의 목소리로 어떤 술수를 부린 것이 분명했습니다. 하지만 그는 이어서 벌어진 회합에서는 그처럼 훌륭하게 청중을 속여 넘기지 못했습니다. 같은 주제를 놓고 회의가 벌어졌을 때 던스탄과 그의 지지자들은 커다란 회의실의 한쪽을 차지하고 앉았으며, 그의 반대자들은 건너편에 앉았습니다. 던스탄이 일어나서, "모든 판단을 주께 맡깁니다!"라고 외치는 순간 반대자들이 앉았던 자리가 무너져 내려서 많은 사람들이 죽고 다쳤습니다. 이제, 여러분들은 던스탄이 미리 조작을 해서 그가 신호를 하는 순간 마루가 무너지도록 했을지도 모른다는 것을 쉽게 짐작할 겁니다. 그가 앉아있던 자리는 무너지지 않았으니까요. 어쩌면 그는 정말이지 치밀한 재주를 지닌 인물이었을지 모릅니다.

그가 죽자 수도승들은 그가 성인이었다고 결론을 내리고 이후 그를 성 던스탄Saint Dunstan이라고 불렀습니다. 하지만 성 던스탄이란 호칭보다는 마차를 끄는 한 마리 말이라고 부르는 편이 훨씬 더 부르기 쉬웠을지 모릅니다.

'준비되지 않은 왕' 에델레드는 이 성인이 죽어버리자 내심 크게 기뻐했을 겁니다. 하지만 그는 혼자 남겨지면 아무 것도 할 수 없는 무기력한 왕이었으며, 그의 통치 기간은 패배와 오욕의 역사로 얼룩지게 됩니다. 지칠 줄 모르는 데인족은 스웨인의 지휘 하에 또다시 영국을 침범해서 수년간 큰 도시들을 약탈했습니다. 스웨인은 덴마크왕의 아들로 자기 아버지와 싸우고 나라에서 추방된 인물입니다. 이 바다의 무법자들을 달래 보내려고, 소심한 에델레드는 그들에게 돈을 주었습니다. 하지만 데인족은 주면 줄수록 더 많은 돈을 원했습니다. 처음에는 1만 파운드를 주었고, 두 번째로 침입해왔을 때는 1만6천 파운드를 주었으며, 그 다음 침공 때는 2만4천 파운드를 주었는데, 이런 막대한 돈을 대느라고 가엾은 영국 민중들은 세금 폭탄에 시달려야 했습니다. 그러나 여전히 데인족의 침탈이 멎지 않자 에델레는 강력한 군사력을 지닌 외국의 가문과 결혼해서 그 힘을 빌려보고자 했습니다. 그래서 그는 1002년에 노르만의 공작인 리처드의 누이인 엠마에게 구애의 손길을 보내 그녀와 결혼하게 됩니다. 엠마는 '노르만의 꽃'이라 불리던 여인입니다.

그리고 영국 역사상 전무후무한 끔찍한 일이 벌어집니다. 11월 13일에 왕의 비밀 명령에 따라 전국에 걸쳐 데인족에 대한 학살극이 자행됐던 겁니다.

남녀노소 할 것 없이 모든 데인족이 닥치는 대로 죽임을 당했습니다. 물론 데인족 중에는 영국인에게 몹쓸 짓을 한 포악한 인간들도 있었을 것이고, 오만하고 거친 행동으로 영국인의 딸과 아내들을 모욕해서 분노를 자아냈던 이들도 있었을 겁니다. 그러나 반대로 데인족 중에는 영국 여인과 결혼해서 평화롭게 살아가는, 영국인이 다된 사람들도 있었을 것이 분명합니다. 그러나 그들 모두가 무차별적으로 학살당했습니다. 그들 중에는 심지어 영국 귀족과 결혼한, 덴마크 왕의 누이 건힐다도 포함되었습니다. 그녀는 남편과 아이들이 살해당하는 것을 지켜보다가 스스로 목숨을 끊었습니다.

이 잔혹한 학살극 소식을 접한 바다 사나이들의 왕은 피의 복수극을 다짐했습니다. 그는 군대를 일으키고, 가장 거대한 규모의 함대를 동원했습니다. 그의 전사들 중에는 노예나 노인은 한 사람도 찾아볼 수 없었고, 모두가 영국에 대한 복수심에 불타오르던, 한창 젊은 나이의 자유민들이었습니다. 그들은 자신들의 동포들이 불길과 창검 아래서 처참하게 죽어갔던 11월 13일의 학살극을 결코 잊을 수 없었던 겁니다. 이리하여 바다 사나이들이 거대한 함대를 이끌고 영국 땅에 나타났습니다. 그들의 전함에는 황금 독수리, 까마귀, 용, 돌고래, 맹수들이 그려진 깃발이 펄럭이며 위용을 드러냈고, 그 모습이 측면에 걸린 방패들에 반사되어 빛나고 있었습니다. 바다 사나이들의 왕이 탄 전함에는 무시무시한 뱀 모양이 새겨져 있었습니다. 그리고 왕은 만일 그 뱀의 독이빨이 영국인의 심장을 찌르지 못한다면 신은 자신을 저버려도 좋다는 맹세를 했습니다.

　데인족 왕의 맹세는 들어맞기 시작했습니다. 엑세터 인근에 상륙한 수많은 전사들은 가는 곳마다 영국을 황폐화시켰습니다. 그들은 영국을 자신들의 땅으로 만들 것이라는 징표로 병장기를 영국의 땅에 꽂고 강물에 던졌습니다. 침략자들은, 학살극이 자행됐던 검은 11월을 기리는 뜻으로, 가는 곳마다 색슨족에게 자신들을 위해 연회를 베풀도록 한 다음, 양껏 먹고 마시고 난 다음 저주를 퍼부으며 그들을 살해해버렸습니다. 이 전쟁은 무려 6년간이나 계속됐습니다. 농작물과 농가와 헛간, 제분소, 곡식 창고 등이 불탔으며, 들판에서는 농민들이 죽어나갔고, 씨를 뿌릴 수도 없어서 기근과 아사가 줄을 이었습니다. 한때 위용을 자랑하던 도시에는 폐허와 연기만이 나부낄 뿐이었습니다. 이 비극의 대미를 장식한 것은 영국 관리들의 매국적 행위였습니다. 심지어는 에델레드의 최측근조차도 배반 행위에 가담했습니다. 그들은 조국을 배반하고 영국의 함선들을 빼돌려서 해적들의 품에 안겼습니다. 엎친 데 덮친 격으로 폭풍우가 불어와 영국 해군은 전멸하다시피 했습니다.

　이 국난에서는 오로지 한 사람의 영웅만이 빛을 발하며, 국가와 허약한 왕을 위해 활약했습니다. 그는 용맹한 성직자 캔터베리 대주교였습니다. 그는 데인족의 포위망에 맞서 20일 동안 도시를 지켜냈으며, 반역자가 있어 성문이 열리고 적들이 들이닥쳐 포로가 되었을 때도, "고통 받는 민중들을 착취한 돈으로 목숨을 구걸할 생각이 없으니 당신들 하고 싶은 대로 하시오."라며 뜻을 굽히지 않았습니다.

　여러 차례의 강요에도 주교가 민중들의 돈으로 자유의 몸이 될 생각이 없다는 뜻을 굽히지 않자, 마침내 지쳐버린 데인족은 시끌벅적한 술판을 벌인 다음 주교를 끌고 나왔습니다.

　"자, 주교나리. 금을 내 놓으시오."

　대주교는 주위를 둘러보았습니다. 주변에는 덥수룩한 턱수염으로 뒤덮인 많은 사람들이 자신을 내려 보고 있었습니다. 마침내 때가 왔음을 그는 느낄 수 있었습니다.

"나는 금이 없소." 대주교는 대답했습니다.

"내놓으란 말이야!" 그들은 벼락같이 소리를 질렀습니다.

"계속 말했듯이, 난 그럴 수 없소." 대주교는 단호하게 대답했습니다.

그들이 대주교의 주변으로 몰려들며 협박했지만 그는 끔쩍도 하지 않았습니다. 그러자 한 사람이 그를 때렸고, 연달아 다른 이들도 그를 때렸습니다. 그리고 어떤 병사 하나가 구석에 놓여있던 소의 커다란 뼈를 들

캔터베리 대주교와 데인족

더니(구석에는 저녁을 먹고 난 후 소의 뼈 조각들이 아무렇게나 늘어져 있었습니다.), 욕을 하며 대주교의 얼굴을 향해 던졌습니다. 대주교의 얼굴에서는 피가 흘러나왔습니다. 이번에는 다른 병사들이 연달아 소뼈를 던졌고, 쓰러진 주교를 두들겨 패기 시작했습니다. 이 폭행은 어떤 병사 하나가 도끼로 최후의 일격을 가할 때까지 계속되었습니다. 그 병사는 대주교에게 세례를 받았던 인물로서, 필자는 그가 대주교의 고통을 한시라도 덜어주기 위해 그렇게 했다고 믿고 싶습니다.

에델레드 왕에게 이 대주교를 필적할만한 용기가 있었다면 그는 무슨 일이든지 했을 겁니다. 그러나 대신에 그는 비겁하게도 데인족에게 4만8천 달러라는 돈을 바쳤는데, 그러고서도 얻어낸 것은 별로 없었습니다. 스웨인은 곧바로 영국을 전역을 점령하기 위해 기세를 몰아갔습니다. 결국 왕에 대한

충정이 식어버리고, 자신들의 가련한 처지를 돌보지 못하는 국가에 대한 미움 때문에 민중들은 이번에는 스웨인을 자신들을 해방시켜 줄 인물로 환영하게 되었습니다. 런던은 왕이 굳건히 버텼다면 끝까지 충절을 지켰을 것입니다. 그러나 왕이 도주해버리자 런던도 데인족을 반갑게 맞이했습니다. 그리고 모든 것이 끝나버렸습니다. 왕은 국외로 탈출해서, 이미 왕비와 왕자들을 보호해주고 있던 노르만 공작에게로 피신해버렸습니다.

자신들의 가련한 처지에도 불구하고 영국 민중들은 위대했던 왕 알프레드와 색슨족을 잊을 수 없었습니다. 스스로 영국의 왕이라고 선언했던 스웨인이 즉위한지 한 달 남짓 만에 죽어버리자 영국 사람들은 에델레드에게 사람을 보내서, 그가 전보다 국가를 잘 운영할 의사만 있다면 그를 다시 자신들의 왕으로 받아들이겠다는 전갈을 보냈습니다. '준비되지 않은' 에델레는 자신이 직접 오는 대신 아들인 에드워드를 보내서 승낙을 표했습니다. 마침내 그는 다시 돌아와서 영국의 왕이 되었고, 데인족은 스웨인의 뒤를 이어 그의 아들인 카뉴트가 왕위를 물려받았습니다. 결국 가공할 전쟁이 다시 시작되이 '준비되지 않은 왕'이 죽을 때까지 3년간 지속됐습니다. 필자는 그의 통치 기간 38년 동안 노대체 무슨 좋은 일이 있었는지 찾아볼 수가 없습니다.

그러면 영국의 왕권은 카뉴트에게로 돌아갔을까요? 적어도 색슨족은 그렇게 받아들이지 않았습니다. 색슨족에게는 거대한 몸집을 소유하고 힘이 장사인, '강철왕IRONSIDE'이라는 별칭을 지닌, '준비되지 않은 왕'의 아들 에드먼드가 있었습니다. 카뉴트와 에드먼드는 그때부터 싸움을 시작해서 다섯 차례의 전투를 치렀습니다. 아, 불쌍한 영국이여! 도대체 언제나 전쟁의 참화에서 벗어날 수 있을 것인가! 그러다가 대인大人이었던 에드먼드가 소인小人이었던 카뉴트에게 단 둘이 만나서 결투할 것을 제안했습니다. 만일 카뉴트가 덩치가 컸다면 이 제안을 받아들였을지 모르지만, 그는 단호하게 거절했습니다. 하지만 카뉴트는 대신에 왕국을 분할해서 나눠 갖자는 제안을 했습니다. 워틀링 스트리트Watling Street(과거 로마군의 군사용 도로였던, 도버에서 체스터까지의 도로를 그렇게 불렀습니다.)의 북쪽은 전부 자기가 차지하고, 그 남쪽은 '강철왕'이 가져가는 조건이었습니다. 대부분의 사람들이 계속되는 유혈극에 넌더리를 치고 있었으므로 이 제안은 성사되었습니다. 하지만 '강철왕'이 갑자기 두 달 만에 죽어버리자 카뉴트가 곧바로 영국의 유일한 왕이 되었습니다. 어떤 사람들은 카뉴트가 술책을 부려 에드먼드를 죽였다고 생각하지만 이는 확신할 수는 없는 말입니다.

제5장
카뉴트와 데인족
ENGLAND UNDER CANUTE THE DANE
[생몰 : ?~1035,   재위 : 1016~1035]

카뉴트[1]는 18년간 통치했습니다. 그는 처음에는 잔인한 왕이었습니다. 그는 고인이 된 왕의 친지들을 제거하기도 했고, 색슨족의 부족장들에게 자신을 인정해준다면 정의롭고 훌륭한 왕이 되겠다는 약속을 한 후에도 색슨족의 부족장들을 욕하고 살해했습니다. 그는 다음과 같은 말을 즐겨 했다고 합니다. "나는 적의 목을 가지고 오는 사람을 형제보다 더 중요하게 생각한다." 실제로 그는 적을 살육하는 데 무자비함을 드러냈으므로 그의 주변에는 형제보다 중요한 인물이 넘쳐났을 겁니다. 카뉴트는 '강철왕'의 두 아들인 에드먼드와 에드워드를 살해하고자 했습니다. 하지만 그는 영국에서 전왕의 두 아들을 죽이는 일이 만만치 않음을 알고, 그들을 스웨덴 왕에게 보내 '처리'해달라고 요청했습니다. 만일 스웨덴 왕이 당시의 보통 사람들 같았다면 왕자들의 가엾은 목숨을 처치해버렸을 겁니다. 하지만 그는 인자한 왕이어서 그들을 잘 키워주었습니다.

노르만은 카뉴트에게는 항상 마음의 부담을 주는 존재였습니다. 그곳에는 고인이 된 왕의 두 아들 에드워드와 알프레드가 있었고, 그들의 삼촌인 노르만 공작이 어느 날 불쑥 그들의 왕권을 주장할 수도 있었기 때문입니다. 그러나 공작은 별로 그러고 싶은 마음이 없었습니다. 오히려 그는 카뉴트에게 미망인이 된 자신의 누이, '준비되지 않은 왕'의 부인과 결혼할 것을 제안했습니다. 그저 한 송이의 꽃처럼, 치장만 하면서 다시 왕비가 되고자 하는 소망 외에는 없던 그녀는 아이들을 남겨두고 카뉴트와 결혼하는 데 성공하게 됩니다.

외국과의 전쟁에서 영국인들의 용맹함에 힘입고, 국내에서는 별로 큰 문젯거리가 없었으므로 카뉴트는 번영을 이루고 많은 치적을 남겼습니다. 그

---

1 영국(1016~35)과 덴마크(1018~35), 그리고 노르웨 (1028~35)를 다스린 데인족 왕. 그는 영국 왕 에드먼드 II 세를 물리쳤지만, 에드먼드 사후까지 영국을 분할통치했음. 뛰어난 통치자로 스코틀랜드를 침공하기도 했고(1027), 노르웨이에서 올래프 II 세Olaf II를 몰아내기도 했음.(1028)

카뉴트와 아첨하는 신하들

는 시인이고 음악가였습니다. 그는 나이가 들어가면서 점점 자신의 집권 초기에 뿌려야 했던 피비린내를 씻고자 했고, 순례자의 복장을 하고 로마에 다녀오기도 했습니다. 그는 영국인들로부터 거둔 많은 돈을 여행 도중에 외국인들에게 뿌리고 다녔습니다. 하지만 그는 정적政敵이 없어지자 확실히 성군이 되었으며, 한동안은 영국에서 가장 위대한 왕으로 남게 되었습니다.

카뉴트의 이야기를 전하는 과거 역사가들은, 신하들의 아첨에 역겨움을 느낀 왕이 어느 날 바닷가에 의자를 가져다놓도록 하고 파도를 향해서 '내가 이 땅의 왕이므로 너희는 내 옷을 적셔서는 안 된다.'고 명령하는 모습을 전하고 있습니다. 물론 파도는 개의치 않고 왕의 옷을 적셨을 겁니다. 그리고 왕은 아첨꾼들에게 돌아서서, "바다를 향해 '네가 여기까지 오고 넘어가지 못하리니!'[2]라고 명령할 수 있는 조물주에 비하면 하찮은 왕의 세속적 권능이 얼마나 보잘 것 없는지 아는가?"라며 그들을 꾸짖었다고 합니다. 우리는 이 이야기에서 자그마한 재치라도 왕이 발휘하면 큰 반향을 불러일으킨다는 사실을 알 수 있습니다. 하지만 아첨꾼들의 아첨은 쉽게 고쳐지지 않을 것이며, 그런 아첨을 좋아하는 왕의 습성도 쉽게 바뀌지는 않는다는 사실을

2　구약'성경 욥기 38장 11질

우리는 잘 알고 있습니다. 카뉴트의 신하들이, 왕이 아첨을 싫어한다는 사실을 이미 알았다면 그들은 아첨 일변도의 태도보다는 더 건강한 모습을 보였을 겁니다. 나아가 신하들이, 왕이 그런 모습을 연출한 것이 그저 그의 자만심의 표출이라고 받아들이지 않았다면 (만일 그 장면이 똑똑한 어린 아이가 연출한 것이라면 참으로 경탄할 모습이긴 합니다.) 그들은 그 뒤로도 반복적으로 아첨을 해야 하는 괴로움을 겪지는 않았을 겁니다. 필자는 바닷가에서 왕의 둘레에 모여 왕의 재치를 바라보며 짐짓 탄복하는 신하들의 모습을 그려봅니다.

'여기까지만 오고 넘어가지 못하리라.'는 명령은 바다에만 국한되는 것이 아닙니다. 이 위대한 명령은 지구상의 모든 왕들에게 미치며, 1035년의 카뉴트에게도 그대로 적용되어 그도 죽을 수밖에 없었습니다. 그의 마지막 순간에는 그의 노르만 부인이 자리를 함께 했습니다. 어쩌면 자신의 마지막 모습을 부인이 지켜보았기 때문에, 그는 오래전부터 가지고 있던 노르만에 대한 불신을 떨쳐버리지 못하고, 노르만의 삼촌에게 피신해있던 두 왕자에 대한 생각을 머리에 떠올렸을지 모릅니다. 노르만에는 데인족과 색슨족으로부터 버림받은 두 왕자가 자라고 있었으며, 노르만의 먹구름이 서서히 영국을 향해 이동 중이었습니다.

제6장
'토끼 발' 헤럴드와 하디카뉴트 그리고 '참회왕' 에드워드
ENGLAND UNDER HAROLD HAREFOOT, HARDICANUTE, AND EDWARD THE CONFESSOR
[생몰 : ?~1040,　재위 : 1035~1040]

'토끼 발' 헤럴드

카뉴트는 세 명의 아들을 남겼는데, 스웨인과 헤럴드 그리고 하디카뉴트가 그들입니다. 하지만 이들 중 한때 '노르만의 꽃'이라 불렸던, 왕비인 엠마가 낳은 아들은 하디카뉴트 뿐이었습니다. 카뉴트는 생전에 자신의 영토가 삼등분되어 통치되기를 바랐고, 헤럴드가 잉글랜드를 차지하기 원했습니다. 하지만 막대한 부를 지녔던 귀족 고드윈 백작의(그는 가난한 목동 출신으로 알려져 있습니다.) 영도 하에 있던 잉글랜드 남부의 색슨족은 이에 반대하고 대신에 하디카뉴트나 노르만에 망명 중이던 두 왕자 중의 하나가 통치해주기를 바랐습니다. 이 문제를 해결하려면 보나마나 또 유혈극이 벌어졌을 겁니다. 많은 사람들이 정든 땅을 떠나 숲이나 늪지대로 피난을 가야했겠지요. 하지만 다행히도 모든 문제를 옥스퍼드에서 열리는 대회의에서 결정하기로 일치를 보았습니다. 이 회의에서 헤럴드(헤럴드 I 세)가 템스 강을 중심으로 (런던을 수도로 하는) 북부 전체를 차지하고 하디카뉴트는 남부 전체를 차지하가로 결정했습니다. 분쟁은 잘 조정되었으며, 하디카뉴트는 덴마크에서 먹고 마시는 일 외에는 신경 쓰지 않았으므로 그의 어머니와 고드윈 백작이 대신 통치했습니다.

새로운 질서가 막 출범하고 두려움에 떨던 사람들이 피신처에서 집으로 돌아오자마자 망명 중이던 왕자 중의 형인 에드워드가 추종자들을 데리고 노르만에서 영국으로 돌아와 왕권을 주장하기 시작했습니다. 하지만 마지막 왕자 하디카뉴트만을 애지중지하던 그의 어머니 엠마는 그가 기대하던 대로 그를 지지하기는커녕 모든 수단을 동원해 극렬히 반대했으므로 그는 무사히 귀환한 것에 만족해야 했습니다. 그러나 그의 동생 알프레드는 다른 운명을 맞이했습니다. 사랑이 듬뿍 담긴 어머니의 편지를 받고(그 편지가 정말로 엠마로부터 배달된 것인지는 확실하지 않습니다.) 알프레드는 일단의 군대를 거느리고 영국의 켄트 주 해안으로 상륙을 시도해서 고드윈 백작의 환대를 받았습니다. 그는 서리 주의 길드포드 시까지 전진해서 밤이 되어 휴식을 취하게 됩니다. 이때까지 고드윈 백작은 그들과 함께 하며 숙식을 제공했습니다. 그러나 그들은 한밤중에 경비병도 철수하고, 오랜 여정으로 피로가 겹친 데다, 저녁을 배불리 먹은 상태에서 뿔뿔이 흩어져 깊은 잠에 빠져 있다가 왕의 군대의 습격을 받고 포로가 됩니다. 다음날 600명이나 되는 알프레드의 호위병들은 일렬로 늘어선 상태에서 무지막지하게 폭행을 당하고 죽음을 맞이해야 했습니다. 매 열 번째 병사들만이 살아남아 노예로 팔려갔습니다. 만신창이가 된 왕자 알프레드로 말할 것 같으면, 발가벗겨진 채 말에 매달려서 일리 섬으로 보내졌습니다. 그는 며칠이 지나지 않아 그곳에서 눈이 튀어나온 채 죽어가야 했습니다. 필자는 고드윈 백작이 의도적으로 알프레드를 함정에 빠뜨렸다고 확신할 수는 없지만 그럴만한 개연성은 충분하다고 믿습니다.

캔터베리 대주교의 용인이 있었는지 아닌지는 확실하지 않지만 (성직자의 대부분이 색슨족이어서 그들은 데인족에게 우호적이지 않았습니다.) 이제 영국 전체에 걸쳐 헤럴드가 왕이 되었습니다. 왕관을 썼든지 못 썼든지, 대주교의 허락이 있었든지 없었든지, 그는 4년이라는 짧은 기간 동안 왕위에 있다가 죽었습니다. 평생에 사냥 외에는 별달리 해본 일이 없는 헤럴드는 대단히 빠른 발을 소유히고 달리기를 운동 삼아 슬겼으므로 사람들은 그를 '토끼 발' 헤럴드라고 불렀습니다.

이때 하디카뉴트는 플랑드르 지방의 브루제에서 그의 어머니와 함께 (그녀는 알프레드 왕자를 잔인하게 살해한 후 그곳으로 건너가 있었습니다.) 영국을 침공할 음모를 꾸미고 있었습니다. 왕이 사라져버린 데인족과 색슨족은 새로운 싸움이 일어날 것을 두려워해서 하디카뉴트와 제휴하고 왕이 되어줄 것을 요청했습니다. 그는 이를 받아들인 후 곧바로 사람들에게 고통을 안겨주게 됩니다. 그가 많은 수의 데인족을 끌어들이고 측근들의 탐욕을 위해 감당할 수 없는 세금을 부과했으므로 수많은 폭동이 일어났습니다. 특히 사람들은 우스터에서 폭동을 일으켜 세금 징수원들을 살해했는데 왕은 보복으로 그 도시를 불살라버렸습니다. 하디카뉴트는 잔인한 왕이었습니다. 그가 처음으로 행한 공적인 행위는 가엾은 왕 '토끼 발' 헤럴드의 무덤을 파헤쳐 그의 목을 베고 시체를 강에 버린 일이었습니다. 그의 마지막은 처음과 어울리게 끝이 났습니다. 그는 램버스에서 열린 자신의 데인족 기수旗手 토우웨드의 결혼식 피로연에 참석해서, 한 손에 술잔을 들고 취한 채 쓰러져서 다시는 일어나지 못했습니다.

왕위는 이후에 수도사들에 의해 '참회왕(懺悔王, the Confessor)'이라고 불리던 에드워드에게로 넘어갔습니다. 에드워드가 한 첫 번째 행위는 자신을 별로 탐탁지 않게 생각했던 어머니 엠마에게 은전을 베풀어 그녀가 시골에 내려가 편안히 지낼 수 있도록 해준 일이었습니다. 엠마는 그곳에서 10년을 보내다가 여생을 마쳤습니다. 그는 망명자로 어린 시절을 보내야 했고, 그의 형은 부당하게 살해당하기도 했습니다. 하디카뉴트 왕은 2년의 짧은 재임 기간 동안 에드워드를 노르만으로부터 초청해, 융숭한 대접을 해주기도 했었습니다.

에드워드는 강력한 권력을 쥐고 있던 고드윈 백작의 지원을 받고 왕의 자리에 오르게 되었습니다. 사람들은 알프레드 왕자가 잔인하게 살해된 배경에는 고드윈 백작이 도사리고 있다는 의구심을 버리지 않았고, 실제로 그는 그 문제로 재판을 받기도 했지만 왕에게 바친 선물 덕택으로 무죄 방면되었습니다. 그는 순금 이물 머리 장식이 달린, 전체를 금박으로 입힌 값비싼 배를 왕에게 선물했는데, 그 배에는 80명의 선원이 무장을 한 채 시중을 들고 있었습니다. 백작은, 새로운 왕이 자신에 대한 사람들의 미움을 무마시키는 데 도움을 줄 수 있다면, 자신의 권력을 이용해 새로운 왕을 지지하는 것도 나쁜 일은 아닐 것이라 판단했습니다. 그래서 그들은 서로 의견일치를 보았고 '참회왕' 에드워드는 왕좌를 차지하게 되었습니다. 백작은 더 많은 권력과 더 많은 토지를 가질 수 있게 되었고, 백작과 에드워드의 계약 조건에 그렇게 되어있었으므로 백작의 딸 에디씨는 왕비가 되었습니다.

에디싸는 지적이고, 부드럽고, 상냥
하고, 아름다운 여인이었습니다. 그러
나 그녀가 모든 면에서 사랑받을 만한
여인이긴 했지만 왕은 그녀에게 눈길
을 주지 않았습니다. 이런 냉대에 수
모를 느낀 왕비의 아버지와 오빠들은
왕을 모함하기 위해 자신들이 할 수 있
는 모든 일을 했습니다.

노르만에서 너무 오랜 세월을 보낸
왕 에드워드는 영국보다 노르만을 더
좋아했습니다. 그는 노르만 인이 대주
교나 주교들이 되도록 했고, 관료들이
나 측근들도 모두 노르만 사람이었습

'참회왕' 에드워드

니다. 그는 또 노르만 식 유행이나 말투를 퍼뜨렸고 국가의 업무를 볼 때도
노르만 방식을 따라 해서, 문서를 봉할 때 커다란 봉인을 사용하기를 즐겨했
습니다. 그때까지 색슨족 왕들은 서명할 때, 배운 것 없는 무지렁이 민중들
과 마찬가지로 그서 십자가 표시를 하는 정도였습니다. 강력한 권세를 누리
던 고드윈 백작과 그의 여섯 아들들은 왕의 이러한 습성 모두가 영국을 무시
한 데서 비롯한 것이라고 민중들을 선동했습니다. 이렇게 해서 백작의 권력
은 나날이 늘어가고, 왕의 권력은 나날이 줄어들었습니다.

에드워드의 통치 8년째 접어드는 해에 고드윈 백작에게는 커다란 기회가
찾아오는 듯했습니다. 왕의 여동생과 결혼한 볼로냐의 유스타스 백작이 영
국을 방문했을 때의 일입니다. 궁정에서 한동안 머물던 유스타스 백작은 수
행원들을 대동하고 귀향길에 올랐습니다. 그들은 도버에서 배를 탈 예정이
었습니다. 무장을 한 채 그 아름다운 도시에 입성한 그들은 대형 저택들을
함부로 차지하고서는 돈도 지불하지 않고, 술과 잠자리를 제공할 것을 요구

하며 시끄럽게 떠들어댔습니다.

이때 도버에는 어떤 용감한 시민이 하나 있었는데, 그는 그들이 갑옷과 창검을 짤그랑거리며 시끄럽게 돌아다니거나, 자신의 집 음식을 마구 먹어대는 모습을 견딜 수가 없어서 대문 앞에 서서 그들 일행 중 먼저 도착한 기사가 들어오지 못하도록 막았습니다. 이에 그 기사는 화가 나서 그 사람에게 매질을 가했고 도버의 용감한 그 남자는 그 기사를 때려죽여버렸습니다. 이 소식은 길거리에서 말에 올라타기 위해 대기 중이던 유스타스 백작 일행의 귀에 들어갔고 그들은 급히 말을 몰아 그 집에 당도해서는 집을 포위하고 쳐들어가, 그 남자를 살해했습니다. 그리고 그들은 여새를 몰아 거리로 몰려나와 사람들을 남녀노소 할 것 없이 학살하기 시작했습니다.

여러분이 짐작하는 바대로, 그들의 이런 야만적 행위는 얼마 오래가지 못했습니다. 분노한 도버 시민들이 그들을 공격하기 시작했고, 19명을 처단하고, 더 많은 숫자에게 상해를 입혔습니다. 그리고 그들은 이방인들이 배에 오르지 못하도록 길을 차단해버렸습니다. 이렇게 되자 유스타스 백작은 에드워드가 노르만 귀족 및 노르만 성직자들과 함께 머물고 있던 글로스터로 급히 말을 몰아, "폐하, 저의 일행들을 공격하고 살해한 저 도버의 무리들에게 정의의 심판을 내려주소서!"라고 울부짖었습니다.

왕은 마침 도버 근처에 있던 고드윈 백작에게, 도버가 그의 통치 하에 있는 도시라는 것을 보여주라며, 도버로 달려가 시민들을 혼내줄 것을 명령합니다. 하지만 백작은, "폐하께서 보해해주겠다고 약속한 민중들을 자세한 사정도 들어보지 않고 처벌하는 것은 폐하답지 않은 행동입니다. 저는 명령에 따를 수 없습니다."라며 거절했습니다.

그러자 왕은 백작에게 당장 달려와 불충한 이유를 고하지 않으면 재산과 직위를 몰수하고 추방하겠다고 협박했습니다. 그러나 백작은 왕에게 나아가기를 거부했습니다. 그의 장남 헤럴드와 차남 스웨인은 최선을 다해 군사를 동원해서 싸울 준비를 하면서, 한편으로 '유스타스 백작과 그 일행은 국가의 질서에 굴복해야 한다.'고 주장했습니다. 이번에는 왕이 유스타스 백작

패거리들을 내어주기를 거부하고 군대를 동원했습니다. 서로 협정을 맺는 등 밀고 당기기를 하는 와중에 시간이 흐르면서 고드윈 백작과 그의 아들들의 군세가 서서히 줄어들기 시작했습니다. 결국 백작은 가족들과 재산을 가지고 플랑드르 지방으로 도피했고, 헤럴드는 아일랜드로 달아나야 했습니다. 이렇게 해서 위대한 가문의 권력이 한동안 영국에서 자취를 감추게 됩니다. 그러나 사람들은 그들을 완전히 잊은 건 아니었습니다.

이리하여 비열함의 극치를 보이던 왕 에드워드는, 한때 강력한 권세를 부리던 가족의 딸이자 자신의 부인인, 아무 죄 없는 여인의 모든 재산을 빼앗고 단 한명의 시종을 붙여서 어두운 수녀원에 가둬버립니다. 그녀의 남편과 그의 수도승들만 빼고 모든 사람들은 그녀를 가엾게 생각했습니다. 그 수녀원에는 왕의 여동생이 수녀원장으로서 교도소장 노릇을 하고 있었습니다.

자신의 앞길에 고드윈 백작과 여섯 아들이 사라지자 왕은 더욱더 노르만 인들에게 기울어지게 됩니다. 그는 노르만의 공작 윌리엄을 초대합니다. 윌리엄은 오래 전에 왕과 비참한 운명을 맞이해야 했던 그의 형을 받아주었던 바로 그 공작의 아들입니다. 윌리엄의 어머니는 농촌 소녀 출신으로 가죽 무두장이의 딸이었는데, 공작은 시냇가에서 빨래하는 그녀의 모습을 보고 한눈에 반해서 사랑에 빠졌습니다.

말과 개 그리고 무기를 좋아했던 위대한 전사 윌리엄은 에드워드 왕의 초청을 받아들입니다. 그리고 윌리엄이 수행원들을 대동하고 도착하자 이에 고무되고, 왕실로부터도 한층 더 귀한 대접을 받게 된 노르만 인들은 영국인들에게 더욱 오만하게 대했고, 영국인들은 그런 그들을 더욱 싫어하게 됐습니다.

노년의 고드윈 백작은 비록 몸은 해외에 있었지만, 돈을 이용해 첩자들을 파견해서 영국의 사정을 정탐해오고 있었기 때문에 민중들이 어떤 생각을 하고 있는지 잘 알고 있었습니다.

백작은 드디어 때가 왔다고 생각하고, 노르만에 미쳐있는 왕을 몰아내기 위해 싸움을 준비하기 시작했습니다. 이와 함께 그는 자신의 가장 용맹스런 아들이 있는 와이트 섬으로 달려가 아들과 합류한 후 템스 강을 거슬러 서더크를 향해 항진해갔습니다. 그러자 엄청난 사람들이 몰려나와, 영국의 고드윈 백작과 헤럴드에 지지를 보내고 노르만 패거리들을 반대하는 함성을 질러댔습니다.

왕은 처음에는, 수도승들이 주변에 포진해있는 다른 왕들이 의례 그런 것처럼, 현실에 눈감거나 완강한 태도를 보였습니다. 그러나 사람들이 고드윈 백작과 그의 아들 주변에 구름떼처럼 모이고 백작이 자신과 그 가족의 무혈 입성을 선언하자 왕은 마침내 경계의 눈빛을 보내게 됩니다. 그리고 캔터베리의 노르만 대주교와 런던의 노르만 주교는 추종자들에 둘러싸여 런던을 뚫고, 낚싯배에 몸을 싣고, 에섹스에서 프랑스로 탈출했습니다. 다른 노르만 무리들은 각자 뿔뿔이 흩어져버렸습니다. 노년의 고드윈 백작과 스웨인을 제외한 아들들은(스웨인은 죄를 저질렀기 때문에 배제되었습니다.) 다시 예전의 지위와 존엄을 되찾을 수 있었습니다. 지각없던 왕에 비해 아름답고 덕성 있던 왕비 에디싸는 감옥과 같았던 수녀원에서 풀려나, 자신을 지켜줄 사람이 아무도 없을 때 왕이 강탈해간 보석을 되찾아, 다시 치장하고 승리의 기쁨으로 왕비의 자리에 다시 앉을 수 있었습니다.

노년의 고드윈 백작은 승리의 기쁨을 오래 누릴 수 없었습니다. 그는 3일 만에 왕의 식탁에서 발작을 일으키고 쓰러져 죽었습니다. 이어서 헤럴드(헤럴드II세)가 아버지의 뒤를 이어 권력을 잡았고, 그는 민중들에 대한 애정에 있어서는 아버지를 훨씬 능가했습니다. 그는 뛰어난 무훈을 세우고 피비린내 나는 싸움을 통해 정적들을 제압해 갔습니다. 그는 특히 스코틀랜드의 반역자들을 굴복시키는 데 열성적이었습니다. 이 시기는 수백 년 뒤에 섹스피어가 그의 위대한 희곡을 통해 맥베스가 덩컨 왕을 살해하는 장면을 연출

했던 바로 그 때입니다. 그리고 헤럴드
는 지칠 줄 모르던 웨일즈의 왕 그리피
스를 처치하고, 그의 목을 영국으로 가
져오기도 했습니다.

한편 헤럴드는 폭풍우에 휘말려 프랑
스 해안가로 휩쓸려간 일이 있었는데,
그때 그가 바다에서 무슨 일을 하고 있
었는지는 확실하지 않으며 별로 중요한
이야기도 아닙니다. 어쨌든 그의 배가
폭풍우에 바닷가로 밀려갔고, 그가 포로
신세가 되었다는 것만은 분명합니다. 야

헤럴드II세

만의 시기였던 당시에는 난파선들은 무조건 포로가 되어 몸값을 지불해야
했습니다. 그래서 폰티우Ponthieu의 영주인 가이라는 백작이 헤럴드를 붙잡아
서 돈을 벌어보려 했습니다. 하지만 헤럴드는 노르만의 윌리엄 공작에게 소
식을 보내 이런 부당한 처사에 항의했습니다. 그리고 이 소식을 접한 공작
은 헤럴드를 호위해서, 고대 도시인 루앙으로 안내하도록 한 다음 융숭한 대
접을 했습니다.

현재의 일부 역사가들은, '참회왕' 에드워드가 자식이 없는 상태에서 늙게
되자, 노르만의 윌리엄 공작을 후계자로 지목하는 유언장을 작성한 후, 이
러한 사실을 공작에게 통보했다고 밝히고 있습니다. 에드워드가 후계자 문
제로 고심했던 것은 분명해보입니다. 왜냐하면 그는 심지어는 '강철왕'의 아
들인 '무법자' 에드워드를 해외에서 불러들여놓고 막상 그가 아내와 세 명의
자식과 함께 영국으로 들어오자 그를 만나기를 거부하기도 했을 정도로 생
각이 많았기 때문입니다.

'무법자' 에드워드는 런던에 입성해서 갑자기 죽어버려 성 바울 대성당에

묻히게 됩니다.(그 시절 왕자들이란 그렇게 갑자기 죽어버리는 일이 흔했습니다.) 노르만 사람을 좋아했던 왕이, 윌리엄 공작이 영국의 왕실에 머무를 적에 그에게 왕권을 노려볼 것을 권했기 때문에 왕의 유언장에는 그런 내용이 들어있었을 겁니다. 그리고 윌리엄 공작도 확실히 그런 야망을 가지고 있었지만 헤럴드의 강력한 힘이 두려워, 귀족들을 소집해서 회의를 연 후, 자신의 딸인 아델레와 헤럴드의 결혼을 추진했습니다. 딸을 헤럴드에게 넘겨주면서 윌리엄은 에드워드 왕이 죽게 되면 영국의 왕위는 자신이 차지가 될 것이며, 그때 헤럴드는 자신을 도와야 한다고 주장했습니다. 공작의 위세에 눌린 헤럴드는 미사 경본經本에 대고 맹세를 했습니다. 헤럴드가 맹세를 할 때 미사 경본을, 탁자 위가 아닌, 죽은 사람들의 뼈로 가득 찬 뚜껑이 열린 커다란 통 안에 놓았다는 점은 수도사들이 미신을 숭상했다는 좋은 징표가 됩니다. 마치 위대한 창조주의 이름이 던스탄의 해골들로 인해 더욱 장엄하게 보이기라도 했던 듯이 말입니다.

헤럴드가 영국으로 돌아온 지 한두 주가 지나 음울했던 늙은 왕 '참회왕'은 죽은 채 발견되었습니다. 그는 노쇠한 노인처럼 정신적으로 방황하다가 사라져갔습니다. 왕은 살아생전에 모든 것을 수도사들의 손에 맡겼으므로 그가 죽었을 때 수도사들은 그를 열광적으로 칭송했습니다. 수도사들의 사기 행각은 왕의 생전에 이미 왕이 기적을 행했다고 퍼뜨리기도 했고, 왕을 만지면 피부병이 낫는다는 거짓을 지어낼 정도였습니다. 이는 이후 '연주창King's Evil을 치료하는 손길'이라 불리며 왕실의 전통으로 자리 잡게 됩니다. 하지만 여러분들은 진실로 병자를 고치는 분이 누구인지 알 것이며, 그의 이름은 세속의 왕들의 퇴색한 이름들에서는 결코 찾아볼 수 없는 분임을 알 것입니다.

제7장
헤럴드 Ⅱ세와 노르만의 침략
ENGLAND UNDER HAROLD THE SECOND, AND CONQUERED BY THE NORMANS
[생몰 : 1022(?)~1066,　재위 : 1066년]

노르만의 윌리엄 공작의 경계에도 불구하고 왕위에 오른 헤럴드 Ⅱ세

헤럴드는 눈물 많던 왕 '참회왕'이 죽던 바로 그날 왕위에 올랐습니다. 그에게는 서둘러서 왕권을 차지해야 할 이유가 있었습니다. 루앙의 사냥터에서 사냥 중이던 노르만의 윌리엄 공작은 이 소식을 듣자 귀족 회의를 열고 곧바로 헤럴드에게 사절을 보내, 약속을 지키고 왕위에서 내려올 것을 요구했기 때문입니다. 물론 헤럴드가 그 말을 들을 리가 없었습니다. 결국 프랑스의 남작들이 영국을 침공하기 위해 윌리엄 공작의 주위에 모여 동맹을 결성했습니다. 이 자리에서 윌리엄 공작은 영국의 재산과 영토를 그들에게 무상으로 나눠주겠다고 약속했습니다.

교황은 성 베드로의 머리카락이 들어있는 반지와(교황은 그것이 틀림없는 성 베드로의 머리카락이라고 장담했습니다.) 성스러운 깃발을 노르만에 보냈습니다. 그는 공작의 원정에 축복을 보내고 헤럴드를 저주했습니다. 교황은 또 노르만 사람들이 교황청에 헌금[1]을 바치거나 교황 자신에게 해마다 일 년에 1페니씩(여건이 허락한다면 이후에 증액하는 조건으로) 세금을 내도록 요구했습니다.

이때 플랑드르 지방에는, 노르웨이 왕 헤럴드 하드라다의 가신 노릇을 하던, 헤럴드의 반역자 동생이 하나 있었습니다. 이들 두 사람은(노르웨이 왕과 헤럴드 왕의 동생) 윌리엄 공작의 도움을 받아 영국을 침공해서, 영국의 귀족들과 전투를 벌여 승리를 거두고 요크 지방을 포위해버렸습니다. 헤이스팅스 해안에서 노르만 인들과 전투를 준비하던 헤럴드는 이 소식을 접하고 방향을 바꿔 더웬트Derwent 강의 스탬포드 다리Stamford Bridge로 진격해 들어갔습니다.

전장에 도착한 헤럴드는 적들이 창검을 반짝이며 둥그런 원을 그리고 포진해있는 것을 발견했습니다. 적들의 원형 포진 멀찌감치 한 용감한 인물이 말에 올라타고 전열을 점검하며 돌아다니고 있었습니다. 그런데 갑자기 말이 요동을 치더니 그 사내가 말에서 떨어져버렸습니다.

"저기 말에서 떨어진 자가 누구냐?" 헤럴드가 장군 중 하나에게 물었습니

---

1 교황청 헌금Peter's Pence : 옛날에 집집마다 교황청에 바친 세금

다.

"노르웨이 왕입니다." 장군이 대답했습니다.

"생긴 것은 덩치도 크고 왕답다만 최후가 얼마 남지 않았구나." 왕이 말했습니다.

잠시 후 그는 장군에게 지시했습니다.

"가서 내 동생에게 전하거라. 지금 군대를 철수하면 노섬벌랜드의 백작 자리를 주겠노라고. 그 정도면 영국에서는 부귀영화를 누리는 것이라고 전하거라." 장군은 말을 몰아 왕의 뜻을 전하러 갔습니다.

"그럼 형님은 내 친구 노르웨이 왕에게 무엇을 주겠다고 하느냐?" 형의 말을 전해들은 동생이 물었습니다.

"7피트의 무덤 자리를 주실 것이오." 장군이 대답했습니다.

"더는 없는 것이냐?" 동생이 웃으며 물었습니다.

"노르웨이 왕이 덩치가 크니 아마 공간을 조금 더 주실지는 모르지요." 장군이 대답했습니다.

"돌아가서 헤럴드 왕에게 전하라. 싸울 준비나 하라고!"

장군은 돌아와서 사실내로 전했고, 곧 전두가 개시됐으며, 헤럴드 왕은 일방적 승리를 거두고, 자신의 동생과 노르웨이 왕을 포함한 적의 중요한 장수들 모두를 전장의 시체로 만들어버렸습니다. 살아남은 자라고는 노르웨이 왕의 아들 올라브 뿐이었는데, 헤럴드는 자비를 베풀어 그를 명예롭게 풀어주었습니다. 승리를 거둔 군대는 요크를 향해 자랑스럽게 나아갔습니다함 그리고 왕이 무리들과 승리의 자축연을 즐기고 있을 때 출입구에서 진창길을 급히 달려온 전령이 도착하는 소란이 일어났습니다. 마침내 노르만 사람들이 영국 땅에 상륙했다는 전갈이 도착했던 겁니다.

그 소식은 사실이었습니다. 노르만 사람들은 바다에서 역풍을 만나 고생하고, 일부는 배가 부서지기도 했고, 그 결과 영국의 해안가에는 그들의 부서진 전함과 시신들이 즐비하기도 했지만, 포기하지 않고 영국 땅에 상륙을 시도했습니다. 이번에는 그의 부인이 선물한 갤리선을[2] 타고 공작이 직접 상륙을 시도했습니다. 갤리선의 뱃머리에는 영국 쪽을 향해 우뚝 서 있는 소년의 황금 조각상이 빛나고 있었습니다. 낮에는 노르만을 상징하는 세 마리의 사자가 그려진 깃발과 각양각색의 돛들과 금박을 입힌 전함들이 햇빛을 받아 바다를 빛나게 했고, 밤에는 배들의 돛대 꼭대기에서 밝혀진 불빛들이 바다를 수놓았습니다. 이제 노르만 인들은 헤이스팅스 인근을 점령하고 야영하면서, 우두머리는 피벤시의 고대 로마 시대의 성을 차지하고 앉아 영국 정복을 그리고 있었습니다. 인근 수마일 내의 영국인들은 뿔뿔이 퇴각해 버렸고 대지는 폐허가 되어 노르만의 천하가 되었습니다.

헤럴드는 연회를 작파하고 런던으로 급히 달려갔습니다. 일주일이 되지 않아 그의 군사들은 전쟁 준비를 끝마칠 수 있었습니다. 그는 노르만의 세력이 어느 정도인지 염탐하기 위해 첩자들을 들여보냈지만, 그들은 윌리엄의 손에 붙잡혔습니다. 윌리엄은 첩자들을 죽이지 않고 자신의 진영을 둘러보게 한 다음 풀어주었습니다. 풀려난 첩자들은 헤럴드에게 다음과 같은 보고를 했습니다. "노르만 사람들은 저희들처럼 입술 아래까지 턱수염을 기르지 않고, 성직자들처럼 깔끔하게 깎고 있습니다." 그러자 헤럴드가 웃음을 띠며 대답했습니다. "그렇다면 나의 병사들이 그 성직자들에게 뜨거운 맛을 보여주면 되겠구나."

"색슨족이 미친놈들처럼 흥분해서, 우리들이 짓밟았던 땅을 통과해 쳐들어오고 있습니다." 윌리엄 공작이 척후조로 내보내면서 색슨족이 쳐들어오면 싸우지 말고 후퇴하라는 명령을 내렸던 병사들이 돌아와서 이렇게 보고를 했습니다.

"가까이 다가오도록 내버려둬라." 윌리엄 공작이 말했습니다.

이후 서로 간에 서너 번의 화해의 시도가 있었으나 무산되었습니다. 그리

---

2 galley, 옛날 노예나 죄수들에게 젓게 한, 2단으로 노가 달린 돛배. 고대 그리스, 로마의 전함

노르만의 침공-스탬포드Stamford 전투

고 1066년 10월 중순에 노르만과 영국은 드디어 전선에서 맞닥뜨리게 되었습니다. 센락Senlac(당시의 전투를 기리는 의미로 지금은 '배틀Battle'이라 불리는 곳입니다.)이라는 곳에서 병사들은 밤새 진을 치고 대치했습니다. 첫 번째 새벽이 밝아오사 그들은 일어섰습니다. 여명이 밝아오자 영국 병사들은 숲을 뒤로 한 채 언덕 위에 집결했습니다. 그들의 한가운데에는 황금실로 수를 놓고 보석으로 치장한 전사의 모습을 새겨 넣은 왕실의 깃발이 바람에 펄럭이고 있었으며, 깃발의 아래에는 헤럴드 왕이 동생 둘과 서 있었습니다. 그들의 주변에는 영국의 전 병력이 쥐 죽은 듯이 고요히 포진하고 있었습니다. 병사들 각각의 손에는 방패와 영국이 자랑하는 전투용 도끼들이 들려 있었습니다.

반대편 언덕에는 노르만의 보병 및 궁수들과 기병들이 3열 횡대를 이루고 포진해 있었습니다. 갑자기 노르만 진영에서 '신은 우리 편이다!'라는 우렁찬 함성이 울려나왔습니다. 그러자 영국 병사들도 맞장구를 쳤습니다. '승리는 우리 것이다.!' 그리고 노르만의 병사들이 영국 진영을 향해 밀고 들어왔습니다.

노르만의 기사 하나가 대열 앞으로 말을 타고 달려 나오며, 육중한 칼을 하늘 높이 올렸다 내리면서 노르만 병사들의 용맹함을 노래했습니다. 그와 상대하기 위해 대열을 출발한 영국 기사가 그의 칼에 쓰러졌고, 영국의 두 번째 기사도 그를 이기지 못했습니다. 그러나 세 번째 기사가 나서 그 노르만 기사를 처치했습니다. 이것이 전투의 처음 시작 모습이었으며, 전투는 매일매일 격해져갔습니다.

영국 병사들은, 대열을 유지하면서, 비 오듯 쏟아지는 노르만의 화살 세례를 대수롭지 않게 받아넘겼습니다. 노르만의 기병들이 진격해오면 도끼를 이용해 그들을 찍어 넘어뜨리고, 말을 무릎 꿇렸습니다. 그러자 노르만 병사들은 무너지기 시작했으며 영국 측은 그들을 더욱 압박해 들어갔습니다. 전투 중에 노르만 공작이 죽었다는 비병이 노르만 병사들에게서 튀어나왔습니다. 그러자 월리엄 공작은 투구를 벗고, 자신의 모습이 멀리 있는 병사들에게도 잘 보이도록 한 후, 말을 몰아 병사들 앞에 나섰습니다. 이런 행동이 노르만 병사들에게 용기를 가져다주었습니다. 노르만 병사들은 다시 적진을 향해 돌진했으며, 기병들은 자신들을 추격 중이던 영국 병사들을 본진에서 떼어놓는 데 성공했습니다. 이렇게 해서 영국의 선발대들은 용감하게 싸웠지만 괴멸되었습니다. 하지만 영국의 본진은 여전히 굳건하게, 적의 화살을 개의치 않고, 달려드는 적의 기병들을 나무 자르듯 도끼로 처단하며 전열을 무너뜨리지 않았습니다. 월리엄 공작은 하는 수 없어 퇴각하는 듯했습니다. 그러자 힘이 난 영국 병사들이 그의 뒤를 쫓았습니다. 이때를 기다렸다는 듯이 노르만 병사들이 전열을 가다듬고 영국 병사들을 살육하기 시작했습니다.

"아직도 수천의 영국 병사들이 저들이 왕 주위를 바위처럼 굳건히 지키고 있다. 노르만의 궁수들이여, 화살이 적들의 얼굴을 향하도록 활을 높이 쏘아라." 월리엄 공작이 외쳤습니다.

태양이 높이 떴다 졌지만 전투는 아직도 끝날 줄 몰랐습니다. 10월의 그 전투 기간 내내 창검과 갑옷의 짤그랑 거리는 소리가 하늘에 맴돌았습니다. 그리고 병사들의 시체 더미가 붉은 석양 노을과 밝은 달빛 아래 여기 저기 늘어져있는 끔찍한 광경이 대지를 물들였습니다.

　헤럴드 왕은 눈에 화살을 맞아 거의 실명 상태에 이르렀으며, 그의 동생들은 이미 전사한 상태였습니다. 낮에는 햇빛을 받아 황금빛을 내며 번쩍거리던 갑옷을 입은 노르만의 기사 20명이, 이제는 달밤에 은빛을 내며, 영국 왕실의 깃발을 빼앗기 위해 눈먼 왕을 호위하는 영국 병사들을 향해 돌진해 들어왔습니다. 마침내 영국 왕 헤럴드 II 세는 치명적 상처를 입고 쓰러졌으며 영국은 패배했습니다. 노르만의 승리와 함께 하루가 저물었습니다.

　달빛과 별빛이, 승리한 윌리엄 공작의 막사를 은은히 내리 비칠 때의 그 끔찍한 광경이란! 공작은 헤럴드 왕이 쓰러진 장소 근처에 막사를 마련하고 승리를 축하하기 위해 기사들과 안에서 술판을 벌이고 있었으며, 밖에서는 횃불을 든 병사들이 헤럴드의 시신을 찾기 위해 이리저리 헤집고 다니고 있었습니다. 그리고 황금실로 수놓고 보석을 박아 넣은 영국 깃발 속의 전사는 찢어지고 피로 얼룩진 채 바닥에 나뒹굴고, 노르만 깃발 속의 세 마리 사자가 들판을 내려다보고 있었습니다.

제8장
노르만의 정복자 윌리엄 I 세
ENGLAND UNDER WILLIAM THE FIRST, THE NORMAN CONQUEROR
[생몰 : 1027-1087, 재위 : 1066~1087]

노르만의 윌리엄[1]은 용맹했던 헤럴드가 쓰러진 대지 위에 사원을 세우고 그 이름을 배틀 사원Battle Abbey이라 불렀습니다. 비록 지금은 담쟁이덩굴이 웃자라 고색창연함을 드러내지만 배틀 사원은 이어지는 고난의 세월 동안 아름답고 뛰어난 위용을 자랑했습니다. 그러나 윌리엄이 가장 첫 번째로 한 일은 영국을 철저히 짓밟는 일이었으며, 이는 지금까지도 우리가 잘 알고 있는 것처럼 영국인들에게는 참으로 견디기 힘든 시절이었습니다.

그는 몇 개의 주州 전체를 초토화 시키거나, 도시들을 약탈·방화했으며, 수많은 농촌을 황폐화시키고, 무수한 생명들을 살상했습니다. 마침내 스티건드와 성직자를 포함한 민중들의 대표와 캔터베리의 대주교가 제 발로 윌리엄 앞에 찾아가 복종을 맹세했습니다. 사람들은 '강철왕'의 별 볼 일 없던 아들인 에드가를 왕으로 옹립했지만, 그건 아무 소용없는 짓이었습니다. 에드가는 나중에, 미모를 자랑하며 스코틀랜드의 왕에게 시집간 누이가 있는, 스코틀랜드로 도망가버립니다. 에드가란 인물은 하등의 신경 쓸 필요가 전혀 없는 보잘 것 없는 인물에 불과했습니다.

드디어 크리스마스 날 웨스트민스터 사원에서 윌리엄은 영국의 왕위에 오르고, 윌리엄 I 세라 칭하게 되지만, 그는 정복자 윌리엄WILLIAM THE

---

1   윌리엄 1세(William I of England, 프랑스어: Guillaume de Normandie, 1028년 9월 9일 ~ 1087년) 또는 정복자 윌리엄(William the Conqueror) 또는 사생아 윌리엄(William the Bastard)이라 불림. 노르만 왕조의 시조이자 잉글랜드의 국왕. 1035년 노르망디 공작에 오름. 노르망디 공국을 서 프랑크 왕국과 대등할 정도로 발전시켰음. 1066년 도버해협을 건너 잉글랜드 침략을 개시하여 헤이스팅스 전투에서 잉글랜드 왕 해럴드2세에게 크게 승리하였음. 윌리엄 1세가 잉글랜드를 점령함에 따라 잉글랜드의 왕조는 노르만 왕조가 되었음. 1087년 사망.
[가계도]
부 : 로베르 1세,   모 : 에를르바(아를레트)
여동생 : 샹파뉴 백작 부인
아내 : 플랑드르의 마틸다
아들 : 로버트 2세 - 노르망디 공작
아들 : 리샤르
아들 : 윌리엄 2세 - 이후 잉글랜드 국왕이 됨
딸 : 아델라 - 블루아 백작 부인
딸 : 콩스탕스 - 브르타뉴 공작 부인
아들 : 헨리 1세 - 이후 잉글랜드 국왕이 됨

CONQUEROR으로 더 잘 알려지게 됩니다. 대관식은 정상적으로 진행되지 못했습니다. 의식을 주관했던 주교 중의 한 명이 노르만 인들에게 프랑스 어로 윌리엄 공작을 왕으로 받아들이겠는가에 대해 물었고, 노르만 사람들은 예라고 대답했으며, 또 다른 주교가 이번에는 색슨족에게 영어로 같은 질문을 했고, 색슨족도 그렇다고 큰 소리로 대답했습니다. 이때 밖에서 경비를 서며 이 소리를 듣게 된 노르만의 기마병들은 큰 소리 때문에 영국인들이 반란을 일으킨 것으로 오해를 하고 그 즉시 주위에 불을 질렀고, 이어서 큰 소동이 벌어졌습니다. 이런 소동에 크게 놀란 왕과 성직자들은 서둘러 대관식을 진행해버렸습니다. 왕관이 머리에 앉혀지는 순간 윌리엄은 영국을 자신의 조국처럼 잘 통치하겠다고 맹세했습니다. 윌리엄이 자신이, 이런 맹세를 지킬 의사만 분명했다면, 알프레드 대왕을 제외하고는, 그처럼 통치를 위해 좋은 여건을 확보한 군주는 없었을 겁니다.

지난번 전투에서 수많은 영국의 귀족들이 목숨을 잃었습니다. 윌리엄은 그들을 포함한 모든 영국 귀족들의 영토를 빼앗아 노르만의 기사와 귀족들에게 나눠주었습니다. 오늘날 많은 영국 가문들의 토지는 이런 식으로 획득된 것인데, 이들은 그것을 자랑스러워하고 있습니다.

그러나 힘으로 빼앗은 것은 힘으로 유지되기 마련입니다. 노르만의 귀족들은 전국에 걸쳐 자신들이 새로 획득한 재산을 지키기 위해 성을 건설해야 했습니다. 그리고 왕은 영국인들을 달래지도 완전히 억누르지도 못했습니다. 왕은 점차로 노르만 어와 노르만 풍속을 도입해 정착시키려했지만, 이후 오랫동안 영국의 많은 지역은 노르만에 반대하며 복수를 꿈꾸게 됩니다. 게다가 왕이 신하들을 만나기 위해 노르만을 방문하는 동안 영국의 통치를 맡겼던 이복동생 오도는 영국인들을 더욱 괴롭혔습니다. 그러자 켄트 주 사람들은 심지어는 한때 자신들의 지역에 쳐들어와서 만행을 저질렀던 볼로냐의 유스타스 백작을 불러들여, 도버 지역을 되찾으려 했고, 헤리퍼드 사람은, 웨일즈 인들의 도움을 받아, 에드릭의 지휘 아래 노르만들을 자신들의 지역에서 내쫓아버렸습니다. 또, 북부에서는 재산을 빼앗긴 사람들이 단결하기 시작했습니다. 더 이상 물러설 곳이 없던 그들은, 스코틀랜드의 숲이나 늪지대 어디에서든지, 노르만들과 노르만들에게 협력하는 영국인들을 약탈하고, 파괴하고 죽였습니다. 그리고 예전에 데인족을 향한 대학살극처럼 노르만들을 대대적으로 살육하기 위한 계책이 준비되고 있었습니다. 다시 말해, 영국에는 전국에 걸쳐 피비린내가 팽배해 있었던 겁니다.

그러자 노르만에서 돌아온 윌리엄은 런던 사람들을 회유하기 시작했습니다. 그런 다음 그는 나머지 다른 지역에서는 민중들을 혹독하게 탄압했습니다. 어떤 지역에서는 도시를 포위하고 남녀노소 가릴 것 없이 —무장, 비무장한 사람을 가리지 않고— 한 사람도 남김없이 주민들을 도륙했는데, 이 도시들에는 옥스퍼드, 워릭, 레스터, 노팅엄, 더비, 링컨, 요크 등이 포함됩니다. 이 도시들을 포함한 기타 여러 지역에서는 방화와 살육이 목불인견으로 진행되며 전국을 공포로 몰아넣었습니다. 강에는 핏물이 흘러내렸고, 하늘은 연기로 덮였으며, 들판은 쓰레기와 잿더미로 넘쳐났고, 길가에는 시체더미들이 나뒹굴었습니다. 그런 참혹한 결과는 정복과 야욕이 있는 곳이면 언제나 발생하는 장면이지요. 필자는 비록 윌리엄이 거칠고 화를 잘 내는 사람이긴 했어도, 그런 끔찍한 결과를 스스로 의도하지는 않았다고 생각합니다. 하지만 칼로 일어선 사람은 그 상황을 유지하기 위해 칼을 거둘 수가 없는 겁니다. 바로 이런 이유로 그는 영국을 거대한 무덤으로 만들 수밖에 없었던 겁니다.

헤럴드 왕의 두 아들 에드먼드와 고드윈이 아일랜드로부터 배를 타고 건너와 노르만과 싸움을 벌였지만 패배하고 말았습니다. 이 일이 있고 나서 곧바로, 숲속의 무법자들 때문에 골머리를 썩던 요크 주의 주지사는 윌리엄 왕에게 도움을 요청하게 됩니다. 왕은 어떤 장군을 보내 더럼 지방을 점령하도록 명령을 내렸습니다. 그러나 더럼의 주교는 도시 외곽에서 이 장군을 만나, 위험에 빠질 염려가 있으니 도시로 진격해 들어오지 말도록 주의를 주었습니다. 하지만 장군은 이를 뿌리치고 군대와 함께 도시로 진입했습니다. 밤이 되자 더럼의 모든 언덕에서 불길이 타오르기 시작했습니다. 아침이 되었을 때 영국인들은 대대적으로 집결해서, 성문을 박차고 시내로 들어가 노르만들을 깡그리 죽여버렸습니다.

이후에 영국인들은 데인족에게 도와줄 것을 요청했고, 데인족이 2백4십 척의 전함을 타고 건너왔습니다. 그리고 영국 반군들의 지휘관들이 데인족과 연합해서 요크를 점령한 후 노르만들을 도시에서 몰아내버렸습니다. 그러자 윌리엄은 데인족을 매수해서 되돌아가도록 한 다음, 영국인들에게 복수를 하게 되는데, 이 복수극은 이전의 참화와는 비교도 할 수 없을 정도로 잔인한 대살육전이었습니다. 이 이야기는 백 년이 지난 뒤에도, 겨울날 저녁, 농가의 모닥불 가에서 우울하고 서글픈 노래 가락으로 전해졌습니다. 그 노래에는 노르만들이 어떻게, 험버Humber 강에서 타인Tyne 강까지, 한 사람도 남기지 않고, 곡식 한 알도 남기지 않고 파괴했는지가 실려 있었습니다. 사람과 동물이 죽어 널브러진 시체 외에는 아무 것도 찾아볼 수 없는, 폐허로 변해버린 지방의 이야기가 전해져왔던 겁니다.

영국의 반란자들은 케인브리지서의 한 가운데 늪지내에 '피난 캠프Camp of Refuge'라 불리는 내늬지대를 확보하고 있었습니다. 그들은, 접근이 쉽지 않은 늪지대라는 이점을 확보하고, 축축한 안개가 피어오르는 갈대 속에 숨어서 기회를 엿보고 있었습니다.

마침 그때에 바다 건너 플랑드르 지방에 헤리워드라는 영국 사람이 있었는데, 그는 자신이 없는 사이에 아버지가 노르만들에게 살해당하고 재산을 몽땅 빼앗겨서 복수심에 불타던 사람이었습니다. 헤리워드는 반란자들과 제휴해서 그들의 대장이 됐습니다. 그는 아주 뛰어난 전과를 올리게 되었고, 노르만들은 그가 마법을 부린다고 생각하게 됐습니다. 윌리엄은 이 마법사를 공격하기 위해, 케임브리지셔의 늪지대를 가로지르는 3마일이나 되는 길을 내는 것으로도 부족해서, 자기가 마법을 부릴 수 있다고 주장하는 늙은

운명의 책Doomsday Book

여자를 고용해서 원정길에 마법의 힘을 실어주도록 했습니다. 그러나 마녀가 나무로 만든 타워 위에서 병사들에게 마법을 걸려는 순간 헤리워드가 그 타워를 불태워 버려서 그녀는 타 죽어버렸습니다.

한편, 그곳에서 멀지 않은 일리라는 곳에 수도원이 있었는데, 이 수도원의 수도사들은 조용히 지내고 싶다는 욕망과 전쟁이 일어나 길이 막히면 자신들이 식료품을 제대로 공급받을 수 없을 것이라는 걱정으로 인해 윌리엄 왕에게 반란군의 캠프를 공격할 수 있는 지름길을 알려줬습니다. 그래서 결국 헤리워드는 패하게 됩니다. 이후 그가 조용한 죽음을 맞이했는지 아니면 구전되는 노래가 전하듯이 16명의 적을 무찌르고 싸우다 죽었는지는 분명하지 않습니다.

이로써 '피난 캠프'에서의 저항도 끝이 났고, 마지막 남은 영국 귀족들의 저항을 제압함으로써 윌리엄 왕은 이제 스코틀랜드와 영국을 완전히 손아귀에 넣게 됐습니다. 그리고 나서 그는 영국 귀족들의 재산으로 배를 불린 노르만 영주들을 주위에 포진시킨 다음, 영국의 토지를 전부 조사해서 이를 모두 새로운 주인에게 귀속시켰습니다. 이렇게 조사한 토지의 대장을 '운명의 책[2]'이라 부릅니다. 그리고 민중들은 저녁이 되면 정해진 시간에 '통행금지'라고 알려진 종이 울리면 모두 등화관제를 해야 했습니다. 또, 왕은 노르만의 의복과 풍습을 도입했으며, 언제 어디서나 노르만들은 주인이었고, 영국인들은 하인이었습니다. 나아가서 왕은 영국 주교들을 내쫓고 그 자리를 노르만들로 대체했습니다. 그는 정말로 정복자가 무엇인가를 제대로 보여주었습니다.

하지만 노르만들과 함께 하면서도 왕은 늘 불안했습니다. 노르만들은 언제나 영국인들의 재물에 목말라했습니다. 왕이 그들에게 뭔가를 하사할 때마다 그들은 더 많은 것을 원했습니다. 그의 성직자들은 그의 군인들만큼이나 탐욕적이었습니다. 우리는 그렇게 탐욕적이지 않은 정직한 노르만 인을 오로지 한 사람 알고 있을 뿐입니다. 그는 왕에게 자신이 영국에 건너온 것은 오로지 왕에 대한 충성심 때문이며, 다른 이들에게 강제로 빼앗은 재물에는 관심이 없다는 사실을 솔직하게 알렸습니다. 그의 이름은 길버트입니다. 정직한 사람은 길이 기억되어야 하므로 우리는 그의 이름을 잊어서는 안 됩니다.

이런 모든 골칫거리 외에도 왕은 서로 싸우는 아들들 때문에 괴로워했습니다. 왕에게는 세 명의 아들이 있었는데, 짧은 다리 때문에 '짧은 양말'이라 불리던 로버트와 머리칼의 색깔 때문에 '붉은 머리' 혹은 '루퍼스RUFUS'라 불리던 윌리엄, 그리고 공부를 좋아했기 때문에 '현학자Fine-Scholar' 혹은 노르만어로 '보클르르BEAUCLERC'로 불리던 헨리가 그들입니다.

로버트는 성장해서 아버지에게 노르망디의 통치권을 달라고 조르는데, 노르망디는 그가 어렸을 적 어머니 마틸다 밑에서 자랄 때부터 그의 몫으로 되어 있었습니다. 왕이 승낙하지 않자 로버트는 불만에 사로잡히게 되고, 가뜩이나 심기가 안 좋은데 하루는 현관 앞으로 걸어가는 그에게 동생들이 발코

---

2   Doomsday Book, 1086년 윌리엄 I 세가 작성한 영국의 토지대장. 라틴어로 석혀 있음

니에서 물을 뿌리며 놀리자 격분해서 칼을 뽑아들고 이층으로 달려갔습니다. 형이 동생들을 죽일 뻔한 이 소동은 윌리엄 왕이 나서서야 간신히 말릴수가 있었습니다. 그날 밤 로버트는 격분한 상태로 추종자들을 대동하고 아버지의 궁전을 떠나 루앙 성을 기습 탈취하려다 실패합니다.

모든 시도가 실패하자 로버트는 노르망디에 있는 어떤 성에서 칩거하는데, 왕은 이 성을 포위 공격해 들어갔습니다. 이런 와중에 어느 날 로버트는 아버지인 줄 모르고 말 탄 사람을 공격해 말에서 쓰러뜨려 거의 죽일 뻔하게됩니다. 이런 일이 있고 나서 아들은 아버지에게 사죄하고, 어머니와 여러사람들이 나서 중재를 하면서 둘 사이는 화해를 한 것처럼 보였습니다. 그러나 속 깊은 화해는 아니었습니다. 곧바로 로버트는 왕의 반대자들과 함께외국을 전전하며, 각국의 왕실을 이리 기웃 저리 기웃거리는 유랑 생활을 합니다. 로버트는 쾌활하지만 부주의한 성격의 소유자로 별로 생각이 없이 사는 인물이었으며, 음악과 춤을 위해 가진 돈을 다 써버리곤 했습니다. 그러나 그는 어머니의 총애를 받았고 어머니는 왕의 명령을 어기고 삼손이라는심부름꾼을 통해 아들에게 돈을 마련해주었습니다. 이 사실을 알게 된 왕은어느 날 대노해서 삼손의 눈알을 뽑아버리겠다고 했습니다. 이에 불안을 느낀 삼손은 자신이 안전하게 사는 유일한 방법은 승려가 되는 길밖에 없다고판단하고, 수도사가 되어 더 이상 그런 심부름을 하지 않았습니다. 그래서물론 그의 눈알은 무사할 수 있었지요.

이상한 대관식 이후, 왕은 언제나 자신이 손에 잡은 것은 어떤 잔혹한 수단과 방법을 동원해서라도 놓지 않으려했습니다. 통치 기간 내내 그는 오로지 목전에 놓인 한 가지 목표에만 매달렸습니다. 그는 냉혹하고 대담한 성품의 소유자로, 자신의 목표를 성취하는 데는 성공한 인물이라 할 수 있습니다.

왕은 재물을 좋아했고, 식도락을 즐겼지만 진정한 취미는 사냥뿐이었습니다. 사냥에 대한 그의 열정은 대단한 것이어서 사슴이 뛰노는 사냥터를

뉴 포레스트New Forest

만들기 위해 마을이나 도시 전체를 이동시키는 명령을 내리기도 했습니다. 68곳이나 있던 왕실 사냥터에 만족하지 못하고 햄프셔에 '뉴 포레스트New Forest'이라 불리던 다른 새로운 사냥터를 만들기 위해 거대한 지역을 황폐화시켰습니다. 그 결과 살던 집이 강제로 헐리고, 가족들을 데리고 낯선 곳으로 쫓겨가야했던 불쌍한 농민들은 왕을 증오하게 되었습니다. 그는 마지막 해가 되는 통치 21년째에는 루앙으로 건너가 사냥을 즐겼는데, 영국에서는 그에 대한 증오가 폭발 일보 직전이어서 왕실 사냥터에 자라는 나뭇잎 하나하나가 그에게 저주를 퍼붓는 것 같았습니다. 그리고 새로 얻은 아들(이로써 그는 아들이 네 명이 되었습니다.) 리처드가 그 '뉴 포레스트'에서 수사슴의 뿔에 받혀 죽는 일이 발생했으며, 이를 두고 사람들은, 그 사냥터가 민중들의 피눈물을 대가로 만들어진 것이기 때문에 정복자의 일족에게 그 정도의 재앙으로는 부족할 것이라고 말하곤 했습니다.

한편 윌리엄 왕은 프랑스 왕과 영토를 놓고 분쟁을 벌였습니다. 그가 프랑스 왕과 협상하기 위해 루앙에 머물 때, 그는 너무 뚱뚱한 몸집 때문에 의사의 권고에 따라 자리에 누워서 약을 먹어야 했습니다. 이 소식을 접한 프랑스 왕이 농담을 하자, 그는 격노해서 자신을 놀린 것을 후회하도록 만들어주겠다고 장담했습니다. 그는 군대를 집결시킨 다음 분쟁 지역으로 쳐들어가서, 익숙한 방식대로, 포도밭과 농작물을 마구 불사르고 만티Mantes 시를 불태워버렸습니다. 그러나 불행하게도 불탄 폐허를 둘러보던 중 그가 타던 말이 꺼지지 않은 불덩이를 잘못 밟아 놀라 뛰어오르는 바람에 그는 안장 앞머리에 부딪혀 치명상을 입게 됩니다. 이후 왕은 루앙 근처의 수도원에서 6주간이나 누워 최후의 순간을 보내면서, 영국은 아들 윌리엄에게, 노르망디는 로버트에게, 그리고 헨리에게는 5천 파운드를 준다는 유언장을 작성했습니다. 그리고서 생전의 잔인한 행위들이 마음에 걸렸는지 영국의 여러 교회와 수도원들에 돈을 희사하도록 명령했으며, 더 나아가 20년씩이나 감옥에 갇혀있던 국사범들을 풀어주도록 했습니다.

9월 어느 날 아침 해가 떠오르고 있었습니다. 교회에서 울리는 종소리를 듣고 왕은 선잠에서 깨어나 힘들게 물었습니다. "저것은 무슨 소리인가?" "성모 마리아 교회에서 울리는 예배 종소리입니다." 그러자 왕은 마지막 한 마디를 하고 숨을 거둡니다. "내 영혼을 성모 마리아에게 맡깁니다."

여러분, '정복자The Conqueror'라는 그의 칭호를 떠올려보세요. 그리고 그가 어떤 모습으로 누워 있는지 그려보세요. 왕이 숨을 거두고 있는데, 도대체 그 상황이 무엇을 의미하는지 조금도 깨닫지도 못하고서, 서둘러 재물이나 챙기기에 급급한 의사들, 성직자들, 그리고 귀족들의 모습을 상상해보세요. 심지어는 궁정의 시중을 들던 외국의 하인들마저도 도둑질에 합류했습니다. 무엄하게도 왕의 몸은 침대에서 굴려져, 바닥에서 여러 시간을 방치되기도 했습니다. '정복자 윌리엄'은, 지금은 위대한 인물로 회자膾炙되지만, 그 순간만은 별 볼 일 없는 이름이었습니다. 영국을 정복하는 것보다 차라리

한 사람의 마음이나 정복할 것을!

시간이 지나면서 성직자들이 양초를 들고 들어와 기도를 하기도 했고, 헐루인이라는 마음 착한 기사가 나타나, 다들 꺼리는 왕의 시신을 옮기는 일을 자청하기도 했습니다. 그는 왕 자

정복자 윌리엄의 죽음

신이 세운 교회인, 노르망디의 캉에 있는 성 스티븐 교회로 왕의 시신을 옮겨 매장하도록 했습니다. 그러나 왕이 살아생전에 영국 땅을 짓밟을 때 이용하던 화마火魔가 마지막에도 그를 따라다니는 것 같았습니다. 시신이 교회에 안치될 때 도시에 대화재가 발생해서 참석자들이 모두 불을 끄기 위해 몰려나갔던 겁니다. 결국 왕은 또 한 번 홀로 남겨지는 신세가 되었습니다.

왕은 매장 순간에도 평탄치는 못했습니다. 그의 시신은 높은 제단 옆 묘실에 안치될 예정이었습니다. 그러나 왕실의 수의를 입힌 시신이 내려지는 순간 몰려든 사람들 사이에서 날카로운 외침이 들렸습니다. "여기는 내 땅이오. 내 아버지의 집이 서 있던 자리란 말이오. 왕은 이 교회를 지으면서 내 땅과 집을 빼앗아갔소. 신의 이름으로 맹세코, 내 땅에 그의 시신을 묻을 수 없소." 참석한 성직자들과 주교들은 그 사람의 말이 틀리지 않았고, 왕이 그에게 부당한 짓을 저질렀음을 알았기 때문에 그에게 묘지 값으로 60실링을 지불했습니다. 그랬음에도 불구하고 시신은 평화를 찾지 못했습니다. 묘실이 너무 좁아서 시신을 강제로 집어넣어야 했던 겁니다. 결국 묘실이 무너지고 지독한 냄새가 진동하자 사람들은 밖으로 뛰쳐나가야 했습니다. 왕은 세 번째로 홀로 남게 됩니다.

이때 왕의 세 아들들은 아버지의 장례식에도 참석하지 않고 도대체 어디에 있었던 것일까요? 로버트는 음유시인, 무희, 노름꾼들과 프랑스나 독일 어디쯤에서 노닥거리고 있었으며, 헨리는 아버지가 준 5천 파운드를 안전하게 옮기느라 정신이 없었으며, 윌리엄은 왕실의 재산과 왕관이 욕심나서, 서둘러 영국으로 귀국하느라 정신이 없었습니다.

제9장
‘붉은 머리’라 불리던 윌리엄Ⅱ세
ENGLAND UNDER WILLIAM THE SECOND, CALLED RUFUS
[생몰 : 1056~1100.8.2, 재위 : 1087년~1100년]

‘**붉**은 머리’[1] 윌리엄은 재빠르게 도버와 피벤시 그리고 헤이스팅스 세 곳의 대형 요새 지역을 장악하고, 왕실의 재물이 보관 중이던 윈체스터로 화살같이 날아갑니다. 이때 왕실 재물 관리 책임자는 보물창고의 열쇠를 그에게 넘겨주었습니다. 당시 재물의 총액이, 황금이나 보석 외에도, 6만 파운드에 이르렀다고 합니다. 그는 이 재물의 힘으로 캔터베리 대주교를 구워삶아 왕위에 오르고 영국의 왕 윌리엄 II 세로 등극했습니다.

왕 윌리엄 II 세의 형인 노르만의 로버트는 외관상으로는 노르만의 공작 노릇에 대단히 만족스러워 하는 것처럼 보였고, 또 다른 형제 ‘현학자Fine-Scholar’는 금고 속의 5천 파운드에 만족하고 있었으므로 왕은 국가를 편하게 통치할 것으로 기대했을 겁니다. 하지만 그 시절 순탄한 통치란 있을 수 없는 노릇이었습니다. 사나운 성격의 오도 주교는(이 사람은 헤이스팅스 전투에서 노르만 군대를 축복해준 인물이었고, 그 공치사에 여념이 없었던 인물이었습니다.) 곧이어 힘 있는 노르만 귀족들과 협력해서 ‘붉은 머리’ 왕을 괴롭히게 됩니다.

실제 상황은 이러했던 것 같습니다. 즉, 영국과 노르만에 각각 영토를 가지고 있던 주교와 그의 친구들은 이 지역이 자신들의 영향력 아래 하나의 통

---

1 정복자 윌리엄 1세의 두 번째 아들. 얼굴이 붉은 빛을 띠었으므로 루퍼스(RUFUS는 라틴어에서 붉은색을 의미)라는 별명을 얻었으며, 금발에 다소 뚱뚱한 체구였다고 전해짐.

윌리엄 2세가 즉위하자 윌리엄 1세 사후 잉글랜드로 대대적으로 이주해왔던 노르만 영주들은 정복자 윌리엄1세의 이복동생인 오도를 중심으로 1088년 동부 잉글랜드에서 로버트 2세를 왕으로 옹립하려는 반란을 일으켰음. 당시 수적으로 열세였던 윌리엄 2세는 타협안을 제시하여 반란을 잠재움.

그는 캔터베리 대주교 랜프랑크가 사망하자 잉글랜드 교회를 자신의 손아귀에 넣기 위하여 그 후임자를 뽑지 않은 채 교회와 불화를 겪음. 그리고 정복 전쟁을 개시하여 스코들랜드의 왕 맬컴3세의 군대를 노섬벌랜드 애닉 근처에서 무찌르고, 그를 포로로 잡아 처형함으로써 스코틀랜드를 그의 지배하에 두었으며 1097년에는 웨일즈 역시 봉신으로 삼아 세력권에 두는데 성공하였음. 또한 그는 형인 로버트의 소유였던 노르망디 지방을 빼앗기 위하여 전쟁(1089 ~ 1096)을 벌여 형을 굴복시키는데 성공함. 이에 따라 로버트는 1만 마르크를 받고 자신의 왕국을 윌리엄에게 위임하기로 하는 조약을 맺음. 윌리엄은 이에 만족하지 않고 프랑스와도 전쟁을 벌임.

치권 밑에서 유지되기를 바랐던 겁니다. 그리고 그들은 그 통치권자로, 다루기 어려운 '붉은 머리'보다는('붉은 머리'는 총기가 넘치는 인물로 결코 온화한 성격은 아니었습니다.) 사람 좋기만 한 로버트를 선호했습니다. 그래서 그들은 로버트를 지지한다고 선언하고, 자신들의 성에 들어앉아 윌리엄 왕에게 협조를 거부했습니다. 그러자 노르만 출신들이 자신에게 반대한다고 판단한 왕은 영국인들의 도움을 얻어 복수할 생각을 합니다. 이를 위해 왕은 영국인들에게, 비록 지킬 생각이 결코 없는 약속이었지만, 몇 가지 약속을 합니다. 그 약속 중에는 잔인하기로 소문난 '산림법Forest Laws'을 완화하겠다는 내용도 들어있었습니다. 영국인들은 이 약속을 믿고 왕을 도와 전과를 거둡니다. 오도 주교는 로체스터 성에 포위되어, 모든 것을 버리고 영국을 영원히 떠나도록 강요받았고, 다른 노르만 출신 귀족들은 굴복하거나 뿔뿔이 흩어졌습니다.

그리고 나서 왕은 노르망디로 건너가 로버트 공작의 서툰 통치 하에서 신음하던 영토를 손아귀에 넣으려합니다. 물론 당연히 공작은 이에 저항했겠지요. 결국 두 형제간의 골육상쟁을 피할 수 없게 되자 양측에서, 전쟁의 참상을 너무나 잘 알고 있던 귀족들이 나서서 화해를 중재합니다. 그리고 협약이 이루어졌습니다. 두 형제는 각각 무리한 요구를 철회하고, 오래 살아남은 사람이 상대방의 모든 영토를 차지하기로 약속했습니다. 우호적 분위기에서 협상이 타결되자 두 형제는 서로 껴안고, 군대를 합쳐서 동생 '현학자' 헨리를 혼내주기로 합의했습니다. 그때 '현학자' 헨리는 자신의 돈을 이용해 로버트의 영토를 사들이고 있어서 둘은 이를 위협요소로 받아들였던 겁니다.

노르망디에 있는 '미카엘 천사장의 언덕St. Michael's Mount'은 (신기하게도 영국의 콘월 지방에도 같은 이름의 장소가 있습니다.) 당시에도 지금처럼 밀물이 되어 바닷물이 밀려오면 육지로 난 길이 없어지는, 거대한 바위 위에 자리 잡은 험준한 장소였습니다 동생 '현학자' 헨리는 바로 이 장소에 군

미카엘 천사장의 언덕 St. Michael's Mount

대를 동원하고 들어앉아 형들의 공격을 당해내고 있었습니다. 한 번은 동생 '현학자'가 물이 부족해 곤란을 겪자 인정 많은 로버트는 동생의 부하들이 물을 구할 수 있도록 허락했을 뿐 아니라 동생을 위해 와인을 보내주기도 했습니다. 그리고 '붉은 머리' 동생이 이에 대해 항의하자 로버트는 다음과 같이 말했습니다. "그럼, 폐하는 우리 동생이 목말라 죽는 것을 보아야 하겠소? 그가 죽으면 우리는 그런 동생을 또 어디서 찾을 것이오?" 또 한 번은 '붉은 머리' 왕이 혼자서 말을 타고 해변가를 달리던 중에 동생 '현학자'의 부하들에게 붙잡혀 죽을 뻔한 적이 있었는데, 그 순간 그는, "멈추거라, 이놈들아! 나는 영국의 왕이다." 이렇게 외쳤습니다. 전하는 바에 의하면 그 병사는 최대한 예의를 갖춰 왕을 바닥에서 일으켜주었으며, 왕은 그를 자신의 종복으로 채용했다고 합니다. 이 이야기가 사실인지 아닌지는 중요하지 않습니다. 어쨌든 중요한 것은 '현학자'가 그의 형들에게 대항하는 것을 멈추고 '미카엘 천사장의 언덕'을 떠나 유랑생활에 접어들었으며, 방랑생활을 하던 다른 학자들처럼 쓸쓸한 생을 보냈다는 사실입니다.

한편 '붉은 머리' 왕의 통치 기간 중에 스코틀랜드 사람들은 조용히 있지 않았습니다. 그들은 영국과 두 번의 전쟁을 치렀는데, 모두 패했고, 그들의 왕 말콤과 그의 아들이 전사하기도 했습니다. 그리고 웨일즈 사람들도 온순하지만은 않았는데 '붉은 머리'는 웨일즈와 싸움에서는 쉽게 승리하지 못했습니다. 왜냐하면 웨일즈 사람들은 그들의 산악지형을 이용해 영국 군대에 커다란 피해를 입혔기 때문입니다.

게다가 노르망디의 형 로버트도 협정을 지키며 가만있지만은 않았는데, 그는 영국의 왕인 동생이 약속을 지키지 않는다고 불평하며, 프랑스 왕의 도움을 받아 무기를 들고 일어났지만 끝에 가서 '붉은 머리'가 프랑스 왕을 막대한 돈으로 매수하는 바람에 수포로 돌아가 버렸습니다.

그런가 하면 영국 내부도 조용하지 않기는 마찬가지였습니다. 노섬벌랜드의 백작 모우브레이가, 왕을 축출하고 윌리엄 I 세의 가까운 친척인 스티븐을 왕으로 옹립하기 위해, 거대한 음모를 꾸몄던 겁니다. 음모는 발각되어서 어떤 이는 벌금형에 처해졌고, 어떤 이는 감옥에 갇혔고, 어떤 이는 죽임을 당했습니다. 백작 자신은 윈서 궁 아래 지하 감옥에 갇혀 30년 뒤 늙어죽을 때까지 나오지 못했습니다.

그리고 이 시기 영국의 성직자들은 다른 어떤 계급보다도 불만이 많았습니다. 왕이 주교나 대주교가 죽고 나면 후임자의 임명을 미루고, 그들의 관할에 있던 재산을 가로채버렸기 때문입니다. 이에 보답이라도 하려는 듯이 왕이 죽고 나자 성직자들은 그를 매우 악독한 인물로 기록했습니다. 필자는 성직자나 '붉은 머리' 왕 중 어느 편이 옳았다고 말하고 싶지 않습니다. 양측 다 탐욕적이고 교활하긴 마찬가지였습니다. 그런 면에서는 필적할 자가 없었던 겁니다.

'붉은 머리' 왕은 불성실하고 이기적이며 시기심 많고 저속한 인물이었습니다. 당시 왕이 총애하는 대신 중에 '횃불'이라는 별칭을 지닌 랄프라는 홀륭한 인물이 있었습니다.(그 당시처럼 다듬어지지 않은 시대에는 누구나 다 별칭을 가지고 있었습니다.)

한편 왕이 어쩌다 병이 난 적이 있었는데, 이때 왕은 자신의 잘못을 회개하고 외국인 성직자로 추앙받던 안셀름을 캔터베리 대주교에 임명했습니다. 하지만 왕은 병에서 회복되자마자 사악하게도 자신이 회개했던 것을 회개하고 대주교 관구에 속해있던 재물을 자기 것이라고 주장했습니다. 그리고 이 이야기가 당시 두 명의 교황이 서로 자기가 진짜 교황이라고 우기며 싸우고 있던 로마에 전해져 상황은 더욱 꼬여만 갔습니다. 마침내 왕의 성격을 잘 알고 있던 안셀름이, 영국에서는 자신의 안전을 보장할 수 없다고 판단한 후, 왕에게 고국으로 돌아가겠다고 요청했고, 안셀름이 떠나면 캔터베리의 모든 재물이 다시 자기 것이 된다는 사실에 왕은 이를 흔쾌히 승낙했습니다.

이 같은 방법 외에도 온갖 방법을 동원해 민중들을 억누르고 세금을 부과함으로써 왕은 엄청난 부자가 됐습니다. 그리고 그는 어떤 목적을 위해 돈이 필요하면 온갖 수단을 동원해 돈을 조달하고는 자신이 저지른 부당한 행위나 민중들의 비참한 처지는 염두에 두지 않았습니다. 왕은 형 로버트로부터 노르만 공국을 5년 동안 사용할 수 있는 권리를 취득할 기회를 잡고, 이 돈을 마련하기 위해 민중들을 더욱 쥐어짰고, 수도원에는 재물을 팔아 자금 마련에 보태도록 강요했습니다. 왕은 민중들의 고혈을 짜는 데만 능숙한 것이 아니라 반란을 진압하는 데도 재빠른 사람이었습니다. 노르만 공국이 그런 식으로 팔리는 데 불만을 가진 일부 노르만 사람들이 반란을 일으키자 왕은 최대한 빨리 군대를 동원해, 힘이 넘쳐났던 자기 아버지처럼, 그들을 진압하러 출발했습니다. 그는 참을성이 부족한 사람으로 강풍이 부는데도 배를 출발시키도록 했습니다. 선원들이 그런 사나운 날씨에 배를 띄우는 것은 매우 위험하다고 충고하는데도 그는, "돛을 올려라! 너희들은 바다에 빠져죽었다는 왕 이야기를 들어본 적 있느냐?"라며 밀어붙였습니다.

여러분들은 아무리 생각 없는 로버트라고 해도 어떻게 자신의 영토를 팔 생각을 했을까 의아할 겁니다. 그 사정은 이렇습니다. 당시 영국 사람들은 성지 예루살렘을 방문하는 오랜 전통을 가지고 있었습니다. 예수그리스도의 묘소를 방문하고 그곳에서 기도하는, '순례자의 길'이라고 불리던 이 여행에 많은 영국인들이 동참했습니다. 그러나 예루살렘은 터키의 관할 하에 있던 지역이었으며, 터키인들은 기독교도들을 미워했고, 이들 기독교 순례자들은 많은 모욕과 학대를 당해야했습니다. 한동안 이런 수모를 참아내던 순례자들에게 드디어 대단한 달변을 소유한 열정적 인물 '은둔자' 피터Peter the Hermit가 나타났습니다. 피터는 여러 장소를 순방하며 터키인들에 대항할 것을 호소하고, 예수그리스도의 묘소에서 무신론자들을 몰아내고 그곳을 탈환하는 것은 기독교도들의 의무라고 선언했습니다. 이렇게 해서 지금까지 전 세계가 한 번도 경험해보지 못한 열정적 분위기가 자리를 잡았습니다. 모든 계층의 수많은 사람들이 터기 인들과 전쟁을 위해 예루살렘을 향해 떠났습니다. 역사는 이 전쟁을 '1차 십자군전쟁'이라 부릅니다. 모든 십자군은 오른쪽 어깨에 십자가 표시를 하고 있었습니다.

하지만 모든 십자군들이 다 종교적인 열정에 싸여있던 것은 아닙니다. 그들 중에는 별로 생각도 없고, 게으르며, 방탕하고, 모험만을 즐기는 이들도 있었습니다. 또, 어떤 이들은 변화가 필요해서, 어떤 이들은 약탈을 할 수 있을 것 같아서, 어떤 이들은 집에서는 별로 할 일이 없어서, 어떤 이들은 성직자들이 시키니까, 어떤 이들은 외국 문물을 견학하고 싶어서, 어떤 이들은 그냥 싸움이 하고 싶어서 십자군이 되기도 했습니다. 노르만의 로버트도 이런 분위기에 고무되었을 겁니다. 나아가 그는 미래의 위협으로부터도 기독교 순례자들을 보호하겠다는 생각을 했을 겁니다. 이런 이유로 그는 십자군에 참여할 많은 수의 군대를 동원하고 싶어 했습니다. 그러나 이는 돈 없이는 할 수 없는 일이었습니다. 그래서 그는 동생 '붉은 머리' 왕에게 자신의 영토 사용권을 5년 동안 팔았던 겁니다. 이 돈으로 그는 용맹한 십자군들을 동원하고 당당하게 예루살렘 원정길을 떠났습니다. 그러나 닥치는 대로 돈을 긁어모으던 '붉은 머리' 왕은, 영국에 틀어박혀, 영국인들과 노르만 인들의 고혈을 짜는 데만 심혈을 기울이고 있었습니다.

용맹했던 십자군들은, 고난의 3년이 지난 후 (그들은 바다에서 배가 난파되기도 하고, 육지에서는 낯선 곳에서 고생하고, 사막의 뜨거운 모래 위에 찾아오는 배고픔과 갈증과 열병을 이겨내며, 터키인들의 잔혹함에 맞서며 버텨왔습니다.), 예수그리스도의 묘소를 손에 넣을 수 있었습니다. 터키인들이 맹렬히 저항하기는 했지만 이 승전 소식은 유럽에서 십자군에 대한 동경을 증폭시켰습니다.

'붉은 머리' 왕의 통치가 갑자기 종식된 것은 왕과 노르만 공작 사이에 영토 사용권에 대한 협상이 한창 진행 중이던 때였습니다.

여러분들은 '정복자' 윌리엄이 만들었던 '뉴 포레스트'를 잊지 않고 있을 겁니다. 이 사냥터는 불쌍한 민중들의 터전을 밀어버리고 조성한 것이었기 때문에 민중들의 원망의 대상이었지요. 게다가 '산림법'의 잔혹함이 농민들에게 가져온 고문과 살상은 그 원망을 더욱 증폭시켰습니다. 박해받던 불쌍한 민중들은 그 '뉴 포레스트'가 마법에 걸렸다고 믿고 있었습니다. 그들은 천둥과 폭풍우가 치는 어두운 밤에는 악마들이 나타나 황량한 나뭇가지 밑을 이리저리 돌아다닌다고 믿고 있었습니다. 그들은 또 괴기한 유령이 노르만 사냥꾼 앞에 나타나 '붉은 머리' 왕은 곧 천벌을 받을 것이라고 저주했다는 소문을 사실로 믿고 있었습니다. 그리고 '붉은 머리' 왕의 통치 13년이 다 되어가는 5월 어느 화창한 날에 정복자 일족의 다른 왕자, 로버트 공작의 아들인 또 다른 리처드가 이 공포의 숲에서 화살에 맞아 두 번째로 죽었습니다. 이에 사람들은 결코 두 번째가 마지막이지는 않을 것이라고 수군거렸습니다. 숲에서는 또 다른 죽음이 기다리고 있었습니다.

윌리엄 II 세의 죽음 Alphonse de Neuville의 석판화, 1895

그 고요한 숲은 조성하는 과정에서 민중들에게 끼친 악행 때문에 그들의 마음에 저주의 대상으로 남아 있었습니다. 왕이나 궁정 사람들이나 사냥꾼들이 아니면 그곳에 드나들기를 꺼려했습니다. 하지만 실제로는 그곳은 다른 보통의 숲과 다를 바 없는 곳이었습니다. 봄이면 푸른 잎사귀가 돋고, 여름에는 그것이 무성하게 우거져서 큰 그늘을 만들었고, 겨울에는 낙엽 되어 떨어진 잎들이 바닥의 이끼 위에 수북이 싸이는 그런 곳이었습니다. 어떤 나무들은 울창하게 자라나 하늘 높이 솟아 있고, 어떤 나무들은 저절로 쓰러지기도 했고, 나무꾼들의 도끼날에 베어지기도 했습니다. 또 어떤 나무들은 속이 텅 비어 토끼들의 은신처가 되기도 했고, 더러는 번개를 맞아 하얗게 벗겨진 것들도 있었습니다. 그리고 그곳에는 양치식물들로 뒤덮인 작은 언덕이 있어서 아침 이슬을 받아 영롱하게 빛을 냈으며, 작은 시냇가도 있어서 사슴들이 물을 마시러 내려오기도 했고, 사냥꾼들에게 쫓기는 사슴들이 뛰어오르기도 했습니다. 그곳에는 햇빛이 비추는 작은 공간이 있고, 흔들리는 나뭇잎 사이로 간간히 빛이 들어오는 엄숙한 공간도 있었습니다. 숲속에서 지저귀는 새들의 울음소리는 숲 밖에서 벌어지는 인간들의 아귀다툼에서 들리는 고성高聲보다 훨씬 듣기 좋았습니다. 그리고 '붉은 머리'와 신하들이 숲속의 고독을 깨우며 도착해서, 거친 언사와 칼과 창, 그리고 마구馬具 소리를 울리며 말을 거칠게 몰며 사냥을 시작할 때도 그들이 숲에 미친 피해는 영국과 노르만 민중들에 미친 피해와는 견줄 바가 못 되었습니다. 그들 가없은 민중들보다 숲속의 사슴들이 훨씬 더 편한 죽음을 맞이했을 거란 이야기입니다.

8월 어느 날, 이제는 동생 '현학자'와 화해한 왕은 엄청난 무리를 대동하고 '뉴 포레스트'에 나타났습니다. '현학자'도 그들 무리에 끼어있었습니다. 그들은 떠들썩한 즐거움 속에서 맬우드Malwood-Keep라 불리는 숲속의 사냥용 숙영지에서 밤을 보내며, 저녁 만찬과 아침을 즐기고, 떠들썩하게 마시고 놀았습니다. 그리고 사냥 할 때가 되어 그들은 당시의 사냥 관습대로 각자 뿔뿔이 흩어졌습니다. 왕은 월터 타이렐 경 한 사람만을 대동하고 사냥에 나섰습니다. 월터 타이렐 경은 운동에 특별한 소질이 있던 사람으로, 왕은 그날 아침 그에게 귀한 화살 두 개를 선물하기도 했습니다.

왕이 살아서 마지막으로 목격된 순간은 그가 사냥개를 데리고 월터 타이렐 경과 함께 말을 타고 있는 모습이었습니다.

수레를 끌며 숲속을 지나던 가난한 숯쟁이가 가슴에 화살을 맞고 피를 흘리며 홀로 쓰러져 있는 시신을 발견한 것은 저녁이 다 되어서였습니다. 그는 그 시신을 수습해 수레에 실었는데, 그것은 왕의 시신이었습니다. 시신은, 수염은 석회가루와 피로 얼룩진 채, 덜컹거리는 숯쟁이의 수레에 실려 다음날 윈체스터 성당으로 옮겨져 그곳에서 매장되었습니다.

노르망디로 피신한 월터 타이렐 경은 프랑스 왕에게 보호를 요청하고, '붉은 머리' 왕은 자신들이 함께 사냥을 하고 있을 때 어디선가 모르는 곳에서 갑자기 날아온 화살에 맞아 죽었으며, 자신은 왕의 시해자로 몰리는 것이 두려워 그 자리에서 급히 말을 몰아 바닷가로 도망쳐왔다고 주장했습니다. 다른 사람들은, 왕과 월터 타이렐 경이 일몰 직전에 함께 사냥할 때 서로 관목 숲을 두고 마주보고 서있었는데 그때 수사슴 한 마리가 갑자기 튀어나왔으며, 왕이 활시위를 당기려는 순간 시위가 끊어졌고, 왕은 타이렐 경에게 "월터, 쏘시오! 절대로 놓치면 안 되오."라고 외쳤으며, 타이렐 경이 쏜 화살이 나무에 맞고 사슴을 빗나가 왕에게 꽂혔다고 결론지었습니다.

왕이 누구 손에 죽었는지, 또는 그 손이 실수로 그런 것인지 아니면 의도를 가지고 그랬는지는 하나님만이 아실 겁니다. 어떤 사람들은 그의 동생이 그런 일을 꾸민 것이라고 주장하지만 어쨌든 왕은 성직자나 민중들 사이에 수많은 반대자들을 두고 있었기 때문에 그의 죽음이 자연스런 죽음은 아닐 것이라는 주장에 힘을 실어주었습니다. 사람들은 왕이 '뉴 포레스트'에서 죽은 채 발견되었다는 사실 외에는 아는 바가 없습니다. 이야기 한 대로, 그 숲은 민중들의 고통 위에 만들어졌기 때문에 사람들은 그곳을 왕 일족의 저주받은 장소로 받아들였습니다.

제10장
'현학자'라 불리던 헨리 I 세
ENGLAND UNDER HENRY THE FIRST, CALLED FINE-SCHOLAR
[생몰 : 1069~1135.12.1,　재위 : 1100~1135]

‘**현**학자’ 헨리 I 세는[1]는 ‘붉은 머리’ 왕의 서거 소식을 접하자마자 전에 ‘붉은 머리’가 그랬던 것처럼 왕실의 재산을 확보하기 위해 전속력으로 윈체스터로 달려왔습니다. 하지만 그 숲속 사냥터 일행 중 한 사람이었던 왕실 금고 출납 책임자도 급히 말을 몰아 거의 같은 시간에 윈체스터에 도착해서 열쇠를 내놓기를 거부했습니다. 그러자 ‘현학자’는 칼을 뽑아 그를 죽이겠다고 위협했고, 그 출납 책임자는 어쩌면 목숨을 걸고 충성을 지켰을 수도 있었겠지만, 일단의 남작들이 ‘현학자’를 호위하고 있는 것을 발견하고 더 이상 저항은 무의미하다는 것을 직감했습니다. 그 남작들은 ‘현학자’를 옹립하기로 결의를 확고히 한 상태였습니다. 결국 출납 책임자는 왕실 금고를 넘겨주었고, 마침내 왕실의 재물과 보석 등은 ‘현학자’에게 돌아갔습니다. 그리고 ‘붉은 머리’ 왕의 서거 3일째 접어드는 어느 일요일에 ‘현학자’는 웨스트민스터 사원 제단 앞에 서서, 자신의 형이 갈취했던 교회의 재산을 돌려줄 것이고, 귀족들을 못살게 굴지 않을 것이며, 백성들에게는 ‘참회왕’ 에드워드 시절의 법률을 회복할 것을 맹세했습니다. 한마디로 ‘정복자’ 윌리엄 I 세의 훌륭한 치적을 이어받을 것을 서약했던 겁니다. 이렇게 해서 헨리 I 세의 치세가 시작됩니다.

민중들은 새 왕이 시련을 많이 겪었을 뿐 아니라 태생이 노르만인이 아니고 영국인이었기 때문에 새로운 왕을 좋아했습니다. 민중들이 태생 때문에 자신을 좋아한다는 점을 간파한 왕은 영국 여인과 결혼하기를 원했으며, 스코틀랜드 왕의 딸인 ‘선량한’ 모드MAUD THE GOOD 외에는 아내로 맞이할 생각을 하지 않았습니다. 그 착한 공주는 처음에는 왕을 탐탁지 않게 생각했지

---

1   윌리엄 1세의 막내아들. 형들과 대립하여 박해를 받던 청년 시절을 보낸 뒤, 둘째형 윌리엄 2세가 죽고 맏형 로버트가 부재 중인 틈을 타서 왕위에 올랐음. 그때 귀족들의 지지를 받기 위하여 반포한 자유헌장(대관헌장)은 마그나카르타의 원형으로서 주목받음.
    왕위에 오른 뒤로는 왕정청(王政廳)의 개혁, 순회재판제도의 창시 등 행정·사법제도의 강화와 왕권의 신장에서 업적을 나타냈으며, 종교정책에는 추방 중에 있던 캔터베리 대주교 안셀름을 불러옴으로써 악화된 교회와의 관계를 회복함. 대외적으로는 형 로버트와 싸워 승리하여 노르만 공국(公國)을 병합하였음.

런던탑Tower of London

만 귀족들이 그녀에게, 노르만과 색슨족의 융화와 미래에 있을지 모르는 두 민족 사이의 유혈극을 방지하기 위해 자비심을 베풀어 줄 것을 요청하자 왕비가 되는 데 동의했습니다. 한편, 그녀의 과거를 두고 성직자들 사이에 작은 소동이 있었습니다. 그녀가 젊은 시절 수녀원에서 수녀복을 입고 있었기 때문에 왕비가 되는 것은 적법하지 않다는 것이었습니다. 이 주장에 대해 그녀는, 젊을 시절 함께 살았던 자신의 이모가 때때로, 정복자인 노르만인들이 검은 옷을 입은 여인들을 좋아했으므로, 검은 옷을 입도록 강요했기 때문이며 그녀는 결코 수녀가 되는 서약을 한 적이 없으므로 결혼하는 데는 아무 문제가 없다고 항변했습니다. 그렇게 해서 그녀는 헨리 왕의 왕비가 됐습니다. 그녀는 아름답고 마음씨가 고운 아주 훌륭한 왕비였으며, 헨리 왕보다는 훨씬 훌륭한 남편의 아내가 될 자격이 있는 여자였습니다.

성지聖地를
향해 떠나는
노르만의
로버트 공작

헨리 I 세는 머리가 좋고 단호한 성격의 소유자이긴 했어도 교활하고 비양심적인 인물이었습니다. 그는 자신이 한 말에 별로 신경을 쓰지 않고, 목적을 위해서는 수단을 가리지 않았습니다. 이런 왕의 성격이 잘 드러난 사건은 그가 형 로버트를 대한 일이었습니다. 로버트는 헨리가 '미카엘 천사장의 언덕' 꼭대기의 성에서 농성 중일 때 물이 부족해 죽어가는 것을 구해주었을 뿐 아니라 포도주까지 보내주었던 적이 있었던 형입니다. 그때 '붉은 머리' 형은 헨리를 그냥 죽도록 내버려두자고 했었지요.

왕은 형 로버트의 문제를 처리하기 전에, 사람들에게 미움을 받던 선대왕의 측근들을 제거했습니다. 그는 우선 제일 먼저 선대왕이 더럼의 주교로 임명했던 '횃불' 랄프를 런던탑Tower에 [2] 가둬버렸습니다. 그러나 '횃불'은 매우 붙임성이 많았던 인물로서 간수들에게 엄청 인기가 있었고, 간수들은 커

---

2 Tower, 영국 런던의 템스 강 북쪽 기슭에 있는 건물. 윌리엄 I 세의 명으로 1078년부터 건축을 시작해, 그 후 증축을 거듭하였음. 이후 오랫동안 국사범의 감옥으로 쓰다가 지금은 박물관으로 쓰고 있음.

다란 와인 병 밑에 숨겨져 있는 기다란 로프에 대해서 모르는 척 해주었습니다. 간수들은 그 와인을 마셨고 '횃불'은 그 로프를 취했습니다. 술을 마시고 간수들이 금방 곯아떨어지자 그는 야밤을 틈타 그 로프를 이용해 창문으로 탈출해서 무사히 배에 올라타 노르망디로 탈출하는 데 성공했습니다.

당시, 동생 '현학자'가 왕위에 올랐을 때, 로버트는 영국이나 노르망디에 있지 않고 '성지'[3]에 있었습니다. 헨리는 사람들에게 형님 로버트는 '성스런 땅'의 통치자가 되었다고 거짓을 퍼뜨렸고, 사람들은 로버트가 오랫동안 자리를 비우고 있었기 때문에 그 말을 믿었습니다. 그리하여 헨리가 영국의 왕에 올랐고, 이때 로버트는 노르망디의 자기 집으로 돌아가고 있었습니다. 로버트는 예루살렘에서 이탈리아를 거쳐 느긋하게 노르망디로 돌아왔고, 이탈리아에서는 빼어난 풍광을 즐기고, 그 아름다움만큼이나 어여쁜 여인을 아내로 맞이했습니다. 그리고 노르망디에 도착해서 '횃불'이 그를 목 빠지게 기다리고 있는 것을 발견했습니다. '횃불'은 로버트에게 영국 왕권은 그의 것이며 이를 쟁취하기 위해 영국 왕 헨리와 전쟁을 벌이라고 충동질했습니다. 이 말을 듣고, 그의 어여쁜 아내와 노르만 친구들과 먹고 마시는 향연의 시간을 어느 정도 보낸 후, 로버트는 전쟁을 결심하게 됩니다.

한편, 상당수의 노르만인들은 로버트 편이었지만 영국인들은 일반적으로 헨리를 지지했습니다. 하지만 영국 선원들은 왕을 배반하고 해군력의 상당 부분을 노르망디에 넘겨줘버렸습니다. 그래서 로버트는 다름 아닌 영국의 배를 타고 영국을 침공할 수 있었습니다. 한편, 헨리는 외국에 가있던 안셀름을 다시 초청해서 캔터베리 대주교로 임명했고, 덕망 있던 안셀름이, 왕의 확고한 지지자가 되어, 중재자로서 최대한 노력한 결과 양측 군대는 싸우지 않고 평화를 얻을 수 있었습니다. 뭐든지 잘 믿던 불쌍한 로버트는 동생을 아무 의심 없이 믿고, 자신을 지지했던 사람들을 모두 사면해주고 영국으로

---

3 聖地, Holy Land, 지금의 이스라엘과 팔레스타인 지역

부터 연금을 받는 조건으로 고향으로 돌아가는 데 합의했습니다. 헨리 왕은 이 약속을 충실히 지키겠다고 맹세했지만 로버트가 고향으로 돌아가자마자 그의 추종자들을 박해하기 시작했습니다.

로버트의 추종자들 중에는 쉬루즈베리의 백작이 있었는데, 그는 왕 앞에 불려가 무려 55가지나 되는 죄목을 추궁받자, 자신의 성으로 칩거해 농성을 벌이고, 소작인 및 가신들과 함께 투쟁했지만 패배하고 추방당했습니다. 로버트는, 왕의 이러한 만행에도 불구하고, 자신이 한 약속에 충실하고자 쉬루즈베리 백작이 자신의 동생에게 반기를 들었다는 소식을 듣고서는, 왕에게 자신은 약속을 충실히 지킨다는 사실을 입증하기 위해, 노르망디에 있는 이 백작의 영지를 초토화시켜버렸습니다. 로버트는 나중에 좀 더 정확한 내막—그 백작의 유일한 죄목은 자신과 친구라는 것이었다는 사실을 알고서는 영국으로 건너가, 그의 특유의 친화력을 발휘해서, 동생과 협상을 해서 자신의 추종자들을 모두 사면시켜준다는 약속을 지키도록 요청했습니다.

로버트의 그런 착실함을 대하고는 왕은 얼굴이 붉어지고 미안해했음직도 하지만 실상은 그렇지 않았습니다. 겉으로는 매우 우호적인 척하면서도 왕은 자신의 형 주변에 첩자들을 배치하고 음모를 꾸며서, 결국 로버트는 연금을 포기하고, 도망갈 수 있을 때 도망가는 수밖에 다른 도리가 없었습니다. 노르망디로 돌아온 로버트는 이제 왕의 실체를 분명히 깨닫고 오랜 친구인 쉬루즈베리 백작과(이 백작은 노르망디에 여전히 30 채나 되는 성을 보유하고 있었습니다.) 연합하게 됩니다. 하지만 그것이 바로 헨리가 원하던 바였습니다. 헨리는 그 즉시 로버트가 협정을 위반했다며 다음 해에 노르망디를 침공합니다.

헨리는 노르만인들의 요청으로 자신의 형의 압제에 시달리는 노르만인들을 해방시키기 위해 왔다는 점을 내세웠습니다. 사실 노르만의 로버트 공작에게는 통치를 잘못한다는 비난을 받을만한 요소가 있었습니다. 아내가 어린 자식을 남겨놓고 죽어버리자 그의 궁정은 다시금 방탕한 무질서에 빠졌는데, 어느 정도였는가 하면, 하인들이 로버트의 옷을 훔쳐 가버리는 바람에 아침에 입을 옷이 없어서 침대에서 나오지 못하는 경우도 있었다고 합니다. 결국 로버트는, 그는 용맹스런 왕자처럼 군대를 지휘하긴 했지만, 자신의 기사 4백 명과 함께 헨리 왕의 포로가 되는 신세가 됐습니다. 그 포로들 중에는 아무 죄 없는 에드가 아델링이라는 인물이 있었는데 그는 로버트를 진정으로 좋아했습니다. 에드가는 혹독하게 다룰 정도로 중요한 인물이 아니어서 헨리는 이후 그에게 영국의 숲에서 편안하게 살다 죽을 수 있도록 적당한 연금을 주기도 했습니다.

그리고 로버트 —낭비벽 있고 주의력이 부족하긴 했어도, 착하고 인정 많았던 로버트는 여러 결점이 있기는 했지만, 여전히 행복을 누릴 권리가 있었는데, 도대체 그에게는 무슨 일이 일어났을까요? 헨리 왕에게 자비심이 있었다면 그는 형을 찾아가, "형님, 여기 있는 귀족들 앞에서, 지금부터 나는 동생의 군대에 저항하지 않고, 동생의 말을 충실히 따르겠다는 맹세를 하세요." 이렇게 말했을 것이고, 그랬다면 로버트는 동생을 죽을 때까지 믿고 의지했을 겁니다. 그러나 왕은 관용을 베풀 줄 모르는 사람이었습니다. 그는 궁정의 한곳에 형을 죽을 때까시 연금하는 결정을 내립니다. 연금 초기에는 로버트는 경비가 딸린 상태에서 말을 몰고 외출하는 것이 허락됐습니디. 그러던 어느 날 그는 경비를 따돌리고 말을 타고 달아나는 데 성공하는 듯했습니다. 하지만 운명의 여신은 그의 편이 아니었습니다. 그는 말과 함께 늪에 빠졌고 말이 옴짝달싹 못하는 가운데 붙잡히게 됩니다. 왕은 이 소식을 듣고 형의 눈을 멀게 하라는 명령을 내렸고, 결국 로버트의 눈에는 펄펄 끓는 쇳물이 부어졌습니다.

그리고 감옥의 암흑 속에서 세월을 보내면서 로버트는 지난 세월을 반추했습니다. 자신이 허송세월했던 과거와 물 쓰듯 낭비했던 재물이며, 잃어버린 기회들이며, 덧없이 날려버린 젊은 시절이며, 활용하지 못한 재주들에 대한 회한의 세월을 보냈던 겁니다. 화창한 가을 날 아침이면 그는 때때로 일어나 앉아서 지난 세월 숲에서 즐겼던 사냥 피티를 그리곤 했습니나. 그 속

글로스터 성당
Gloucester Cathedral
에 누워 있는
로버트 공의 조상彫像

에서 그는 가장 돋보이고 가장 유쾌한 사람이었습니다. 또, 적막한 밤이면 일어나 도박판에서 흘려버린 수많은 밤들을 한탄하곤 했으며, 때로는 쓸쓸한 바람에 음유시인들의 노래를 듣는 듯도 했고, 때로는 암흑 속에서도 자신의 노르망디 궁정의 빛나던 영화를 꿈꾸는 듯도 했습니다. 아주 수많은 날들을 그는, 상상 속에서, 자신이 그토록 용맹스럽게 싸웠던 예루살렘의 궤적을 더듬기도 했고, 이태리에 도착해 용맹스런 추종자들 앞에 서서, 깃털 달린 투구를 벗고, 환호하는 군중들에게 인사하던 추억과, 사랑스런 아내와 함께 햇볕 내리쬐는 포도밭이나 푸른 바닷가를 거니는 꿈에 젖는 듯도 했습니다. 그리고 아내의 무덤과 아버지 없이 지내고 있을 아들을 떠올리며 눈물을 훔치곤 했습니다.

마침내 눈가에 끔찍한 상처를 지닌, 80살의 한 초라한 노인이 어느 날 감옥에서 숨을 거뒀습니다. 간수장이 보기에는 눈에 붕대가 둘러져 있는 초라한 노인에 불과했었지만, 하늘은 그를 가련한 눈으로 내려다보고 있었습니다. 그는 한때 노르망디의 로버트라 불리던 인물이었습니다. 아, 무상한 인생이여!

노르망디의 로버트가 그의 동생에게 붙잡혀서 죄수가 됐을 때, 그의 어린 아들은 겨우 다섯 살이었습니다. 그 어린 아이도 붙잡혀서, 낑낑 울면서 왕 앞에 이끌려왔습니다. 그리고 비록 나이는 어렸지만 왕을 두려워해야 한다는 것을 아는 것 같았습니다. 왕은 권력을 놓고 다투는 사람에 대해서는 추호의 동정심도 없었지만, 그의 냉혈적인 가슴도 어린 아이 앞에서는 부드러워지는 듯했습니다. 그는 잔인하지 않으려고 최대한 애를 쓰는 모습이 역력했으며, 결국 아이를 데리고 가라는 명령을 내렸고, 로버트 공작의 딸과 결혼했던, 어떤 자애로운 남작 한 사람이 나서서 그 아이를 책임져주기로 했습니다. 하지만 왕의 이러한 자비심은 그리 오래가지 못했습니다. 그 일이 있고 2년이 채 되지 않아서 왕은 남작의 성으로 사람을 보내, 아이를 멀리 보내버리도록 명령했습니다. 마침 그때 남작은 성에 있지 않았습니다. 대신에 충직한 그의 하인이 아이가 자는 동안 아이를 빼돌려서 숨겨버렸습니다. 남작은 돌아와서 자초지종을 듣고 나서, 아이를 국외로 피신시킨 후, 아이 손을 잡고 이 나라 저 나라, 이 왕실 저 왕실을 떠돌며, 그 아이야말로 진정한 왕통을 지니고 있으며, 그런 사실을 알고 있는 그의 삼촌이 어떻게 그 아이를 처치하려 했는지 설파하고 다녔습니다. 아울러 그는, 자신이 없었다면 그 아이는 이 세상 사람이 아니라는 사실도 함께 설명하고 다녔습니다.

순진무구하고 어린 윌리엄 핏츠 로버트(그 아이는 이렇게 불렸습니다.)에게는 친구가 많았습니다. 그가 청년이 되었을 때 프랑스 왕은, 앙주와 플랑드르 지방의 백작들과 연합하여 영국 왕에 대항하는 그를 도왔으며, 노르망디에 있는 영국 왕의 영토와 성들을 몰수해버렸습니다. 그러나 헨리 왕은 교활하고 기민한 사람으로, 그런 윌리엄의 협력자들을 때로는 돈으로 매수하고 때로는 위협과 회유를 가하며 자기편으로 만들었습니다. 왕은 프랑스 앙주의 백작에게, 자기 장남과(이 인물의 이름도 윌리엄입니다.) 그의 딸과의 결혼을 제안해서 환심을 샀습니다. 참으로 헨리 왕의 인간적 유대관계는 모두 이런 거래와 관계가 있었으며, 그는 모든 인간들의 신뢰와 명예란 돈을 주고 살 수 있는 것으로 믿었습니다.(역대의 많은 왕들이 이런 신념을 지니고 살았습니다.) 이러한 연유로 해서 왕은 아주 오랫동안 조카인 윌리엄 핏츠 로버트와 그의 친구들을 두려워했으며, 자신의 목숨이 위태로울 수 있다고 생각해서 경비병들이 보초를 서고 있는 데도 옆에 칼과 방패가 없이는 쉽게 잠을 이루지 못했습니다.

왕은 권력을 강화하기 위해 자신의 8살짜리 장녀 마틸다를 독일 황제 헨리 V세와 약혼시키고 성대한 축연을 열었습니다. 그러면서 그는 딸의 지참금을 거두기 위해 악랄한 방법을 동원해 민중들에게 세금을 부과했습니다. 독일로 떠나는 공주 일행의 긴 행렬을 바라보며, 민중들은 잃어버렸던 비웃음을 모처럼 회복할 수 있었습니다. 그 행렬은 왕의 딸 마틸다가, 보무도 당당하게, 독일 대사를 따라 미래의 남편 나라에서 교육받기 위해 출정하는 행렬이었습니다.

그리고 왕비 '선량한' 모드가 불행한 죽음을 맞이했습니다. 그 인자한 여인을 생각하면, 애처로운 마음을 금할 길이 없습니다. 그녀가 노르만과 영국의 화해를 위해 원치 않는 결혼을 했지만, 그것이 허사로 돌아갔다는 사실은 참으로 서글픈 일이었습니다. 그녀의 죽음에 임박해서 노르망디와 프랑스 사람들은 영국에 대항에 일전을 불사할 준비를 하고 있었는데, 헨리 왕이 자신들과의 약속을 헌신짝처럼 차버렸기 때문입니다. 헨리 왕은 주변의 위협 요소들이 제거되었다고 판단이 들자, 그가 프랑스 권력자들에게 돈을 주겠다고 한 약속을 포함한 모든 맹세들을 백지상태로 만들어버렸던 겁니다. 하지만 소소한 싸움을 몇 차례 치른 후 (이런 경우 언제나 그렇듯이 민중들만 피해를 입은 채) 왕은 다시금 화해의 미소를 보냈습니다. 한편, 교황도 유혈극을 막기 위해 적극적으로 발 벗고 나섰습니다. 결국 이런 움직임들 덕택으로 헨리 왕은 이번에는 정말로 진지하게 약속을 지킬 것이라며 수차례 엄숙하게 선언했고, 이로써 평화가 이룩됐습니다.

평화를 이룩한 뒤 왕이 가장 먼저 한 일은 자신의 아들 프린스 윌리엄과 대대적인 수행원들을 대동하고 노르망디로 건너간 일입니다. 왕은 노르망디에서 노르만 귀족들에게 자신의 아들을 후계자로 확인시키고, 그의 아들과 앙주 백작의 딸 사이에 약속됐던 결혼 약속을 마무리 짓고자 했습니다. 그것은 왕이 손바닥 뒤집듯이 뒤집었던 약속 불이행 중 하나를 바로잡는 일이었습니다. 왕은 원정길에서 목적했던 두 가지 일을 만족스럽게 마무리 짓자 성취감에 들떠 거대한 축하연을 베풀었습니다. 그리고 1120년 11월 25일에 왕의 수행원들은 바르플레Barfleur 항구에서 고국으로 떠날 채비를 하고 있었습니다.

출발하는 날 선장 피츠 스티븐이 왕에게 나아가 다음과 같이 아뢰었습니다.

"폐하, 저의 부친은 바다에서 전 생애를 바치며 선왕께 충성을 다했습니다. 선왕께서 영국을 정벌하는 장도에 오르실 때 이용했던, 이물에 황금 소년의 조각상이 그려진 함선을 저의 부친이 몰았습니다. 원하옵건데 저에게도 같은 기회를 내려주소서. 저에게는 50명의 뛰어난 선원들이 포함된 '백선The White Ship'이라는 훌륭한 배가 있사옵니다. 부디 '백선'으로 폐하를 영국까지 모실 수 있는 기회를 주시기를 바라나이다."

"미안하구나." 왕이 대답했습니다. "내가 타고 갈 배가 이미 준비되어 있어서 내 아버지의 배를 몰았던 자의 아들인 그대에게 배를 맡길 수가 없도다. 하지만 왕자와 그 수행원들은 그대의 그 수려한 배를 타고 갈 것이다."

한두 시간 후 왕은 자신이 선택한 배에 올라타, 다른 배들의 호위를 받으며 항해에 올랐고, 밤새 순풍을 만나 아침에 영국 해안에 도착하게 됐습니다. 그때였습니다. 아직은 날이 밝기 전에 선단의 한쪽에서 희미한 비명소리가 들리자, 사람들은 그것이 무슨 소리인지 궁금해 했습니다.

왕자는 영국에 대한 애정이 전혀 없는 방탕한 18살짜리 청년이었습니다. 그는 자신이 왕위에 오르면 소에 쟁기를 메듯이 영국인들에게 멍에를 지울 것이라고 호언장담하던 인물입니다. 그는 '백선'을 타고, 자신처럼 젊은 140명의 귀족들과 함께, 귀국길에 올랐고 그들 중에는 최상류층 귀족의 딸들이 18명이 포함되어 있었습니다. '백선'에 올라탄, 이들 흥거운 무리들의 숫자는 하인들과 50명의 선원들을 합해 3백 명에 이르렀습니다.

"피츠 스티븐 선장, 선원들에게 와인 3통을 돌리시오. 아버지의 배가 이미 출발했소. 여기서 술을 마시고 좀 놀다 출발해도 아버지의 배가 영국에 닿기 전에 따라잡을 수 있겠소?"

"왕자님, 저의 선원들과 이 배로 밤새 노 저어 가면 폐하께서 타신 가장 빠른 배라 할지라도 아침이 되기 전에 따라잡을 수 있을 겁니다." 피츠 스티븐 선장이 대답했습니다.

그러자 왕자는 파티를 시작할 것을 명했으며, 선원들은 와인 3통을 다 마셨고, 왕자와 귀족들은 '백선'의 갑판에서 달빛을 받으며 춤추고 놀았습니다.

드디어 '백선'이 출항할 때가 되어 바르플레 항구를 나섰을 때 갑판에는 취하지 않은 선원이 한 사람도 없었습니다. 그러나 출항이 결정되었고, 모두들 즐거운 마음으로 노를 잡았으며, 피츠 스티븐 선장 자신은 키를 잡았습니다. 그리고 차가운 바다 날씨를 피하기 위해 형형색색의 망토를 걸친 젊은 귀족 남녀들은 즐거움에 들떠 웃고 떠들며 노래 불렀습니다. 왕자는 50명의 선원들에게 '백선'의 이름값을 하려면 더 힘차게 노를 저어야 한다고 명령했습니다.

배가 어딘가에 부딪혔다! 단말마의 비명이 3백 명의 승선자들 가슴 속에서 우러나온 것은 바로 그 순간이었고, 왕이 탄 배에서 희미한 비명소리를 들은 것도 바로 그 순간이었습니다. '백선'이 암초에 부딪혀 물이 차서, 가라앉고 있었던 겁니다!

피츠 스티븐 선장은 서둘러서 왕자와 몇몇 귀족들을 보트에 옮겨 태웠습니다. "배를 힘껏 저어라." 그는 선원들에게 속삭였습니다. "육지가 멀지 않다. 그리고 바다도 조용하구나. 여기 있는 나머지 일행들은 모두 죽을 것이다."

그러나 침몰 중인 배로부터 보트가 벗어나려 할 때 왕자는 누이인 페르슈의 백작부인 마리의 목소리를 듣습니다. 왕자는 그때처럼 뛰어난 인품을 발

백선The White Ship의 침몰 :
이 사고로 헨리 I 세는
외와들 윌리엄을 잃어버림

휘한 적이 없었습니다. 그는 슬픔으로 울부짖으며, "무슨 수를 써서라도 배를 돌려라! 누이를 남겨놓고 갈 수 없다!"

선원들은 배를 돌렸습니다. 왕자가 누이의 손을 잡기 위해 팔을 내밀었을 때 많은 사람들이 한꺼번에 뛰어내려 보드가 뒤집혔고, 그 순간 '백선'도 함께 가라앉았습니다.

바다 위에는 오직 두 사람만이 살아서 난파된 배에서 떨어져 나온 부서진 돛대를 잡고 떠있었습니다. 한 사람이 다른 사람에게 상대방이 누구인지 물었습니다. "나는 귀족 길버트 드 레글의 아들인 고드프리요. 당신은 누구시오?" "저는 루앙의 비천한 푸줏간 주인 베롤드입니다." 두 사람은 그 불행한 11월의 밤, 살을 마비시키는 차가운 바다 위에 둥둥 떠서, 신께서 자기들을 저버리지 않았다고 서로를 격려했습니다.

잠시 후 다른 남자 하나가 그들 곁으로 헤엄쳐왔습니다. 두 사람은 그 남자가 물에 젖은 긴 머리칼을 한쪽으로 제치자 그가 선장 피츠 스티븐인 것을 알아봤습니다. "왕자님은 어떻게 되셨소?" 선장이 물었습니다. "모두기 다

사라져버렸습니다! 모두가!" 두 사람은 울부짖었습니다. "왕자님도, 그의 동생도, 뿐만 아니라 공주님도, 폐하의 조카분들도 다 사라졌습니다. 귀족이나 평민이나 가리지 않고……. 우리 셋만 빼고 3백 명 모두 사라져버렸습니다." 피츠 스티븐은 유령과 같은 얼굴로, "아, 어찌해서 내게 이런 시련이!"라는 말을 남기고 바다 속으로 사라져버렸습니다.

나머지 두 사람은 몇 시간 동안 더 바다에 떠있었습니다. 그러다가 젊은 귀족이 꺼져가는 목소리로 말했습니다. "더 이상 버틸 힘이 없네요. 너무 추워 견딜 수가 없어요. 행운을 빕니다, 친구. 신의 가호가 있기를 빌겠소."라는 말을 남기고 바다 밑으로 가라앉아버렸습니다. 그리고 그 빛나던 무리들 가운데 루앙의 푸줏간 주인만이 홀로 살아남아 구조됐습니다. 아침에 어부들이 양가죽 외투를 걸치고 바다에 홀로 떠있는 그 남자를 구조했습니다. 그 슬픈 이야기를 증언할 유일한 사람을 구조한 겁니다.

신하들은 이 사건을 감히 왕에게 전할 엄두를 내지 못했습니다. 마침내 3일이 지난 다음 신하들은 어떤 꼬마 하나를 골라, 왕 앞에 엎드려 울면서 '백선'이 승선자 모두와 함께 바다에 가라앉았다고 보고하도록 했습니다. 왕은 죽은 사람처럼 바닥에 쓰러졌고, 이후 다시는 그의 얼굴에서 웃음을 볼 수 없었습니다.

하지만 왕은 여전히 음모를 꾸미고, 약속을 남발하고, 사람들을 매수하곤 했습니다. 자신의 왕위를 물려줄 후계자가 없다는 사실에 고민을 거듭하던 왕은(이때 영국 민중들은, 자신들의 등에 굴레를 씌우겠다고 큰소리치던 왕자가 죽어버리자 환호하며 기뻐했습니다.), 아델라이스(혹은 엘리스)라고 불리던, 어떤 공작의 딸이자 교황의 조카를 두 번째 아내로 맞이했습니다. 하지만 그녀와 사이에 아이가 생기지 않자 왕은 백작들에게 당시에 과부였던 자신의 딸 마틸다를 후계자로 인정하도록 강요했습니다. 마틸다는 왕이 프랑스 앙주 백작의 장남 지오프리와 결혼시켰던 여인입니다. 앙주 백작의 아들은, 깃털 대신에 꽃이 핀 금작화金雀花 가지를 꽂고 다녔기 때문에 사람들이 '금작화 사나이Plantagenet'[4]라고 부르던 인물입니다.

못된 미꾸라지 한 마리가 연못을 어지럽히듯이 왕 한사람의 잘못으로 인해 영국 왕실과 신하들이 병들어가고 있었습니다. 별로 그럴 생각이 없으면서도, 신하들은 마틸다와 그녀의 아들을 왕으로 모시겠다는 서약을 두 번씩이나 해야 했습니다. 한편 프랑스에 있던 조카 윌리엄 핏츠 로버트가 26살에, 성 오메르St. Omer 수도원에서 손을 창에 찔려 그 상처 때문에 죽어버리자 왕은, 이제 자신을 위협하는 요소가 모두 제거됐다고 판단하고 크게 고무되었습니다. 그리고 마틸다가 세 명의 아들을 낳자 그는 후계자 문제는 모두 해결됐다고 생각했습니다.

플랜태저넷 왕가의
시조 지오프리 백작

왕은 생의 후반부를 거의 노르망디의 마틸다 곁에서 보냈는데, 가족 간의 불화가 끊길 날이 없었습니다. 그는 35년 이상을 통치하고, 몸이 안 좋은 상태에서, 의사들이 조심하라는 칠성장어를 먹은 후, 체한 끝에 고열로 사망했는데 그때 그의 나이 67세였습니다. 그의 시신은 리딩 수도원Reading Abbey에 묻혔습니다.

여러분들은 헨리 I 세의 교활하고 약속을 잘 지키지 않는 성격을 '정책'이나 '외교'라고 칭하는 사람들을 보았을 겁니다. 겉으론 그럴듯하게 들리는 이런 비유는 결코 사실이 아니며, 사실이 아닌 것을 훌륭한 행위로 칭송할 수는 없는 일입니다.

그나마 헨리 I 세의 훌륭한 치적을 꼽자면 학문을 사랑했다는 점입니다.

---

4 플랜태저넷Plantagenet 왕가(1154~1399) : 영국의 왕조로, 앙주 왕가의 별칭임. 시조인 영국 헨리2세의 부친 지오프리 백작이 항시 투구에 '금작화 가지Planta Genista'를 꽂고 있었기 때문에 생긴 이름임.

필자는 이 부분에서 만일 그가 시인이자 기사였던 어떤 인물의 눈을 뽑아버리지만 않았어도 훨씬 높은 점수를 줬을 겁니다. 그 기사는 왕을 조롱하는 시를 지었다는 죄목으로 체포되어 그 끔찍한 고문을 견디지 못해 감옥 벽에 머리를 부딪쳐 자살했습니다.

헨리 I 세는 탐욕적이었고, 복수심에 불탔으며, 사악한 인물이었습니다. 그래서 필자는, 사람이란 생전에 자신이 심어줬던 신뢰감만큼만 살다 가는 것이라는 생각을 지울 수가 없습니다.

제11장
마틸다와 스티븐
ENGLAND UNDER MATILDA AND STEPHEN

마틸다

스티븐

헨리 I 세가 죽자마자 그가 온갖 거짓말을 해가며 그토록 애를 썼던 일들이 하루아침에 물거품이 돼버렸습니다. 왕이 생전에 단 한 번도 의심해본 적 없는 스티븐이 왕위를 노리기 시작했던 겁니다.

스티븐은, 블와의 백작과 결혼한, '정복자 윌리엄 I 세'의 딸 아델라의 아들이었습니다. 헨리 I 세는 생전에 스티븐과 그의 동생 헨리에게는 매우 관대하게 대했었습니다. 헨리에게는 윈체스터의 주교 자리를 주었고 스티븐을 위해서는 훌륭한 결혼 상대를 골라주고 부자로 만들어주었습니다. 하지만 그렇다고 해서 스티븐의 야망을 꺾지는 못했습니다. 스티븐은 왕이 죽자마자 서둘러서 왕의 하인을 매수해, 왕이 마지막 순간에 후계자로 자신을 지목했다고 증언하도록 만들었습니다. 이 증언에 의거해서 캔터베리 대주교는 스티븐에게 왕관을 주었습니다. 서둘러 왕이 된 스티븐은 지체 없이 왕실의 재산을 확보했고, 그 돈을 이용해서 자신의 왕위를 지키는 외국 용병들을 고용했습니다.

설령 헨리 I 세의 마지막을 지켜봤다고 주장한 거짓 목격자의 주장이 맞다고 하더라도, 선대왕에게는 영국 민중들을 양이나 소처럼 함부로 넘겨줄 권한까지 있었던 것은 아니었지요. 하지만 사실 고인이 된 헨리 I 세는 모든 영토를 마틸다에게 넘긴다는 유언을 남겼습니다. 그리하여 마틸다는 글로스터 백작인 로버트의 도움을 받아 곧바로 왕권을 노리게 됩니다. 그리고 힘깨나 쓰는 남작들과 성직자들이 각각 마틸다와 스티븐의 편으로 갈라져, 서로의 진지를 구축하고, 전쟁을 벌이게 됐습니다. 결국 전쟁 통에 어느 한쪽 편에 서도록 강요받은 불쌍한 민중들은 또 참화를 겪어야 했습니다. 그들은 싸움의 승리가 누구에게 돌아가든 아무런 이익도 없이 그저 약탈당하고, 학대당하고, 굶주리며 죽어가야 했습니다.

헨리 I 세의 서거 이후 5년이 지났습니다. 이 동안에 스코틀랜드의 왕 데이비드가 두 번 침공을 해서 데이비드와 그의 군대가 전멸당하는 사건이 있었습니다. 그리고 마틸다가 오빠 로버트의 도움을 받아 왕위를 주장하기 위해 대대적인 군대를 이끌고 영국에 나타납니다. 그녀의 군대와 스티븐 왕의 군대는 링컨에서 전투를 벌였고, 스티븐 왕은, 도끼와 칼이 부러지도록 열심히 싸웠지만, 포로가 되어 글로스터에 있는 철통같은 감옥에 갇히게 됩니다. 승리한 마틸다는 성직자들에게 머리를 조아렸고 성직자들은 그녀 머리에 왕관을 씌어주었습니다.

마틸다는 여왕으로서 영화를 그리 오래 맛보지 못했습니다. 런던 시민들의 스티븐에 대한 애정이 각별했던 것입니다. 또, 많은 남작들이 여자에게 지배당한다는 사실을 치욕으로 받아들인데다가 여왕의 성격 또한 매우 거만해서 수없이 많은 적을 만들었습니다. 결국 런던 시민들은 폭동을 일으키고 스티븐을 지지하는 군대와 연합해서 여왕을 윈체스터에서 궁지에 몰아넣었습니다. 시민들은 여왕의 오빠 로버트를 사로잡아 스티븐과의 포로교환을 제안했고, 여왕은 오빠 없이는 군대를 유지할 수 없었으므로 이에 흔쾌히 응했습니다. 이렇게 해서 스티븐은 다시금 자유의 몸이 될 수 있었습니다. 그리고 기나긴 전쟁이 다시 시작됐습니다.

한번은, 겨울철 눈이 엄청나게 쌓여있을 때, 여왕은 옥스퍼드 성에서 스티븐의 맹공을 받아, 위기에 처한 적이 있었습니다. 결국 그녀가 선택할 수 있는 유일한 방법은 단 3명의 기사들로 이루어진 수행원들과 함께 눈과 구별이 안 되는 흰색 옷을 입고 스티븐 병사들의 눈을 피해 탈출하는 것이었습니다. 순백색 옷을 걸친 그녀와 일행은 차가운 템스 강을 걸어서 건넌 후, 한참을 더 가서 마침내 말을 타고 달아날 수 있었습니다. 하지만 그녀의 이런 노력은 모두 헛수고가 되었습니다. 그녀의 오빠가 한참 싸움의 와중에 전사해 버려서 그녀는 노르망디로 돌아 가야했기 때문입니다.

마틸다가 물러간 지 2,3년이 지나자 그녀를 추종하는 움직임이 새로이 일어났습니다. 이 움직임의 중심에는 그녀의 아들 헨리가 있었습니다. 헨리는 플랜태저넷 왕가 출신의 젊은이로 나이는 18살에 불과했지만 상냥한 힘

템스 강을 사이에 두고 담판을 짓는 스티븐과 헨리

을 소유하고 있었습니다. 그는, 어머니가 노르망디 전체를 물려준 데다가 프랑스 왕과 이혼한 이혼녀 엘레노르와 결혼을 해서(이 여자는 프랑스에 엄청난 재산을 보유하고 있었습니다.) 무시 못 할 존재였던 겁니다. 헨리와 엘레노르의 결합을 못마땅하게 생각한 프랑스 왕 루이는 스티븐 왕의 아들인 유스타스가 노르망디를 침공하는 데 도움을 줍니다. 하지만 헨리는 노르망디에서 그들 연합군을 물리치고 영국으로 쳐들어가 템스 강 위의 월링퍼드 Wallingford에서 영국 왕에게 공격을 당하고 있던 그의 추종자들을 도와줍니다. 템스 강을 사이에 두고 양측은 이틀간 진영을 펼치고 서로를 노려보고 있었습니다. 또 한 번의 대대적 전투를 앞두고 있던 그 순간에 애런델의 백작이 용기를 내어 모두의 마음속에 도사리고 있던 이야기를 꺼냈습니다. 왕자들의 야망을 위해 두 왕국이 말로 형언할 수 없는 비극을 지속하는 것은 합리적이지 못하다는 것이 그의 주장이었습니다.

일단 마음속에 있던 말이 나오자 다른 많은 귀족들의 찬성과 지지가 있었고, 스티븐과 플랜태저넷 청년은 각자 자기 진영의 강둑 아래로 내려가 강을 마주보고 회담을 갖고 휴전을 협정했습니다. 유스타스는 이 소식을 듣고 지지자들과 성 에드먼드베리 수도원the Abbey of St. Edmund's-Bury으로 몰려가 행패를 부리고, 미쳐 날뛰다가 죽음을 맞이했습니다. 휴전협정은 윈체스터에서 엄숙한 분위기 속에 진행됐고, 스티븐이 현 왕권을 유지하고 대신 후계자로 헨리를 임명하며, 스티븐 왕의 다른 아들인 윌리엄은 그의 아버지의 합법적 재산을 물려받으며, 스티븐 왕이 나눠 줘버렸던 왕실 영토를 다시 복원하며, 왕이 새로 짓도록 허가한 성들은 모두 헐어버리기로 하는 내용을 담고 있었습니다. 이로써 15년을 끌며 전국을 폐허로 만들었던 쓰라린 전쟁이 끝이 났습니다. 그리고 다음 해에 시련 많았던 19년의 통치를 마감하고 왕은 숨을 거둡니다.

비록 스티븐 왕이, 그의 생전에는 훌륭한 자질을 갖춘 인자하고 온화한 사람이었고 그가 왕권을 찬탈한 것 외에는 별로 악행을 저지르지 않은 것으로 알려지고 있지만(스티븐은 헨리 I 세도 왕위를 찬탈했으므로 자신의 행위도 용납되어야 한다고 생각했을지 모르지만 이는 전혀 변명거리가 되지 못합니다.) 영국 민중들은 그의 통치기간 19년 동안 그 어떤 시기보다 어려운 나날을 보냈습니다. 귀족사회가 서로 적통을 주장하는 두 세력으로 갈라지고, 이른바 '봉건제도'가(이것은 농민들을 태어나면서부터 남작들의 농노가 되도록 만드는 제도였습니다.) 성장하는 과정에서 모든 귀족들은 무소불위의 권력을 쥐고, 위압적인 성 안에서 주변의 모든 민중들을 지배했습니다. 따라서 스티븐은 어떤 범죄행위도 서슴지 않고 저지를 수 있었습니다. 그리고 그 19년간 척박한 영국 땅에서 저질러진 죄악보다 잔인한 짓을 찾아보기는 쉽지 않은 일입니다.

그 시절을 살았던 작가들은 그 시련을 끔찍했던 것으로 기록했습니다. 그들은 성내城內에 살고 있던 것은 사람이 아니라 악마들이었다고 묘사했습니다. 귀족들은 농민들의 재물을 갈취하기 위해 남녀를 가리지 않고 지하 감옥에 가둔 다음 살을 태우는 불고문을 자행했고, 엄지손가락만을 묶어 공중에 매달기도 했습니다. 또, 그들은 사람들의 머리에 커다란 돌을 매단 다음 거꾸로 매달기도 했고, 톱니바퀴에 살점을 짓이기기도 했으며, 굶겨죽이기도 했고, 날카로운 돌들로 채워진 좁은 상자 안에서 갈가리 찢어 죽이는 등 실로 헤아릴 수 없는 악마와 같은 행위들을 자행했습니다.

영국에서는 곡식이나 고기는 물론이고 치즈나 버터를 찾아볼 수 없었고 경작할 땅이 없었으므로 당연히 수확은 기대할 수 없었습니다. 하루 종일 거리를 배회하는 강도들이 사람들을 두려움에 떨게 했고, 보이는 것이라고는 불탄 재와 황량한 들판뿐이었으며, 집 한 채 구경하기 힘들었습니다. 성직자들 중에도 약탈 때문에 극심한 고통을 겪었던 인물들도 있기는 했지만, 상당수는 자기들의 성을 가지고 있었으며 남작들처럼 투구를 입고 직접 싸움을 벌이기도 했고, 싸워서 갈취한 전리품을 놓고 다른 성직자들과 주사위 놀음을 하기도 했습니다.

로마의 교황은 왕 스티븐이 자신의 야망에 반대한다는 이유로 스티븐의 통치 중 한 동안 영국 교회의 업무를 정지시킨 적이 있었는데, 이는 영국에는 어떤 예배도 볼 수 없으며, 결혼식도 거행할 수 없고, 교회 종도 울리지 못하고, 일체의 장례식도 이루어질 수 없다는 것을 의미했습니다. 이런 금기를 강요할 권리를 가진 인물은 그가 교황Pope이든 새장수Poulterer이든 무고한 수많은 민중들을 괴롭힐 힘을 가진 것이나 마찬가지였습니다. 민중들의 참혹한 처지가 바닥을 드러내고 있던 상황에서 설상가상으로 가혹한 행위를 주님의 사랑을 빗대어 저질렀던 것입니다.

제12장
헨리Ⅱ세
ENGLAND UNDER HENRY THE SECOND
[생몰 : 1133. 3. 5~1189. 7. 6, 재위 : 1154~1189]

[1부]

플랜태저넷 가문 출신의 헨리 II 세는[1], 21살의 젊은 나이에 스티븐 왕과 윈체스터에서 맺었던 약속에 따라 비교적 조용하게 왕위에 올랐습니다. 스티븐이 죽고 나서 6주 후 헨리와 왕비 엘레노르는 윈체스터에서 대관식을 거행했습니다. 그들은 나란히 말에 올라, 환호와 음악 속에, 보무도 당당히 꽃들이 뿌려진 식장으로 들어섰습니다.

헨리 II 세의 통치는 비교적 쉽게 출발했습니다. 왕은, 자신의 재산에다 왕비의 재산까지 합쳐 어마어마한 부를 소유했으며 프랑스의 3분의 1에 해당하는 영토를 지배하고 있었습니다. 그는 정열적이며, 단호한데다가 뛰어난 자질을 갖추고 있어서 선대왕 시절에 있었던 불행한 악행들을 즉시 개선하려 했습니다. 그는 지난 전쟁 기간 동안 급하게 양측에 무상으로 수여된 토지를 원상복귀 시켰으며, 여기 저기 무질서하게 늘어져있던 군대를 정리해서 영국을 떠날 병사들은 내보내기도 했습니다. 또, 그는 왕실에 귀속되었던 모든 성들을 되찾았고, 그동안 부도덕한 귀족들이 민중들에게 잔혹한 피해

---

1 헨리2세(Henry II, 1133년 3월 5일 ~ 1189년 7월 6일)은 플랜태저넷 왕가의 첫 번째 잉글랜드 국왕. 앙주 백작, 메인 백작, 노르망디 공작, 아키텐 공작, 낭트 백작을 겸임. 모친은 헨리1세의 딸로 영국 왕위 계승권을 주장하며 영주에 올랐던 마틸다이고, 부친은 프랑스의 명문 귀족 앙주 백작 조프루아 플랜태저넷임.
　외할아버지 헨리1세 시대의 영토와 권리를 수복하기 위해 정력적이고, 필요할 경우 무자비한 통치자가 되기도 했음. 왕위계승 분쟁 시의 혼란한 틈을 타 반기를 든 영주들을 굴복시켜 잉글랜드와 웨일즈의 권력을 재 장악하고, 1151년 루이 7세의 전처였던 아키텐의 엘레노르와 결혼함으로써 그녀가 소유한 광대한 아키텐 지방의 영지를 획득하였음.
　프랑스에서의 영토 문제로 루이7세와 몇 십 년 간 다투었는데, 숱한 평화 회담과 많은 조약들을 체결했음에도 불구하고 그로 인한 평화는 오래가지 않았지만, 브르타뉴 지방을 획득해 동쪽으로는 중부 프랑스, 남쪽으로는 툴루즈 지방까지 지배권을 넓혔음.
　한편, 잉글랜드와 노르망디에서 다양한 사법체계의 개혁을 추진하여 미래의 영국 법의 기초를 닦았으며, 왕실 재정과 통화를 재정비하였음. 영국 교회와는 비교적 원만한 관계를 유지했으나, 교회에 대한 왕권의 지배 문제와 조직 개편 문제로 친구였던 캔터베리의 대주교 토머스 베케트와 1160년대 내내 반목이 계속되었고, 결국 1170년 베케트가 살해됨.
　엘레노르와의 사이에서 많은 아이가 태어났으나, 만년에 들어서면서 복잡한 그의 영토에 대한 상속 문제로 아들들과 갈등을 빚었고, 여기에 아들들에 대한 엘레노르의 충동과 프랑스의 루이7세와 그의 아들인 필리프2세의 이간 정책까지 겹치면서 크나큰 고통을 받았음.

를 입히는 온상이었던 성들을 무려 1천1백 군데나 폐쇄하도록 했습니다. 한편 왕의 동생인 지오프리가 프랑스에서 반란을 일으키자 왕은 직접 프랑스로 달려가 동생을 굴복시키고 협정을 맺었습니다.(왕의 동생 지오프리는 그리 오래 살지 못했습니다.) 그리고 더 많은 것을 갖고 싶어 하는 욕심 때문에 왕은 프랑스에서 프랑스 왕과의 전쟁에 휘말리게 됩니다. 그때 그는 이미 프랑스 왕과는, 프랑스 왕의 강보에 싸인 갓 난 딸과 그의 다섯 살짜리 어린 아들과 결혼시키기로 약속까지 한 상태였습니다. 하지만 본격적인 전쟁은 일어나지 않았고, 두 왕은 교황의 중재로 다시 친구가 됐습니다.

한편 지난 정권에서 말썽을 일삼던 성직자들은 점점 더 타락해갔습니다. 그들 중에는 살인, 강도, 건달 등 온갖 범죄자들이 넘쳐났으며 그중에서도 특히 심각했던 것은 성직자들끼리 서로를 감싸줬던 행위였습니다. 명망 있던 성직자들조차도 부패한 성직자들이 범죄를 저지르면 당국에 신고하지 않고 은신처를 제공하고 보호해줬던 겁니다. 그런 식으로 가다가는 영국에 평화란 찾아오지 못할 것을 직감한 왕은 성직자들의 힘을 약화시켜야한다는 굳은 결심을 합니다. 그리고 왕의 통치 7년째 접어드는 해에 캔터베리 대주교가 죽자 왕은 좋은 기회가 왔다고 판단합니다. '내가 믿을 수 있는 인물을 대주교 자리에 앉힐 것이다. 그리고 그와 함께 성직자들의 콧대를 꺾어놓고, 잘못을 하면 다른 사람들처럼 똑 같이 처벌받도록 할 테다.' 왕은 이렇게 마음먹고 그의 측근을 새로운 대주교로 만들겠다는 결심을 했습니다. 이 측근은 특출 난 인물로서 그에 관한 이야기는 대단히 흥미로운 점이 많아 여기서 간단히 소개하고 넘어갈까 합니다.

옛날에 길버트 베케트라는 덕망 있는 런던의 상인이 있었는데, '성스런 땅'에 순례길에 나섰다가 사라센[2] 영주에게 사로잡히게 됐습니다. 사라센의 영

---

2 시리아, 아라비아의 사막에 사는 유목민. 특히 십자군 시대의 아라비아 사람(이슬람교도)

주는 그를 죄수가 아니라 손님으로 친절히 대해주었고, 그는 영주의 딸과 사랑에 빠지게 됐습니다. 영주의 딸은 그에게 기독교도가 되고 싶으며, 기독교 국가에서 그와 결혼하겠다고 말하곤 했습니다. 그는 일부러 문제를 일으키고 싶지 않았으므로 자신이 탈출할 기회가 생길 때까지는 그녀의 사랑을 받아주는 척했습니다. 그러다가 그는 기회가 오자 함께 붙잡혔던 하인 리처드와 함께 영국으로 탈출한 후 그녀에 대한 생각을 잊어버렸습니다. 그를 무척이나 사랑했던 그 사라센 여인은 변장하고 그를 찾아나서서, 수많은 고초를 겪은 후 바닷가에 도착할 수 있었습니다. 그런데 그 런던의 상인은 그녀에게 딱 두 마디의 영어만을 가르쳐주었었습니다.(그는 자기가 사라센 말을 배워 그녀와 사랑을 나눌 때는 사라센 어를 사용했을 가능성이 큽니다.) 이 두 마디는 '런던'과 '길버트'였습니다. 그녀는 이 배 저 배를 옮겨 다니며 '런던, 런던!'이라고 외쳤으며, 마침 한 선원이 그녀가 영국에 가는 배를 찾는다는 것을 알아채고 그녀를 영국행 배에 소개시켜주었고, 그녀는 가지고 온 보석으로 뱃삯을 지불하고 영국행 배에 오를 수 있었습니다.

어느 날 그 상인이 사무실에 앉아있는데 길거리에 작은 소란이 일었습니다. 그리고 그의 하인 리처드가 눈이 왕방울 만해져서 상점에서 헐레벌떡 뛰어오며 외쳤습니다. "주인님, 주인님. 사라센 여인이 런던에 나타났습니다!" 상인은 리처드가 미쳤다고 생각했지만 리처드는 계속해서 외쳐댔습니다. "정말입니다. 주인님! 사라센 여인이 '길버트, 길버트'라고 외치며 시내를 여기저기 돌아다니고 있습니다." 그러면서 하인은 주인의 손을 이끌어 창가로 끌고 갔습니다. 그리고 상인은 신기하게 쳐다보는 사람들에 둘러싸여서, 외국 옷을 입고 너무나도 가여운 모습으로, 더럽고 칙칙한 길가에 서서 계속해서 '길버트'만을 외쳐대는 한 여인을 발견했습니다. 그 순간 상인은 포로 신세일 때 그토록 사랑스럽게 대해주었던 그녀에 대한 생각을 떠올리고, 감정에 복받쳐 급히 뛰어 내려갔고, 그녀는 그를 보는 순간 외마디의 비명과 함께 그의 팔에 쓰러져버렸습니다. 그들은 지체 없이 결혼했습니다. 그들의 결혼식 날 리처드는(그는 참 착한 하인이었습니다.) 기뻐서 하루 종일 춤을 추었고, 그들 모두는 이후에도 행복하게 살았습니다.

이 상인과 사라센 여인 사이에 토마스 베케트라는 아들이 하나 있었는데, 그가 바로 헨리 II 세의 최측근이 되는 사람입니다.

토마스 베케트는 왕이 그를 대주교에 앉히려고 했을 때 재무대신을 지내고 있었습니다. 그는 머리가 뛰어나고, 학식이 출중하며, 쾌활하고, 용감한 사람이었습니다. 그는 프랑스에서 몇 번의 전투에도 참가했고, 1대1로 싸움을 벌여 프랑스 기사를 무찌르고 징표로 그의 말을 빼앗은 적도 있었습니다. 그는 웅장한 성에서 살았으며, 어린 헨리 왕자의 스승이기도 했고, 그가 고용한 기사騎士가 140명이나 될 정도로 어마어마한 부자였습니다.

한 번은 왕이 그를 프랑스 대사로 임명한 적이 있었는데, 그가 엄청난 수행원들을 대동하고 보무도 당당히 프랑스 땅에 입성하는 모습을 보고 사람들은, "도대체 영국 왕은 얼마나 대단하기에 일개 대사가 저 정도로 위풍당당한 거지?"라며 놀라움을 금치 못했습니다. 그의 부임 행렬은 2백5십 명의 소년들이 노래를 부르며 선두를 이루고, 이어서 그가 애지중지하는 사냥개 한 쌍이 그 뒤를 따르고, 각각 다섯 명의 마부와 다섯 마리의 말이 이끄는 짐마차 8대가 그 뒤를 이었습니다. 짐마차 두 대에는 사람들에게 나눠줄 순도 높은 에일 맥주가 담겨있었고, 네 대에는 금은 식기들과 훌륭한 의복들이, 나머지 두 대에는 수많은 하인들이 입을 옷들이 들어 있었습니다. 그리고 각각의 등에 원숭이를 태운 12마리의 말이 그 뒤를 따랐고, 이어서 손에는 방패를 든 한 무리의 사람들이 휘황찬란하게 장식한 병마兵馬를 몰고 나타났으며, 그 다음 팔목에 사냥매를 올려놓은 매사냥꾼들이 등장했으며, 그 뒤를 일단의 기사들과 젠틀맨들과[3] 성직자들이 지나갔습니다. 마지막으로 햇빛에 빛나는 화려한 의복을 걸친 대사 자신이 등장하자 사람들은 기뻐하며 소리 지르고 뛰어다녔습니다.

---

3   gentlemen, 귀족은 아니지만 실력과 재산을 지닌 새로운 계급

왕은 이 모든 상황이 그
렇게 싫지만은 않았습니
다. 그렇게 당당한 측근을
뒀다는 이야기는 바로 자
신의 위엄을 높이는 일이
기 때문이었습니다. 한편,
왕은 때때로 베케트와 장
난을 주고받곤 했습니다.
몹시 추운 어느 날 그들이
런던 거리를 말을 타고 지
나갈 때 누더기를 걸치고

헨리 II 세와 토마스 베케트

벌벌 떨고 있는 한 노인이 목격됐습니다. "저 가련한 것을 보시오!" 왕이 말
했습니다. "저 노인에게 망토를 선물하는 것이 자비로운 행위 아니겠소?"
"지당하신 말씀입니다, 폐하." 토마스 베케트가 대답했습니다. "폐하께서는
기독교 정신에 입각해서 그런 자비를 잘 베푸시지 않습니까." 이 말은 들은
왕은 "자 그러지 말고 이번에는 그대의 망토를 내어줍시다."라고 소리치며
베케트의 최고급 진홍색 담비망토를 벗기려했습니다. 그러자 베케트는 벗
지 않으려고 몸을 뺐었고, 두 사람은 베케트가 굴복하고 망토를 내어줄 때까
지 말에서 미끄러져 진흙 바닥에 거의 떨어질 정도로 엎치락뒤치락했습니
다. 망토를 얻은 거지 노인은 크게 놀랐고, 이를 지켜보던 신하들은 즐거워
어쩔 줄을 몰라 했습니다. 신하들이란 왕이 웃을 때는 억지로 따라 웃지만,
왕의 최측근에게 약간의 시련이라도 찾아오면 이를 진심으로 웃고 즐기기
마련이지요.

헨리 II 세는 속으로 생각했습니다. '나는 이 토마스 베케트를 캔터베리 대
주교로 임명해, 내 사람으로 만들 것이다. 그는 교회의 수장이 되어서 나에
게 헌신하며 교회를 바로잡는 데 큰 도움을 줄 것이다. 그는 항상 성직자들

에 대항해 내 힘을 키워주려고 애써오지 않았는가. 그가 주교들 앞에서 성직자들도 군대처럼 왕에 예속돼야 한다고 공개적으로 천명한 사실을 나는 기억하고 있다. 토마스 베케트는 영국에 있는 어떤 누구보다 국정을 운영할 나의 큰 계획에 도움을 줄 인물이다.' 그래서 왕은 그의 개인적 성향에는 크게 신경 쓰지 않고 토마스 베케트를 대주교에 임명했습니다.

한편 토마스 베케트는 사람들의 이목을 받는 것에 긍지를 느끼고 있었습니다. 그는 이미 엄청난 재산과 금은 식기들 및 짐마차와 말들 그리고 하인들의 규모로 인해 세간의 부러움을 충분히 받은 상태였습니다. 하지만 그런 종류의 물질적 명성에(사실 물질적 명성이란 하찮은 것에 불과하긴 합니다.) 싫증이 난 그는 다른 방면으로 명성을 날리고 싶었습니다. 스스로의 권력도 공고히 하고, 왕을 도와 왕의 정적들을 무찌르는 것만큼 자신의 명성을 드높이는 일은 없을 것으로 느끼고 있었습니다. 그래서 그는 전심전력을 다해 맡겨진 임무를 완수할 각오를 했습니다.

하지만 베케트는 왕에게 조금은 서운한 감정이 있었는지 모릅니다. 또, 어쩌면 왕이 그의 자긍심에 한 두 번은 상처를 줬을지도 모릅니다. 필자는 충분히 그랬을 것이라고 추측합니다. 왜냐하면, 왕이나 왕자들같이 지체 높은 사람들이 측근들의 심기를 아무 생각 없이 긴드리는 일은 흔한 일이기 때문입니다. 진홍색 망토 사건도 군주들에게는 그저 유쾌한 장난에 불과했음이 틀림없습니다. 토마스 베케트는 왕이 자신에게 무엇을 바라는지 어느 누구보다 더 잘 알았던 인물입니다. 화려한 삶을 살았지만 그는 한 번도 왕을 실망시키는 행동을 해본 적이 없었습니다. 그는 이제 교회의 수장이 됨으로써 자신의 명예를 올바로 세울 수 있게 됐습니다. 그리고 그는 자신이 왕에게 굴복했는지, 아니면 왕이 자신에게 굴복했는지를 역사가 판단하기 바랐습니다.

이렇게 해서 어느 날 갑자기 베케트는 자신의 모든 삶의 방식을 바꾸게 됐습니다. 자신에게 시중들던 모든 종복들을 해고했고, 소박한 음식을 먹었으며, 몸에는 벼룩이 들끓는 삼베로 짠 참회복만을 걸치고(당시에는 더러운 옷을 입는 것이 돈독한 신앙심을 표현하는 것으로 받아들여졌습니다.), 자신을 벌하기 위해 등을 스스로 매질하며, 누추한 거처에서, 매일같이 13명의 하층민들의 발을 닦아주며, 최대한 비천한 삶을 살아가는 것처럼 보였습니다. 앞서의 행렬에서 그가 12마리의 원숭이 대신에 1천2백 마리의 원숭이를 말 등에 태우고, 8대의 짐마차 대신에 8천 대의 짐마차를 자랑했다 할지라도 사람들은 당시 그의 변화를 보고 놀라는 것의 반도 놀라지 않았을 겁니다. 사람들은 곧이어 대신일 때의 그보다 대주교일 때의 그에 관해 많은 이야기를 하기 시작했습니다.

그런데 시간이 지나면서 새로운 대주교가 귀족들에게 교회의 합법적 재산이라며 여러 부동산을 요구하자 왕은 매우 화가 났습니다. 대주교는 나아가 왕에게도 같은 명목으로 로체스터 성과 로체스터 시를 내놓으라고 했으며, 이것으로 만족하지 않고 자신이 대주교로 있는 영국에서는 자신 이외에는 어느 누구도 성직을 임명할 수 없도록 했습니다. 그리고 켄트 주에서 어떤 젠틀맨이 성직자를 새롭게 임명하자 토마스 베케트는 그를 '파문'시켜버렸습니다.

파문이라는 제도는, 앞 장의 마지막에서 언급한, 교회의 직무를 정지시키는 것 다음으로 써먹을 수 있는 성직자의 무기였습니다. 이는 주로 파문 당사자를 교회나 기타 종교적 장소로부터 추방하는 형벌로서, 서있든, 누워있든, 앉아있든, 무릎 꿇고 있든, 걷든, 뛰든, 기침을 하든, 재채기를 하든지 당사자가 뭐를 하든지 머리에서 발끝까지 그에게 저주를 퍼붓는 겁니다. 이 비기독교적이고 어처구니없는 짓거리는 파문 당사자의 실생활에는 큰 변화를 주지 못했을 겁니다. 교회에서는 쫓겨났지만 기도는 집에서 하면 됐을 거고, 그를 심판하는 이는 하나님뿐이니까요. 그러나 파문당한 사람에 대한 일반인들의 미신과 두려움 때문에 파문 당사자는 어쩔 수 없이 불행한 삶을 살았던 겁니다. 그래서 왕은 대주교에게 그 파문당한 켄트 젠틀맨의 굴레를 벗겨줄 것을 요구했습니다. 하지만 이 요구에 대한 대주교의 반응은 '나는 절대 그럴 수 없다.'였습니다.

왕과 대주교의 싸움은 계속됐습니다. 우스터서의 한 성직자가 전국을 떠들썩하게 할 정도의 끔찍한 살인을 저질렀습니다. 왕은 다른 살인자들과 마찬가지로 법정에서 재판할 수 있도록 그 비열한 범죄자를 내놓으라고 요구했습니다. 대주교는 이를 거절하고 그를 주교의 감옥에 가뒀습니다. 웨스트민스터 수도원에서 종교 집회가 열렸을 때 왕은, 앞으로는 죄를 저지른 성직자는, 세속의 법률에 반대하는 주교들의 판단을 떠나, 더 이상 성직자가 아니며 처벌을 받기 위해 세속의 법정으로 넘겨져야 한다고 주장했습니다. 대주교는 다시 한 번 거절했습니다. 왕은 성직자들이 국가의 오랜 관습에 저항하는 것인지 알고 싶다고 물었습니다. 그러자 참석했던 모든 성직자들이 토마스 베케트를 따라서 외쳤습니다. "나의 권위만 제외한다면!" 이 말은 성직자들이 자신들의 권익과 관련되지 않은 한도에서만 국가의 관습에 복종한다는 의미였습니다. 왕은 격노해서 회의장을 빠져나갔습니다.

그러자 일부 성직자들이 일이 너무 크게 벌어진 것을 두려워해서, 웨스트민스터 수도원만큼이나 미동도 하지 않던 토마스 베케트를 설득하기 시작했습니다. 그들은 두려움에 떨며 대주교에게, 우드스탁Woodstock에 가서 왕을 만나, 대주교의 권위는 더 이상 주장하지 말고 국가의 오랜 관습에 저항할 뜻이 없음을 알리도록 부탁했습니다. 왕은 이 굴복을 큰 기쁨으로 받아들이고 솔즈베리의 클라렌돈Clarendon 성에서 대대적 종교회의를 개최했습니다. 하지만 회의가 열리자 대주교가 다시금 '나의 권위'를 주장하기 시작했습니다. 그는, 영주들이 간청하고, 성직자들이 그의 앞에 엎드려 울먹이는데도 뜻을 굽히지 않았습니다. 게다가 누구나 다 볼 수 있는 옆방에는 무장한 왕의 병사들이 위협적으로 포진하고 있는데도 굽힐 줄 몰랐습니다. 그러나 마침내 대주교는 포기하고, (이전에 왕이 강요하다가 실패한)국가의 오랜 관습이 구술되어 문서로 남겨지고 성직자의 대표에 의해 서명·봉인됐습니다. 우리는 이것을 '클라렌돈 법Constitutions of Clarendon'이라 부릅니다.

이런 모든 소란에도 불구하고 싸움은 아직 끝나지 않았습니다. 대주교가 왕을 만나기 원했고, 왕은 이를 거절했습니다. 그리고 대주교가 영국을 벗어나기를 원했지만 아무도 그에게 배를 내어주려 하지 않았습니다. 그러자 대주교는 다시 한 번 왕에 대항에 최악의 선택을 합니다. 오랜 관습에 대한 거부를 공공연히 언명하고 다닌 겁니다.

그러자 왕은 대주교를 노샘프턴에서 열리는 대 종교회의에 소환했습니다. 왕은 그가 반역죄를 저질렀다고 비난하며 막대한 벌금을 지불하도록 했습니다.(이것은 전혀 공정한 처사가 아니었습니다.) 토마스 베케트는 모든 참석자들에게 배척당해서 홀로 남겨졌으며 주교들은 그에게 대주교 직을 사임하고 왕에게 저항하는 것을 그만두도록 권했습니다.

대주교는 번민과 고뇌가 너무 깊어 이틀 동안이나 앓아누워야 했지만 여전히 굽히지 않았습니다. 그는 연기됐다가 다시 열린 회의에, 오른손에 커다란 십자가를 들고 참석해서 그 십자가를 앞세우고 앉았습니다. 왕은 화가 나서 다른 방으로 나가버렸고 다른 회중들도 모두 화를 내며 나가버렸습니다. 그러나 그는 움직이지 않고 앉아 있었습니다. 이번에는 주교들이 한 덩어리가 되어 그를 반역자라 비난하고 나가버렸습니다. 그는 그저, '나는 듣기만 할 테다!'라며 조용히 앉아 있었습니다. 참석자들은 다른 방에 모여 그가 없는 상태에서 그에 대한 재판을 진행했습니다. 잠시 후 레스터의 백작이 남작들을 이끌고 들어와 대주교에 대한 판결을 낭독했습니다. 대주교는 판결을 듣지 않으려 하고, 재판의 권위를 거부했으며, 모든 것을 교황에게 위임할 것이라고 주장했습니다. 그가 십자가를 손에 들고 회의장 밖으로 걸어 나올 때 참석자들은 갈대를 들어서(당시에는 실내에 카펫 대용으로 갈대를 깔았습니다.) 그를 향해 던졌습니다. 그는 고개를 꼿꼿이 들고 만일 그가 대주교가 아니었다면 검을 들고 그들을 혼내줬을 것이라고 말했습니다. 그의 지난 날 역정은 그에게 충분히 그런 능력이 있음을 증명해주고 있었습니다. 그런 다음 그는 말에 올라타고 민중들의 환호를 받으며 그 자리를 떠났습니다. 그는 그날 밤 자신의 집 문호를 개방하고 민중들과 함께 저녁을 먹었습니다. 바로 그날 밤 그는 비밀리에 그 도시를 떠났습니다. 그리고 자신을 '브라더 디어맨Brother Dearman'이라는 이름으로 위장하고 밤에는 돌아다니고, 낮에는 숨어 지내다가 플랑드르로 탈출하는 데 성공했습니다.

하지만 싸움은 아직도 끝난 것이 아니었습니다. 화가 난 왕은 대주교 관구의 수입을 빼앗아버리고 4백 명에 달하는 토마스 베케트의 모든 친지들과 하인들을 추방해버렸습니다. 그러나 교황과 프랑스 왕은 수도원 하나를 거처로 제공해주며 주대주교를 보호해주었습니다. 이에 고무된 토마스 베케트는 어느 축제일에 열린 공식적 대예배에서 운집한 사람들 앞으로 나아가 연단에서 공개적으로 '클라렌돈 법'을 지지한 사람들을 저주하고 파문했습니다. 그는 그 자리에서 영국 귀족들의 이름을 하나하나 거명했으며 영국 왕의 이름도 굳이 제외하려 하지 않았습니다.

토마스 베케트가 자신을 또 한 번 모욕했다는 사실이 전해지자 왕은 격노해서 옷을 찢으며 침대에서 미친 사람처럼 대굴대굴 굴렀습니다. 하지만 왕은 곧 원기를 회복하고 반격에 나섰습니다. 그는 영국의 모든 항구에 명령해서, 영국 교회의 업무를 정지시키는 칙령이 든 편지가 영국 땅에 들어오지 못하도록 철저히 감시하도록 했습니다. 그리고 로마에 있는 교황의 궁전에 사질을 보내 돈으로 교황을 매수하려 했습니다. 토마스 베케트도 로마에서 가만 있지만은 않았습니다. 왕에 대항하기 위해 모든 수단을 강구했던 것입니다. 이런 식으로 싸움은 끊이지 않았고, 영국과 프랑스 간에 평화가 찾아올 때까지(두 나라는 당시 한 동안 전쟁을 치렀습니다.), 그리고 두 나라 왕의 자식들이 결혼을 해서 축하연이 벌어질 때까지 계속됐습니다. 마침내 프랑스 왕이, 헨리 왕과 그의 오랜 측근이자 숙적에게 화해를 권하기에 이르렀습니다.

그리고 비록 왕 앞에 무릎을 꿇기는 했었지만, 토마스 베케트는 자신의 권위에 대해서는 물러설 줄 몰랐습니다. 프랑스의 루이 왕은 토마스 베케트와 같은 인물에 대한 존경심이 그렇게 많은 사람이 아니었으며, 따라서 이런 상황은 그가 감내하기에 버거운 것이었습니다. 그는 토마스 베케트가 '성인보다 더 성인이 되고자 하고, 베드로보다 더 뛰어난 사람'이 되고자 한다고 불평하며 영국 왕과 함께 말을 타고 가버렸습니다. 하지만 얼마 있지 않아서 프랑스 왕은 베케트에게 자신의 실수를 용서해달라고 간청함으로써 스스로 굴욕을 자처하는 수모를 당했습니다.

마침내 이런 저런 분란을 거친 후 프랑스 땅에서 헨리 왕과 토마스 베케트 사이에 만남이 성사됐고, 이전 대주교들의 관례에 따라 토마스 베케트가 캔터베리의 대주교가 되며, 왕은 대주교 관구의 소유권은 대주교에 있음을 인정한다는 합의가 이뤄졌습니다. 이제 평화가 찾아와서 토마스 베케트가 안식을 찾았다고 여러분은 생각할지 모릅니다. 그러나 아직은 아닙니다. 왜냐하면, 헨리 왕이 영국 교회의 업무가 정지될지 모른다는 두려움에 사로잡혀 있을 때, 한편으로는 자신의 장남 프린스 헨리를 비밀리에 세자에 책봉했고, 이 소식을 접한 토마스 베케트가 교황을 설득해서 그 책봉식을 거행했던 요크의 대주교의 업무를 정지시키도록 했을 뿐 아니라 책봉식에 참석했던 주교들을 파문하도록 했기 때문입니다. 이 파문을 결정한 문서는 왕의 철통같은 주의에도 불구하고 토마스 베케트가 영국에 보낸 밀사에 의해 주교들에게 직접 전달됐습니다. 그리고 7년의 공백을 끝내고 토마스 베케트 자신이 직접 영국에 당도합니다. 그는 개인적으로 영국 땅에 들어오는 것은 위험할 수 있다는 경고를 받았을 뿐 아니라, 래눌프 드 브락이라는 다혈질의 기사가 대주교는 영국 땅에서는 살아서 빵을 먹는 날이 오지 않을 것이라고 협박하기도 했지만 굴하지 않았습니다.

일반적으로 영국 민중들은 그를 환영했으며 시골에서 구할 수 있는 소박한 무기들을 들고 대주교와 함께 늠름하게 행진했습니다. 대주교는 한때 자신이 가르쳤던 젊은 왕자를 보고자 했으나 뜻을 이루지 못했습니다. 그리고 그는 귀족들이나 성직자들 사이에 자신을 지지하는 사람이 조금은 있기를 바랐지만, 그 바람은 허사로 돌아갔습니다. 그는 자신을 따르는 농민들을 대거 불러 모아 축연을 베풀고 캔터베리에서 해로우온더힐까지 행진하고, 다시 반대로 해로우온더힐에서 캔터베리까지 행진했으며, 크리스마스 날에는 캔터베리 성당에서 사람들에게 설교하면서 자신은 그들 속에서 죽기 위해 돌아왔으며 죽을 날이 멀지 않은 것 같다고 말했습니다. 그는 두려움이 없었으며, 혹시 두려움을 가지고 있다 해도, 꺾이지 않는 고집을 지니고 있었습니다. 그 와중에서도 그는 다혈질의 래눌프 드 브락을 포함한 정적들 3명을 파문했던 겁니다.

보통 사람들이, 먹고 자고 돌아다니는 등 일반적인 생활을 하다가 느닷없이 파문을 당하면 왕에게 하소연을 하는 것은 당시의 일반적 현상이라 할 수 있으며 왕 또한 골칫거리 정적이 좀 조용해졌으면 하는 바람을 가졌던 것은 매우 자연스런 현상이었습니다. 이런 판에 토마스 베케트로부터 새로운 모욕을 받았으니 왕은 화가 머리끝까지 나서, 마침 자신을 찾아와 눈물을 흘리며 토마스 베케트가 살아있는 한 자신에게는 평화란 있을 수 없다고 호소하는 요크의 대주교를 앞에 두고, "짐에게는 그 자로부터 나를 구해줄 신하가 아무도 없단 말인가?"라며 탄식을 했습니다. 그런데 그 자리에는 네 명의 기사들이 합석했었는데, 왕의 이 탄식을 듣자 서로 쳐다보다가 밖으로 나갔습니다.

이들 네 명의 기사들의 이름은 다음과 같습니다. 레지날드 핏져스, 윌리엄 트레이시, 휴 드 모빌, 리처드 브리토. 그들 중 세 사람은 토마스 베케트가 영화를 누리던 시절에 그를 추종했던 인물이었습니다. 그들은 비밀리에 말을 몰아, 크리스마스가 지난 3일 후, 캔터베리에서 멀지 않은 솔트우드 하우스Saltwood House에 도착했습니다. 솔트우드 하우스는 래눌프 드 브락 가족의 건물이었습니다. 그들은 거기에서 은밀하게 공모자들을 규합해서, 네 명의 기사와 12명의 남자들이 오후 2시에 캔터베리의 대주교 사저에 나타났습니다. 그들은 인사를 하지도 않고 아무 말 없이 마루에 앉아 대주교를 응시했습니다.

마침내 토마스 베케트가 물었습니다. "당신들이 원하는 것이 무엇인가?"

"우리가 원하는 것은" 레지날드 핏져스가 대답했습니다. "주교들에게 내려진 파문을 거두시고 폐하에 대한 저항을 멈추라는 겁니다." 그러자 토마스 베케트는, 성직의 권위가 왕의 권위보다 위에 있으며, 그들과 같은 인간들에게 굴종할 그가 아니며, 나아가 영국에 있는 모든 칼로 자신을 위협한다고 해도 절대로 굴복하지 않을 것이라고 단호하게 응답했습니다.

"그렇다면 협박만 가지고 안 되겠군요."이런 말을 남기고 기사들은 12명의 사내들과 밖으로 나가서 투구를 걸치고 번쩍거리는 검을 차고 다시 들어왔습니다.

그 사이 대주교의 하인이 대주교관의 웅장한 대문을 잠그고 빗장을 걸어버렸습니다. 기사들은 처음에는 전투용 도끼를 이용해 대문을 부수려하다가 창문이 보이자 대문을 놔두고 그리로 기어오르기 시작했습니다. 그들이 대문을 부수고 있을 때 시종들이 토마스 베케트에게 성당 안으로 피신할 것을 종용했었습니다. 시종들은 성소에서는 기사들도 감히 함부로 폭력을 휘두르지 않을 것으로 판단했기 때문입니다. 하지만 대주교는 누차 자신은 움직이지 않겠다고 강조했습니다. 그러나 멀리서 수도사들의 저녁 예배 찬송가 소리가 들리자 그는 예배에 참석하는 것은 자신의 의무라고 말하고, 다른 이유에서가 아니라 예배를 보기 위해 자리에서 물러났습니다.

대주교관과 성당 사이, 작고 아름다운 수도원 옆에는 지금도 볼 수 있는 인접한 길이 하나 있습니다. 대주교는 언제나처럼 십자가를 앞에 들고 천천히 성당으로 들어섰습니다. 그가 안전하게 성당에 들어선 것을 본 하인이 문을 잠그려 하자 대주교는 "아니다. 여기는 요새가 아니라 하나님의 집이다."라고 제지했습니다.

그가 말을 마치자 레지날드 핏저스의 그림자가 성당 현관에 나타났습니다. 그 그림자는 어두운 겨울 저녁 밖으로부터 간신히 새 들어오던 희미한 빛을 가리고 있었습니다. 레지날드 핏저스가 우렁찬 목소리로 말했습니다. "폐하의 충복들이여, 나를 따르라!" 이어서 뛰어 들어오는 기사들의 투구 소리가 성당 안을 찌렁찌렁 울렸습니다. 성당의 복도와 웅장한 기둥들 사이에는 매우 어두운 공간이 많았고, 지하 에 배당과 그 위의 통로에는 몸을 숨길 곳 이 무척 많았기 때문에 그 상황에서도 대주교 토마스 베케트가 피신하려고만 했다면 그는 숨을 수 있었을 겁니다. 하 지만 그는 그렇게 하지 않았습니다. 그 는 수도사들에게 자신은 절대로 피하지 않을 것이라고 단호하게 잘라 말했습니 다. 그리고 대주교의 충직한 십자가지 기인 에드워드 그림만이 남고 모두들 피신했을 때도 그는 자신의 일생을 통 해 그랬듯이 굳건하게 자리를 지켰습니 다.

토마스 베케트의 죽음

  기사들은 어둠을 뚫고 들이닥쳤습니다. 그들이 성당의 돌바닥을 짓밟으 며 다가올 때 울리던 찌렁거리는 투구 소리는 끔찍한 소음을 만들어내고 있 었습니다. "반역자는 어디에 있느냐?" 그들이 외쳤습니다. 대주교는 아무런 대답도 하지 않았습니다. 그러나 그들이 "대주교는 어디에 있느냐?"고 다시 외치자 그는 당당하게 "나는 여기에 있다!"고 대답하고 어둠을 벗어나 그들 앞에 섰습니다.

  왕과 자신들로부터 대주교를 제거할 다른 방법이 있었다면 기사들은 대주 교를 죽일 생각까지는 없었을 겁니다. 그들은 대주교에게 달아나든지 아니 면 자신들과 함께 갈 것을 요구했습니다. 대주교는 어떤 것도 하지 않겠다 고 대답하고 자신의 소매를 낚아채려는 윌리엄 트레이시를 힘껏 밀쳐내서 트레이시가 비틀거리게 했습니다. 대주교가 끔쩍도 하지 않고 자신들을 꾸 짖자 그들은 화가 머리끝까지 치밀었습니다. 결국 레지날드 핏저스는 대주 교에게 욕을 하고, "그러면 죽어라!"라며 대주교의 머리를 가격했습니다. 이때 충직했던 에드워드 그림이 팔을 내밀어 일격을 대신 받아내서 대주교는 치명상은 입지 않은 채 머리에서 피를 흘리고 있었습니다. 기사들 중에 누군가가 또 한 번 대주교에게 달아날 것을 권했지만 그는 얼굴에 피를 흘리면서, 두 손을 꽉 쥐고, 머리를 떨어뜨린 채 자신을 하나님에게 맡기고 꼿꼿이 서있었습니다. 결국 그들은 대주교를 성 베닛 재단 옆에서 잔인하게 살해하고 말았습니다. 이리하여 성당 복도는 대주교가 흘린 피로 얼룩지고 말았습니다.

뜻을 굽히지 않다가 끔찍한 상해를 입고 살해돼서 성당 바닥에 누워있는 한 인간의 모습을 떠올리는 것은 몸서리쳐지는 일입니다. 성당에는 성찬배를 덮는 검은 천 위에 등불의 붉은빛만이 어른거리고 있었습니다. 그리고 죄를 저지르고 말을 타고 달아나는 기사들을 떠올리는 것도 역시 몸서리쳐지는 일입니다. 그들은 자신들이 성당 안에 남겨놓은 것을 떠올리며 어깨 너머로 음습한 성당을 올려다보고 있었습니다.

[2부]

토마스 베케트가 캔터베리 수도원에서, 네 명의 기사들의 잔혹함을 당해내며, 어떻게 생을 마감했는지 소식을 접한 왕은 당혹감을 감출 수가 없었습니다. 어떤 이들은 왕이 격분해서, "짐에게는 이 사람으로부터 나를 구해줄 신하가 아무도 없단 말인가?"라고 말했을 때는 베케트를 죽여주기를 바랐다고 생각합니다. 그러나 그렇지 않을 것이라는 의견이 우세합니다. 왜냐하면 비록 왕이 성미가 급한 사람이긴 했어도 천성적으로 잔인한 인물이 아닌데다가 지극히 현명했기 때문입니다. 대주교를 죽이면 교황과 전 교회가 그를 적으로 돌릴 것이라는, 바보천치도 다 아는 사실을 그가 몰랐을 리가 없기 때문이지요.

왕은 사람들에게 존경을 받는 인물을 교황에게 특사로 보내 자신의 결백을 피력하고(비록 다소 험한 말을 쏟아내기는 했지만 대주교를 해칠 생각은 없었다는 점을 전달했습니다.), 자신의 결백을 공개적으로 엄숙하게 선언하는 한편 교황과 다툴 의사가 전혀 없음을 알리려고 애를 썼습니다. 요크셔로 몸을 피신한 네 명의 기사로 말할 것 같으면, 그들은 다시는 왕의 궁전에 모습을 드러내지 않았고 교황은 그들은 파문했습니다. 그리고 그들은 지역 주민들의 냉대를 받으며 한동안 비참한 생활을 하다가 죄를 뉘우치기 위해 예루살렘으로 떠나 그곳에서 생을 마감하고 그곳에 묻혔습니다.

그러다가 교황의 진노를 달래줄 좋은 사건이 일어났습니다. 토마스 베케트가 살해되고 나서 얼마 있지 않아 영국의 헨리 왕은 아일랜드에 대해 지배권을 선언했는데, 이것이 교황의 마음을 달랠 절호의 기회였던 겁니다. 왜냐하면, 교황이라는 직책이 있기도 훨씬 오래전, 패트리우스[4]라는 인물에 의해 기독교로 개종했던 아일랜드 사람들이, 자신들은 로마 교황과는 아무런 관련도 없으며 따라서 교황청 헌금이나 집집마다 교황에 바쳐야 하는 1페니씩의 돈도 지불할 수 없다고 선언했기 때문입니다.(이 돈의 성격에 관해서는 7장의 첫머리에 언급한 바가 있습니다.) 바로 이것이 왕에게 기회를 준 것입니다.

당시 아일랜드 사람들은 매우 미개한 상황에 있었습니다. 그들은 끊임없이 싸웠으며, 서로 목을 베고, 코를 자르고, 집에 불을 지르고, 남의 아내를 납치하는 등 상상할 수 있는 모든 폭력을 저지르고 있었습니다. 그리고 아일랜드는 다섯 개의 왕국으로 분할돼 있었습니다. 데스몬드DESMOND, 토몬드THOMOND, 코노트CONNAUGHT, 얼스터ULSTER, 레인스터LEINSTER 이렇게 다섯 왕국으로 분할되어 각각의 왕이 다스리면서 왕들은 서로 자기가 다른 왕국도 지배하고 있다고 주장하던 상황이었습니다. 그 왕들 중 더몬드 맥 머로우라는(이 이름은 여러 가지로 발음할 수 있는 참으로 미개한 이름이라 할 수 있습니다.) 인물이 있었는데, 어느 날 그는 친구의 부인을 유괴해서 늪지

---

4   성 패드릭Saint Patrick(38?~461)이라고도 불리는 아일랜드의 수호성인

의 섬에 숨겨버렸습니다. 이에 화가 난 그 친구는(비록 남의 아내를 납치하는 일이 당시 아일랜드에서는 흔한 일이기는 했지만) 왕들 중 최고 우두머리에게 하소연을 했고, 그는 왕들의 우두머리의 도움을 받아 더몬드 맥 머로우를 그의 영토에서 내쫓아버렸습니다. 더몬드는 복수를 다짐하며 잉글랜드로 건너와, 헨리 왕에게 자신의 영토를 되찾는데 도움을 주기만 하면 헨리 왕의 가신이 되겠다고 약속했습니다. 헨리 왕은 더몬드의 제안을 승낙했습니다. 다만 적극적으로 돕기 보다는 '전매특허Letters Patent'라는 교서를 내려서 헨리 왕의 신하 중에서 어느 누구라도 더몬드를 돕고 싶은 사람은 그렇게 해도 좋다는 식의 간접적 도움을 준 것입니다.

그즈음 브리스틀에는 '강한 활STRONGBOW'이라 불리는 리처드 드 클레어라는 백작이 살고 있었습니다. 그는 선량한 사람이 아니었고 매우 곤궁한 상태에서 돈이 되는 일이면 무슨 일이든지 할 태세를 갖춘 인물이었습니다. 한편, 남 웨일즈에도 파산한 두 명의 기사들이 있었는데, 이 인물들도 아무 쓸모가 없는 위인들이기는 마찬가지였습니다. 이들 두 사람은 로버트 핏츠 스티븐과 모리스 핏츠 제랄드라는 인물이었습니다. 이들 세 명이 몇 안 되는 무리를 이끌고 더몬드의 장도에 합류했습니다. 그리고 만일 이들의 임무가 성공한다면 '강한 활'은 더몬드의 딸 에바와 결혼하고 그의 후계자가 되기로 약속되어 있었습니다.

이들을 따르던 병사들은 매우 훈련이 잘 되어서 아일랜드 사람들과의 전투에서 막대한 전과를 올릴 수 있었습니다. 전투 초기에 그들은 한번 싸워서 무려 3백 명의 아일랜드 사람들의 목을 베어 더몬드 앞에 늘어놓았습니다. 더몬드는 이들 수급首級을 일일이 손으로 들고 확인하며 기쁨을 만끽했고 그 중에서 자신이 그토록 증오했던 한 인물의 목을 발견하고는 머리를 잡고 들어 올린 후 코와 입술을 물어뜯었습니다. 여러분은 이 이야기에서 당시 아일랜드 왕들이 얼마나 미개한 야만인들이었는지 짐작할 겁니다. 전쟁 내내 포로들은 참혹하게 다뤄졌습니다. 승자들은 포로의 사지를 아무렇지도 않게 절단하고, 바위 위에서 아무렇게나 던져버리곤 했습니다. '강한 활'과 더몬드의 딸 에바의 결혼은 그들이 워터포드를 점령한 후 그 참상이 눈을 뜨고 볼 수 없는 환경에서 이뤄졌습니다. 길거리에는 시체가 산을 이루고 있었으며 도랑에는 핏물이 넘쳐흐르고 있었습니다. 그 시체들이 증오의 눈으로 결혼식 하객 역할을 했을 것이고, 축하해주는 사람이라고는 신부의 아버지 한 사람뿐이었을 것이라고 필자는 확신합니다.

워터포드와 더블린을 포함한 여러 곳의 점령을 성공적으로 마친 후 더몬드는 죽었으며 '강한 활'이 레인스터의 왕이 됐습니다. 그러자 헨리 왕에게 기회가 찾아왔습니다. '강한 활'의 힘이 강대해지는 것을 막기 위해 왕이 직접 '강한 활'의 주인 자격으로 더블린을 찾았습니다. 그리고 헨리 왕은 '강한 활'의 왕국을 빼앗은 다음 그 대신 그에게 엄청난 재물을 안겨주었습니다. 이어서 왕은 아일랜드의 거의 모든 왕과 족장들에게 충성서약을 받고, '아일랜드의 왕'이라는 칭호를 자신의 명성에 추가함으로써 교황의 마음을 흡족하게 해주었습니다. 이로써 교황이 먼저 화해를 제안할 정도로, 왕이 기대했던 것 이상으로 우호적인 분위기에서 교황과 왕의 평화가 찾아왔습니다.

이렇게 그를 괴롭히던 문제가 해결되고 밝은 미래가 예상되던 즈음에 왕에게는, 국내 문제로 인해 세상에서 가장 불행한 사람이 되고, 영혼을 파괴하며, 나아가 건강까지 해치게 되는 사건이 발생하기 시작했습니다.

왕에게는 네 명의 아들이 있었습니다. 당시로 18살이 된 헨리(이 왕자를 비밀리에 후계자로 책봉했던 것 때문에 토마스 베케트와 불화를 겪게 됐었지요.), 16살인 리처드, 15살인 지오프리, 그리고 왕의 사랑을 가장 독차지했던 막내 존이 그들이었습니다. 특히, 막내 존은 아무것도 상속받지 못했기 때문에 사람들이 '땅 부족LACKLAND'이라 불렀던 인물입니다. 하지만 원래 헨리 왕은 막내에게 아일랜드 왕의 자리를 물려주려 했습니다. 버릇없이 자란 이들 왕자 모두는 차례대로 왕에게 혈육으로서는 할 수 없는 짓을 하게 됩니다. 그리고 형제들끼리도 형제답지 않은 짓을 합니다. 헨리 왕자는 프랑스 왕과 못된 엄마 엘레노르의 선동을 받고 반역의 역사를 만들게 됩니다.

먼저, 헨리는 자신뿐 아니라 어린 아내인, 프랑스 왕의 딸, 마가레트에게도 왕비로써 왕관이 씌워지기를 원했습니다. 아버지는 이 요구에는 순순히 응해주었습니다. 왕자는 이어서 곧바로 아버지가 살아있을 때 왕국의 일부를 지배하기를 바랐습니다. 왕이 이를 거절하자 왕자는 앙심을 품고 야밤에 프랑스 왕의 궁전으로 피신해버렸습니다. 이어서 하루 이틀 사이에 그의 동생 리처드와 지오프리도 그를 따라 프랑스로 건너갔습니다. 그들의 어머니도 자식들을 따르려 했지만 헨리 왕의 심복들에게 붙잡혀서 감옥에 갇혀, 인과응보지만, 16년을 보내야 했습니다.

하지만 왕이 자신들보다는 민중들 편을 든다고 불만이 많았던 일부 귀족들이 프랑스의 왕자들 편을 들고 있다는 소식이 하루가 다르게 들려왔으며, 왕자들이 프랑스에서 아버지와의 전쟁을 준비 중이라는 소식도 매일같이 들려왔습니다. 또 왕은, 헨리 왕자가 스스로를 '영국의 주니어 왕'이라 칭하며, 자신이 파견한 주 프랑스의 영국 대사 앞에서, 대관식을 거행했다는 소식과 함께 왕자들이 프랑스 남작들의 동의가 없다면 다시는 아버지와는 평화란 있을 수 없다는 서약을 했다는 소식도 들어야 했습니다.

그러나 불굴의 정신과 꺾이지 않는 정열을 소유한 왕은 이러한 역경을 굳건한 의지로 이겨냈습니다. 그는 먼저 왕실의 아버지들을 소집해서 이 문제가 결국은 왕의 문제만이 아니라 자식을 둔 모든 왕실 아버지들의 문제라며 자신을 지지해줄 것을 부탁했고, 막강한 부를 활용해서 2만 명의 용병을 고용해 사악한 프랑스 왕과 전쟁을 치를 준비를 했습니다. 자신의 화를 돋운 프랑스 왕 루이와 한판을 준비하는 와중에 루이로부터 평화회담을 갖자는 화해의 제스처가 뻗쳐왔습니다.

회담은 프랑스의 대평원에 있는, 오래된 느릅나무 아래에서 거행됐지만 아무런 결과를 보지 못했습니다. 결국 전쟁을 피할 수 없게 됐습니다. 리처드 왕자는 아버지와의 전투를 지휘하는 것으로 그의 첫 지휘관으로서의 경력을 쌓게 됩니다. 하지만 그의 아버지는 리처드와 그의 병사들을 물리쳐,

퇴각하도록 만들었습니다. 그리고 만일 왕이, 스코트족이 영국을 침공했다는 소식을 접하고, 이를 물리치기 위해 즉시 철군해 심한 파도를 헤치고 본국으로 돌아가지 않았다면 리처드의 수천의 군사들은 그런 부도덕한 전쟁에 자신들이 동원된 날을 뼈저리게 기억해야 했을 겁니다.

그리고 헨리 왕은 영국으로 돌아와서는 다소 엉뚱한 행동을 합니다. 왕이, 진심으로 자신의 모든 시련이 베케트를 죽이도록 사주한 데서 기인한 것으로 느꼈는지, 또는 베케트를 성인으로 봉한 교황의 마음에 들도록 그랬는지, 아니면 베케트의 말없는 무덤일지라도 기적을 행할 수 있다고 믿고 있는 민중들 때문이었는지는 모르지만 왕은 영국에 도착하자마자 캔터베리로 곧장 달려갔습니다. 캔터베리에 도착한 왕은 수도원의 모습이 멀리서 보이는 곳에 도착해서는 말에서 내려, 신발을 벗고, 맨발인 상태에서 발에 피를 흘리며 베케트의 무덤을 향해 걸어갔습니다. 이어서 왕은 여러 사람들이 보는 앞에서 땅바닥에 엎드려 비통해하며 회의실 쪽을 향해 조금씩 나아가기 시작했습니다. 그러면서 등에 걸치고 있던 옷들을 벗어버리고는, 80명의 사제들에게 매듭이 맺어진 끈으로 자신을 매질하도록 했습니다.(사제들은 아마도 아주 심하게 때리지는 않았을 겁니다.) 그리고 신기하게도 왕이 이런 기이한 행동을 보인 날 스코트족과의 진투에서 최종적으로 승리했다는 소식이 들려왔습니다. 성직자들은 왕이 회개의 참모습을 보여줬기 때문이 그런 승리를 얻을 수 있었다고 크게 기뻐했습니다. 베케트가 살았을 때는 그를 그토록 미워했던 성직자들도 그의 사후에는 대부분이 그를 매우 추앙했던 겁니다.

한편, 왕의 부도덕한 자식들과 그들의 외국 추종자들이 일으킨 비열한 음모의 배후 조종자였던 플랑드르의 백작이, 왕이 본국에서 다른 일에 정신이 팔린 틈을 타, 노르망디의 수도인 루앙을 포위 공격해 들어갔습니다. 하지만 상상할 수 없을 정도로 재빠르고 모든 면에서 적극적이었던 왕은 예상했던 것보다 훨씬 빠르게 루앙에 도착해서 플랑드르의 백작을 무찔러버렸습니다. 그러자 음모의 가담자들이 화해를 요청해왔고, 왕의 못된 아들들인 헨리와 지오프리도 굴복하지 않을 수 없었습니다. 리처드는 6주간이나 저항하다가 성들이 하나씩 무너지자 결국 굴복했으며 그의 아버지는 그 자식을 용서해줬습니다.

그러나 이런 무가치한 왕자들에게 용서를 베푼 것은 단지 그들에게 또 다른 불충한 짓을 꾸밀 시간을 벌어준 것에 불과했습니다. 그들은 정말로 사악하고 불충하며 불명예스러운 자들이어서 시정잡배들보다 더 신뢰할 수 없는 인간들에 속했습니다. 바로 그 다음해에 헨리 왕자는 또 다른 반란을 일으키고 다시 한 번 용서를 받습니다. 8년 뒤, 이번에는 리처드가 형에게 반기를 들었고, 지오프리 왕자는 아버지에게 대항하기 위해 서로 뭉치지 않는다면 왕자들 사이에는 평화란 있을 수 없다는 극단적인 언사까지 하게 됩니다. 그리고 부모 자식들 간에 화해가 이뤄진 바로 다음 해에 헨리 왕자는 또 다시 아버지에게 반기를 들다가 패배하고 다시는 그러지 않겠다는 맹세를 한 후 한 번 더 용서를 받지만 다음에는 지오프리 왕자와 연합해서 반기를 들게 됩니다.

하지만 이런 불충한 자식에게도 마침내 종말이 찾아왔습니다. 헨리 왕자가 프랑스의 어느 도시에서 병이 났던 겁니다. 왕자는 병석에 누워서 자신의 지난날 사악했던 행위를 반성하며, 아버지에게 사람을 보내 죽기 전에 아버지에게 용서를 빌고 싶으니 아버지가 와주기를 바란다는 전갈을 보냈습니다. 언제나 자식들에게 후한 인정을 베풀었던 왕은 귀족들의 만류가 없었다면 프랑스로 갔었을 겁니다. 그러나 헨리 왕자가 얼마나 사악했는지 알고 있던 귀족들은 이것 또한 반역의 음모일지 모른다며 왕의 프랑스 행을 만류했습니다. 그래서 왕은 끼고 있던 반지를 용서의 표시로 프랑스에 보냈고, 반지를 받아든 왕자는 그것에 키스를 하면서 자신이 얼마나 불충하고 못된 아들이었는지 슬픔과 눈물로 주위 사람들에게 고백했습니다. 왕자는 마지막 자리를 지키고 있던 성직자들에게 부탁했습니다. "밧줄로 내 몸을 묶어서 나를 침대 밖으로 끌어낸 다음 잿더미 위에 올려주시오. 나는 그곳에서

헨리 II세와 왕비 엘레노르 그리고 왕자들(영화 'The Lion in Winter'의 한 장면)

회개하며 죽을 것이오!" 이 말을 마지막으로 왕자는 27살의 일생을 마쳤습니다.

그 후 3년 뒤, 지오프리 왕자도 마상 시합 도중 말에서 떨어진 후 다른 말들에 짓밟혀 죽음에 이르렀습니다. 결국 리처드와, 이제는 어엿한 청년으로 성장한, 존 왕자만이 남았습니다. 존 왕자는 이미 아버지에게 충성을 다 하겠다는 엄숙한 서약을 마친 상태였습니다. 한편, 리처드는 친구인 프랑스 왕 필리프 II세의(필리프 II세는 사망한 루이 왕의 아들입니다.) 사주를 받아 아버지에게 반기를 들었다가 패배하고, 신약성경에 손을 얹고 다시는 반란을 일으키지 않겠다는 서약을 한 후 용서를 받습니다. 하지만 리처드는 여러 해가 지난 후 다시 반란을 일으키고 이번에는 프랑스 왕 앞에 무릎을 꿇고 그에게 충성을 다 할 것을 맹세한 후, 프랑스 왕의 무력을 지원받아, 자기 아버지의 프랑스 내 영토 전체가 자기 것이라고 선언했습니다.

이러면서도 리처드는 자기 스스로를 예수그리스도의 전사라고 불렀고, 자기 아버지와 프랑스 왕이 전년도에, 프랑스 대평원의 느릅나무 아래서 형제의 협약을 맺을 때 (그의 아버지와 프랑스 왕이 신앙의 진리를 추구하고 영예를 드높이기 위해 새로운 십자군운동에 헌신하기로 맹세했을 때) 사용했던 십자가를 몸에 지니고 다녔습니다.

자식들의 불충으로 인한 심신의 상처로 인해 이미 오래 전에 앓아눕거나 세상을 등졌을 수도 있던, 불행했던 왕은 그동안 굳건히 버텨왔지만 마침내 힘을 잃어버리기 시작했습니다. 하지만, 다행히도, 교황은 왕에 대해 여전히 지지를 보내고 있었습니다. 교황은 프랑스 왕과 리처드에게, 비록 전투에서는 이겼을지라도, 헨리 왕과 평화를 맺을 것을 권했습니다. 리처드는 영국의 왕관을 원했고, 헨리 왕이 영국에 잡아두었던 프랑스 왕의 동생과 결혼하기를 원했습니다.(리처드가 실제로 그 결혼을 원했던 것은 아니었습니다.) 하지만 헨리 왕은 프랑스 왕의 동생이 자신이 애지중지하던 아들 존과 결혼해야 한다고 생각했습니다. 존 왕자는 자신에게 반기를 들지 않은 유일한 왕자였기 때문입니다. 그러나 귀족들로부터 하나하나 버림받은 왕은 상심에 젖고 실의에 빠지고 쇠약해져서, 마침내 평화조약에 동의할 수밖에 없었습니다.

하지만 헨리 왕을 큰 슬픔으로 몰아갈 일이 하나 더 남아있었습니다. 병석에 누워있는 헨리 왕에게 평화조약을 내놓을 때 그들은 왕이 사면해주어야 할 반란자들의 명단을 함께 내놓았는데, 그 명단의 첫 머리에 왕이 마지막까지 가장 사랑하던 아들 존의 이름이 있었던 겁니다.

"아, 존! 내 가슴 속의 아이야!" 왕은 가슴이 미어질듯이 장탄식을 했습니다. "존, 내가 가장 사랑했던 아들아! 아, 존. 너를 위해 이 많은 시련을 견뎠거늘! 너도 나를 배반했구나!" 그리고 그는 신음소리와 함께 쓰러져서 중얼거렸습니다. "세상은 이제 될 대로 되 거라! 난 더 이상 신경 쓰지 않겠다."

한동안 시간이 흐른 후 그는 시종들에게 자신을 프랑스의 시농으로 데려다달라고 주문했습니다. 시농은 왕이 한 때 무척이나 좋아했던 도시였습니다. 하지만 왕은 이제는 어떤 곳도 좋아하지 않게 되었지요. 너무나 안 된 이야기지만 이 세상에 왕이 마음을 붙일 것이라고는 아무 것도 없었던 겁니다. 그는 자신이 태어난 날을 몹시 저주하고, 뒤에 남겨놓은 자식들을 저주하며 생을 마감했습니다.

1백 년 전에 정복자의 궁전에서 정복자가 죽었을 때 그의 비굴한 신하들이 그랬듯이 헨리 왕의 추종자들도 왕이 죽자마자 왕을 배반했습니다. 왕은, 신하들의 약탈 과정에서, 옷이 벗겨졌고, 매장지인 폰테브로드Fontevraud 사원으로 왕의 시신을 옮겨갈 마땅한 수단이 없어서 곤란할 지경의 수모를 당해야 했습니다.

리처드는 이후에 '사자의 심장을 가진 인물'로 칭송받습니다. 하지만 필자는 그가 인간의 심장을 가지고만 있었어도 훨씬 좋았을 것이라고 생각합니다. 그의 심장이 어떠했든지 간에, 그가 엄숙한 사원 안에 놓여있는 아버지의 시신 앞에 당도해서 아버지의 얼굴을 내려다보았을 때 그의 심장은 그의 가슴 속에서 양심의 가책으로 뛰었을 겁니다. 그의 심장은, 그것의 실체가 무엇이든지 간에, 죽은 아버지와의 모든 약속을 저버린 검은 심장이었습니다. 그의 심장은 들판의 맹수보다도 더 자비심이 부족한 매몰찬 심장이었습니다.

헨리 II 세의 통치 기간 중에 벌어진 흥미로운 이야기가 하나 있습니다. 그것은 '아름다운 로사몬드'에 관한 이야기입니다. 이 이야기는 왕이 어떻게 이 세상에서 가장 아름다운 로사몬드에 이끌렸고, 어떻게 우드스탁의 공원에 그녀만을 위한 아름다운 내실을 짓도록 만들었는지, 그리고 그 내실이 어떻게 미로 속에 지어져서 비단 실마리가 아니면 찾을 수 없도록 만들어졌는지를 들려주는 이야기입니다. 그리고 이 이야기는 악독한 왕비 엘레노르가 질투심에 불타 어떻게 그 비단 실마리를 찾아내어 어느 날 로사몬드 앞에 단검과 독약을 들고 나타나 둘 중 하나를 선택하도록 강요했는지, 그리고 어떻게 '아름다운 로사몬드'가 애처로운 눈물을 흘리며 잔인한 왕비를 위한 시노를 남기고, 독약을 마신 후, 아름다운 내실 한 가운데서 쓰러져 죽었는지에 관한 이야기입니다. 로사몬드의 주검 위에서는 무심한 새들만이 즐겁게 지저귀고 있었을 겁니다.

다시 그 시절을 정확히 돌이켜봅니다. 거기에는 분명히 세상에서 가장 아름다운 로사몬드라는 여인이 있었고, 왕은 그녀를 무척이나 사랑했을 것이고, 악한 왕비 엘레노르는 분명히 그녀를 질투했을 겁니다. 그러나 필자는 불편한 마음으로 사실에 접근해 보고자합니다. 내가 이 이야기를 너무 좋아하기 때문에 마음이 편치 못한 겁니다. 사실은 이랬습니다. 실제로는 내실도, 미로도, 비단 실마리도, 단검도, 독약도 없었습니다. 로사몬드는 옥스퍼드 근처의 수녀원으로 물러나 그곳에서 평화롭게 생을 마감했습니다. 그녀의 동료 수녀들이 그녀 무덤에 비단 천을 걸어주었고, 왕을 유혹할 정도의 아름다움을 지녔던 그녀의 젊음을 기리기 위해, 가끔 그 위에 꽃으로 장식을 했지요. 왕이 한창 젊을 때, 그의 앞날이 순풍에 돛을 달고 있을 때의 이야기입니다.

이제 막이 내리고 어둠이 깔리며 이야기는 끝이 납니다. 플랜태저넷의 헨리는, 어느 누구도 흉내 낼 수 없을 정도로 영국을 거의 35년 동안 잘 다스리고, 57살의 나이로 생을 마치고 폰테브로드 사원에 말없이 누워 있습니다.

로사몬드와 엘레노르 왕비

제13장
'사자 왕' 리처드 I 세
ENGLAND UNDER RICHARD THE FIRST, CALLED THE LION–HEART
[생몰 : 1157.9.8~1199.4.6,   재위 : 1189년~1199년]

제3차 십자군 전쟁을 지휘하는 사자 왕 리처드

서기 1189년에 '사자 왕' 리처드가[1], 생전에 그토록 가슴 아프게 했던 아버지 헨리II세의 뒤를 이어 왕위에 올랐습니다. 우리가 익히 알던 대로, 그는 소년 시절부터 반역의 피가 흐르던 인물이었지만, 자신이 왕위에 오르고서는 반역이 얼마나 사악한 짓인지를 깨닫게 됩니다. 뒤늦게 깨달은 효성으로 그는 아버지에게 반기를 들 때 자신을 도왔던 주동자들을 처벌했습니다. 그의 본성에 비추어봤을 때 이보다 더 그다운 일은 없었을 것이고, 그를 따르던 아첨꾼들에게는 그를 진정을 믿어서는 안 된다는 본보기로 이보다 더 확실한 징표는 없었을 겁니다.

리처드도 다른 후계자들과 마찬가지로 선대왕의 재산 관리인을 지하 감옥에 가두고 그가 왕실 재산은 물론이고 개인의 재산까지 몽땅 포기하기 전에는 풀어주지 않았습니다. 결국 리처드는 그 불쌍한 재산 관리인의 개인 재산까지 빼앗음으로써, 사자의 마음을 가졌는지 아닌지를 떠나, 그가 진정으로 사자의 몫을[2] 차지하는 인물 이라는 것을 보여준 셈입니다.

리처드는 웨스트민스터에서 의기양양하게 대관식을 거행했습니다. 성당에는 세력 있던 영주 네 명이 네 귀퉁이에서 각각 창을 들고 그 위에 비단 천을 천장처럼 펼친 채 왕을 맞이했습니다. 대관식이 있던 날, 한편에서는 유태인들을 상대로 가공할 살인극이 자행됐습니다. 자칭 기독교도들은 이 살인극을 보고 대단히 기뻐했을 겁니다. 왕은 대관식 전에 이미 유태인들은 식에 나타나서는 안 된다는 명령을 선포했었습니다.(유태인들은 당시에 영국에서 대단히 쓸모 있는 상인들이었음에도 불구하고 일반적으로 증오의

---

1 플랜태제넷Plantagenet 가문의 왕. 헨리2세의 3남. 제3차 십자군전쟁에 참가(1189), 프랑스 왕 필리프2세와 협동하여(1190) 사이프러스 섬을 점령(1191)하고, 팔레스티나에서 살라딘과 싸워 그를 사로잡았음(1192). 귀국 도중 오스트리아 공 레오폴트5세(Leopold V 1157~1194)에 포로가 된 후, 황제 하인리히6세에 인도되고, 거액의 대금을 지급 후 귀국했음(1194). 그는 다시 프랑스의 필리프2세와 싸우고, 리모주(Limoges) 부근에서 전사했음. 치세의 대부분을 외국에서 보내고, 통치자로서는 무능했으나 용감했고, 관용을 베풀 줄 아는 중세의 전형적 기사였음.

2 이솝우화의 '사자의 몫' 참조

대상이었습니다.) 그러나 유태인들은 새로운 통치자에 대한 경의를 표시하기 위해 런던 각지에서 선물을 들고 모습을 드러냈고, 일부는 웨스트민스터 본당까지 과감히 내려갔습니다. 그 선물들은 기꺼이 받아들여졌습니다. 하지만 군중 속에 있던, 힘없는 기독교도인 척하던, 한 말 많던 사람이 이 광경을 보고 불평을 늘어놓으며 마침 선물을 들고 본당 입구로 들어가려던 유태인에게 폭력을 휘둘렀습니다.

그리고 이어서 폭동이 일어났습니다. 본당 안으로 들어섰던 유태인들이 앞으로 밀려났고 군중들 중 일부가, 왕이 주님을 부인하는 자들은 죽이라는 명령을 내렸다고 소리쳤습니다. 이때부터 사람들은 시내의 좁은 골목길로 몰려나가 만나는 유태인들마다 닥치는 대로 살해하기 시작했습니다. 그리고 유태인들이 집으로 달아나 문을 걸어 잠그는 바람에 길에서는 더 이상 유태인을 발견할 수 없자 유태인들이 사는 집에 미친 듯이 난입해서 칼과 창으로 찌르고, 때로는 밖에다 불을 피우고 노인이나 어린이들을 이층에서 그 불길 속에 집어던지기도 했습니다. 이 만행은 24시간이나 지속됐지만 단지 3사람만이 처벌받았을 뿐입니다. 그들이 극형에 처해진 죄목도 유태인들에 대한 학살이나 약탈이 아니라 일부 기독교도들의 집을 불태웠기 때문이었습니다.

리처드는 침착하지 못한 성격으로 건장한 체격에 강인한 체력을 소유한 인물이었습니다. 그는 늘 다른 사람의 머리통을 부숴버리겠다는 한 가지 생각만을 가지고 살았으며, 대규모 군대를 이끌고 성지를 향해 떠날 십자군 원정의 열망으로 들떠있던 인물이었습니다. 아무리 십자군 원정대라 해도 대대적으로 군사를 동원하는 일은 엄청난 자금이 들어가는 일이어서 왕은 왕실의 토지를 팔고, 심지어는 나라의 고위 관리직까지 팔아야 했습니다. 또, 왕은 귀족들에게 가신들을 지배할 수 있는 권리를 마구잡이로 내어줬는데 이것은 귀족들이 능력이 충분해서가 아니라 높은 특권을 얻기 위해 돈을 기꺼이 내놓았기 때문입니다. 이와 함께 면죄부를 매우 비싼 가격으로 팔기도

하고, 탐욕과 억압을 다양하게 섞어가며 활용한 결과 매우 큰 재산을 모을 수 있었습니다. 그리고 나서 왕은 주교 두 명에게 자신의 왕국을 맡긴 후, 동생 존에게는 우호관계를 유지하기 위해 엄청난 재산과 권력을 넘겨주었습니다. 존은 차라리 영국의 섭정의 자리에 오르기를 바랐는지 모릅니다. 그러나 존은 교활한 인물이었고, 원정길을 반대할 이유가 없었습니다. 그는 틀림없이 속으로 이렇게 생각했을 겁니다. "전투가 많으면 많을수록 형이 죽을 확률은 많아진다. 그리고 형이 죽으면 나는 영국의 왕이 되는 거다!"

새로 동원된 병사들이 영국 땅을 출발하기 전에 신병들과 일반 민중들은 불쌍한 유태인들에 대한 잔인한 학살극을 자행함으로써 자신들의 출발에 이정표를 삼았습니다. 수많은 도시들에서 유태인들은 수백 명씩 끔찍하게 살해당했습니다.

요크에서는, 유태인들이(그들 중 일부는 자신들 보는 앞에서 아내와 자식들이 살해당해야 했습니다.) 성주가 자리를 비운 사이 어떤 성으로 피신했습니다. 잠시 후 성주가 나타나 문을 열라 하자, 유태인들은 성곽에 올라서서 대답했습니다. "어떻게 문을 열 수 있겠습니까, 성주님. 한 뼘만이라도 문을 열었다가는 성주님 뒤에 있는 사람들이 쳐들어와서 우리들을 죽일 겁니다."라고 대답했습니다.

그러자 유태인을 미워했던 성주는 화가 나서 군중들을 향해 유태인들을 죽여도 좋다고 소리쳤고, 온통 흰색 옷을 걸친 어떤 광적인 탁발수도사 하나가 공격의 선두에 서더니 군중들은 3일 동안 성을 공격했습니다.

마침내, 조셴이라는 유태인의 우두머리가(그는 랍비이거나 사제였을 겁니다.) 다른 유태인들 앞에 나서서 말했습니다. "형제들, 저렇게 문을 부수고 있는 사람들을 우리는 감당하지 못할 겁니다. 얼마 안 있으면 저들이 곧 들이닥칠 겁니다. 우리 가족들이 어차피 기독교도들의 손에 죽어야 한다면 차라리 우리 손으로 죽이고 우리도 죽읍시다. 그리고 가지고 들어온 우리의 재산 모두를 불태우고 성도 전부 불태워버리고 장렬히 산화합시다."

리처드 I 세의 대관식 뒤 벌어진 유태인 학살

　유태인들은 일부가 마음의 결단을 내리지 못했지만 대부분이 동의했습니다. 그들은 자신들의 귀중품 전부를 쌓아놓고 불 지른 후 다음에는 성을 불태우기 시작했습니다. 불길이 이글거리며 타오르고 하늘로 치솟아 하늘을 붉게 물들일 때 조센은 사랑하는 아내의 목을 벤 후 자신의 목을 찔러 자결했습니다. 이어서 아내와 자식을 가진 모든 유태인들이 조센을 따라 했습니다. 군중들이 성으로 쳐들어왔을 때 그들이 발견한 것은 시꺼멓게 타버린 잿더미와 일부 결단력이 부족해서 죽지 못하고 벌벌 떨고 있던 몇 안 되는 유태인들뿐이었습니다.(군중들은 이들을 그 자리에서 살해했습니다.) 숯덩이가 돼버린 시신들은 시커멓게 타버린 나무 등걸처럼 보였지만 방금 전까지, 자비로운 하나님의 손으로 만들어진, 인간들이었습니다.

　이런 불운한 출발을 뒤로 하고 리처드와 그의 군대는, 꼴사나운 모양을 하고, 성스러운 십자군 원정길에 올랐습니다. 이 원정대는 영국 왕 리처드와 그의 친구 프랑스 왕 필리프의 군대가 연합한 연합원정대였습니다. 두 왕들은 10만 명에 달하는 병사들을 사열査閱하는 것으로 원정을 시작하였습니다. 이후 그들은 각자 따로 출발해서 시실리 섬에 있는 메시나에서 회합하기로 했습니다.

한편, 리처드 왕의 누이는 이 섬의 왕과 결혼을 했지만 왕은 죽어버렸고, 왕의 삼촌 탄크레드가 왕권을 찬탈한 다음 과부가 된 왕비를 감옥에 가두고 그녀의 모든 재산을 갈취해버렸습니다. 리처드는 누이의 석방과 더불어서 그녀의 영토를 회복해주고, (시실리 섬의 왕실의 관습에 따라) 그녀에게 황금 의자와 황금 탁자와 24개의 은컵들과 24개의 은접시들을 돌려줄 것을 강력하게 요구했습니다. 리처드가 저항하기에는 너무 벅찬 상대라는 점을 잘 인식한 탄크레드는 이 요구에 순순히 응했습니다. 그러자 이번에는 프랑스 왕이 질투심에 불타 영국 왕이 메시나 섬이나 그 밖의 여러 곳에서 절대자로 군림하려 한다고 불만을 털어놓았습니다. 그러나 리처드는 이 불평에 대한 별로 신경을 쓰지 않고, 2만개의 금화를 선물로 보내준 탄크레드에 대한 답례로 당시 두 살배기 간난아이였던 그의 조카 아더를 탄크레드의 어린 딸과 결혼시키기로 약속해주었습니다. 지금부터 우리는 어린 아기 아더에 관한 이야기를 조금씩 듣게 됩니다.

시실리 섬에서의 일들은 누군가의 머리통을 날려버리지 않고 평화롭게 끝이 났습니다.(아마도 리처드 왕은 이 점이 불만이었을 겁니다.) 왕은 누이와 함께 그가 프랑스에서 사랑에 빠졌던 아름다운 여인 베렌가리아를 데리고 싸이프러스 섬을 향해 출발했습니다. 베렌가리아는 왕의 어머니 엘레노르가(여러분은 감옥에 오랫동안 갇혀있던 이 여인을 기억할 겁니다. 리처드는 왕위에 오르자 이 여인을 풀어준 바가 있습니다.) 리처드의 왕비로 시실리에서 낙점한 여인입니다.

그리고 얼마 안 있어 싸이프러스 왕의 신하들이 난파한 영국 병사들을 약탈하는 사건이 일어나자 리처드는 싸움의 즐거움을 누릴 기회라도 얻었다는 듯이 간단하게 탄크레드를 제압해버리고 그의 딸을 잡아다 베렌가리아의 말동무로 삼은 후 탄크레드는 족쇄를 채워 가둬버렸습니다. 그러고 나서 리처드는 그의 어머니, 누이, 아내 그리고 사로잡은 왕자들과 함께 항해를 해서 얼마 안 있어 아크레 앞에 도착했습니다. 아크레에서는 벌써 프랑스 왕의 함대들이 바다 쪽에서 포위 공격을 시도하고 있던 중이었습니다. 하지만 프랑스 왕은 이미 사라센과의 전투와 전염병으로 상당한 병력 손실을 입은 상태여서 무척 어려운 전투를 치르고 있었습니다. 터키의 용맹스런 술탄[3]이었던 살라딘은, 수많은 군사들을 앞서서 이끌며, 가운데 솟아오른 언덕 위에서 적의 공격을 매우 훌륭히 막아내고 있었습니다.

십자군의 연합군대가 가는 곳은 어디서나 시끄러운 놀이판과 술판, 싸움판이 전혀 성스럽지 못한 모습으로 벌어졌습니다. 그들은, 머무는 곳이면 어디든, 적이든 친구이든 상관하지 않고, 사람들을 타락시키고 소동을 피웠습니다. 그래서 그들이 한바탕 휩쓸고 간 곳은 황폐화되기 마련이었습니다. 프랑스 왕은 영국 왕을 시기했고 영국 왕은 프랑스 왕을 질시했습니다. 그리고 두 나라의 무질서하고 폭력적인 군인들도 서로를 시기했습니다. 결국 두 왕은 아크레에 대한 연합 공격에서 처음부터 의견일치를 볼 수 없었습니다. 하지만 두 왕이 의견 차이를 좁힐 쯤 해서 사라센인들이 도시를 포기하고, 성 십자가의 숲을 기독교도들에게 넘겨주며, 기독교도 포로들을 모두 석방하고, 20만개의 금화를 지불하겠다는 약속을 해왔습니다. 이 약속은 40일 이내에 이행되어야 했지만 어떤 것도 지켜진 것이 없었고, 이에 분노한 리처드 왕은 포로로 잡은 약 3천명의 사라센 병사들을 자신들의 진영 앞마당에 끌고나와, 사라센 사람들이 보는 앞에서, 도살하도록 했습니다.

프랑스 왕은 이 범죄에는 가담하지 않았습니다. 프랑스 왕은 영국 왕의 고압적 태도에 화가 나서 대부분의 병사들을 거느리고 고국으로 철수하는 중

---

3 Sultan, 이슬람 국의 군수, 1922년 이전의 터키 황제

이었습니다. 게다가 프랑스에서는 그를 필요로 하는 다급한 사정이 생겼고, 그는 열사熱沙의 나라의 안 좋은 공기로 인해 건강을 해친 상태였습니다.

리처드 왕은 거의 1년 반이나 프랑스 왕 없이 동방에서 홀로 여러 난관을 이겨내야 했습니다. 왕의 군대는 매일 밤 행진 중에 멈춰 서서 전쟁의 의미를 일깨우기 위해 선도자가, "그리스도의 묘소를 사수하자!"라고 외치면 모든 병사들은 무릎 꿇고 "아멘!"하고 응답했습니다. 행진을 하거나 야영을 하거나 병사들은 매일같이 사막의 뜨거운 열기와 싸우거나 용감무쌍한 살라딘의 지휘를 받는 사라센 병사들과 싸워야 했으며 때로는 이들 두 악조건이 한꺼번에 병사들을 괴롭히기도 했습니다.

질병과 죽음, 전쟁과 상처가 병사들을 떠날 줄 몰랐습니다. 그러나 모든 역경 속에서도 리처드 왕은 거인처럼 싸웠고 보통의 전사들처럼 몸을 아끼지 않았습니다. 오랜 시간이 흘러 리처드 왕이 무덤에 누워있을 때, 사라센 사람들은 살아생전에 왕이 휘두르던 가공할 전투용 도끼에 대한 전설 —영국 강철로 만들어진, 날의 무게만 20파운드에 달하는 무적의 도끼에 대한 전설로 몸서리를 치곤했습니다. 그리고 사라센 병사들도 기독교 병사들도 모두 재로 화한 뒤, 오랜 세월이 흐른 후에도 어떤 사라센 병사가 길가에서 무언가를 보고 놀라 움찔한다면 주인은 이렇게 야단치곤 했습니다. "뭘 보고 그리 놀란 거니, 이 멍청아? 리처드 왕이 뒤에 나타나기라도 한 거니?"

리처드 왕이 불퇴전의 왕이기는 했지만 어느 누구도 살라딘보다 리처드가 더 용맹스럽다고 말하지는 않습니다. 살라딘은 인자하면서도 용감무쌍한 적이었습니다. 리처드가 열병에 걸려 자리에 눕게 되면 살라딘은 다마스쿠스에서 신선한 과일을 보내거나 산꼭대기에서 눈을 퍼다 보내주기도 했습니다. 두 사람은 서로 예의를 갖춘 서신을 교환하거나 자주 상대방을 칭찬했으며, 리처드가 말에 올라 사라센 사람들을 살해하면 살라딘도 그 수만큼 기독교도들을 살해했습니다. 왕은 이와 같은 식으로 최선을 다해서 아수프Arsoof와 자파에서 싸웠고, 아스칼론Ascalon에서는 전투를 치루지 못하고 사라

살라딘

센이 무너뜨린 요새를 보강하는 일에만 매달리게 되자 흥미를 잃고, 연합군이었던 오스트리아의 공작과 불화를 일으켜, 그가 너무 오만하다는 이유로 그를 쫓아 버리기도 했습니다.

병사들은 드디어 성스러운 도시 예루살렘을 목전에 두게 되었습니다. 그러나 그때는 이미 십자군 내에는 시기심과 불화만 잔뜩 남아서 곧바로 퇴각하고 말았으며, 사라센과 3년 3달 3일 3시간 동안 휴전할 것에 합의했습니다. 그리고 영국의 기독교도들은 고귀한 살라딘의 도움을 받아, 사라센 사람들의 보복을 피해, 예수그리스도의 묘소를 잠배할 수 있었습니다. 그러고 나서 왕은 약간의 병력만을 대동하고 고국으로 돌아가기 위해 아크레로 향했습니다.

하지만 리처드 왕은 아드리아 해에서 조난을 당해 가명을 사용한 채 독일을 몰래 통과해야 했습니다. 그때 독일에는 리처드 왕에게 수모를 당했던 콧대 높은 오스트리아 공작의 편에 가담해서 십자군 전쟁에 참가했던 사람들이 많이 있었는데, 그들 중 일부가 리처드 왕을 금세 알아보고 이 사실을 공작에게 알렸습니다. 공작은 즉시 움직여서 리처드 왕을 포로로 잡아 비엔나 근처의 어느 허름한 여관에 가둬버렸습니다.

오스트리아 공작의 주군인 독일의 황제와 프랑스 왕은 아무런 피해도 입지 않고 그 말썽 많은 영국 왕을 체포할 수 있어서 크게 기뻐했습니다. 나쁜 일을 저지를 때 맺어진 친구 관계란 절대로 진실된 관계가 아닙니다. 당시의 프랑스 왕은 리처드 왕에게 있어, 그가 아버지에게 불효를 저질렀을 때 친구였던 것만큼 적으로 변해있었습니다.

프랑스 왕은 영국 왕이 동방에서 자신을 독살하려 했다고 둘러댔고 자신과 진정한 친구 관계에 있던 인물을 살해했다고 비난했습니다. 그는 또 독일 황제를 매수해서 리처드를 깊은 감옥에 가두도록 한 다음 독일의 두 왕자들과 음모를 꾸며 리처드의 죄를 소급 적용해 독일의 재판정에 서도록 했습니다. 하지만 리처드는 자신을 너무도 잘 변호해서 참관인들이 그의 열성적 웅변에 눈시울을 붉힐 정도였습니다. 결국 리처드 왕은, 왕의 품위를 지킬 수 있도록, 이전보다 훨씬 좋은 대우를 받을 것과, 엄청난 몸값을 지불하면 석방될 것이 결정되었습니다.

영국 사람들은 이 몸값의 모금에 기꺼이 동참했습니다. 영국에서 엘레노르가 돈을 가지고 독일에 도착했지만 독일은 처음에는 이 돈을 받지 않으려 했습니다. 그러나 엘레노르는 그녀의 아들을 대신해서 독일의 왕자들에게 간곡히 호소했고, 그 호소가 받아들여져서 리처드 왕은 석방됐습니다. 그러자 프랑스 왕은 리처드의 동생 존에게 편지를 써서, "대군, 조심하시오! 악마가 풀려났소이다!"라고 주의를 줬습니다.

대군 존은 그의 형을 두려워 할 이유가 충분히 있었습니다. 존은 리처드가 포로로 지낼 때 반역 행위를 저질렀던 겁니다. 그는 프랑스 왕과 몰래 내통했고, 영국 민중들과 귀족들에게 왕이 죽었다고 거짓말을 했으며, 왕위를 탈취하려 했습니다. 존은 당시 프랑스의 에브뢰Evreux라는 곳에 있었습니다. 천성이 비열한 인간인 존은 그의 형에게 용서받기 위해 역시 비열한 방법을 고안해냈습니다. 그는 그 지역의 프랑스 수비대 지휘관들을 만찬에 초청해서 모조리 살해한 후 요새를 점령해버렸습니다. 그리고 이 소식을 듣고 '사자 왕' 리처드에게 급히 달려가 그의 발아래 엎드렸습니다. 결국, 존은 엘레노르의 중재 노력으로 리처드의 용서를 받게 됩니다. 리처드 왕은, "나는 동생을 용서하노라. 하지만 동생은 내가 용서한 것을 쉽게 잊어버릴 것이다.

나도 그냥 그렇게 쉽게 동생이 내게 한 잘못을 잊고 싶구나."

한편 왕이 시실리 섬에 있을 때 고국에서는 문젯거리가 발생했습니다. 왕이 떠나올 때 영국을 잘 관리하도록 권한을 맡겼던 두 명의 성직자 중 야심이 넘쳐흘렀던 한 명이 다른 한 명을 구금한 채 자신이 마치 영국의 왕이라도 되는 양 행세를 했습니다. 그러나 멀리서 이 소식을 접한 왕이 새로운 섭정을 임명하자 이 야심 많던 성직자 '롱챔프(LONGCHAMP, 실제로 사람들은 그를 이렇게 불렀습니다.)'는 여성으로 변장하고 프랑스로 도망가서 프랑스 왕의 격려와 보호를 받게 됩니다. 이런 책동에서 비롯된 프랑스 왕 필리프에 대한 분노를 가슴에 새긴 채, 리처드 왕은 고국에 돌아와 민중들로부터 열광적 환대를 받고, 윈체스터에서 대관식을 새로 거행했습니다. 그리고 그는 곧이어 프랑스 왕에게 정말로 '악마가 풀려난 것'을 보여주겠다는 굳은 의지를 다지고, 분노에 휩싸인 채 전쟁을 결심합니다.

이때쯤에 영국에서는 또 하나의 골칫거리가 생겼습니다. 자신들이 부자들보다 과중한 세금을 내고 있는 데 불만을 가진 민중들이 '긴 턱수염'이라 부리던 윌리엄 핏츠 오스버트를 지도자로 삼고 비밀결사를 조직했던 겁니다. 그 비밀결사를 구성한 사람들의 숫자가 5만 명에 달할 정도였습니다. 핏츠 오스버트는 기습적으로 검거되는 순간 맨 처음으로 자신을 체포하려는 병사를 찌르고 격렬하게 싸우다가, 한 교회 안으로 달아나서 4일을 버텼습니다. 그러자 그를 체포하려는 자들이 교회에 불을 질러버렸고 그는 밖으로 뛰쳐나오다 칼을 맞았습니다. 하지만 그는 그 자리에서 처형당하지는 않았습니다. 아직 목숨이 붙어있는 상태에서 말 꼬리에 매달려 스미스필드까지 끌려간 후, 그곳에서 교수형을 당했습니다. 민중들을 선동한 사람들에 대한 오래된 처방은 죽음을 선사하는 겁니다. 그러나 우리가 이 이야기의 추이가 더 진행되는 것을 보면 알 수 있듯이, 민중들의 불만은 폭력으로만 진압할 수 없습니다.

프랑스와의 전쟁이, 간헐적으로 휴전을 맺기도 하면서, 여전히 진행 중이던 중에 리모주의 자작인 비도마르라는 영주가 우연히 자신의 영토에서 고대의 보물 동전을 발견했습니다. 그는 리처드 왕의 가신이었으므로 그 보물의 반을 왕에게 바쳤지만 왕은 이에 만족하지 않고 모든 소유권을 주장했습니다. 하지만 영주는 이를 거절했고, 왕은 성을 포위하고, 무자비한 공격으로 저항하는 자 모두를 성벽에 목매달겠다고 장담했습니다.

당시 리모주 지역에는 왕이 리모주에서 화살을 맞고 죽게 될 것이라는 오래되고 이상한 노래가 유행했었습니다. 아마 버트랜드 고돈이라 불리는 청년이었을 겁니다. 성을 수비하던 버트랜드는 이 노래를 겨울밤이면 자주 들었고 또 스스로 부르기도 했었습니다. 그는 성벽 초소에서 아래를 내려다보며, 왕이 부관 한 사람만 대동하고 성벽을 조사하는 것을 발견했을 때 그 노래를 떠올렸습니다. 그는 화살을 뽑아들고 정확히 조준하며 속으로 중얼거렸습니다. "자, 신에게 부탁하노니, 화살아 정확히 날아가서 꽂히거라!" 화살은 시위를 떠나 왕의 왼쪽 어깨에 꽂혔습니다.

왕의 상처는 처음에는 별로 대수롭지 않은 것처럼 보였지만 시간이 지나면서 심각해져서 왕은 막사로 후퇴하지 않을 수 없었습니다. 왕은 승산이 없더라도 공격을 멈추지 말라고 명령했고 성은 함락됐습니다. 그리고 왕이 장담했던 대로 저항했던 사람들은 모두 교수형에 처해졌지만 버트랜드만은 남겨져서 왕의 처분을 기다리게 됐습니다.

그때는 이미 치료를 올바로 하지 않아서 왕의 상처는 치명적으로 변해갔고 왕은 자신이 얼마 살지 못할 것이라는 점을 알았습니다. 왕은 버트랜드를 막사로 데리고 오도록 했습니다. 온몸이 꽁꽁 묶인 청년이 도착했으며, 왕은 그를 뚫어지게 쳐다보았고, 그 청년 또한 왕을 뚫어지게 쳐다보았습니다.

"아이야!" 왕이 말했습니다. "내가 네게 무슨 짓을 했기에 네가 내 목숨을 앗아가느냐?"

"나에게 한 짓을 모르시나요?" 청년이 대답했습니다. "당신은 그 손으로

고돈을 용서하는 리처드 I 세

내 아버지와 형제들을 살해했지요. 나도 목매달아 죽일 테고요. 차라리 지금 이 자리에서 죽여주세요. 어떤 고통도 나를 굴복시키지는 못할 겁니다. 그리고 당신도 죽어야 합니다. 내 화살로 인해 세상은 당신으로부터 해방된 겁니다."

두 사람은 다시 한 번 서로를 유심히 쳐다보았습니다. 이 순간 어쩌면 왕의 마음속에는 비록 기독교도는 아니지만 자비로웠던 적장 살라딘이 떠올랐을지도 모릅니다.

"젊은이, 짐은 그대를 용서하노라. 그냥 가거라!" 왕은, 상처를 입었을 당시 자신을 호위하던 부관에게 다음과 같이 명령했습니다. "저 청년의 사슬을 풀어주고 백 실링을 쥐어줘서 돌려보내라!"

왕은 이 말을 남기고 의자에 쓰러졌고, 왕이 늘 휴식을 취하던 막사 안에 싵은 안개가 깔리는 듯하더니 마침내 왕이 세상을 떠났습니다. 그때가 왕의 나이 52살이었으며, 통치 10년째 접어드는 해였습니다. 왕이 마지막으로 남긴 명령은 지켜지지 않았습니다. 왕의 부관이 버트랜드 고돈을 놓아주지 않고 산채로 그의 피부를 벗겨내고 목매달아 죽여 버렸기 때문입니다.

옛사람들의 서글픈 이야기는 수세기에 걸친 영웅담보다 생명력이 길다는 노랫말이 전해옵니다. 그 서글픈 이야기는 왕이 포로가 되었을 때 지니고 있었던 20파운드가 넘는 강철 도끼의 무용담보다 오래 살아남아 있습니다. 전하는 바에 의하면, 리처드 왕이 총애했던 음유시인 블론델은 외국의 여러 요새나 지하 감옥을 돌아다니며 그의 주군을 그리워하는 노래를 불렀는데,

드디어 어느 날 그는 어떤 지하 감옥으로부터 자신의 노래가 메아리 져 되돌아오는 것을 듣고 그 소리의 주인공을 알아챌 수 있었습니다. 그리고 그는 기쁨에 넘쳐 외쳤습니다. "오, 리처드, 나의 폐하시여!" 여러분들이 이 이야기를 믿건 안 믿건 그건 여러분들의 자유입니다. 리처드 왕은 그 자신이 음유시인이었습니다. 그는 왕자로 태어나지 않았다면 더 훌륭한 사람으로 살았을지 모릅니다. 그리고 왕이 아니었다면 그렇게 유혈로 얼룩진 삶을 살면서 인생을 낭비하지 않았을지도 모릅니다.

사자왕 리처드 I 세의 동상

제14장
'땅 부족' 왕 존
ENGLAND UNDER KING JOHN, CALLED LACKLAND
[생몰 : 1166(?). 12. 24~1216. 10. 18, 재위 : 1199~1216]

존은[1] 32살의 나이에 영국의 왕이 됐습니다. 원래는 그의 어린 조카 아더에게 왕권이 넘어가야 했지만 존은 왕실 재산을 낚아챈 다음 귀족들에게 사탕발림을 해서 형 리처드가 서거한지 몇 주 지나지 않아 웨스트민스터에서 대관식을 거행하게 됐습니다. 필자는, 당시 왕위에 앉힐 사람으로 영국이 아무리 열심히 찾아도 존보다 더 비열한 겁쟁이는 찾을 수 없었을 것이라고 확신합니다.

한편 프랑스 왕 필리프는 영국 왕으로 아더를 지지한다고 선언하며 존의 권리를 인정하지 않았습니다. 여러분들을 그렇다고 해서 프랑스 왕이 혹시 아버지 없는 자식에 대한 자비심 때문에 이런 선언을 했다고 생각하지는 마세요. 그는 오로지 영국 왕을 반대하기 위해 그런 선택을 한 겁니다. 결국 존 왕과 프랑스 왕은 아더를 놓고 전쟁을 벌이게 됩니다.

아더는 당시 12살에 불과한 미소년이었습니다. 그는 아버지 지오프리가 마상 시합에서 떨어져 머리가 깨져 죽었을 때는 아직 어머니 뱃속에 있을 때였고, 아버지의 보호나 양육을 받지 못했다는 불행 외에도 어리석은 어머니를 두었다는 불행까지 타고난 인물이었습니다. 그의 어머니 콘스탄스는 당시에 이미 세 번째 남자와 결혼한 상태였습니다. 콘스탄스는 존 왕이 왕위에 오르자마자 아들을 프랑스 왕에게 데려갔습니다. 프랑스 왕은 아더를 무

---

1   헨리 2세의 막내아들로 출생 때에 프랑스 국내의 영토가 위의 세 형들에게 모두 분배되었기 때문에 '무지왕(無地王), 땅 부족'이라는 별명을 얻었음. 형인 리처드1세의 뒤를 이어 왕위에 올랐지만, 본래 조카 아더가 왕위 계승권자였기 때문에 그를 살해하고 즉위한 것으로 알려져 있고, 그 때문에 프랑스 왕 필리프2세와 싸움이 벌어졌으나 패하여 프랑스 안에 있는 영토의 대부분을 잃었음(1204~1206). 이어 캔터베리 대주교 선임 문제로 교황 이노센트3세와 맞선 결과 1209년에 파문당하고, 1211년에 왕위 박탈 처분을 받아, 1213년에 마침내 교황에게 굴복하여 잉글랜드 전국토를 교황에게 헌상하고 자신은 교황의 봉건적 신하로서 교황이 내려주는 봉토를 다시 받는 굴욕을 겪음.
　1214년에 프랑스 안의 영토를 프랑스 왕으로부터 다시 찾으려고 출병하였으나, 귀족들이 군역(軍役)과 면제금(免除金) 문제로 종군을 거부하였기 때문에 프랑스에게 다시 패하고 귀국.
　1215년에 귀족들이 왕에게 맹세한 충성을 파기하고 반항하였으며, 그 결과 그는 '마그나카르타'의 승인을 강요받고 부득이 승인하였으나, 즉시 교황에게 호소하여 그 무효를 선언하였기 때문에 또다시 내란이 일어났고, 그 소란 속에서 병사(病死)하였음.

척이나 안타까워하는 척하며 그에게 기사 작위를 주었고, 자신의 딸과 결혼까지 약속했습니다. 하지만 실상은 달랐습니다. 프랑스 왕은 영국의 존 왕과 한동안 평화가 필요할 듯해서 그렇게 행동을 한 것이지 진정으로 아더의 처지가 안타까워 그랬던 것은 아닙니다.

그 뒤 2년 동안을 젊은 아더는 조용히 보냈고, 그 사이 그의 어머니가 죽었습니다. 그리고 프랑스 왕 필리프는 다시 영국 왕과 싸움을 벌일 때가 됐다고 판단해서 아더를 또 한 번 이용하기 위해 궁정으로 초청했습니다. "그대는 그대의 권리를 잊지 않았겠지, 왕자?" 필리프 왕이 물었습니다. "왕이 되고 싶지 않은가?" 그러자 아더 왕자가 대답했습니다. "틀림없이 그렇습니다. 왕이 되고 싶어 미치겠습니다." "그렇다면" 필리프가 말했습니다. "나의 신하들인 2백 명의 기사들을 이용해도 좋다. 그들과 함께 그대의 삼촌인 영국 왕이 빼앗은 그대의 영토와 재산을 탈환하러 가거라. 그 사이에 짐은 군대를 동원해 노르망디에서 영국 왕과 싸울 것이다." 불쌍한 아더는 칭찬에 우쭐하고 고마워하며 간교한 프랑스 왕의 술책에 넘어가 프랑스 왕을 영주로 받들고, 프랑스 왕이 존 왕에게 탈취한 것은 무엇이든 가져도 좋다는 협약에 시명했습니다.

그때 존 왕은 여러모로 사악한 인물이었고 필리프 왕은 배반을 밥 먹듯이 하는 인물이었기 때문에 두 왕들 사이에 놓인 아더는 늑대와 여우 사이에 놓인 어린 양보다 못한 처지에 있었습니다. 하지만 그는 젊었기 때문에 불타는 희망과 열정을 가지고 있었습니다. 그리고 브르타뉴(이 곳은 그가 물려받은 영지였습니다.) 사람들이 5백 명의 기사와 5천 명의 보병을 더 보내주자 그는 드디어 때가 왔다고 믿었습니다. 브르타뉴 사람들은 아더가 태어났을 때부터 그를 좋아했으며, 필자가 이 책의 첫 머리에 들려주었던 저 유명한 영국의 '아더 왕의 전설'을 연상하면서, 그를 전설의 '아더 왕'처럼 받들고자 했습니다. 브르타뉴 사람들은 그 옛날 아더 왕이 자신들의 조상인 왕과 그 시절 용맹스런 친구관계였다고 믿고 있었습니다. 그들에게는 그 시절 예언자인 멀린이 남긴 예언이 전해지고 있었습니다.

멀린은 수백 년 뒤에는 브르타뉴의 왕이 탄생할 것이라고 예언한 바 있으며, 사람들은 그가 바로 아더라고 믿었던 겁니다. 또, 그 예언은 브르타뉴를 지배하는 자는 프랑스 왕도 영국 왕도 아닌 브르타뉴의 왕관을 쓴 인물일 것이라고 전하고 있었으며, 아더야 말로 브르타뉴의 왕관을 쓴 인물이 될 것이라고 사람들은 굳게 믿고 있었습니다. 아더도 빛나는 갑옷을 입고 화려하게 장식한 말 위에 올라타고 수많은 기사들 무리 앞에 서자 이 예언이 사실이라 믿고 그 옛날의 예언자 멀린이야말로 진정한 예언자라고 믿게 됐습니다.

하지만 아더는 자신의 작은 군대로는 영국 왕의 힘을 당해낼 수 없다는 사실을 몰랐습니다. 사실, 그렇게 순진무구하고 경험이 없던 그에게 올바른 판단을 기대하기란 어려웠을 겁니다. 하지만 프랑스 왕은 이 사실을 알고 있었습니다. 그러나 불쌍한 소년의 운명은 그에게는 고려의 대상이 아니었습니다. 어쨌든 영국 왕은 날로 고민이 깊어갈 수밖에 없었습니다. 필리프 왕은 노르망디로 군대를 몰아갔고 아더 왕자는 마이어보를 향해 그의 길을 재촉했습니다. 마이어보는 포익티어 인근에 있는 프랑스의 도시였습니다.

아더 왕자는 그의 할머니 엘레노르가(이 여인은 우리의 이야기에 자주 등장하는 인물이며, 아더의 어머니와는 평생 동안을 원수처럼 지낸 여인입니다.) 그 도시에 살고 있었으므로 마이어보를 공격의 대상으로 삼은 겁니다. 아더의 기사들이 "왕자님, 할머니를 인질로 잡으면 영국 왕을 굴복시킬 수 있을 겁니다."라며 그렇게 하도록 사주했기 때문입니다. 하지만 엘레노르는 그렇게 호락호락한 여인이 아니었습니다. 그녀는 당시 팔순의 노구에도 불구하고 오랜 세월 동안의 사악한 경험에서 우러나온 노회한 지략을 소유한 여인이었습니다. 아더가 공격해 들어오고 있다는 정보를 접한 엘레노르는 높은 탑 안에 들어앉아 병사들에게 사나이답게 자신을 지켜줄 것을 요구했습니다. 아더 왕자는 얼마 안 되는 병력으로 그 탑을 포위 공격했습니다. 그러자 상황을 보고받은 존 왕이 어머니를 구출하기 위해 출병을 했습니다. 그래서 참으로 기이한 가족 잔치가 열리게 됐습니다. 할머니를 포위 공격하는 손자와 그를 포위 공격하는 삼촌!

이런 전세는 그리 오래가지 못했습니다. 어느 여름 날 존 왕은, 음모를 꾸며서, 병사들을 시내로 잠입시켜 아더 왕자의 군대를 기습공격하고 기사 2백 명을 사로잡고 아더 왕자를 그의 침대에서 붙잡았습니다. 아더의 기사들은 쇠사슬에 묶인 채 황소들이 끄는 수레에 태워져 여러 곳의 지하 감옥으로 분산 수용돼서 비인간적 대우를 받았습니다. 그들 중 일부는 굶어죽기까지 했습니다. 아더 왕자 본인은 팔래스 성으로 보내졌습니다.

아더 왕자가 팔래스Falaise 성의 감옥에 갇혀, 어린 나이에 그런 시련을 겪어야 하는 자신의 처지를 서글프게 한탄하며 어두운 벽 사이로 난 창문을 통해 여름 하늘에 날아다니는 새들을 바라보고 있을 때 감옥 문이 부드럽게 열렸습니다. 거기에는 그의 삼촌, 영국의 존 왕이 엄한 얼굴을 하고 서 있었습니다.

"아더야," 왕은 조카의 얼굴보다는 돌바닥을 내려다보며 물었습니다. "너는 사랑하는 삼촌의 애정과 진정성을 믿지 못하는 거냐?"

"사랑하는 삼촌에게 말하겠습니다." 소년 아더가 대답했습니다. "나에게 내 왕국을 돌려주고 난 후, 내게 와서 질문을 할 때, 그때 삼촌의 진정성을 믿을 겁니다."

왕은 그를 한 동안 쳐다보다가 나가버렸습니다. "저 아이를 1급 죄인으로 대하라!" 왕은 성의 간수장에게 명령했습니다.

감옥에서 돌아온 왕은 신하들 중 가장 악독한 자들을 골라 어떻게 하면 왕자를 제거할 수 있을까를 놓고 비밀회의를 열었습니다. 어떤 자들은 '노르망디의 로버트처럼 눈알을 뽑아버리고 감옥에 가둬버리자'고 했고, 어떤 자들은 '자객을 보내 살해하자'고도 했으며, 어떤 자들은 '목매달자'거나 '독살하자'고도 했습니다.

존 왕은 자신이 돌바닥을 내려다 볼 때 당당하게 자신을 노려보던 아더의 초롱초롱한 눈망울을 떠올렸습니다. 그리고 그것을 불로 지져서 뽑아버리는 상상을 하며 어떤 수단을 사용해도 상관없다고 판단하고 폭력배들을 필

감옥의 아더를 찾아온 존 왕

래스 성으로 보내 뻘겋게 달군 쇳덩이로 아더의 눈을 멀게 하도록 지시했습니다. 하지만 아더는 그들에게 눈물로 호소했습니다. 아더는 휴버트 보그라 불리던 간수장에게 피눈물을 쏟으며 너무나 애절하게 호소했고, 아더를 좋아하고 그의 처지를 딱하게 여기고 있던, 자비롭고 명예로웠던 휴버트는 폭력배들이 왕자에게 위해를 가하지 못하도록 막아주고, 위험을 무릅쓰고 폭력배들을 쫓아 버렸습니다.

화가 나고 실망한 왕은 이번에는 자객을 보낼 궁리를 하며, 교활하고 잔인한 얼굴을 하고 윌리엄 브래이라는 사람에게 그 일을 해줄 것을 요청했습니다. 그러나 그는, "저는 신사지 망나니가 아닙니다."라는 말을 남기고 경멸하는 표정을 짓고 왕 앞을 떠났습니다.

하지만 그 시절에 왕을 도와줄 살인자를 구하는 일은 그렇게 어려운 일이 아니었습니다. 왕은 돈을 이용해 자객을 하나 찾아서 팔래스 성으로 보냈습니다. "무슨 심부름을 하기 위해 여기에 왔소?" 휴버트가 자객에게 물었습니다. "젊은 아더를 해치우기 위해 왔소이다." 자객이 대답했습니다. 그러자 휴버트가 말했습니다. "당신을 보낸 이에게 돌아가서 고하시오. 내가 직접 처리하겠다고."

존 왕은 휴버트가 절대로 아더를 죽이지 않을 것이고, 단지 왕자를 구하기 위해 용기를 내고 있는 것이고 시간을 벌기 위해 수작을 부리고 있다는 사실을 잘 알고 있었습니다. 그래서 왕은 젊은 죄수를 루앙에 있는 감옥으로 옮기기 위해 사람들을 파견했습니다.

곧이어 아더는, 그 어느 때보다 절실할 때 그를 도와주었던, 마음 착한 휴버트의 손을 떠나 야밤에 새로운 감옥으로 옮겨졌습니다. 그는 그곳에서 쇠창살이 박힌 창문을 통해 들려오는, 감옥 아래로 흐르며 벽에 부딪히는 센 강의 물결소리를 들어야 했습니다.

어느 어두운 밤, 아더가 잠들어 있을 때, 간수가 들어와 그를 깨우더니 탑 아래로 데리고 내려갔습니다. 그들이 나선형 계단을 돌아 바닥으로 내려갔을 때 저녁 강바람이 그들의 얼굴을 때렸습니다. 이때 간수가 갑자기 들고 있던 횃불을 발로 밟아 꺼버렸습니다. 그리고 아더는 서둘러서 어떤 보트에 태워졌습니다. 아더는 그 보트에 삼촌과 어떤 사내 하나가 타고 있는 것을 보았습니다.

아더는 그들에게 살려달라고 애걸했습니다. 그의 호소에도 불구하고 그들은 아더를 칼로 찔러죽이고 그 시신에 돌을 매달아 강물에 빠뜨러버렸습니다. 봄날 아침이 밝았을 때는 탑의 문은 닫히고 그 보트는 사라져버린 상태였습니다. 강물은 제 갈 길을 따라 번쩍이며 흘렀고, 그 뒤로는 그 불쌍한 청년의 흔적은 어디에서도 목격된 바가 없었습니다.

이 야만적 살인에 대한 소식이 전 영국에 퍼졌고, 사람들은 왕에 대한 증오를 키워갔습니다. 게다가 그때 이미 왕은 여러 안 좋은 행실과, 부인이 있으면서도 다른 귀족 여성을 납치해 그녀와 결혼한 사실 때문에 평판이 지극히 나쁜 상태였습니다. 이후 존 왕은 단 하루도 편하게 발 뻗고 자본 적이 없었습니다. 브르타뉴 사람들의 분노는 극에 달했습니다. 아더의 친 누이 엘레노르는 존 왕의 손아귀에서 벗어나지 못하고 브리스틀의 수녀원에 갇혀 있었지만 배 다른 누이인 엘리스는 브르타뉴에 살고 있었습니다.

사람들은 엘리스와 살해된 왕자의 의붓아버지를(콘스탄스의 세 번째 남편) 대표로 뽑아 자신들의 분노를 프랑스 왕 필리프에게 전달했습니다. 프랑스 왕은, 프랑스에 있는 영국 영토의 소유자 자격으로, 존 왕에게 자신 앞에 와서 스스로를 변호할 것을 주문했지만 존 왕은 이를 거절했습니다. 그러자 필리프 왕은 존 왕을 사악하고 신의를 저버린 범죄자라고 선포하고 다시 한 번 전쟁을 일으켰습니다. 그리고 얼마 되지 않아 필리프 왕은 프랑스에 있는 존 왕의 영토를 정복함으로써 그 영토의 3분의 1을 손에 넣을 수 있었습니다. 전쟁 내내 존 왕이 한 일이라곤 적이 멀리 있을 때는 식충이처럼 먹어대거나, 적이 가까이 있을 때는 똥개처럼 꼬리를 내리고 달아나는 것이 전부였습니다.

한편 영국에서는 캔터베리 대주교가 사망에 임박하자 젊은 수도사들은 그 후계자 자리를 자신들이 차지하기 위해, 원로 수도사들의 기선을 제압하고, 한밤중에 몰래 회합을 가진 후 레지날드라는 수도사를 대표로 뽑아 로마 교황에게 파견해 승인을 받고자 했습니다. 하지만 존 왕과 원로 수도사들이 곧 이 사실을 알아채고 몹시 화를 내자 젊은 수도사들은 뜻을 굽힐 수밖에 없었습니다. 결국 모든 수도사들이 뜻을 모아 왕의 측근인 노리치의 주교를 대주교로 선출했습니다. 하지만 이 소식을 들은 교황은 자신이 임명하지 않은 대주교는 인정할 수 없다며 대신 스티븐 랭톤을 대주교로 임명했습니다. 그러자 수도사들은 교황의 결정을 지지하게 됐고, 왕은 젊은 수도사들을 모조리 반역자로 규정하고 추방해버렸습니다. 이번에는 교황이 세 명의 주교들을 왕에게 보내 교회의 업무를 정지시키겠다는 협박을 했습니다. 그러자 왕은 주교들에게 만일 자신의 왕국에서 그런 일이 벌어진다면 자신은 가능한 모든 수도사들을 붙잡아서 눈알을 뽑고 코를 베서 로마 교황에게 선물로 보내겠다고 응수했습니다. 그러나 주교들은 이에 굴하지 않고 곧바로 영국 교회의 업무를 정지시킨 후 달아나버렸습니다.

1년간 영국 교회의 업무를 정지시킨 후 교황은 다음 단계인 파문을 단행했습니다. 교황은 모든 수단과 방법을 동원해서 존 왕을 파문시켜버렸습니다. 이런 교황의 처사에 화가 난데다가 남작들이 자신을 냉대하고 민중들이 자신을 미워하자 존 왕은 사절들을 스페인에 있는 터키인들에게 보내기까지 했습니다. 왕은 터키인들에게 만일 자신을 도와준다면 자신은 기독교를 포기할 것이고, 터키인들이 영국에 권한을 행사해도 좋다는 제안을 한 것으로 알려지고 있습니다. 전하는 바에 따르면 그 사절들이 무어인[2] 경비병들이 늘어선 사이를 지나 터키의 수장을 알현했을 때 터키인들의 수장은 커다란 책을 보고 있었으며, 그 책에서 눈을 떼고 고개를 든 적이 없었다고 합니다. 그들은 수장에게 존 왕의 제안이 담긴 서신을 전달하고 근엄하게 물러나왔고, 얼마 후 수장은 사절들 중 한 사람을 따로 불러내, 영국 왕은 어떤 인물인지 사절이 믿는 신을 두고 진실을 말해달라고 요청했습니다. 그러자 압박을 느낀 사절은 영국 왕은 사악한 폭군이며 그의 신하들이 곧 그에 대항에 들고 일어날 것이라고 대답했고 터키인 수장과의 이야기는 이걸로 끝이 나버렸다는 이야기가 전해지고 있습니다.

권력 다음으로 가장 귀중한 것은 돈이라고 생각했던 존 왕은 돈 모으기를 주저하지 않았습니다. 그는 이를 위해 가엾은 유태인들의 고혈을 짜낼 새로운 방법을 연구하다가 브리스틀에 사는 어느 부유한 유태인에게 새로운 죄목을 만들어 씌웠습니다. 그 유태인은 당시에 큰돈을 벌고 있었고 왕은 그를 감옥에 넣고 매일같이 이를 하나씩 뽑는 고문을 가했습니다. 첫날에는 그 유태인의 이빨을 두 개나 뽑았습니다. 그 유태인은 매일 이빨을 뽑히는 고문을 7일간이나 버텨내다가 8일째 되는 날 결국 굴복할 수밖에 없었습니다. 이런 식으로 모금된 돈을 가지고 존 왕은 아일랜드 원정길에 올랐습니다. 당시 아일랜드에서는 일부 귀족들이 반란을 일으키고 있었던 겁니다. 이 싸움은 저항이 거의 없었기 때문에 존 왕이 도망갈 궁리를 하지 않았던 몇 안 되는 전쟁이었습니다. 그리고 그는 웨일즈를 향해 다음 원정길에 올랐지만 이 싸움의 끝에 가서는 또 도망갈 수밖에 없었습니다. 하지만 왕은 이 전쟁에서 웨일즈의 이름 있는 가문의 청년들 27명을 사로잡아서 다음 해

___

2 모로코에 사는 회교인종, 흑인

에 모두 처형해버렸습니다.

한편 교황은 영국 교회의 업무를 정지시키고, 영국 왕을 파문한 것으로 부족해서 마지막 수단을 선택했습니다. 그것은 파면이었습니다. 교황은, 존은 더 이상 왕이 아니고, 따라서 그의 신하들도 그에게 충성을 바칠 필요가 없다고 선언했습니다. 그리고 교황은 스티븐 랭턴을 프랑스 왕에게 보내 만일 프랑스 왕이 영국을 공격한다면 프랑스 왕의 모든 죄는 용서받을 것이라는 뜻을 전했습니다. 그런 용서가 가능한 것이라면 그것은 신이 내리는 용서가 아니라 교황의 용서였겠지요.

프랑스의 필리프 왕에게는 영국을 침공하는 일보다 매력적이 일이 없었으므로 그는 루앙에서 대대적으로 군사를 동원하고, 그들을 실어 나를 1천7백 척의 함선을 준비했습니다. 하지만, 아무리 자신들의 왕을 미워한다고 해도, 영국 사람들은 그냥 앉아서만 당할 사람들이 아니었습니다. 영국의 국기가 세워져있는 도버에, 식량이 부족할 정도로 많은 사람들이, 나라를 방어하는 데 힘을 보태기위해 모여드는 바람에 왕은 어쩔 수 없이 6만 명 정도만을 선발해야 했습니다. 하지만 위기의 순간에 영국 왕이나 프랑스 왕 중 어느 쪽도 권력이 비대해지는 것을 원치 않았던 교황이 개입했습니다. 교황은 팬돌프라는 특사를 고용해서 존 왕을 겁주게 하는 비교적 손쉬운 일을 맡겼습니다. 그는 팬돌프를 프랑스 진영에서 영국 진영으로 파견하여 필리프 왕의 힘을 과대 선전하게 함으로써 존 왕의 기를 꺾고, 영국의 남작들이나 민중들이 왕을 싫어한다는 점을 강조해서 존 왕의 의지를 꺾으려 했습니다.

팬돌프는 임무를 매우 훌륭히 수행했습니다. 무기력해진 존 왕은 겁에 질린 상태에서 스티븐 랭턴을 받아들이기로 하고, 자신의 왕국을 '하나님과 성 베드로와 사도 바울'의 품에 의탁하기로 했습니다. 이는 곧 영국을 교황에게 의탁하며, 앞으로도 해마다 교황에게 일정액의 돈을 바치면서도, 그의 허락을 받아가며 국정을 운영한다는 의미이기도 했습니다. 존 왕은 이 치욕적인 계약을 도버에 있는 템플기사단 교회에서 공개적으로 거행했으며 그는 그 자리에서 교황의 특사의 발 앞에 공물을 바치기도 했습니다. 특사는 그 공물을 발로 밟으며 관심 없는 척했지만 그것은 그저 한번 뻐겨본 것에 불과했고 특사가 나중에 그 공물을 챙기는 것을 본 사람들이 있다고 전해지고 있습니다.

존 왕 시절에 피터라 불리던 한 불운했던 예언자가 있었습니다. 그는 일찍이 왕이 예수승천일 축제가 지나기 전에 기사 직위를 잃을 것이라고 예언한 바가 있고, 왕은 이 예언은 곧 자신의 죽음을 의미하는 것으로 받아들이고 있었습니다. 그 예언의 날은 이 치욕적 계약이 이루어진 다음날이었습니다. 밤새 두려움에 떨던 왕은 다음날 아침이 되어도 자신이 무사히 살아있음을 깨달은 왕은 그 예언자와 그의 아들을 붙잡아 자신을 놀라게 한 죄목으로 말에 매달고 거리를 끌고 다닌 다음 교수형에 처하도록 했습니다.

존 왕이 굴복을 선언하자 교황은, 프랑스 필리프 왕의 놀라움을 뒤로하고, 그를 자신의 보호 아래 두고 필리프 왕에게 영국을 침공해서는 안 된다고 통보했습니다. 화가 난 필리프 왕은 교황의 허가 없이 전쟁을 벌였지만 득보다는 실이 더 많았습니다. 영국 사람들이 솔즈베리의 백작 지휘 아래 5백 척의 배에 나눠 타고 프랑스 해안으로 건너가서 프랑스 함대가 출발하기도 전에 그들을 철저하게 짓밟아 버렸기 때문입니다.

그때 교황은 존 왕에게 자신이 내렸던 세 가지 처벌을 차례대로 거둬들이고 스티븐 랭톤이 왕을 다시금 교회의 품안으로 받아들이고 그를 만찬에 초대하도록 했습니다. 랭톤은 훌륭한 성품의 인물이었습니다. 하지만 왕은 그런 인물에는 별 관심이 없는 사람이었습니다. 왕은 속으로는 랭톤을 증오했지만 겉으로는 고마워서 눈물을 흘리는 척했습니다. 그리고 그동안 왕이 성직자들에게 끼친 손해를 보상하는 데 약간의 어려움이 있었습니다. 하지만 결국 상위 계급의 성직자들에게는 많은 돈이 돌아갔고, 하위 계급의 성직자들에게는 하찮은 몫이 돌아가거나 아예 돌아가지 않았습니다. 존 왕의 시절부터 늘 그런 식이었다고 필자는 믿습니다.

이러한 모든 문제가 매듭지어지자 왕은 승리감에 도취해서 더욱 포악해지고 사악하며 오만해졌습니다. 각 국이 프랑스 왕에 대항에 연맹을 결성하자 존 왕은 좋은 기회가 왔다고 판단하고 군대를 프랑스 땅에 상륙시켜 도시를 빼앗기도 했습니다. 그러나 프랑스 왕이 반격에 성공하자 그는 또 다시 도망가서 5년간의 휴전협정을 맺었습니다. 그러다가 존 왕으로서는 더 없는 굴욕적인 시간 —그가 만일 그런 수치심이라도 있다면 자신이 얼마나 비참한 인간인가를 느껴야 할 시간이 다가왔습니다. 존 왕에게 스티븐 랭톤은 하늘이 내린 천적 같았습니다. 자신이 외국에 나가있을 때 영주나 남작들이 자신을 돕지 않았다는 이유로 왕이 그들의 재산을 무자비하게 불 지르고 파괴하자 스티븐 랭톤은 가차 없이 왕을 꾸짖고 협박했습니다. 그는 왕이 에드워드 왕과 헨리 I 세 시절의 법률을 부활하겠다고 약속했을 때 그때 이미 왕의 교활함을 간파했었고, 이런저런 핑계로 그 실행을 미루는 왕을 끝까지 추궁했습니다.

성 에드먼즈베리St. Edmund's-Bury 수도원에서 남작들이 회합을 가지고 자신들의 실수와 왕의 폭정에 대해 토론할 때 스티븐 랭톤은 열광적 언사를 사용해 그들을 부추겼습니다. 그는 그들이 불성실한 왕에게 자유와 권리의 헌장을 요구해야 한다고 주장하고 왕이 그 요구를 들어주지 않을 경우 전쟁도 불사한다는 서약을 한 사람씩 중앙 제단에 나와 하도록 했습니다. 그는 비록 스스로를 위한 행동이기는 했지만 십자가를 앞세우고, 미동도 하지 않았습니다. 그러자 존 왕은 교황에게 호소를 했고, 교황은 새로운 추종자를 위해 스티븐 랭톤에게 선처를 부탁한다는 편지를 보냈습니다. 하지만 스티븐 랭톤은 교황의 서신에도 눈길 한 번 주지 않았습니다. 그에게는, 교황도 필요 없고, 오로지 영국 민중들의 번영과 왕의 범죄 행위만이 문제였던 겁니다.

마침내 부활절 날 남작들이 링컨셔의 스탬포드Stamford에 모여, 왕이 있는 옥스퍼드를 향해 보무도 당당히 행진하면서 자신들의 불만이 적혀 있는 목록을 스티븐 랭턴과 다른 두 사람에게 넘겨주었습니다. 그들은 주장했습니다. "왕은 개혁해야 하며, 왕이 못한다면 우리들 스스로가 할 것이다!" 스티븐 랭턴이 이 내용을 왕 앞에서 읽어나가자 왕은 분노로 반미치광이가 될 지경이었습니다. 하지만 그것은 왕이 나중에 남작들을 달래기 위해 거짓말을 한 것보다 더 왕에게 도움이 되지 못했습니다. 남작들은 자신들을 '하나님과 성스러운 교회의 군대'라고 불렀습니다. 그들이 여러 지역을 돌며 당당히 행진해나갈 때(그들이 공격에 성공하지 못한 노샘프턴만이 유일한 예외였습니다.) 군중들이 구름 같이 운집했으며, 마지막으로 런던에 자신들의 깃발을 꽂자 그동안 왕의 폭정에 신음하던 전국의 민중들이 그들과 합류했습니다. 그 사이 7명의 기사들이 남아 왕을 지키고 있었고, 마침내 남작들의 요구에 굴복한 왕은 펨브룩의 백작을 남작들에게 보내서 모든 것을 인정하며 그들을 만나 헌장에 서명하겠다는 전갈을 보냈습니다. "그렇다면," 남작들은 말했습니다. "그 날짜를 6월 15일로 하고 장소는 러니미드Runny-Mead로 합시다."

1214년 6월 15일 월요일, 왕은 윈저 궁에서 출발하고 남작들은 스테인즈Staines에서 출발하여 러니미드에서 만났습니다. 러니미드는 템스 강 옆의 상쾌한 초원 지대로 지금도 굽이치는 맑은 강물을 따라 갈대들이 자라는 곳이며 강둑에는 푸른 풀과 나무들이 우거져있습니다. 남작 측의 대표로는 로버트 핏츠 월터 장군이 나왔고, 그 외 수많은 영국의 귀족들이 참여했습니다. 존 왕 측에는 고작 24명이 나왔는데, 그들도 대부분 왕을 경멸하던 사람들로 그저 형식적인 조언자 역할을 하기 위해 나왔던 겁니다. 그 위대한 날, 그 위대한 군중들 앞에서 마침내 존 왕은 영국의 위대한 헌장인 '대헌장'에[3] 서명을 했습니다. 그 헌장을 통해서 왕은 교회의 권리를 인정하고, 가신으로서 압제에 시달리던 남작들의 권리를 인정하고(마찬가지로 남작들은 그들의 가신들이었던 민중들의 권리를 인정하고), 런던 시를 비롯한 여러 도시

3　MAGNA CHARTA, Great Charter라고도 함

대헌장MAGNA CHARTA에 서명하는 존 왕

와 자치 도시들의 자유를 존중하며, 영국에 와있는 외국 상인들을 보호하고, 정당한 제판 없이는 아무도 구금하지 않으며, 정의正義를 팔거나 지체하거나 부정하지 않는다는 서약을 했습니다. 이와 더불어 남작들은 왕의 사악함을 잘 알고 있었으므로 자신들의 안전을 위해 왕에게 그의 모든 외국 군대를 내보내도록 요구했습니다. 또, 그들은 런던의 소유권을 두 달간 자신들이 소유할 것과 런던탑의 소유권을 스티븐 랭톤이 가질 것을 요구했습니다. 마지막으로 그들은 25명의 대표를 자신들의 손으로 뽑아 헌장의 준수를 감독할 위원회를 구성하고 왕이 약속을 위반할 시 전쟁도 불사할 것을 약속했습니다.

이 모든 것들을 왕은 마지못해 했습니다. 하지만 왕은 웃으면서 서명했고, 장엄한 군중 속을 떠나면서는 자발적으로, 기쁨으로 서명한 것처럼 밝은 표정을 지었어야 했을 겁니다. 그러나 윈저 궁으로 돌아왔을 때, 그는 울화가 치밀어 미칠 지경이 됐습니다. 그리고 그는 곧바로 헌장의 약속을 위반하게 됩니다.

왕은 외국 군대를 동원하기 위해 특사를 파견해서 교황에게 도움을 요청했습니다. 그는 또 남작들이, 헌장 체결을 기념하며 스탬포드에서 마상 시합을 벌이고 있을 때, 런던을 기습 점거할 음모를 꾸몄습니다. 하지만 남작들은 이 계획을 사전에 알아차리고 이를 저지했습니다. 그리고 남작들이 왕을 만나 서약의 위반을 따지려하자 왕은 수많은 약속을 남발하지만 하나도 지키지는 않았습니다. 왕은 이리저리 옮겨 다니며 끊임없이 비열하고 은밀하게 일을 꾸몄습니다. 그러다가 드디어 왕은, 돈을 주고 고용한 외국 군대의 힘을 빌려, 기사들과 남작들의 군대가 점령하고 있던 로체스터 성을 탈환하는 데 성공했습니다. 보통 때 같으면 왕은 아마도 포로를 전부 목매달아 죽였을 겁니다. 하지만 영국 민중들이 자신들에게 앙갚음을 할 것을 두려워한 외국 용병의 대장이 개입을 해서 기사들은 목숨을 건질 수 있었습니다.

왕은 모든 민중들을 상대로 복수를 하고 싶어 미칠 지경이었습니다. 그리고서 왕은 솔즈베리의 백작에게 군대를 내주어 자신의 영토의 동부 지역을 휩쓸어버리도록 명령하고 그 사이에 자신은 북부로 쳐들어가서 학살과 방화를 자행했습니다. 고문과 약탈 및 살인 등 상상할 수 있는 모든 잔인한 행위를 사람들에게 가했던 깁니다. 왕은 매일 아침 전날 사신이 묵었던 집을, 부하들에게 본보기라도 보여주려는 듯이, 직접 자신의 손으로 불태웠습니다. 이것뿐만이 아니었습니다. 이제는 왕의 충실한 친구가 된 교황은 민중들이 남작들의 편을 들었다는 이유로 영국 교회의 업무를 다시 한 번 정지시켜버렸습니다. 하지만 이제는 교회의 업무가 정지된다는 사실에 무덤덤해진 영국 국민들은 그것을 그리 대수롭게 생각하지 않았습니다. 사람들은(그리고 어쩌면 스티븐 랭튼 자신도), 교황의 허가가 있으나 없으나 마찬가지로, 자기들이 알아서 자신들의 교회를 열 수 있다고 생각하기 시작했으며 실제로 그렇게 해보았더니 모든 것이 훌륭하게 이뤄진다는 사실을 깨닫게 됐습니다.

황폐해진 나라를 더 이상 지탱하거나 불성실한 왕을 상대로 협상을 한다는 사실이 더 이상 의미가 없다는 점을 간파한 남작들은 프랑스 왕의 아들인 루이에게 영국의 왕권을 맡아달라고 제안했습니다. 루이는 자신의 행위와 관련하여 교황이 파문을 내리거나, 그럴 경우 자신의 아버지가 그 죄를 대신 사죄해야 할지도 모른다는 염려는 개의치 않고 영국의 샌드위치에 상륙해서 런던으로 올라왔습니다. 이때 우연히 도버에 있던 존 왕은 이 소식을 듣고 그 즉시 부리나케 달아났습니다. 그리고 북부 영국의 많은 귀족들에게 은신처를 제공해주고 있던 스코틀랜드의 왕과, 수많은 외국 용병들, 그리고 수많은 남작들 및 수많은 민중들이 매일같이 존 왕을 향해 밀려오고 있었습니다. 그러는 사이 왕은 여기저기로 도망 다니느라 여념이 없었을 뿐입니다.

한편, 일찍이 프랑스 왕은 만일 루이가 영국을 접수하게 되면 영국의 남작들을 반역자로 몰아 추방해야 하고 그들의 토지를 프랑스 귀족들에게 나눠 줘야 한다는 맹세를 시킨 바가 있는데, 영국의 남작들은 바로 이 점을 문제 삼아 루이의 영국 왕권 접수를 거부하게 됩니다. 일부 남작들이 그런 상황을 받아들이지 못했던 겁니다. 심지어 어떤 남작들은 존 왕에게 가담하기도 했습니다.

그러자 존 왕에게는 행운의 여신이 찾아온 것처럼 보였습니다. 야만적 원정길에서 왕은 이제 일부 도시들을 점령했고, 운이 풀리는 것처럼 보였습니다. 그러나 영국 민중의 삶과 인권을 위해서는 다행스럽게도, 왕의 죽음이 가까워오고 있었습니다.

위스비치Wisbeach에서 그리 멀지않은, 워시Wash라고 부르는, 밟으면 푹푹 빠지는 젖은 모래층을 지나고 있을 때 조류가 밀려와 왕의 군대는 거의 몰살을 당할 뻔했습니다. 다행이 왕과 군사들은 가까스로 몸을 피할 수 있었습니다. 하지만 백사장의 안전지대에 당돌해서 뒤를 돌아본 왕은 으르렁 거리는 파도가 짐마차와 말과 사람들을 휩쓸어가는 장면을 목격해야 했습니다. 그 짐마차에는 왕의 재물이 잔뜩 들어있었지만 소용돌이치는 무서운 파도에 아무 것도 남아있는 것이 없었습니다.

저주를 퍼붓고, 손가락을 깨물어가며 왕은 스와인스테드 사원Swinestead Abbey에 도착해서 수도사들이 준비한 과일과 사과주를(어떤 사람들은 독이 든 사과주라 말하기도 하지만, 필자는 그렇게 생각해야 할 근거가 부족하다고 생각합니다.) 게걸스럽게 먹어치웠습니다. 그리고 왕은 밤새 고열과 악몽에 시달려야 했습니다. 다음 날 수도사들은 왕을 말이 끄는 가마니 들것에 싣고 실포드 성Sleaford Castle으로 데려갔습니다. 왕은 그곳에서도 고통과 공포의 하룻밤을 보내야 했습니다. 다음 날 그들은 그 전날보다 더 힘들게 왕을 트렌트 강 가운데 자리 잡은 뉴어크 성으로 데려갔고, 왕은 그 곳에서 10월 18일에 49살을 일기로 생을 마감했습니다. 존 왕의 야만적이고 쓰라린 통치가 17년 만에 막을 내리는 순간이었습니다.

제15장
윈체스터의 헨리Ⅲ세
ENGLAND UNDER HENRY THE THIRD, CALLED, OF WINCHESTER
[생몰 : 1207. 10. 1~1272. 11. 16,   재위 : 1216~1272]

남작들은, 억울하게 목숨을 잃은 아더의 누이 엘레노르가 브리스틀의 수녀원에 갇혀 지내고 있던 것을 알고는 있었지만 그녀에 대한 이야기를 꺼내지 않았고, 그녀에게 왕권이 돌아가야 한다는 주장도 하지 않았습니다. 대신에 사망한 왕의 장남 헨리가[1] 고작 10살의 나이에 왕위를 물려받았습니다. 당시 영국의 군권을 장악하고 있던 펨브룩의 백작은 헨리를 글로스터로 데리고 가 그곳에서 급히 왕관을 씌웠습니다. 정식 왕관은 존 왕의 재물이 파도에 휩쓸려 사라질 때 함께 사라져버렸고 새로 만들 시간도 부족했

---

1 헨리3세는 교양이 풍부하고 인정 많은 사람이었지만 통치자로는 부족함이 많았습니다. 그가 외교나 군사 문제에서 결단력이 부족해 문제를 일으키는 일이 많아지자 귀족들 사이에서 불만이 터져 나오기 시작했고, 그의 여동생 앨리너가 프랑스 인 레스터 백작 시몽 드 몽포르와 결혼한 뒤 시몽이 국왕의 고문관으로서 정치에 간섭을 하자 귀족들의 불만은 더욱 커져만 갔습니다. 게다가 왕이 대헌장을 무시하고 마음대로 횡포를 부리자 귀족들의 분노는 극에 달했습니다. 그러던 중 1254년, 헨리3세는 정치적으로 다시 한 번 큰 잘못을 저질렀습니다.

교황 인노센트4세가 시실리를 상대로 전쟁을 벌이려 할 때, 헨리3세는 교황과 중요한 협약을 맺었지만 4년이 지나도록 교황과의 약속을 지키지 않았습니다. 화가 난 교황이 위협을 해오자 다급해진 헨리3세는 교황에게 약속한 전쟁 비용을 내주기 위해 귀족들에게 자금을 지원해 달라고 요청했습니다.

귀족들은 마침내 자신들의 의견을 받아들이게 할 기회가 왔다고 생각하고 왕에게 개혁안을 받아들이도록 합니다. 이것이 바로 영국 최초의 성문법이라고 할 수 있는 '옥스퍼드 조례'입니다. 이 개혁안이 통과됨으로써 귀족들은 국왕의 고문관을 자신들이 직접 뽑아 정책 전반에 관여하게 됩니다. 하지만 이후 귀족들 간에도 세력 다툼이 벌어져 헨리3세를 지지하는 세력과 반대 세력으로 편이 갈라집니다.

반대 세력이 지지한 인물은 헨리 3세의 매제인 레스터의 백작 시몽이었고 헨리3세와 시몽은 한동안 분란을 겪다가 1264년에는 전쟁을 벌이기도 합니다. 헨리3세는 아들 에드워드와 함께 용감하게 전쟁터에 나갔지만 둘 다 적군에게 사로잡힙니다.

시몽 드 몽포르가 반란에 성공하여 권력을 잡은 것은 영국 역사에서 아주 큰 의미를 지닙니다. 시몽이 왕족 혈통이 아닌 외국의 귀족 출신으로 최초의 통치자가 되었기 때문입니다. 일부 역사학자들은 이 사건을 두고 왕위가 왕실의 후손에게 세습되지 않았다는 데서 민주주의의 첫걸음이 시작되었다고 평가하기도 합니다.

한편, 왕을 몰아 낸 시몽은 귀족들과 연합해서 왕국을 통치했습니다. 하지만 그를 반대하는 세력들의 반발이 심했으므로 그는 반란을 통해 집권했다는 자신의 약점을 극복하기 위해 곧 각 지역의 대표들을 불러 모았습니다. 그 모임은 모든 귀족들이 적극적으로 의견을 내놓은 것이 아니라 몇몇 실력자들이 주도했고, 나머지 사람들은 별다른 주장을 펼치지 못한 채 자리만 지키고 있는 형태로 진행되었습니다. 그러나 이는 오늘날 국민들에게 선출된 의원들이 자유롭게 정책을 논의하는 의회와 비슷한 형태를 지녔다는 데에서 큰 의미를 지니고, 그 이유로 시몽 드 몽포르가 지금까지도 의회의 아버지로 불리고 있는 것입니다.

그 후, 시몽은 자신이 의도한 대로 권력을 독차지하게 되었으나 헨리3세의 아들 에드워드가 시몽의 반대 세력과 연합하여 군사를 일으켜 전쟁을 벌였습니다.

1265년 에드워드는 전쟁에서 승리했고, 시몽은 처참하게 전사했으며, 헨리3세는 아들 덕에 왕위를 되찾았지만 통치력을 제대로 발휘하지 못한 채 자리만 지키다가 1272년 11월에 세상을 떠났습니다.

음으로 사람들은 대신에 금으로 만든 단순한 원형 고리를 헨리의 머리에 씌웠습니다. "우리는 오랫동안 이 아이 아버지와 적대관계를 유지했습니다." 진정한 신사였던 펨브룩의 백작이 몇 안 되는 배석 영주들을 향해 말했습니다. "물론 그는 당연히 우리의 미움을 받을 만했습니다. 하지만 이 아이는 아무 죄가 없습니다. 그리고 아직 어리므로 우리의 보호가 필요합니다." 참석한 영주들은 자신들의 자식들을 떠올리며 헨리를 측은하게 여겼습니다. 그리고 그들은 어린 왕을 향해 머리를 숙이고, "헨리Ⅲ세 만세!"라고 외쳤습니다.

그리고 얼마 안 있어, 브리스틀에서 대헌장의 수정을 위해 대대적인 회합이 이뤄졌고, 그 자리에서 왕이 너무 어려 나라를 통치하기 어려우므로 펨브룩 경이 영국의 섭정으로 선출됐습니다. 다음으로 처리해야 할 일은 아직도 프랑스 왕자 루이의 대열에 합류하고 있던 영국 백작들을 진압하는 일이었습니다.

루이는 런던을 비롯한 영국 전역에 만만치 않은 세력을 확장하고 있었고, 레스터셔에 소렐 산성Castle of Mount Sorel이라는 성을 보유하고 있기도 했습니다. 몇 번의 작은 전투와 휴전을 오락가락 하던 끝에 펨브룩 경은 마침내 이 성을 공략하는 데 성공했습니다. 이 소식을 접한 루이는 성을 구하고자 6백 명의 기사들과 2만 명의 군대를 급파했습니다. 그러자 그런 식의 전투에 익숙하지 못했던 펨브룩 경은 군대를 이끌고 퇴각하지 않을 수 없었습니다. 폭력을 휘두르며 성에 입성했던 프랑스 왕자의 군대는 그 여세를 몰아 약탈·방화를 일삼으며 의기양양하게 링컨으로 입성했습니다.

링컨 시는 그에게 굴복했지만 용감한 과부 여인 니콜라 캠빌이 이끌던 성만은 호락호락하지 않았습니다. 그래서 왕자의 군대의 지휘를 맡고 있던 프랑스 백작은 그 성을 포위 공격하는 것이 필요하다는 판단을 했습니다. 하지만 그는 한창 성을 공략 중일 때 펨부룩 영주가 4백 명의 기사들과, 석궁으로 무장한 2백5십 명의 군사들과, 중무장한 기마병 및 보병들과 함께 진격해오고 있다는 보고를 받았습니다. "신경 쓸 필요 없다!" 프랑스의 배자이 말했습니다. "영국 사람들은 성으로 둘러싸인 이 도시를, 그것도 엄청난 군대를 보유한 우리를 공격할 정도로 멍청한 사람들이 아니다." 하지만 그럼에도 불구하고 영국 사람들은 그것을 감행했습니다. 그러나 그들은 그 일을 멍청하게 하지 않고 대단히 현명하게 치렀습니다. 프랑스 백작의 군대는 영국군의 유인작전에 걸려들어 비좁은 비포장 샛길에 빠져들었고, 기마병들이 옴짝달싹 못하면서 전 병력이 커다란 피해를 입게 됐습니다. 결국 백작을 제외한 모든 병사들은 항복을 선언할 수밖에 없었습니다. 백작 자신은 영국 반역자들에게 살아서 굴복하지 않겠다고 선언하고 스스로 죽음을 선택했습니다. 사람들이 농담 삼아 '링컨의 축일Fair of Lincoln'이라고 부르는 이 승리의 끝은 당시의 관습대로 보통 병사들에게는 관용 없이 죽음이 내려지고 기사들이나 젠틀맨들은 몸값을 내고 집으로 돌아가는 것이었습니다.

한편, 내조자로서의 역할에 충실하고자 했던 루이의 아내 블랑쉬는 프랑스에서 강력한 배 80척으로 구성된 함대를 편성해 그녀 남편을 돕도록 영국으로 보냈습니다. 이에 낡은 함선을 포함한 40척으로 구성된 영국 함대는 템스 강 입구에서 적선과 결전을 벌여 65척의 배를 나포하거나 침몰시켰습니다. 이 결정적 패배는 프랑스 왕자의 야망에 종지부를 찍도록 했습니다. 렘배스에서 협정이 맺어지고, 이를 계기로 프랑스 왕의 편에 섰던 남작들이 다시 영국 왕에게 충성을 다하게 됐으며, 프랑스 왕자와 그의 군대가 무사히 프랑스로 돌아가는 것이 합의됐습니다. 드디어 프랑스 왕자에게는 물러갈 시간이 다가왔습니다. 하지만 그는 전쟁으로 인해 너무나 쪼들리게 됐고, 어쩔 수 없이 런던 시민들에게 돈을 꿔서 고국에서의 비용을 충당해야 했습니다.

이후, 펨브룩 경은 나라를 공정하게 잘 다스렸고, 폭군 존 왕 시절에 발생한 분쟁을 원만히 조정했습니다. 그는 대헌장의 내용을 더욱 개선했으며, '산림법'을 수정해서 왕실 사냥터에서 사슴을 죽인 농민이 극형에 처해지는 대신 징역형을 받도록 했습니다. 그런 선정을 베푼 섭정의 정치가 얼마 동안 더 지속됐다면 영국민들은 얼마나 좋았을까! 그러나 불행이도 그렇지 못했습니다. 어린 왕이 대관식이 거행된 지 3년 만에 펨브룩 경은 죽음을 맞이했습니다. 여러분은 런던의 유서 깊은 신전 성당Temple Church에 가면 그의 무덤을 볼 수 있습니다.

이제 섭정의 권한은 둘로 갈라졌습니다. 존 왕이 윈체스터의 주교로 임명했던 피터 로체스가 왕을 돌보는 일을 맡고, 왕권의 행사는 휴버트 버그 백작이 맡도록 했습니다. 이 두 사람은 서로 일면식이 없는 사이로 얼마 안 있어 원수지간이 됩니다. 왕이 성인이 된 것으로 선포되자 피터 로체스는 휴버트가 권력뿐만 아니라 왕의 사랑까지 독차지 할 것으로 판단하고 불만에 사로잡혀 사임하고 외국으로 나가버립니다. 그 후 거의 10년간이나 휴버트는 권력을 독점하게 됩니다.

하지만 왕의 총애를 10년간이나 받는다는 것은 불가능한 일이고, 왕 자신도 성장하면서 점점 더 자신의 아버지를 닮아가면서 나약하고, 변덕이 심하며, 우유부단한 성격이 되고 있었습니다. 그나마 왕을 칭찬할 수 있는 일이 있다면 그건 그가 잔인하지 않았다는 점입니다. 왕은 자기 스스로에 대한 사랑을 키워기면서 싱대직으로 휴버트에게는 싸늘한 눈길을 보내기 시작합니다. 게다가 돈에 욕심이 가기 시작하자, 휴버트에게 부를 안겨준 과거를 떠올리며, 그를 미워하게 됐습니다. 마침내 왕은 휴버트가 왕실의 재산을 착복했다고 믿기 시작했습니다. 아니, 그렇게 믿고 싶었는지 모릅니다. 결국, 왕은 휴버트에게 정무를 보면서 기록했던 모든 회계자료를 제출하라고 명령합니다. 게다가 마술을 이용해서 왕의 환심을 샀다는 말도 안 되는 비난까지 그에게 가미됐습니다. 스스로가 그런 어처구니없는 비난을 이겨낼 수 없다는 사실을 잘 알았고, 왕의 그런 변화의 배경에는 자신의 오랜 정적이 도사리고 있다는 사실을 잘 알고 있던 휴버트는 자료를 제출하는 대신 머튼 수도원Merton Abbey으로 달아나버렸습니다. 그러자 화가 머리끝까지 난 왕은 런던 시장을 불러, "2만 명의 시민 병사들을 데리고 가서 휴버트 버그를 수도원에서 끌어내 내 앞에 끌고 오시오.”라고 명령합니다. 시장이 맡은바 임무를 곧바로 착수하기 시작하자, 휴버트의 친구였던 더블린의 대주교가 왕에게 수도원은 신성한 장소이고 만일 왕이 수도원에서 어떤 폭력을 저지르게 되면 교회가 가만있지 않을 것이라고 협박을 하자 왕은 마음을 바꿔 런던 시장을 다시 불러 계획을 취소하고, 휴버트에게 넉 달 동안 스스로를 변호할 시간을 줍니다. 그리고 휴버트는 그 기간 동안은 자유의 몸이라고 믿었습니다.

왕의 말을 곧이곧대로 믿은 휴버트는 —그는 세상 물정을 충분히 알 나이이긴 했지만— 머톤 수도원에서 나와 아내를 보기 위해 길을 떠났습니다. 그녀의 아내는 당시 성 에드먼즈베리에 있었습니다.

휴버트가 성소를 나오자마자 그와 원한관계에 있던 사람들은 심약한 왕을 설득해서, ‘검은 친구들’이라는 3백 명의 부랑자 모임을 이끌고 있던 고드프리 크랜컴을 보내 휴버트를 잡아오라는 명령을 내리도록 합니다. ‘검은 친구들’은 브렌트우드Brentwood라는 에섹스의 한 마을에서 자고 있던 휴버트를 발견했습니다. 그 순간 휴버트는 침대에서 일어나 집 밖으로 뛰쳐나가, 교회로 도망을 가서 제단 위로 올라가 십자가에 손을 올려놓았습니다. 하지만 고드프리나 ‘검은 친구들’에게는 교회의 제단이나 십자가니 하는 것들이 아무런 의미도 없는 것들이었습니다. 그들은 휴버트를 붙잡아서 번쩍이는 칼로 목을 겨눈 채 교회 현관으로 끌고 나온 후 대장장이를 불러 그를 결박할 쇠사슬을 만들도록 했습니다.

용광로에서 분출하는 연기와 열기로 인해 얼굴이 검게 그을린 대장장이가(필자가 그의 이름을 알 수 있다면 얼마나 좋을까요!) 숨을 헐떡이며 달려왔습니다. 그리고 ‘검은 친구들’은 그에게 죄수를 보여주며 우렁찬 목소리로, “가능한 최고로 무거운 족쇄를 만드시오!”라고 외쳤습니다. 대장장이는 무릎을 꿇었습니다. ‘검은 친구들’을 향해 꿇은 것이 아니고 붙잡혀있는 사람을 향해 꿇었습니다. 그리고 말했습니다. “이 분은 용맹한 휴버트 버그 백작님이 아니신가요? 도버 성에서 용감하게 싸워 프랑스 함대를 무찌르고 영

휴버트 버그와 '검은 친구들'

국을 구해내신 바로 그 휴버트 백작님이 아니신가요? 당신들이 나를 죽이고 싶다면 마음대로 하시오. 하지만 나는 휴버트 버그 백작님을 채울 족쇄를 만들 수는 없습니다."

'검은 친구들'은 부끄러움을 모르는 사람들이었습니다. 아니 어쩌면 그 상황에서는 조금이라도 부끄러워 얼굴이 붉어졌을지는 모르겠습니다. 하지만 그들은 그 대장장이에게 돌아가며 폭행을 가하고 욕을 퍼부은 다음 휴버트의 옷을 벗기고 말에 매달아 런던탑으로 끌고 갔습니다. 하지만 교회라는 성소에서 폭력이 자행됐다는 소식을 접한 주교들이 매우 분노하자 왕은 화들짝 놀라서 '검은 친구들'에게 휴버트를 풀어주라고 명령했습니다. 대신에 그는 에섹스의 주지사에게 휴버트가 브렌트우드 교회 밖으로 나오지 못하도록 하라는 명령을 내렸습니다. 그래서 주지사는 교회 주위에 참호를 파고 높은 담장을 친 다음 밤낮을 가리지 않고 그를 감시했습니다. 물론 '검은 친구들'과 그들의 대장도 마치 301마리의 검은 늑대들처럼 감시꾼에 포함되었지요.

휴버트 버그는 39일 동안을 브렌트우드 교회 안에서만 보내야했습니다. 그리고 40일째 되는 날 추위와 굶주림을 견디지 못한 휴버트가 스스로 걸어 나오자 '검은 친구들'은 기다렸다는 듯이 그를 잡아서 두 번째로 런던탑에 가둬버렸습니다. 그리고 제판이 열리자 휴버트는 변호를 거부합니다. 결국, 그는 왕실로부터 하사받았던 왕실 토지를 포기하고 데비즈 성에 연금되는 처벌을 받았습니다. 사람들은 그런 휴버트를 네 명의 영주들에 의해 임명된 네 명의 기사를 거느린 '자유 죄수'라고 불렀습니다. 휴버트는 데비즈 성에서 거의 1년여를 보내고, 그의 오랜 숙적인 주교가 그 성의 주인이 된다는 소식에 자신의 목숨이 위태로울 것을 알고 어느 날 어두운 밤에 성벽을 기어올라 해자로 뛰어내려 다른 교회로 피신했습니다. 그는 그곳에서 당시 왕에 대항에 웨일즈에 모여서 반란을 일으켰던 귀족들이 보내준 말을 타고 탈출합니다. 그리고 그는 최종적으로는 사면되고 토지를 되돌려 받은 후 조용히 묻혀 지냈으며, 관직에 오르지 않았습니다. 휴버트 버그의 모험 이야기는 이렇게 끝이 납니다. 그래도 그는 왕의 다른 측근들보다는 행복했던 편입니다.

불만을 품고 일어났던 귀족들은 윈체스터 주교의 행동 때문에 폭발 직전에 이르게 됐습니다. 윈체스터의 주교는, 선대왕으로부터 강압적으로 물려받은 대헌장을 몹시 싫어하는 왕의 속마음을 알아차리고 그 증오심을 선동하고, 또 왕이 외국인들에 대한 선호도가 높다는 사실을 이용했던 인물이었습니다. 거기에다 왕이, 영국의 남작들이 프랑스 남작들보다 열등하다는 말까지 공개적으로 했고, 이에 영국의 영주들은 극심한 반감을 드러냈으며, 그러자 영주들이 성직자들의 지지를 받고 있음을 알고 있던 왕은 왕권이 위협받을까봐 소스라치게 놀라 윈체스터의 주교와 그의 외국인 동료들을 멀리 보내버렸습니다.

　하지만 왕은 프랑스 여인과의 결혼식을 치르면서 공개적으로 또 한 번 외국인에 대한 애정을 드러냄으로써 남작들의 반감을 샀습니다. 왕은 프랑스 프로방스 백작의 딸인 엘레노르와 결혼식을 거행했는데 이때 수많은 처가 친지들이 건너왔고, 거대한 가족 연회가 궁정에서 열리고, 영국인들의 귀중한 재물을 챙겨 넣고, 영국인들 앞에서 고상한 척하자 영국의 남작들은 마침내 대헌장의 구절들을 공개적으로 거론하기 시작했습니다. 대헌장에는 왕의 측근들 중에 부정한 행동을 하는 자들을 추방할 수 있는 조항이 들어있습니다. 하지만 외국인들은, "도대체 당신들 영국 법률이 우리하고 무슨 상관이냐?"라며 그저 코웃음을 칠뿐이었습니다.

　프랑스에서는 필리프 왕이 죽었고, 왕위를 물려받은 아들 루이도 3년을 넘기지 못하고 사망하자 같은 이름을 가진 루이의 아들이 왕위를 물려받았습니다. 루이 왕은 좀처럼 왕 같지 않은, 부드럽고 의로운 인물이었습니다. 헨리 왕의 어머니 이사벨라는 개인적인 원한 때문에 영국이 루이 왕과 전쟁을 해야 한다는 강력한 욕망을 지니고 있었습니다. 그리고 헨리 왕은 그의 우유부단함을 활용할 줄만 아는 사람이라면 어느 누구라도 쉽게 조종할 수 있는 꼭두각시 같은 인물이어서 그의 어머니는 손쉽게 자신의 개인적 욕심이 왕에게 들어 먹히도록 했습니다. 하지만 의회는 그런 전쟁에는 한 푼의 돈도 줄 수 없다는 결론을 내렸습니다. 하지만 왕은 의회의 권고를 물리치고 은 30상자를 스스로 조달해서(필자는 왕이 어떻게 그렇게 큰돈을 마련할 수 있었는지 의아스럽습니다. 아마도 불쌍한 유태인들에게서 갈취한 것이 아닌가 추측합니다.) 전쟁을 치르기 위해, 어머니와 동생 리처드와(당시 콘월의 백작이었던 리처드는 매우 총명했으며, 재산을 많이 보유하고 있었습니다.) 함께 프랑스 원정길에 나섰습니다. 하지만 왕은 대패를 맛보고 귀국길을 선택해야 했습니다.

　왕이 돌아왔어도 의회와의 사이는 좁혀지지 않았습니다. 의회는 왕이 공공의 재산을 외국인들의 배를 불리는 데 사용했다고 견책했으며, 그가 다시는 허투루 낭비하지 못하도록 하겠다는 굳은 다짐을 했습니다. 이에 별다른 뾰족한 수가 없어진 왕은 창피한 줄도 모르고 자신이 할 수 있는 모든 수단을 동원해 신하들을 달래기도 하고 윽박지르기도 해서 그들에게 조금이라도 얻어내려고 했습니다. 그래서 사람들은 헨리 왕을 영국에서 가장 '강인한 거지'라고 부르곤 했습니다. 그는 그렇게 하면 돈을 구할 수 있을 것이라고 생각하고 십자가를 들기도 했지만 그가 십자군 원정에 나설 생각이 전혀 없음을 알았던 사람들은 그를 본 척도 안했습니다. 이런 갈등 관계 속에서, 런던 사람들은 왕을 유별나게도 차갑게 대했고, 왕은 그들을 따뜻하게 미워했습니다.[2] 사실, 왕에게는 미움과 사랑은 별 의미가 없는 것이었습니다. 왕은 그런 상태로 9~10년을 보내다가 남작들이 찾아와 왕이 그들의 자유를 존중한다고 진지하게 선언한다면 의회는 왕이 국고를 사용하도록 해주겠다고 제안했습니다.

왕이 이에 기꺼이 동의하자 웨스트민스터에서는 거대한 회합이 열렸습니다. 5월 어느 맑은 날, 손에 손에 촛불을 들고 예복을 차려입은 모든 성직자들이 도열한 가운데(그 자리에는 남작들도 있었습니다.) 캔터베리 대주교는 영국의 대헌장을 위반하는 자는 어느 누구라도 파문을 면치 못할 것이라는 문서를 낭독했습니다. 낭독이 끝나자 성직자들은 그 약속을 위배하는 자에 대한 저주를 중얼거리며 손에 든 촛불을 껐습니다. 마지막으로 왕이 대헌장을 준수한다는 맹세를 했습니다. "내가 인간이고, 기독교도이며, 기사이고, 왕인 이상 그 약속을 철저히 준수하겠습니다."

하지만 맹세란 하는 것만큼 깨기도 쉬운 것입니다. 왕은 자신의 아버지가 그랬던 것처럼 두 가지를 동시에 했습니다. 왕은 돈이 생기자 예전에 하던 행동을 다시 하기 시작했고, 돈이 다 떨어지자 왕은 원래의 본성대로 또 한 번 여기저기 구걸을 하러다녔으며, 그 과정에서 시실리의 왕권을 놓고 교황

---

2 겉으로는 미워하는 척하지 않았다는 의미

과 함께 곤란을 겪게 됩니다. 교황은 시실리 섬을 처분할 수 있는 권한이 그에게 있다면서 그것을 왕의 아들인 에드먼드 왕자가 가져도 좋다고 왕에게 제안합니다. 하지만 자기 것이 아닌 것을 남에게 그냥 주게 되면 그걸 받는 사람은 문제에 봉착하게 되지요. 이 경우도 정확하게 그런 경우였습니다.

어린 에드먼드 왕자의 머리에 시실리 섬의 왕관을 씌워주려면 먼저 그 섬을 정복해야 했습니다. 시실리를 정복하는 일은 돈이 많이 들어가는 일이었습니다. 그래서 교황은 성직자들에게 돈을 모금할 것을 지시합니다. 하지만 성직자들은 이번에는 평소처럼 그렇게 고분고분하지 않았습니다. 성직자들은, 그동안 교황이 영국에서 이탈리아 출신 성직자들을 편애하는 데 불만이 많았고 7백 군데의 교회의 예배를 주관하고 그에 해당하는 돈을 받도록 허가받은 왕실 신부가, 아무리 교황의 지지가 있다 해도, 정말로 7백 군데를 다 감당할 수 있는지에 대한 의심을 가지고 있었던 겁니다.

"교황이나 왕이 내 머리에서 주교관主敎冠을 빼앗을 수 있을지는 몰라도 정말 그런 일이 벌어진다면 나는 머리에 군인들의 투구를 쓸 것이다. 나는 한 푼도 낼 수 없다." 런던의 주교는 이렇게 잘라 말했습니다. 뿐만 아니라, 우스터의 주교도 강인한 성품의 소유자여서 돈 내기를 거질했습니다. 문셋 서리가 발생하는 것을 꺼려한 소심한 성직자들에게 모금한 돈들도 왕에게 실질적 도움을 주거나 에드먼드 왕자에게 시실리의 왕관을 씌우는 데 도움이 되지 못하고 낭비되어버렸습니다. 이 사건의 결말은, 교황이 시실리의 왕관을 프랑스 왕의 형제에게 주고(그는 자기 스스로의 힘으로 이것을 쟁취했습니다.), 영국 왕에게는 그것을 선취하지 않은 비용으로 십만 파운드의 계산서를 내밀었습니다.

이런 지경에 이르자, 우리가 비루하고 어리석은 왕을 동정하는 것이 가능하다면 그렇게 해주고 싶을 정도로 왕의 사정이 딱하게 돼버렸습니다. 게다가 머리가 뛰어난 왕의 동생 리처드도 독일인들에게 돈을 주고 산 로마 왕의 지위를 유지하느라 그의 곁에 없었으므로 왕에게는 누가 충고를 해줄 사람도 없었습니다.

교황을 반대했던 성직자들은 남작들과 제휴를 했습니다. 그때 남작들의 우두머리는 시몽 드 몽포르라는 레스터의 백작이었습니다. 시몽 드 몽포르는 왕의 여동생과 결혼한 인물로 외국인이기는 했지만 왕의 외국 친지들과는 다르게 영국에서 가장 사랑받는 외국인이었습니다. 이때 왕은 또 한 번 의회와 마주하게 되었는데, 레스터의 백작을 선두로 해서 완전무장을 한 백작들이 왕 앞에 나섰습니다. 한 달 뒤 레스터의 백작을 수장으로 해서 옥스퍼드에서 의회가 다시 소집됐을 때 왕은 '행정 평의회'에[3] 서명하지 않을 수 없었습니다. 위원회는 24명으로 구성되었는데 12명은 남작들이, 12명은 왕 자신이 선발하였습니다.

이때, 왕에게는 다행스럽게도, 그의 동생 리처드가 돌아왔습니다. 리처드가 돌아와서 첫 번째로 한 일은 '행정 평의회'를 준수한다는 서약을 하는 것이었습니다.(이 조건이 아니라면 그는 남작들에 의해 영국에 들어오지 못했을 겁니다.) 그러나 리처드는 그 후 곧바로 이 조약을 철저히 거부합니다. 그러자 남작들은, 특별히 자존심이 강했던, 왕의 동생 글로스터 백작 리처드와 레스터 백작 편으로 갈라져서 자기들끼리 싸움을 벌이기 시작했습니다. 이렇게 되자 사람들은 자신들이 욕구를 채워주지 못하는 남작들에 대해 불만을 가지기 시작했습니다.

드디어 왕에게 절호의 기회가 또 한 번 찾아오는 듯했습니다. 왕은 용기를 내서 —어쩌면 동생의 머리를 빌렸는지 모르지만— '행정 평의회'를 폐지하겠다고 선언하고(이 선언과 관련하여 교황은 왕에게 절대로 신경 쓰지 말라고 충고해준 적이 있습니다.) 조폐국의 모든 돈을 확보한 다음 런던탑 안에 들어앉아버렸습니다. 왕은 런던탑에서 장남 에드워드 왕자와 함께 일반 대중에게 보내는 교황의 서신을 작성하였습니다. 그 서신의 목적은 자신은 45년간 훌륭하고 정의로운 왕이었다는 내용을 민중들에게 알리는 것이었습니

3　Committee of Government, 옥스퍼드 조례 : 1258년 헨리 3세의 실정(失政)에 불만을 품은 시몽 드 몽포르 등의 개혁파 귀족·성직자가 중심이 되어, 옥스퍼드의 집회에서 입안한 후 헨리 3세에게 승인하도록 한 국정개혁안

시몽 드 몽포르

다.

　왕이 훌륭하거나 정의롭다고 생각하는 사람들이 별로 없었으므로 아무도 그 서신에 관심을 두는 사람이 없었습니다. 이런 상황에서 글로스터 백작 리처드기 위독한 상황을 맞이하자 그의 아들이 자리를 물려받았고, 그는 레스터의 백작과 싸움을 하는 대신에 한동안이지만 동지로 지내는 길을 선택했습니다.

　이들 두 백작들은 서로 연합해서 몇몇 왕실 성들을 점령하고 런던으로 진격해 들어갔습니다. 그러자 언제나 왕에게 적대적이었던 런던 시민들은 그들을 크게 환영했으며, 왕은 런던탑에 틀어박혀 있을 뿐이었습니다. 이때 에드워드 왕자가 모든 수단을 동원해 윈저 궁으로 진입을 시도했고, 그의 어머니인 왕비는 강을 따라 아들을 따라갔습니다. 하지만 런던 시민들은 그녀의 배가 강을 거슬러 올라가는 것을 발견했고, 그녀를 미워했던 시민들은 런던 대교로 달려가 배가 다리 밑을 지나갈 때, '물에 빠져죽어라, 이 마녀야!'라고 외치며 돌멩이와 진흙 등을 마구 집어던졌습니다. 그때 런던 시장이 그녀를 보호해서 성 바울 대성당에 데려다 놓지 않았다면 시민들의 바람은 이뤄졌을지도 모릅니다.

왕과 남작들과의 불화와 남작들끼리의 불화를 세세히 기록하는 것은 필자에게는 엄청난 수고이고, 그것을 읽는 여러분들에게도 고된 일이겠기에 이 문제와 관련하여서는 필자는 가능한 간결하게, 싸움의 과정에서 일어난 사건들만을 중심으로 이야기하겠습니다. 왕과 남작들은 인심 좋은 프랑스 왕에게 중재를 서줄 것을 부탁했습니다.

프랑스 왕은, 영국 왕은 대헌장을 준수하고 남작들은 '행정 평의회'를 포기할 것과 옥스퍼드의 의회에서 (왕당파Royalists들은 이를 '미친 의회'라고 비웃곤 했습니다.) 만들어진 것들을 폐지해야 한다는 의견을 내놓았습니다. 하지만 남작들은 그것은 공정한 제안이 아니라며 거부했습니다. 그리고 그들은 성 바울 대성당의 종을 울려서 런던 시민들이 무장을 하고 길거리에 나서도록 했습니다. 하지만 유감스럽게도 런던 시민들은 왕의 군대를 공격한 것이 아니고 죄 없는 유태인들을 공격해서 5백 명의 유태인들을 살해했습니다. 폭도로 변한 사람들은 유태인들의 일부가 왕의 편에 가담했다고 모함하고 유태인들이 사람들을 해치려고 집집마다 물을 끼얹어도 꺼지지 않는 '그리스 화약Greek Fire'이라는 괴상한 물건을 보관하고 있다는 소문을 퍼뜨렸습니다. 사실 유태인들의 집에 보관 중이었던 것은 그런 괴상한 물건이 아니고 돈이었습니다. 폭도들은 바로 이 돈을 노렸던 겁니다. 폭도들은 그 돈을 강도들처럼 갈취해갔습니다.

레스터의 백작 시몽 드 몽포르는 런던 시민들을 진두지휘하면서 서섹스의 루이스까지 왕을 추적해 들어가 그곳에 진을 쳤습니다. 본격적인 전투를 치르기 전에 백작은 병사들에게, '헨리Ⅲ세는 너무나 많은 약속을 저버려서 이제 하나님의 적이 되었으므로, 왕에 대항하는 것은 기독교도에 대항해 싸움

헨리III세를 물리친 시몽 드 몽포르

을 하는 것이 아니라 터키인들[4]에 대항해 싸움을 하는 것이나 마찬가지이므로 우리는 가슴에 하얀 십자가를 달아야한다.'고 명령했습니다.

그들은 하얀 십지가가 그려진 전투복을 입고 적진을 향해 돌진해 들어갔습니다. 그리고 이때 에드워드 왕자가 복수심에 불타서 그릇된 판단을 하지 않았다면 런던 시민들은 이 전투에서 승리할 수 없었을 겁니다. 왕의 주변에는 당시 영국에 있던 모든 외국 군대들이 포진해있었고, 스코틀랜드에서는 존 코민, 존 발리올, 그리고 로버트 브루스 같은 인물들이 군사들을 이끌고 왕을 도와 참전해있었음에도 불구하고 에드워드 왕자는 런던 시민들에 대한 복수심에 불타서 아버지의 모든 병력을 큰 혼란에 빠뜨림으로써 전투에서 패할 수밖에 없었습니다. 왕과 아들 에드워드 및 신성로마제국의 황제였던 왕의 동생은 포로 신세가 됐으며, 5천명의 영국인들이 피로 얼룩진 초원에 시체로 나뒹굴어야 했습니다.

---

4   이슬람교도

레스터의 백작이 전쟁에서 승리하자 교황은 그를 파문시켜버렸습니다. 하지만 백작이나 민중들이나 그에 대해 눈 하나 깜짝하지 않았습니다. 사람들이 레스터의 백작을 사랑했고 지지를 보냈기 때문에 백작은 진정한 왕의 역할을 하게 됐습니다. 백작이, 겉으로는 헨리Ⅲ세에 대한 경의를 잊지 않은 것처럼 행동하긴 했지만, 실제적 권력은 모두 백작이 장악했습니다. 백작은 가는 곳마다 마치 푸들 강아지처럼 왕을 데리고 다니면서 권한을 행사했습니다.

레스터의 백작은 1265년에 의회를 소집했습니다. 이 의회는 영국 역사상 일반 민중에게 참정권이 돌아간 최초의 의회였습니다. 그리고 시간이 지나면 지날수록 백작은 점점 더 민중들의 편에 서서 일을 하게 됐습니다. 그러자 많은 수의 남작들과 특히 글로스터의 백작은(그는 이제 자기 아버지만큼 자존심 강한 인물로 성장했습니다.) 레스터 백작의 인기가 날로 높아져 가고 권력이 강해지는 것을 시기하기 시작했습니다.

루이스 전투 이후로 에드워드 왕자는 인질로 잡혀있는 상태였고, 비록 그가 왕자로서의 대접을 받기는 했지만, 레스터의 백작이 임명한 시종들이 따라붙기 전에는 밖으로 외출도 할 수 없는 연금 상태나 마찬가지였습니다. 이때 약사 빠른 영주들은 계략을 꾸며서 왕자를 탈출시켜주고 자신들의 지도자로 삼겠다는 제안을 해왔습니다. 왕자는 기꺼이 이 제안에 응했습니다.

미리 약속된 어느 날, 왕자는 식사를 마친 후(당시 그는 헤리퍼드에 있었습니다.), "화창한 오후 날씨가 좋으니 말을 타고 산책을 하고 싶구나."라고 말했습니다. 마침 맑은 햇볕 아래서 오랜만에 가벼운 승마를 즐기고 싶었던 시종들은 이에 흔쾌히 응했습니다. 일행이 넓은 들판에 이르자 왕자는 누구 말이 더 잘 달리는지 시합을 해보자고 제안했습니다. 그러자 시종들은 왕자에 대해서는 조금의 의심도 갖지 않고 말 달리기 시합을 벌였습니다. 왕자 자신은 시합에 참가하지 않고 말안장에 앉아 구경하면서, 돈 내기에만 열중했습니다.

그들은 그렇게 오후를 즐겁게 보냈습니다. 이제 해가 가라앉고 모두 돌아갈 때가 되어서 그들은 언덕 위를 향해 말들을 천천히 몰았습니다. 시합에 참가하지 않은 왕자의 말을 제외한 모든 말들이 모두 기진맥진해 하고 있을 때 멀리 언덕 위에서 회색 말을 탄 어떤 낯선 사내가 모자를 벗어 흔들고 있었습니다. "저 사람은 뭐를 하는 거지?" 시종들은 서로 물끄러미 바라봤습니다. 이때 왕자는 전속력으로 박차를 가하며 그 손짓에 응답했습니다. 왕자는 그 낯선 사내와 그 일행들 쪽으로 말을 몰아 달아난 후, 먼지구름을 날리며 사라져버렸습니다. 그 장면을 그저 멍하니 바라볼 수밖에 없던 시종들 옆에서는 말들이 허덕거리고 있었습니다.

왕자는 글로스터의 백작과 러들로에서 합류했습니다. 레스터의 백작은 군대의 일부를 이끌고 왕과 함께 헤리퍼드에 있었고, 그의 아들 중 하나인 시몽 드 몽포르는[5] 또 다른 군대를 이끌고 서섹스에 있었습니다. 이들 두 부자의 군대가 서로 합치지 못하도록 하는 것이 왕자의 첫 번째 목표였습니다. 그는 아들 시몽 드 몽포르의 군대를 밤에 기습해서 승리를 거두고 깃발과 재물을 빼앗은 다음 워릭셔에 있는 케닐워스 성에 가둬버렸습니다.

한편, 레스터 백작의 아버지는 아들에게 무슨 일이 일어났는지 모르는 상태에서 왕과 함께 군대를 몰아 헤리퍼드를 벗어나서 아들을 만나러 가고 있었습니다. 8월 어느 맑은 아침에, 그는 에이번 강의 맑은 물이 흐르는 이브샴을 향해 나아가고 있었습니다. 다소 근심어린 표정으로 케닐워스 쪽을 살피던 그의 얼굴에 화색이 돌았습니다. 자신의 깃발이 펄럭이는 것을 보았던 겁니다. 그러나 잠시 후 그 깃발이 적의 수중에서 휘날리는 것을 발견하고 그는 중얼거렸습니다. "이제는 모든 것이 끝났구나. 신의 자비가 에드워드 왕자의 몸과 마음에 임했구나!"

그럼에도 불구하고 시몽 드 몽포르는 진정한 기사답게 싸웠습니다. 그는 말이 죽자 맨발로 싸웠습니다. 그것은 병사들의 시신이 산더미를 이룰 정도로 처절한 전투였습니다. 이때 늙은 왕은 갑옷에 몸이 끼인 채 커다란 말 위에서 —자신의 위에 누가 탔는지 전혀 신경을 쓰지 않는 말위에서 이리 끌

5　그의 아버지와 이름이 같음

려 다니고 저리 끌려 다니다가 아들의 군사들에게 거의 죽기 직전에 갑옷 사이로 고함을 질렀습니다. "나는 윈체스터의 해리다!"[6] 그때 이 소리를 들은 왕자가 급히 제지를 해서 그는 간신히 목숨을 구할 수 있었습니다.

레스터의 백작은 그가 가장 사랑했던 아들이 죽고, 가장 친했던 친구들의 시신이 자신의 앞길을 가로막는 상황에서도 손에서 칼을 내려놓지 않고 여전히 용맹스럽게 싸웠습니다. 하지만 결국 그는 전사했고, 적들은 그의 시신을 난도질해서 어느 귀부인에게 선물로 보내버렸습니다. 그 여자는 귀족 부인이긴 했어도 칭찬할만한 여자는 아니었고, 아마도 적장의 부인이었을 겁니다. 어쨌든 백작의 적들은 백작의 시신을 난도질할 수 있었어도 그를 기억하는 민중들 속에 각인되어진 그에 대한 기억만은 지울 수 없었습니다. 많은 시간이 흐른 뒤 사람들은 백작을 더욱 사랑하게 됐고, 그를 성인으로 간주했으며, 항상 '의로운 시몽 경'이라 불렀습니다.

그리고 비록 그의 몸은 사라지고 없었지만, 그가 추구했던 이상만은 살아남아서 전투에서 승리한 왕에게도 강하게 영향을 미쳤습니다. 헨리 왕은 대헌장이 아무리 밉더라도 그것을 준수해야 한다는 필요성을 느꼈으며, 위대했던 레스터의 백작이 만들었던 법률과 유사한 법률을 제정하기도 했습니다. 그리고 드디어 왕은 민중들을 향해 ─심지어는 그를 그토록 미워했던 런던 시민들에게까지 온화해지고 자비심 많은 통치자로 변모했습니다.

그 뒤로도 민중들의 봉기가 완전히 잦아진 것은 아니었지만 그때마다 대헌장이나 레스터 백작의 법률을 앞세워 문제를 해결했습니다. 그리고 에드워드 왕자도 평화를 회복하기 위해 최선을 다 했습니다. 마지막까지 불만에 사로잡혔던 아담 드 고돈이라는 기사가 최후까지 무기를 손에서 내려놓지 않았지만 왕자는 단 한 번의 전투에서 간단히 제압한 후 그를 죽이지 않고 친구로 만들었습니다. 아담 경은 고마워할 줄 아는 사람이었습니다. 그는 이후 자비로웠던 정복자의 충복이 됐습니다.

6　해리Harry는 헨리Henry의 애칭

　이와 같이 해서 왕국이 안정을 되찾자 에드워드 왕자와 그의 사촌 헨리는 수많은 영국의 영주·귀족들과 함께 십자가를 앞세우고 성지로 원정길에 나섰습니다. 4년 뒤 신성로마제국의 황제가 죽고, 그 다음해인 1272년에 그의 형인, 심약했던 영국의 왕 헨리Ⅲ세도 유명을 달리했습니다. 그때가 헨리Ⅲ세의 나이 68세이고, 그의 통치 56년째 되는 해였습니다.

　헨리Ⅲ세는, 살아생전에나 죽음에 임해서나, 우리가 왕을 떠올리면 그려지는 그런 모습으로 세상을 떠났습니다. 그는 어느 시대에나 있는, 왕들의 단순한 궤적만을 남기고 스러져갔습니다.

제16장
'롱다리'라 불리던 에드워드 I 세
ENGLAND UNDER EDWARD THE FIRST, CALLED LONGSHANKS
[생몰 : 1239. 6. 17~ 1307. 7. 7, 재위 : 1272 ~ 1307]

214

이제 서기 1272년으로 접어들었습니다. 그리고 왕위 계승권자인 에드워드 왕자는 성지聖地에서 십자군 원정길에 있었기 때문에 부왕의 서거에 대해서는 알지 못했습니다. 하지만 왕실의 장례가 끝나자마자 남작들은 에드워드를 왕으로 선포했으며, 왕좌를 놓고 다투는 싸움이 얼마나 참혹한 결과를 가져오는지를 뼈저리게 알고 있던 민중들은 별다른 저항 없이 이를 받아들였습니다. 그래서 왕 에드워드 I 세는 평화로운 상태에서 왕위에 오르게 됩니다. 별로 듣기 좋은 별칭은 아니지만 왕이 길고 미끈한 다리를 소유하고 있어서 사람들은 에드워드 I 세를 '롱다리LONGSHANKS'라고 부르기도 했습니다. [1]

하지만 왕의 다리가 아무리 가느다랗고 길었다고 하더라도 그 다리에는 강한 힘이 있어야 했습니다. 왜냐하면 왕은 동방의 펄펄 끓는 사막에서 몇 안 되는 병사들이 탈진하고, 탈영하고, 죽어가는 등 극도의 어려움을 버텨냈어야 했기 때문입니다. 그러나 그의 용맹스런 기상은 꺾일 줄 몰랐습니다. 그는 이런 말을 했습니다. "나는 전진할 것이다. 나를 따르는 이가 시종 하나뿐일지라도 나는 진군할 것이다."

왕자의 이러한 불굴의 기상은 터키인들에게 큰 어려움을 안겨주었습니다. 그는 나사렛으로 쳐들어가서 (그 성스러운 땅에서 그런 짓이 자행된 것

1　에드워드1세는 키가 188cm여서 '다리 긴 왕(Longshanks)'으로 알려져 있고, 웨일즈와 스코틀랜드를 정복해 다스렸음.
　헨리 3세의 장자로, 노르만 정복 이래 영국 최초의 국민적인 왕이라 불림. 왕세자 시절에 가스코뉴와 아일랜드의 영주로서 활약했으며, 1258년~1265년의 내란에는 부왕을 도왔음. 1265년 시몽 드 몽포르를 격파하는 데에 공을 세우고 1271년 십자군에 참가, 부왕의 사후 원정 중에 왕으로 선출되어, 1274년에 귀국하여 왕에 오름.
　아버지 헨리 3세 때부터 있어 온 외국인의 간섭에서 벗어나기 위한 정책을 펼쳤고, 법과 제도를 정비하고, 토지 등 부동산의 양도 및 상속에 관한 중요한 법률을 만들어 '영국의 유스티니아누스'라 불림.
　그는 또 재판·행정 제도를 확립하고 일련의 제정법(制定法)을 발포, 봉건사회의 질서 유지에 노력하였으며, 산업에 주력하고 1285년 상인법을 발령, 양모와 가스코뉴의 술 생산을 장려하였음.
　그는 1307년 그가 정복하였던 스코틀랜드가 로버트1세를 중심으로 독립하자 이를 정벌하기 위하여 병력을 이끌고 진군하던 도중 그해 7월 7일 칼라일 근방에서 장남 에드워드를 불러 "나를 화장하여 뼈를 가죽 부대에 넣어 군사들과 함께 진군하라. 그리고 스코틀랜드를 완전히 장악했을 때 묻어 달라."는 유언을 남기고 사망하였음.

은 말하기조차 유감스런 일이기는 하지만) 수많은 무고한 인명을 살육했습니다. 그리고 왕자는 아크레로 건너가 술탄과 10년간의 휴전협정을 맺습니다.

왕자는 아크레에서 '자파의 수장'인[2] 사라센 귀족의 음모로 인해 거의 목숨을 잃을 뻔하기도 했습니다. 자파의 수장은 자신이 기독교로 개종할 의사가 있는 것처럼 하면서 기독교에 대해 알고자 한다면서 에드워드에게 믿음이 가는 전령을 자주 보냈습니다. 그 전령의 품안에는 단검이 들어있었지요.

어느 날 성령 강림 대축일 주간에 작열하는 태양열에 모든 것이 타버릴 것 같은 어느 무더운 날 에드워드는 시원한 가운만을 걸치고 의자에 비스듬히 누워있었습니다. 이때 갈색 얼굴에 빛나는 검은 눈과 하얀 이를 가진 전령이 편지를 들고 막사로 기어들어와 에드워드 앞에 한 마리 길들여진 호랑이처럼 무릎을 꿇었습니다. 그러나 에드워드가 편지를 받기 위해 손을 내미는 순간 그 호랑이가 그의 심장을 향해 달려들었습니다.

첩자도 민첩했지만 에드워드는 그보다 더 전광석화 같았습니다. 그는 첩자의 목 부위를 부여잡고 땅바닥에 내동댕이친 후 자신을 찌르려던 단검을 빼앗아 첩자의 목을 베어버렸습니다. 그 과정에서 단검이 에드워드의 팔을 스쳤고, 상처는 별로 깊지 않았지만 단검에 독이 발라져 있었으므로 만일 그때 적당한 치료를 받지 못했다면 그는 이 세상 사람이 아니었을지도 모릅니다. 마침 그곳에 당시로서는 찾아보기 어려운 유능한 치료사와 훌륭한 약초, 그리고 무엇보다 헌신적인 아내 엘레노르가 그의 옆에 있었던 겁니다. 전하는 바에 따르면 엘레노르는 에드워드를 극진히 간호했고, 심지어는 상처의 독을 입으로 빨아내기까지 했다고 합니다.(필자는 이 이야기를 사실로 믿고 싶습니다.) 이런 노력으로 에드워드는 금세 건강을 회복할 수 있었습니다.

아버지가 빨리 귀국하라는 전갈을 보내왔으므로 에드워드는 귀국 여행길

---

2 팔레스타인 지역의 왕족

에 올랐습니다. 그가 아버지의 서거 소식을 접한 것은 이태리에 당도했을 때입니다. 하지만 고국에서 큰 문제가 발생하지 않자 그는 곧바로 귀국하지 않고 교황을 알현하고자 합니다. 그는 이탈리아의 여러 도시들을 공식적으로 방문하고 다녔고, 가는 곳마다 성지로부터 십자가를 지켜낸 영웅으로 환대를 받았습니다. 사람들은 그에게 값진 망토와 발 빠른 말들을 선물했고 그는 승리의 기쁨을 만끽했습니다. 하지만 열광하던 사람들은 그가 십자군에 참여하는 마지막 영국 군주가 될 것이라는 사실을 알지 못했습니다. 그리고 이후 20년 동안은 기독교도들이 수많은 피를 흘리며 성지에서 싸웠지만 터키인들을(이슬람교도들) 무찌르지 못했다는 사실을 간파하는 사람은 없었습니다. 하지만 어쩌겠습니까? 이 모든 일들이 실제로 일어난 것을.

그 시절부터 지금까지 프랑스 평원에는 샬론Chalons이라는 오래된 도시가 서있습니다. 그 지역에는 샬론의 백작이라 불리는 약삭빠른 프랑스 영주가 살고 있었습니다. 에드워드가 귀국길에 그 지역에 이르자 샬론의 백작이 에드워드에게 자신의 기사들과 그의 기사들이 마상 시합을 벌이면서 하루를 즐기는 것이 어떤가 하는 전갈을 보내왔습니다. 에드워드의 측근들은, 샬론의 백작은 그렇게 믿을만한 인물이 못되며, 그의 의도는 친선경기를 벌이기보다는 우세한 전력을 이용해서 영국군들을 섬멸하는 진짜 전투를 벌일 속셈일 것이라고 에드워드에게 주의를 줬습니다.

하지만 에드워드는 겁내지 않고 1천명의 추종자들과 함께 약속된 날짜에 약속된 장소로 갔습니다. 곧바로 백작이 2천명의 병사들을 데리고 도착해서 마상 시합이 시작됐으며, 영국인들은 너무나 잘 싸워서 얼마 있지 않아 백작의 병사들 및 병마들은 여기저기 나뒹굴어야 했습니다. 그리고 백작이 에드워드의 목을 겨누는 순간 에드워드가 그 답례로서 백작을 역공해서 백작은 말에서 떨어져 버렸습니다.

철갑옷이 찌그러진 채 땅바닥에 널브러진 백작 앞에 서있는 에드워드의 모습은 마치 모루 앞에서 큰 망치를 들고 서있는 대장장이와 같았습니다.

샬론의 전투

그리고 쓰러진 백작이 패배를 인정하고 그의 칼을 내밀었을 때도 에드워드는 그것을 도로 집어넣으라는 아량을 베풀지 않고 평범한 병사를 불러 그것을 받아가도록 하는 치욕을 안겨주었습니다. 친선시합이긴 했어도 실제 전투와 같은 치열함이 숨어있었으므로 후세 사람들은 이를 가리켜 '샬론의 전투the little Battle of Chalons'라고 부릅니다.

프랑스에서의 무용담을 전해들은 영국민들은 자신들의 새로운 왕을 진정으로 자랑스럽게 생각했으며, 1274년에(왕이 36살 되던 해) 왕이 도버에 상륙해서 웨스트민스터로 올라가, 장엄한 분위기에서 왕과 왕비의 대관식을 치르게 되자 사람들은 경축 분위기에 사로잡혔습니다. 대관식 연회에서는 여러 다른 음식들 중에서도 특히 4백 마리의 황소고기, 4백 마리의 양고기, 450마리의 돼지고기, 18마리의 멧돼지고기, 300개의 베이컨 조각, 2만 마리

218

의 닭고기 등이 눈에 띄었습니다. 그리고 길거리의 분수와 수로에는 물 대신에 적·백포도주가 흐르고, 부잣집에서는 축제를 화려하게 보이기 위해 비단과 밝은 색깔의 옷들을 창가에 걸어두기도 했으며, 금과 은을 한 움큼씩 뿌려서 그것을 줍기 위해 사람들이 몰려드는 장관을 연출하기도 했습니다. 다시 말해, 당시까지 런던이라는 오랜 도시에서는 그렇게 먹고 마시고 뛰어놀며, 종을 울리고, 모자를 하늘로 날리면서 소리 지르고 노래 부르는 즐거운 축제의 분위기가 연출된 적이 없었습니다. 자기들 집에 숨어서 감히 밖을 내다볼 생각도 못했던 가련한 유태인들을 빼고는 모든 사람들이 이 분위기를 즐겼습니다. 유태인들은 집안에서 조만간 이 축제에 들어간 비용을 자신들이 또 감당해야 한다는 불길한 예감에 시달리고 있었습니다.

필자는 다음 이야기를 끝으로 유태인과 관련된 슬픈 이야기는 당분간 중단하도록 하겠습니다. 에드워드 I 세의 통치기간 동안 유태인들은 가장 극심하게 약탈을 당했습니다. 당시에는 모든 계층의 사람들이 풍습처럼 해왔던 일이지만 유독 유태인들만이 왕의 동전을 훼손했다는 이유로 많은 수가 목매달려 죽었고, 과도하게 세금을 내야 했으며, 유태인이라는 낙인을 달고 다녀야 했습니다. 또, 왕의 취임 이후 13년이 지난 어느 날 그들은 아내와 자식들과 함께 왕에게 1만2천 파운드의 몸값을 지불할 때까지 야만적인 감옥생활을 견뎌야하기도 했습니다. 결국 왕은 그들이 간신히 외국으로 옮겨갈 수 있는 작은 돈을 남기고 그들의 모든 재산을 빼앗아버렸습니다. 유태인들이 자신들을 그토록 잔인하게 핍박했던 영국 땅에서 마음 놓고 장사하며 생활할 수 있다는 희망을 가지기까지는 많은 시간이 흘러야했습니다.

에드워드 I 세가 유태인들을 대하듯이 기독교도들을 대했다면 그는 정말로 악독한 군주라는 오명을 벗지 못했을 겁니다. 그러나 보편적으로 보면 그는 국가를 발전시킨 현명하고 뛰어난 군주에 속했습니다. 그는 대헌장을 존중하진 않았지만(역사를 통틀어 어떤 왕도 그런 제약을 좋아하지 않았을 겁니다.) 높은 교양을 소유한 인물이었습니다. 그가 귀국해서 첫 번째로 착

수해야겠다고 다짐한 일은 스코틀랜드
와 웨일즈를 하나의 단일 통치권 아래
묶는 일이었습니다. 이 두 지역은 각자
자신들의 왕을 보유하고, 그 왕권을 놓
고 끊임없이 싸우면서 문제를 일으켜왔
습니다. 게다가 왕은 통치기간 중 프랑
스와도 전쟁을 벌여야했습니다. 이 싸
움들을 좀 더 소상히 밝히기 위하여 그
이야기를 다음의 순서로 진행하겠습니

에드워드 I 세의 동전

다. 즉, 웨일즈를 먼저 이야기 하고, 다음 프랑스, 그 다음 스코틀랜드 순으
로 이야기 하겠습니다.

　레웰린은 웨일즈의 왕자였습니다. 그는, 어리석었던 왕 헨리III세 시절, 한
때는 남작들의 편에 섰다가 나중에 헨리III세에게로 돌아섰던 인물입니다.
그리고 에드워드 왕은 왕위에 오르자 그에게 충성을 맹세하라고 요구했습
니다. 그러나 그는 거절했습니다. 왕은 이후에도 세 번을 더 찾아와서 충성
을 서약할 것을 요구했지만 세 번 모두 거절당했습니다. 레웰린은 선대왕
시절에 영웅적 명성을 얻었던 몽포르 가문의 여성인 엘레노르 드 몽포르와
결혼할 예정이었습니다. 하지만 자신의 막내 동생 에메릭과 함께 프랑스에
서 건너오던 엘레노르는 프랑스 함선에 나포되어 구금되게 됩니다. 이 일이
발생하자 전쟁의 기운이 고개를 들었습니다.
　왕은 함대를 이끌고 웨일즈 해안가로 쳐들어가서 레웰린을 포위 공격했
고, 레웰린은 어쩔 수 없이 삭막한 벼랑뿐인 스노우돈 지역으로 대피했지만
식량이 떨어져서 결국 항복하고 평화협정을 맺은 후 전쟁 비용을 물어내야
했습니다. 왕은 혹독한 조건을 내걸고 그를 용서해주었으며 그들의 결혼에
동의해주었습니다. 그때 왕은 웨일즈는 완벽히 자신의 수중에 들어온 것으
로 판단했었습니다.

웨일즈의 마지막 황태자Prince of Wales 레웰린 왕자의 할아버지, 레웰린 대왕Llewellyn the Great의 동상 : 그는 1256년에 스노우돈Snowdon의 고지대 민중들과 함께 에드워드1세와 영국인들을 웨일즈에서 몰아내는 데 혁혁한 공을 세웠음.(북 웨일즈의 콘위Conwy 시 광장에 서 있음)

하지만 웨일즈 사람들은 평소에는 나그네를 대접하기 좋아하는 참으로 부드럽고 온순하며 유쾌한 사람들이지만 한번 화가 나면 물불을 가리지 않는 그런 성격을 가진 사람들이었습니다. 레웰린 왕자의 사건 이후 영국인들이 자신들에게 오만하게 굴고 주인인 듯이 행동하자 웨일즈 사람들은 드디어 폭발해버렸습니다. 게다가 웨일즈 사람들은 저 불운했던 예언자 멀린의 예언을 믿고 있었습니다. 불행이 그의 예언대로 맞아떨어질 때면 사람들은 그를 떠올리곤 했지요.

그리고 또 당시에 노년의 한 맹인 예언자가 있었는데, 희고 기다란 수염을 휘날리며 손에는 하프를 들고 다니던 그는, 다소 지루한 이야기를 하고 다니긴 했어도, 매우 훌륭한 사람으로 알려져 있었습니다. 하지만 그는 사람들이 그의 나이를 짐작하지 못할 정도로 신비에 싸인 인물이었습니다. 어느 날 그는 큰 소리로, 멀린이 예언하기를 '영국 동전이 둥그렇게 변하면 웨일즈의 왕자가 런던에서 왕관을 쓰게 된다.'고 했다고 떠들기 시작했습니다. 당시에 에드워드 왕은 영국 페니를 반 페니나 4분의1페니로 잘라서 사용하지 못하도록 하는 금지령을 내렸고 대신에 둥그런 동전을 새로 도입했었습니다. 그러므로 웨일즈 사람들은 이제 멀린이 예언한 시기가 도래했으니 떨쳐 일어나야 한다고 했습니다.

  왕은 레웰린의 동생 데이비드에게 온갖 호의를 베풀어서 그를 매수했습니다. 하지만 데이비드는 양심의 가책 때문이었는지는 몰라도 가장 먼저 반란을 일으키는 장본이이 됩니다. 어느 폭풍우가 심한 날 데이비드는 영국 귀족이 성주로 있던 하와덴 성을 기습 공격해서 수비병들을 모두 살해하고 성주를 붙잡아 스노우돈 지역에 가둬버렸습니다. 이 사건을 계기로 웨일즈 사람들은 한꺼번에 들고 일어나게 됩니다.

  에드워드 왕은 우스터에서 군대를 이끌고 출발하여 메나이 해협에 당도해서(지금 이곳에는 뛰어난 현대 기술을 활용하여 만들어진 강철 다리가 철로의 역할을 하고 놓여있습니다.), 40명의 병사들이 나란히 건널 수 있도록 배를 잇대어 부교浮橋를 건설한 후 진격해 들어갔습니다. 이이서 그는 앵걸시 섬을 짐령한 다음 적의 동태를 파악하기 위해 척후병을 내보냈습니다. 그런데 웨일즈 병사들이 갑자기 들이닥쳐서 영국 병사들은 큰 혼란에 빠져들었고 결국 부교로 후퇴할 수밖에 없었습니다. 그리고 그사이 조류가 밀려들어 부교를 놓은 배들이 서로 분리될 수밖에 없었고 웨일즈 인들에게 쫓기던 병사들 수천 명은 무거운 갑옷과 함께 바다에 수장되고 말았습니다.

  이 승리 외에도 레웰린은 혹독한 겨울 날씨의 도움으로 또 한 번의 승리를 거둘 수가 있었습니다. 그러나 에드워드 왕은 이에 굴하지 않고 군대의 일부를 남부 웨일즈로 분산 공격해 들어가도록 해서 레웰린을 양면공격 했습니다. 레웰린은 새로운 적과도 용감히 싸웠지만, 기습 공격에 당해서 무참히 살해되고 말았습니다. 그리고 레웰린의 목은 런던으로 보내져서 머리에 화환을 씌운 채 런던탑 꼭대기에 걸리게 됐습니다. 어떤 이들은 그 화환이 담쟁이덩굴로 되어있었다고도 하고, 어떤 이들은 버들가지라고도 하고, 어떤 이들은 은으로 만든 화환이었다고 합니다. 어쨌든 그 의도만은 분명합니다. 바로 그 영국 동전과 관련한 예언을 비웃기라고 하듯이 동그랗게 만들어졌 으니까요.

그러나 데이비드만은, 에드워드 왕과 자국민의 끈질긴 추격에도 불구하 고, 이후에도 6개월을 버텼습니다. 하지만 한 웨일즈 사람이 가족과 함께 있 는 데이비드를 밀고해서, 그는 교수형에 처해진 후 시신이 질질 끌려 다니다 가 네 갈래로 찢겨지는 극형을 당해야했습니다. 그리고 그 형벌은 영국에서 이후에 반역자를 처리하는 형벌로 자리 잡게 됩니다. 이 형벌이야 발로 정 당한 근거 없이 이미 죽은 시신에 행하는 무자비한 제도입니다. 그리고 이 형벌을 통해서는 아무런 이익도 얻을 수 없습니다. 이런 형벌은 아무런 소 득도 없이, 그런 혐오스런 야만적 제도를 허용하고 있는 국가의 질을 떨어뜨 릴 뿐입니다.

이제 웨일즈는 완벽하게 정복됐습니다. 영국의 왕비가 카나르본 궁에서 왕자를 생산하자 에드워드 왕은 그 아이가 웨일즈 사람들과 같은 동포라는 것을 나타내기 위해, 아이를 웨일즈 사람들에게 보여주고 '영국 황태자Prince of Wales'라 불렀습니다. '영국 황태자'라는 칭호는 그 이후 영국 왕통의 정식 상속자가 자동으로 함께 부여받는 칭호가 됐으며, 그 간난아이는 형이 죽어 버리자 얼마 안 있어 영국 왕위의 법적상속자가 됩니다. 이와 함께 왕은 법 률을 개선하고 상업을 장려하는 등 웨일즈를 위해 선정을 베풀었습니다. 그 리고 웨일즈의 땅과 성을 불하받은 영국 귀족들의 탐욕 때문에 소란이 여전 하기는 했지만 이내 진압됐고 이후 웨일즈는 다시는 반란을 일으키지 않았 습니다.

이런 이야기가 전해오기도 합니다. 즉, 웨일즈에서 음유시인이나 하프 연 주자들이 노래를 통해 민란을 선동하는 일이 없도록 하기 위해 왕이 그들 을 모두 죽여 버렸다는 전설이 그것입니다. 그들 중 일부는 에드워드 왕에

중세의 반역자에 대한 처형 장면

게 끝까지 저항했던 무리들에 가담했을지도 모릅니다. 하지만 이 대량 살육의 전설은 음유시인들 스스로가 만들어낸 상상일 가능성이 큽니다. 필자는 감히 주장하건데, 그들은 세월이 지난 후 그에 관한 노래를 만들어 사람들이 사실로 믿을 때까지 웨일즈 가정의 벽난로 앞에서 불러댔을 겁니다.

에드워드 I 세 시절에 벌어졌던 외국과의 전쟁은 다음과 같이 시작됐습니다. 어느 날 영국의 선원들과 노르만의 선원들은 자신들의 배에 신선한 물을 보충하기 위해 같은 장소에 집결하게 됐습니다. 거칠고 다혈질적인 이들 두 나라의 선원들은 말다툼을 하다가 싸움을 벌였고, 영국 선원들이 맨주먹으로 싸운 반면 노르만 선원들은 칼을 들고 싸웠습니다. 그리고 싸우는 과정에서 노르만 선원 한 명이 죽는 일이 벌어졌습니다. 하지만 노르만 선원들은 상대방 영국 선원들에게 앙갚음을 하는 대신(아마도 그 영국 선원들에게 힘에서 밀리지 않았나, 추측합니다.) 다시 자신들의 배로 후퇴한 후, 항해 중에 만나는 첫 번째 영국 배에 앙갚음을 했습니다.

마침 그 영국 배에는 무고한 영국 상인이 타고 있었는데, 그들은 잔인하게도 그 상인을 자신들 배의 돛대에 목매달아 살해해버렸습니다. 이 소식은 영국 선원들을 격분케 했고, 결국 영국 선원과 노르만 선원들은 만나기만 하면 싸움을 벌이게 됐습니다. 그리고 아일랜드와 네덜란드 선원들은 영국 편을 들었고, 프랑스와 제노바 선원들은 노르만 편을 들었습니다. 이렇게 해서 바다를 항해하는 선원들의 대부분이 마치 폭풍우를 만난 바다와 같이 폭력적으로 변해버렸습니다.

에드워드 왕의 명성은 해외에서도 자자했으므로 그는 한 때 유럽대륙에서 거주할 때 프랑스와 다른 국가들 간에 분쟁이 발생한 경우 중재자 역할을 하기도 했었습니다. 영국과 프랑스 선원들 간에 싸움이 벌어졌을 때 처음에는 에드워드 왕이나 프랑스의 필리프 왕은(위대한 왕 루이는 이때 사망한 상태였습니다.) 그 싸움에 간섭할 의사가 없었습니다. 그러나 2백척으로 구성된 노르만의 선단이 불과 80척으로 이루어진 영국 선단의 공격에 대패하게 되자 문제가 심각하게 돌아가게 됐습니다. 결국 프랑스는, 에드워드 왕이 귀엔느 공작의 자격으로 파리에서 프랑스 왕 앞에 나서서, 영국 선원들이 저지른 피해에 대해 설명하도록 요구했습니다.

그러자 에드워드는 처음에는 런던의 주교를 대표로 파견했고, 다음으로는 프랑스 왕비의 어머니와 결혼한 동생 에드먼드를 파견했습니다. 유감스럽게도 에드먼드는 순진한 사람이어서 그는 매혹적인 처가 여자들의 꾐에 빠져 형 에드워드의 공국公國의 소유권을 프랑스에게 40일 동안 넘겨주었습니다. 이때 프랑스 왕은 그것이 단순히 형식적 행위에 불과하다고 에드먼드의 입장을 세워줬지만, 그는 40일이 지난 다음에도 프랑스 왕이 형의 공국을 돌려줄 생각이 없자 적잖이 놀라게 됩니다. 에드먼드는 얼마 후 죽음을 맞이하게 되는데 필자는 그의 때 이른 죽음이 이 사건과 관련이 있다고 생각합니다.

에드워드 왕은 무력을 통해서 프랑스에 있는 자신의 공국을 되찾아야 한다면 얼마든지 그럴 자신이 있는 인물이었습니다. 그는 대대적으로 군사를 모집하고 프랑스와 귀엔느 공작으로서 맺었던 군신관계를 끊어버리고 바다를 건너 프랑스로 쳐들어갔습니다. 하지만 제대로 싸움도 못해보고 2년간의 휴전협정이 맺어졌습니다. 그리고 그 과정에는 교황의 개입이 있었습니다. 결국 당시 사랑했던 왕비 엘레노르의 죽음으로 인해 홀아비 신세였던 에드워드는 프랑스 왕의 누이 마가레트와 결혼했고, '영국 황태자'는 프랑스 왕의 딸 이사벨라와 약혼을 하게 됩니다.

모든 일이 언제나 나쁘게만 진행되는 건 아닙니다. 무고한 상인을 목매달아 죽인 사건으로 인해 발발한 유혈극 속에서도 현재 영국인들이 누리고 있는 막강한 제도가 형성됐습니다. 전쟁 준비에 막대한 자금이 필요하게 되자 왕은 독단적 방법으로 자금을 조달하려 했고, 이에 남작들 중 일부가 강하게 반발하게 됩니다. 왕의 독단을 반대하던 남작들 중에는 험프리 보헌이라는 헤리퍼드의 백작과 로저 비곳이라는 노퍽의 백작이 특히 완강해서 그들은, 왕이 자기들에게 병사들을 이끌고 귀엔느로 쳐들어가라는 명령을 할 권리가 없다며 왕의 주문을 거절했습니다.

"맹세코 말이요." 왕이 헤리퍼드의 백작에게 분명한 어조로 말했습니다. "그대는 참전하든지, 아니면 교수형을 선택하든지 해야 할 겁니다." "맹세코 말입니다. 페하!" 백작이 대납했습니다. "저는 참전하지도 않을 것이고, 교수형을 당하지도 않을 것입니다." 이 말을 남기고 헤리퍼드 백작과 노퍽 백작은 많은 영주들과 함께 과감하게 궁정을 떠났습니다.

하지만 왕은 돈을 구하기 위해 온갖 수단과 방법을 가리지 않았습니다. 그는 교황의 극심한 반대에도 불구하고 성직자들에게 세금을 부과했으며, 성직자들이 반발하자 그렇다면 국가는 성직자들을 보호해줄 수 없다고 으름장을 놓아 성직자들을 굴복시켰습니다. 당시에는 많은 사람들이 성직자들의 재산을 노리고 있었으므로 성직자들로서는 더 이상 왕과 밀고 당기기를 하는 것이 자기들에게 결코 유리하지 않다는 판단을 했을 겁니다. 또, 왕은 나중에 갚는다는 약속을 하고 상인들로부터 양모¥毛와 가죽을 빼앗았으며 수출되는 양모에다가는 세금을 부과했는데, 상인들은 이 세금에 큰 불만을 품고 이를 '악마의 세금Evil Toll'이라 불렀습니다.

그러나 모두가 순순히 응하지만은 않았습니다. 남작들은 앞서 거론한 두 남작의 지휘 아래 의회의 동의 없이 부과되는 세금은 모두 불법이라고 선언했습니다. 의회는, 왕이 두 개의 대헌장을 존중한다는 것을 다시 한 번 확인하고, 민중들의 모든 계층을 대변하는 의회 말고는 어떤 권력도 민중들로부터 돈을 모금할 권한이 없다는 것을 서약할 때까지는 세금을 부과하는 데 동의할 수 없다고 버텼습니다. 왕은 엄청난 권한이 의회로 넘어감으로써 자신의 권력이 줄어드는 것을 극도로 꺼려했지만 다른 대안이 없었으므로 수긍하지 않을 수 없었습니다. 우리는, 에드워드 I 세의 이와 같은 사건에서 좋은 교훈을 얻었으면 자신의 목이 달아나는 일은 면할 수 있었던 왕의 이야기를 앞으로 하게 될 겁니다.

민중들은 의회를 통해서 에드워드 I 세라는 현명한 왕으로부터 또 다른 혜택을 얻어내는데 성공했습니다. 많은 법률들이 개선됐고, 여행자의 안전을 위한 규정과 강도와 살인자의 구금에 대한 규정들이 제정되었고, 성직자들은 너무 많은 토지와 권력을 소유할 수 없게 되었으며, 치안판사[3] 제도가, 비록 이름은 달랐지만, 여러 지역에서 처음으로 도입됐습니다.

이제 우리의 이야기는 스코틀랜드로 넘어가게 됩니다. 스코틀랜드는 에드워드 I 세에게는 가장 큰 골칫거리였습니다.

에드워드 I 세가 왕위에 오르고 13년 정도 지난 후, 스코틀랜드 왕 알렉산더Ⅲ세가 낙마해서 사망하는 일이 발생합니다. 그는 에드워드 왕의 누이인 마가레트와 결혼했던 인물입니다. 후사를 이을 자식을 남기지 못하고 왕이 죽어버리자 스코틀랜드의 왕권은 노르웨이 왕인 에릭의 어린 딸에게 돌아갔습니다. 그때 그녀의 나이는 8살에 불과했습니다. 노르웨이 왕 에릭이 고인이 된 알렉산더Ⅲ세의 딸과 결혼했기 때문입니다.

---

3 Justices of the Peace, 경미한 범죄를 즉결 심판하는 재판관 제도, 지방의 유지가 무급으로 근무하는 경우가 많음

에드워드 왕은 '노르웨이의 소녀(이 공주를 사람들은 이렇게 불렀습니다.)'가 자신의 장남과 약혼해야 한다고 주장했습니다. 하지만 불행하게도 영국으로 건너오자마자 그녀는 병이 들었고, 스코틀랜드의 오크니 섬[4]에 도착해서 죽고 말았습니

노르햄Norham 성의 현재 모습

다. 이렇게 되자 그 즉시, 공석인 왕권을 놓고 13명이나 권리를 주장하는 등 엄청난 소란이 일어났습니다.

에드워드가 공정하고 현명한 왕으로 정평이 나 있었으므로 스코틀랜드가 그에게 판단을 내려달라는 요청을 했을 것으로 짐작이 됩니다. 에드워드는 이를 수락했고 군대를 이끌고 영국과 스코틀랜드의 국경 지대로 갔습니다. 그곳에서 그는 스코틀랜드의 귀족들에게 트위드Tweed 강[5]의 영국 쪽 지역에 있는 노르햄Norham 성으로 모일 것을 요청했습니다. 그리고 스코틀랜드의 귀족들이 모인 자리에서 왕은 본론으로 들어가기 전에 그들에게 신하로서의 맹세를 하도록 강요했습니다. 귀족들이 머뭇거리자 왕은 "성스러운 왕 에드워드로서 나는 그대들의 주군이 될 권리를 가지고 있다. 나는 그 권리를 목숨 걸고 지킬 것이다."라고 선언했습니다. 그러자 예상치 못한 상황에 당황한 스코틀랜드의 귀족들은 생각할 시간으로 3주의 여유를 달라고 주문했습니다.

3주가 지난 뒤, 이번에는 스코틀랜드 쪽 평원에서 또 한 번의 회합이 열렸

---

4   Orkney, 스코틀랜드 북부의 오크니 제도

5   스코틀랜드 남부에서 잉글랜드와의 경계를 흘러 북해에 이르는 강

습니다. 스코틀랜드 왕권의 경쟁자들 중에서는 왕실과 친족 관계를 유지하고 있던 2명만이 실제로 자격이 있는 것으로 드러났습니다. 이들 두 사람은 존 발리올과 로버트 브루스였으며, 존 발리올이 보다 더 정당한 권리가 있었습니다. 하지만 존 발리올이 참석하지 않은 상태에서 로버트 브루스만이 홀로 참석해서, 영국 왕을 군주로 섬기겠느냐는 질문에 분명하게 긍정의 대답을 했고, 다음 날 나타난 존 발리올도 똑같은 대답을 했습니다. 결국 자격을 심사하기 위해서는 더 많은 조사가 필요하다는 결론에 이르게 됐습니다.

조사 과정은 일 년이 넘는 긴 시간을 필요로 했습니다. 그 사이 영국 왕은 스코틀랜드의 각지를 여행하면서 모든 계급의 스코틀랜드 사람들을 만나 그들에게 신하의 맹세를 하든지 감옥에 가든지 양자택일하라는 강요를 하기도 했습니다.

한편, 왕권과 관련해서는 적통을 심사할 전문 위원들이 구성되어 버릭에서 의회를 열고 두 사람의 경쟁자를 불러 충분한 이야기를 들은 다음 마라톤 회의를 열었습니다. 마침내 버릭 성의 대 회의장에서 에드워드 왕은 존 발리올의 손을 들어줬습니다. 존 발리올은 영국 왕의 도움과 허락으로 왕이 될 수 있었다는 사실을 인정하고 스쿤에서 즉위식을 거행했습니다. 당시 스코틀랜드 왕의 대관식에 사용됐던 돌의자는 그 이후 그곳 수도원에서 스코틀랜드 왕의 대관식에 두고두고 사용되게 됩니다.[6] 그리고 에드워드 왕은, 알렉산더III세 서거 이후부터 사용되던, 스코틀랜드 왕실의 거대한 문장紋章을 네 조각으로 쪼개서 영국 왕실의 재산목록에 포함시켜버렸습니다. 이것은 스코틀랜드의 운명은 자신의 손끝에 달렸다는 점을 속설에 의거해서 입증하고자 했던 에드워드 왕의 의중이 드러난 행위였습니다.

그러나 스코틀랜드가 모든 의지력을 상실한 것은 아니었습니다. 에드워드 왕은 스코틀랜드 왕이 자신의 가신임을 잊지 않도록 하기 위해 그를 주기

---

6   the Stone of Scone, 스코틀랜드 왕이 즉위할 때 앉았던 돌. 지금은 영국 왕의 대관식에 쓰이고 있음

적으로 귀찮게 했습니다. 즉, 스
코틀랜드 법정의 판결과 관련하
여 호소문이 올라오면 에드워드
왕은 스코틀랜드 왕을 영국 의회
로 불러서 판결의 이유를 설명하
고 스스로를 변호하도록 주기적
으로 강요했던 겁니다. 마침내 스
스로는 별로 용기가 없었던 인물
이었지만, 스코틀랜드 왕은 스코

the Stone of Scone

틀랜드 민중들의 강인한 저항 정신에 힘입어 더 이상 영국 왕의 부름에 응하
지 않기로 결심했습니다. 스코틀랜드 민중들은 영국 왕의 처사를 민족적 치
욕으로 받아들이고 있었습니다.

　하지만 영국 왕은 한걸음 더 나아가 자신이 외국과 벌이는 전쟁에 스코틀
랜드가 참여할 것을 요구하기도 했고, 장래에도 충실한 가신이 될 것을 약속
하는 의미로 세 곳의 거대한 스코틀랜드 성들을(제드버그Jedburgh, 록스버그
Roxburgh, 버릭Berwick) 내놓을 것을 강요하기도 했습니다. 그러나 왕의 요구가
아무것도 이행되지 않고 오히려 스코틀랜드 민중들이 그들의 왕을 고지대
로 피신시키고 일전을 불사할 각오를 보이자 에드워드 왕은 마침내 군대를
이끌고 버릭 성으로 출병을 하게 됩니다.

　왕이 거느린 군대의 규모는 보병이 3만 명, 기마병이 4천명이었습니다. 왕
은 성을 점령하고 모든 수비병들을 도살했으며 성내의 주민들도 남녀노소
를 가리지 않고 마찬가지로 살육해버렸습니다. 그리고 서리의 백작인 워렌
느 경이 던바 성을 격침시킴으로써 스코틀랜드의 모든 병력은 괴멸하게 되
고, 무참히 학살당했습니다.

　승리는 확정지어졌고 서리의 백작은 스코틀랜의 수호신으로 자리매김했
으며, 스코틀랜드의 주요 관직들은 영국인들의 차지가 됐고, 스코틀랜드의
왕관과 홀은 탈취됐습니다. 심지어는 전통을 자랑히던 돌의자조차노 빼앗

겨서 지금 여러분들이 볼 수 있듯이 웨스트민스터 수도원에 보관되게 됐습니다. 발리올 자신은 20마일 이내로 활동범위를 제한당한 채 런던탑 안에서 생활해야 했습니다. 3년 뒤 발리올은 노르망디로 건너가는 것이 허락되었고, 그는 그곳에서 토지를 불하받고 남은 6년의 여생을 편안히 보냈습니다. 감히 말하지만, 아마도 발리올은 적개심에 불타던 자기 민중들과 함께 사는 것보다는 더 행복한 삶을 살았을 겁니다.

한편, 스코틀랜드 서부에는 윌리엄 월리스라는 한 중산층 귀족이 살고 있었습니다. 그는 스코틀랜드 기사의 둘째 아들이었습니다. 그는 덩치가 거대했고 힘은 장사였습니다. 또, 그는 대단히 용맹스럽고 두려움을 모르는 사람이었습니다. 그가 사람들을 모아놓고 연설을 할 때면 사람들은 그의 정열적인 어투에서 나오는 뛰어난 기상으로 인해 절로 마음속에 동요를 일으키곤 했습니다. 그는 스코틀랜드를 너무도 사랑했고 영국을 너무도 미워했습니다.

스코틀랜드의 요직을 점령하고 있던 영국인들의 위압적 행동은, 비슷한 환경에 처했던 웨일즈 사람들이 그랬던 것처럼 스코틀랜드 사람들을 참을 수 없도록 만들었습니다. 특히 월리스는 스코틀랜드의 어느 누구보다도 더 이런 상황을 굴욕적으로 받아들였습니다. 어느 날 월리스에 관해 잘 모르던 영국 관리 하나가 그를 모욕하는 사건이 벌어졌습니다. 월리스는 그 즉시 그 관리를 때려죽이고 바위산으로 숨어들어서, 일찍이 에드워드 왕에 저항해 무기를 들고 일어섰던 그의 동료인 윌리엄 더글러스 경과 합류했습니다. 이렇게 해서 윌리엄 월리스는 이 세상에서 가장 결단력 있고 두려움을 모르는, 독립을 위해 싸우는 민중들의 투사가 된 것입니다.

스코틀랜드를 책임 맡고 있던 영국인 관리마저 월리스 앞에서 꼬리를 내리고 달아나버리자 용기백배한 스코틀랜드 사람들은 각지에서 들고일어나 영국인들을 잔혹하게 살해했습니다. 그러자 서리의 백작이 왕의 명령을 받고 국경지대에 있던 모든 병력을 동원해 두 갈래로 나눠 스코틀랜드로 진격해 들어갔습니다.

윌리엄 월리스의 초상화(왼편)와 영화 Braveheart에 등장한 모습(멜 깁슨)

월리스는, 4만 명의 병력을 이끌고, 다른 지휘관 한 명과 함께 포스Forth 강 가에 서서 스털링 지역 2마일 안으로 접근하고 있는 침략자들을 바라보고 있었습니다. 포스 강에는 '킬딘Kildean' 다리라 불리는 나무다리 하나만이 외로이 가로지르고 있었습니다. 그 다리는 폭이 너무 좁아 겨우 두 명의 병사가 나란히 건널 수 있을 정도였습니다. 월리스는 눈을 다리에서 떼지 않은 채 둔덕 위에 병사들 대부분을 배치한 다음 조용히 상황을 주시하고 있었습니다. 반대쪽 강둑에 영국 병사들의 모습이 눈에 들어올 쯤 적의 연락병들이 항복을 권하는 조건을 들고 찾아왔지만 월리스는 스코틀랜드인의 자유를 위해 이를 일언지하에 거절하고 그들을 돌려보냈습니다.

일부 서리 백작의 지휘관들은 다리를 관찰한 후 신중을 기할 것을 백작에게 주문했습니다. 하지만 왕실에서 파견된, 에드워드 왕의 재무담당관 크래싱햄 같은 조급한 인물이 즉시 전투를 치를 것을 주문하자 백작은 돌격 명령을 내리게 됩니다. 1천명의 영국 병사들이 둘씩 짝을 이뤄 나란히 다리를 건넜지만 스코틀랜드 병사들은 돌처럼 미동도 하지 않았습니다. 이어서 2천명, 3천명, 4천명, 5천명이 다리를 건너는 동안에도 스코틀랜드 병사들의 군모에는 깃털하나 까닥이지 않았습니다. 그러더니 이제 때가 됐다는 듯이 그들이 움직이기 시작했습니다. "진격하라! 일부는 다리 입구로 진격해서 더 이상의 영국 병사들이 넘어오지 못하도록 방어하라!" 월리스가 소리쳤습니다. "그리고 나머지 병사들은 나와 함께 내려가 이미 건너온 5천명의 병사들을 한 놈도 살려주지 말고 도륙해버리자!" 월리스의 명령은 그대로 실행됐습니다. 다리를 건너지 못한 영국 병사들은 강 건너의 동료 병사들이 죽어가는 것을 구경만 해야 했습니다. 크래싱햄 자신도 살해당했고, 스코틀랜드 사람들은 그의 가죽을 벗겨 말채찍으로 사용했습니다.

이 기간 동안 에드워드 왕은 외국에 나가 있었고, 그 사이 월리스는 여러 번의 전투에서 더 승리를 거두고 마침내 스코틀랜드를 탈환한 후 영국 접경지까지 쳐들어가기까지 했습니다. 그러나 겨울이 지나자 왕이 돌아와서 이전보다 더 정열적으로 전투를 지휘하기 시작했습니다.

어느 날 밤, 말과 함께 땅바닥에 떨어진 왕이 말발굽에 치어 갈비뼈가 부러지는 일이 발생했습니다. 그리고 이를 지켜본 병사들이 왕이 죽었다고 소리를 지르자 왕은 보라는 듯이 벌떡 일어나 말안장에 올라타고 고통을 참으며 진영으로 돌아갔습니다. 날이 밝자 왕은, 아직도 통증으로 부어오른 몸을 이끌고 진격 명령을 내리고, 군대를 포커크 인근까지 몰고 갔습니다.

그곳에는 스코틀랜드 병사들이 늪지대 뒤편의 돌이 많은 대지 위에 진을 치고 있었습니다. 이 전투에서 왕은 1만5천명의 적병들을 살해하면서 월리스를 무찔렀습니다. 월리스는 여기저기 분산된 병력을 이끌고 퇴각하지 않을 수 없었으며, 계속 추격당하자 영국 병사들에게 근거지를 제공해주지 않기 위해 마을들에 불을 지르고 달아났습니다. 마을에 불을 지르고 달아나기는 퍼스의 주민들도 마찬가지였으며 더 이상 식량을 보급할 근거지를 찾지 못한 에드워드 왕은 군대를 이끌고 철수하지 않을 수 없었습니다.

한편 발리올과 왕위를 놓고 다투던 로버트 브루스의 손자 또 다른 로버트 브루스가[7] 형이 죽자 자기가 직접 영국 왕에 저항에 들고일어났습니다. 그리고 발리올의 조카 존 코민도 마찬가지로 또 다른 저항 세력을 형성했습니다. 이들 두 젊은 청년들은 스코틀랜드의 왕권을 놓고 다투고 있었으므로 에드워드에 저항한다는 점 외에는 어느 것 하나도 의견일치를 이루는 점이 없었습니다. 스코틀랜드 사람들이 교황에게 중재를 요청한 것은 바로 이 점을 너무나 잘 알았기 때문이며, 설령 자기들이 영국 왕을 무찌른다고 해도 그 다음에 일어날 일을 충분히 짐작했기 때문일 겁니다. 그러자 교황은, 그렇게 요구한들 자신에게는 큰 피해가 없다는 판단 하에, 아주 매몰차게 스코틀랜드의 소유권을 자기 앞으로 하겠다고 주장했고, 이 요구가 너무 벅차다고 판단한 스코틀랜드 의회는 교황의 요구를 정중히 거절했습니다.

1303년 봄에 영국 왕은 존 세그레이브 경을 스코틀랜드의 총독으로 임명하고 반란을 진압하기 위해 2만 명의 병사들을 딸려 보냈습니다. 존 경은 기대했던 것만큼 용의주도한 사람이 아니었지만 병사들을 세 그룹으로 나눈 다음 에든버러 인근의 로슬린Rosslyn에 진을 쳤습니다. 그러자 스코틀랜드 병사들은 적의 약점을 바로 간파하고 이들 세 그룹을 각개격파해서 모두 섬멸하고 포로들도 모두 죽여 버렸습니다. 이렇게 되자 이번에는 왕이 한 번 더 직접 나서 대군을 이끌고 스코틀랜드의 북부를 통과하면서 닥치는 대로 폐허를 만들어버렸습니다. 그리고 왕은 던퍼믈린Dunfermline에 도착해서 겨울을 대비한 진영을 마련했습니다.

이제 더 이상 스코틀랜드에게는 희망이 없다고 판단한 존 코민과 다른 귀족들은 왕에게 항복을 선언했고 왕은 그들을 사면해주었습니다. 이제 윌리스만이 홀로 남게 됐습니다. 왕은 그에게, 비록 목숨을 살려준다는 보장은 못하지만, 항복할 것을 권했습니다. 하지만 그는 여전히 완강했으며, 고지대의 산골짜기에 있는 높은 바위틈에 은신해 있었습니다. 윌리스의 근거지인 고지대 산지는 독수리들이 둥지를 틀고, 계곡의 물살이 요란스럽게 급류를

---

7 할아버지와 이름이 같음

스털링 성Castle of Stirling

이루며, 흰 눈이 몸을 덮을 정도로 내리고, 삭막한 바람이 정처 없는 그의 머리를 훑고 지나가는 그런 곳이었습니다. 그는 그곳에서 칠흑같이 어두운 수많은 밤을 담요 하나로 버텨내야 했습니다. 하지만 그 어떤 것도 그의 영혼을 파괴하지는 못했습니다. 어떤 것도 그의 용기를 꺾지 못했고, 어떤 것도 그로 하여금 조국의 배반을 용서하거나 잊게끔 하지 못했습니다.

오랫동안 버티던 스털링 성이 발전된 온갖 무기를 이용한 영국의 공격으로 함락되었을 때도, 성당 꼭대기의 납 지붕이 그 무기를 만들기 위해 뜯겨질 때도, 에드워드 왕이 나이는 먹었지만 마치 혈기 왕성한 청년처럼 정복야욕에 불타서 공격을 지휘할 때도, 2백 명도 안 되는 수비병들이 굶주림에 지쳐 항복을 선언하고 적들 앞에 무릎 꿇고 온갖 굴욕을 다 겪을 때도, 그리고 스코틀랜드에 한 점 희망이 보이지 않을 때도 월리스의 굳건한 자긍심은 수그러들지 않았고 그는 언제나 강건하고 무자비한 왕 에드워드가 자신의 발 앞에 죽어서 쓰러지는 꿈을 꾸곤 했습니다.

누가 마지막으로 윌리엄 윌리스를 배반했는지는 확실하지 않습니다. 그를 따르던 최측근이 그를 배반했다는 설도 충분히 그럴 듯해 보입니다. 그는 존 멘타이스 경의 호위 아래 덤바르톤 성에 갇혔다가 런던으로 이송되었습니다. 런던에서는 그의 용맹과 강인한 정신에 대한 이야기가 이미 널리 퍼져 있어서 수많은 군중이 그를 보기 위해 거리로 몰려나왔습니다. 그는 웨스트민스터 홀에서 머리에 면류관이 씌워진 채 재판을 받았는데, 그 이유는 그가 스코틀랜드의 왕관을 쓸 것이라고 장담했다는 이야기를 비꼬기 위해서였을 겁니다.

어쨌든 그는 도둑질과 살인 그리고 반역의 죄목으로 유죄를 받았습니다. 도둑질한 죄는 영국 왕의 부하들이 노략질한 노획품을 탈취한 것을 말함이요, 살인죄는 오만한 영국인들을 살해한 죄를 말하는 것이고, 반역이라 함은 그가 한 번도 영국 왕에게 충성을 맹세한 적이 없고 오히려 그런 자들을 비웃었으므로 이치에 닿지 않는 죄목이었습니다. 결국, 그는 말꼬리에 매달려서 스미스필드까지 끌려간 후 교수형에 처해졌고, 숨이 끊어지기 전에 교수대에서 내려져 목이 잘리고 사지가 네 조각으로 갈라지는 극형을 당해야 했습니다.

그의 머리는 런던 다리의 장대 위에 내걸렸고, 그의 오른팔은 뉴캐슬로, 왼팔은 버릭으로, 다리들은 퍼스와 애버딘으로 보내졌습니다. 그러나 에드워드 왕이 월리스의 몸을 아무리 잘게 조각내서 수없이 많은 곳에 뿌렸다 해도 그의 명성의 반만큼도 뿌리지 못했을 겁니다. 윌리엄 월리스의 이야기는 영국 사람들이 노래를 부르는 한 영국 사람들의 입에서 떠나지 않을 것이고, 스코틀랜드의 신과 호수가 영원한 이상 그에 대한 스코틀랜드 사람들의 사랑도 영원할 것입니다.

상대하기 버거웠던 적이 제거되자 왕은 보다 우호적인 정치를 베풀어서, 주요 관직도 스코틀랜드 귀족과 영국 귀족이 나눠서 차지할 수 있도록 했고, 지난 시절의 범죄자들을 사면해주었습니다. 왕은 자신의 나이를 돌아보며 이제 자신의 과업이 끝나간다고 생각하게 됐습니다.

하지만 왕은 잘못 생각하고 있었습니다. 코민과 브루스가 왕에 대항하기 위해 공모를 해서 덤프리스의 미노리테스 성당에서 서로 만나기로 했기 때문입니다. 이와 관련해 세상에는 이런 이야기가 전해지고 있습니다. 코민이 흑심을 품고 브루스에게 간계를 꾸몄고 코민은 이 사실을 왕에게 일러바쳤다거나, 저녁을 먹다가 자신에게 닥친 위험을 친구인 글로스터 백작에게 미리 전해들은 브루스가 그 친구가 보내준 12페니와 2개의 박차를 들고 급히 몸을 피신했다거나, 화가 머리끝까지 난 브루스는 말을 몰아 약속 장소로 달려가서(눈 폭풍 속에서 추격을 피하기 위해 말발굽을 거꾸로 달았다고도 합니다.) 코민의 전령인 하인을 만나 그를 살해하고 그 하인의 복장으로 갈아입은 다음 코민의 배반 내용을 담은 편지를 발견했다는 이야기가 그것입니다.

사실이 어떻든 간에 그들은 서로 싸울만한 충분한 이유를 가진 다혈질적인 경쟁자들이었습니다. 무슨 사안을 놓고 만나든지 그들은 교회에서 만나기만 하면 반드시 싸웠는데, 마침내 브루스가 단검으로 코민을 찔러서 코민이 교회 바닥에 쓰지는 일이 벌어졌습니다. 이 일을 마치고 당황한 얼굴로 밖으로 나온 브루스에게, 밖에서 기다리고 있던 친구들이 무슨 일이냐고 묻자, 그는 "내가 코민을 죽인 것 같다."고 말했고 친구들이 정말로 죽은 것이 맞는지 묻자 그는 "다시 확실하게 하고 오지!"라며 다시 성당 안으로 들어가 아직 숨이 끊어지지 않은 코민을 재차 여러 번 찔렀습니다. 그리고 영국 왕이 그런 폭력을 용서하지 않을 것을 알고 있던 일행들은 브루스를 스코틀랜드의 왕이라고 선언해버렸습니다. 브루스는 돌의자도 없이 스쿤에서 왕위에 오르고 반역의 깃발을 다시 한 번 높이 세웠습니다.

이 소식을 들은 에드워드 왕은 지금까지 보지 못했던 분노를 폭발하며, 무자비한 응징을 다짐했습니다. 그는 먼저 영국 황태자와 270명의 젊은 귀족들에게 새로 기사 작위를 수여했습니다. 기사들의 천막을 치기 위해서 템플 가든의 나무들이 베어지고, 그곳에서 새로 임명된 기사들은 오랜 전통에 따라 자신들의 갑옷을 밤새 지켜보았습니다. 또, 어떤 이들은 템플 교회와 웨스트민스터 사원에서 밤을 보내기도 했습니다.

그리고 그 이후 벌어진 대중 연회에서 왕은 코민의 복수를 하고 사악한 브루스를 처단할 것을 하늘을 두고 맹세하고, 음유시인들이 탁자 위에 올려놓은, 황금 그물에 둘러싸인 두 마리의 백조를 두고 맹세를 했습니다. 이어서

에드워드1세의 마지막 출정과 죽음

그는 여러 사람들이 보는 앞에서 자신의 아들인 왕자에게 만일 자신이 임무를 완수하지 못하고 죽거들랑 그 임무가 완수될 때까지 자신을 땅에 묻지 말도록 명령했습니다. 다음 날 아침, 왕자와 젊은 기사들은 영국 병사들과 합류하기 위해 국경 지역으로 향해 출발했습니다. 이때 에드워드 왕은 너무 노쇠해서 말이 끄는 담가에 이끌려 출정할 수밖에 없었습니다.

브루스는 전투에서 패한 뒤 많은 위험과 곤경을 겪으면서 아일랜드로 탈출해 겨울 동안 그곳에서 숨어 지냈습니다. 그 겨울 동안 왕은 브루스의 친족들과 지지자들을 끝까지 추적해서 남녀노소를 가리지 않고 몰살시킴으로써 어떠한 자비도 베풀지 않았습니다. 봄에는 브루스가 다시 나타나 몇 번의 전투에서 승리를 거두었는데, 이 싸움에서 양측은 너무나도 잔인한 면모를 보여줬습니다. 예를 들면 심각하게 부상을 입고 포로가 된 브루스의 형제 두 명을 영국 왕은 그 자리에서 즉결처분하도록 했으며, 브루스의 친구인 존 더글러스 경은 자신의 더글러스 성을 탈환하는 과정에서 학살당한 영국 수비병들의 시신을 거대한 불가마에 넣고 불태워버렸는데, 그의 부하들은 이를 두고 '더글러스의 고깃간Douglas Larder'이라고 부르기도 했습니다. 어쨌든 브루스는 전투에서 상당한 전과를 올리면서 펨브룩의 백작과 글로스터의 백작을 에어Ayr 성에 몰아넣고 포위공격하기도 했습니다.

겨울 내내 병 때문에 자리에 누워있으면서도 군대를 지휘했던 에드워드 왕은 칼라일로 말을 몰아가 그가 타고 다니던 담가를 성당에 봉헌물로 바치도록 하고, 다시 한 번 말에 올랐습니다. 그리고 그것은 그의 마지막 출정이 됩니다. 그때 그의 나이 69살이었으며, 통치 35년 되던 해였습니다. 그는 병세가 너무나 심각해서 4일을 달려서 고작 6마일밖에 전진할 수 없었지만, 그래도 굴하지 않고 국경 쪽을 향해 전진을 멈추지 않았습니다. 마침내 어느 마을에서 그는 쓰러졌고, 임종을 지키던 측근들에게, 스코틀랜드를 정복할 때까지는 절대로 멈춰서는 안 된다는 아버지의 유훈을 왕자에게 전하라는 유지를 남기고 마지막 숨을 거뒀습니다.

제17장
에드워드 Ⅱ세
ENGLAND UNDER EDWARD THE SECOND
[1284. 4. 25~1327. 9. 21, 재위 : 1307~1327]

첫 번째 '영국의 황태자Prince of Wales' 에드워드II세는[1] 그의 아버지가 서거했을 때 나이 23살이었습니다. 에드워드II세에게는 프랑스 가스코뉴[2]에서 온 피에르 가베스톤이라는 가까운 친구가 하나 있었는데 선대왕은 그를 몹시 싫어해서 영국에서 추방해버리고, 말년에는 병석에서 왕자를 불러 그를 다시 만나지 말 것을 당부한 적도 있는 그런 인물이었습니다. 하지만 왕자는 왕이 되자마자 아버지와의 약속을 깨버리고 자기가 좋아하던 친구를 곧바로 불러들였습니다. 대부분의 왕과 왕자들은 그런 식이었습니다. 그들에게 선대왕과의 약속을 지키라고 하는 것은 너무 과도한 주문일지 모릅니다.

가베스톤은 수려한 용모를 지니기는 했어도 조심성이 없고, 오만하며, 뻔뻔스런 인물이었습니다. 그가 황태자와의 친분을 이용해 궁정을 어지럽힐 뿐만 아니라 마상시합에서 자기들보다 말을 더 잘 타고, 심한 농담을 함부로 했기 때문에 자존심 강한 영국의 귀족들은 그를 몹시 싫어했습니다. 그는 귀족들을 '늙은 돼지'라거나 '광대' 또는 '유태인'이나 '아르덴의 검은 개'라고 부르는 심한 농담을 했습니다. 이 말들은 있을 수 있는 저속한 농담에 속

---

1 플랜태저넷 왕가의 영국 제6대 왕으로, 에드워드1세의 4남.
 즉위 직후 그는 동성연애 상대였던 피에르 가베스톤에게 콘월 백작 직위를 수여함으로써 의회와의 마찰을 빚게 되었고, 의회는 에드워드의 사촌이었던 랭커스터 백작 토머스를 주축으로 하는 21명의 칙령기초위원회를 조직하여 40여개의 칙령을 선포하고 에드워드2세에게 맞섰는데, 그 중 20개 항목이 피에르 가베스톤만을 겨냥한 것이었음. 그 결과 피에르는 영국에서 영구 추방당하였고, 왕의 인사권 역시 대폭 제한되었음. 이후 가베스톤은 밀입국을 기도하였으나 귀족들에게 발각되어 참수당함.
 에드워드2세는 1314년 스코틀랜드를 침공하였으나, 배녹번에서 로버트1세가 이끈 스코틀랜드 군에 참패하였음(배녹번 전투the battle of BANNOCKBURN). 이 사건으로 인하여 왕과 의회사이의 불화는 더욱 심화되었지만, 의회파가 시간이 지남에 따라 분열되자 에드워드는 추종자들을 결집하여 토머스와 의회에 대하여 강경하게 대처하기 시작했음. 결국 1322년 3월 토머스와 의회파의 주요 인물들을 버러브리지에서 체포하여 모조리 처형하는 데에 성공함. 물론 그들이 제정하였던 칙령은 처형이 끝나기가 무섭게 파기되었음.
 한동안 평화를 유지하는 듯했던 정국은 1326년 왕비였던 이사벨라가 프랑스로 추방당해있던 망명 귀족들의 지원을 받아, 군대를 조직하여 영국 본토로 침입함으로써 끝을 맺고, 왕의 추종자들은 대부분 처형당하였고, 에드워드2세 역시 무능함과 칙령을 파기한 책임을 지고 탄핵 후 폐위 당하였음.
 이후 에드워드는 1327년 9월 감옥에서 폭행당하여 숨진 것으로 알려짐.

2 당시 프랑스 내의 영국 영토

하기는 했지만 그를 대하는 영국 귀족들의 분노는 하늘을 찌를 듯했습니다.
'검은 개'라는 조롱을 들어야 했던 워릭의 백작은 화가 잔뜩 나서 피에르 가
베스톤이 언젠가는 검은 개의 이빨 맛을 볼 날이 올 것이라고 장담하곤 했습
니다. 하지만 그 시기는 아직 도래하지 않았고 앞으로도 올 것 같지 않았습
니다. 황태자가 가베스톤에게 콘월의 백작이라는 지위와 막대한 재산을 넘
겨주었을 뿐 아니라, 세상에서 가장 아름다운 여인이라 일컬어지던 프랑스
의 공주 이사벨라(필리프 르 벨르의 딸)와 결혼하기 위해 영국을 떠나있을
때 영국의 섭정 자리까지 맡겨버렸기 때문입니다.

황태자의 결혼식은 프랑스 불로뉴 지방의 성모마리아 교회에서 성대하게
거행됐습니다. 참석자 중에는 네 명의 왕과 세 명의 여왕이 있었는데, 마치
트럼프의 그림패를 보는 듯했고, 그 무리들 중에는 분명 잭패도[3] 어딘가에
숨어있었을 겁니다. 한편, 결혼식이 끝났지만 황태자는 어여쁜 신부에는 거
의 관심이 없고 가베스톤을 빨리 보고 싶은 일념뿐이었습니다.

황태자는 고국에 도착해서도 다른 사람들은 아예 신경도 쓰지 않고 많은
사람들이 보는 잎에서 친구의 품으로 달려들어서 그를 껴안고, 키스하며 그
를 형제라 불렀습니다. 곧바로 이어진 대관식에서도 화려한 참석자들 중에
서 가베스톤이 가장 화려하게 도드라져보였고, 왕관을 왕에게 전달하는 영
예를 누리기도 했습니다. 그런데 이 모습은 자존심 강한 영국 귀족들을 더
욱 화나게 했을 뿐 아니라 일반 민중들도 그를 경멸하도록 만들었습니다.
사람들은 그 이후 가베스톤을 더 이상 콘월의 백작이라 부르지 않았고, 이에
화가 난 가베스톤이 왕에게 그런 사람들을 색출해서 벌주도록 요청했지만,
그래도 사람들은 계속해서 그를 '그저 그런 피에르 가베스톤'이라고 불러댔
습니다.

남작들이 왕의 친구에 대한 극도의 거부감을 왕 앞에서 거리낌 없이 표현
했기 때문에 왕은 어쩔 수 없이 그 친구를 국외로 내보내야 했습니다. 그 친

---

3   knaves, jacks, 악한, 무뢰배

에드워드 II 세와 가베스톤(연극의 한 장면)

구 자신은, 다시는 영국으로 돌아오지 않겠다는 맹세까지 해야 했습니다. 그래서 귀족들은 그가 명예롭지 못하게 추방당한 것으로 믿었습니다. 하지만 그들은 그 친구가 아일랜드의 총독에 임명됐다는 소식을 들어야 했습니다. 이런 조치들이 넋이 빠진 왕에게는 여전히 불충분 한 것이었을지 모르지만 (왕은 1년 뒤 친구를 다시 영국으로 불러들이게 됩니다.), 이는 민중들이나 조정으로 하여금 그의 비이성적 애정행각에 대해 넌더리를 치도록 만들었을 뿐 아니라 아름다운 왕비의 마음에 너무나 큰 상처를 남겨주었습니다. 그 이후 그녀는 단 한 번도 왕을 사랑해본 적이 없었습니다.

당시 왕은 만성적인 왕실의 재정적자에 허덕이고 있었으며 남작들은 왕이 새롭게 돈을 모금하지 못하도록 하겠다는 굳센 의지를 다지고 있는 중이었습니다. 왕은 요크에서 의회를 소집했습니다. 그러자 남작들은 왕의 친구가 곁에 있는 한 소집에 응할 수 없다고 거부했습니다. 왕은 하는 수 없이 친구를 멀리 보내버리고 웨스트민스터에서 새롭게 의회를 소집했고, 남작들은 완전무장을 한 채 나타나서 국가와 왕실에서 벌어진 잘못을 따지는 위원회를 구성해버렸습니다.

왕은 귀족들의 조건을 받아들이고서야 어느 정도의 자금을 마련할 수 있었으며 그 돈을 가지고 가베스톤과 함께 국경 지역으로 여행가서는 먹고 마시며 시간을 보냈습니다. 그리고 그러는 사이 브루스는 스코틀랜드에서 영국인을 몰아낼 준비를 완료했습니다. 비록 선대왕이, 못난 아들 걱정으로, 스코틀랜드가 완전히 정복될 때까지는 자신의 뼈를 묻지 말고 큰 솥단지에 넣고 끓인 다음 그것을 영국 병사들 앞에 가져다놓으라는 유언을 남기기는 했지만, 두 번째 에드워드는 첫 번째 에드워드와는 너무나 차이가 나는 인물이어서 브루스는 매일같이 힘을 키울 수가 있었던 겁니다.

귀족들로 구성된 영국의 위원회는 숙의를 거친 뒤 앞으로는 왕은 독단적으로 의회를 소집하지 말고 자신들과 협의한 후, 일 년에 한 번씩, 또는 필요하다면 두 번씩이라도 정기석으로 의회를 열 것을 결의했습니다. 나아가 그들은 가베스톤을 다시 한 번 추방할 것과 이번에는 다시 돌아오면 사형에 처한다는 사항을 결의했습니다. 왕은 하소연했지만 소용이 없었고, 어쩔 수 없이 친구를 플랑드르로 내보내야 했습니다. 하지만 왕은 이 같은 조치를 내린 다음 머리 나쁜 바보의 저급한 교활함으로 곧바로 의회를 해산시키고 영국 북부로 건너가서 귀족들에 대항에 군대를 모집할 궁리를 했습니다. 그리고 왕은 또 한 번 가베스톤을 영국으로 불러들여 남작들이 그에게서 빼앗았던 재물과 지위를 원상복귀 시켜주었습니다.

마침내 남작들은 이제 왕의 친구에게는 죽음밖에는 다른 도리가 없다고 판단하게 됐습니다. 사실 그들은 그 조치를 왕의 친구를 추방할 때 내걸었던 조건에 따라 적법하게 실행할 수도 있었습니다. 그러나 유감스럽게도 귀족들은 비열한 방법을 동원했습니다. 그들은 먼저 왕의 사촌인 랭커스터 백작의 지휘를 받아 왕을 공격한 후 뉴캐슬에 있는 가베스톤을 공격했습니다. 왕과 친구는 간신히 바다를 통해 탈출할 수 있었습니다. 초라한 왕은 어여쁜 아내를 남겨두고 좋아하는 친구와 함께 도망갈 수 있다는 사실이 더 없이 즐거웠을 뿐입니다. 그리고 어느 정도 안전을 확보하게 되지 그들은 각자 헤어졌습니다.

왕은 군대를 소집하기 위해 요크로 갔고, 친구는 바다가 내려다보이는 스카보로Scarborough 성에 칩거해버렸습니다. 하지만 그것은 바로 남작들이 바라던 바였습니다. 그들은 성이 얼마 버티지 못할 것이라는 점을 잘 알고 있었습니다. 결국 그들의 공격을 버티지 못한 가베스톤은 항복하지 않을 수 없었습니다. 가베스톤은, 비록 자신이 유태인이라고 놀리기는 했어도, 자기를 해치지 않겠다는 기사로서의 약속을 보내준 펨브룩의 백작에게 항복했습니다.

이제, 가베스톤을 월링포드Wallingford 성으로 옮기고 그곳에서 명예로운 죄수로 대접을 해준다는 합의가 이뤄졌습니다. 그들은 가베스톤을 데리고 밴베리 인근의 데딩턴Dedington 성까지 간 다음 밤을 보내기 위해 휴식을 취하기로 했습니다. 펨브룩의 백작이 무슨 일이 일어날 것을 예상하고 그의 죄수를 그곳에 데리고 왔는지, 아니면 정말로 그에게 아무 일도 일어나지 않을 것이라고 안심하고 근처에 있던 자신의 아내를 만나러 갔는지는 지금에 와서는 별로 중요하지 않습니다. 중요한 것은 그가 기사답게 그를 보호해주겠다는 약속을 한 것이 지켜지지 않았다는 점입니다.

아침이 되어 가베스톤은, 아직 잠에서 깨지 않았을 때, 일어나서 옷을 입고 마당으로 내려오라는 전갈을 받았습니다. 아무런 의심도 하지 않고 성 마당에 내려간 그는 소스라치게 놀라지 않을 수 없었습니다. 중무장한 사내들이 그를 기다리고 있었던 겁니다. "귀하는 나를 알겠지요?" 머리부터 발끝까지 무장을 한 사내들의 대장이 물었습니다. "내가 '아르덴의 검은 개'올시다." 피에르 가베스톤이 '검은 개'의 이빨 맛을 볼 때가 마침내 찾아온 것입니

목이 잘린 가베스톤

다.

그들은 가베스톤을 노새 위에 앉힌 다음 군악을 울리면서 우스갯거리를 만들어 '검은 개'의 개집(워릭 성) 까지 끌고 가서 귀족들로 위원회를 구성한 다음 죄수를 어떻게 처리할 것인가 논의를 했습니다. 일부는 목숨만은 살려 주자는 사람들도 있었지만, 성을 울리는 우렁찬 소리가 (아마도 '검은 개'의 울부짖음이었겠지요.) 좌중을 압도했습니다. "우리는 지금 교활한 여우를 잡아놓고 있는 겁니다. 그놈을 놓아주면 틀림없이 다시 사냥을 해야 할 겁니다."

그들은 결국 그를 사형에 처하기로 결정했습니다. 가베스톤은 자신이 '늙은 돼지'라고 놀리던 랭커스터 백작의 발 앞에 무릎을 꿇었습니다. 하지만 '늙은 돼지'도 '검은 개'만큼이나 잔인했습니다. 그들은 가베스톤을 햇살이 청명한 도로 위로 끌고 나왔습니다 그 도로는 워릭에서 코번드리로 이어서며, 길을 따라 에이번Avon 강이 햇살을 받아 금빛으로 출렁이면서 아름다운 5월의 빼어난 풍광을 이루며 흐르는 곳이었습니다. 에이번 강가는 오랜 세월이 흐른 후 윌리엄 셰익스피어가 태어나고 묻힌 곳이기도 합니다. 바로 그런 곳에서 귀족들은 가베스톤의 목을 베어 대지를 피로 물들였습니다.

왕은 이 야만적 행위에 대한 소식을 듣고 슬픔과 분노를 이기지 못하고 남작들에게 무자비한 복수를 선언하고 이후 양측은 반년동안 공방전을 벌이게 됩니다. 하지만 그때 양측이 갈라진 틈을 잘 이용해서 스코틀랜드에서 브루스가 엄청나게 세력을 키우게 되자 양측은 브루스에 대항하기 위해 힘을 합쳐야 할 필요가 생겼습니다.

그때 브루스가 스털링 성을 포위공격 중이며, 빠른 시간 안에 도움의 손길이 뻗치지 않는다면 스코틀랜드의 총독은 항복을 선언할지 모른다는 첩보가 영국에 당도했습니다. 그래서 왕은 귀족들과 부하들에게 버릭으로 가서 총독을 만날 것을 지시했지만, 귀족들이 왕의 말에 워낙 신경을 쓰지 않고 도움 요청을 경시하는 바람에 시간을 놓치게 되어서, 왕은 총독이 항복을 최후통첩 받기 전날에야 기대에 못 미치는 병사들을 거느리고 스털링에 도착할 수 있었습니다. 그래도 왕의 병력은 모두 합쳐 십만에 이르렀고, 브루스 병사들의 숫자는 4만에 불과했습니다. 하지만 브루스 군은 배녹번 지역을 흐르는 시냇가와 스털링 성 사이의 대지 위에 튼튼한 3열 종대의 방진方陣을 구성하고 의연히 맞섰습니다.

저녁에 왕이 도착했을 때는 브루스의 솔선수범한 전과로 인해 스코틀랜드 군사들의 사기가 한껏 올라있는 상태였습니다. 헨리 드 보헌이라는 영국 기사의 눈에 외소한 말을 타고, 손에는 작은 도끼를 들고 머리에는 왕관을 쓴 브루스가 보였습니다. 건장한 말을 타고 중무장한 갑옷을 걸치고 있던 보헌의 눈에는 별로 힘을 들이지 않고도 브루스를 짓이길 수 있을 것 같았습니다. 그가 말에 박차를 가해 돌진해 들어가서 브루스를 향해 육중한 창을 날리는 순간 브루스는 가볍게 공격을 피하면서 일격에 그의 해골을 부숴버렸습니다.

　다음날 전투의 열기가 무르익을 때까지도 스코틀랜드의 병사들은 이 싸움을 잊지 않았습니다. 브루스의 용맹스런 조카 랜돌프는 몇 안 되는 병사들을 이끌고 한 무리의 영국 병사들 진영으로 쳐들어갔습니다. 영국 병사들의 잘 닦여진 갑옷들이 햇빛을 받아 반짝거렸으므로 랜돌프의 병사들은 마치 반짝거리는 강물에 뛰어드는 것처럼 보였습니다. 하지만 스코틀랜드 병사들이 너무도 잘 싸워서 영국 병사들은 당황하지 않을 수 없었습니다. 그런 다음 나머지 병력을 거느리고 브루스 자신이 나타났습니다. 그들이 이렇게 영국 병사들을 당황하게 만들고 압박하는 동안 언덕 위에 새로운 스코틀랜드 병사들이 눈에 띄었습니다. 하지만 그들은 실제로는 전투요원들이 아니라 브루스가 미리 준비해놓은 1만5천명의 비전투 종군 민간인들이었습니다. 브루스는 그들에게 사전에 미리 그 장소와 시간에 나타날 것을 지시해놓았던 겁니다.

　글로스터의 백작이 그날의 전세를 바꾸기 위해 마지막으로 말을 몰고 나섰습니다. 하지만 브루스는 —마치 동화 속의 ‘잭과 살인 거인’처럼— 땅바닥에 구멍들을 판 후 표면을 잔디와 나뭇가지로 덮도록 했습니다. 그런 결과 영국의 말과 병사들은 수 백 명씩 스스로의 무게로 인해 구덩이에 빠지면서 걸려 넘어지고 말았습니다. 결국 영국은 대패했습니다. 엄청난 양의 영국 측의 재물과 비축물, 무기들이 스코틀랜드 병사들의 손으로 넘어갔습니다. 영국으로부터 빼앗은 짐마차들을 일렬로 늘어놓았다면 180마일에 이르렀을 것이라는 이야기가 전해지고 있을 정도입니다. 그때만은 승리의 여신이 분명히 스코틀랜드이 손을 들어줬습니다. 그리고 스코틀랜드인들은 스코틀랜드 땅에서 벌어진 전투 중에서 ‘배녹번 전투Battle of BANNOCKBURN’라고 불리는 이 위대한 승리만큼 뛰어난 전과를 거둔 적이 없습니다.

　전염병과 기근이 영국 병사들을 괴롭히고 있었지만, 무기력한 왕과 거드름피우는 귀족들은 여전히 싸움을 그치지 않았습니다. 그리고 아일랜드의

배녹번 전투Battle of BANNOCKBURN

난폭한 족장들 중 일부가 브루스에게 아일랜드를 통치해줄 것을 요청해왔습니다. 브루스는 동생을 그들에게 보내서 아일랜드의 왕이 되도록 했습니다. 브루스는 이후에 아일랜드에서 벌어진 전투들에 직접 참가해서 동생을 도와주기도 하지만 그의 동생은 끝내 패하고 전사하고 말았습니다. 그러나 스코틀랜드로 돌아온 로버트 브루스는 여전히 강력한 왕권을 유지해 나갔습니다.

영국 왕의 패망이 측근에 의해 시작되는가 싶었는데, 그 끝도 측근 때문에 일어납니다. 왕은 태어나기를 너무나 연약한 인간으로 태어나서 도저히 홀로 설 수는 없는 인물이었습니다. 왕이 이번에 새로 사귄 측근은 오랜 전통을 지닌 귀족 집안의 자제인 휴 디스펜서였습니다. 휴는 인물이 출중하고 용감한 사람이었지만, 아무도 애정을 보이지 않는 허약한 왕의 친구가 되었고, 그런 왕의 친구라는 자리는 매우 위험한 자리였습니다. 왕이 휴를 총애했기 때문에 귀족들은 그에 대항해 연맹을 결성하고 휴와 그의 아버지의 패망을 조용히 기다리고 있었습니다. 그리고 왕은 휴를 고인이 된 글로스터 백작의 딸과 결혼시키고, 그와 그의 아버지에게 웨일즈에 있는 막대한 재산을 넘겨주었습니다.

휴 일행은 웨일즈에서 재물을 막대하게 긁어모으는 과정에서 그들은 웨일즈 귀족들을 너무 화나게 했고, 그런 웨일즈 귀족들 중에는 존 드 모우브레이라는 인물이 도드라졌습니다. 이들 웨일즈 귀족들은 빼앗긴 성들과 토지를 되찾기 위해 무기를 들고 일어섰습니다. 한편, 처음으로 궁정에 휴를 소개했던 랭커스터의 백작은(휴는 그의 먼 친척뻘이었습니다.) 휴가 받은 총애와 후광 때문에 자신의 존엄성이 무너졌다고 판단하고 자신을 지지하던 남작들과 함께 웨일즈 진영에 가담해서, 런던으로 진군해 들어가 왕에게 휴와 그의 아버지를 추방할 것을 요구했습니다. 왕은 처음에는 뭔가 설명할 수 없는 기운이 솟아올라 이 요청을 과감하게 거절했습니다. 그러나 그들이 홀본과 클러큰웰 주변에서 진을 치고 무장을 한 채 웨스트민스터 의회를 향해 다가가자 왕은 포기하고 그들의 요구를 따르기로 했습니다.

하지만 왕에게 승리의 여신이 재빠르게 손짓을 해줬습니다. 그 일은 우연한 사건을 계기로 일어났습니다. 여행 중이던 아름다운 왕비는 어느 날 밤 왕실 소유의 어느 성에 당도해서 이침끼지 숙박하기로 했습니다. 그런네 그 날따라 그 성을 책임 맡고 있던 영주가 자리를 비운 사이 그의 부인이 숙식 제공을 거절해버렸습니다. 곧바로 양측의 수행원들끼리 다툼이 벌어졌고 그 과정에서 왕비의 수행원 하나가 죽음을 당했습니다.

왕에 대해서는 별다른 애착이 없던 사람들도 왕비가 영국의 통치권 내에서 이런 모욕을 당했다는 사실에 매우 분노했습니다. 그리고 왕은 이런 분위기에 편승해서 그 성을 공격해서 빼앗은 다음 휴 디스펜서 부자에게 줘버렸습니다. 이렇게 되자 연맹을 결성했던 귀족들과 웨일즈 사람들은 브루스의 편에 가담해버렸습니다. 왕은 그들과 보로우 다리Boroughbridge에서 전투를 벌여 승리를 거뒀으며, 주요 인사들을 포로로 생포할 수 있었습니다. 그 포로들 중에는 이제는 나이를 먹고 늙어버린 랭커스터의 백작이 있었고, 그는 자기 소유의 폰트프렉트Pontefract 성으로 옮겨진 후 그곳에서 다분히 의도된 재판을 통해 유죄를 확정 받았습니다. 그는 심지어 변론의 기회조차 주어지지 않았습니다. 백작은 심하게 모욕을 당한 후 굶주린 말 위에 안장이나 말굴레도 없이 올려 져서 끌려 다니다가 목이 베어졌습니다. 그와 함께 28명의 기사들도 교수형을 당한 후 말에 끌려 다니다가 사지가 잘려나가는 극형을 당해야했습니다. 왕은 이 피비린내 나는 과업을 신속하게 해치우고, 브루스와 획기적이고 장기적인 휴전협정을 성사시키게 되자 이전보다 더 열광적으로 디스펜서 부자에게 기울어지기 시작했으며, 윈체스터의 백작을 양부로 삼기도 했습니다.

보로우 다리 전투에서 생포된 포로 중에는 로저 모티머라는 상당히 중요한 인물이 하나 있었는데, 이 사람이 감옥을 탈출해서 왕에게 결정적 타격을 안겨주게 됩니다. 로저 모티머는 영국 왕에게 줄기차게 반대해왔고, 이미 사형을 언도받고 런던탑에 유치된 상태였습니다. 하지만 그는 간수들에게 수면제를 탄 와인을 대접하고, 간수들이 정신을 못 차리는 사이 지하 감옥에서 빠져나와 감옥 부엌의 굴뚝을 타고 지붕 꼭대기로 올라간 다음, 로프사다리를 이용해서 경비병들의 눈을 따돌리고, 강으로 내려가 보트를 타고 하인들과 말이 기다리는 곳으로 탈출하는 데 성공했습니다. 그리고 그는 드디어 영국 왕비의 오빠인 샤를 르 벨이 왕으로 있는 프랑스로 건너가는 데도 성공했습니다.

그때는 마침 프랑스의 샤를 왕은 영국 왕이 자신의 대관식에 참석해서 군신의 예의를 갖추지 않은 사실을 핑계로 영국과 전쟁을 벌일 구실을 찾고 있던 중이었습니다. 그러자 아름다운 왕비가 양국의 분쟁을 해결할 중재자로 선발됐습니다. 왕비는 프랑스로 건너가, 남편에게 '당신은 몸이 아파 프랑스로 건너오기 힘드니 대신 우리의 아들인 왕자를(왕자의 나이는 당시 12살에 불과했습니다.) 보내 오빠에게 충성을 맹세하게 하도록 하고, 저와 아들은 그 일이 끝나는 대로 영국으로 돌아갈 것'이라는 편지를 써 보냈습니다. 그래서 왕은 즉시 왕자를 프랑스로 보냈지만, 왕자와 왕비는 프랑스에 그대로 눌러앉아버렸고, 로저 모티머는 이후에 왕비의 새로운 연인이 됩니다.

왕이 거듭해서 고국으로 돌아올 것을 권하는 편지를 보냈지만 왕비는, 자기가 왕을 너무 경멸해서 함께 살 수 없다는 사실을 감추고 대신에 휴 디스펜서 부자가 무서워서 돌아가지 못한다는 대답을 보냈습니다. 요컨대 그녀는 왕과 그 친구의 권력을 무력화시키고 영국을 침공하고 싶은 마음을 가지고 있었던 겁니다. 2천명의 프랑스 병사들을 확보하고, 당시 프랑스로 피난 온 영국 망명객들의 힘을 합쳐 왕비는 일 년 이내에 서퍽에 있는 오르웰 Orewell로 상륙한 후 곧바로 켄트의 백작과 노퍽의 백작 및 왕의 두 동생들과 다른 여러 귀족들과 힘을 합치는 데 성공했습니다. 그리고 마지막으로 그녀는 자신을 감시하도록 파견되었던 영국 장군의 힘까지 보탰는데, 그 장군은 휘하의 병력 모두를 데리고 왕비의 편에 가담했습니다. 전세의 변화를 감지한 영국 민중들은 왕을 위해서는 꼼짝도 하지 않고, 아름다운 왕비를 위해 런던탑을 부수고 죄수들을 풀어준 후 모자를 날리면서 여왕 만세를 외쳤습니다.

왕은 두 측근과 함께 브리스틀로 피신한 후 디스펜서의 아버지에게 그곳의 성과 도시를 맡겨놓고 자신은 아들과 함께 웨일즈로 도피행각을 벌였습니다. 브리스틀 사람들이 왕을 싫어했고 도처의 적들로부터도 성을 사수한다는 것이 불가능하다는 것을 직감한 디스펜서 영감은 삼 일째 되는 날 항복을 선언할 수밖에 없었습니다. 그는 항복 즉시 재판에 회부되어 왕의 마음을 어지럽힌 반역죄로 기소됐습니다. 그러나 정말 왕에게 그런 마음이란 것이 있었는지조차 의심스럽습니다. 디스펜서는 아흔 살이 넘는, 존중받을 노인이었지만 나이는 아무런 동정도 유발하지 못했습니다. 그는 교수형 당한 후 아직 숨이 끊어지지 않은 상태에서 사지가 절되어 시신은 개의 먹으로 주어졌습니다. 그리고 그의 아들도 곧 체포되어 헤리퍼드에서 엉터리 같은 재판을 받은 후 유죄 판결을 받고, 50피트나 높은 교수대에서, 머리에는 가시

면류관을 쓴 채 형장의 이슬로 사라졌습니다.

디스펜서나 그의 아버지는 왕과 친분관계를 유지했다는 죄 외에는 별다른 죄가 없던 사람들이었습니다. 하지만 왕이 아니고 평범한 사람이었다면 그들은 그렇게까지 가까이 하려고 애를 쓰지는 않았을 겁니다. 그것은 왕의 마음을 어지럽힌 것은 죄질이 나쁜 죄입니다. 그리고 그 죄는 더 깊은 수렁으로 빠져든다는 것을 필자는 알고 있습니다. 하지만 많은 영주나 귀족들이 영국에서 같은 범죄를 저질러왔습니다. 여기에는 일부 여인들도 예외는 아닙니다. 물론 그들이 디스펜서 부자처럼 개의 먹이가 되거나 50피트 높이의 교수대에서 유명을 달리하진 않았지만 말입니다.

비루한 왕은 이러는 동안에도 어디 한군데 머물지 못하고 여기저기를 유랑하다가 마침내 모든 것을 포기하고 케닐워스Kenilworth 성에 들어앉아버렸습니다. 왕이 케닐워스에 정착했다는 소식을 접한 왕비는 런던으로 가서 의회와 대면했습니다. 그리고 왕비의 책사策士인 헤리퍼드 주교는 다음과 같은 말을 했습니다. "이제 다음에 무슨 일이 남았지요? 여기 어리석고 게으르며 불쌍하기까지 한 왕의 머리에 왕관이 씌워져있습니다. 왕관은 그보다는 왕자에게 돌아가는 것이 마땅하지 않을까요?" 이 상황에서 왕비가 진정으로 왕을 측은히 여겼는지는 모르겠습니다. 어쨌든 왕비는 그 순간 울음을 터뜨렸습니다. 그러자 주교는 "자, 여러분 그러면 케닐워스로 사람을 보내서 폐하께서 사직을 하실 것인지(오, 신이시여! 우리가 폐하를 폐위시키는 일은 일어나지 않도록 하소서!) 알아보도록 합시다."

일행들은 주교의 의견에 동의하고 케닐워스로 대표자를 보냈습니다. 그들이 도달했을 때 조잡한 가운을 걸친 평상복 차림으로 웅장한 연회장으로 내려오던 왕은 대표들 중에서 주교를 발견하고는 그 자리에 주저앉아 보기에도 측은한 장면을 연출했습니다. 그러자 누군가가 왕을 일으켜 세웠고, 하원 의장인 윌리엄 트러셀 경이, 왕이 놀라 자빠질 정도의 웅장한 목소리로, 그는 이제 더 이상 왕이 아니며 자신들은 그동안 맺었던 군신관계를 거둬들인다고 선언했습니다. 그런 다음 왕실의 회계 담당원인 토마스 블라운트 경이 마지막 종지부를 찍었습니다. 그는 앞으로 나아가 왕의 지팡이를 부러뜨렸는데, 이는 일반적으로 왕이 서거했을 경우에나 하는 절차였습니다. 이런 식의 억압적 분위기에서, 사임하는 것이 어떻겠느냐는 권고를 받은 왕은 그것만이 최선의 방법인 것을 알았기에 수락했고, 마침내 다음 날 그의 아들이 왕으로 선포됐습니다.

왕 에드워드 II 세가 더 이상의 괴롭힘을 당하지 않고 케닐워스의 성에서 편안하게 보내면서 좋아하는 친구들과 충분히 먹고 마시면서 부족한 것 없이 말년을 보냈다고 쓸 수 있다면 참 좋았을 겁니다. 그러나 그는 그렇지 못하고 심하게 모욕당했습니다. 사람들은 그를 함부로 대했고 지저분한 구정물로 면도를 해야 하는 등의 극도로 비참한 생활을 해야 했습니다. 또, 그는 해당 성주들이 그에게 너무나도 친절하게 대해주었기 때문에 이 성에서 저 성으로, 저 성에서 이 성으로 옮겨 다니다가 마지막으로 세번 강가에[4] 있는 버클리Berkeley 성에 도달해서는 토마스 고르네이와 윌리엄 오글이라는 두 폭력배의 손에 넘겨지게 됐습니다.(당시 성의 영주는 병이 나서 성을 비운 상태였습니다.)

1327년 9월 어느 저녁, 버클리 성 이웃의 주민들은 두꺼운 성벽을 넘어 어두운 밤하늘을 울리는 찢어지는 외마디 비명소리를 듣고서는, "가련한 왕에게 신의 가호가 있기를! 저 비명소리가 저 황량한 감옥에 갇혀있는 왕의 소리가 아니기를 빕니다."라고 중얼거려야 했습니다. 하지만 다음 날 왕은 죽은 채 발견됐습니다. 그의 시신은 얼굴이 몹시도 일그러졌다는 점을 빼고는 아무런 멍 자국이나 칼에 찔린 자국 등이 없었습니다. 그리고 이후에 사람들은 그 두 폭력배들이 불에 달군 쇠꼬챙이로 에드워드 II 세의 항문을 쑤셔서 죽였다고 수군거렸습니다.

---

4 Severn, 영국 웨일즈 중부에서 Bristol 해협으로 흘러들어가는 강

    여러분들은 혹시 글로스터 근처에 올 일이 생긴다면 가운데 첨탑 네 개가 솟아있는 그 곳의 아름다운 성당 중앙에 있는 탑을 보시기 바랍니다. 그러면 여러분들은 고대 도시의 오랜 사원에 누워있는 비루했던 왕 에드워드 II세를 떠올릴지도 모릅니다. 그는 참으로 바보 같은 19년 반의 통치기간과 43년의 생을 마감하고 그곳에 누워있습니다.

글로스터Gloucester 시의 전경과 성당에 누워있는 에드워드 II세의 조상彫像

제18장
에드워드Ⅲ세
ENGLAND UNDER EDWARD THE THIRD
[생몰 : 1312.11.13~1377.6.21, 재위 : 1327~1377]

왕비의 연인인 로저 모티머는(앞 장 말미에 그의 이야기가 등장했습니다.) 왕의 측근이 당한 경험에서 교훈을 얻어야 했는데 그러지 못했습니다. 왕비의 영향을 등에 업고 디스펜서 부자의 재산을 모두 가로챈 그는 과도할 정도로 오만해지고 야심에 차서 정말로 영국의 왕이 되고자 했습니다. 엄숙한 격식 속에서 14살의 나이에 왕위에 오른 어린 왕은 이러한 모티머의 행동을 참지 못하고 그를 망가뜨릴 것을 결심합니다.

사람들은 모티머를 좋아하지 않았습니다. 그 첫 번째 이유는 그가 왕실의 측근이라는 점 때문이었고, 두 번째 이유는 사람들이, 그가 스코틀랜드와 평화조약을 맺도록 거들었다고 믿었기 때문입니다. 그 평화조약의 결과 7살에 불과한 왕의 어린 여동생 조안과 로버트 브루스의 아들이자 스코틀랜드 왕위 계승자인 5살짜리 데이비드 사이에 정혼이 맺어졌던 겁니다. 그리고 귀족들도 모티머의 자만심과 재산 및 권력을 싫어했습니다. 그래서 귀족들이 그에 대항해 무기를 들고 저항했지만 이내 굴복하지 않을 수 없었습니다. 그 과정에서 저항군에 가담했다가 이후에 모티머와 왕비 측에 투항한 켄트 백작의 이야기는 다음과 같이 잔인함의 극치를 보여줍니다.

켄트의 백작은 현명한 노인은 결코 아니었던 듯합니다. 그는 왕비와 그녀의 측근이 고용한 첩자들에게 속아 에드워드Ⅱ세가 실제로는 죽지 않았다고 믿게 되고, 왕위를 복원하는 밀서를 쓰게 됩니다. 결국 이 행위는 최고의 반역죄로 판명 나서 그는 재판을 받고 교수형에 처해지는 운명을 맞이하게 됩니다. 그들은 그 불쌍하고 늙은 영주를 윈체스터 거리로 끌고나가, 그곳에서 도끼로 목을 날릴 사람이 나타날 때까지 서너 시간을 기다리도록 했습니다. 결국, 어떤 죄수 하나가 자신의 죄를 사해준다면 자신이 그 일을 하겠다고 나섰고, 사면을 약속받은 그 죄수가 휘두른 단 한 번의 도끼질로 켄트 백작의 숨은 끊어지게 됐습니다.

한편, 왕비는 프랑스에 있을 동안에 필립파라는 젊고 사랑스런 숙녀를 자기 아들의 아내로 점찍어 둔 적이 있었습니다. 그리고 젊은 왕은 왕위에 오르자마자 이 숙녀와 결혼식을 치렀고, 둘 사이에서 태어난 '영국의 황태자'

는 나중에 (우리는 잠시 후에 그에 관한 이야기를 하겠지만) '흑태자黑太子 에드워드'라는 아주 유명한 별칭으로 칭송을 받습니다.

　젊은 왕 에드워드Ⅲ세는[1] 이제 모티머에게 몰락을 안겨줄 때가 서서히 도래하고 있다고 판단하고 몬타큐 경과 함께 그 일에 관해 숙의를 했습니다. 그때 의회가 노팅엄에서 열릴 예정이었는데 몬타큐 경은 모티머가 노팅엄에 머무를 것이 분명함으로 밤에 노팅엄 성을 습격해서 그를 체포하는 방법을 제안했습니다. 하지만 모든 일이 그렇듯이 이 일 또한 행동보다는 말이 쉬웠습니다. 왜냐하면 모반을 염려한 모티머 측은 이를 방지하기 위해 매일

1　에드워드2세의 장자로, 중세 시대의 가장 성공적인 영국 왕으로 평가받고 있지만, 초기에는 어려서 즉위하여 어머니 이사벨라가 섭정하였음.
　즉위 직후 아직 끝나지 않은 스코클랜드와의 전쟁을 종식시키기 위하여 에든버러조약을 체결하였고, 이 조약으로 인하여 스코틀랜드의 국왕 로버트1세는 정식으로 왕으로 인정받았으며, 잉글랜드는 스코틀랜드에 대한 모든 권리를 무상으로 포기하였음. 그리고 1328년에 조인된 노샘프턴 조약으로 로버트1세의 아들과 에드워드3세의 여동생 사이의 결혼이 이루어짐으로써 양국의 관계는 더욱 돈독해졌음.
　그는 강력한 왕권을 구축하기 위한 첫걸음으로 1330년 모후 이사벨라의 정부(情夫) 로저 모티머를 납치, 살해하고 어머니 이사벨라를 수도원에 유폐시켰음. 왕권을 강화하는 데 성공한 그의 첫 번째 목표는 스코틀랜드였음. 당시 스코틀랜드는 로버트1세가 죽고 그의 아들이자 에드워드의 매제인 데이비드2세가 즉위하여 있었는데, 그외 나이가 아직 어려 정치적으로 불안한 상황이었음. 에드워드는 이를 이용하여 로버트1세가 추방한 귀족들의 쿠데타를 지원하여 그들의 우두머리를 왕위에 앉히는데 성공하였음. 그러나 프랑스로 망명하였던 데이비드2세가 1341년에 다시 스코틀랜드 왕위를 탈환하는데 성공하였으므로 에드워드의 야망은 결국 실패하고 말았음.
　그는 프랑스의 카페 왕조가 단절되자 1339년에 프랑스 왕위 계승권을 주장하고, 또 프랑스의 플랑드르 무역의 침해에 간섭하여 백년전쟁을 촉발시켰음. 왕자 에드워드 흑태자의 활약으로 크레시 전투에서 대승하였고, 같은 해 칼레를 점령하여 프랑스 침공의 발판을 마련했음.
　말년에는 의회의 반대와 연인 엘리스 페레르와 사랑에 빠진 가운데, 아들 존에게 정권을 농단 당하였음. 그의 치세는 기사도의 말미를 장식하는 시대와 더불어 장기에 걸친 대륙과 전쟁의 결과로 봉건 군주제가 퇴색하여, 봉건 말기의 양상이 드러난 시대였음. 흑사병의 만연은 그의 치세기에 해당되며, 또 정치의식의 앙양으로서는 1376년의 '선량 의회'가 있었고, 위클리프의 개혁도 이 시대에 발단하였음. 재위 기간 동안 전쟁 비용을 많이 써 왔기 때문에 국가 재정에 대한 의회의 힘이 강화되기도 했음.
　그의 맏아들 에드워드는 '흑태자'라는 별명으로 더 유명함. 그러나 흑태자 에드워드는 부왕보다 앞서 병사했음. 다른 아들 앤트워프의 라이오넬, 곤트의 존, 랭글리의 에드먼드의 후손들 사이에 잉글랜드의 왕위 계승권을 놓고 분쟁이 발생하기도 했다. 이를 '장미 전쟁'이라 부름.

밤 성의 육중한 대문을 단단히 잠근 후 열쇠는 왕비가 자신의 머리맡에 항상 보관하고 있었기 때문입니다. 그러나 운 좋게도 노팅엄 성의 관리 책임을 맡은 책임자가 몬타큐 경의 친구여서, 가시나무와 갈대로 뒤덮인 지하의 비밀통로를 알려주었습니다. 그

체포된 로저 모티머

래서 일행은 야심한 밤을 이용해 그 음산한 통로를 지나며 들쥐와 부엉이, 박쥐 등을 놀라게 하면서 성의 주탑 아래까지 손쉽게 다다를 수 있었습니다.

일행은 그곳에서 기다리고 있던 왕과 합류한 후 칠흑 같은 밤을 이용해 숨을 죽이고 위층으로 잠입한 후, 모티머가 측근들과 회의를 열고 있던 순간을 급습해서 그를 체포하는 데 성공했습니다. 그러자 왕비가 침실에서 흐느끼기 시작했습니다. "오, 사랑하는 아들아! 제발 모티머의 목숨만은 살려주거라!" 하지만 왕 일행은 모티머를 끌고 가서 다음 날 의회를 열고는 어린 왕과 그의 어머니 사이를 이간질 했다는 죄목과 켄트 백작을 살해한 죄목으로(심지어는 선대왕을 살해한 죄까지 얹어서) 기소해버렸습니다.

오늘 날 여러분이 잘 알듯이 그 시절에는 누군가를 제거하고 싶으면 특별히 구체적으로 세세한 죄목을 만들 필요가 없었습니다. 결국 모티머는 이 모든 죄명으로 유죄 선고를 받고 타이번에서 교수형을 당했습니다. 그리고 왕은 그의 어머니만은 편안하게 마련된 장소에 감금하고 그곳에서 여생을 안락하게 보내게 해줬습니다. 그런 다음 왕은 열성을 다해 집무를 시작하였습니다.

왕이 국정에서 첫 번째로 착수한 일은 스코틀랜드의 정복이었습니다. 스코틀랜드에 토지를 가지고 있던 영국의 영주들은 지난 평화협정 기간 동안 자신들의 권리가 존중받지 못했다며 자기들끼리 힘을 합쳐 전쟁을 벌였습니다. 그들은 존 발리올의 아들인 에드워드를 대장으로 내세웠는데, 에드워드는 채 2개월이 되지 않아서 전 스코틀랜드 땅을 다 점령할 정도로 성공적인 전투를 치렀습니다. 이런 전과를 올리자 영국 왕과 의회 측이 그의 군대와 힘을 합쳤습니다. 그리고 에드워드와 왕은 각자 공격해 들어가서 버릭에서 스코틀랜드 군을 궁지에 몰아넣었는데, 스코틀랜드 민중들의 지원을 받은 스코틀랜드 군도 만만치 않아서 3천명이나 사망했다고 알려질 정도의 격렬한 전투가 벌어졌습니다.

이후 영국 왕은 발리올에게 신하로서의 서약을 받고 스코틀랜드의 왕관을 씌워주었지만 발리올의 성공은 그리 길지 못했습니다. 얼마 지나지 않아 스코틀랜드 민중들이 그에 대항에 들고 일어났으며, 10년이 지나지 않아 데이비드 브루스가 돌아와 그의 왕국을 빼앗아버렸기 때문입니다.

한편 프랑스는 스코틀랜드보다 훨씬 부자 나라였고, 영국 왕은 프랑스를 정복하고 싶은 마음이 굴뚝같았습니다. 그래서 그는 스코틀랜드는 일단 접어두고, 자기 어머니의 권리를 이어받아 프랑스 왕권이 자기 것이라고 주장했습니다. 실제로 따지면 그는 그에 대해서는 아무런 권한이 없었지만 그 시절은 그런 걸 따지는 시대가 아니었습니다. 그는 자신의 주장을 합리화하기 위해 여러 나라의 지도자와 왕자들을 끌어들였고 심지어는 플랑드르 사람들까지 갖다 붙였습니다.

사실 당시 플랑드르 사람들은 어느 양조 업자를 중심으로 묵묵히 부지런히 일만 하고 있었으며 영국 왕을 존경하는 마음이라고는 털끝만큼도 없었습니다. 어쨌든 이와 같은 구실을 내세워 왕은 프랑스를 침공했지만 30만 파운드에 이르는 빚만 잔뜩 지고 별로 얻은 것도 없이 끝나고 말았습니다. 왕은 다음 해에는 좀 더 잘 싸워서 슬루이스Sluys 항구 전투에서 전과를 거두

기도 했습니다. 하지만 그 승리도 오래가지는 못했습니다. 생오메르Saint Omer
가 포위되자 플랑드르 사람들이 놀라서 물자와 무기들을 버리고 모두 달아
나버린 후 프랑스 왕이 군대를 이끌고 직접 참전했기 때문입니다. 영국의
에드워드III세는 빨리 전쟁을 결말짓고 싶어서 안달이 난 나머지 자신과 프
랑스 왕이 일대일로 시합을 벌이든지 아니면 양측이 각각 100명씩의 기사들
을 선발해서 싸움을 벌여 승부를 짓자고 제안했습니다. 프랑스 왕은 제의는
고맙지만 그렇게 할 수 없다는 전갈을 보내왔고, 결국 몇 번의 사소한 싸움

백년전쟁Hundred Years' War : 중세 말기에 프랑스에서 영국과 프랑스가 벌인 전쟁으로, 여러 차례 휴전을 되풀이하면서, 1337년부터 1453년까지 116년 동안 단속적斷續的으로 계속되었음.

영국은 1066년 노르만왕조의 성립 이후 프랑스 내부에 영토를 소유하였기 때문에 양국 사이에는 오랫동안 분쟁이 계속되었음. 그러다가 1328년 프랑스 카페왕조의 샤를4세가 남자 후계자 없이 사망하자, 그의 4촌 형제인 발루아 가家의 필리프 6세가 왕위에 올랐음.

그러자 영국왕 에드워드3세는 그의 모친이 카페왕가 출신(샤를4세의 누이)이라는 이유로 프랑스 왕위王位를 계승해야 한다고 주장했고, 이로 인해 양국간에 심각한 대립을 빚게 되었음.

결국 영국의 에드워드3세는 프랑스 경제를 혼란에 빠뜨리기 위하여 플랑드르에 수출해오던

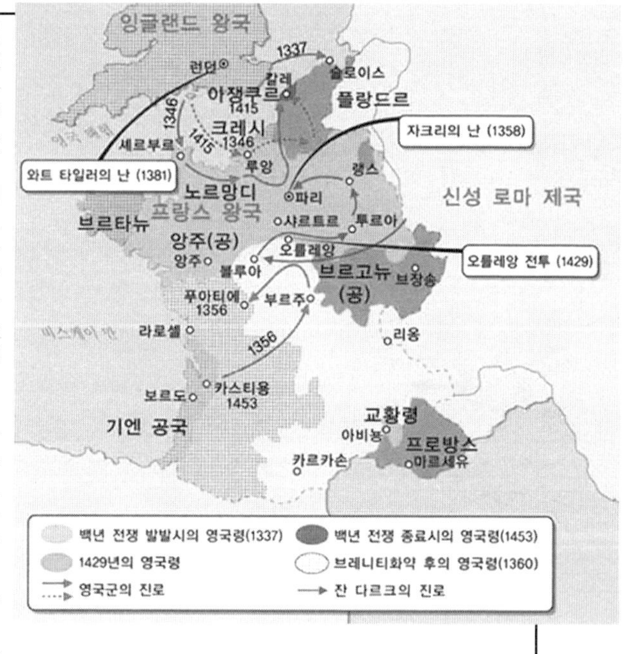

양모羊毛 공급을 중단하고, 그 보복으로 프랑스의 필리프6세는 프랑스 내의 영국 영토인 기엔(지금의 가스코뉴 지방)을 몰수하였으며, 1337년 에드워드3세는 필리프6세에게 공식적인 도전장을 띄우게 되었음.

원래 플랑드르는 프랑스왕의 통치 아래에 있었지만, 중세 유럽 최대의 모직물 공업지대로서 번창했고, 원료인 양모의 최대 공급국인 영국이 이 지방을 경제적으로 지배하고 있었음. 기엔 역시 유럽 최대의 포도주 생산지였으므로, 프랑스왕들은 항상 이 두 지방의 탈환을 바라고 있었으므로 전쟁의 근본적 원인은 이 두 지방의 쟁탈을 목표로 한 것이라 할 수 있음.

과 논쟁 끝에 짧은 휴전이 맺어졌습니다.

하지만 휴전은 에드워드 왕이 프랑스 몽포르Montford의 백작인 존의 주장에 동조하는 바람에 얼마 안 가서 깨지고 말았습니다. 프랑스 귀족인 존은 프랑스의 왕권이 자기에게 있다고 주장하고 영국의 도움을 받아 자신이 프랑스 왕에 오른다면 영국 왕에게 신하의 맹세를 하겠다는 제안을 했던 겁니다. 그러나 이 프랑스 영주는 프랑스 왕자에게 패해서 파리에 있는 감옥에 갇히는 신세가 됐습니다. 그러자 이번에는 남자와 같은 용맹을 타고났으며, 사자의 심장을 지녔다고 전해지는 그의 아름다운 부인이 나섰습니다. 그녀는 자기가 살고 있던 브르타뉴 사람들에게 자신의 어린 아들을 보여주면서 제발 이 아들과 젊은 영주를 버리지 말아달라고 심금을 울리는 호소를 했습니다.

존의 부인의 눈물어린 호소를 접한 브르타뉴 사람들은 횃불을 들고 헤네본Hennebon 성으로 모여들었습니다. 하지만 그녀는 그곳에서 밖으로는 샤를 드 블와가 지휘하는 프랑스 군의 공격으로 시달리고, 안으로는 늙고 음흉한 어느 주교 때문에 어려움을 겪어야 했습니다. 그 주교는 사람들에게, 그녀에게 협소한다면 그들은 기근과 함께 결국 방화와 무력에 무너지게 될 것이라고 겁을 주었습니다. 그러나 그녀의 불굴의 의지는 꺾이지 않고 오히려 병사들에게 스스로 모범을 보여주었습니다.

그녀는 마치 위대한 장군처럼 이 부대 저 부대 다니면서 군사들을 독려하기도 했고, 심지어는 완전무장한 채 말에 올라 샛길을 통해 접근해서 프랑스 진영을 급습하고, 불을 질러서 프랑스 군이 혼비백산하기도 했습니다. 이 작전을 무사히 성사시키고 헤네본 성으로 돌아오자 성을 지키던 수비병들은 죽은 줄 알았던 그녀가 살아 돌아오자 환호성을 질렀습니다. 그러나 그들은 식량이 바닥나고 (열정만을 먹고 살 수는 없었으므로) 주교가 계속해서 '결과가 빤하다는 점을 내가 말했을 텐데'라며 엄포를 놓자 인내심을 잃고 성을 포기하는 것을 논의하기 시작했습니다.

그러자 용감한 백작 부인은 상심한 채 자기 방으로 물러나 창문을 내려다

보면서 자신을 도와주기로 한 영국군이 오기로 한 방향을 내다봤습니다. 바로 그때 정말로 저 멀리 바다에 영국 함대가 그녀의 눈에 들어왔습니다. 영국군 총사령관인 월터 매닝 경이, 그녀의 용기에 탄복해서 기사들과 헤네본 성에 미리 도착해 있다가, 부하들과 조촐한 연회를 즐긴 후, 디저트 삼아 프랑스 군을 공격해서 대승을 거두고 당당히 돌아오는 중이었던 겁니다. 이 모습을 탑 위의 그녀 방에서 내려다보던 백작 부인은 뛸 듯이 기뻐서 그들 모두에게 감사의 키스를 퍼부었습니다.

이 귀부인은 이후에 더 많은 군대를 보내달라는 요청을 하기 위해 영국으로 건너오는 도중 건지 섬에서 프랑스 함대와 전투를 벌여 또 한 번 두각을 나타냈습니다. 그녀의 위대한 영혼은 또 다른 프랑스 영주의 부인(그녀의 남편은 프랑스 왕에게 아주 잔인하게 살해당했습니다.)을 자극해서 그 영주의 부인 또한 백작 부인만큼이나 무훈을 세우도록 했습니다. 어쨌든 영국의 황태자 '흑태자 에드워드'가[2] 이 프랑스와 영국 간의 위대했던 전쟁에서 영웅으로 떠오를 시간이 점점 빠르게 다가오고 있었습니다.

1346년 7월 왕은 황태자[흑태자]와 몇몇의 주요 귀족들의 호위를 받으며 사우샘프턴에서 프랑스를 향해 출정의 닻을 올렸습니다. 그는 맨 먼저 노르망디의 라 호그La Hogue로 상륙해서 당시의 관례대로 파괴와 방화를 저지르며 센 강의 좌측 강둑 위까지 진출하고, 작은 도시들을 불지르며 파리 근처

2　흑태자 에드워드(Edward, the Black Prince, 1330년 6월 15일~1376년 6월 8일)는 잉글랜드의 에드워드3세의 장남으로, 옥스퍼드셔의 우드스탁 궁전에서 태어났기 때문에 '우드스탁 에드워드(Edward of Woodstock)'라고도 불림.
　우수한 군인으로 백년 전쟁 전기에 있던 중요한 전투에 참가하여 모두 승리를 거두었고, 그 가운데 1356년 푸아티에 전투에서는 프랑스의 장2세를 포로로 사로잡아 잉글랜드 군에게 결정적 승리를 안겨주었음. 그러나 스페인 원정 때 병이 나서 부왕보다 먼저 세상을 떠났기 때문에 왕이 되지는 못했음.
　우드스톡의 에드워드를 일컬어 '흑태자(黑太子, Black Prince)'라고 부르는 이유에 대해서는, 살아있을 때 그가 항상 검은색의 갑옷을 입었기 때문이라고 알려진 것이 일반적이나, 프랑스 측에서 에드워드가 프랑스에 와서 저지른 잔혹한 행위를 비꼬아 프랑스어로 '검은'을 뜻하는 noir라고 불렀다는 주장도 있어 정확한 이유는 밝혀지지 않고, 실제 그가 살아있을 때에는 그런 호칭으로 불렸던 일은 없었기 때문에 후세의 창작이라는 설이 유력함.

까지 접근했습니다. 그리고 마침
내 1346년 8월 26일 토요일에 크레
시Crecy라는 마을 뒤에 있는 작은 둔
덕 위에 올라선 왕은 강의 건너편
오른쪽 둑 위에서 군대를 거느리고
이쪽을 바라보고 있는 프랑스 왕과
직면하게 됐습니다. 당시 프랑스
왕의 병력이 자신보다 무려 8배나
많았지만 에드워드 왕은 강 건너를
바라보면서 '내가 죽든지 네가 죽든
지 결판을 내보자'는 굳은 결심을
했습니다.

흑태자 에드워드

　한편 영국의 젊은 왕자, 흑태자는
옥스퍼드 백작과 워릭 백작의 지원을 받아 첫 번째 사단의 지휘를 맡았고,
다른 두 뛰어난 백작들이 두 번째 사단을, 그리고 왕 자신은 세 번째 사단을
맡았습니다. 아침이 밝아오자 왕은 성찬과 승리를 기원하는 기도를 받고 손
에는 흰 지팡이를 들고 날에 올라 각 부대를 점검하며 지휘관과 사병들을 일
일이 격려했습니다. 그리고 전 병력은 서있던 그 자리에 앉아 아침을 먹고
전열을 가다듬은 채 조용히 기다리고 있었습니다.

　프랑스 진영에서는 프랑스 왕이 어마어마한 전 병력을 대동하고 출진 채
비를 서두르고 있었습니다. 그런데 일식이 일어나 어두워진데다 날씨마저
험상궂게 심술을 부렸습니다. 천둥과 폭풍을 동반한 가운데 폭우가 쏟아졌
고 놀란 새들이 울음소리를 내며 프랑스 병사들의 머리 위를 날았습니다.
그리자 징조가 안 좋다고 판단한 지휘관 하나가 프랑스 왕에게 내일까지는
전투를 개전하지 말도록 요청했고, 왕은 이 충고를 받아들여 진군을 멈추도
록 했습니다. 하지만 뒤에 따라오던 병력들이 이 명령을 제대로 전달받지
못했는지, 아니면 먼저 무공을 세우고 싶은 욕심이 앞섰는지 모르지만 행군

을 멈추지 않고 앞으로 밀어붙였습니다. 기나긴 도로가 이들 거대한 병력들과 조잡한 무기들을 소지한 민간인들로 뒤덮이며 엄청난 소란이 일었습니다. 바로 이런 대혼란 속에서 프랑스 군대는 어쩔수 없이 앞으로 진격해 나아갔습니다. 모든 프랑스 영주들이 각자 자기 병력들하고만 따로 움직이며 다른 영주들의 병력들과 뒤죽박죽 엉켜들었습니다.

프랑스 왕은 제노아 출신의 석궁부대원들에게 큰 기대를 걸고 있었습니다. 자기 병사들이 혼란을 겪는 상황이 발생하자 출진을 멈추는 것이 불가능하다고 판단한 왕은 선두의 석궁 부대에게 전투를 개시하라는 명령을 하달했습니다. 그러자 그들은 영국 궁수 부대를 겁주기 위해 한 번, 두 번, 세 번 거듭 함성을 질렀습니다. 그러나 그런 함성이야 수천 번을 지른다고 해도 끔쩍할 영국 궁수들이 아니었습니다.

마침내 프랑스 석궁 부대원들이 조금씩 앞으로 전진하며 화살을 쏘기 시작했습니다. 그리고 이를 맞받아 영국 궁수들의 화살도 마찬가지로 우박처럼 불을 뿜었으며 프랑스의 제노아 부대원들은 퇴각하지 않을 수 없었습니다. 그들의 석궁이 소지하기에 너무 무거웠을 뿐 아니라 화살을 재장전 하기 위해서는 손잡이를 되감는 시간이 필요했기 때문입니다. 반면에 영국군의 화살은 적군에 내리꽂히기 전에 다시 발사될 수 있었습니다.

퇴각하는 제노아 병사들을 지켜보던 프랑스 왕은 부하들에게 '아무짝에도 쓸모없는 저 불한당 같은 놈들을 모조리 죽여 버려라!'고 소리 질렀습니다. 이것 때문에 상황은 더욱 꼬여만 갔습니다. 그 사이에도 영국 궁수들은 화살을 계속 쏘아대서 무수한 프랑스 병사들과 기사들이 화살을 맞고 우왕좌왕했으며 그 틈을 이용해 영국 측의 콘월 병사들과 웨일즈 병사들이 무시무시한 칼을 들고 은밀히 지상으로 침투해들어가 그들에게 죽음을 안겨줬습니다.

한편, 영국의 왕자와 그 휘하의 사단 병력들이 심하게 수세에 몰리자 워릭의 백작이 풍차 위에서 전투를 내려다보던 왕에게 전갈을 보내 지원군을 요청했습니다.

"내 아들이 전사했느냐?" 왕이 물었습니다.

"신의 가호로 왕자께서는 무사하십니다." 전령이 대답했습니다.

"그럼 그가 다치기라고 했느냐?" 왕이 재차 물었습니다.

"아닙니다. 폐하."

"그렇다면 그가 전의라도 상실한 것이냐?"

"아닙니다. 폐하. 다만, 왕자께서는 궁지에 몰려계실 뿐입니다."

"그렇다면" 왕이 말했습니다. "너를 보낸 자들에게 돌아가 지원군을 보낼 수 없다고 전하거라. 나는 오늘 내 아들이 용맹스런 기사로서 스스로 설 수 있도록 할 것이다. 신의 가호가 있다면 그는 승리를 스스로 이뤄낼 것이다."

왕의 이런 대담한 의지가 왕자와 병사들에게 전달되자 그들은 새로운 기운이 솟아올라서 전보다 훨씬 더 잘 싸울 수 있었습니다.

프랑스 왕도 부하들의 전의를 북돋기 위해 노력했지만 별 소득이 없었습니다. 밤이 다가오면서 그가 탄 말은 영국군의 화살에 쓰러졌고, 오전부터 자신의 주위를 지키던 병사들과 기사들은 뿔뿔이 흩어져버렸습니다. 결국 몇 남지 않은 왕의 측근들이 퇴각하지 않으려고 고집피우는 왕을 억지로 데리고 아미앵까지 퇴각할 수밖에 없었습니다.

승리를 거둔 영국군은 등불을 밝히며 기쁨을 만끽했고 왕은 그의 용맹스런 아들을 자랑스럽게 끌어안고 키스를 하며, 왕자가 훌륭히 행동했고, 그날의 승자임을 스스로 증명했으며, 앞으로 왕이 될 충분한 자격이 있다고 추켜세웠습니다.

그날은 날이 어두웠기 때문에 에드워드 왕은 자신들이 거둔 승리가 어느 정도인지 짐작할 수 없었습니다. 그러나 날이 밝자 프랑스 진영이었던 곳에는 11명의 영주들과 1천2백 명의 기사들 및 3만 명의 병사들이 시신이 되어 있었습니다. 이들 시신 중에는 보헤미아 왕국의 저돌적인 늙은 왕이 있었는데, 그는 자신의 아들이 전투에서 부상을 입었다는 소식과 아무도 영국의 '흑태자'를 감당하지 못한다는 이야기를 듣고, 기사 두 명을 불러 자신을 가운데 위치하고 셋이서 말굴레를 서로 단단히 묶은 후 영국 진영을 향해 돌진해 들어갔지만, 곧바로 영국 병사에게 베어지고 말았던 인물입니다. 이 노인은 가슴에 타조의 흰색 깃털 세 개를 꽂고 있었는데, 그 가슴에는 영어로는 '주를 섬깁니다.'는 뜻인 "ICH DIEN"라는 문장이 새겨져있었습니다. 영국의 황태자는 그날의 승리를 기념하기 위해 그 문장과 깃털을 떼어 영원히 간직했습니다.

이 위대한 승리를 거둔지 5일 뒤 왕은 칼레 지역을 포위해 들어갔습니다. 이 포위 공격은 거의 일 년 간이나 지속됨으로써 역사에 길이 남게 됩니다. 칼레 지역 내의 거주자들이 배고픔을 이기지 못해 밖으로 나오도록 하기 위해 에드워드 왕은 병사들이 숙영할 수 있는 막사를 주위에 대규모로 세우도록 해서, 이 막사를 바라보던 사람들이 첫 번째 칼레 주위에 갑자기 또 다른 칼레가 생겼다고 말할 정도였습니다.

공성攻城 초반에 칼레의 주지사는 그가 '쓸모없는 입'이라고 부르던 1천7백 명의 남녀노소를 밖으로 내보냈는데, 에드워드 왕은 처음에는 이들에게 길을 터주고 심지어는 먹을 것과 여비를 쥐어주기도 했지만, 공성 후반기에는 그는 그렇게 자비롭지 못해서 이후에 칼레 밖으로 내쫓긴 5백 명의 주민들은 배고픔 속에서 비참하게 죽어가야 했습니다. 칼레를 지키던 수비병들은 공세를 견디다 못해 자신들이 말이든 개든 쥐든 살아있는 것은 뭐든지 다 먹어버릴 지경이라고 프랑스의 필리프 왕에게 호소문을 보냈고, 만일 도움의 손길을 보내지 않는다면 자신들은 영국에 항복하든지 아니면 서로 잡아먹든지 할 수밖에 없다고 하소연했습니다.

필리프 왕은 그들을 구출하기 위해 애를 써봤지만 영국군이 그들을 철통같이 포위하고 있어서 성공하지 못하고 그 장소를 뜰 수밖에 없었습니다. 그러자 칼레 사람들은 영국 국기를 높이 들고 에드워드 왕에게 항복해왔습

칼레를 공격하는 영국군

에드워드3세와 칼레 시민들

니다.

"너의 대장에게 전하거라." 왕은 항복의사를 전하며 자세를 낮춘 사자使者에게 말했습니다. "너희들 중 지도자급 시민들 여섯을 선발해서, 맨발로 셔츠만 입고 로프를 목에 두르고, 성으로 진입할 수 있는 열쇠를 가지고 와야 한다고."

칼레의 주지사가 이 사실을 시장통에서 사람들에게 전달했을 때 사람들은 한탄과 괴로움의 눈물을 흘렸는데, 이때 사람들 사이에서 유스타스 드 상 피에르라는 한 존경받는 시민이 일어서더니 여섯 명이 희생되지 않는다면 전 시민이 모두 희생될 것이라며 자신이 제일 먼저 지원자로 나섰습니다. 이 솔선수범에 자극받아 나머지 다섯 사람도 시민들을 구하기 위해 차례대로 자원해서 일어났습니다. 모든 시민들이 눈물로 배웅하는 가운데 심한 부상을 입어 걸을 수 없었던 주지사가 직접 말을 몰아 이들 살신성인의 자원자들을 출입문까지 안내했습니다.

에드워드 왕은 살기가 등등한 채로 이들을 맞이하면서, 모두 목을 베어버리라고 명령했지만 이때 자비로운 왕비가 왕 앞에 나서서 무릎을 꿇고 그들을 자기에게 넘겨달라고 애원했습니다. "어째서 당신이 하필이면 지금 이 자리에 나타난 것이오? 하지만 당신에게 이들을 넘기겠소." 왕은 왕비의 간

중세 유럽에 창궐한 페스트

청을 들어주었습니다. 왕비는 그들에게 새 옷을 입히고, 만찬을 대접한 후 푸짐한 선물을 안겨서 되돌려 보냈으며, 칼레 시민들은 환호로 이들을 맞이했습니다. 필자는 칼레 시민들이 왕비의 몸에서 곧이어 태어날 공주를, 그녀의 어머니를 칭송하듯이 떠받들었을 것이라고 믿습니다.

이때 저 유명한 페스트가 중국의 심장부로부터 유럽에 급속히 전파되었습니다. 전염병은 특히 가난하고 어려운 처지의 사람들에게 주로 퍼져서 영국 인구의 절반이 그로 인해 사망했다는 말이 전해오고 있을 정도입니다. 그리고 그 병은 소들도 떼로 죽였습니다. 너무 많은 사람들이 죽어 일할 사람이 거의 없어서 농사를 짓지 못할 지경이었습니다.

그리고 8년간의 옥신각신 분쟁을 겪은 후 영국의 황태자가 6만 명의 병력을 이끌고 다시 프랑스를 침공했습니다. 그는 프랑스 남부를 통해 진격해 들어가면서 가는 곳마다 약탈과 방화를 자행했습니다. 그러는 사이 영국 왕 자신은 스코틀랜드에서 전쟁을 벌이며 황태자와 같은 만행을 저지르고 있었는데, 스코틀랜드 사람들의 심한 저항에 부딪혀 후퇴하면서 모진 고난을 겪어야 했습니다. 스코틀랜드 사람들은 왕에게 이자까지 쳐서 앙갚음을 했습니다.

　프랑스에서는 왕 필리프가 죽고 아들 존이 대를 이어받았습니다. 그사이 자신의 준수한 외모를 돋보이게 하기 위해 검은 갑옷을 입고다님으로써 '흑태자'라는 별칭을 지니게 된 영국의 황태자는 프랑스를 불 지르고 파괴하는 일을 계속하고 있었고, 이에 프랑스 왕은 대대적 보복을 결심하게 됩니다.

　그때 영국 황태자가 너무 일방적으로 상황을 잔혹하게 몰고 가는 바람에 아무도 그에게 프랑스 왕이 무슨 일을 꾸미고 있으며 황태자가 어디까지 와 있는지를 충고해주지 못했습니다. 그러던 어느 날 드디어 일이 벌어졌습니다. 황태자는 어느 날 갑자기 푸아티에 인근에서 프랑스 군과 대면하게 되고 주변의 모든 지역이 엄청난 프랑스 군에게 포위된 사실을 발견했습니다. "신의 가호가 있기를! 우리는 최선을 다해 싸울 수밖에 없겠구나." 흑태가가 중얼거렸습니다.

　그래서 9월 18일 일요일 아침에 이제는 병력의 숫자가 다해서 고작 1만 명으로 줄어든 황태자는 기마병 숫자 만해도 6만 명에 달하는 프랑스 왕과 일전을 준비하고 있었습니다. 그때 프랑스 진영에서 어느 추기경이 말을 타고 나타났습니다. 그 선량한 성직자는 프랑스 왕 존을 설득해서 기독교도들끼리의 유혈극을 마아보고자 휴전의 조건을 제의하러 왔던 겁니다. "내 명예를 시켜주고" 황태사가 추기경에게 밀했습니다. "내 병사들의 멍에를 지켜준다면 합리적인 조건을 제시하겠소." 황태자는 자신이 빼앗았던 모든 지역과 성들 및 포로들을 포기하고 7년 동안 프랑스에서 전쟁을 일으키지 않겠다는 제안을 했습니다. 하지만 존 왕이, 황태자가 1백 명의 주요 기사들과 함께 무조건 항복할 것을 요구하자 협약은 깨졌고 황태자는 조용히 혼자 중얼거렸습니다. "신이 우리를 지켜줄 것이다. 우리는 내일 전투에 임할 것이다."

　그렇게 해서 다음 날 월요일 날이 밝자 양측은 전투를 준비했습니다. 영국 측은 주위에 장애물이 둘러싸여 있어서 오로지 좁은 길 외에는 접근이 불가한 요새에 자리를 잡았습니다. 바로 그 좁은 통로를 이용해 프랑스 군들이 공격해 들어왔습니다. 하지만 장애물 뒤에서 날아오는 영국 병사들의 화살

270

공격에 당황하고 전사자들이 늘어나자 퇴각할 수밖에 없었습니다. 이때 퇴각하는 그들을 향해 6백 명의 영국 궁수들이 화살을 비 오듯이 쏟아붓자 프랑스 병사들은 혼비백산 하며 깃발을 집어던지고 각지로 뿔뿔이 흩어져버렸습니다. 그러자 존 챈도스 경이 황태자에게 건의를 했습니다. "왕자님 진군하십시오. 그러면 승리는 왕자님의 것입니다. 프랑스 왕은 용맹스런 기사인 것으로 알고 있습니다. 따라서 그는 절대 도망가지 않을 것입니다. 지금 쳐들어간다면 그를 사로잡을 수 있을 것입니다." 그래서 황태자는 "영국 병사들이여, 깃발을 들고 진군하라! 하나님과 성 조지St. George의 가호가 여러분들에게 내릴 것이다."라고 명령했습니다.

진군해 들어가던 영국군들은 마침내 도끼를 들고 격렬한 싸움을 벌이고 있던 프랑스 왕과 마주치게 됐습니다. 프랑스 왕은 자기를 지키던 모든 기사들이 도주한 상태에서 오로지 당시 16살에 불과하던 효성스런 아들의 도움만으로 싸움을 벌이고 있었습니다. 프랑스의 아버지와 아들은 열심히 싸웠지만 아버지는 이미 얼굴에 두 군데나 상처를 입었고 더 이상 저항할 수 있는 상황이 못 됐습니다. 결국 프랑스 왕은 어쩔 수 없이 영국으로 망명한, 어느 프랑스 출신 기사에게 자신을 내어주고 항복의 표시로 오른쪽 장갑을 건네주었습니다.

흑태자는 용맹성만큼이나 자비심도 많았습니다. 그는 지체 높은 포로를 자신의 막사로 초대해 저녁과 함께 융숭한 대접을 하고, 후에 성대한 행렬을 이루며 런던으로 입성할 때 그 포로를 흰색의 귀한 말에 태워 함께 행진하도록 하면서, 흑태자 자신은 작은 망아지를 타고 그의 옆을 지켰습니다. 이는 참으로 인자한 행동임이 분명했지만, 필자 생각에는 포로가 된 적국의 왕에게 베풀어준 친절 그 자체보다 훨씬 더 극적이고 과분한 찬사를 받았을 것 같습니다.

사실 진정으로 자비를 베풀고자 했다면 프랑스 왕을 그런 식으로 사람들 앞에 내세우지는 말았어야 한다고 생각합니다. 어쨌든, 시간이 흐르면서, 이런 정중한 처우로 인해 전쟁의 공포가 상쇄되고 승리의 열정이 배가됐다는 이야기가 전해지는 것만은 분명한 사실입니다. 그리고 이런 자비로운 행위의 효과가 일반 사병들에게까지 전파되는 데에는 상당한 시간이 필요했지만 어쨌든 그 효과는 나타났습니다. 워털루 전투나[3] 그와 유사한 대규모 전투에서 포로가 된 불쌍한 병사들이 목숨을 구걸할 때 그는 어쩌면 바로 흑태자 에드워드의 자비로운 행위의 효과를 볼 수 있었을지도 모릅니다.

당시에 런던의 스트랜드Strand 가街에는 사보이Savoy라 부르는 궁전이 있었는데, 영국은 포로가 된 프랑스 왕과 왕자에게 그곳을 거처로 제공해주었습니다. 그리고 스코틀랜드의 왕도 거의 11년간이나 에드워드 왕의 포로 신세로 있었기 때문에 이 시기는 에드워드Ⅲ세에게는 성공의 시대라 할 수 있었습니다. 스코틀랜드와의 사업은 스코틀랜드 왕을 '데이비드 경'이라는 칭호를 주고 풀어주면서 막대한 몸값을 지불받는 것으로 정리됐습니다. 한편, 프랑스의 국내 사정은 영국으로 하여금 혹독한 조건을 제시하도록 만들었습니다.

프랑스에서는 민중들이 귀족들의 야만적인 폭압에 대항해 들고 일어나고, 이에 대항해서 귀족들도 세력을 규합함으로써 양측에서 산인한 행위들이 자행되고 있었습니다. 게다가 '자크리의 난'[4]이라 불리는 농민반란이 일어나 지금까지도 완전히 가시지 않은 공포와 증오를 퍼뜨리고 있었습니다. '자크리의 난'은 프랑스 민중들 사이에 흔한 성서적 이름을 딴 자크[5]라는 인물이 주동한 민란이었습니다. 마침내 '대 협정the Great Peace'이라 부르는 평화조약이 체결되어 에드워드 왕은 자신의 정복지를 돌려주고 대신에 프랑스의 존 왕은 6년 이내에 금화 3백만 크라운에 해당하는 몸값을 지불하기로 했습

---

3   1815년 6월 엘바 섬에서 돌아온 나폴레옹 1세가 이끈 프랑스군이 영국, 프로이센 연합군과 벨기에 남동부 워털루Waterloo에서 벌인 전투로, 프랑스군이 패배하여 나폴레옹 1세의 지배가 끝나게 되었음

4   1358년 프랑스에서 일어난 농민반란

5   Jacques, 영어의 James에 해당하는 프랑스 이름

니다. 하지만 프랑스의 왕은 아무런 도움도 주지 못하던 신하들과 귀족들의 극심한 반대에 부딪혀 자신이 거주하던 예전의 감옥 궁전 사보이로 자발적으로 다시 돌아와 그곳에서 생을 마감했습니다.

이 시기 카스티야 지방에 '잔인한 페드로'라 불리던 어느 군주가 있었습니다. 그는 자신의 별칭에 걸맞게 여러 가지 잔인한 살인을 저지른 인물이었습니다. 그때 흑태자는 사촌인, 아름다운 과부 조안과 결혼해 보르도에 살고 있었습니다. 죄를 짓고 군주 자리에서 축출됐던 '잔인한 페드로'는 보르도로 흑태자를 찾아와 머리를 조아리며 도움을 요청했습니다. 황태자는, 자신의 명성에 위배되게 페드로에게 과도한 친절을 베풀고, 그의 약속을 믿고 그를 돕기로 했습니다. 이에 따라 황태자는 자신들을 '자유의 투사들'이라고 부르던 퇴직 병사들에게 비밀 지령을 내리게 되고, 이들은 그 페드로를 돕는 과정에서 한동안 프랑스 민중들을 심하게 괴롭히게 됩니다. 황태자 자신은 군대를 이끌고 스페인으로 넘어가 페드로를 도와 그가 다시 왕관을 차지하도록 도와주었습니다. 하지만 페드로는 왕위를 되찾자마자 당연히 한 치의 부끄럼도 없이 비열하게 흑태자와의 약속을 저버렸습니다.

이렇게 되자 흑태자는 이 잔인한 왕을 돕는 과정에서 동원한 퇴직 병사들에게 지급해야했던 비용 때문에 엄청난 자금 압박에 시달리게 됐습니다. 넌덜머리를 내며 보르도로 돌아온 황태자는 건강을 망쳤을 뿐 아니라 빚더미에 올라앉은 자신을 발견하게 됩니다. 그래서 그는 어쩔 수 없이 채무를 갚기 위해 프랑스 귀족들에게 세금을 부과하기 시작했습니다. 그러자 프랑스 귀족들은 자신들의 왕 샤를에게 달려갔고, 다시 전쟁이 발발하게 됐습니다.

그리고 황태자에게 크나큰 이득을 가져다주던 프랑스의 리모주 시가 프랑스 왕에게 넘어가버리자 황태자는 그 도시를 약탈·방화하는 고전적 수법을 자행했습니다. 그는 당시 담가에 실려 이동할 정도로 중병을 앓고 있어서 하늘의 자비가 필요했음에도 불구하고 자신의 비위에 거슬리는 그 도시의 포로들과 남녀노소를 무자비하게 학살해버렸습니다. 그리고 그는 중병

흑태자 에드워드의 조상彫像

에 걸린 채 고국으로 돌아와 민중들과 의회의 열렬한 환호를 받은 후 1376년 6월 8일 성 삼위일체의 축일 날 46살의 나이로 세상을 떠났습니다.

그날 전 영국은 일찍이 없었던 위대한 왕자의 죽음을 슬퍼했으며, 흑태자는 크나큰 슬픔을 뒤로하고 캔터베리 성당에 묻혔습니다. '참회왕' 에드워드의 묘지 곁에는 흑태자의 형상이 새겨진 비석과 함께 그의 기념물이 누워있습니다. 우리는 지금도 그 유명했던 예전의 검은 갑옷 위에 고대의 쇠 미늘 가리개를 두르고 투구를 쓴 채 등을 대고 누워있는 그의 형상을 보면서 흑태자의 모습을 떠올리게 됩니다.

위대했던 아들 흑태자의 죽음 이후 에드워드Ⅲ세도 그리 오랜 세월을 더 살지는 못했습니다. 그는 나이가 든 상태에서 아름다운 연인 엘리스 페레르에게 빠짐으로 해서 말년의 기력이 소진할 수밖에 없었습니다. 엘리스 페레르는 왕의 사랑이나, 왕이 그녀에게 선물했던, 고인이 된 왕비 소유의 보석들을 받을만한 가치가 없는 여자였습니다. 게다가 그녀는 왕이 죽던 날 왕의 손가락에서 반지를 빼낸 후, 시종들이 시신에서 나머지 물품들을 도둑질하도록 방치했던 인물입니다. 오로지 단 한 사람의 사제만이 왕에게 진실함을 보이며 마지막까지 왕의 곁을 지켰을 뿐입니다.

에드워드III세는 전쟁을 통해 뛰어난 승리를 거둔 업적 말고도 다른 훌륭한 치적을 남겼으니, 바로 윈저 궁을[6] 비롯한 위대한 건축물들은 세우도록 한 것입니다. 더불어서 왕은 가난한 교구의 신부였던 위클리프를 지원해서 그의 뛰어난 능력을 통해 교황의 욕심과 부패를 드러내도록 하기도 했습니다. 위클리프[7]는 이런 과정을 통해 영국 교회의 수장으로 우뚝 서게 됩니다.

또, 이 시기에 플랑드르 사람들의 일부가 영국으로 건너와 노픽에 거주하면서 기존의 영국 사람들보다 뛰어난 양모 직조 기술을 선보였습니다. 또, 기사훈위[8]의 기원도 이 시기로 거슬러 올라갑니다.(듣기에는 그럴 듯하게 들리지만, 사용된 옷감만큼 그리 중요한 역할을 수행하지는 못한 듯합니다.) 이와 관련해서는, 왕이 가장무도회에서 어느 여인의 대님(garter)을 집어 들고 'HONI SOIT QUI MAL Y PENSE'라고 중얼거렸고, 이는 영어로는 '사악한 생각을 하는 자에게 저주가 있으라!'는 의미인데, 그 뒤로 궁정의 신하들이 왕이 했던 말과 행동을 재미있게 흉내 냈다고 합니다. 바로 이런 사소한 사건에서 '기사훈위' 제도가 유래되었으며, 이후 대단한 위엄을 자랑하는 제도로 자리 잡게 됩니다. 이야기인즉 그렇게 전개됐던 겁니다.

---

6 현재도 영국 여왕의 거처로 사용되는 세계 최고最古의 왕궁 중 하나

7 John Wycliffe, 133?~1384, 영국의 종교 개혁가, 성경을 최초로 영어로 번역함

8 The Order of the Garter, Knight의 최고 훈위, 대님garter과 목걸이 외투 따위로 이루어져, 남자는 왼쪽 무릎 밑에, 여자는 왼팔에 착용

제19장
리처드Ⅱ세
ENGLAND UNDER RICHARD THE SECOND
[생몰 : 1367.1.6~1400.2, 재위 :1377~1399]

흑태자의 아들 리처드가 11살의 나이에 왕위를 물려받아 리처드II세[1]로 등극하였습니다. 영국 민중들은 용맹스러웠던 그의 아버지를 기억하며 이미 리처드II세를 찬양할 준비가 되어있었습니다. 일반적으로 궁정의 사교계 귀족들은 왕실의 자제들을 두고 '인간 중에 가장 아름답고 똑똑하다'는 칭송을 하는 습관이 있었는데, 사교계의 귀족들은 리처드II세를 두고는 그런 왕실의 자제들 중에서도 단연 으뜸으로 아름답고 현명하다고 칭송했습니다. 하지만 이런 입에 발린 아첨은 새로운 왕의 진면목을 드러내는 데 별로 도움이 되지 못했고, 그의 결말에도 결코 좋은 역할을 하지 못했습니다.

왕위 계승을 놓고는 처음에는 젊은 왕의 숙부인 랭커스터 공작이 (사람들은 보통 그를 '곤트의 존John of Gaunt'이라 불렀는데 이는 그가 겐트Ghent에서

---

1   플랜태저넷 왕가의 8번째 왕으로, 흑태자 에드워드의 아들임. 별칭은 '보르도의 리처드'. 재위 중에 와트 타일러의 난(1381)을 진압하였으나, 시간이 지날수록 의회와의 불화는 심화되었음. 의회와의 마찰은 1386년 양 세력을 중재하고 있던 숙부 '곤트의 존'이 카스티야 왕위 계승 문제로 떠난 시기에 표면화 되었는데, 의회는 국왕의 최측근 중 하나인 서퍽 백작 마이클을 탄핵하고 '11인 위원회'를 개설하여 한동안 국왕의 활동을 감시하게 하였음. 리처드2세는 이러한 결정을 왕권에 대한 도전이라고 공개적으로 천명하고, 의회파들을 제거하기 시작하였고, 의회파의 우두머리격인 '5인의 청원파' 중 한 명이자 '곤트의 존'의 동생인 글로스터 공작 토머스 우드스탁 역시 리처드의 측근들을 탄핵하기 시작하였는데, 이러한 갈등은 1388년 신변의 위험을 느낀 리처드2세가 일시적으로 의회에 굴복함으로써 종결되었음.
이후 1397년까지 양 측은 표면상으로는 화목하게 지내다가, 1397년, 8년 동안 힘을 길러온 리처드2세가 강경한 태도로 돌변, '5인의 청원파' 중 토머스 우드스탁을 투옥, 살해하고 애런델 백작 리처드 피츠앨런을 반역죄로 처형해 버렸으며, 워릭 백작 토머스 뷰챔프를 추방하는 데 성공함. 그리고 그해 9월, 남은 2인의 청원파 중 한 명이었고 '곤트의 존'의 아들이자 랭커스터 공작인 헨리 볼링브로크가 청원파들에 대한 처분이 부당함을 주장하자 그 역시 추방함. 얼마 후(1399년), 숙부 '곤트의 존'이 죽자 리처드는 헨리에게 넘어갈 랭커스터 가의 영지마저 몰수하였음.
하지만 리처드2세는 그해 5월 정국이 아직 불안함에도 불구하고 아일랜드 방문계획을 세웠고 주위의 만류에도 불구하고 이를 강행함. 이는 반란의 기회만을 엿보던 의회파에게 결정적으로 틈을 준 것이나 다름이 없었고 결국 그가 추방하였던 헨리 볼링브로크를 필두로 하는 반란군이 잉글랜드로 침입하여 왕좌를 찬탈하는데 성공하였고, 이 소식을 들은 리처드는 1399년 8월 급히 잉글랜드로 돌아오나 제대로 싸워보지도 못하고 헨리에게 항복함. 그는 9월 30일 폐위당하고 폰트프랙트 성에 감금되어 약 4개월 후에 그곳에서 죽었는데, 일설에는 음식을 먹지 않고 스스로 굶어 죽었다고도 함.
리처드2세는 옷차림은 물론 외모와 머리모양에 신경을 쓰는 멋쟁이였으며, 당시로서는 보기 드물게 규칙적으로 목욕을 했고, 손수건을 고안하기도 했으며, 성미가 급하고 신경질적이고, 발작적으로 폭력적인 기질을 보였지만 어머니나 아내와 같은 가족, 측근 등에게는 관대했음.

태어났고 '겐트'를 흔히 '곤트'라고 불렀기 때문일 겁니다.) 욕심을 내기는 했지만 그는 자신의 인기가 사망한 흑태자에 훨씬 미치지 못했으므로 어쩔 수 없이 조카에게 양보했던 겁니다.

프랑스와의 전쟁은 아직도 끝나지 않았고 영국 조정은 전쟁 비용을 충당할 돈이 필요했습니다. 따라서 선대왕 때부터 마련되었던 '인두세Poll-tax'라는 세금이 민중들에게 부과되었습니다. 이 인두세는 14살 이상이면 남녀를 가리지 않고 국민이면 누구나 일 년에 3그로트씩[2] 내야하는 세금이었습니다. 그리고 성직자들은 더 많은 돈을 내야했으며, 오로지 거지들만이 면제되었습니다.

영국의 일반 민중들이 오랫동안 극심한 억압에 시달려왔다는 말은 세삼 다시 강조하지는 않겠습니다. 그들은 여전히 토지를 소유한 영주들의 비천한 노예에 불과했고 대부분의 경우 가혹하고 불공정한 처우를 받았습니다. 하지만 그들은 그때쯤에는 자신들의 처지에 관해 진지한 생각을 하기 시작했습니다. 그리고 그들은, 앞 장에서 언급했던, 프랑스 민중들의 봉기로부터 자극을 받아 대담해졌을 겁니다.

결국 에섹스의 민중들이 인두세에 대해 불만을 제기하다가 이를 극심하게 탄압하던 정부의 관리들을 살해하기에 이르렀습니다. 그때 켄트 주의 다트포드에 어떤 세금 징수원이 가가호호 방문하던 중 와트 타일러라고 하는 미장공의 오두막에 이르러서 그 집의 딸에게 세금을 내라고 독촉을 했습니다. 그러자 마침 집에 있던 그의 아내가 자신의 딸은 아직 14세가 되지 않았다고 항변했고, 그 징수원은 당시 영국의 다른 지역의 징수원들과 마찬가지로 아주 무지막지한 방법으로 와트 타일러의 딸에게 모욕을 줬습니다. 이때 아내와 딸의 울부짖는 소리를 근처에서 듣게 된 와트 타일러는 그런 상황에 처한 가장이면 그럴 수밖에 없었겠지만 즉시 달려와서 그 징수원을 때려죽여버렸습니다.

2　영국의 옛날 4펜스 은화

인두세 징수원을 때려죽이는 와트 타일러

　그리고 그 지방 농민들은 마치 한 사람이라도 된 것처럼 단결해서 일어났습니다. 그들은 와트 타일러를 자신들의 지도자로 내세우고, 그때 이미 젝스트로라는 신부를 중심으로 무기를 들고 일어섰던 에섹스 주민들과 힘을 합쳤습니다. 농민들은 내친김에 존 볼이라는 또 다른 신부를 감옥에서 끄집어낸 다음 블렉히스를 향해 몰려갔습니다. 그들이 행진하는 동안 비록 무질서한 농민군이긴 했지만 사람들의 숫자가 차츰 놀랄 만큼 늘어나게 됐습니다. 그들은 모든 사유재산을 거부하고, 인간은 모두 동등하다는 점을 주장했다고 전해지고 있습니다. 하지만 필자는 이는 사실과 다르다고 생각합니다. 왜냐하면 그들이, 행군 도중 길에서 만난 여행자들을 세워놓고 리처드 왕에게 충성한다는 맹세를 강요한 사실이 있기 때문입니다. 또, 그들은 자신들에게 해를 끼치지 않는 경우는 단순히 지체가 높은 사람이라 해서 그들을 해치지는 않았습니다. 실제로 아들을 만나러 가기 위해 농민군들의 캠프를 통과할 수밖에 없었던 왕의 어머니도 호들갑스럽게 충성을 강조하던 몇몇 지저분한 얼굴의 털투성이 반란군들에게 키스 세례를 받은 것 빼고는 아무런 해도 입지 않고 안전하게 무리를 벗어날 수 있었습니다. 다음 날 농민군 전체는 런던 대교를 향해 진군을 했습니다.

런던 대교는 중간에 다리를 들어 올릴 수 있는 가동교可動橋 방식으로 만들어졌는데, 이때 런던의 시장인 윌리엄 윌워스는 농민군들이 시내로 입성하지 못하도록 다리를 들어 올리도록 했습니다. 하지만 농민군들은 런던 시민들을 위협해서 다시 다리를 내리도록 하고 엄청난 기세로 시내를 점령해 들어갔습니다. 그들은 감옥을 파괴하고 램버스 궁에 쳐들어가서는 문서들을 불태웠으며, 영국에서 가장 화려하고 아름다운 궁전이라고 일컬어지는 랭커스터 공작의 궁전(스트랜드 가에 있는 사보이 궁전)을 파괴하고, 템플기사단의 성당에 들어가서는 서적과 서류들을 불태우는 등 대 폭동을 일으켰습니다.

이때 런던 시민들은 다른 재산을 지키기 위해 농민군들에게 자신들의 와인 저장고를 기꺼이 열어주었기 때문에 농민군들의 상당수는 술에 취한 채 민란에 참여했습니다. 그러나 그들이 술을 마시긴 했어도 물건을 도둑질하는 일은 일어나지 않았습니다. 오히려 농민들은 사보이 궁전에서 어떤 농민 하나가 은제 컵을 가슴 속에 숨겨 나오려하자 그것을 발견하고 그 은제 컵과 함께 그를 강물에 수장시켜버리기도 했습니다.

농민군들이 본격적으로 폭동을 일으키기 전에 젊은 왕이 그들을 달래기 위해 수행원들과 함께 농민군들 앞에 나서기는 했었지만, 왕은 농민군들이 소리를 지르고 기세를 올리자 겁을 먹고 걸음아 날 살려라 하며 런던탑으로 물러가 버렸습니다. 이 모습을 보고는 농민군들은 더욱 기세가 올라, 민중의 편에 서기를 거부하는 자들을 그 자리에서 처단한 다음 본격적인 폭동을 일으키기 시작했습니다. 그들은 손에 닥치는 대로 무기를 잡아서 평소에 불만을 가지고 있던 인사들을 처단해나갔습니다. 폭력적인 하루를 그런 식으로 보낸 다음 농민군들은 왕이 마일엔드Mile-end에서 자신들을 만나 요구사항을 수렴할 의사가 있다는 전갈을 받았습니다.

그래서 6만 명이나 되는 농민군들이 마일엔드로 몰려갔고, 그 자리에서 왕에게 네 가지 요구사항을 전달했습니다. 그들은 첫째, 자신들과 가족들 및 이후의 어떤 농민들도 노예 취급하지 말 것, 둘째, 토지 사용료는 노동력을 착취하는 대신 일정한 액수의 돈으로 지불하도록 할 것, 셋째, 자신들도 다른 자유인들과 마찬가지로 모든 시장과 공공장소에서 물건을 사고 팔 수 있도록 해줄 것, 넷째, 민란과 관련하여 어떤 죄도 묻지 말 것 등을 요구사항으로 제시했습니다. 이러한 요구사항에 비합리적인 내용이 하나도 없다는 점은 하나님도 알고 계셨을 겁니다! 왕도 교활하게 겉으로는 수긍하는 척하고, 30명의 서기들을 밤새 붙잡아놓고 합의서에 서명까지 했습니다.

하지만 와트 타일러는 그것으로 만족하지 않고 산림법을 완전히 폐지할 것을 주장했습니다. 그는 합의서가 서명되는 동안 마일엔드에 있지 않고 런던탑으로 쳐들어가서 전날 민중들이 목을 베어야한다고 외치던 주교와 회계 담당 재무관의 목을 베어버렸습니다. 타일러 일행은 심지어는 황태자비의 침실까지 쳐들어가서 황태자비가 누워있는 상태에서 혹시 누군가 잠자리에 숨어들지 않았나 확인하기 위해 칼로 여기저기를 찔러보기도 했습니다.

다음 날이 되었어도 와트와 그 일행들은 무기를 내려놓지 않고 거리를 활보하고 다니다가 스미스필드에 이르러 멀찌감치 왕이 불과 60여명의 기사들과 함께 대기 중인 것을 발견했습니다. 왕 일행 중에는 런던 시장인 월워스도 있었습니다. 왕을 발견한 와트는 부하들에게 말했습니다. "저기 왕이 있다. 내가 가서 왕을 만나 우리들의 요구사항을 전달하겠다."

그리고 와트는 곧바로 왕에게 다가가 "폐하, 저기 있는 사람들이 보이십니까?"라고 물었습니다.

"그렇소. 그런데 왜 그러시오?" 왕이 대답했습니다.

대치 중인 와트 타일러의 농민군과 정부군

"저들은 모두 저의 부하들이고, 제가 시키는 일은 무슨 일이든 할 사람들입니다."

시간이 흐른 뒤 사람들은 이 순간 와트가 왕이 탄 말의 굴레를 잡고 있었다고도 하고, 그냥 사신의 난검을 만지작거리고 있었다고도 합니다. 하지만 필자는 와트가 분노한 농민군의 대표로 왕과 대담을 나누고 있었을 뿐 다른 행동은 하지 않았다고 생각합니다. 상황이야 어찌됐던 월워스 시장이 비열하게도 단검을 꺼내 와트의 목을 찔렀을 때는 와트에게는 왕을 해칠 의사가 전혀 없었고, 따라서 자신을 방어할 준비도 되어있지 않았던 것만은 분명해 보입니다. 그렇게 해서 와트 타일러는 스러져갔습니다. 왕의 편에서 아첨하고 알랑거리는 자들은 이 장면에서 엄청난 힘을 얻었고, 이 이야기는 오늘날까지도 종종 왕의 승리로 칭송되어집니다.

와트는 무도한 탄압 속에서 묵묵히 일만 하던 농민이었는데, 너무 불공정하게 폭도의 수괴로 취급되어졌습니다 그리고 그의 패망에 기뻐 날뛰는 기생충 같은 인간들보다 와트는 훨씬 더 고상한 성품과 용맹스런 기상을 소유한 인물이었을 겁니다.

와트가 쓰러지는 것을 목격한 농민군들은 그의 복수를 하기 위해 칼을 빼어들었습니다. 그 위기의 순간에 왕이 침착함을 잃었다면 왕과 시장도 와트와 같은 운명을 면하지 못했을 겁니다. 그러나 왕은 말을 몰아 농민군들에게 달려가서 와트 타일러는 배반자이며, 자신이 대장이 되어 그들을 이끌겠다고 외쳤습니다. 농민들은 순식간에 벌어진 일에 어안이 벙벙했지만 왕의 말을 믿고 소리를 지르며 왕을 환호했습니다. 그리고 그들은 소년 왕을 따라 나섰고, 왕은 그들을 이끌고 왕의 수많은 군사들이 대기하고 있던 이슬링턴Islington에 도착했습니다.

이런 민중 봉기의 끝은 언제나 한결같습니다. 왕은 안전이 확보되자 자신이 한 말과 행동을 모두 뒤집어버렸습니다. 1천5백 명에 달하는 농민군들은 (대부분 에섹스에서) 혹독한 재판을 통해 무자비한 처형을 당해야 했습니다. 그들 대부분은 교수대의 이슬로 사라졌고, 시신은 본보기로 그대로 방치되었는데, 그들을 불쌍히 여긴 친지들이 시신들을 끌어내려 매장해주는 일이 발생하자 왕은 시신들을 쇠사슬로 묶도록 지시하기도 했습니다. 바로 이 사건 이후로 죄인들을 목매달 때 서로 묶는 관습이 생겨나게 된 겁니다. 이 사건을 처리하는 왕의 과오로 인해 와트 타일러와 왕을 비교함에 있어 사람들은 왕보다는 와트 타일러를 더 존경스런 인물로 간주하고, 역사상 유래가 없는 진실 된 인물로 묘사하게 된 것입니다.

리처드 II 세는 이제 18살이 되어서, 보헤미아의 공주 안느와 결혼을 했습니다. 안느는 '선한 왕비 안느the good Queen Anne'로 칭송받는 여인이었으며, 그녀는 리처드보다는 더 훌륭한 남자의 아내가 될 자격이 있던 여인이었습니다. 왕 리처드 II 세가 배반을 잘 하고 허랑방탕하며 너절한 인간들에 둘러싸여 벗어나지를 못했기 때문입니다.

한편, 그때에는 마치 하나 가지고는 부족하기라도 한 듯이 교황이 둘이나 존재해서 이들 두 교황의 싸움으로 인해 전 유럽이 대혼란에 빠져있던 시기였습니다.[3] 그리고 스코틀랜드도 여전히 골칫거리로 남아있었고, 국내적으로는 질시와 불신, 배반과 역 배반이 팽배해있었습니다. 특히, 왕은 그를 둘러싼 친족들의 야망 때문에 두려움의 나날을 보냈는데 그 중에서 왕의 숙부인 랭커스터 공작(곤트의 존John of Gaunt)과의 갈등이 도드라졌습니다. 랭커스터 공작은 왕에 대항에 패거리를 만들었고 왕은 그에 대항에 자기 패거리를 만들고 있었습니다. 그리고 랭커스터의 공작이 스페인 카스티야 공국의 왕권을 획득하기 위해 자리를 비운 사이에도 국내 문제는 수그러들 줄을 몰랐습니다.

이번에는 리처드 왕의 또 다른 숙부인 글로스터의 공작이 왕에 반대해서 의회에 영향력을 행사해 왕이 총애하는 대신들을 사임시킬 것을 요구하고 있었던 것입니다. 하지만 왕은 그런 압력에 굴복해서 아무런 죄도 없는 대신들을 사직시키지는 않을 것이라고 버텼습니다. 그러나 그때는 의회가 하려고 결정하면 왕은 어쩔 수 없는 시기였습니다. 결국 리처드 왕은 굴복할 수밖에 없었고, 그에 따라 14명의 귀족 위원으로 구성된 또 다른 행정부가 일 년간 구성되게 됐습니다. 그리고 왕의 숙부 글로스터 공작이 그 위원회의 의장이 되어 사실상 위원들의 임면권을 좌지우지했습니다.

하지만 왕은 이렇게 합의를 해놓고도 나중에는 원래 그럴 의도가 없었으며, 모든 것은 불법적으로 이뤄졌다고 우겼습니다. 그리고 왕은 재판관들을 동원해 은밀히 자신의 명분을 합리화시키려 노력했습니다. 그러나 음모는 곧바로 글로스터의 공작에게 발각되고 말았고, 글로스터 공작은 4만 명을 동원해서 런던에 입성한 후 왕과 담판을 짓기 위해 왕에게 달려갔습니다. 왕은 도저히 백작의 상대가 될 수 없었으며, 그 결과 왕의 측근과 대신들은 탄핵당하고 무자비하게 처형됐습니다. 당시 왕의 측근 중에는 세간의 평이 극과 극으로 갈라진 두 인물이 있었는데, 한 명은 농민군들을 처단한 '피의

---

3 '대립교황'과 '아비뇽유수' 참조

섹스피어의 가극에 등장한 리처드 II세

순회재판the bloody circuit'의 책임 판사였던 최고재판소장 로버트 트레실리언이 었고, 또 한명은 흑태자의 친구였던 시몬 벌리 경이었는데, 그는 왕의 대신大 臣이자 수호자 역할을 하고 있었습니다.

착한 왕비는 바로 이 시몬 벌리 경의 목숨을 구하고자 글로스터 공작 앞에 무릎을 꿇고 애원했습니다. 하지만 이유야 어떻든 시몬을 두려워하고 미워 했던 백작은 왕의 존엄을 지키고자 한다면 더 이상 애걸하지 말라며 왕비의 부탁을 묵살했습니다. 이 모든 행위가 의회의 이름 아래 이뤄졌는데, 어떤 이들은 잘 한 일이라고도 하고, 어떤 이들은 ―좀 더 납득할 만한 이유를 들 어― 무자비한 행동이었다고 비난하기도 했습니다.

하지만 글로스터 공작의 권력도 그리 오래가지는 못했습니다. 그는 고작 1년의 권세를 더 누렸을 뿐입니다. 그 사이에 저 오래된 발라드 '체비 체이스'[4] 에서 노래될 정도로 유명한 '오터번Otterburn' 전투가 있기도 했습니다.

한해가 저물 무렵 대규모 회의가 열리던 중 왕이 글로스터 공작에게 갑자기 물었습니다. "숙부, 올해 내가 몇 살이지요?" "폐하께서는" 백작이 대답했습니다. "올해 22번째 해를 보내고 계십니다." 그러자 왕이 다시 말했습니다. "내가 그렇게나 나이를 많이 먹었나요? 그렇다면 이제 제 일은 제가 알아서 할 때도 됐군요. 그동안 신세 많이 졌습니다. 이제 더 이상 그런 수고를 안 하셔도 되겠습니다." 왕은 자신이 한 말을 그대로 실행에 옮겼습니다. 그는 새로운 수상과 재무대신을 임명하고, 국민들에게는 자신이 직접 정부를 운영할 것이라고 선언했습니다. 그리고 왕은 별다른 반대에 부딪히지 않고 8년간 업무를 수행할 수 있었습니다. 그 기간 내내 왕은 언젠가는 숙부에게 복수하겠다는 다짐을 마음속에 숨기며 보냈습니다.

그리고 선량했던 왕비가 사망하자 왕은 두 번째 아내로 프랑스의 이사벨라와 결혼하겠다는 의사를 평의회에 전달했습니다. 이사벨라는 샤를VI세의 딸로서 프랑스 궁정 사람들의 말을 빌리면 7살의 나이라고는 믿기지 않을 정도로 놀랄 만큼 아름답고 재치기 뛰어나다고 칭찬이 자자한 여성이었습니다. (아마 영국 궁성 사람들노 프랑스에다 리처드 왕을 그렇게 묘사했겠지요.) 위원회는 왕의 결혼을 놓고 찬반양론으로 갈라졌지만 결국 그 결혼은 성사됐습니다. 이 결혼으로 인해 영국과 프랑스에는 사반세기 동안 평화가 이룩될 수 있었지만 그동안 영국인들은 특권의식에 상처를 받았다고 느끼고 있었습니다. 그러자 그사이 민중들에게 인기를 얻기 위한 기회를 노리고 있던 글로스터의 공작은 큰소리로 왕을 비난했으며, 이에 왕은 그동안 마음속에 간직했던 복수를 실행할 때가 드디어 도래했다고 판단했습니다.

왕은 한껏 기운이 오른 무리들과 함께 에섹스에 있는 플레쉬Pleshey 궁으로

---

4   The Ballad of Chevy Chase, Percy가(家)와 Douglas가의 Otterburn 전투를 소재로 한 15세기 영국 민요

몰려갔고, 그때 공작은 아무런 의심도 없이 공식적인 손님을 접견하기 위해 안마당으로 나오고 있는 중이었습니다. 왕이 공작부인과 한가하게 담소를 나누는 사이 왕의 일행들은 공작을 조용히 체포해서 프랑스 칼레 지역으로 신속히 옮긴 후, 그곳 어느 성에다 유폐시켜버렸습니다. 그리고 비슷한 방식으로 공작의 친구인 애런델의 백작과 워릭의 백작도 각자의 성에 유폐시킨 후 며칠 뒤 노팅엄에서 그들 모두를 1급 반역 혐의로 탄핵해버렸습니다.

이후 애런델의 백작은 유죄판결을 받고 목이 잘렸으며, 워릭의 백작은 추방됐습니다. 그리고 영장을 소지한 전령을 칼레의 지사에게 보내 글로스터의 공작을 영국으로 압송하도록 요청했는데, 3일 뒤 공작이 감옥에서 옥사했다는 답을 받았습니다. 공작에게는 반역자의 낙인이 찍혔고, 그의 재산은 왕에게 귀속되었으며, 사실이든 조작을 했든 공작이 감옥에서 민사담당 재판관에게 모든 죄상을 실토했다는 내용이 공표됐습니다. 이렇게 해서 모든 일이 일단락됐습니다.

운 나빴던 공작이 어떤 식으로 최후를 맞이했는지 관심을 갖는 사람은 거의 없습니다. 그가 정말로 자연사를 했는지, 아니면 자살을 했는지, 그도 아니면 왕의 사주에 의해서 그렇게 됐는지는 모르지만, 홀이라는 지사의 부관이 전하는 목격담에 따라 공작은 두 개의 침대 사이에 목을 매고 질식사해서 죽은 것으로 발표됐습니다. 공작의 죽음과 관련하여 사실 여부는 확인할 수 없지만 그가 어떤 식으로든지 자신의 조카에 의해서 죽음에 이른 것만은 의심할 여자기 없습니다. 또 글로스터 공작의 죽음과 관련된 여러 귀족들 중에는, 왕이 가족 간의 피비린내를 무마하기 위해 헤리퍼드의 공작에 앉혔던 헨리 볼링브로크가 가장 깊게 관련되었고, 그 외 여러 인물들이 더 있습니다. 이들은 당시 공작에게 유죄를 덮어씌운 것처럼 자신들의 가족 불화에서도 같은 짓을 저지른 인물들입니다. 그들이 유독 부패했던 것처럼 보이지만, 사실 그 시절 그런 인물들을 궁정에서 찾아보기란 그리 어려운 일은 아니었습니다.

사람들은 이 모든 일을 가지고 수근 거렸으며, 프랑스 왕실과의 결혼 사실에 많은 상처를 받았습니다. 귀족들은 왕이 얼마나 법을 우습게 아는지 보았고, 또 왕의 교활함을 인식했기 때문에 다들 몸을 사리게 됐습니다. 왕의 생활은 먹고 마시는 방탕의 연속이었으며, 매일같이 가장 저속한 무리들이라 할 수 있었던 시종들에게 최고로 값비싼 옷을 입히고 왕의 테이블 위에서 뛰어놀게도 했는데, 그 숫자가 무려 1만 명에 이르렀다는 이야기가 전해지고 있습니다. 왕 자신은 1만 명에 이르는 활을 든 경비병들의 호위를 받고, 의회가 그에게 평생 부여해준 양모羊毛에 대한 세금 부과 권리로 인해 막대한 부를 누리게 됨으로써 절대적 권력 속에서 아무런 위협을 느끼지 못하게 되자 점점 더 포악해지고 오만해져 갔습니다.

왕에게는 아직 헤리퍼드와 노픽의 백작이라는 두 명의 정적들이 남아있었습니다. 왕은 이들도 가만히 두지는 않았습니다. 왕에게 매수당한 헤리퍼드 공작이 각료회의 석상에서 노픽의 공작이 최근에 브렌트퍼드Brentford에서 자신과 함께 승마를 하던 중 왕의 약속을 믿지 못하겠다는 역모를 품은 언사를 했다고 실토를 했습니다. 사실, 왕의 약속을 믿는 사람은 아무도 없었다고 필자는 확신할 수 있습니다. 어쨌든 이 역모 사건을 밀고한 덕으로 헤리퍼드의 공작은 사면을 받았고 노픽의 공작은 소환을 받고 자신을 변호하는 설명을 해야 했습니다.

노픽의 공작이 혐의를 부인하고, 오히려 헤리퍼드 공작이 거짓말쟁이이며 역모의 당사자라고 항변하자 당시의 관례대로 두 사람 모두 감옥에 수감된 후 양자가 벌이는 결투로 진실을 가리기로 했습니다. 코번트리에서 시합을 열기로 한 이 결투에서 누구든지 이기는 사람의 주장을 정당한 것으로 하기로 결정됐습니다. 그런 말도 안 되는 결정은 힘이 센 사람 중에는 나쁜 인간이 없다는 황당한 믿음을 배경으로 하고 있었습니다. 결국 기념일 행사가 대대적으로 벌어지고 엄청난 군중이 모인 가운데 한바탕 축제가 벌어진 후, 두 공작이 창을 들고 나섰습니다. 하지만 두 공작이 서로를 향해 막 돌진해 들어기려는 순간 이 행사를 참관하던 왕이 들고 있던 지팡이를 땅에 내던지며 결투를 중지시켰습니다. 이후 헤리퍼드의 공작은 10년간 추방형을 당했고, 노픽의 공작은 평생 추방당하는 신세가 됐습니다. 헤리퍼드 공작은 프랑스에서 유형의 길을 더 이상 나아가지 못하고 주저앉아버렸으며, 노픽 공작은 성지순례를 떠나서 이후 베니스에서 심장마비로 사망했습니다.

이후 왕은 더욱 포악하고 성급하게 국정을 운영했습니다. 헤리퍼드 공작의 아버지인 랭커스터의 공작은 아들이 추방당하자마자 곧바로 사망했고, 비록 그 아들이 해외로 추방 중일지라도 아버지의 유산을 물려받게 해주겠다고 약속했던 왕은 그 약속을 어기고 강도처럼 공작의 재산을 가로챘습니다. 당시 왕을 두려워했던 재판관들은 치욕스럽게도 왕의 이러한 도둑질을 정당한 것으로 인정해줬습니다. 하지만 왕의 탐욕은 그칠 줄 몰랐습니다. 그는, 범법행위를 저질렀다는 누명을 씌워 벌금을 부과하는 방식으로 돈을 긁어모으기 위해 그 즉시 치사한 구실을 만들어서 17개의 주를 불법화시켜버렸습니다.

왕은 이런 식으로 자신이 할 수 있는 모든 치욕적인 수단을 동원했습니다. 한편, 궁정에서는 왕의 이와 같은 전횡專橫에 대하여 신하들의 반발이 겉으로 드러나기 시작하고 있었는데, 왕은 아첨 잘하는 측근들이 신하들의 분위기가 심상치 않다는 사실을 넌지시 알려주었는데도 불구하고 이에는 별로 신경을 쓰지 않고 아일랜드 문제를 처리하기 위한 원정길에 올랐습니다.

왕이, 자신이 자리를 비운 사이 섭정 역할을 할 인물로 요크의 공작을 임명하고 영국 땅을 떠나자마자 왕의 사촌인 헤리퍼드의 헨리가 왕에게 야만적으로 강탈당한 자신의 권리를 되찾기 위해 프랑스에서 귀국했습니다. 헨리는 영국에 도착하자마자 강력한 세력을 형성하고 있던 노섬벌랜드와 웨스트모랜드 공작과 힘을 합쳤습니다. 그리고 섭정을 하던 요크의 공작은 헨리의 숙부였는데, 그는 왕의 통치 방식이 사람들에게 인기가 없고, 군대조차 헨리에게 많이 기울어졌음을 알고 왕실 근위대를 브리스틀 방향으로 철수시켜버렸습니다.

헨리는 군대를 이끌고 자신이 상륙했던 요크셔에서 런던으로 방향을 틀고 섭정의 뒤를 따랐습니다. 그리고 헨리와 섭정은 서로 군대를 연합해서 (그들이 어떻게 해서 서로 세력을 합치기로 했는지는 정확하게 알려진 바가 없습니다.) 당시 세 명의 귀족에게 볼모로 잡혀있던 젊은 왕비가 있는 브리스틀 성으로 진군해 들어갔습니다. 브리스틀 성은 간단히 함락되었고, 그 세 명의 귀족들은 처형됐습니다. 그리고 섭정은 브리스틀 성에 그대로 남고, 헨리는 체스터를 향해 진군을 계속했습니다.

이러는 동안에도 왕은 험악한 날씨로 인해 본토에서 무슨 일이 벌어지고 있는지 정보를 접할 수가 없었습니다. 마침내 아일랜드에 있는 왕에게 본국의 소식이 전해졌고, 왕은 솔즈베리의 백작을 보내 미리 전투를 준비하도록 했습니다. 그리고 솔즈베리의 백작은 콘웨이Conway로 상륙해서 웨일즈 인들을 규합한 후 왕이 도착하기를 2주일 동안 기다리고 있었습니다. 하지만 왕을 기다리던 동안에, 처음부터 솔즈베리 백작을 탐탁히 생각하지 않던 웨일즈 인들은 전의를 상실하고 고향으로 돌아가 버렸습니다.

마침내 왕이 해안에 상륙했습니다. 그러나 처음 상륙했을 때는 왕과 함께 했던 많은 병력들이 점차 왕을 위해 싸울 의사를 포기하고 하나둘 떠나가 버렸습니다. 어쨌든 왕은 아직도 웨일즈 인들이 콘웨이에서 자기를 기다릴 것으로 예상하고 신부로 변장한 채 동생 둘과 측근 몇 명과 함께 길을 재촉했습니다. 그러나 그곳에는 웨일즈 인들은 간데없고 오로지 솔즈베리 백작과 1백 명의 남아있었습니다. 상황이 불리하게 돌아가자 왕은 두 동생 에섹터와 서리를 헨리에게 보내서 그의 정확한 의중을 파악하고자 했습니다. 그리고 형 리처드에게 충성을 저버리지 않던 서리는 감옥에 갇히는 신세가 되고, 형을 배반한 에섹터는 자신의 방패에서 왕실 문장인 수사슴 마크를 떼어버리고 헨리의 상징이었던 장미로 바꿔달았습니다. 일이 이렇게 되자 왕은 헨리의 의도가 무엇인지 정확히 알게 됐고 더 이상 사절을 보내지 않았습니다.

버림받은 왕은 이제 사방이 적으로 둘러싸인 채 굶주림을 참아가며 식량을 구하기 위해 이곳저곳을 기웃거리고, 이 성 저 성을 전전해야 했지만 별다른 소득은 없었습니다. 결국 왕은 비참한 형색을 하고 콘웨이로 돌아와 노섬벌랜드의 백작에게 투항할 수밖에 없었습니다. 헨리의 명을 받은 노섬벌랜드 백작은, 사실은 왕을 죄수로 호송해가려고 왔지만 겉으로는 투항의 조건을 제시하는 척하고 수행원들은 멀지 않은 곳에서 자기를 지켜보도록 했습니다. 노섬벌랜드 백작은 왕의 사촌 헨리가 기다리고 있던 플린트Flint 성으로 왕을 인도했고, 헨리는 왕을 보자 짐짓 아직도 충성을 잃지 않은 것처럼 왕에 무릎을 꿇었습니다.

"랭커스터의 인자한 사촌이여!" 왕이 말했습니다. "그대를 환영하오."(분명코 환영할 수밖에 없었겠지요. 하지만 왕이 꽁꽁 묶인 상태였다면 그는 사촌을 더욱더 환영해마지 않았을 겁니다.)

"폐하," 헨리가 답했습니다. "(추방 기간이 끝나지 않았는데도) 이렇게 좀 일찍 돌아왔습니다. 하지만 허락하신다면 그 이유를 말씀드리겠습니다. 백성들이 폐하께서 22년 동안 너무 가혹한 통치를 하셨다고 원성이 자자합니다. 신의 가호를 받아서 이제부터 제가 폐하께서 국정을 잘 운영하실 수 있도록 적극 돕겠습니다."

"사촌이여," 처지가 가엾게 된 왕이 말했습니다. "그렇게 해서 그대가 기쁘다면 그건 내게도 좋은 일이오."

두 사람의 대화가 끝나자 나팔소리가 울렸습니다. 그리고 왕은 말에 태워져서 체스터로 옮겨졌고 그곳에서 의회를 소집한다는 선언을 해야 했습니다. 왕은 다시 체스터에서 런던으로 압송되던 중 리치필드Lichfield에서 창문을 빠져나와 정원으로 뛰어내리는 탈출을 시도했지만 모두 헛수고로 끝났고, 그는 런던에 당도해서 런던탑에 감금됐습니다. 하지만 아무도 왕을 동정하는 사람은 없었고, 오히려 왕이 그들의 인내심을 시험하려 들었던 전 민중은 왕을 매몰차게 비난했습니다. 한편 이 이야기와 관련하여, 왕이 런던탑에

헨리에게 자발적으로 왕관을 넘겨주는 리처드II세 (연극의 한 장면)

갇히기 전 왕이 아끼던 개가 왕의 손을 떠나 헨리의 손을 핥았다는 이야기가
전해지고 있습니다.

　의회가 열리기 전날에 패망한 왕에게 사자使者가 다가가서 왕이 콘웨이 성
에서 노섬벌랜드 백작에게 왕위를 내놓겠다는 약속을 한 사실을 상기시켰
습니다. 왕은 기다리기라도 했다는 듯이 양위의 각서를 써주고, 민중들도 자
신에게 충성을 바칠 필요가 없다는 서약을 했습니다. 왕은 기력을 거의 상
실한 상태에서 스스로 왕을 상징하는 자신의 반지를 빼서 헨리에게 넘겨주
면서, 만일 자기에게 후계자를 지명할 권리가 주어졌다고 하더라도 역시 헨
리를 지명했을 것이라고 말했습니다. 다음 날, 웨스트민스터 홀에서 의회가
열렸고 헨리는 황금보로 덮여있던 빈 왕좌 옆자리에 앉았습니다. 그리고 환
호성이 울리는 가운데 왕에게 받아낸 양위각서가 큰 소리로 참석자들을 향
해 낭독되었습니다. 양위를 축하하는 소리는 온 거리에 울러 퍼졌고, 떠들썩
함이 줄어들 때쯤 리처드II세는 정식으로 폐위되었습니다. 그리고 헨리는

일어나서 이마와 가슴에 성호를 긋고 영국의 통치권이 자신에게 있음을 선언했고, 캔터베리와 요크의 대주교가 그를 왕좌로 안내했습니다.

참석자들은 환호를 올렸고, 환호소리는 다시 한 번 온 시내를 울렸습니다. 이제 리처드 II세가 한때는 가장 수려하고 현명한 왕자였다는 사실을 기억하는 사람은 아무도 없었습니다. 그리고 왕은, 스미스필드에서 단검을 맞고 쓰러져 왕 일행의 말발굽에 짓이겨졌던 와트 타일러보다 훨씬 더 비참한 장면을 연출하며 런던탑에서 하루하루를 연명해가고 있었습니다.

인두세는 와트 타일러와 함께 사라졌습니다. 왕실의 대장장이들은 왕이 사람들을 구금하는 데 사용하는 쇠사슬을 더 이상 만들 수 없었고, 그에 따라 인두세도 더 이상 걸을 수 없게 되었던 것입니다.

제20장
'볼링브로크'라 불리던 헨리IV세
ENGLAND UNDER HENRY THE FOURTH, CALLED BOLINGBROKE
[생몰 : 1366~1413.3.20, 재위 : 1399~1413]

선대왕의 통치기간 중에 교황의 권위와 교활함을 신랄하게 비판했던 위클리프의 설교 때문에 영국 내에서 커다란 문젯거리가 발생했었습니다. 새로운 왕이 신부들의 편을 들어주기로 했는지, 아니면 신앙심이 깊은 척함으로써 자신은 왕위 찬탈자가 아니란 사실을 하나님에게 알리고 싶었는지는 확실하지 않습니다. 아마도 왕은 이 두 가지 의도를 다 가지고 있었을 겁니다. 어쨌든 헨리IV세는[1] '롤러드Lollards', 혹은 이단자들이라고 불리던 위클리프의 추종자들을 심하게 박해하면서 왕으로서의 업무를 시작한 것은 사실입니다. 왕의 아버지인 '곤트의 존'도[2] 위클리프에 대해 좋은 감정을 가지고 있지 않았던 것은 사실이었지만 왕은 그보다 훨씬 더 심했습니다.

그리고 헨리IV세가, 생각이 다른 사람들을 탄압하는 방법으로, 참으로 혐오스럽고 폭력적인 화형火刑이라는 제도를 외국에서 처음으로 도입한 것도 부정할 수 없는 사실입니다. 그것은 종교재판의 한 형태가 영국으로 수입된 것으로, 인간의 존엄성을 떨어뜨리는 가장 비종교적이고 치욕적인 재판이었으며, 인간이 주 예수를 믿는 것이 아니라 악마를 추종하는 것처럼 보이도록 하는 것이었습니다.

우리가 알다시피 새로운 왕에게는 어떠한 합법적인 왕통의 근거도 없었습니다. 그리고 헨리 아버지의 맏형인 클라렌스의 공작에게는 고작해야 8,9세 밖에 되지 않은 어린 자식이 있었는데, 바로 이 마치의 어린 백작, 에드워드 모티머가 합법적인 왕위 계승권을 가지고 있었습니다. 그러나 왕은 자신의 아들을 영국의 황태자로 선언하고 어린 마치 백작의 재산을 강탈한 후 마치의 백작과 어린 동생들을 —비록 혹독하게 다루지는 않았지만—윈저 궁에 감금해버렸습니다. 그리고 난 다음 왕은 잠자코 있던 폐위된 왕의 처분을

1　랭커스터 가문의 창시자로 에드워드3세의 손자임. 1398년 사촌인 리처드2세에게 쫓겨나기도 하였지만, 후에 의회의 지지로 왕위에 오름으로써 랭커스터 왕가를 열었음. 그러나 이 때문에 귀족 가운데 왕위를 노리는 사람이 많이 생기고, 음모와 반란이 계획되어 이를 막기 위해 몹시 고생하였음.

2　John of Gaunt, 첫 번째 랭커스터의 공작을 말함. 곤트Gaunt는 겐트Ghent(부록의 지명 해설 참조)의 영어식 표현임

어떻게 할 것인지 결정해달라고 의회에 요청했습니다.

　당시 리처드II세는 쥐 죽은 듯이 지내며 자신의 사촌이 자신에게 인자한 주군이었으면 좋겠다는 의사표시만 하고 있었습니다. 의회는 리처드II세를 사람들이 찾지 못하는 비밀스런 장소에 유폐시키고 사람들의 접근을 일체 금지하는 결정을 내렸습니다. 헨리 왕은 당연히 이 처분을 따랐고, 사람들은 리처드II세에게는 앞으로 살날이 많지 않음을 느낄 수 있었습니다.

　한편 의회는 리처드II세의 문제를 처리함에 있어, 애초부터 줏대가 없었던 그들의 모습을 그대로 드러내면서, 대혼란을 겪었습니다. 귀족들은 서로 간에 누가 더 충성스러운지, 누가 더 지조가 없는지를 놓고 치열하게 싸워서 한번에 40장의 장갑이 던져졌을 정도였다고 합니다.[3] 그들 모두가 정의롭지 못한 비열한 인간들이었으며, 한때는 간에 붙었다, 한때는 쓸개에 붙었다 하며 선왕이나 현왕 어느 누구에게도 오랜 시간 진정한 충성을 바치던 인간들이 아니었다는 점을 역사는 밝혀줍니다.

　그들은 또 다시 음모를 꾸미기 시작했습니다. 그들은 옥스퍼드에서 열리는 마상시합에 왕을 초대한 후 일기에 급습해서 살해할 음모를 꾸몄습니다. 이 살인 모의는 웨스드민스터 수도원장의 저택에서 비밀리에 결의되었지만 참여자들 중 한 사람이었던 러틀랜드 백작의 배반으로 사전에 발각됐습니다. 왕은 마상시합에 참여하거나 윈저 궁에 머무르지 않고 (음모자들은 자신들의 계획이 누설된 것을 알고 선수를 쳐서 왕을 체포하기 위해 윈저 궁으로 몰려갔었습니다.) 런던으로 돌아와서 그들은 모두 반역자들이라고 선언한 후 대대적 색출 작전을 펼쳤습니다. 음모자들은 영국의 서부 지역으로 퇴각한 후 리처드를 왕으로 선포했지만 민중들의 호응을 받지 못하고 모두 처형됐습니다. 이 역모 사건은 폐위된 왕의 죽음을 재촉하는 계기가 됐습니다.

　리처드II세가 암살자에 의해 살해당했는지, 굶어죽었는지, 아니면 그 모

3　결투를 신청하는 행위

성 바울 대성당으로 운구되는 리처드 II 세의 시신

의에 가담했다가 유명을 달리한 동생의 소식을 접하고 스스로 음식 먹기를 거부했는지는 불분명합니다. 어쨌든 리처드 II 세는 세상을 등지게 됐고, 그의 시신은 성 바울 대성당에서 얼굴의 아랫부분만 드러낸 채 세상에 공개됐습니다. 필자는 리처드 II 세의 죽음 뒤에는 헨리 IV 세의 검은 그림자가 도사리고 있었다고 생각합니다.

고인이 된 리처드 II 세의 프랑스 출신 부인은 그때 겨우 10살에 불과했으며, 그녀의 아버지, 프랑스 왕 샤를은 딸이 처한 비참한 상황에 대한 이야기를 듣고 딸의 불행에 가슴 아파 미칠 지경이었습니다. 그는 지난 5, 6년 동안 비슷한 소식으로 서너 번의 마음고생을 해야 했었습니다. 그러자 부르고뉴와 부르봉의 프랑스 공작들은, 주군의 딸의 딱한 처지에 대한 연민은 별로 없으면서도, 이것을 이용해 영국의 손아귀에서 무엇인가를 뺏어올 절호의 기회라고 판단했습니다.

보르도 사람들은 고인이 된 영국의 리처드 왕이 그 고장에서 태어났다는 이유만으로 그에게 특별한 애정을 지니고 있었으며, 과대평가 한 것이긴 하지만, 리처드가 영국에서 가장 훌륭한 인물이었다는 확신을 가지고 있었습니다. 따라서 보르도 사람들이 영국과 새로운 왕에 대해 반감을 가지고 있었던 것은 당연한 일이라 할 수 있었습니다. 그럼에도 불구하고 보르도 사람들은 프랑스의 전 민중이 귀족들에게 심하게 착취당하고, 그래도 영국의 통치방식이 프랑스보다는 낫다는 생각에 미치자 다시금 냉정을 되찾게 됐습니다. 그리고 두 공작은 대단한 세력을 형성하고는 있었지만 보르도 사람들의 협조 없이는 아무 것도 할 수 없었습니다.

일이 이렇게 흘러가자 영국과 프랑스는 그 가련하고 어린, 전 왕비의 본국 송환 문제를 놓고 협상을 벌여, 왕비가 그녀의 모든 보석과 금화 20만 프랑을 소지하고 고향인 파리로 돌아가는 것을 결정했습니다. 하지만 헨리 왕은 전 왕비가 그녀의 보석을 지니고 본국으로 돌아가는 것에는 기꺼이 동의했지만, 돈 문제만은 동의할 수 없다고 우겼습니다. 그래서 결국 왕비는 현금을 포기하고 고향으로 돌아갈 수 있었습니다. 그러나 이 문제를 놓고 프랑스 왕의 사촌 부르고뉴의 공작과 동생 오를레앙의 공작이 다투게 되자 전 프랑스는 더욱 극심한 어려움에 직면하게 됐습니다.

한편, 영국에서는 스코틀랜드를 정복해야 한다는 여론이 여전히 힘을 얻고 있었기 때문에 헨리 왕은 타인 강으로 군대를 몰고 진격해 들어가서 스코틀랜드 왕에게 군신의 맹세를 맺을 것을 강요했습니다. 이 조건이 거절되자 왕은 에든버러를 향해 진격해 들어갔지만 별다른 소득을 거두지 못했습니다. 병사들의 식량이 부족했고, 스코틀랜드 사람들이 전면적인 전쟁보다는 소극적인 방어전에 치중했기 때문입니다. 결국 왕은 퇴각하지 않을 수 없었습니다. 이 출정에서 왕은 당시 일반적인 통과의례였던 야만적 행위 ─가옥을 불 지르고 사람들을 학살하는 행위를 저지르지 않도록 병사들에게 주의를 시켰는데, 이는 두고두고 명예로운 행위로 남을 일이었습니다.

영국과 스코틀랜드 국경 지대에서는 전쟁이 12달이나 지속됐습니다. 그리고 헨리 왕이 왕좌에 오르도록 도왔던 노섬벌랜드 백작이 자신의 넘치는 야욕을 왕이 다 채워주지 못하자 왕에게 반기를 들었습니다. 당시 오웬 글렌다우어라는 웨일즈 귀족이 있었는데 그는 한때 런던 법학원의 학생이었고 고인이 된 왕을 위해 복무를 하기도 했던 인물입니다. 그런데 헨리 왕의 친지 중 세력 있던 한 사람이 글렌다우어의 웨일즈 재산을 강탈해갔습니다. 자신의 재산을 돌려줄 것을 요구했으나 받아들여지지 않자 글렌다우어는 무기를 들고 일어나 스스로 반역자가 됐으며 자신을 웨일즈의 왕이라 선포했습니다. 그는 자신이 대단한 마력을 지닌 것처럼 행동했는데, 어리석은 웨일즈 인들은 이를 그대로 믿었을 뿐 아니라 헨리 왕도 그의 신비한 힘을 믿을 수밖에 없게 됐습니다. 왜냐하면 헨리 왕은 웨일즈를 세 번이나 침공했는데도 그 고장의 험악한 지형과 험궂은 날씨, 그리고 글렌다우어의 지략으로 인해서 매번 퇴각하지 않을 수 없었기 때문입니다. 헨리 왕은 글렌다우어의 마력이 먹혀들어서 자신이 패배했다고 믿게 됐습니다.

그러나 왕은 그 와중에도 그레이 경과 에드먼드 모티머 경을 포로로 생포해서 그레이 경의 친지에게 몸값을 지불하도록 했지만 에드먼드 모티머 경에게는 그런 은전을 베풀지 않았습니다. '뜨거운 박차'라 불리던 헨리 퍼시(그는 모티머의 매제이며 노섬벌랜드 백작의 아들이기도 했습니다.)는 이 상황에 대해 몹시 분개한 것으로 알려져 있습니다. 그래서 결국 헨리 퍼시는 그의 아버지와 다른 사람들을 규합해서 오웬 글렌다우어와 힘을 합쳐 왕에 대항해 일어났습니다. 이것이 반역의 진정한 원인인지는 분명하지 않지만 하나의 구실이 되었던 것만은 분명해보입니다. 그들은 이후 요크의 대주교인 스크룹과 강력한 세력을 형성하고 있던, 용맹한 스코틀랜드 귀족 더글러스 백작의 힘까지 보태서 엄청난 세력을 형성했습니다. 하지만 왕도 신속하고 능동적으로 이에 대처해서 양측은 쉬루즈베리에서 맞닥뜨리게 됐습니다.

양측은 각각 1만4천명의 병력으로 맞서게 됐으며, 노섬벌랜드의 백작이

할Hal 왕자와 싸우는 'Hotspur' 헨리 퍼시(섹스피어의 연극 '헨리IV세'의 한 장면)

병이 나자 그의 아들이 반군 측의 지휘봉을 잡게 됐습니다. 왕은 적의 눈을
속이기 위해 보통 병사의 복장을 했고, 네 명의 기사들이 왕의 무기를 대신
들었습니다. 반군의 공세는 막강해서 그 네 명의 기사들은 모두 전사했고,
왕의 깃발은 찢겨나갔으며, 황태자는 얼굴에 심한 부상을 당했습니다. 하지
만 황태자는 역사상 가장 용맹스럽고 뛰어난 전사답게 대단히 뛰어난 전투
를 치렀고, 이에 자극받은 왕의 군사들은 그 즉시 세력을 규합해서 적들을
산산조각 내버렸습니다. '뜨거운 박차'는 머리에 화살을 맞고 전사했으며,
이 한방으로 반군들은 혼비백산 오합지졸이 되어버렸습니다. 그리고 아들
의 전사 소식을 접한 노섬벌랜드의 백작은 투항했으며, 이후 모든 죄를 사면
받았습니다.

　하지만 아직 반란의 여운이 모두 가신 것은 아니었습니다. 오웬 글렌다우
어는 웨일즈로 퇴각했으며, 무지한 민중들 사이에는 왕 리처드가 아직 살아
있다는 터무니없는 소문이 나돌았습니다. 어떻게 그런 터무니없는 소문을

믿게 됐는지 알 길은 없지만 분명히 사람들은 죽은 사람은 왕이 아니라 왕과 생김새가 닮았던 왕실의 광대였다고 믿고 있었습니다. 어쨌든 살아생전에 나라에 그토록 고통을 안겨줬던 리처드II세는 죽은 뒤에도 여전히 골칫거리를 안겨주고 있었습니다. 이것만이 다가 아니었습니다. 마치의 젊은 백작과 그의 동생이 사람들의 도움으로 윈저 궁에서 빠져나갔고, 나중에 다시 체포되어서 그들을 빼내는 데 레이디 스펜서가 개입되었던 사실이 발각됐습니다. 그리고 레이디 스펜서는, 그 음모는 자신의 오빠인 요크의 공작이(그는 러틀랜드의 백작으로 있을 때 이전에 있었던 반란에 가담한 사람이었습니다.) 꾸민 것이라고 실토했습니다. 이로 인해 요크의 공작은 비록 목숨은 부지할 수 있었지만 재산을 몽땅 몰수당해야 했습니다.

그리고 노섬벌랜드의 백작과 다른 영주들 및 요크의 대주교인 스크롭(이전의 모반에 참여했던 바로 그 대주교입니다.) 등이 또 다른 모반을 꾸몄습니다. 이들 반란 세력들은 왕의 다양한 죄상을 알리는 격문을 여러 교회의 현관에 붙이도록 했습니다. 하지만 왕은 최선을 다 해서 그들을 물리칠 수 있었고, 주모자들은 모두 체포되었습니다. 그리고 요크의 대주교는 사형을 당했는데, 그는 영국 역사상 최초로 법에 의해 사형을 받고 처단된 성직자로 기록됐습니다. 왕은 마음을 모질게 먹고 성직자의 처형을 결정했던 겁니다.

이 시기에 가장 기억될 만한 또 다른 사건은 헨리 왕이 스코틀랜드의 왕위 계승자인 제임스를 체포해버린 사건입니다. 스코틀랜드 왕 로버트는 당시 9살의 소년이던 아들 제임스가 자기 형제들의 갈등에 휘말릴 것을 염려하여 그를 잠시 다른 곳으로 피신시키려 했습니다. 그 결과 프랑스로 건너가던 제임스는 도중에 바다 위에서 영국 선원들에게 사로잡혀버렸습니다. 이후 제임스는 무려 19년간이나 영국에서 포로 신세로 보내며, 공부를 해서 아주 유명한 시인이 되었습니다.

웨일즈와 프랑스에서 간간히 문젯거리가 발생했던 점을 빼고는 헨리IV세의 나머지 통치 기간은 비교적 평온한 시기였습니다. 그러나 왕은 결코 행복하지는 않았습니다. 그는 자신이 불쌍한 사촌의 왕위를 탈취하고 그를 죽음에 이르도록 했다는 양심의 가책으로 괴로워했습니다. 그리고 아들인 영국의 황태자는, 비록 용맹스럽고 자비심이 있기는 했으나, 거칠고 무절제한 성격의 소유자로 심지어는 자신의 방탕한 친구에게 우호적인 판결을 내리지 않았다는 이유로 고등법원장을 향해 칼을 뽑아들기도 했다고 합니다. 이 결과 고등법원장은 황태자를 그 즉시 체포해서 투옥하도록 명령했다고 전해집니다. 그리고 황태자는 순순히 그 명령을 따랐으며, 이에 대해 왕은 "그토록 공정한 재판관에다가 법에 순응하는 황태자를 둔 군주는 참으로 행복하도다!"라며 스스로 감탄했다는 이야기도 전해 내려옵니다. 이 이야기는 전부 신뢰성이 결여되어 보이며, 섹스피어가 그의 작품에서 인용한 또 다른 이야기[4] ─어느 날 황태자가 왕이 잠이 든 틈을 이용해 왕관을 훔쳐내서 자신의 머리에 써봤다는 이야기도 사실로 믿을 것은 못 됩니다.

왕의 건강은 갈수록 나빠져서, 얼굴에 심한 발진이 일어나고 간질 발작을 자주 일으켰습니다. 왕의 영혼은 매일같이 사그라져갔습니다. 마침내 웨스트민스터 사원의 성 에드워드 수도원에서 기도를 하던 중 심한 발작을 일으킨 왕은 수도원장의 방으로 옮겨진 후 얼마 안 있다 숨을 거두었습니다. 왕은 원래 예루살렘에서 최후를 맞을 것이라고 예언된 적이 있었습니다. 하지만 웨스트민스터는 지금도 그렇고 예전에도 한 번도 예루살렘이었던 적이 없었습니다. 그러나 수도원장의 방이 오랫동안 '예루살렘의 방'이라 불려왔기 때문에 사람들은 예언이 들어맞은 것이라고 대만족을 표했습니다.

헨리IV세는 1413년 3월 20일, 나이 47살을 일기로 14년 동안 영국을 통치하다 서거했습니다. 그는 캔터베리 대성당에 묻혔고, 생전에 두 번 결혼해서 첫 번째 부인과의 사이에 네 명의 아들과 두 명의 딸을 두었습니다. 왕위 찬탈 과정을 놓고 보여준 그의 표리부동함이나 성직자들에 의해 이른바 '이단'이라 불리던 사람들을 화형에 처하는 참혹한 법률을 제정한 왕 치고는 헨리

---

4 섹스피어의 역사극 『헨리IV세』를 말함

IV세는 비교적 선정을 베푼 왕이라 할 수 있습니다.

웨스트민스터 사원의 '예루살렘의 방'에 누워있는 헨리IV의 조상彫像

제21장
헨리 Ⅴ세
ENGLAND UNDER HENRY THE FIFTH
[생몰 : 1387. 9~1422. 8. 31, 재위 : 1413~1422]

[1부]

영국의 황태자는 자신의 치세를 인자하고 정직하게 시작했습니다.[1] 그는 마치의 젊은 백작을 석방했고, 선대왕 시절 반란을 일으킨 죄로 몰수당한 퍼시 가문의 토지와 명예를 돌려주었으며, 어리석고 운 없었던 리처드 II세를 다른 영국의 왕들 틈에 묻히도록 했습니다.

사람들을 불태우기는 쉬울지 몰라도 그 사람들의 생각을 불태우기는 어려운 법입니다. 롤러드들의[2] 사상이 매일같이 퍼져나가고 있었습니다. 롤러드들의 주장은, 대부분 성직자들이 꾸며낸 이야기이긴 하지만, 새로운 왕에 반기를 드는 것으로 세상에 알려지게 됐으며, 헨리 왕은 세간의 이야기를 그대로 믿고 괴로워하다가, 자신의 친구인 존 올드캐슬 경을[3], 치열한 종교논쟁을 거친 후, 개종을 거부하자 희생양으로 삼아버렸습니다.

존 올드캐슬 경은 반란의 주모자로 유죄를 받고 화형에 처해질 처지였는데, 처형 바로 전 날 런던탑에서 탈출하는 데 성공한 후(왕은 그의 처형을 40일 이나 늦춰주었습니다.) 런던 근처에서 롤러드 파들이 모두 모이도록 했습니다. 성직자들은 적어도 왕에게는 그런 식으로 보고를 하였던 것입니다. 필자는, 성직자들에게 고용된 첩자들이 제공한 정보 이상으로 어마어마한 음모가 있었다고는 생각하지 않습니다. 롤러드들이 집결하기로 한 날 그곳,

---

1　오랫동안 휴전 중이던 백년전쟁을 재개하여 대승하였음.
　랭커스터왕가 출신. 헨리4세의 맏아들. 1400~1408년 웨일즈의 반란을 토벌하고, 부왕父王 말년에는 그를 대신하여 정무政務를 보았고, 치세 초기에는 롤러드파의 봉기(1414), 요크의 리처드 음모(1415) 등으로 위협을 받았으나 무자비한 진압에 성공.
　선왕시대 내치內治의 혼란을 피하기 위해 해외로 민심을 돌리려고 다년간 휴전 중인 백년전쟁을 재개, 1415년 직접 군사를 거느리고 프랑스에 상륙, 아쟁쿠르전투에서 대승하였으며(1415), 1419년 루앙을 점령하고 파리에 육박, 1420년에는 트루아조약으로 프랑스 왕 샤를6세의 딸 카트린을 왕비로 맞아들이는 조건으로, 프랑스 왕위 계승권을 인정하게 하였음. 그러나 프랑스의 다수 귀족들이 이 조약을 인정하지 않고 저항을 계속하자 전쟁은 계속되었으며, 프랑스 남부의 뱅센에서 전투 중 병사하였음.

2　The Lollards, 14~15세기의 John Wycliffe파의 교도(앞 장에 등장)

3　로드 카범Lord Cobham, 1377-1417, 영국의 순교자, 롤러드 파의 반란 주모자

성 자일즈St. Giles의 초원에는
정보원들이 알려준 대로 존
올드캐슬 경의 지휘를 받은
2만5천명의 추종자들이 집
결하기는커녕 왕의 눈에는
80명의 롤러드들만 보였고,
심지어는 존 올드캐슬 경조
차도 보이지 않았습니다.

한편, 정신이 좀 이상한 어
느 양조업자가 말에는 황금
마구馬具를 장식하고 가슴에

위클리프와 롤러드들

는 금박을 입힌 박차 한 벌을 차고 나타나는 일이 있기도 했습니다. 그는 존
경이 다음날 자신을 기사로 임명해줄 것을 기대하고 그런 차림을 하고 나타
났던 겁니다. 어쨌든 현장에서는 존 경을 발견할 수 없었을 뿐 아니라, 왕이
정보를 제공하는 자에게는 막대한 상금을 제공할 것을 약속했음에도 불구
하고 경과 관련된 정보를 제공할 사람조차 나타나지 않았습니다.

이들 불행한 롤러드들 중 30명은 그 즉시 교수형을 당하고, 시신이 말에
끌려 다니다가 불태워지고, 다시 목이 잘려나갔습니다. 그리고 런던 주변의
여러 감옥들이 죄수들로 넘쳐나게 됐습니다. 이들 불행한 죄수들은 다양한
고문 끝에 반역 모의에 가담한 죄를 실토했지만, 이런 자백이란 고문과 화형
에 대한 두려움에서 나온 것으로 결코 신뢰할 만한 것이 못됩니다. 존 올드
캐슬 경의 불행한 이야기는 다음과 같이 끝이 납니다.

올드캐슬 경은 웨일즈로 탈출한 후, 그곳에서 4년간을 무사히 지내다가
포우위스 경에 의해 발각됐습니다. 경은 매우 용감한 노년의 장수였으므로,
어느 초라한 여인이 그의 뒤로 몰래 다가와 의자로 그의 다리를 내려치지 않
았다면 그는 산 채로 생포되지는 않았을 겁니다. 결국 올드캐슬 경은 쇠사
슬로 꽁꽁 묶인 채 말이 끄는 담가에 실려 런던으로 압송된 후 형장의 이슬

로 사라졌습니다.

그 사이 프랑스의 상황을 가능한 간결하게 이야기 하겠습니다. 오를레앙의 공작과 '불굴의 존'이라 불리던 부르고뉴의 공작은 선대왕의 통치기간 중 긴 싸움 끝에 대타협을 이룬 후 평화로운 상태를 유지하는 것처럼 보였습니다. 하지만 그 후 얼마 있지 않아서, 어느 일요일에 오를레앙의 공작이 파리의 대로상에서 20명의 괴한들의 습격을 받고 죽음을 맞이하는 일이 발생했는데, 부르고뉴의 공작은 심사숙고 끝에 그 일은 자신이 사주한 것이라 실토했습니다. 그리고 리처드 II세의 미망인 이사벨라는 프랑스에서 오를레앙 공작의 장남과 결혼을 했습니다. 그리고 정신이 피폐해진 프랑스 왕은 그녀를 도와줄 여력이 없었으며, 프랑스의 실권은 부르고뉴의 공작에게 돌아갔습니다.

이사벨라가 죽자, 아버지의 죽음으로 뒤를 이어 오를레앙의 공작이 된 그녀의 남편은 아르마냐크 공작의 딸과 결혼을 했습니다. 이 아르마냐크의 공작은 그의 젊은 사위보다 뛰어난 능력을 보유하고 있어서 자신의 이름을 딴 '아르마냐크 파Armagnacs'라는 일단의 무리들을 이끌고 있었습니다. 결국 왕의 아들인 황태자 루이가 이끄는 집단과 부르고뉴의 공작이(그는 황태자의 장인이었는데, 그의 딸은 남편인 프랑스 황태자로부터 몹시 학대당하고 있었습니다.) 이끄는 집단 및 '아르마냐크 파' 이렇게 세 파벌이 극심한 대립을 이룸으로써 프랑스는 끔찍한 상황 하에 놓이게 됐습니다. 일찍이 그 유래를 찾아보기 힘들 정도로 극심히 타락한 이들 귀족들은 치열한 싸움을 벌이며 프랑스를 갈기갈기 찢어놓고 있었습니다.

영국의 선대왕 리처드는 영국에서 프랑스의 이런 불화 —어떤 외부의 적들도 프랑스 내부의 귀족들만큼 프랑스에 치명적이지 않다는 점을, 프랑스 사람들과 마찬가지로, 꽤나 정확이 꿰뚫어보고 있었습니다. 그리고 이제는 영국의 헨리 V세가 프랑스의 왕권을 주장하게 되었고, 이것이 먹혀들어가지 않자 그는 프랑스 영토 일부의 소유권과 프랑스 공주 캐서린이 금화 2백만 크라운의 지참금을 소지하고 자신과 결혼해야 한다고 주장하기에 이르렀습니다. 그러나 프랑스 사람들은 영국 왕에게 좀 더 작은 영토와 적은 돈만을 줄 수 있으며, 공주는 영국으로 보낼 수 없다고 맞섰습니다. 그러자 영국 왕은 주 프랑스 영국대사를 본국으로 소환하고 전쟁 준비에 돌입했습니다. 그러면서 헨리 왕은 1백만 크라운과 함께 프랑스 공주를 영국으로 보내줄 것을 다시 한 번 요청했습니다. 그러자 프랑스 왕실은 2십만 크라운을 깎아서 공주와 함께 보내겠다고 했고, 아직 프랑스 공주의 얼굴 한 번 보지 못한 헨리 왕은 그것으로는 만족할 수 없다며 군대를 사우샘프턴에 집결시켰습니다. 그리고 영국 내에서는 당시 왕을 몰아내고 마치의 백작을 왕으로 앉히려는 소규모의 음모가 있었지만 왕은 곧바로 이들을 색출해서, 참여자들을 모두 재판에 회부하고 처형한 후 프랑스 원정길에 올랐습니다.

　나쁜 선례가 두고두고 어떤 악영향을 미치는지를 감상하는 것은 유쾌한 일이 아니지만, 좋은 선례는 두고두고 잊혀지지 않는 다는 사실은 대단히 고무적인 일입니다. 영국 왕이 하르플레로부터 3마일 떨어진 센 강의 입구에 당도해서 제일 먼저 한 일은 자신의 아버지의 뒤를 따르는 행동이었습니다. 그는 무고한 시민들의 재산과 생명을 함부로 살상하지 않을 것을 천명했습니다. 이점에 있어서는 왕은 두고두고 칭송을 받았는데, 심지어는 프랑스 작가들조차도 당시 영국 병사들이 극심한 식량 부족에 허덕이면서도 왕의 이 명령을 잘 준수했다는 점에 이론을 달지 않습니다.

　왕은 3만 명의 병사를 동원해서 하르플레 시를 바다와 육지에서 5주 동안이나 포위 공격한 후 항복을 받아냈습니다. 하르플레 시의 주민들은 각자 5펜스와 옷가지만을 소지하고 도시를 떠나는 것이 허용됐으며 나머지 주민들의 소유물들은 영국 병사들에게 골고루 분배됐습니다. 이런 성공에도 불구하고 영국 병사들은 질병과 물자부족으로 극심한 곤란을 겪어서, 그 숫자가 출발할 때에 비해 빈으로 줄어들었습니다. 하시만 왕은 여전히 결정타를 날릴 때까지는 퇴각할 생각이 없어서, 측근들의 만류에도 불구하고 몇 안 되는 병력만으로 칼레를 향해 진격해 들어갔습니다.

왕은 솜므 강에 이르렀지만 적의 방어진지 때문에 곧바로 건너지 못하고 강을 건널 지점을 찾기 위해 왼편 강둑으로 올라섰습니다. 이때 강을 건너는 모든 다리를 파괴해버린 프랑스군은 오른편 강둑에 올라서 영국군이 강을 건너는 순간 공격을 퍼붓기 위해 영국군들을 지켜보고 있었습니다. 하지만 영국군은 결국 강을 건너는 데 마땅한 장소를 찾아내 오른편 강둑 위로 무사히 올라설 수 있었습니다. 프랑스군은 루앙에서 참모회의를 열고 정식으로 선전포고를 하고 전쟁을 치를 것을 결정한 후 연락병을 영국 왕에게 보내 어느 방향으로 들어올 것인지 의사를 타진했습니다. "나는 칼레를 향해 곧바로 진격해 들어갈 것이다." 왕은 이렇게 말하고 연락병들에게 각각 1백 크라운씩을 쥐어준 후 돌려보냈습니다.

영국군은 계속 진군해서 프랑스군을 목전에 두고, 왕의 명령으로 본격적인 전투 준비에 돌입했습니다. 하지만 프랑스군이 움직임을 보이지 않자 그들은 한 밤중까지 전열을 흩트리지 않고 대기하다가 해산한 후, 이웃 마을에서 충분한 휴식을 취했습니다. 이 사이 프랑스군은 영국군이 틀림없이 통과할 것이라 예상되는 마을에 대기 중이었습니다. 그들은 영국군이 전쟁에 돌입할 것이라는 결론을 내린 바 있습니다. 실제로, 영국군은 왕이 퇴각하고자 하는 마음이 있어도 자신들은 그럴 수 없다는 마음가짐이었습니다. 이렇게 해서 양측은 서로 멀지않은 거리에서 밤을 지새우게 됐습니다.

양측의 군대를 이해하기 위해서는, 거대한 프랑스군의 지휘관들은 거의 다 사악하고 타락해서 이미 프랑스를 패망의 나락으로 몰고 가던 인물들이라는 점에 주목해야 합니다. 그리고 그들은 일반 민중들을 경멸하고 자만심으로 똘똘 뭉쳐서, 영국군에 비해 여섯 배나 많은 엄청난 병사들의 숫자에도 불구하고 궁수부대는 아예 처음부터 만들지도 않았습니다. 그들 멍청한 귀족들은 활은 기사들의 손에는 어울리지 않는 무기라며, 프랑스는 오로지 기사들에 의해서만 지켜져야 할 것이라고 주장했습니다. 여러분은 잠시 후 그 기사들이 어떤 신세가 되는지 확인하실 수 있습니다.

이제, 영국 측을 살펴보면, 비록 숫자는 적지만 그들은 솜씨가 훌륭한 상당한 숫자의 궁수부대를 보유하고 있었습니다. 프랑스 군이 술 마시고 흥청거리는 밤 동안 영국군은 거의 뜬 눈으로 보내고 드디어 날이 밝았습니다. 왕은 금박을 입히고 보석으로 장식한 강철 철모를 쓰고, 영국 무기와 프랑스 무기가 함께 수놓아져있는 갑옷을 입고 회색 말에 올랐습니다. 영국의 궁수들은 금박으로 빛이 나고 보석의 광채가 어른거르는 왕의 철모를 탄복하며 바라보았습니다. 하지만 그들을 철모보다 더 탄복시킨 것은 왕의 선언이었습니다. 왕은, 자신은 영국군을 완전히 무찌르든지 아니면 그 자리에서 죽든지 할 것이므로 프랑스에 자신의 몸값을 지불하는 일을 없을 것이라고 천명했는데, 그 말을 할 때 왕의 이글거리는 얼굴빛과 안광을 바라보며 병사들은 저절로 감탄하지 않을 수 없었습니다.

그때 병사들 중에 용기 있는 자가 나서서 지금 영국에서 빈둥거리고 있는 병사들이나 기사들을 불러들여 병력을 증강해야 한다고 주장하자 왕은 적어도 자기 자신은 단 한 명의 병사도 더 필요하지 않다고 잘라 말했습니다. "우리의 숫자가 적을수록" 왕은 말했습니다. "우리가 받을 영예는 클 것이다!" 이 말을 들은 병사들은 더욱 사기가 충만해서 빵과 와인으로 원기를 회복하고 기도를 드린 후 조용히 프랑스군을 기다렸습니다. 왕은 프랑스 군이 먼저 움직이기를 기다렸습니다. 영국군이 3열 종대를 유지하고 있는데 비해 프랑스군은 험준한 지형에서 무려 30열 종대를 이루고 있었습니다. 그렇기 때문에 프랑스군이 일단 기동을 시작하면 큰 혼란에 빠질 것이라는 점을 영국의 헨리 왕은 인지하고 있었습니다.

하지만 프랑스군이 움직이지 않자 왕은 군대를 두 부분으로 나눠서 한 편은 프랑스군의 좌측 숲속에 잠복하도록 하고, 다른 편은 전투가 시작되면 프랑스군 뒤편의 가옥들을 불사르라는 명령을 내렸습니다. 그러나 이 명령은 쉽게 수행되지 못했습니다. 자신들의 힘으로만 조국을 지기겠다는 군은 결의를 한 자존심 강한 프랑스 기사 세 명이 진지를 박차고 뛰어나와, 영국 병사들에게 항복하라고 소리쳤기 때문입니다. 그러자 영국 왕은 그들 세 명의 기사들을 향해, 목숨이 아깝다면 가능한 빨리 달아나는 것이 좋을 것이라고 경고하고, 기수에게는 계속 전진할 것을 명령했습니다.

이어서 영국의 궁수들을 지휘하던 위대한 장군 토마스 어핑엄 경이 승리를 예감이라도 하듯이 공중으로 지휘봉을 휘두르자, 그때까지 대지에 무릎 꿇고 프랑스 땅을 영국의 영토로 만들겠다는 결의를 다지고 있던 영국 병사들은 커다란 함성과 함께 프랑스 군을 향해 진격해 들어갔습니다.

영국 측의 모든 궁수들은 끝에 쇠가 달린 거대한 장대를 하나씩 지니고 있었는데, 어핑엄 경은 궁수들에게 그 장대를 땅바닥에 꽂고 화살을 쏠 준비를 한 후, 프랑스 기병들이 처들어오면 뒤로 물러나도록 지시를 했습니다. 예상대로 프랑스의 자신만만한 기사들이 말을 몰고 창검을 휘두르며 영국 병사들을 궤멸시키겠다는 기세로 들이닥쳤습니다. 하지만 그들은 그 순간 한치 앞도 분간할 수 없을 정도의 화살 세례를 받고, 혼비백산 퇴각하지 않을 수 없었습니다.

프랑스 기사들 진영에서는 말과 사람이 뒤엉켜서 혼란이 극에 달했습니다. 그리고 간신히 기력을 회복하고 전열을 가다듬고 다시 공격을 준비하던 기사들은 영국 궁수들이 늪지처럼 질척한 대지 위에 박아놓은 장대 사이에서 다시 한 번 혼란을 겪을 수밖에 없었고, 이번에는 몸의 움직임을 재빠르게 하기 위해 갑옷뿐만 아니라 가죽 코트까지 벗어재낀 영국 궁수들의 무자비한 칼날이 그들을 기다리고 있었습니다. 마지막까지 살아남은 세 명의 프랑스 기병들조차 단칼에 목숨이 달아났습니다. 이러는 와중에도 갑옷까지 입고 촘촘한 대형을 유지하고 있던 프랑스 군들은 진창에 발이 무릎까지 빠져 허우적대고 있었으며, 반면에 전투복의 반을 벗어버린 영국 병사들은 마치 대리석 위에서 싸움을 벌이는 것처럼 민활한 동작으로 프랑스 군들을 무찔러나갔습니다.

그러자 이번에는 프랑스의 두 번째 병력이 첫 번째를 구하기 위해 빈 틈 없는 대오를 유지하며 한 덩어리가 되어 다가왔습니다. 왕을 선두로 하는 영국군이 이들을 향해 공격해 들어가자 그야말로 격렬한 전투가 벌어지게 됐습니다. 헨리 왕의 동생인 클라렌스의 공작이 적의 공격으로 쓰러지자 프랑스군이 그에게 달려들었지만 왕은 시신을 밟고 일어서서 사자와 같이 용맹스럽게 싸워 적들을 물리쳤습니다.

잠시 후 어떤 프랑스 영주의 깃발을 앞세운 18명의 프랑스 기사들이 나타났습니다. 그 프랑스 영주는 영국 왕을 제거하거나 사로잡겠다는 맹세를 해 놓은 상태였습니다. 그들 중 한 명이 왕을 향해 도끼를 내리치자 왕은 비틀거리고 주저앉았지만 왕의 충직한 부하들이 잽싸게 왕을 둘러싸고 보호하며 그들과 맞서 싸워서 18명 모두를 처치해버렸습니다. 이로써 그 프랑스 영주는 자신의 맹세를 지키지 못하게 되었습니다.

이를 지켜본 프랑스의 알랑송 공작은 이판사판으로 돌격을 감행해 영국의 왕실 깃발이 있는 곳을 향해 가로질러 쳐들어왔습니다. 그는 깃발 근처에 있던 요크의 공작을 물리치고, 왕이 공작을 구하기 위해 가까이 다가오자 왕을 공격해서 왕이 쓴 왕관의 일부가 파손될 지경에 이르기도 했습니다. 하지만 그랬음에도 불구하고 그는 이 세상에서 더 이상 칼을 휘두를 수는 없었습니다. 왜냐하면 비록 그가 자신의 관등성명을 밝히고 왕에게 항복을 선언하기는 했지만, 또 그에 따라 왕이 손을 내밀어 그의 투항 의사를 우호적으로 받아들이기는 했지만 그 순간 수많은 창들이 그를 향해 날아왔고, 그는 그만 온몸이 벌집이 된 채 죽어가야 했기 때문입니다.

이 프랑스 귀족의 죽음으로 인해 전쟁의 승패는 결정 난 것이나 다름없었습니다. 프랑스 군의 세 번째 병력은 비록 그 숫자는 여전히 영국군의 두 배에 달하고 있었지만 변변히 싸워보지도 못한 채 산산이 흩어져 날아나고 말았습니다. 그때까지 프랑스군 포로를 사로잡지 못하고 있던 영국군은 이들 패주하는 프랑스군 중 투항을 거부하는 자들은 그 자리에서 살해하고, 투항하는 자들은 닥치는 대로 생포하기 시작했습니다. 바로 그때 프랑스군 후비

아쟁쿠르 전투

의 깃발이 멈추면서 소란이 일어나고 이를 본 영국 왕은 프랑스군 지원 병력이 당도한 것으로 착각하고 사로잡은 포로들을 모두 처단하라는 명령을 내렸습니다. 하지만 그 소란이 흥분한 농민들이 일으킨 것으로 판명나자 왕은 학살극을 멈추도록 했습니다.

헨리 왕은 프랑스 연락병을 자신 앞에 데리고 오도록 한 후 승리가 누구의 것인지 물었습니다.

"승리는 영국 왕, 폐하의 것입니다." 전령이 대답했습니다.

"이 약탈과 살인 만행은 우리가 저지른 것이 아니다. 이는 모두 프랑스가 저지른 죄의 값으로 내린 하늘의 분노이니라. 그리고 저기 있는 성의 이름이 무엇이냐?"

"아쟁쿠르Azincourt 성이라 하옵니다. 폐하!" 전령이 대답했습니다. 그러자 왕은 이렇게 선언했습니다. "지금부터 이 전쟁은 후손들에게 '아쟁쿠르 전투'로 알려질 것이다."

우리 영국의 사가들은 이 전쟁을 '아쟁쿠르 전투'[4]라고 기록했고, 영국의 사료에는 그 이름으로 길이 전해질 것입니다.

이 전쟁에서 프랑스 측이 입은 손실은 어마어마한 것이었습니다. 세 명의 공작들이 전사했고, 두 명은 포로가 됐으며, 또 일곱 명의 백작들이 목숨을 잃었고, 3명의 백작들은 포로가 됐으며, 1만 명의 기사들과 젠틀맨들이 전장에서 목숨을 잃었습니다. 반면에 영국군의 손실은 요크의 공작과 서펔의 백작을 포함해서 1천6백 명에 불과했습니다.

전쟁은 참으로 가공할 만한 행위입니다. 다음날 아침 영국군은, 치명상을 입고 전장에서 여전히 신음 중인 프랑스군 부상병들을 모조리 죽일 수밖에 없었습니다. 또, 프랑스 농민들은 전사한 프랑스군의 시신에서 옷가지 등을 약탈한 후 여기저기 구덩이를 파 함부로 매장했고, 영국 측에서는 전사한 영국 병사들을 모두 수습해서 헛간에 집어넣은 후 헛간과 함께 불살랐던 것입니다.

선쟁의 참화나 야만성은 차마 말로 표현할 수 없을 정도로 끔찍한 것입니다. 전쟁보다 더 가공할 만행은 없습니다. 하지만 전쟁이 가져다주는 이러한 부정적 측면은 간과되고, 쉽게 잊혀지는 경향이 있으며, 이 전쟁을 통해서 특별히 친지들을 잃어버린 경우가 아니라면 영국인들은 그것을 재앙으로 받아들이지 않습니다. 영국인들은 개선장군으로 귀국하는 헨리 왕을 환호성을 올리며 맞이하면서, 기꺼이 바닷물에 뛰어들어 왕을 어깨에 올리고 육지로 안내했으며, 왕의 일행이 통과하는 지역마다 떼로 몰려다니며 법석을 떨었고, 집집마다 창문에 값비싼 카펫이나 천을 내려걸고, 거리에는 골목마다 꽃을 뿌리고, 분수들에는 와인이 넘쳐흐르도록 하면서 피로 물든 아쟁

---

4 Agincourt, 프랑스 북부 칼레 부근의 마을, 백년전쟁 중 헨리V세가 이끈 영국군이 프랑스군에게 승리한 고장. (1415)

쿠르 전투의 승전을 축하했습니다.

[2부]

나라를 패망의 길로 이끌고, 프랑스 민중들의 마음속에 매일같이 증오심만 일깨우던, 자만심에 넘치고 사악한 프랑스 귀족들은 아쟁쿠르 전투의 패배에서도 아무 것도 배우지 못했습니다. 그들은, 외부의 적들로부터 국가를 방어하기 위해 단결하기보다는 기회만 생기면 예전보다 더욱 폭력적으로 서로 싸웠습니다.

아르마냐크의 백작은 프랑스 왕을 설득해서 바바리아의 이사벨라 왕비의 재산을 탈취하고 그녀를 감옥에 가두도록 했습니다. 그러자 복수심에 불탄 이사벨라는 숙적이었던 부르고뉴 공작과 힘을 합칠 결심을 했습니다. 그리고 부르고뉴의 공작은 그녀를 트르와로 도피시켰고, 그녀는 그곳에서 자신이 프랑스의 섭정임을 선언하고 부르고뉴의 공작을 자신의 참모로 지정했습니다. 당시 파리는 아르마냐크 파의 수중에 있었지만 어느 날 밤 파리를 통과할 수 있는 입구가 공작의 부하들을 위해 몰래 열렸고, 그들은 파리로 들이닥친 후 아르마냐크 파들을 닥치는 대로 사로잡아 감옥에 처넣었습니다. 그리고 며칠 후 6만 명의 성난 군중들과 함께 감옥 문을 부수고는 수감 중인 아르마냐크 파 모두를 살해해버렸습니다.

한편, 전에 활동하던 프랑스의 황태자가 죽고 없어지자 이번에는 셋째 아들이 지위를 물려받게 됐습니다. 그 광란의 살인극이 벌어지고 있던 순간에 어떤 프랑스의 기사가 그를 침대에서 급히 깨워 담요로 가린 후 푸아티에로 피신시켜주었습니다. 이렇게 해서 복수심에 불타던 이사벨라와 부르고뉴의 공작이 잔인한 살인극을 성공리에 마치고 파리에 입성했지만, 프랑스의 왕자는 왕자대로 푸아티에에서 자신이 진정한 프랑스의 섭정임을 주장하게 되었습니다.

영국의 헨리 왕은 비록 아쟁쿠르 전투에서 대승을 거두기는 했지만 방심하지 않았습니다. 그는 하르플레를 되찾으려는 프랑스 사람들의 과감한 시도를 물리치는 데 성공했고, 노르망디의 거대한 영토를 조금씩 점령해 들어갔으며, 루앙이라는 주요 도시를 반년 동안을 포위공격한 후 점령하기도 했습니다. 그러자 프랑스 사람들이 너무 많은 것을 잃어버린 사실에 화들짝 놀란 부르고뉴 공작은, 영국 왕과 프랑스 왕이 센 강 인근의 평원에서 만나 평화 협정을 맺자는 제안을 하기에 이릅니다.

약속된 날 영국 왕은 그의 동생들인 클라렌스 공작과 글로스터 공작, 그리고 천명의 군사들과 함께 나타났습니다. 프랑스 왕은 그날따라 더욱 정신이 산만해져서 회담장에 나올 수 없었고 대신에 왕비가 공주 캐서린을 데리고 나타났습니다. 캐서린은 너무 빼어난 미모를 지녀서 그녀를 처음으로 대면하게 된 헨리 왕은 단박에 그녀에게 빠지게 되었으며, 이는 이 회합을 결정짓는 가장 극적인 순간이 됩니다.

하지만 당시의 프랑스 귀족에게는 뭐 하나 진실된 면을 찾아볼 수 없던 것을 증명이라도 하듯이 헨리 왕은 부르고뉴의 공작이 프랑스의 황태자와 비밀 협약을 진행 중인 것을 알게 되었고, 결국 협상을 포기해버렸습니다.

일이 이렇게 흘리가자 마치 시성잡배들처럼 서로를 믿지 못하고 으르렁거리던 부르고뉴의 공작과 황태자는 당황하게 되었습니다. 그러나 그들은 마침내 요느 강의 다리 위에서 만나기로 합의를 보았습니다. 그들은 다리 양쪽에 튼튼한 출입문을 짓고 가운데에 빈 공간을 만들기로 하고, 한쪽 문으로는 부르고뉴의 공작이 오로지 10명의 부하들만 대동하고 나타나고 다른 쪽 문에서는 그 역시 10명의 부하들만 대동한 황태자가 나타나기로 하였습니다.

황태자가 약속을 지킨 것은 거기까지였습니다. 부르고뉴의 공작이 황태자에게 예의를 갖추기 위해 무릎을 꿇었을 때 황태자의 시정잡배 중 하나가 공작에게 손도끼를 날렸고 그 옆의 다른 시정잡배가 마무리를 지었습니다.

헨리 Ⅴ세의 장례식

프랑스의 황태자가 이 행위는 자신과 상관없다고 아무리 변명해보아도 소용없는 참으로 비열한 짓이었습니다. 아무리 프랑스라 해도 이는 너무 악독한 행위여서 한마디로 전 프랑스를 공포로 몰고 갔습니다. 공작의 아들은 서둘러서 헨리 왕과 협정을 맺었고, 프랑스 왕비는 그 협정 내용이 무엇이든 간에 그것을 지지하겠다는 의사를 표명했습니다. 헨리 왕은 프랑스 공주와 결혼하는 것과 프랑스 왕의 남은 생애 동안 자신이 프랑스의 섭정이 되며, 프랑스 왕이 사망하게 되면 프랑스 왕권을 자신이 차지하는 조건으로 평화를 받아들였습니다. 그는 곧바로 캐서린 공주와 결혼했고, 그녀를 데리고 의기양양하게 영국으로 귀국해서 왕비의 대관식을 성대하게 치러주었습니다.

이 평화협정을 '항구적 평화Perpetual Peace'라고 부릅니다. 우리는 잠시 후 이 평화가 얼마나 항구적으로 지속되는지 보게 될 것입니다. 비록 너무나 궁핍한 처지에 있기는 했지만 프랑스 민중들은 양국 왕실의 결혼 소식에 크게 기뻐했습니다. 당시 프랑스 민중들의 처지는 굶어죽는 사람들의 숫자가 부지기수였을 정도였습니다. 그리고 황태자 편에 선 자들에 의해 프랑스 이곳저곳에서 약간의 반란이 있기는 했지만 헨리 왕은 이를 단박에 물리쳐버렸습니다.

헨리 왕은 이제 프랑스에는 막대한 재산이 있고, 어여쁜 왕비가 자신을 돌봐주며, 곧이어 태어난 자식이 큰 기쁨을 줌으로써 더 할 수 없는 행복을 누리게 됐습니다. 그러나 왕의 행복이 극에 달하고 권력이 최고조를 치솟는 순간에 죽음이 그를 찾아왔고 그의 시대는 종막을 고하게 됐습니다. 왕은 뱅센에서 병으로 자리에 눕게 됐고 자신이 더 이상 살 수 없음을 직감하고 자신을 둘러싸고 눈물짓는 측근들에게 침착하고 평온하게 유언을 남겼습니다. 그는 자신의 동생 베드포드 공작과 다른 귀족들에게 왕비와 왕자를 잘 돌봐주도록 부탁했습니다. 또, 그는 영국은 새로운 부르고뉴의 공작과 친구 관계를 유지할 것과, 그에게 프랑스의 섭정 자리를 양보할 것을 주문했으며, 나아가 아쟁쿠르에서 사로잡은 프랑스의 왕자들을 절대로 풀어주지 말 것과 프랑스와 어떤 갈등이 벌어지든지 영국은 노르망디를 손에서 놓은 상태에서는 절대로 평화협정을 맺지 말 것을 유언했습니다. 이와 같은 유언을 남기고 왕은 자리에 누워 임종을 지키던 신부에게 참회의 시편들을 낭송해주기를 부탁했습니다. 1422년 8월 31일, 불과 34살의 나이로, 왕위에 오른 지 10년 만에 헨리Ⅴ세는 엄숙한 찬송가 소리와 함께 영면에 들었습니다.

　사람들은 슬픔에 잠긴 채 향유를 바른 왕의 시신을 장엄한 행렬 속에 파리로 이송한 다음 왕비가 있는 루앙으로 운구했습니다. 사람들은 며칠 동안은 왕의 죽음을 왕비에게는 비밀로 했습니다. 그리고 그들은 왕의 머리에는 황금 왕관을 씌우고, 진홍색과 황금색 침대에 누인 후, 손에는 황금 볼과 왕의 지팡이를 쥐도록 한 왕의 시신을 칼레로 옮겼는데 왕을 따르는 무수한 측근들이 입은 상복으로 인해 길거리가 검게 물들 정도였습니다. 스코틀랜드의 왕이 장례식을 주관하는 가운데 왕실 가족들이 뒤를 따르고, 검은 갑옷과 검은 깃털로 장식한 기사들과 횃불을 들고 밤을 대낮처럼 밝힌 무수한 군중들이 함께 했으며, 맨 마지막으로 미망인이 된 왕비가 왕을 따랐습니다. 칼레에는 장례행렬을 영국의 도버로 이송할 함대가 대기하고 있었습니다. 왕의 운구는 찬송가 소리 속에서 런던대교를 통과해 웨스트민스터 수도원에 도착해 엄숙한 의식에 따라 매장됐습니다.

제22장
헨리 VI세
ENGLAND UNDER HENRY THE SIXTH
[생몰 : 1421.12.6~1471.5,   재위 : 1422~1461, 1470~1471]

[1부]

어린 헨리Ⅵ세가[1] 당시 탄생한지 9개월밖에 되지 않았으므로 글로스터의 공작이 영국의 섭정을 하는 것이 선대왕의 유지였습니다. 하지만 의회는 베드포드의 공작을 위원장으로 하는 섭정위원회를 두고 베드포드의 공작이 자리를 비운 사이에만 글로스터의 공작이 통치권을 갖도록 하고자 했습니다. 의회의 이 판단은 올바른 것처럼 보였습니다. 왜냐하면 글로스터의 공작이 곧바로 야심을 드러내고 문젯거리를 일으켰기 때문입니다. 그는 개인적 욕심을 채우기 위해 부르고뉴 공작을 향해 무모한 공격을 감행했습니다.

한편 부르고뉴의 공작이 프랑스의 섭정 자리를 거절했기 때문에 프랑스 왕은 그 자리를 베드포드의 공작에게 넘겨주었습니다. 하지만 프랑스 왕이 두 달 이내에 사망하게 되자, 그 즉시 프랑스 황태자는 프랑스 왕권은 자기 것이라는 주장을 하게 되고, 실제로 '샤를Ⅶ세'라는 이름으로 왕위에 오릅니다. 그리고 베드포드 공작은 샤를Ⅶ세에 대항하기 위해 부르고뉴의 공작들

---

1 프랑스와의 백년전쟁 중 즉위하여, 프랑스의 샤를6세 사망 후 트루아조약에 따라 프랑스 왕을 겸하였으나, 칼레 이외의 영토를 모두 잃고 대륙에서 추방되어 백년전쟁은 종결되었음. 프랑스와 평화정책에 불만을 품은 귀족들의 반란으로 장미전쟁에서 살해되었음.

랭커스터왕가 출신. 헨리5세의 아들. 어머니는 프랑스 왕 샤를6세의 딸 카트린. 1422년 8월 생후 9개월로 즉위, 그 해 10월 프랑스 왕 샤를6세가 죽자 트루아조약에 따라 프랑스 왕을 겸하였고, 어린 시절에는 숙부인 베드포드 공작 존과 글로스터 공작 험프리가 왕권을 대행하였음.

백년전쟁 말기의 프랑스에서는 잔 다르크의 출현으로 열세를 만회한 프랑스측이 샤를7세의 대관식을 프랑스에서 올리자, 헨리Ⅵ세도 1431년 프랑스 왕으로서 파리에서 대관식을 올렸다. 그러나 1453년에는 칼레 이외의 영토를 모두 잃고 대륙에서 추방되어 백년전쟁은 종결되었음.

한편, 친정親政 후에는 프랑스와 평화정책을 취하였는데, 요크 공작 리처드를 중심으로 하는 귀족들이 이에 불만을 품고 1455년 이래로 반란을 일으켜, 이른바 장미전쟁이 시작되었음. 1461년 마침내 요크 공작 리처드의 아들 에드워드가 헨리를 지지하는 랭커스터 파 를 무찌르고 왕위에 올라, 에드워드4세 칭하였음.

헨리는 이 동안 자주 정신착란을 일으켰으며, 잡혀서 런던탑에 유폐도기도 했지만, 랭커스터 파가 에드워드 군을 무찌르고 프랑스로 몰아내자, 1470년에 왕위에 복귀하였음. 이듬해 에드워드가 세력을 만회하고 귀국함으로써 다시 잡혀 런던탑 안에서 요크 파에게 살해되었음.

과 브르타뉴의 공작과 우호조약을 맺고 자신의 여동생들과 정략결혼을 하도록 유도합니다. 이로써 '항구적 평화'는 때아니게 종식을 맺고, 프랑스와의 새로운 전쟁이 시작되었습니다.

　이들 연합군의 도움으로 영국은 첫 번째 전투에서 신속한 승리를 거둘 수 있었습니다. 하지만 이미 프랑스에 5천명의 지원군을 보낸 바 있는 스코틀랜드가 지원군을 증파할 가능성이 있는 데다가 영국이 프랑스와 전쟁을 치르는 동안에 영국의 북쪽을 침공할 기미가 보이자 영국은 오랫동안 감옥에 가둬두었던 스코틀랜드의 왕 제임스를 풀어주기로 했습니다. 영국은 18년 동안 스코틀랜드 왕에게 제공했던 숙식비 4만 파운드를 지불받고 스코틀랜드의 귀족들이 프랑스 측에 가담하지 않는다는 조건으로 제임스를 석방하기로 했습니다. 영국에 우호적인 이 포로가 석방 조건에 합의하고, 그가 오랫동안 사랑했던 영국의 여인과 결혼하고 선정을 베푸는 왕이 되었다는 사실은 참으로 듣기 좋은 소식입니다. 필자는, 18년간이나 영어囹圄의 생활을 겪었으면서도 세상에 분풀이를 하지 않은 더 많은 왕들의 이야기를 우리 역사에서 접할 수 있었다면 더할 나위 없이 좋았을 것이라고 생각합니다.

　두 번째 격전지인 베르네이Verneuil 전투에서도 영국은 괄목할 만한 성과를 거두었습니다. 이 전투에서는 영국 측은 짐을 실은 말들의 머리와 꼬리 부분을 서로 묶은 다음 말들이 서로 뒤엉키도록 해서 동물 방패를 삼는 특이한 전술을 사용했는데, 이는 병사들에게는 참 좋은 전술이었을지는 몰라도 말들에게는 참아내기 어려운 곤욕이었을 겁니다. 이어진 3년 동안 전쟁은 소강상태로 돌입했는데, 이는 막대한 전비가 양측에 커다란 부담으로 작용했기 때문입니다. 하지만 이후 파리에서 열린 참모회의에서 프랑스에게는 전략적으로 대단히 중요한 요충지인 오를레앙에 대한 공격이 결정됐습니다. 이 전투에는 명예 장군인 솔즈베리의 백작이 이끄는 1만 명의 영국 병력이 동원됐습니다. 하지만 솔즈베리 백작은 포위 공격을 받아 일찍 전사했고 그의 뒤를 이어 서퍽의 백작이 지휘권을 잡았습니다.

서픽의 백작은 존 폴스타프 경의 도움을 받아서(존 폴스타프 경은, 병사들을 위해 소금에 절인 청어와 다른 군수품들을 4백 대 분의 짐마차에 싣고 이동하던 중 이를 탈취하려던 프랑스 인들과 소규모 전투를 벌여 승리를 거뒀는데, 사람들은 이를 가리켜 장난삼아 '청어 전투Battle of the Herrings'라고 부르기도 합니다.) 오를레앙을 완벽하게 포위해버렸고, 견디다 못한 오를레앙 사람들은 프랑스 인인 부르고뉴의 공작에게 항복하겠다는 의사를 전했습니다. 그러나 영국의 장군은 지금까지 전투는 영국인들의 피와 노력으로 치러졌으므로 오를레앙은 영국인들이 차지해야 한다고 주장했습니다. 이렇게 되자 오를레앙이나 프랑스의 황태자에게는 더 이상 희망이 보이지 않았고, 황태자는 심지어는 스코틀랜드나 스페인으로 피신할 궁리까지 하게 됐습니다. 바로 이런 때에 프랑스에서 한 가난한 농부의 딸이 나타남으로써 상황은 극적으로 반전되게 됩니다. 그 농부의 딸에 관한 이야기를 지금부터 시작하겠습니다.

[2부 : 잔 다르크 이야기]

프랑스 로레인 지방의 먼 야산 지대 마을에 '자크 다크'라는 이름을 가진 한 농부가 살고 있었습니다. 그에게는 당시 20살이던 '잔 다르크'라는 딸이 있었습니다. 그녀는 어려서부터 외로움을 타던 소녀였으며, 주로 인적이 드문 들판에서 양과 소 떼를 돌보며 시간을 보내왔습니다. 그리고 그녀는 마을의 음침하고 텅 빈 작은 교회에 자주 나가 희미한 등잔불이 피어오르는 제단을 바라보며 무릎 꿇고 기도했는데, 그때마다 그녀 앞에는 어렴풋한 형상이 나타났으며, 그 형상은 심지어는 그녀에게 무어라 말을 하곤 했습니다. 당시 그 지역에 살던 프랑스 사람들은 매우 미개하고 미신을 숭상하는 버릇이 있어서, 구름과 안개가 머무는 외딴 야산에 대한 으스스한 목격담이나 환영幻影에 대한 이야기를 즐겨하곤 했습니다. 그렇기 때문에 이 지역

사람들은 잔 다르크가 목격한 기이한
현상을 쉽게 사실로 받아들였고 천사
나 어떤 영혼들이 그녀에게 속삭였다
고 수군거리곤 했습니다.

마침내 잔 다르크는 아버지에게 자
신이 하늘에서 내려온 거대한 빛을 보
고 놀라자 자신을 성 미카엘이라고 밝
힌 엄숙한 목소리가 들리며, 그녀에게
프랑스의 황태자를 찾아가 도와줄 것
을 지시했다고 말했습니다. 그녀의 말
에 따르면, 곧 이어 성 캐서린과 성 마
가레트가 머리에 빛나는 왕관을 쓰고
나타나 그녀가 고결한 정신으로 단호
한 결심을 하도록 부추겼다고 합니다.
또 이들 환영은, 모습은 가끔 드러냈지

잔 다르크Joan of Arc

만 목소리만은 항상 들려왔는데, 그 목소리는 교회의 종소리가 울릴 때면 언
제나 다음과 같은 내용을 들려주었다고 합니다. "잔, 너는 황태자에게 가서
그를 높도록 하늘로부터 점지된 인물이다."

잔이 그녀가 보고 들은 것을 굳게 믿었다는 점에는 이론의 여지가 없습니
다. 하지만 그런 환영을 목격하는 것이 주변에서 가끔 볼 수 있는 병적 현상
이라는 것은 잘 알려진 사실입니다. 그리고 그 시골의 작은 교회에는 머리
에 빛나는 왕관을 착용한 성 미카엘과 성 캐서린, 성 마가레트의 조상彫像이
세워져있었을 것이고, 이들 조상들의 모습이 그녀에게 그런 아이디어를 제
공했을 수도 있습니다. 그녀는 외로이 홀로 지내며 환상에 빠져있던 소녀였
고, 비록 그녀가 훌륭한 인물이기는 했지만, 필자는 감히 그녀가 명성을 얻
고자 하는 헛된 망상에 빠져있었다고 생각합니다.

신의 목소리를 듣는 잔 다르크

잔 다르크의 아버지는 주변 사람들과는 달리 이렇게 말했습니다. "잔, 그것은 너의 환상일 뿐이다. 너에게 지금 필요한 것은 너의 마음을 잡아주고 너를 돌봐줄 배필감이로구나." 그러나 잔은, 하늘의 목소리는 자신에게 결혼하지 말고 프랑스 왕자를 도와주라는 것이었다고 주장했습니다.

하필이면 그때 잔의 아버지에게는 몹쓸 일이 —무엇보다 잔 다르크 자신에게 가장 불행한 일이 발생했습니다. 프랑스 황태자의 적들이 그 마을을 통과하면서 교회를 불사르고 주민들을 몰아내는 일이 발생했던 겁니다. 그들이 저지른 잔인한 행각은 잔 다르크의 결심을 더욱 확고하게 만들었습니다. 그녀는 천사들의 음성과 형상들이 점점 더 가까이 하며, 그녀야말로 프랑스를 구할 여인이라고 했다는 말을 전했습니다. 그러면서 그 음성들은 그녀가 당장 랭스로 황태자를 찾아가서 그가 왕위에 오를 때까지 함께 머무를 것을 주문했고, 먼 길을 떠나 그녀를 황태자 앞에 데려다 줄 보드리코BAUDRICOURT 영주를 만나야 한다는 말을 했다고 전했습니다.

"그것은 너의 환상일 뿐이다." 잔의 아버지가 계속해서 만류하자 그녀는 그 영주를 만나기 위해, 자신의 이야기를 사실로 믿고 있는, 마차를 만드는 가난한 장인이었던 삼촌과 더불어 길을 떠났습니다. 그들은 황막한 산야와 부르고뉴 공작의 부하들과 강도와 약탈자들이 우글거리는 먼 길을 쉬지 않고 여행해서 마침내 보드리코의 영주가 있는 곳에 도달했습니다.

보드리코는 잔 다르크라고 하는 어떤 가난한 농가의 소녀가 마차 만드는 장인 외에는 아무도 대동하지 않고 찾아와, 자신이 황태자를 도와 프랑스를 구해야 한다며, 만나기를 요청한다는 말을 하인에게 전해 듣고 코웃음을 치며 그녀를 쫓아버리라고 명령했습니다. 하지만 그는, 잔 다르크가 마을을 떠나지 않고 교회에서 기도를 하면서 천사들의 환영을 보고 사람들에게는 해를 입히지 않는다는 이야기를 듣고 사람을 보내 그녀에 대해 알아보도록 했습니다. 그리고 그녀에게 성수聖水를 끼얹었는데도 그녀가 이전과 같은 증언을 계속하자 보드리코는 그녀에게 무언가가 있다는 생각을 하기 시작했습니다. 어쨌든 그는 당시 황태자가 머물고 있던 시농Chinon으로 그녀를 안내할 필요가 있을 것으로 판단했습니다. 그래서 그는 잔 다르크에게 말과 검을 내어주고 그녀를 안내하도록 두 명의 수행원을 붙여주었습니다. 신의 음성이 잔 다르크에게 남자의 복장을 하도록 했으므로 그녀는 남성 복장을 하고 옆에는 칼을 차고 발에는 박차를 두른 다음 말에 올라 수행원 두 명과 함께 길을 떠났습니다. 마차 장인이던 잔의 삼촌은 그녀가 사라진 방향을 놀라움으로 바라보다가 다시 고향으로 돌아갔습니다. 고향의 집이야 말로 그에게 가장 적합한 곳이었습니다.

잔 다르크와 수행원들은 멈추지 않고 말을 몰아 시농에 도착했고, 약간 이심을 받기는 했지만 결국 황태자를 알현하는 데 성공했습니다. 신하들 속에 끼어있던 황태자를 조금도 지체하지 않고 구별해낸 잔은 황태자의 적들을 물리치고 그가 랭스에서 왕위에 오를 수 있도록 하라는 하늘의 계시를 받았다고 밝혔습니다. 그녀는 또한 황태자만이 알고 있는 여러 가지 비밀을 알고 있다는 사실을 밝혔으며(어쩌면 황태자가 병사들에게 강인한 인상을 심어주기 위해 이런 사실을 가장했을지도 모릅니다.), 피에르브와Fierbois에 있는 성 캐서린 성당에는 아주 오래된 검이 있음을 밝혔는데, 그 검의 칼날에는 다섯 개의 오래된 십자가가 새겨져있고 성 캐서린이 그녀에게 그 칼을 착용하라는 지시를 내렸다고 밝혔습니다.

사실, 그 성당에 잔이 말한 오래된 검이 있는지는 아무도 몰랐습니다. 그래서 그 즉시 성당에 대한 수색이 진행됐고 기묘히게도 검이 발견됐습니다.

이렇게 되자 황태자는 여러 명의 신부와 주교들을 불러모아놓고 잔의 예지력이 과연 선량한 영혼에서 기인한 것인지 아니면 사악한 영혼의 영향을 받은 것인지를 물었고, 성직자들은 이를 두고 엄청나게 긴 시간을 할애해서 토론을 벌였는데, 그 시간이 얼마나 길었으면 토론 중에 저명한 학자들 몇몇은 잠에 떨어져 코를 골 지경이었습니다. 마침내 쉰 소리를 내는 기사 한 명이 퉁명스럽게 그녀에게 물었습니다. "그대가 듣는 그 음성은 어떤 언어로 말을 하는가?" 그러자 잔이 그에게 대답했습니다. "적어도 당신 목소리보다는 쾌활한 음성이지요." 마침내 사람들은 잔 다르크의 말이 옳다는 것과 그녀가 하늘의 명령을 받았다고 결론을 내렸습니다. 이런 놀라운 이야기들은 프랑스 병사들의 사기를 높여주었고, 반면에 그녀를 마녀로 취급하고 있던 영국 병사들의 사기를 떨어뜨렸습니다.

마침내 잔 다르크는 다시 말에 올라 오를레앙을 향해 멈추지 않고 나아갔습니다. 이제 그녀의 모습은 과거의 초라한 농가의 소녀가 아니었습니다. 그녀는 번쩍번쩍 윤이 나는 갑옷을 입고 백마를 타고 있었습니다. 그리고 허리의 벨트에는 성당에서 찾아낸 검을 광이 나도록 닦아서 차고 있었으며, 하나님의 모습과 성모 마리아의 말씀이 그려진 흰색 깃발을 들고 있었습니다. 잔 다르크는 이런 위풍당당한 차림으로, 적에 포위돼서 굶주림에 지쳐있는 오를레앙 사람들을 위한 식량을 실어 나르는 부대의 선두에 섰습니다.

그녀가 나타나자 오를레앙 사람들은 성벽에 올라, "그녀가 온다! 예언자 처녀가 우리를 구출하기 위해 오고 있다!"라며 환호를 질렀습니다. 그리고 병사들의 선두에서서 전투를 지휘하는 잔 다르크의 모습은 프랑스 병사들의 사기를 충천하도록 했으며 영국 병사들의 기를 꺾어놓았습니다. 결국 영국 측의 전열이 무너졌고, 프랑스 병사들과 식량이 시내로 진입할 수 있었고 오를레앙은 구출됐습니다.

그때부터 '오를레앙의 처녀'라고 불리던 잔 다르크는 며칠 동안을 성내에 머물다가 서퍽의 백작과 영국인들에게 하나님의 명령으로 오를레앙에서 철

수할 것을 권하는 서신을 보냈습니다. 하지만 영국의 지휘관이 분명하게 잔이 하나님의 명령을 받았다는 사실을 믿지 않았으므로(영국 병사들이, 잔 다르크가 하늘로부터 영감을 받지는 않았을지라도 그녀는 마녀임에는 분명하고 마녀와 싸워서 이길 수 없다는 두려움을 가지고 있었기 때문에 영국 지휘관의 이런 믿음은 별로 소용이 없었습니다.) 잔 다르크는 백마에 올라 진군을 명령했습니다.

오를레앙을 포위하고 있던 영국 병사들은 다리와 그 위에 세워져있던 거대한 탑을 점령하고 있었는데, '오를레앙의 처녀'는 바로 그들을 공격해 들어갔습니다. 전투는 14시간 동안이나 계속됐습니다. 그녀는 기다란 사닥다리를 자신이 직접 세우고 탑의 벽을 기어오르다 적의 화살을 목에 맞고 참호로 떨어졌습니다. 그녀는 급히 옮겨져서 화살을 제거하는 처치를 받았는데, 고통에 겨워 비명을 지르기는 했지만 곧이어 신의 음성들이 들려오고 다시금 평온을 되찾을 수 있었습니다. 잠시 후 그녀는 일어나 다시금 선두에 서서 전투를 지휘했습니다. 그녀가 사다리에서 떨어진 것을 목격한 영국 병사들은 그녀가 죽었을 것이라고 판단했지만 다시 살아나서 공격해오는 그녀를 발견하고는 두려움에 떨었고, 어떤 병사들은 성 미카엘이 백마를 타고 프랑스를 위해 싸움을 지휘하는 장면을 봤다고 소리 질렀습니다. 영국 병사들은 다리와 탑을 포기하고, 다음 날 자신들의 요새에 불을 지르고 퇴각했습니다.

한편, 서퍽의 백작이 몇 마일 떨어지지 않은 자르고Jargeau까지 후퇴한 다음 완전히 철수하기를 거부하자 '오를레앙의 처녀'가 직접 포위 공격해서 그를 포로로 사로잡아버렸습니다. 그리고 그녀는 하얀 깃발을 들고 성벽을 기어오르다가 돌멩이를 맞고 다시 한 번 도랑으로 굴러 떨어졌는데, 그녀는 도랑에 빠져서도, "나의 동포들이여 두려워 마세요! 적들은 이미 하나님의 명령에 의해 우리 수중에 있습니다."라고 외칠 뿐이었습니다. 잔 다르크의 이런 불굴의 영도력 덕택으로 몇 번의 승리를 거두게 되자 영국의 다른 요새들은 싸움을 치르지도 않고 순순히 프랑스 측으로 넘어오게 됐습니다. 그리고 마침내 파타이Patay에서 남아있던 영국의 병사들을 모조리 제압하고 승리의 흰 깃발을 꽂았는데 그곳에는 1천2백 구의 영국 병사들의 시신이 널브러져있었습니다.

잔 다르크는 이제 자신의 첫 번째 사명을 완수했다고 판단하고, 그때까지 전투에는 얼굴 한번 비치지 않던 왕자를 설득해, 랭스로 입성하도록 한 후 왕위에 오르도록 하고자 했습니다. 하지만 왕자는 랭스까지의 거리가 너무 멀고 영국과 부르고뉴 공작 측의 세력이 아직도 곳곳에서 위력을 떨치고 있었기 때문에 서둘러서 길을 떠나려 하지 않았습니다. 그러나 왕자 일행은 결국 1만 명의 병사들을 대동하고 길을 떠났으며 '오를레앙의 처녀'는 다시 한 번 빛나는 갑옷을 입고 백마에 올랐습니다.

왕의 일행은 도중에 자신들에게 쉽게 넘어오는 마을을 만나면 잔 다르크의 명성을 믿었고, 그렇지 않고 자신들에게 불편을 주는 마을을 만나면 그녀가 사기꾼이 아닌지 수군 거렸습니다. 후자에 속한 지역에는 트루아가 있었는데, 트루아 사람들은 처음에는 프랑스 병사들에 반감이 심했지만 이후 리처드라는 수도승의 설득으로 프랑스 측으로 돌아섰습니다. 수도승 리처드는 처음에는 잔 다르크를 의심하다가 그녀에게 성수를 끼얹어보고, 또 그녀가 들어선 마을의 성문에도 성수를 뿌려보고는 잔 다르크나 성문에 별다른 변화가 일어나지 않자, 그 시절 다른 젠틀맨들처럼, 그녀가 훌륭한 성인이라고 말하며 기꺼이 그녀의 동조자가 됐습니다.

마침내, '오를레앙의 처녀'와 프랑스 왕자, 그리고 의심 많은 1만 명의 병사들은 쉬지 않고 말을 몰아 랭스에 당도했습니다. 그리고 거대한 군중이 운집한 가운데 왕자는 랭스의 대성당에서 대관식을 치렀습니다. 그런 다음, 영광의 대관식 내내 흰 깃발을 들고 황태자 옆에 서 있던 잔 다르크는 새로운 왕의 발 앞에 무릎 꿇고 자신의 사명이 완수됐으므로 자신은 불신에 싸여있던 아버지와 마차 장인 삼촌이 있는 고향으로 돌아가고자 한다고 눈물로 호소했습니다. 하지만 왕은 그녀의 청을 거부하고 자신의 모든 힘을 동원해 그녀 가족을 귀족으로 만들어주고, 그녀에게 백작의 소득이 돌아가도록 했습니다.

아, 잔 다르크가 작은 교회와 야산이 있는 고향으로 다시 돌아가 소박한 옷을 걸치고, 이 모든 일들을 잊고 그냥 착실히 한 남자의 아내로 살 수 있었다면 얼마나 좋았을까요! 그녀는 그렇게 살면서 어렸을 적의 그 이상한 음성을 더 이상 듣지 않았어야 했습니다.

일은 그렇게 흘러가지 않았습니다. 그녀는 수도승 리처드와 함께 왕을 보필하는 일을 계속했으며, 이제 새로운 왕에게 잔 다르크는 없어서는 안 될 존재가 됐습니다. 나아가 그녀는 보잘 것 없던 프랑스 병사들의 상태를 개선하고, 그녀에 대한 의구심을 제거하고, 그들이 깊은 신앙심을 가지고 남을 사랑하며 겸손한 생활을 하도록 유도했습니다. 그러나 그녀는 그 뒤로도 왕에게 집으로 돌아가게 해달라고 어러 번 간청했으며, 한번은 그녀의 빛나는

사로잡힌 잔 다르크

갑옷을 벗어서 다시는 입지 않겠다며 교회 벽에 걸어놓은 적도 있었습니다. 하지만 왕에게는 그녀가 절대적으로 필요했으므로 왕은 그녀가 무장을 해제하는 것을 원치 않았으며, 그러면 그럴수록 그녀에게는 운명의 시간이 점점 더 가까이 다가오고 있었습니다.

대단히 뛰어난 능력을 보유한 베드포드의 공작이, 프랑스에게 다시금 패배의 쓴맛을 보여주겠다고 다짐하고, 부르고뉴 공작의 전의를 북돋우면서 영국을 위해 적극적으로 나서자 프랑스의 새로운 샤를 왕은 근심으로 마음이 혼란해져서 '오를레앙의 처녀'에게 그 음성이 뭔가 새로운 이야기를 전하지 않느냐고 묻는 일이 잦아졌습니다. 하지만 그 음성은 (혼돈의 시기에 들리는 음성이라면 당연히 그랬겠지만) 일관성을 잃어버리고 자주 혼란을 야기했습니다.

그 음성은 어떤 때는 이런 소리를 했다가 또 다른 때는 다른 이야기를 함으로써 잔 다르크의 신뢰성을 하루가 다르게 떨어뜨렸습니다. 그러한 때에 프랑스 샤를 왕은 파리로 진격해서 성 오노르Saint Honore 지방의 외곽을 공격해 들어갔습니다. 이 전투에서 또 다시 도랑으로 굴러 떨어진 잔 다르크를 프랑스 사람들은 이번에는 본체만체했습니다. 그녀는 죽은 병사들의 시체 더미에서 간신히 기어 나왔습니다. 이렇게 되자 그동안 잔 다르크를 신뢰하던 사람들은 그녀에게 반대하던 새로운 처녀 예언자 라 로첼르La Rochelle의 캐서린에게 몰려갔습니다. 캐서린은 자신이 보물이 숨겨진 장소를 점지 받았다고 거짓말을 했으며, 게다가 잔 다르크가 지니고 있던 오래된 검이 우연히 부러져버렸습니다. 그러자 사람들은 잔 다르크의 능력이 사라진 것이라고 수근 거렸습니다. 마침내 꽁피엔느의 전투에서 부르고뉴 공작의 공격을 받고 프랑스 병사들이 퇴각하게 되었을 때 잔 다르크는 최후까지 용감하게 싸웠지만 화살을 맞고 말에서 굴러 떨어졌습니다.

이 가련한 시골 처녀 한명을 사로잡고서는 영국 병사들은 감사의 기도와 환호성을 울렸습니다. 그리고 프랑스의 종교 재판장과 이런 저런 명사늘이 마녀와 이단의 죄목으로 재판에 회부하겠다며 잔 다르크를 프랑스에 넘겨달라고 요청한 사실은 생각만 해도 불쾌한 이야기입니다. 결국 보브와Beauvais의 주교는 잔 다르크를 1만 프랑에 팔아넘겼고, 그녀는 비좁은 감방에 갇히는 신세가 됐습니다. 이제 그녀는 '오를레앙의 처녀'가 아닌 평범한 잔 다르크로 다시 돌아갔습니다.

사람들이 그녀를 조사하기 위해 얼마나 끈질기게 물고 늘어지며 괴롭혔는지를 밝히는 일은 더 이상 거론하기조차 싫은 일입니다. 온갖 종류의 학자와 전문가들이 그녀를 심문함으로써 그녀는 극도의 괴로움에 시달려야 했습니다. 그녀는 16번이나 감방에서 끌려나와 조사받고 다시 감방으로 보내지고, 논쟁에 휘말려서 결국은 정신이 피폐해질 수밖에 없었습니다. 마지막 심문에서 잔 다르크는 무시무시한 교수대와 화형대가 설치되어있는 루앙의 묘지로 끌려나와 화형 집행인과 수도승이 대기하고 있는 연단 앞에 섰고, 엄숙한 설교가 그녀를 기다리고 있었습니다. 그런 절박한 순간에도 그 가련한 처녀가 자신을 이용하고 그렇게도 가볍게 저버린 왕의 비열한 처사에 대하여 오히려 감사의 표시를 했다는 것은 참으로 감동적인 이야기입니다. 자신에게 쏟아진 그 많은 비난에도 불구하고 그녀는 용기를 잃지 않고 끝까지 왕을 옹호했으니 이는 경탄할 일이 아닐 수 없습니다.

어린 처녀가 목숨을 아까워 한 것은 어쩌면 당연한 일이라 할 수 있었습니다. 잔 다르크는 살기 위해 성호를 긋는 것으로 그녀에게 준비된 성명서에 동의했습니다. 그녀는 글을 쓸지 몰랐으므로 성호를 긋는 것으로 자신에게 씌워진 죄들을 ─자신이 보았던 화영과 음성들이 악마에게서 나온 것이라는 사실을 인정했던 겁니다. 그녀가 자신의 과거를 부정하고 다시는 남자의 복장을 입지 않겠다는 다짐을 하자 그녀에게는 최소한의 빵과 물만으로 견디는 종신형이 선고됐습니다.

그러나 최소한의 음식만으로 연명하던 그녀에게 앞서의 그 음성과 환영이 다시 나타났습니다. 음식을 제대로 먹지 못하고 홀로 남겨진 상태에서 근심에 싸이다 보면 그녀의 병이 더 악화됐을 가능성은 얼마든지 있었을 겁니다. 잔 다르크는 다시 자신이 하늘의 영감을 받았다고 생각했을 뿐 아니라, 그녀를 함정에 빠뜨리기 위해 감방에 남겨놓았던 남자의 복장을 다시 차려입었습니다. 그녀는 아마도 혼자 생각에 빠졌거나, 옛 영광을 되살리고 싶었거나, 실제로 하늘의 음성이 다시 들려왔겠지요. 그녀가 다시 마녀나 이교도의 행동으로 빠져들자 결국 그녀를 화형에 처하는 결정이 내려졌습니다. 그리고 루앙의 시장터에서, 그런 장면에 어울리도록 성직자들이 고안한 기괴한 옷을 걸치고, 신부들과 주교들이 지켜보는 가운데 (비록 일부 사람들은 그런 치욕적인 광경을 차마 목도할 수 없어서 기도를 남기고 자리를 떴지만) 잔 다르크는 화형에 처해졌습니다. 그녀는 십자가에 양팔이 매달린 채, 단말마의 비명으로 예수그리스도를 부르짖으며, 화염 속에서 재가 되었습니다. 사람들은 그녀의 재를 센 강에 뿌렸지만 세상 마지막 날에 그녀는 살

인자들에 대항에 다시 일어
설 것입니다.

　잔 다르크가 감옥에 갇힌
순간부터 프랑스 왕을 비롯
한 어느 누구도 그녀를 구
출하기 위해 손가락 하나
까닥하지 않았습니다. 이
점에 있어서, 그들이 잔 다
르크의 신통력을 진심으로
는 믿지 않았을 수도 있다
거나, 전투의 승리를 자신

잔 다르크의 동상

들의 능력과 용기로 얻었다고 믿었다는 점은 그들에게 별로 도움이 되지 않
는 말입니다. 그들이 잔 다르크의 존재를 굳게 믿을수록 그녀 또한 자신의
능력을 스스로 믿게 됐던 것이며, 그녀는 진심과 용기를 가지고 그들을 위해
헌신했던 겁니다. 하지만 자신들 뿐만 아니라 남들에게도 사악했으며, 국가
와 저 세상의 하늘나라 및 이 세상에도 올바르시 못했던 그들로서는 자신들
을 위해 살신성인했던 가없은 어린 시골 처녀에게 배은망덕한 행동을 저지
른 것이 어쩌면 당연했던 일인지도 모릅니다.

　옛 도시 루앙에는 잡초가 성당의 탑 높이만큼이나 자라고, 한때 무시무시
한 종교재판의 불길이 활활 타올랐던 노르만 시절의 도로가 이재는 그 불길
이 식어진 채 따사로운 햇살을 받고 있습니다. 바로 이곳에 그녀의 이름을
딴 광장에 마지막 고통의 순간을 드러내고 있는 그녀의 동상이 자리 잡고 있
습니다. 필자는, 여러 도시 이곳저곳에 자리를 잡고 있는 다른 수많은 동상
들을 알고 있습니다. 하지만 그 동상들 중 어느 것도 그녀의 동상만큼 정열
적이며 지조 있게 보임으로써 세상의 이목을 끄는 것을 발견할 수 없습니
다. 그런 동상들은 그저 사람들의 눈을 속이기 위한 것들에 불과합니다.

[3부]

인류를 위해 다행이긴 하지만, 나쁜 행위가 오랫동안 번영을 누리는 경우란 없으며, 영국의 이상理想도 잔 다르크의 죽음으로 큰 덕을 보지는 못했습니다. 전쟁은 오랫동안 지겹게도 계속됐습니다. 베드포드의 공작은 사망했고, 부르고뉴 공작과의 연맹은 깨어졌으며 프랑스에 진출해있던 영국 측에서는 텔봇 경이 새롭게 지휘권을 이어받았습니다. 전쟁의 결과는 기근과 전염병뿐이었습니다. 사람들이 평화롭게 농사를 지을 수 없었으므로 기근이 찾아왔고 물자의 부족과 질병에 시달린 끝에 사람들은 흑사병을 맞이하게 됐습니다. 이 두 가지 재난은 두 국가에 한꺼번에 찾아와서 2년 동안이나 처참한 광경을 연출했습니다. 그리고도 전쟁은 계속됐지만, 영국인들이 전쟁의 수행에 열성을 보이지 않아서 잔 다르크가 화형에 처해진지 2년이 지난 다음 프랑스 내의 영국 점령지는 칼레 한 곳만이 남게 됐습니다.

전쟁을 통해 승리와 패배가 반복되던 이 기간 동안 영국 내에서는 여러 가지 기이한 일들이 벌어졌습니다. 어린 왕은 자라면서 점점 더 위대했던 선대왕과는 다른 면모를 보이며 나약함을 드러내기 시작했습니다. 왕 자신에게서는 피를 부르는 잔인함을 찾아볼 수는 없었지만, 그는 허약하고 어리석었으며 자립심이 없는 젊은 청년에 불과했습니다. 왕은 궁정의 싸움에 그저 이리저리 끌려 다니는 꼴이 되고 있었던 겁니다.

이 궁정의 알력 중 가장 극심했던 것은 왕의 친척인 보포트 추기경과 글로스터 공작과의 싸움이었습니다. 글로스터의 공작에게는 부인이 있었는데 그녀는, 왕을 죽이고 자신의 남편을 왕위에 앉히기 위한 마법을 걸었다는 말도 안 되는 누명을 쓰고 있었습니다. 그녀는 마거리라는(사람들은 이 여자를 마녀라고 불렀습니다.) 어떤 어리석은 여자의 도움으로 왕의 밀랍인형을 만들어서 그것을 불길에 집어넣어 녹아 흐르도록 했다는 비난을 받고 있었습니다. 당시에는 인형으로 상징되는 사람을 만들어 그런 식으로 저주하면 그 사람은 반드시 죽는다고 받아들여졌습니다. 문제의 공작부인이 다른 사람들처럼 어리석었는지 아니면 정말로 왕을 살해할 목적으로 그런 인형을 만들었는지는 분명하지 않습니다. 하지만 우리가 확신할 수 있는 것은 그녀가 정말 그렇게 바보 같았다면 그녀는 그런 인형을 천개도 더 만들어 불에 태우고도 왕은커녕 아무도 해치지 못했을 거라는 사실입니다.

어쨌든 공작부인과 마거리는 왕을 저주한 죄로 재판을 받았으며, 공작의 측근 목사들 중 한 명도 그녀들을 도왔다는 죄목으로 같이 재판에 회부됐습니다. 재판 결과 그 목사와 마거리는 사형에 처해졌고, 공작부인은 참회의 표시로 촛불을 들고 맨발로 시내 주위를 세 바퀴 돌도록 한 다음, 평생 동안 감옥에서 보내는 형벌을 받았습니다. 공작은 이 모든 상황을 담담히 받아들이며 마치 부인이 없어지는 것을 바라기라도 했던 것처럼 아무런 소동을 일으키지 않았습니다.

그러나 이런 고요함은 오래갈 수 없었습니다. 파가 갈라져서 갈등을 낳고 있던 귀족들은 자신들의 노리개 감인 젊은 왕이 23살에 이르자 그를 결혼시키려고 서둘렀습니다. 글로스터의 공작은 왕이 아르마냐크 백작의 딸과 결혼하기를 원했지만 추기경과 시픽의 백삭을 포함한 대부분은 그가 시실리 왕의 딸인 마가레트와 결혼하기를 바랐습니다. 마가레트는 매우 단호하고 야망에 찬 여인으로, 그들은 그녀가 왕을 마음대로 조종할 수 있을 것으로 판단했습니다. 결혼식 준비를 위해 시실리로 건너갔던 서픽의 백작은 이 여인과 친분을 맺고, 그녀가 아무런 지참금을 소지하지 않고도 왕과 결혼하는 것에 동의했으며, 당시에 영국이 프랑스 땅에 소유하고 있던 두 가지 귀중한 재물까지 넘겨주었습니다. 이렇게 해서 마가레트에게 대단히 우호적인 조건으로 결혼하는 결정이 내려졌고, 서픽의 백작이 그녀를 영국으로 데려와서 웨스트민스터에서 결혼식이 치러졌습니다.

마가레트 왕비와 그 일파들이 어떤 구실을 마련해서 2년이 지나서 앉아서 글로스터의 공작에게 대역죄를 뒤집어씌웠는지는 분명하지 않습니다. 상황이 매우 복잡하게 돌아갔기 때문입니다. 어쨌든 그들은 왕의 목숨이 위급에 처해있다는 핑계거리를 만들어서 공작을 감옥에 처넣어버렸습니다. 그들의 진술에 따르면 2주일 뒤 공작은 침대에서 숨진 채 발견됐고, 그의 시신은 민중들에게 전시되었으며, 그의 영토의 대부분은 서퍽 백작의 차지가 됐습니다. 여러분들은 이제 그 시절에는 어째서 자칫하면 국사범들이 감옥에서 급사하는 일이 잦았는지 이해할 것입니다.

만일 공작의 수상한 옥사獄死에 보포트 추기경이 관련되었다면 그는 공작의 죽음으로 별로 이득을 보지 못했을 겁니다. 왜냐하면 추기경은 6주 이후에 죽어버렸기 때문입니다. 어쨌든 그는 80살까지 살고도 교황이 되지 못했는데, 이는 이해하기 어렵고 이상하기까지 이야기입니다.

이 시기에 이르자 영국은 그 많던 프랑스 점령지를 모두 상실하게 됐습니다. 사람들은 그렇게 된 원인이 주로 서퍽의 백작 때문이라고 믿고 있었습니다. 이제는 공작의 자리에 오른 서퍽의 백작이 왕실의 결혼과 관련하여 프랑스에 너무 편리한 조건을 제시했으며, 심지어는 프랑스에 매수됐다고 사람들은 비난했습니다. 결국 서퍽의 백작은 반역죄로 탄핵을 받게 됐습니다. 그에게는 수많은 죄목이 추가됐지만 그중 가장 무거운 죄는 프랑스 왕과 협력했고, 그의 아들을 왕으로 만들려고 했다는 것이었습니다. 의회와 민중들은 공작의 행위에 격분하고 있었지만, 공작의 친구는 왕에게 간언해서, 그를 5년 동안 국외추방하고 의회를 잠시 쉬게 함으로써 그의 목숨을 건지도록 했습니다.

피신하는 과정에서 공작은 성 자일즈의 평원에서 그를 기다리고 있던 2천명에 이르는 런던의 성난 군중을 피하기 위해 온갖 고초를 겪어야 했습니다. 하지만 그는 서퍽에 있는 자신의 영지에 당도하는 데 성공했고 입스위치를 통해서 바다로 빠져나올 수 있었습니다. 그리고 도버해협을 건너면서 공작은 칼레 지역으로 상륙할 수 있는지를 미리 알아보았습니다. 그러나 공작 일행들을 기다리고 있던 칼레 사람들은 공작이 탄 배를 나포해서, 항구에 묶어놓고서는 영국 측의 배가 올 때까지 기다렸습니다.

영국 측에서는 런던탑의 책임자인 니콜라스가 1백5십 명의 수행원을 이끌고 칼레의 항구에 도착해, 공작이 탄 배에 접근해서 공작에게 배를 갈아타도록 명령했습니다. "어서 오시오, 반역자 양반!" 영국의 함장은 무서운 얼굴로 공작에게 조롱 섞인 인사를 보냈습니다. 이후 공작이 죄수의 신분으로 영국 배에서 48시간을 보내고 나자 작은 배 한척이 다가왔습니다. 그 작은 배에는 검은 가면을 쓰고, 녹이 슨 칼을 소지한 사형집행인이 타고 있었습니다. 공작은 그 사형집행인에게 넘겨진 후, 녹슨 칼을 여섯 차례나 맞고 목이 달아났습니다. 그런 후 작은 배는 공작의 시신을 싣고 도버해협을 건너가 영국 해안에 시신을 던져놓았으며, 공작의 시신은 공작부인이 수습하기 전까지 그대로 방치됐습니다. 어떤 최고위층의 명령으로 이런 형벌이 내려졌는지는 밝혀지지 않았을 뿐 아니라, 이 살인극으로 인해 처벌받은 사람은 아무도 없었습니다.

그 무렵, 실제 이름은 젝 캐이드였지만 자신을 모티머라고 부르던 한 아일랜드 인이 등장했습니다. 섹은, 실제로는 전혀 딴판인 인물이고 그런 능력도 겸비하지 못했으면서도, 와트 타일러의 흉내를 내면서 꼭두각시 왕과 영국 정부가 저지른 악행에 대하여 소리높이 불만을 제기하며 사람들을 선동했습니다. 그 결과 약 2만 명에 이르는 켄트 사람들이, 젝을 우두머리로 삼고 블랙히드에서 들고일어났습니다. 그들은 자신들의 요구 사항이 적힌 두 종류의 서한을 전달하고 세븐노욱스Sevenoaks로 물러났습니다. 그 서한은 각각 '켄트 인들의 요구사항'과 '켄트 의회 의장의 요청서'라고 이름 지어진 것들이었습니다. 하지만 왕실은 군대를 보내 이들을 억누르려 했으며, 켄트 사람들은 이에 반발해서 파견 나온 왕실 군대의 장군을 처단하고, 젝은 그 장군의 갑옷으로 갈아입고 민중들과 함께 런던으로 쳐들어갔습니다.

젝은 서더크로 진입해서, 다리를 통과해, 시내를 관통하며 승리의 환호성

처형되기 직전 젝 캐이드 앞에 끌려온 세이 경

속에서 런던에 입성했으며, 부하들에게는 절대로 약탈행위를 저지르지 말도록 엄격한 명령을 내렸습니다. 그리고 런던 시민들이 조용히 지켜보는 가운데, 무력시위를 끝낸 젝의 일행은 다시 서더크로 조용히 물러나 그 밤을 보냈습니다. 다음 날, 다시 나타난 젝은 당시에 원성이 자자하던 세이 경을 사로잡고서 런던 시장과 판사들에게 이렇게 말했습니다. "길드홀에서[2] 재판을 열어 이 고약한 귀족의 문제를 처결하는 것이 어떤지요?" 그래서 서둘러 재판이 열렸고, 유죄가 확정된 세이 경은 젝과 그의 부하들에 의해서 콘힐Cornhill에서 목이 달아났습니다. 그리고 그들은 세이 경의 사위도 함께 처단한 후 별다른 소란을 피우지 않고 서더크로 다시 퇴각했습니다.

2　Guildhall, 런던의 시의회 의사당. 시의회 · 시장선거 · 공식 연회 따위에 쓰임

런던 시민들은 자신들이 별로 좋아하지 않던 귀족의 목이 달아나는 것은 참아낼 수 있었지만 자신들의 재산에 피해가 가해지는 것은 참을 수 없었습니다. 어느 날, 아마도 술이 거나하게 취한 젝이 술기운으로 자신이 묶고 있던 숙소에서 소란을 피우고, 그의 부하들도 그를 따라 행패를 부리는 일이 발생했습니다. 이렇게 되자 런던 시민들은 런던탑에 약 1천 명의 병사들을 거느리고 있던 스캐일스 경을 찾아가 하소연을 했고, 스캐일스 경은 부하들을 이끌고 런던대교를 막아선 후 젝과 부하들이 시내로 들어오지 못하도록 했습니다. 그리고 런던의 귀족들은 젝의 일행을 향해 정부를 대신해서 달콤한 약속을 보내기로 결정했습니다. 물론 그 약속은 그런 상황에서는 언제나 남발되던 것으로 귀족들은 그 약속을 이행할 의사가 전혀 없었습니다. 언제나 그랬던 것처럼 이 제안으로 인해 젝의 무리들에서는 이론이 분분하기 시작했습니다. 어떤 이들은 그 제안을 받아들여야 한다고 주장했고, 어떤 이들은 그것은 함정이 분명하니 받아들여서는 안 된다고 주장했습니다. 결국, 젝의 일행들의 일부는 고향으로 돌아갔고, 일부는 그 자리를 고수하기로 하면서 서로 의심하고 싸우기 시작했습니다.

화전和戰 양면을 놓고 저울질하던 젝은 마침내 자신의 부하들에게는 별로 기대할 것이 없다는 판단을 하기에 이르렀습니다. 그는 1천 마르크에 이르는 현상금을 노리고 부하들이 자신을 생포해서 적에게 넘길 가능성이 있다고 의심했습니다. 그래서 그는 부하들이 서더크에서 블랙히드로, 그리고 블랙히드에서 다시 로체스터로 옮겨 다니며 서로 갈등을 빚는 사이에 자신의 명마를 몰고 서섹스로 물러가버렸습니다. 하지만 알렉산더 이든이라는 인물이 젝의 말보다 더 뛰어난 말을 몰고 그를 추격해 와서 두 사람은 한판 싸움을 벌였고, 젝은 죽음을 맞이하게 됐습니다. 결국, 젝의 목은 런던대교 위에 내걸렸고, 그의 눈망울은 자신이 깃발을 들고 궐기했던 블랙히드를 바라보고 있었습니다. 그리고 1천 마르크는 알렉산더 이든의 차지가 됐습니다.

젝이 일으킨 발란 뒤에는 요크의 공작이 도사리고 있었다고 알려져 있습니다. 요크의 공작은 왕비의 영향으로 요직에서 쫓겨나 아일랜드의 책임자로 물러나 있었기 때문에 왕실에 반감을 가지고 있었기 때문입니다. 그는, 비록 공개적으로 천명하지는 않았지만, 마치 백작의 가계家系에 속하는 자신이 랭커스터의 헨리보다 더 왕권에 가깝다는 믿음을 가지고 있었는데 물론 헨리IV세는 이를 인정한 적이 없었습니다.

　요크 공작의 주장으로 말할 것 같으면, 모계혈통을 따른 주장으로, 정당한 가계에 근거한 주장이 아니었으므로 헨리IV세와 의회가 올바른 결정을 내렸다는 데는 이론의 여지가 없으며, 게다가 영국은 그동안 헨리IV세의 가계에 의해 별다른 이론이 없이 60년간이나 통치되고 있었습니다. 그리고 영국인들은 헨리V세에 대한 좋은 기억을 지니고 있었으므로 별다른 일이 없었다면 요크 공작의 주장은 일고의 가치도 없는 것으로 받아들여졌을 겁니다. 하지만 현 왕의 멍청함과 그릇된 정치에 시달리고 있던 영국의 현실로 인해 불행한 사태가 벌어지게 됩니다. 이 두 가지 여건으로 인해 요크 공작의 주장이 탄력을 받게 됐던 겁니다.

　공작이 젝 캐이드를 사주했는지 아닌지와 상관없이, 젝의 목이 런던대교 위에 걸리게 됐을 때 공작은 아일랜드를 빠져나와 본토로 들어와서, 왕비가 자신의 정적인 섬머셋 공작에게 힘을 실어주고 있다는 소문을 접하게 됐습니다. 그는 4천명의 병력을 이끌고 웨스트민스터로 몰려가서 왕 앞에 무릎을 꿇고 나라가 처한 절박한 상황에 대해 설명하고 이 문제를 다루기 위해 의회를 소집해줄 것을 요청했습니다. 왕은 이 요청을 받아들였고, 의회가 소집되자 요크의 공작은 섬머셋의 공작에게 비난의 화살을 돌렸고, 섬머셋 공작은 반대로 요크 공작에게 비난을 퍼부었습니다. 그리고 두 사람을 따르는 추종자들은 의회 안팎에서 서로 극심한 싸움을 벌였습니다.

　마침내 요크의 공작이 소작인들로 구성된 자신의 추종자들을 앞세우고 무기를 들고 일어나 정부의 개혁을 요구하기에 이르렀습니다. 그는 런던 밖으로 내몰려서 다트포드에 진을 쳤고, 왕의 부대는 블랙히드에 진영을 마련했습니다. 그리고 싸움의 승패에 따라 두 사람의 공작 중 누군가가 포로로 사로잡혔을 겁니다. 하지만 얼마 후 갈등은 끝을 맺었고, 요크의 공작은 다시금 충성맹세를 하고 자신의 성으로 평화롭게 물러갔습니다.

6개월 후 왕비는 아들을 낳았는데, 사람들은 그 아이가 왕의 자손이 아닐 것이라며 기뻐하지 않았습니다. 본성은 온화했던 요크의 공작은 영국을 또 한 번의 소용돌이 속으로 몰고 갈 의사가 없었던 사람처럼 보입니다. 그래서 그는 당시 팽배하던 민중들의 불만을 이용할 생각은 없었던 것처럼 보였고, 참으로 영국인들을 사랑하던 인물이었습니다. 그는 각료에 임명되었고, 왕의 상태가 점점 나빠져서 사람들 앞에서 정상적으로 기동을 할 수 없게 되자 왕의 상태가 호전되거나 황태자가 성인이 될 때까지 호국경(Lord Protector)의 임무를 맡게 됐습니다. 그리고 그와 동시에 섬머셋의 공작은 런던탑에 투옥됐습니다. 결국, 섬머셋의 공작은 실각하고 권력은 요크 공작의 손으로 넘어갔습니다. 하지만 그해 말 쯤 돼서 왕이 어느 정도 맑은 정신을 회복하게 되자 왕비는 왕의 권력을 등에 업고 호국경을 밀어내고 그녀의 측근인 섬머셋 공작을 풀어주었습니다. 이렇게 해서 이번에는 요크의 공작이 실각하고 섬머셋의 공작이 권력을 차지하게 됐습니다.

두 공작들의 이러한 엎치락뒤치락 하는 싸움으로 인해 전 국토는 요크와 랭커스터 양측으로 나눠져 분열을 겪었는데, 이 분열은 이후에 오랫동안 붉은 장미와 백장미의 전쟁으로 알려진, 내란으로 이어지게 됩니다. 랭커스터 가문의 상징은 붉은 장미였고, 요크 가문의 상징은 백장미였기 때문에 사람들은 이 내란을 두고두고 '장미의 전쟁the Wars of the Red and White Roses(1455~1485)'이라 부르게 됐습니다.

요크의 공작은 백장미 파의 다른 유력한 귀족들의 지원을 받아 병력 일부를 거느리고 성 알반 성당에서 그 역시 몇 안 되는 병력의 호위를 받고 있던 왕을 만나, 섬머셋 공작이 모든 것을 포기해야 한다고 주장했습니다. 왕은 자신의 목숨이 얼마 남지 않았다고 구차한 변명을 했지만, 요크 공작 일행은

장미 문장紋章

왕에게 칼을 겨눴습니다. 결국, 섬머셋 공작은 살해됐고, 왕도 목에 부상을 입고 가죽업자의 집으로 피신해야 했습니다. 그러고 나서 요크 공작은 왕을 찾아내 예의를 갖춰서 웨스트민스터 수도원으로 데리고 오면서 자신의 행위에 대해 사죄했습니다. 이제 왕을 자신의 손아귀에 넣게 된 요크 공작은 의회를 소집해서 다시 한 번 호국경의 자리에 올랐습니다. 하지만 그 기간은 몇 개월을 넘기지 못했습니다. 왕이 다시 어느 정도 정신을 차리자 왕비와 그 일파들이 왕을 자신들의 수중에 넣고 요크 공작을 다시 한 번 밀어냈기 때문입니다. 이렇게 돼서 요크 공작은 또다시 권력을 잃게 됐습니다.

양측의 치열한 공방이 지속되는 것을 지켜보던 왕실의 원로들이 장미들의 전쟁을 막아보고자 발 벗고 나섰습니다. 그들은 런던에서 양측이 참여하는 대회의를 개최하기로 하였습니다. 백장미 파들은 블랙프라이어즈에[3] 모였고, 붉은 장미 파들은 화이트프라이어즈에[4] 모였으며 신부들이 중재에 나서 진행 상황을 왕과 재판관들에게 보고했습니다. 그리고 양측은 전쟁을 중지하는 평화협정을 맺었고, 이를 기념하기 위해 왕비는 성 바울 성당에서 그녀의 숙적인 요크 공작과 어깨를 나란히 하며 거대한 행사를 벌여서 사람들에게 이제 양측이 서로 잘 지내기로 했음을 내보였습니다. 하지만 6개월이 지나, 왕의 신하들이 자신들과 불화를 겪고 있던 워릭의 백작(그는 요크 공작의 측근으로 백장미 파에 속해있었습니다.)을 공격하자 이 평화는 깨졌습니

---

3 Blackfriars, 1239년에 건설된 중세 도미니크 수도회의 수도원. 영국 글로스터에 소재

4 Whitefriars, 영국 런던 중부의 한 지구

다. 그리고 이후에는 양측에서 예전보다 더 심각한 공방이 이어졌습니다.

　몇 차례의 전투를 치른 결과 요크의 공작은 솔즈베리와 워릭의 백작들과 함께 아일랜드로 피신하고, 그의 아들인 마치의 백작은 칼레 지역으로 몸을 숨겨야 했으며, 의회는 이들이 반역자들이라고 선언했습니다. 상황을 더욱 악화시킨 것은 워릭의 백작이 피신처에서 돌아와, 켄트 지방으로 상륙해서 캔터베리 대주교 및 다른 유력한 귀족들과 힘을 합쳐, 노샘프턴에서 왕과 전투를 벌였다는 점입니다. 워릭의 백작은 이 전투에서 막사에 있던 왕을 사로잡을 수 있었습니다. 왕비와 황태자까지 함께 포로로 잡았다면 백작은 더 크게 기뻐했겠지만 왕의 가족들은 웨일즈로 피신한 후 스코틀랜드로 달아나버렸습니다.

　승리자들은 왕을 앞세우고 의기양양하게 런던으로 입성해서, 즉시 의회를 소집하도록 한 후, 요크의 공작과 그를 따르는 무리들은 결코 반역자들이 아니며 오히려 충성스런 신하들이라고 선언하도록 했습니다. 그리고 나서 공작이 5백 명의 기병들을 앞세우고 아일랜드에서 돌아와 런던에서 웨스트민스터로 행군해서 상원의 회의장으로 진입했습니다. 회의장에 도착한 공작은 비어있는 왕좌를 덮고 있던 황금빛 천에 손을 대며 내심 왕좌에 앉아보고 싶은 욕심을 드리냈지만 실제로 앉지는 않았습니다. 그리고 캔터베리의 대주교가 인근의 궁전에 머물고 있는 왕을 알현할 생각이 있는지를 공작에게 물었고, 이 말을 들은 공작은, "이 나라에 제가 만나지 못할 사람이 어디 있겠습니까?"라고 답을 했습니다. 이때 그 자리에 함께 했던 의원들은 단 한마디 말도 꺼내지 못했으며, 공작은 들어설 때와 같이 당당히 회의장을 나서서 왕의 궁전에 자신이 왕처럼 모습을 드러냈습니다.

　이후 6일 지난 후 공작은 왕권을 요구하는 공식적인 문서를 상원으로 보냈고, 이 중차대한 문제를 놓고 왕을 만난 의원들은 엄청난 토론을 벌였는데, 그 과정에서 판사들이나 다른 율사律士들은 두려움 때문에 어느 쪽 편도 들 수가 없었습니다. 그리고 마침내 현 왕이 생을 마감할 때까지 왕위를 보존하고, 그 이후부터는 왕권은 요크의 공작과 그의 상속자가 차지하는 것으로 결론이 맺어졌습니다.

하지만 자신의 아들의 권리를 빼앗기지 않으려는 왕비는 그런 조건에 동의하지 않았습니다. 그녀는 스코틀랜드에서 영국의 북부로 넘어와 자신의 주장에 동조하는 몇몇 귀족들과 세력을 규합했습니다. 그러자 요크의 공작은 1460년, 크리스마스가 되기 얼마 전에 그녀와 전쟁을 치르기 위해 약 5천 명의 군사를 이끌고 장도에 올랐습니다. 그는 웨이크필드 근처의 샌달Sandal 성에 여정을 풀었는데, 붉은 장미 측이 그들을 자극해 양측은 웨이크필드 초원에서 밀고 밀리는 싸움을 벌였습니다. 그리고 아들인 마치의 백작이 당도해 세력을 합칠 때까지 기다리는 것이 최상이라고, 참모들이 조언을 했지만 요크의 공작은 이를 듣지 않고 일전을 불사하기로 했습니다.

그러나 행운은 공작의 편이 아니었습니다. 그는 적들로부터 도처에서 심한 압박을 받았고, 웨이크필드 초원에서 2천명이나 되는 부하들을 잃고 자신은 포로로 잡히는 신세가 됐습니다. 붉은 장미 측은 조롱이라도 하듯 포로가 된 공작을 개미탑 위에 올려놓은 다음, 머리 위에 잡초를 꼬아 얹어놓고, 그의 앞에 무릎 꿇고서, "오, 나라 없는 왕이시어! 오, 백성 없는 군주시어! 우리는 당신의 영화가 영원하기를 바랍니다."라고 비꼬았다. 그리고 그들은 이에 그치지 않고 공작의 목을 베어, 장대에 꽂아 왕비에게 보냈습니다. 공작의 목을 본 왕비는 크게 기뻐하며(여러분들은 그들이 성 바울 대성당에서 서로 화합하자며 엄숙하게 함께 어깨동무했던 순간을 기억할 것입니다.) 종이로 만든 왕관을 씌워서 공작의 머리를 요크의 성벽에 걸어놓았습니다. 그리고 솔즈베리의 백작도 목이 달아났고, 자신의 스승과 함께 웨이크필드 다리로 달려갔던 요크 공작의 차남도 가슴에 칼을 맞고 전사했습니다. 공작의 차남에게 칼을 들이댄 이는 클리포드 경이었는데, 그는 성 알반 성당에서 벌어졌던 전투에서 자신의 부친을 잃었던 인물입니다. 이 전투에서는 자비로움이라고는 전혀 찾아볼 수 없었고, 왕비는 복수심에 어쩔 줄을 몰라 했을 뿐입니다. 동족끼리의 전쟁은 언제나 이처럼 잔인하고, 이 민족과의 전쟁보다 서로를 더욱 증오하는 결과를 가져옵니다.

장미전쟁

　클리포드 경이 찔러 죽인 사람은 공작의 장남이 아니라 둘째 아들이었습니다. 요크 공작의 장남인 마치의 백작 에드워드는 당시 글로스디에 있었습니다. 그는 아버지와 동생, 그리고 충성스러웠던 측근들에 대한 복수를 다짐하며 왕비가 있는 곳을 향해 처들어왔습니다. 그러나 그는 그 전에 방향을 돌려서, 그가 진군해 들어오는 것을 반대하던 웨일즈와 아일랜드의 대군들과의 전투를 먼저 치러야 했습니다. 에드워드는 헤리퍼드 근처의 모르티모 교차로에서 이들과 대대적인 전투를 벌여 승리한 후, 웨이크필드에서 목이 잘려나간 백장미들의 복수를 위해 포로로 사로잡은 수많은 붉은 장미들의 목을 베어버렸습니다.

　그리고 다음으로 목이 잘려나갈 차례는 왕비였습니다. 백장미들은 런던 쪽으로 방향을 전환해서, 이미 왕을 사로잡고 왕비의 세력과 대치를 이루고 있던 워릭의 백작과 노폭의 공작과 힘을 합친 후, 성 알반과 버넷 중간 지점에 자리를 잡았습니다. 하지만 왕비는 이들에게 막대한 피해를 입히며 왕과 함께 있던 두 명의 귀족들을 사로잡아 목을 베어버렸습니다. 왕은 자신을 지키고 있던 이들 두 명의 백장미들에게 안전을 보장하겠다는 약속을 했었으나 그 약속이 지켜지지 않은 것입니다.

하지만 왕비의 승리는 한순간이었습니다. 왕비에게는 전비戰費를 감당할 만한 재물이 많지 않았기 때문에 그녀의 군사들은 약탈에 의존해야 했습니다. 이로 인해 민중들은 왕비를 몹시 미워하게 됐고, 특히 부유했던 런던 사람들이 그녀를 더욱 미워했습니다. 런던 사람들은 마치의 백작인 에드워드가 워릭의 백작과 힘을 합쳐 런던 시내로 진군해 들어온다는 소식을 듣자마자 왕비 측에 물자를 제공하는 것을 거부하고 내심 크게 기뻐했습니다.

왕비 측은 전속력으로 퇴각하였고, 에드워드와 워릭의 백작은 모든 사람들로부터 환영을 받으며 시내로 입성했습니다. 젊은 에드워드의 용기와 용모, 그리고 품행에 대한 사람들의 찬사는 끝이 없었습니다. 그는 마치 정복자처럼 의기양양하게 말을 몰고 런던으로 들어와 열광적인 환영을 받았습니다. 며칠이 지나서 팰콘브리지 경과 엑스터의 대주교는 시민들을 클러큰웰에 있는 성 요한 평원St. John's Field에 모아놓고 랭커스터의 헨리를 왕으로 받아들일 것인지를 물었습니다. 이 질문에 사람들은 이구동성으로 "아니오. 절대 아니오!"라고 대답했고, 이어서 "에드워드를 왕으로! 에드워드를 왕으로!"라고 외쳤습니다. 그들이 다시, "그러면 여러분들은 젊은 에드워드를 사랑하고 그에게 충성을 다 할 것입니까?"라고 묻자, 사람들은 "예, 예!"라고 외치며 모자를 하늘높이 던져 올리고 박수를 치며 기뻐했습니다.

결국 왕비 측에 가담하고, 그를 보호하던 두 명의 귀족들의 목숨을 지켜주지 못했다는 죄목으로 랭커스터의 헨리는 왕권을 박탈당하고 요크의 에드워드가 새로운 왕으로 선언 됐습니다. 에드워드는 웨스트민스터에서 환호하는 군중들을 향해 위대한 연설을 하고, 왕좌에 앉아 정식으로 영국 왕위에 올랐습니다. 그 왕좌는 그의 부친이 내심 앉아볼 욕심을 내며 손으로 만져보았던, 빈 의자에 황금빛 천으로 덮여있던 바로 그 자리였습니다. 사실 그

의 부친은 수많은 영국인들의 목을 달아나게 한 피로 얼룩진 도끼날에 목이
달아나기에는 아까운 인물이었습니다.

제23장
에드워드Ⅳ세
ENGLAND UNDER EDWARD THE FOURTH
[생몰 : 1442.4.28~1483.4.9, 재위 : 1461~1470, 1471~1483]

에드워드IV세가[1] 왕위에 오른 것은 그의 나이가 21살이 채 되기 전이었습니다. 게다가 그때 랭커스터의 붉은 장미 파들이 요크 인근에 대대적으로 집결해있어서 그들과 당장에 전투를 벌이지 않을 수 없었습니다. 불굴의 워릭 백작이 왕을 인도하고, 왕은 워릭 백작 바로 옆에 붙어 그의 지휘를 받았고, 영국의 일반 민중들이 왕실의 깃발 아래 집결한 상태에서 눈보라가 몹시 휘날리던 3월 어느 날 백장미와 붉은 장미 양측은 토우톤Towton에서 대치하게 됐습니다. 그 결과 영국 땅에서 영국인들끼리 벌인 양측의 치열한 전투 끝에 무려 4만 명에 달하는 사상자가 발생했습니다.

젊은 왕은 그날의 전투에서 승리한 후 아버지와 형의 머리를 요크의 성벽에서 끌어내리고, 대신에 붉은 장미 파의 주요 귀족들의 목을 베어 맞은 편 성벽에 걸어놓았습니다. 그런 다음 왕은 런던으로 돌아와 대대적인 환영행사 속에서 대관식을 치렀습니다.

이어서 의회가 새로이 소집됐습니다. 결국, 150명이 넘는 랭커스터 측의 주요 귀족과 기사들이 반역자로 낙인찍혔으며, 비록 개인적으로는 선량한 성품을 지녔어도, 젊은 왕은 자비심을 베풀지 않고 붉은 장미의 가지와 뿌리들을 송두리째 뽑아버리기로 단단히 마음먹었습니다.

그러나 왕비 마가레트는 그녀의 아들을 위해서라면 무슨 일이든 할 기세였습니다. 그녀는 스코틀랜드와 노르망디의 도움을 얻어 영국의 핵심 성들 몇 곳을 점령했습니다. 하지만 워릭 백작이 이를 곧바로 재탈환했습니다. 그리고 왕비는 재물을 배에 싣고 이동하다가 거대한 폭풍우를 만나 모두 잃어버리는 등 그녀와 아들은 불운에 시달려야 했습니다.

---

1 프랑스 루앙 출생. 제3대 요크 공작 리처드의 맏아들이다. 왕위계승권을 주장하고 국왕 헨리6세를 배반, 장미전쟁을 일으켰다. 국왕파(랭커스터파)를 무찌르고 'King Maker'라고 불린 워릭 백작(뒤의 노섬벌랜드공작)의 도움으로 왕위에 올랐다. 한때 워릭 백작과의 불화로 네덜란드로 망명, 헨리6세가 복위하였으나 얼마 되지 않아서 귀국하여 워릭을 무찌르고 복위, 헨리6세를 살해하고 권력을 안정시켰다. 내치면에서는 도시와 지방의 중산층과 제휴하여 제후諸侯의 세력을 견제하는 한편, 재정기구를 정비하여 왕실 재정을 튼튼히 하는 등 왕권의 신장에 주력하였다.

왕비는 한번은 겨울 철 기상이 몹시 안 좋은 날에 말을 몰고 숲길을 지나다가 강도 무리를 만나 약탈을 당하기도 하고, 그들로부터 간신히 벗어나 어두운 숲속을 맨발로 헤매다가 곧바로 또 다른 도적의 무리를 만나기도 했습니다. 하지만 강인한 정신력을 소유했던 왕비는 어린 왕자를 손으로 보호하고 강도 앞에 당당히 나서서, "친구들이여, 이 분은 바로 영국의 합법적인 왕의 아들이오. 그대들은 예의를 갖춰 왕자를 대해아 할 것이오."라고 밀했습니다. 강도는 이를 듣고 깜짝 놀라 왕자를 팔로 받아 안고 동료들에게 넘기며 왕비와 왕자를 잘 돌보도록 했습니다. 하지만 왕비의 군사들은 전투에서 패하고 세력을 상실했으며, 왕비는 국외로 피신해 한동안 잠잠히 지냈습니다.

이러는 사이, 웨일즈의 한 기사가 폐위됐던 헨리 왕을 자신의 성에 꼭꼭 숨겨주었고, 다음 해에 원기를 회복한 랭커스터 파들이 대대적인 수색을 펼쳐 숨어있던 왕을 찾아서 자신들의 우두머리로 앉혔습니다. 그들은 권세 있는 귀족들과 힘을 합쳐 새로운 왕에게 충성을 맹세했습니다. 하지만 언제나 그렇듯이 그들은 그럴 구실만 생기면 서약을 헌신짝처럼 차버릴 준비가 되어 있던 인물들이었습니다. 장미들의 전쟁의 역사에서 가장 심각한 상황은 민중들에게 모범을 보여야 했던 이들 지도층 인사들의 경거망동이라 할 수 있었습니다. 그들은 사소한 일에 격분하고, 욕심만큼 만족스럽지 못하면 실망하고 배반하기를 밥 먹듯이 저질렀습니다.

어쨌든, 붉은 장미들의 준동에도 불구하고, 워릭 백작의 형제들은 랭커스터의 붉은 장미들을 무찌르고 사로잡은 귀족들 중 죄질이 나쁜 사람들의 목을 베어버렸습니다. 그리고 폐위된 왕은 가까스로 목숨을 부지하고 탈출에 성공했으며, 왕의 측근 세 명이 사로잡혔는데 그 중 한 명은 왕을 상징하는, 황금 왕관 두 개가 수놓아진 진주 장식 모자를 지니고 있었습니다. 하지만 그 모자의 주인은 랭커스터로 무사히 탈출하는 데 성공해서 1년 이상을 별 소란 없이 잠자코 보냈습니다.

하지만 마침내는 어느 수도승이 워딩턴 홀Waddington Hall에서 식사 중이던 헨리에 대한 정보를 제공해서 이전 왕은 사로잡히게 됐습니다. 헨리는 체포된 즉시 런던으로 보내졌고, 이스링톤Islington에서 워릭 백작 앞에 붙들려 나와, 백작의 명령으로 다리가 말에 묶인 채 말에 태워져 시내를 세 바퀴 도는 중인환시衆人環視 속에 사람들의 웃음거리가 되어야했습니다. 그런 다음 헨리는 런던탑으로 이송되어 편안한 대접을 받았습니다.

백장미들은 대승을 거둔 사실에 크게 기뻐했고, 젊은 에드워드 왕은 겉으로는 안락한 생활에 만족하는 것처럼 보였습니다. 그러나 왕의 가슴 속에서는 장미의 가시가 무럭무럭 자라고 있었습니다.

그리하여 그동안 젊고 매혹적인 미망인 엘리자베스 우드빌과 남몰래 결혼에 성공한 왕은 마침내 가슴 속의 야심을 드러내고, 부인인 왕비를 앞세워 워릭 백작에게 적의를 드러냈습니다.

한편 정치적 권력과 영향력이 막대했던 워릭 백작은 에드워드를 왕위에 앉히는데 결정적 역할을 했기 때문에 킹메이커라고 불리고 있었습니다. 이러한 상황에서 왕비가 속한 우드빌 가문의 상승세는 워릭 백작의 가문인 네빌 일가의 질투심을 자극했습니다.

젊은 왕비는 친족들을 권력의 중심부
로 진입시키는 데 열성적이어서 그녀
의 아버지를 백작에 앉히고 요직에 오
르도록 했으며, 5명의 자매들을 높은
지위의 젊은 귀족들과 결혼시켰고, 20
살에 불과했던 젊은 남동생을 80살이
나 먹은, 엄청난 부를 지닌 백작 부인
과 결혼시켰습니다.

긍지가 높았던 워릭의 백작은 이 모
든 과정에 대해서 문제를 삼지 않고 지
켜보고만 있었습니다. 하지만 왕의 여
동생인 마가레트의 결혼 문제가 대두

워릭 백작, Richard Neville

되자 그는 드디어 입을 열었습니다. 그는, "마가레트는 프랑스 왕자들 중 한
명과 결혼해야 한다." 이렇게 말하고 프랑스 왕을 만나 이를 상의하기 위해
프랑스로 건너갔습니다. 그러나 백작이 프랑스 왕과 우호적인 회담을 진행
하는 도중에 우드빌과 그의 측근들이 마가레트를 부르고뉴의 공작과 결혼
시켜버렸습니다. 이에 격분한 워릭 백작은, 우드빌 가문을 경멸하며, 영국으
로 돌아와 자신의 성인 미들햄Middleham 성에 들어앉아 분노를 삭이고 있었습
니다.

이후에 워릭 백작과 왕 사이에는 약간의 화해 노력이 있었지만, 결국 백작
은 왕의 뜻을 위반하고 자신의 딸을 클라렌스 공작과 결혼시켰습니다. 그리
고 칼레에서 그 결혼식이 성대하고 치러지는 동안에 네빌 가문의 영향력이
강했던 영국 북부 지역의 민중들이 반란을 일으켰습니다. 이들은 우드빌 가
문 때문에 영국이 피폐해지고 있다는 불만을 지니고 있었습니다.

왕은, 반란 세력이 만만치 않았고, 그들이 워릭 백작의 지지를 받고 있었기 때문에 어찌할 바를 몰라 했습니다. 결국 왕은 워릭 백작에게 자신을 도와 달라는 서신을 보냈고, 백작은 새로 맞이한 자신의 사위를 대동하고 영국으로 돌아와, 요크 대주교의 보호 아래 왕을 미들햄 성에 유폐시켜놓고 사태를 수습하기 시작했습니다. 이렇게 해서 영국에는 실질적으로 두 명의 왕이 존재하고, 그 왕들이 서로 상대방의 볼모가 되는 기이한 형국이 벌어지고 있었습니다.

하지만 아직까지는 왕에 대한 충성심을 버리지 않았던 킹메이커는 랭커스터 사람들의 봉기를 진압하고 그 우두머리를 사로잡아 왕 앞에 대령했으며, 왕은 그 우두머리를 그 자리에서 참하도록 지시했습니다. 그리고 이어서 백작은 왕이 런던으로 돌아올 수 있도록 했고, 양측은 런던에서 서로 간에 무한한 신뢰와 관용을 약속했으며, 이런 화해 분위기는 네빌 가문과 우드빌 가문 사이에서도 마찬가지로 일어났습니다. 그리고 왕의 장녀와 네빌 가문의 상속자 사이에 약혼이 이뤄졌고, 이 외에도 여기서 일일이 다 거론할 수 없는 무수한 화해의 맹세들이 이뤄졌습니다.

이 평화는 약 3개월 간 지속됐습니다. 3개월이 지난 어느 날 요크의 대주교는 왕과 워릭 백작, 그리고 클라렌스 공작을 헤리퍼드셔에 있는 자신의 집으로 초대해서 연회를 베풀었습니다. 식사를 위해 손을 씻던 왕에게 누군가가 100여명의 병사들이 집 밖에 매복 중이라는 귀띔을 해줬습니다. 이 정보가 사실인지 아닌지는 몰랐지만 왕은 이를 듣고 몹시 화를 내며 밤길을 뚫고 말을 몰아 윈저 궁으로 가버렸습니다.

그리고 이후에 백작과 왕 사이에는 몇 번의 화해 시도가 있었지만, 그것으로 모든 것은 마지막이 돼버렸습니다. 그리고 링컨셔 지방에서 새로운 봉기가 일어나자 왕은 이를 진압하기 위해 출정하며, 이 봉기를 은밀히 뒤에서 배후 조종하고 다음 날 그들과 세력을 합치려던 워릭 백작과 클라렌스 공작을 반역자로 선언해버렸습니다. 이런 위중한 상황에서 워릭 백작과 클라렌스 공작은 프랑스로 향한 항해의 길을 떠났습니다.

그리고 그곳에서 워릭 백작과 그의 숙적인 황태후 마가레트 사이에 협의가 이뤄졌습니다. 백작과, 그의 아버지의 목을 달아나게 했던, 최악의 정적 사이에 만남이 이뤄졌던 겁니다. 그 자리에서 백작은, 자신은 지금부터 배은 망덕하고 신의가 없는 요크의 에드워드와 관계를 정리하고, 랭커스터 가문의 복위를 위해 최선을 다하고, 황태후의 남편과 그녀의 어린 아들 편에 서겠다고 밝혔고, 이 말을 들은 황태후는 마치 백작이 오랜 친구이기라고 했던 것처럼 그와 포옹을 나눴습니다. 황태후는 이에 그치지 않고 그녀의 아들을 백작의 둘째딸인 앤과 결혼시키기까지 했습니다.

이 결혼이 이들 두 사람에게는 우호적인 분위기를 만드는데 지대한 공을 세웠지만, 킹메이커인 자신의 장인이 자기를 왕위에 앉히지 않을 것이라고 판단한 클라렌스 공작만은 그렇지 못했습니다. 그래서 심약한 젊은 반역자에 불과했던 클라렌스 공작은, 어떤 일이 정말 중요한 일인지도 모른 채, 어느 귀족부인의 꼬임에 넘어가, 다시 한 번 반역의 길로 들어설 약속을 하고, 때마침 기회가 찾아오자 그의 형인 에드워드 왕의 편에 가담하겠다는 약속을 하기도 했습니다.

한편, 영국 내의 이런 상황을 전혀 알지 못하던 워릭 백작은 황태후 마가레트에게 한 자신의 약속을 지키기 위해 영국을 침공하기 위해 플리머스로 상륙한 후 헨리가 진정한 왕이라고 선언하고, 16살에서 60살에 이르는 모든 영국인들을 자신의 깃발 아래 소집했습니다. 그리고 그가 세력을 불리면서 북쪽으로 진군해나가 그 지역에 머무르고 있던 에드워드 왕의 지근거리까지 진출하자 에드워드 왕은 노픽의 해안가까지 도피해서 눈에 띄는 아무 배나 집어타고 네덜란드로 탈출하지 않을 수 없었습니다. 그리하여 승리를 거둔 킹메이커와 그의 사악한 사위 클라렌스 공작은 런던에 당도해서 이전의 왕 헨리를 런던탑에서 끄집어내, 머리에는 왕관을 씌우고 성 바울 대성당까지 성대한 행진을 벌이도록 했습니다. 하지만 상황이 이렇게 되자 자신이 왕이 될 가능성이 점점 더 멀어짐을 느낀 클라렌스의 공작은 내심 신기기 불편했지만 속내를 드러내지는 않고 침묵을 지켰습니다.

네빌 가문은 이전의 모든 영광을 다시 찾았고, 우드빌 가문은 실각했습니다. 킹보다는 덜 잔인했던 킹메이커는, 너무나 포악해서 민중들로부터 '도살자'라는 별칭을 부여받았던 우스터 백작 외에는 아무도 죽이지 않았습니다. 민중들이 숲속에 숨어있던 우스터 백작을 찾아내 재판에 회부해서 처단했지만, 킹메이커의 승리는 더 이상의 인명살상으로 오점을 남기지는 않았습니다.

자신의 참패를 만회하기 위해, 에드워드 왕은 다음 해에 다시 영국으로 돌아와 라벤스퍼Ravenspur에 상륙해서 요크 지방까지 진출했지만 결국 자신의 부하들에게 헨리 왕에 대한 충성을 약속하도록 하고 스스로는 얼굴색 하나 변하지 않고 재단에 엎드려, 왕위에는 아무런 욕심이 없다는 맹세를 하기에 이르렀습니다.

그리고 이번에는 클라렌스 공작의 차례가 돌아왔습니다. 그는 부하들에게 백장미 파에 가담하도록 명령하고 자신의 형을 지지한다고 선언했습니다. 몬테규Montague의 후작도, 비록 워릭 백작의 형제이기는 했지만, 에드워드 왕과 대항에 싸우지 않겠다고 선언하고, 요크 대주교의 도움으로 런던에 무사히 입성했고, 런던의 민중들은 그를 위해 군중대회를 열어주었습니다.

런던의 민중들이 몬테규 후작을 지지한 데는 크게 네 가지의 이유가 있었습니다. 첫째로, 언제든 봉기를 일으킬 준비가 된 수많은 에드워드 왕의 측근들이 런던에 도사리고 있었으며, 둘째로는 그들은 왕에게 받을 돈이 만만치 않았기 때문에 만일 왕이 영영 실각한다면 그 돈을 다 날릴 형편에 처했기 때문이며, 셋째로는 왕에게는 왕위를 이어받을 어린 왕이 있었기 때문이고, 마지막 네 번째로는 에드워드 왕의 성격이나 인물됨이 다른 어느 누구보다 런던의 여성들에게 인기가 있었기 때문입니다. 에드워드 왕은 이들 든든한 두 지원군과 불과 이틀을 함께 보낸 후 워릭의 백작과 전투를 벌이기 위해 바넷Barnet 지역으로 진군해 들어갔습니다. 이제 드디어 킹과 킹메이커 사

Kingmaker였던 워릭 백작의
죽음
(Barnet 전투)

이에 최우의 결전이 다가오고 있었습니다.

전쟁이 임박하자 겁 많았던 클라렌스 공작은 슬슬 후회가 되기 시작해서 그의 장인에게 밀사를 보내 자신이 장인과 에드워드 왕 사이에 중재 역할을 하겠다는 전갈을 보냈습니다. 그러나 워릭 백작은 사위의 이 제안을 경멸하며 거절한 후, 클라렌스 공작은 약속을 어기는 사악한 인물이라 비난하고 자신은 칼로써 분쟁을 해결하겠다고 답을 보냈습니다.

결국 전투는 새벽 네 시에 발발해 열시까지 지속되었는데, 치열한 전투 와중에 짙은 안개가 피어오르자 사람들은 바보처럼 그것이 마술사의 술책으로 피어난 것이라고 믿기도 했습니다. 양측이 상대방에 대한 증오가 너무 극심했으므로 이 전투 결과 생긴 인명살상의 숫자는 이루 헤아릴 수 없을 정도였습니다. 결국 킹메이커가 패하고 킹이 승리하게 됐습니다. 워릭 백작과 그의 동생은 목이 달아났고, 그들의 목은 사람들이 볼 수 있도록 성 바울 대성당에 여러 날에 걸쳐 전시되었습니다.

이 패배에도 불구하고 마가레트의 영혼은 좌절할 줄 몰랐습니다. 그녀는 닷새 만에 전열을 가다듬고 배스Bath에서 다시금 전투의 깃발을 높이 세웠습니다. 그녀는 군대를 몰아 웨일즈에서 세력을 형성하고 있던 펨브룩의 영주와 합세하기 위해 출발했습니다. 하지만 테익스베리Tewkesbury 외곽에서 그녀를 따라잡은 왕은 그의 형인 용맹스러웠던 글로스터 공작에게 공격의 선봉을 지시했습니다. 결국 마가레트는 완패하고 당시 고작 18살에 불과했던 그녀의 아들과 함께 포로 신세가 되었습니다. 이때 포로가 된 마가레트의 어린 아들에게 왕이 한 행동은 그의 잔인성을 그대로 보여주는 것이었습니다.

왕은 어린 포로를 자신의 막사로 데리고 오도록 한 다음 물었습니다. "너는 도대체 무슨 일로 영국으로 건너왔느냐?" 그러자 포로 신세가 된 입장에서는 도저히 그럴 수 없을 것 같은 의연한 태도로 포로가 대답했습니다. "나는 내 아버지의 권리를 정당하게 상속하였고, 따라서 나에게 왕권이 돌아와야 할 왕국의 권리를 되찾기 위해 영국에 왔습니다." 이 말을 들은 왕이 끼고 있던 강철 장갑을 벗어 그것으로 포로의 뺨을 후려치자 그 자리에 함께 있던 클라렌스 공작과 다른 귀족들이 칼을 꺼내 포로를 살해했습니다.

마가레트는 간신히 목숨을 건져 포로 신세로 5년 동안을 보냈고, 프랑스 왕이 그녀의 몸값을 보내온 뒤로도 6년 동안을 더 그렇게 지냈습니다. 마가레트의 아들이 살해당하고 3주 이내에 헨리는 런던탑에서는 흔히 일어나던 갑작스런 죽음을 맞이했는데, 이 말을 좀 더 쉽게 하자면 헨리는 왕의 사주로 살해된 것이라는 의미이기도 합니다.

랭커스터 파를 크게 무찌른 이후 별다른 흥미 거리를 찾지 못하던 왕은, 어쩌면 자꾸만 뚱뚱해지는(그는 이제 살집이 너무 불어서 도저히 미남의 용모를 찾아볼 수 없게 되었습니다.) 육체를 위한 운동이라 생각했는지 모르지만, 프랑스와 전쟁을 치르기로 결심합니다. 그가 이 전쟁을 위해, 의회가 승인할 수 있는 이상의 돈을 요구하자 비록 언제든지 전쟁을 치를 준비가 되어 있던 의회였지만 이를 다 들어줄 수가 없었습니다. 그래서 왕은 전비를 모금하기 위해 새로운 방법을 고안해냈는데, 런던의 유력 인사들에게 사람을 보내 자신이 매우 곤란한 처지에 놓였으니 돈을 빌려달라고 요청하는 것이 그것이었습니다. 런던의 상류층들은 왕의 이러한 모금 운동에 협조하지 않을 경우 보복이 두려워 이를 따랐습니다. 이처럼 강제로 모금한 돈의 성격은, 왕이나 궁정 사람들에게는 매우 기쁜 일이었겠지만, 자발적 헌금인 것처럼 포장되어 '덕세(德稅, Benevolences)'라고 불렸습니다.

의회의 승인을 받은 돈과 '덕세'로 모금한 돈을 합쳐 왕은 군사를 동원한 다음 칼레 지역을 향해 출정에 올랐습니다. 하지만 아무도 전쟁을 원하지 않았으므로 프랑스 왕이 평화협정을 제안했고 이것이 받아들여져서 7년간의 긴 평화가 이뤄졌습니다. 프랑스 왕과 영국 왕은 우호적이기는 했지만 서로를 의심하는 가운데 이 협정을 위한 만남을 가졌는데, 두 사람은 솜므 강 위에 임시로 다리를 설치한 다음 사자 우리와 같은 나무 격자 틀 속에 들어가 틈 사이로 난 구멍을 통해 서로를 껴안고 인사를 나눴습니다.

이제 클라렌스 공작이 그의 반역에 대한 죗값을 치를 시기가 다가왔습니다. 운명이 그에게 응분의 처벌을 예비해놓고 있었던 겁니다. 왕은 공작을 믿지 못했던 것처럼 보이며 (클라렌스 공작의 신면목을 알고 있는 사람이라면 누군들 그를 믿으려하지 않았을 겁니다.) 또, 공작의 형제인 글로스터 공작 리처드와도 사이가 무척이나 안 좋았습니다. 야심 많고 탐욕적이던 글로스터 공작은, 당시에는 미망인이 되어있던 워릭 백작의 딸과 결혼하기를 원했습니다. 가족의 모든 재산을 차지하고 싶었던 클라렌스 공작은 이 미망인을 몰래 빼돌렸지만 리처드가 런던 시내에서 하녀로 변장하고 있던 미망인을 찾아내어 그녀와 결혼해버렸습니다. 이를 지켜보던 왕이 형제 사이를 중재해서 재산을 균등하게 분배하도록 했습니다. 하지만 이는 형제 사이의 불신과 원한을 가중시키는 결과만 가져왔습니다.

아내가 사망하자 클라렌스 공작은 재혼을 하고자 했는데, 이로 인해 왕의 미움을 사서 그의 패망의 길이 점점 빨라지게 됐습니다. 우선 왕실은 공작의 측근들에게 마녀 짓과 같은 엉뚱한 행위를 했다는 단죄의 칼을 들이댔습니다.

공작의 주변에 대한 제거 작업이 성공적으로 끝나자 단죄의 칼이 이번에는 공작 자신에게 돌아갔습니다. 당시 공작은 여러 가지 죄목으로 이미 그의 형제인 왕에 의해 탄핵된 상태였습니다. 마침내 공작에게 유죄가 선고되었고 공개처형이 결정되었습니다. 하지만 공작은 공개적으로 죽음을 맞이하지는 않았고 런던탑에서 사망했는데, 이는 의심할 여지없이 왕이나 형제인 글로스터 공작 중 한 명이 보낸 첩자거나 아니면 두 사람이 공모해서 보낸 암살자에 의한 죽음이었을 겁니다.

당시에 사람들 사이에는 공작이 죽는 방법을 스스로 선택하도록 강요받았다는 이야기가 돌았습니다. 세간에는 공작이 백포도주 통에 빠져죽는 방법을 선택했다는 설이 돌았습니다. 필자는 이 이야기가 사실이기를 바랍니다. 그 선택이야 말로 그런 가련한 영혼의 마지막으로 가장 어울리는 방법이었을 겁니다.

왕인 에드워드IV세는 공작보다 약 5년을 더 살았습니다. 그는 42살에 이르러 사망했으며, 그때가 즉위 23년 되던 해였습니다. 왕은 재능이 많았고 장점을 많이 지녔던 인물이었지만, 이기적이고 경박했으며, 여색女色을 밝혔고 잔인했습니다. 그는 눈에 띄는 용모로 민중들의 사랑을 받았으며, 민중들의 왕에 대한 지속적인 애정은 그에게 하나의 교훈이 되기도 했습니다. 그는 마지막 순간에 민중들에게 강요했던 '덕세'와 다른 수탈행위에 대하여 참회했으며, 그로 인해 고통 받은 민중들을 원상회복시켜 줄 것을 부탁했습니다. 그는 또한 이제는 부자가 되어버린 우드빌 가문 사람들과 예전의 명성을 잃어버린 자존심 강한 영주들을 자신의 침대로 불러 모아 양측의 화해를 주선했습니다. 그는 양측이 화해해야만 자신의 아들이 평화롭게 왕위에 오르고 영국이 평온할 것이라 믿었던 겁니다.

제24장.
에드워드 Ⅴ세
ENGLAND UNDER EDWARD THE FIFTH
[생몰 : 1470.11.2~1483.7.?, 재위 : 1483년 4월 ~ 1483년 6월]

황태자 에드워드는[1] 그의 아버지가 서거했을 때 불과 13살의 나이에 불과했습니다. 당시 그는 작은 아버지인 리버스Rivers의 백작과 함께 러들로 성에 머물고 있었습니다. 그리고 황태자의 동생인 요크의 공작은 고작 11살의 나이로 런던에서 그의 어머니와 함께 생활하고 있었습니다.

당시 영국에서 가장 대담하고 지략에 능하며 가공할 카리스마를 소유하고 있던 귀족은 왕자들의 또 다른 작은아버지인 글로스터의 공작이었는데, 사람들은 이들 미력한 왕자들이 작은아버지와 어떻게 지낼 것인지에 관심이 대단했습니다.

왕자들의 어머니인 왕비는 당시의 정치적 상황에 몹시도 불안해하며 어린 왕이 런던으로 무사히 입성할 수 있도록 군사를 일으켜달라는 요청서를 어떻게 해서든지 리버스 경에게 전달하려고 애를 썼습니다. 그러나 왕실의 측근이었던 헤이스팅스 경은 왕비의 우드빌 가문을 반대하며 그들에게 권한을 넘겨주지 않기 위해 왕비는 말 2천 마리의 호위를 받는 것으로 만족해야 한다고 주장했습니다.

한편, 글로스터의 공작은 처음에는 자신에게 쏟아지는 의심에 부합하는 어떤 행동도 하지 않았습니다. 그는 자신이 군대의 지휘권을 맡고 있던 스코틀랜드에서 요크로 돌아와 조카에게 충성을 다하겠다는 맹세를 했습니다. 그리고 나서 그는 황태후에게 위로의 편지를 보내고 런던에서의 대관식에 참석하기 위해 출발했습니다.

1　영국의 요크왕가와 랭커스터왕가 사이에 왕위를 다툰 장미전쟁이 한창이던 1470년 11월 영국 런던에서 에드워드4세와 엘리자베스 우드빌의 아들로 태어났음. 그가 런던의 웨스트민스터대성당에서 태어날 때 에드워드4세는 워릭 백작 일파에게 왕위에서 밀려나 네덜란드에서 망명생활을 하고 있었음. 에드워드4세가 돌아와 왕위를 회복하면서 왕세자(Prince of Wales)에 책봉되었음.
　1483년 4월 에드워드4세가 사망하자 13세의 나이로 왕위에 올랐음. 나이가 어려 에드워드4세의 동생인 글로스터 공작이 섭정하였고, 글리스터 공작은 에드워드5세의 외가인 우드빌 가를 몰아내고 권력을 장악한 후 왕위에 올라 리처드3세가 되었음. 에드워드5세는 동생인 요크 공작과 함께 런던탑에 유폐되었다가 비밀리에 살해되었다고 전해짐.

이제, 어린 왕은 리버스 경 및 그래이 경과 함께 런던을 향해 길을 떠나 스토니 스트랫퍼드Stony Stratford로 접어들었으며, 이때 10마일쯤 거리를 두고 왕의 작은아버지 글로스터의 공작도 노샘프턴으로 들어서고 있었습니다. 리버스 경과 그래이 경은 글로스터의 공작이 지근거리에 있다는 소식을 접하고 왕에게 되돌아가서 공작에게 인사할 것을 권했습니다. 소년 왕은 그들의 제안에 기꺼이 응했고, 말을 몰아 작은아버지를 만나러가서는 극진한 환대를 받았습니다. 공작은 조카

에드워드5세를 런던으로 인도하는 글로스터 공작

에게 자기와 함께 머물자는 제안을 하고 융숭한 대접을 했습니다.

그리고 밤에 그들이 흥겨운 분위기에서 여흥을 즐기고 있을 때 버킹엄 공작이 기병 3백을 이끌고 나타났으며, 다음 날 아침 이들 영주 두 명과 공작 둘은 왕과 다시 합류하기 위해 말을 몰아 떠났습니다. 그들이 스토니 스트랫퍼드에 막 들어서려는 순간 말의 상태를 실피던 글로스터 공작은 영주 두 명을 향해 갑자기 등을 돌리고서는 두 사람이 자신과 왕 사이를 이간질 한다는 비난을 퍼부으며 기병 3백으로 하여금 그들을 체포하도록 했습니다. 그런 다음 글로스터 공작은 버킹엄 공작과 함께, 이제는 완전히 자신들의 손아귀에 들어온 왕 앞으로 곧장 나아갔습니다. 그들은 왕 앞에 무릎 꿇고 짐짓 복종과 충성을 다하는 척하면서 왕의 측근들을 쫓아버리고 왕을 홀로 대동한 채 노샘프턴으로 향했습니다.

며칠 뒤 그들은 왕을 런던으로 안내해서 대주교의 궁에서 묵도록 했습니다. 하지만 버킹엄 공작이 부드러운 얼굴을 하고 자신이 소년 왕의 안위를 얼마나 걱정하고 있는지 설명하며 대관식이 진행될 때까지는 왕은 런딘답

튜크스베리 전투
(Tewkesbury, 1471년
5월) 후의 글로스터 공작
(이후 러처드3세가 됨)

에서 보다 안전하게 지내야한다고 강변했으므로 왕은 대주교의 거처에서
오래 머물 수가 없었습니다. 그래서 왕은 아주 조심스럽게 런던탑으로 이송
되었고, 글로스터의 공작이 섭정에 임명됐습니다.

　글로스터 공작은 사실 어느 누구보다 어깨에 힘을 줄 수 있는 강한 권력을
지니고 있었지만, 그는 이 이런 모든 과정을 매우 부드러운 분위기 하에서
진행했고 언행을 공정하게 하려고 노력했습니다. 하지만 그가 아무리 왕 옆
에서 왕관도 쓰지 않고 묵묵히 왕을 수행하는 것처럼 행동했어도 왕의 모친
만은 마음이 편치가 않았습니다. 그래서 결국 황태후는 어린 왕이 런던탑으
로 이송되자 불안감을 떨치지 못하고 자신의 5명의 딸들을 웨스트민스터 내
의 보호구역으로 피신시켜버렸습니다.

　황태후의 이러한 불안감은 전혀 근거가 없는 것은 아니었습니다. 글로스
터의 공작이, 우드빌 가문에 반대하던 귀족들이 젊은 왕에게 충성을 다하는
것을 발견하고서는 그들을 혼내주려는 결심을 굳히고 있었기 때문입니다.
마침내 이들 귀족들이 런던탑에서 회합을 가지는 동안 공작과 그의 측근들
은 비숍스게이트 스트리트Bishopsgate Street에 있는 공작의 근거지인 크로스비

궁에서 별도의 회합을 가지게 됐습니다. 만반의 준비를 갖춘 공작은 어느 날 런던탑에서 열리는 회의에 갑자기 모습을 드러내고는 무엇이 그리 재미 있는지 무척이나 즐거운 표정을 지었습니다.

공작은 특히 엘리Ely의 대주교와 환담을 나누며 홀번 언덕 위에 있는 대주 교의 정원에서 자라는 딸기 맛을 칭찬하고는 만찬 석상에서 자신이 먹을 수 있도록 그 딸기를 좀 따다줄 것을 부탁하기도 했습니다. 이 말에 우쭐해진 대주교는 하인을 시켜 딸기를 가져오도록 했고, 그때까지 온화함과 명랑함 을 잃어버리지 않고 있던 공작이 밖으로 나가자 그 자리에 모여 있던 귀족들 은 모두들 공작의 인품에 대한 찬사를 늘어놓았습니다. 그러나 잠시 후 다 시 나타난 공작은 완전히 다른 사람이 되어있었습니다. 전혀 온화하거나 쾌 활한 얼굴이 아니었고, 오히려 찌푸린 얼굴을 하고 다음과 같이 말했습니 다.

"그동안 내가 파멸하기를 바랐던 자들에게 어떤 대가가 돌아가야 합니까? 본인은 왕의 합법적이고도 정당한 섭정이올시다."

이러한 돌발 질문에 헤이스팅스 경이 그런 자들은 그들이 누구이든지 죽음 을 면치 못할 것이라고 대답했습니다.

"그렇다면" 공작이 다시 말을 이어갔습니다. "그 마녀들은 나의 제수氏인 황태후와 제인 쇼올시다. 제인 쇼는 마법을 부려서 나를 괴롭혔습니다. 여 러분들이 보시다시피 내 팔목이 이렇게 오그라들도록 한 장본인이올시다."

이렇게 말을 한 다음 공작은 소매를 걷어서 자신의 팔을 사람들에게 보여 주었습니다. 그의 팔은 실제로 오그라들어 있었지만, 그곳에 모인 사람들은 모두 알고 있듯이 사실 그의 팔의 기형은 원래 태어나면서부터 타고난 것이 었습니다.

제인 쇼는 한때는 고인이 된 왕의 정부이기도 했고, 지금은 헤이스팅스 경 의 연인 노릇을 하고 있었습니다. 공격의 화살이 자신에 겨눠진 것을 직감 한 헤이스팅스 경은 잠시 혼란을 겪는 듯하더니 이렇게 말했습니다. "분명 히 그렇습니다. 각하. 그들이 분명 그런 몹쓸 짓을 저질렀다면 당연히 벌을

366

받아야 합니다.”

“저질렀다면?” 글로스터의 공작이 강하게 되물었습니다. “그대는 지금 ‘저질렀다면’이라 했소? 나는 분명히 그들이 그런 몹쓸 죄악을 저질렀다고 하지 않았소? 이번에는 그 저주가 당신에게 떨어질 차례요. 이 반역자 양반아!”

공작은 이렇게 일갈을 터트리며 주먹으로 탁자를 내리쳤습니다. 공작의 움직임을 신호로 해서 밖에서 무장을 하고 기다리고 있던 공작의 부하들은 ‘반역이다!’는 소리를 외치며 회의장 안으로 순식간에 쳐들어왔습니다.

글로스터의 공작은 헤이스팅스 경을 향해 이렇게 말했습니다. “우선, 나는 당신을 체포하겠소. 반역자 양반.” 그런 후 그는 부하들에게, “이 자를 신부 앞에 데리고 가서 고해성사를 할 수 있도록 해라. 나는 그의 목이 떨어지는 것을 보기 전까지는 저녁을 먹지 않을 것이다.”

헤이스팅스 경은 런던탑 교회 옆의 풀밭으로 끌려 나가 그곳에 놓여있던 통나무 위에서 참수형을 당했습니다. 그러고 나서 공작은 왕성한 식욕으로 식사를 했고 식사 후에는 주요 인사들을 불러 모아, 헤이스팅스 경과 그 무리들이 자신과 버킹엄 공작을 살해할 음모를 꾸미고 있었기 때문에 자신이 신의 섭리에 따라 그 음모를 파헤치지 않았다면 자신들은 이미 이 세상 사람이 아니었을 것이라고 말했습니다. 그러면서 그는 그 자리에 함께 했던 사람들에게 사건의 진상을 시민들에게 알려줄 것을 부탁하고 미리 준비한 선언서를 발표했습니다. 그리고 런던탑에서 참극이 벌어지던 같은 날, 공작의 측근 중에서는 가장 성격이 포악했던 리처드 래트클리프 경이 폰티프랙트 Pontefract로 달려가서 리버스 경과 그레이 경, 그리고 다른 두 귀족들을 체포한 다음 공작을 시해하려 했다는 죄목을 씌워서 재판도 하지 않고 사람들이 보는 앞에서 형장의 이슬로 보내버렸습니다.

3일 뒤 공작은 일을 서두르고자 여러 명의 주교들과 영주들 그리고 군사들의 호위를 받으며 바지선을 타고 웨스트민스터로 내려가서 황태후에게 그녀의 둘째아들인 요크의 공작을 내어줄 것을 요구했습니다. 황태후는 어쩔 수 없이 눈물을 흘리며 어린 아들을 넘겨주었고, 글로스터의 리처드 공은 그 아이를 이미 런던탑에서 수감 생활을 하던 형에게로 보내버렸습니다. 그런 다음 공작은 제인 쇼를 붙잡아서, 그녀가 고인이 된 전 왕의 정부였다는 이유로 그녀의 전 재산을 몰수하고 사람들이 보는 앞에서 참회하도록 했습니다. 제인 쇼는 옷도 얼마 걸치지 않은 맨발의 상태로 촛불을 들고 길거리에 내몰려 사람들의 왕래가 가장 빈번한 성 바울 대성당까지 참회의 발걸음을 옮겨야 했습니다.

모든 일이 자신의 계획대로 진행됐다고 판단한 공작은 어떤 수도승을 시켜서 성 바울 대성당 앞의 교차로에서 사람들을 상대로 설교하도록 했습니다. 그 수도승은 설교를 통해서 사망한 선대왕의 방탕한 생활과 제인 쇼의 부끄러운 행동에 대해 강조했으며, 따라서 왕자들은 어쩌면 선대왕의 자식들이 아닐지도 모른다는 의구심을 퍼뜨렸습니다.

"그밖에도, 선량한 시민 여러분!" 쇼SHAW라고 알려진 그 수도승은 외쳤습니다. "이 나라의 섭정이시며 모든 고귀한 자들의 모범을 보여주신 위대한 공작께서는 그 자체로 완벽함을 이루고 계신 분이며, 그의 부친을 철저하게 빼닮은 분이십니다." 설교가 이 대목에 이르면 공작이 나타나는 것으로 이미 각본이 꾸며져 있었습니다. 설교가 절정에 오르면 청중들이 '리처드 왕 만세!'를 외칠 것이고 그 순간 공작이 나타나도록 되었던 것입니다. 그러나 설교가 너무 빠르게 진행됐는지 아니면 공작이 너무 늦게 나타났는지 잘은 모르지만 어쨌든 그 절정의 순간과 공작이 몸을 드러내는 순간이 일치하지를 못했고, 청중들 사이에서는 웃음소리가 들렸으며, 그 수도승은 창피해서 어쩔 줄 모르며 자리를 몰래 떠나야 했습니다.

이와 같은 면에서는 그 수도승보다는 버킹엄 공작이 훨씬 더 수완이 뛰어난 인물이었습니다. 그는 다음 날 길드홀에 가서 영국의 섭정을 대신해 연설했습니다. 그는 몇 명의 사람들을 미리 고용해서, 그가 연설하는 동안 '리처드 왕에게 신의 가호가 함께 하기를!'이라고 울부짖도록 한 다음 자신은 그들을 향해 인사를 하고 감사의 표시를 했습니다. 이 모든 일이 마무리를 짓기 위해 버킹엄 공작은 시장 및 몇 명의 영주, 그리고 시민들과 함께 리처드가 먼저 자리를 잡고 있던 베이야드 성으로 갔고, 그곳 강가에서 리처드가 영국의 왕위를 수락해줄 것을 청원하는 연설문을 낭독했습니다.

이 광경을 창문을 통해 내려다보던 리처드는 짐짓 당황하는 척을 했습니다. 그는 이 일은 절대 자신이 바라던 상황이 아니라고 다시 한 번 강조하며, 조카들을 사랑하기 때문에 왕위에 대한 욕심을 내본 적이 없다고 강조했습니다. 이러한 리처드의 반응에 버킹엄 공작은 온화한 표정을 지으며 영국의 자유 시민들은 리처드의 조카에게는 복종하지 않을 것이며, 만일 합법적인 후계자인 리처드가 왕위를 수락하지 않는다면 자신들은 다른 인물을 찾아볼 수밖에 없다고 주장했습니다. 글로스터 공작 리처드는 버킹엄 공작이 그와 같이 강경했으므로 자신이 더 이상 자기 형편만을 강조하는 것도 도리는 아니라고 하며 왕위를 수락했습니다.

마침내 사람들은 만족을 표시하고 흩어졌으며, 글로스터 공작과 버킹엄 공작은 자신들이 연출한 연극이 성공리에 끝난 것을 기뻐하며 밤을 보냈습니다.

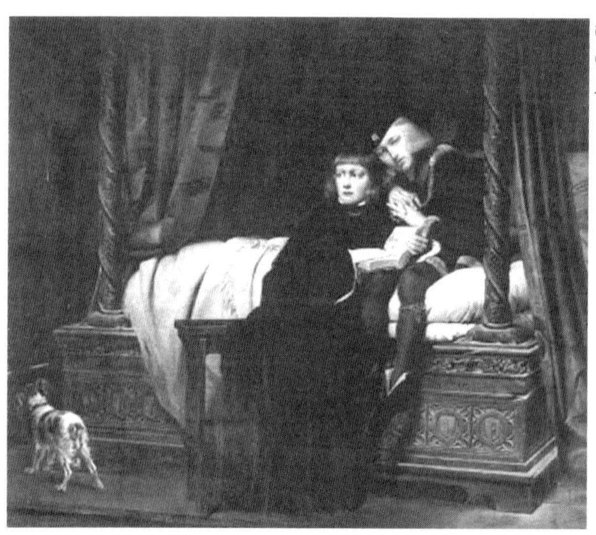

런던탑에 함께 유폐된 어린 왕 에드워드5세와 그의 동생 요크 공작

제25장.
리처드Ⅲ세
ENGLAND UNDER RICHARD THE THIRD
[생몰 : 1452.10.2~1485.8.22, 재위 : 1483년~1485년]

리처드 왕은[1] 아침에 일찍 일어나서 웨스트민스터 홀로 향했습니다. 웨스트민스터 홀에는 지체 높은 귀족 두 명이 자리한 가운데 중앙에 대리석 의자가 마련되어 있었는데 리처드는 그곳에 앉아 사람들을 향해 연설했습니다. 그는 자신의 시대의 시작을 웨스트민스터에서 출발하고자 하며 그 이유는, 군주의 첫 번째 임무는 공평한 법 집행과 정의를 유지하는 것임을 나타내기 위함이라고 천명했습니다. 그리고 나서 그는 말에 올라타 시내로 다시 입성해서는 그가 정말로 정당한 왕권을 이어받았고 공명정대한 인물인 것처럼 성직자들과 군중들로부터 환대를 받았습니다. 하지만 필자는, 당시 성직자들이나 군중들이 겁에 질려 따라했던 자신들의 행위를 속으로는 부끄럽게 여겼을 거라 생각합니다.

곧이어 새로운 왕과 왕비는 성대한 축하연 속에서 왕위에 올랐으며, 왕은 의식을 통해 자신의 지배력을 착실히 다져나갔습니다. 그는 요크에서 또 한 번의 대관식을 치름으로써 민중들에게 떠들썩한 잔치를 베풀었고, 가는 곳마다 크나큰 환대를 받았습니다. 왕실에 의해 미리 고용된 사람들은 자신들의 튼튼한 폐를 자랑이라도 하듯이 '리처드 왕에게 신의 가호가 함께 하기를!'이라며 목청껏 외쳐댔습니다. 모든 계획이 너무도 성공적으로 진행됐으므로 그 이후 다른 왕위 찬탈자들도 이처럼 성대한 의식을 통해 자신들의 지배력을 다져나갔다는 속설이 전해옵니다.

취임식을 치르는 과정 중에 리처드 왕은 워릭에서 한 주일을 묵게 됐습니다. 그리고 왕은 이곳에서 지시를 내려 런던탑에 수감 중이던 조카들을 살해하도록 했는데, 이는 가장 사악한 살인교사 중에 하나라 할 것입니다.

---

1 에드워드4세의 동생이며 글로스터 공작으로, 형이 죽은 후 어린 조카 에드워드5세의 섭정이 되었음. 정적을 처형하고 어린 왕과 왕의 아우를 런던탑에 유폐시켜 왕위를 찬탈하였음. 그러나 나어린 선대왕 형제를 런던탑 내에서 살해하였다는 소문이 퍼져(사실 여부는 불명) 신망을 잃었음. 이 기회를 포착한 랭커스터파의 리치몬드 백작 헨리가 1485년 망명지인 프랑스로부터 영국에 상륙하자 다수의 유력한 귀족들이 백작을 도왔으며, 왕은 보즈워스에서 백작과 싸우다 패배하여 전사하였음. 이것으로 장미전쟁은 끝나고, 백작은 헨리7세로서 튜더왕조의 시조始祖가 되었음. 셰익스피어를 비롯한 튜더 왕조 시기 작가들은 리처드3세를 몸이 불구이고 의심이 많은 음흉한 야심가라고 자주 묘사해왔지만, 실제로 그가 불구였다는 객관적인 역사 증거는 발견되지 않았음. 오히려 리처드3세를 폐위시키고 튜더왕조를 세운 헨리7세의 정당성을 높이기 위해 가공된 부정적인 이미지였다는 설이 제기되고 있음.

당시 런던탑의 책임을 맡고 있던 인물은 로버트 브레큰베리 경이었습니다. 리처드 왕은 브레큰베리 경에게 존 그린이라는 전령을 보내 어린 왕자들을 살해하라는 편지를 하달했습니다. 하지만 브레큰베리 경은(아마도 그에게는 왕자들과 같은 어린 자식들이 있지 않았나, 짐작

에드워드5세와 동생 요크 공작의 죽음

되지만) 자신은 그와 같은 잔인한 짓을 할 수 없다는 답을 보냈습니다. 전령은 급히 말을 몰아 브레큰베리 경의 답신을 왕에게 전달했고, 왕은 낯을 찌푸리며 잠시 고민하더니 그의 말 관리인인 제임스 티렐 경을 런던탑의 임시 책임자 자리에 임명했습니다. 왕은 제임스 티렐 경이 24시간 동안 언제든지 런던탑의 열쇠 관리를 포함한 모든 권한을 행사할 수 있도록 했습니다. 자신에게 주어진 임무가 무엇인지 너무나도 잘 알던 티렐은 주변에서 포악한 무뢰배 두 명을 찾아냈는데, 그의 밑에서 마부 일을 하던 존 디그톤과 살인 청부업자 마일즈 포레스트가 그늘이었습니다.

8월 어느 날 티렐 경은 이들 두 명의 무뢰배들과 함께 런던탑으로 가서 왕으로부터 받은 허가증을 보여주며 24시간 동안 런던탑의 권한을 넘겨받고 모든 열쇠를 확보했습니다. 그리고 밤이 찾아오자 그는, 범죄인들이 범행을 저지를 때 그러하듯이, 야음을 틈타 살그머니 돌계단을 타고 올라, 두 명의 젊은 왕자들이 기도를 드린 후 서로 부둥켜안고 잠들어 있던 거처에 다다랐습니다. 그리고 밖에서 왕자들의 움직임을 엿듣던 티렐은 포악한 존 디그톤과 마일즈 포레스트를 안으로 들여보냈으며, 그들은 왕자들을 베개와 침대보로 질식시켜 죽인 후 그 시신들을 둘러메고 내려와 계단 아래에 있는 커다란 돌무더기에 파묻어버렸습니다. 그리고 날이 밝자 티렐은 런던탑의 지휘

권과 열쇠들을 돌려주고 흔적도 없이 서둘러 빠져나왔습니다. 이후 왕자들의 거처에 당도한 로버트 브레큰베리 경은 슬픔과 당혹감을 떨치지 못했습니다.

여러분들은 지금까지의 모든 역사 과정을 통해서 반역자들은 절대로 신뢰할 수 없다는 사실을 잘 알았을 겁니다. 그러므로 여러분들은 버킹엄 공작이 얼마 있지 않아서 리처드 왕에게 등을 돌리고, 그를 왕위에서 몰아내고, 보다 정통한 자의 머리에 왕관을 씌우기 위한 음모에 가담했다는 소식을 접해도 놀라지 않을 겁니다.

리처드 왕은 그가 저지른 살인교사 행위가 은밀히 진행되기를 바랐습니다. 하지만 자신을 반대하는 음모가 진행되고 있으며, 많은 영주들과 기사들이 런던탑에 갇혀있는 왕자들의 안위를 걱정한다는 정보를 전해들은 왕은 왕자들이 이미 죽었다는 사실을 퍼뜨리도록 했습니다. 왕자들이 이미 죽었다는 소식을 접한 저항세력들은 처음에는 움찔했지만 다시 마음을 다잡고, 살인자 리처드 왕에게서 왕권을 빼앗아 캐서린의 손자인 리치몬드 백작 헨리에게 넘겨주기로 굳게 다짐했습니다.

캐서린은 헨리 V세의 미망인으로 오웬 튜더와 결혼했던 여인이었습니다. 그리고 헨리가 랭커스터 가문 출신이었으므로 그들은 헨리가 선대왕의 장녀이자 당시에는 요크 가문의 후계자인 엘리자베스 공주와 결혼해야 한다고 주장했습니다. 그들은 두 사람이 그렇게 결합함으로써 붉은 장미와 백장미의 숙명적 대결이 종식될 것으로 믿었던 것입니다.

모든 준비가 완료됐고, 헨리가 브르타뉴에서 귀국할 시간과, 리처드에 대항에서 영국 각지에서 동시에 총궐기할 준비가 착착 진행됐습니다. 마침내 10월 어느 날 봉기가 일어났습니다. 그러나 그 봉기는 실패하고 말았습니다. 리처드 왕은 그들의 궐기에 대비하고 있었으며, 헨리는 폭풍우를 만나 바다에서 좌초할 수밖에 없었고, 영국 내에서 그를 따르던 추종자들은 뿔뿔이 흩어졌으며, 버킹엄의 공작은 포로가 되어 솔즈베리의 시장 통에서 참수형을 당해야 했습니다.

이처럼 승리를 거두게 되자 리처드 왕은 절호의 기회라 판단하고 의회를 소집해서 돈을 모금하고자 했습니다. 결국 의회가 소집되었으며, 의회는 왕이 바라던 대로 왕을 향해 모든 찬사와 아양을 떨었고, 리처드가 영국의 정당한 왕이며, 당시 11살이었던 그의 외아들이 영국의 다음 왕통을 이어받을 자격이 있다고 선언하기에 이르렀습니다.

한편, 엘리자베스 공주가 요크 가문의 후계자라는 사실이 사람들 사이에 널리 퍼져있다는 사실과 반란자들이 그녀를 리치몬드의 헨리와 결혼시키려 한다는 사실을 잘 알고 있던 리처드 왕은 미리 선수를 쳐서 그의 아들과 엘리자베스를 결혼시킨다면 헨리와 반란자들이 힘을 잃게 될 것이라 판단했습니다. 이런 생각을 가지고 그는 선대왕의 미망인과 딸이 머물고 있던 웨스트민스터의 성소로 찾아가서 그들에게 왕궁으로 돌아가자고 청했습니다. 왕은 그러면서 미망인과 그녀의 딸에게 왕궁으로 돌아가면 절대 안전을 보장하고, 극진한 대접을 한다는 굳은 맹세를 했습니다. 이렇게 해서 그들은 왕궁으로 거처를 옮겼지만, 채 한 달이 되지 않아서 리처드의 아들이 갑자기 사망하자(혹은 독살 당했다는 이야기도 있습니다.) 모든 것이 수포로 돌아가 버렸습니다.

이런 극한 상황에서도 리처드 왕은 항상 적극적인 생각을 가지고, "또 다른 궁리가 뭐가 있더라?"라며 지칠 줄 몰랐습니다. 그리고 그는 마침내 자신이 친 조카인 엘리자베스와 결혼할 생각까지 하게 됐습니다. 하지만 이 방안을 실행하는 데에는 한 가지 장애물이 있었습니다. 그의 아내인 왕비 앤이 아직 살아있었던 겁니다. 그러나 그는 그 장애물을 어떻게 하면 제거할 수 있는지 알고 있었습니다.

왕은 엘리자베스 공주에게 사랑을 고백하며 2월이면 분명하게 왕비의 목숨이 끊어질 것이라고 장담했습니다. 공주는 경망스러운 성격의 여인으로,

자기 오빠들을 죽인 자에 대한 증오와 비웃음 대신에 왕을 사랑한다고 공개적으로 선언하기에 이르렀습니다. 그리고 2월이 다가왔는데도 왕비가 죽지 않자 엘리자베스는 참지 못하고 왕비가 빨리 죽었으면 좋겠다는 뜻을 내비쳤습니다.

그러나 리처드 왕의 예상이 많이 빗나간 것은 아니었습니다. 왕비가 3월에 서거했기 때문입니다. 왕비가 사라지자 서로 애지중지하던 두 사람은 결혼하고자했습니다. 하지만 두 사람은 실망하지 않을 수 없었습니다. 왜냐하면 그런 식의 결혼에 대해 사람들 사이에 여론이 매우 나빠서 왕의 자문역을 하던 래트클리프와 케이츠비가 그 결혼이 성사되도록 움직이려 하지 않았기 때문이며, 심지어 왕은 자신은 그런 결혼을 꿈꿔 본 적이 없다고 공공연히 선언하기까지 해야 했습니다.

이때 쯤 해서는 왕은 거의 모든 신하들로부터 배척을 당해야 했는데, 귀족들은 하루가 다르게 헨리 쪽으로 하나 둘 넘어가고 있었습니다. 왕은 돈이 필요했지만 자신의 악행들에 대한 비난이 두려워 감히 의회를 소집하지는 못하고, 대신에 시민들에게 '덕세德稅' 명목으로 강제 헌금을 거둘 수밖에 없었는데 이로 인해 왕에 대한 민중들의 반감은 걷잡을 수 없이 커져만 갔습니다. 이와 관련해 이런 이야기도 전해오고 있습니다. 왕이 양심에 가책을 느끼고 악몽을 자주 꿨는데, 한밤중에 공포와 두려움에 떨며 깨곤 했다는 이야기가 바로 그것입니다. 이 모든 이야기의 종지부를 찍는 사건은 리처드 왕이, 리치몬드의 헨리와 추종자들이 프랑스로부터 함선을 이끌고 영국으로 진군 중이라는 소식을 듣고 그들을 향해 전쟁을 선포한 것입니다. 왕은 그의 방패에 그려진 멧돼지처럼 사납고 격렬하게 선전포고를 했습니다.

리치몬드의 헨리는 리처드 왕과 일전을 벌이기 위해 6천명의 병사들을 이끌고 밀포드 항으로 상륙해서 레스터에서 숙영을 했는데, 북 웨일즈를 지나는 사이에 병력은 두 배로 늘어나 있었습니다. 드디어 양측은 보즈워스 평원에서 마주치게 되었고, 헨리 측의 전열을 지켜보던 리처드 왕은 자신을 등

보즈워스 전투에서 전사戰死한 리처드3세

지고 떠난 수많은 귀족들이 헨리와 함께 있는 것을 보고 기겁을 했으며, 특히 자신이 곁에 붙들어두려고 그렇게 애를 썼던 스탠리 경과 그의 아들이 헨리와 함께 있는 것을 발견하고는 안색이 백짓장처럼 되어버렸습니다.

하지만 왕은 사악함만큼이나 용맹스런 인물이었으므로 전투의 한복판으로 직접 뛰어들었습니다. 그는 사방팔방 닥치는 대로 무기를 휘두르다가 몇 안 되는 그의 원군 중 하나인 노섬벌랜드의 백작이 망설이는 부하들과 함께 무기력 하게 서있는 것을 발견하였습니다. 그리고 절망에 빠져 있던 그의 눈에 소수의 기사들과 함께 있는 리치몬드의 헨리가 들어왔습니다. 그는 '이 역적 놈아!'라고 외치며 헨리를 향해 말을 몰아 돌진해 들어가며 헨리의 기수를 쓰러뜨리고, 한 명의 기사를 말에서 떨어뜨린 다음, 헨리에게 최우의 일격을 가하기 위해 돌격해 들어갔습니다. 그러나 윌리엄 스탠리 경이 리처드의 칼날을 빗나가도록 했으며, 리처드 왕이 다시 무기를 바로 세우기 전에 적병들이 그에게 달려들어 그를 제압하고 말에서 떨어뜨린 다음 살해해버렸습니다. 스탠리 경은 여기저기 짓밟혀서 부서지고 피로 얼룩진 왕관을 집어든 다음 그것을 헨리의 머리에 씌웠습니다. 그 순간 주변에서는 "헨리 왕 만세!"라는 환호성이 울려왔습니다.

그날 밤, 한 마리의 말이 레스터 소재의 그레이 프라이어 교회를 향해 이끌려가고 있었는데, 그 말의 등에는 어떤 시신 하나가 마치 쓸모없는 마대자루처럼 늘어져있었습니다. 매장을 위해 벌거벗겨져서 이동 중인 그 시신은 바로 보즈워스 평원의 전투에서 전사한 리처드 왕이었습니다. 왕위를 찬탈하고 살인을 저질렀던, 플랜태저넷왕가의 마지막 왕 리처드Ⅲ세의 당시 나이는 32살이었으며, 왕위에 오른 지 2년 만에 사망하게 됐습니다.

섹스피어의 연극 「리처드3세」 에 등장하는 리처드3세

제26장.
헨리Ⅶ세
ENGLAND UNDER HENRY THE SEVENTH
[생몰 : 1457.1.28~1509.4.21, 재위 : 1485~1509]

헨리VII세는[1], 리처드III세의 압제에서 해방된 귀족들이나 민중들이 바라던 것처럼 그렇게 훌륭한 성품의 소유자는 아니었습니다. 그는 매우 차가우며 교활하고 계산적인 인물로서 돈이 되는 일이면 무슨 일이든지 하곤 했습니다. 그가 지녔던 여러 성품 중 그나마 장점은, 잔인함을 통해 어떤 이득을 보는 일이 아닌 경우에는, 특별히 포악하지 않았다는 사실입니다.

새로운 왕은 엘리자베스 공주와 결혼하겠다는 자신의 약속을 이행했습니다. 그가 첫 번째로 시행한 일은, 선대왕 리처드에 의해 요크서의 세리프 후톤Sheriff Hutton 성에 갇혀있던 엘리자베스 공주를 방면해서 그녀가 런던에 있는 어머니의 보살핌을 받을 수 있도록 한 일이었습니다.

워릭의 어린 백작 에드워드 플랜태저넷(그는 고인이 된 클라렌스 공작의 아들이자 상속인이었습니다.)도 엘리자베스와 함께 요크서의 오래된 성에 갇혀 있었습니다. 새로운 왕 헨리는, 당시 나이 15세였던 이 소년을 런던탑에 기거하도록 함으로써 안전을 보장해주었습니다.

그런 다음 그는 보무도 당당하게 런던으로 돌아와서 성대한 행렬을 벌려 시민들의 눈을 기쁘게 해줬는데, 그는 시민들의 환심을 사기 위해 재임 중에 종종 이런 잔치판을 벌이곤 했습니다. 그런데 운동 시합과 떠들썩한 잔치 뒤에는 끔찍하게 열이 오르는 '열병(熱病, Sweating Sickness)이라' 불리던 증상으로 인해 수많은 사람들이 희생되어야 했습니다. 시장이나 시의원 같은 관리들도 이 병으로 피해를 입었는데, 그들이 너무 과식하는 습성이 있어서 병을 얻었는지 아니면 도시를 지저분하게 방치하는 데 너무 정신이 없

---

1 보즈워스 전투에서 장미전쟁을 종식시킴과 동시에 튜더왕조의 개조로서 즉위하였음. 내란으로 혼란한 국내 질서를 바로잡고 봉건가신단封建家臣團을 해산시켜 귀족세력을 약화시켰고, 재정을 튼튼히 하였으며, 왕권을 신장시켜 영국의 절대왕정의 기초를 굳혔음.
리치몬드 백작의 아들로, 헨리6세가 죽자 모계母系를 통하여 랭커스터왕가의 가장으로 인정되었음. 한때 프랑스로 피했다가, 1485년 웨일즈에 상륙하여 보즈워스 전투에서 리처드3세를 죽이고, 장미전쟁을 종식시킴과 동시에 튜더왕조의 개조로서 즉위하였음. 치세 중에는 오랜 내란으로 혼란한 국내 질서를 바로잡는 데 힘쓰고, 요크왕가의 음모를 진압하였으며, 봉건가신단封建家臣團을 해산시켜 귀족세력을 약화시켰음. 요크왕가의 귀족 소유 영토를 몰수함으로써 왕실 영토를 증대시켜 재정을 튼튼히 하였고, 성실청재판소星室廳裁判所(Court of Star Chamber : 웨스터민스터 궁의 천정에 별 모양의 장식이 있는 방의 이름)를 강화하여 질서유지를 담당하게 하는 등 왕권을 신장시켜 영국의 절대왕정의 기초를 굳혔음.

헨리7세와 왕비
요크의 엘리자베스, 1503

어서 그런 병을 얻었는지(이들 관리들은 그 이후에도 도시를 더럽고 불쾌한 장소로 방치하는 데 일익을 담당하는 사람들이라 할 수 있습니다.) 분명하지는 않습니다.

시민들 사이에 나쁜 병이 퍼지자 왕의 대관식이 연기됐으며, 왕은 나아가 자신의 결혼식까지도 연기해버렸는데, 이로 인해 사람들 사이에는 왕이 그 결혼을 거부하는 것이 아닌가 하는 의구심이 퍼지기 시작했습니다. 왕은 한 걸음 더 나아가 왕비의 대관식도 무기한 연기해버렸고, 이로 인해 요크 가문은 몹시 비위가 상하게 됐습니다. 하지만 왕은 결과적으로는 이런저런 일들을 무난하게 처리할 수 있었는데, 때로는 정적들을 교수형에 처하거나 재산을 몰수하기도 하고, 처음에는 그럴 것 같지 않더니 선대왕의 추종자들에게 크나큰 사면을 베풀기도 했고, 전 정권에서 활약했던 양심적 인사들을 관리로 고용하는 등의 조치를 시행했습니다.

헨리VII세의 통치 기간 중에 일어난, 역사적으로 대단히 흥미로운 사기극이 그의 통치 성격을 대변하는 특질을 가지고 있으므로 여기서 소개하도록 하겠습니다.

옥스퍼드 지역에 시몬스라 불리던 신부가 한 명 있었습니다. 그는 램버트 심넬이라 불리던, 제빵업자의 미남 아들을 제자로 두고 있었습니다. 시몬스

신부는 자신의 개인적 야망과 그가 속해 있던, 왕을 반대하던 비밀 단체의 음모를 실현시키기 위해서 자신의 제자인 램버트 심넬이 사실은 워릭의 젊은 백작이라고 주장했습니다. 당시 워릭의 백작은 런던탑에서 안전하게 기거하는 중이었고, 이 사실을 아마 대부분의 사람들은 인지하고 있었을 겁니다.

신부와 제자는 아일랜드로 건너갔고, 더블린에서 모든 계층의 민중들을 끌어들여 자신들의 주장을 지지하도록 했습니다. 그들의 주장을 곧이곧대로 믿었던 더블린 사람들은 한없이 선량하기는 했지만 그만큼 어리석은 사람들이었습니다. 당시 아일랜드의 통치를 맡고 있던 킬데어Kildare 백작은, 자기는 신부의 말대로 소년이 워릭의 백작임을 믿는다고 선언했습니다. 그리고 신부로부터 수차례 교육을 받았던 소년은 사람들에게 자신의 유년시절을 털어놓았고, 왕실 가족들에 대한 여러 가지 많은 이야기를 들려주었습니다. 그러자 사람들은 열광적으로 환호하며, 소년의 건강을 위해 축배를 들고, 그를 지지하는 의미에서 떠들썩한 잔치를 베풀었습니다.

이런 분위기는 아일랜드에만 국한된 것이 아니었습니다. 선대왕으로부터 후계자로 지명되었던 링컨의 백작이 그 젊은 왕위 사칭자를 만나기 위해 달려갔습니다. 그는 부르고뉴 공작의 미망인(이 여자는 에드워드IV세의 여동생으로, 헨리VII세와 그 일족을 지독히도 미워했습니다.)과 은밀히 서신을 교환한 후 미망인이 제공한 2천명의 독일 병정들을 데리고 더블린으로 건너갔습니다. 운이 트인 소년은 성모 마리아 상에서 떼어낸 왕관을 머리에 쓰고, 아일랜드의 전통 관습에 따라 지능보다는 힘이 장사인 거한의 어께에 올라타고 거처로 돌아왔습니다. 이 장면에서 여러분도 짐작하겠지만, 시몬스 신부는 대관식 준비로 무척이나 바빴을 겁니다.

독일 병사들과 아일랜드 사람들, 그리고 신부와 소년 및 링컨의 백작은 열흘 뒤 힘을 합쳐 영국을 침공하기 위해 랭커서에 상륙했습니다. 하지만 반란자들의 정보를 미리부터 잘 알고 있던 왕은 노팅엄에 진지를 마련했으며, 링컨 백작이 몇 안 되는 수의 병력에 의존하는 것에 비하면 왕에게는 수많은 병사들이 매일같이 주위로 몰려들었습니다. 링컨 백작은 수적 열세에도 불구하고 뉴어크 방향으로 진출을 꾀했습니다.

그러나 왕의 군대가 백작이 가는 길목을 중간에서 차단하였으므로 백작은 스토그Stoke에서 일전을 벌이지 않을 수 없었습니다. 그 결과 얼마 지나지 않아 왕위 사칭자 측은 결정적 패배를 맛봐야 했고, 가담자의 반수 이상이 전사했으며, 그들 중에는 백작 자신도 끼어 있었습니다. 신부와 제빵업자의 아들은 포로로 사로잡혔고, 신부는 자신이 사기극을 펼친 사실을 실토한 후 감옥에 갇혀있다 원인 모를 돌연사를 했습니다. 소년은 왕실 식당에서 꼬치구이를 돌리는 일을 하다가, 왕의 매사냥을 돕는 지위까지 올랐습니다. 이 웃지 못 할 사기극은 이런 식으로 끝이 났습니다.

이 소년을 사기극에 가담시킨 데에는 산만하고 정신없었던 부르고뉴 공작 미망인의 역할도 컸을 것으로 짐작됩니다. 미망인의 가담 여부와는 상관없이 왕은 무척이나 화가 나서 그녀의 재산을 몰수하고 그녀를 버몬지Bermondsey의 수녀원에 가둬버렸습니다.

여러분들은 이 이야기를 듣고, 이후에는 아일랜드 사람들이 경거망동하지 않았겠구나 하고 생각할지 모릅니다. 그러나 그들은 첫 번째 사기를 당하고도 정신을 못 차리고 두 번째 사기극에 속아 넘어갈 준비를 하고 있었습니다. 이번에는 바로 그 골칫거리인 부르고뉴 공작의 미망인이 주인공이 됩니다.

어느 날 갑자기 코르크Cork 지방에 포르트칼에서 배 한척이 당도했는데, 그 배 안에는 수려한 용모와 뛰어난 재능을 지닌 한 젊은이가 타고 있었습니다. 그는 좌중을 압도하는 태도로 자신이 요크의 공작인 리처드라고 선언했습니다. 자신이 에드워드IV세의 둘째 아들이라고 주장한 겁니다. "아!" 사람들은 탄식을 질렀습니다.

하지만 순진한 아일랜드 사람들이었지만 일말의 의구심을 떨칠 수는 없었습니다. "하지만 그 어린 왕자는 작은아버지 손에 의해 런던탑에서 사망한 것으로 알고 있는데요?" 그러자 사람들을 끌어들이는 마력을 지닌 미남 청년이 답했습니다. "물론 다들 그렇게 알고 있지요. 그리고 내 형이 그 음침한 방에서 살해당한 것도 사실입니다. 하지만 나는 도망쳐 나왔습니다. 어떻게 탈출할 수 있었는지는 당분간은 묻지 마세요. 어쨌든 나는 그 이후 7년간이나 여기저기를 떠돌다가 오늘에 이르렀습니다."

그의 이러한 호소는 수많은 아일랜드 사람들의 심금을 울렸습니다. 아일랜드 사람들은 다시 한 번 환호성을 울리고, 그의 건강을 위해 축배를 들고, 떠들썩한 잔치판을 벌였습니다. 그리고 아일랜드의 최고 권력자는 또 다른 대관식을 준비하고자 궁리를 했고, 젊은 왕을 어깨에 목말태우고 행진에 나섰습니다.

이때, 프랑스 왕 샤를VIII세가 영국 왕에게 타격을 가하기 위해 그 준수한 젊은이의 주장을 믿어주는 척했기 때문에 영국 왕 헨리는 프랑스와 사이가 나빠질 수밖에 없었습니다. 프랑스 왕은 그 젊은이를 프랑스로 초청해서 그가 정말로 요크의 공작이나 되는 양 극진한 대접을 해주었습니다. 하지만 얼마 있지 않아서 영국 왕과 프랑스 왕 사이에 평화가 찾아오자 왕을 사칭한 젊은이는 졸지에 끈이 떨어져, 부르고뉴의 공작부인에게 보호를 요청해야만 하는 신세가 되어버렸습니다. 공작부인은 한동안 그의 주장에 대한 진위 여부를 확인하는 척하더니 그가 자신의 죽은 오빠가 틀림없다고 선언하고, 30명의 경호원을 붙여주고, 그에게 '영국의 진정한 백장미'라는 그럴듯한 칭호를 붙여주었습니다.

영국에 있던 백장미 파의 지도자들은 로버트 클리포드 경을 보내서 '백장미'의 주장이 사실인지 아닌지 파악하도록 했습니다. 그러자 영국의 왕 또한 사절을 보내서 '젊은 백장미'의 과거를 조사하도록 했습니다. 백장미 파는 그 젊은이가 진정한 요크의 공작이라고 선언했지만, 왕은 그가 플랑드르의 터네이Tournay 시에서 활동하던 상인의 아들인 퍼킨 워백이라고 발표했습니다. 그가 플랑드르 지방에서 장사를 하던 영국 상인으로부터 영국에 대한 정보와 언어 및 태도 등을 배웠다는 것이었습니다.

왕의 조사관들은 나아가 그가 영국 망명 귀족의 부인인 부롬튼 부인의 측근으로 활동하기도 했으며, 부르고뉴의 공작부인이 분명히 이 사기극을 연출할 목적으로 그를 교육시켰다고 발표했습니다. 그러면서 왕은 당시 부르고뉴의 통치권을 쥐고 있던 필립 대공에게 그 젊은이를 추방하든지 아니면 자신에게 넘겨줄 것을 요청했습니다. 그러나 필립 대공이 자신은 공작부인을 통제할 능력이 없다고 하자 왕은 앙갚음으로 앤트워프로 수출되던 영국 옷감의 수출을 금지하고 양국 간의 모든 상거래를 중단시켜버렸습니다.

왕은 또 계책과 뇌물을 써서 로버트 클리포드 경을 매수했고, 몇몇 저명한 영국의 귀족들이 퍼킨 워백과 은밀히 내통하고 있었다고 주장하며, 그 중 주동자 급 3명을 찾아내 교수형에 처해버렸습니다. 왕이 나머지 주동자들에 대해서는 그들이 재산이 별로 없어서 용서해주었는지는 정확하지 않지만, 아주 저명한 어느 귀족에 대해서만은 사면을 거절한 것은 유감스럽게도 사실입니다. 클리포드 경이 왕에게 그 귀족이 상당한 재산을 소유하고 있다는

The Perkin Warbeck Conspiracy

자신이 에드워드4세의 둘째 아들인 요크 공작, 쉬루즈베리의 리처드(Richard of Shrewsbury)라고 주장했던 퍼킨 워백

정보를 미리 주었기 때문입니다. 그 귀족은 다름 아닌, 보즈워스 평원의 전투에서 왕의 목숨을 구해주었던 윌리엄 스탠리 경이었습니다. 스탠리 경이 자복했던 일을 실제로 꾸몄던지는 모르지만 그는 명예롭게 목숨을 바쳤고, 그 대가로 욕심 많은 왕은 그의 재산을 모두 가로챘습니다.

퍼킨 워백은 그 이후 3년 동안은 별 움직임 없이 보냈습니다. 하지만 플랑드르 사람들이 그 때문에 앤트워프의 시장이 열리지 못해 엄청난 손실을 보고, 그 때문에 그들이 자신을 죽이거나 영국에 넘겨줄지 모른다고 판단한 그는 무언가 행동을 해야겠다고 결심했습니다. 결국, 그는 절망적인 상태에서 영국을 침공할 마음을 먹고 몇 백 명이 안 되는 병력을 이끌고 딜Deal 지방의 해안가로 상륙을 감행했습니다. 그러나 그는 곧 이어서 자신이 출발했던 자리로 후퇴하고서는 가슴을 쓸어내려야 했습니다. 왜냐하면 민중들이 들고일어나 자신의 추종자들을 살해하고, 1백5십 명이나 되는 연루자들을 사로잡아 감옥에 보내버렸기 때문입니다. 사로잡힌 포로들은 밧줄에 꽁꽁 묶여 런던으로 압송되었는데, 그 모습이 줄지어 끌려가는 들소 무리와 같았습니다. 나중에 이들 포로들은 모두 해안가 여기저기에서 교수형에 처해졌습니다. 민중들은 그렇게 함으로써 퍼킨 워백을 추종하는 무리들이 더 넘어올 경우 그 시신들을 목격하고 기겁해서 상륙을 포기하도록 하기 위함이었습니다.

그리고 나서 왕은 플랑드르 사람들과 무역협정을 맺고, 퍼킨 워백을 그 지방에서 몰아내도록 했으며, 아일랜드 사람들 또한 완전히 왕의 편으로 넘어오도록 해서 그의 근거지를 확실하게 빼앗아버렸습니다. 그러자 퍼킨 워백은 하는 수 없이 스코틀랜드로 넘어가서 하소연을 했습니다. 이때 스코틀랜드 왕 제임스Ⅳ세는 영국 왕과 사이가 안 좋았었는데, 이는 비록 성공하지는 못했지만 헨리Ⅶ세가 스코틀랜드의 귀족들을 여러 번 매수해서 그들의 왕을 배반하도록 했기 때문이었습니다. 이런 이유로 스코틀랜드 왕은 퍼킨 워백을 자신의 사촌이라 부르며 융숭하게 대접하고, 캐서린 고돈과의 결혼을 주선했습니다. 캐서린은 스튜어트 왕가의 혈통으로 매우 아름답고 매혹적인 여인이었습니다.

왕위 사칭자의 이러한 화려한 복귀에 놀란 왕은 계속해서 스코틀랜드 귀족들을 매수하고 공작을 피웠으며, 퍼킨 워백과 관련된 이야기가 민중들에게 퍼지지 않도록 주의를 기울었습니다. 그러나 영국 왕이 왕위 사칭자를 잡아들이기 위해 스코들랜드 궁정의 귀족들을 매수하려고 아무리 애를 써도 소용이 없었습니다. 스코틀랜드 왕 제임스Ⅳ세가(그는 별로 뛰어난 재능을 소유한 인물은 아니었습니다.) 그 사칭자를 감싸고돌았기 때문입니다. 게다가 여기저기 참견하기 좋아하던 부르고뉴의 미망인이 자금뿐만 아니라 무기와 병력을 제공해서 퍼킨 워백은 얼마 있지 않아서 여러 국가의 병사들로 구성된 1천5백 명의 병사들을 확보할 수 있었습니다.

이러한 배경과 특별히 스코틀랜드 국왕의 협조를 받아서 퍼킨 워백은 영국을 향해 국경을 넘으면서, 헨리 왕을 '헨리 튜더'라 부르고, 사람들을 향해 '헨리 튜더'를 처치하거나 결정적 타격을 입히는 사람에게는 큰 상금을 주겠다고 선언했습니다. 그러면서 그는 자신을, 충성스런 신하들에게 충성서약을 받으러 나타난 리처드IV세라고 칭했습니다.

하지만 그가 충성 서약을 받겠다고 호언장담한 신하들은 그의 말에 코웃음을 치며, 그의 군사들을 경멸했습니다. 왕위 사칭자를 따르는 군사들이라는 것이 여러 나라 출신들로 구성되어서 서로 간에 싸움질만 일삼고 있었던 것입니다. 더군다나 그들은 약탈 행위까지 자행함으로써 더 큰 미움을 사고 있었습니다. 이를 본 백장미 파는, 퍼킨 워백은 영국 민중들의 동정을 사기보다는 미움을 받음으로써 그가 가진 모든 것을 잃게 될 것이라고 말했습니다. 그리고 스코틀랜드 왕도 그의 우유부단함을 못 마땅해했지만, 퍼킨 워백의 군대는 결국 전투를 벌이지 않고 영국에서 철수했습니다.

이 소동의 치명적 결과 중 하나는 콘월 지방의 민중들이 봉기를 일으켰다는 사실이었습니다. 콘월 사람들은 전쟁 비용을 충당하기 위해 그들에게 부과된 세금이 부당하다고 들고 일어섰던 것입니다. 변호사인 플램목과 대장장이인 조셉, 그리고 오들리 경과 몇몇 지도급의 귀족들에 의해 자극을 받은 민중들은 댑포드 다리Deptford Bridge까지 행진을 하고, 그곳에서 왕의 군대와 일전을 벌였지만 참패를 당했습니다.

콘월의 민중들은 용맹스럽게 싸우기는 했지만 봉기는 진압되었고, 그 결과 오들리 경은 목이 달아났고, 변호사와 대장장이는 교수형을 당한 후 말에 끌려 다니다가 사지가 찢겨지는 형을 당해야 했습니다. 그리고 나머지 참여자들은 사면을 받았습니다. 모든 것은 돈으로 살 수 있고, 다른 사람들도 자신처럼 탐욕적일 것이라고 생각했던 왕은 자신의 병사들이 포로가 된 민중들과 자유를 대가로 거래하는 것을 허락했습니다.

정처 없는 방랑객 신세가 된 퍼킨 워백은 또 다시 어디에도 몸을 피신할 수 없는 신세가 되었습니다. 사실 그와 같은 사기꾼에게는 사필귀정이었을지 모르지만(지금 생각하면 어쩌면 그는 스스로 반 정도는 자신의 주장을 사실로 믿었는지도 모릅니다.) 그는 영국 왕과 스코틀랜드 왕이 평화협정을 맺자 스코틀랜드라는 피신처를 잃어버리고 떠돌이 신세가 됐습니다. 하지만 퍼킨 워백을 지지하는 마음을 한 번도 버린 적이 없는 스코틀랜드 왕 제임스는(그는 퍼킨 워백을 위해 싸워줄 병사들을 모집하기 위해 자신의 은쟁반을 녹여 자금을 만들고, 심지어는 오랫동안 차고 다녔던 금목걸이를 팔기도 했습니다.) 퍼킨 워백이 안전하게 스코틀랜드를 벗어날 때까지 영국 왕과 협정을 맺는 것을 보류해주었습니다. 퍼킨 워백과, 역경에도 불구하고 고향 땅을 버리고 남편을 믿고 따랐던, 그의 아름다운 아내는 여생을 안락하게 보낼 수 있는 재물을 실고 아일랜드를 향해 배에 올랐습니다.

그러나 아일랜드 사람들은 워릭 백작과 요크 공작의 사기 행각에 충분히 신물을 느끼고 있던 터라 그 백장미에게 어떤 도움도 주고자 하지 않았습니다. 그래서 백장미는 쓰라린 비애를 맛보고 어쩔 수 없이 아내와 함께 콘월 지방으로 방향을 틀었습니다. 콘월의 민중들은 그가 당도하기 전에 이미 용맹스럽게 봉기를 한 번 일으켜, 댑포드 다리에서 치열한 전투를 벌인 적이 있었지요.

아내를 대동한 퍼킨 워백은 위트스댄드 만에 도작한 후, 아내는 성 미카엘 언덕에 있는 성에 안전하게 데려다 놓고, 3천 명의 콘월 사람들의 선두에 서서 데번서를 향해 진군해 나갔습니다. 이 무리가 엑세터를 향해 진군해 나가는 동안 병사들의 숫자는 6천 명까지 늘어났고, 톤턴에 당도해서는 드디어 왕의 군사들과 맞닥뜨리게 됐습니다.

강인한 콘월 사람들은 수적으로 불리하고, 무기도 변변치 않았지만 물러설 줄을 모르고 다음 날의 전투에 대비했습니다. 하지만 불행하게도 평소에는 엄청난 흡인력을 지니고 사람들을 자기편으로 이끌어내는 능력을 보이던 퍼킨 워백이 이번에는 콘월 사람들만큼 용맹스럽지 못했습니다. 그는 양측이 대치하며 다음 날의 전투를 준비하던 밤에 야음을 틈타 말을 몰고 달아나버렸습니다.

다음 날 날이 밝자, 남의 말을 잘 믿어주던 선량한 콘월 사람들은 갑자기

지휘자가 사라져버린 것을 발견하고는 왕에게 항복하고 말았습니다. 콘월 사람들은 일부는 처벌을 받고 목이 달아났으며, 나머지는 사면을 받고 쓸쓸히 돌아갔습니다.

왕은 부하들을 뉴포레스트에 있는 볼레Beaulieu라는 피난처로 보내 퍼킨 워백을 잡아오도록 했으며, 그 전에 기마부대를 성 미카엘의 언덕으로 보내서 그의 아내 또한 체포하도록 했습니다. 퍼킨 워백의 아내는 이내 포로가 되어 왕 앞에 모습을 드러냈습니다. 하지만 그녀는 자기가 믿었던 남편에게 너무나 헌신적인 데다가 매혹적이기까지 해서 왕은 그녀에게 감복한 결과 궁정에 거처를 마련하고 하녀를 붙여주어 안락하게 살 수 있도록 해주었습니다. 그리고 세월이 흘러 퍼킨 워백이 사라져버리고 그에 관한 이야기가 전설처럼 되어버리자 사람들은 퍼킨 워백 대신에, 그의 부인의 매혹적인 아름다움을 칭송하며 '백장미'라고 부르게 됐습니다.

볼레의 피난처는 곧바로 왕이 보낸 부하들에 의해 포위됐으며, 왕은 그가 늘 하던 대로 간계를 부려 우호적인 척하며 사절들을 퍼킨 워백에게 들여보내 항복할 것을 권했습니다. 워백은 순순히 항복했고, 멀리서 이 광경을 하나도 빠뜨리지 않고 지켜보고 있던 왕은 그에게 예를 갖춰 대우하도록 지시한 후, 말에 태워 자신의 뒤에서 멀찌감치 따라오도록 했습니다. 이렇게 함으로써 일행이 런던에 입성할 때는 왕이 좋아하던 퍼레이드가 또 한 번 벌어졌으며, 길을 가로질러 런던탑으로 향하는 행렬 가운데 자리 잡은 그 왕위 사칭자의 모습을 보고는 일부 시민들이 야유를 보내기도 했지만, 대부분의 시민들은 별다른 반응 없이 그저 그에 대한 호기심으로만 그를 바라보았습니다.

워백은 런던탑에서 웨스트민스터의 궁전으로 옮겨졌고, 철저한 감시 속에서 그곳에서 생활하게 됐습니다. 그리고 그는 때때로 불려가 사기 행각과 관련한 조사를 받아야 했습니다. 하자만 왕은 워백과 관련된 모든 일을 극도의 조심성을 보이며 은밀히 진행했는데, 사실 그와 관련된 사건은 그 자체

로서 그리 중차대한 일은 아니었습
니다.

　어쨌든 끝끝내 퍼킨 워백은 탈출
에 성공해서 서리의 리치몬드에 있
는 또 다른 피난처에 몸을 숨겼습
니다. 이곳에서 그는 다시 한 번 항
복을 권유받고, 런던으로 이송되어
웨스트민스터 홀 밖의 공개대公開臺
에서 하루 종일 서서 자신의 죄를
자백하는 문서를 낭독하고, 왕의
부하들이 써준 대로 자신의 이야기
를 늘어놓아야 했습니다. 그런 이
후 그는 다시금 런던탑에 유폐되어
서, 이미 먼저 갇혀 14년간이나 수

퍼킨 워백의 처형

감 생활 중이던 워릭의 백작과 같은 신세로 전락하고 말았습니다.

　그 이후, 왕이 특별한 이유로 그를 궁정으로 부르거나 제빵업자 아들의 사
기 행각을 사람들에게 입증하기 위해 밖으로 끌어내는 경우가 아니라면 그
의 발자취는 요크서에서 찾아볼 수가 없었습니다.

　헨리Ⅶ세가 워릭의 백작과 퍼킨 워백을 런던탑에 함께 수용한 것은 그의
잔인하고 간교한 성품이 잘 드러나는 일이었습니다. 얼마 있지 않아 두 사
람이 런던탑의 책임자를 살해하고 열쇠를 탈취한 후 퍼킨 워백을 리처드Ⅳ
세로 옹립하기로 했다는 음모가 발각됐습니다. 그럴 음모가 있었을 개연성
은 충분했고, 적어도 두 사람이 그런 유혹에 빠졌을 가능성도 얼마든지 있습
니다. 또 세상물정 모르던, 플랜태저넷 혈통의 마지막 인물이었던 워릭의 백
작이 전후사정을 파악하지 못한 채 경거망동 했을 가능성도 분명해 보이고,
그를 제거하고 싶었던 왕의 가계 또한 분명해보입니다. 결국, 워릭의 백작은

런던탑에서 목이 달아났고, 퍼킨 워백은 타이번에서 교수형을 당했습니다.

이렇게 해서 요크 공작의 사칭 사건은 결말을 맺게 됩니다. 그의 이야기는 이후 왕의 간교함과 결합해서 역사 속에 더 큰 암운을 드리우게 됩니다. 퍼킨 워백이 타고난 재능을 더욱 값진 일에 활용했다면 그는 당시에도 행복하고 존경받는 삶을 살 수 있었을 겁니다. 하지만 그는 자신을 그토록 사랑했으며, 왕비에게 간청해서 어떻게 해서든지 그를 구해주고자 했던 스코틀랜드 여인을 남겨두고 교수대의 이슬로 사라졌습니다. 얼마간의 시간이 흐른 후, 세월의 위력 덕택으로 그녀는 지난날의 남편을 잊고, 웨일즈 출신의 귀족과 결혼하였습니다. 그녀의 두 번째 남편인 매튜 크래독 경은 퍼킨 워백보다 훨씬 충실한 인물로서 유서 깊은 스완시 교회church of Swansea의 무덤에 그녀와 함께 나란히 누워있습니다.

이 기간 동안에 벌어진 영국과 프랑스 사이의 불화는 주로 부르고뉴 공작 부인의 끊임없는 음모와 브르타뉴를 둘러싼 분쟁 때문이었습니다. 왕은 항상 애국적이며, 의롭고, 전쟁을 마다하지 않는 사람처럼 행동했지만 실상은 언제나 전쟁을 회피하고 돈만을 쫓아다니는 꼴이었습니다. 프랑스와의 전쟁을 구실로 민중들에게 과도한 세금을 징수한 결과 한 번은 존 에그리몬트 경과 평민 존 체임버가 이끄는 대규모 폭동을 경험해야 하기도 했습니다.

그러나 그 봉기는 서리의 백작이 이끄는 왕실 군대에 의해 진압되었습니다. 존 에그리몬트 경은 부르고뉴의 미망인에게 도망을 쳤는데, 그녀는 영국 왕에게 고통을 안겨준 사람이면 누구나 반갑게 맞아주었습니다. 그리고 평민 존 체임버는 주동자들의 한 가운데 섞여서 요크에서 교수형을 당했는데, 일급반역죄를 뒤집어쓴 그의 자리가 유독 높이 솟아 올라있었습니다. 그러나 목매달려 죽는데 자리가 높고 낮음이 무슨 의미가 있겠습니까?

한편, 결혼식을 치른 지 1년이 지나서 왕비는 아들을 낳았었고, 그 왕자의 이름은 고대 브리튼 시절의 전설적 영웅의 이름을 따서 '아더'라고 지었었습니다. 이런 소동이 벌어질 때 그 왕자의 나이가 15세에 이르렀으며, 그때 왕자는 장래를 축복받으며 스페인 군주의 딸인 캐서린과 결혼했습니다. 하지만 왕자는 몇 개월 지나지 않아서 병으로 세상을 떠나게 됐습니다.

왕은 슬픔에서 벗어나자마자 자신의 며느리인 스페인 공주의 20만 크라운에 달하는 재산이 왕실 바깥으로 빠져나가야 한다는 사실을 유감스럽게 생각했습니다. 그래서 그는 젊은 나이에 미망인이 되어버린 맏며느리를, 당시 12살이었던 그의 둘째 아들 헨리가 15살이 되면 그와 결혼시키기로 약조를 맺었습니다. 하지만 성직자들이 이 약혼에 반대했습니다. 그러자 왕은 절대적 권한을 가진 교황을 자기편으로 끌어들였고, 무소불위의 교황의 개입으로 이 문제는 한동안 수면 아래로 가라앉게 됐습니다. 그리고 왕의 장녀가 스코틀랜드의 왕과 결혼함으로써 오랫동안 끌어오던 스코틀랜드와의 분쟁도 해결됐습니다.

그리고 이제 영국의 왕비가 세상을 떠나게 됐습니다. 왕은 왕비의 죽음에 대해 잠시 슬퍼하는 듯하더니 곧바로 조의금에 눈독을 들였습니다. 그리고 얼마 있지 않아서 어마어마하게 재산이 많았던 나폴리 군주의 미망인과 결혼하고자 하였습니다. 하지만 그녀를 쟁취하는 일이 쉽고 어렵고의 문제를 떠나 그녀의 재산을 차지하는 일이 만만한 일이 아님을 알고 나서는 그 욕심을 버려야했습니다. 또, 별로 좋아하지도 않으면서 사보이 공국의 미망인에게 청혼을 하기도 했고, 얼마 있지 않아서 스페인 카스티야 왕의 실성한 미망인에게도 청혼을 합니다. 그러나 왕의 속셈은 궁극적으로 돈거래에 목적이 있었으므로 이 청혼 중 성사된 것은 하나도 없었습니다.

부르고뉴의 공작부인은 영국에 불만을 품고 도망쳐 나온 여러 사람들에게 피난처를 제공해주고 있었지만, 그 중에서도 눈에 띄는 인물로 에드먼드 폴이라는 인물이 있었습니다. 에드먼드 폴은 스토크에서 전사한 바로 그 링컨 백작의 어린 동생이었으며, 당시에는 서픽의 백작으로 있었습니다. 왕은 그를 설득해서 아더 왕자의 결혼식에 참석해준 것을 권유했고, 그는 얼마 있지

크리스토퍼 콜롬부스

않아서 또 다시 왕에게서 도망쳤습니다. 그러자 왕은 그가 반란을 일으킬 것을 염려해서, 늘 하던 방식대로 모사꾼들을 그에게 보냈습니다. 그들 모사꾼들은 왕의 바람대로 음모를 들춰내거나 억지로 만들어냈습니다. 결국, 여러 사람이 죽거나 체포됐습니다. 마침내 왕은 에드먼드 폴을 사로잡은 다음, 목숨만은 살려주겠다는 약속을 한 후 런던탑에 가둬버렸습니다.

에드먼드 폴이 왕의 마지막 정적이었습니다. 하지만 만일 왕이 좀 더 살았다면 훨씬 더 많은 적들을 만들었을 겁니다. 왕은 끊임없는 가렴주구로 인해 원성을 샀으며, 재물을 모금함에 있어서 에드먼드 더들리와 리처드 엠손이라는 두 측근들이 저지른 악행으로 인해 폭군으로 인식됐기 때문입니다. 그러나 어떤 수단으로도 매수하거나 속일 수 없는 영원한 적인 죽음이 중대한 순간에 왕 앞에 모습을 나타내고 그의 시대를 막이 내리도록 했습니다. 왕은 1509년 4월 22일에 24년간 왕으로 재직하다 통풍으로 서거했으며, 그 때 그의 나이 53살이었습니다. 그는 웨스트민스터 사원의 아름다운 예배당에 묻혔습니다. 그 예배당은 왕이 직접 기초하고 건설한 곳으로 지금도 그의 이름이 전시되어 있습니다.

크리스토퍼 콜럼부스가 스페인을 대신해서 '신세계The New World'라고 불리는 지역을 발견한 것도 바로 이 시기였습니다. 이로 인해 놀라움과 흥미, 그리고 돈을 벌 수 있다는 희망이 영국을 사로잡았습니다. 왕과 상인들은 런던과 브리스틀에서 신세계로 떠나는 원정대를 북돋아주었고, 그 중에서 베니스 출신 뱃사람의 아들인 세바스찬 캐봇이라는 인물이 신세계에서 더욱 큰 발견을 하도록 권한을 위임받았습니다. 세바스찬의 원정대는 커다란 성공을 거두었고, 그 자신과 영국의 명예를 드높이는 공을 세웠습니다.

제27장.
'허세虛勢 왕 할' 또는 '덩치 왕 해리'라고 불렸던 헨리Ⅷ세
ENGLAND UNDER HENRY THE EIGHTH, CALLED BLUFF KING HAL AND BURLY KING HARRY

[생몰 : 1491.6.28~1547.1.28 / 재위 : 1509년 ~ 1547년]

[1부]

이제, 드디어 우리는 '허세虛勢왕 할' 또는 '덩치 왕 해리'라는 멋진 수식어가 언제나 뒤따르는 헨리Ⅷ세의[1] 이야기를 할 시기가 됐습니다. 세상 사람들이 그를 뭐라 부르건 간에 필자는 솔직히 그를 가장 혐오스런 악인으로 칭하고 싶습니다. 여러분들은 이제부터 그가 어떤 성격의 인물인지 스스로 판단하실 수 있을 겁니다.

헨리Ⅷ세는 왕위에 오를 때 불과 18살이었습니다. 사람들은 그가 매우 준수한 용모를 소유했다고 믿고 있지만, 필자는 그렇게 믿지 않습니다. 그는 건장한 체격의 소유자로 나이가 들면서 점점 눈은 작아졌고, 상대적으로 얼굴은 컸으며, 턱은 마치 두 개나 있는 것처럼 되어가면서 돼지처럼 보였습니다.(한스 홀바인이 그린 그의 초상화를 보면 그 모습을 짐작할 수 있습니다.) 그리고 그처럼 사악한 인물의 본성이 그동안 친근감을 주는 외형外形의 가면 하에 감춰져왔다는 점은 믿기 어려운 사실입니다.

왕은 대중적 인기에 무척이나 연연하는 인물이었고, 선대왕의 악행에 넌더리를 내던 민중들은 그에게 찬사를 보낼 준비가 되어 있었습니다. 또, 왕은 사람들 앞에 자랑거리를 늘어놓는 것을 좋아했고, 민중들은 왕의 그런 습성을 마다하지 않았습니다. 따라서 왕이 캐서린과 결혼했을 때 성대한 잔치가 베풀어졌음은 충분히 짐작할 수 있는 일입니다. 또, 헨리Ⅷ는 마상시합을 즐겼으며, 신하들의 배려로, 결과는 언제나 그의 승리로 끝이 났고, 왕에 대한 환호가 뒤따랐습니다.

전 장 말미에 등장했던 엠손과 더들리, 그리고 그들을 따르던 무리들은 그

---

1 튜더왕조의 헨리 7세의 둘째아들. 형이 요절하자 아버지의 뒤를 계승하였으며, 청년 시절은 르네상스 군주로 알려졌음. 형의 미망인인 왕비 캐서린과의 사이에 아들이 없었기 때문에, 1527년경부터 궁녀 앤 불린과 결혼하려고 하였으나 로마 교황이 이를 인정하지 않자 로마가톨릭과 결별할 것을 꾀하여, 1534년 수장령首長令을 공포하고 영국 국교회國敎會를 설립하여 종교개혁을 단행하였음. 이어 1536, 1539년에 수도원을 해산하고 그 영지를 몰수하였다. 종교 정책 이외에도 왕권강화에 힘썼으며, 웨일즈·아일랜드·스코틀랜드 등의 지배와 방비를 강화하고, 당시의 복잡한 국제정세 속에서도 몇 차례나 대륙에 출병하였음. 여섯 왕비 중 두 왕비와 울시, T.크롬웰, T.모어 등의 공신功臣을 처형하는 등 잔혹한 점도 있었으나, 그 통치는 국민의 이익을 크게 배반하지 않았으며, 부왕이 쌓은 절대왕정을 더욱 강화하였음.

헨리8세
(한스 홀바인이 그린 초상화)

들이 실제로 저지른 죄목으로 처벌받지 않고, 그와는 상관없는 여러 죄목으로 기소되어, 왕의 야심과 민중들의 복수심에 희생양이 되어야 했습니다. 그들은 목에 칼[형구]을 차고 말 등에 거꾸로 올라타게 한 다음 달리는 말 위에서 칼을 맞고 목이 달아났습니다.

한편 이 시기는 세상을 혼란에 빠뜨리는 데 탁월한 능력을 지녔던 교황이 출현했던 시기로 교황은 유럽대륙에서 벌어지는 분쟁에 지칠 줄 모르고 자신의 온몸을 던졌습니다. 당시 이태리는 작은 군주국으로 나뉘어 서로 정략결혼 관게로 엮여진 군주들끼리 싸움을 벌이고 있었는네, 이들 군주들은 무력한 중앙정부를 향해 서로 자신들의 권리를 주장하고 있었습니다.

교황의 처신이 자신의 마음에 들었던 영국의 헨리Ⅷ세는 프랑스 왕에게 사절을 보내서, 교황은 모든 기독교도들의 아버지와 같은 존재이기 때문에 자신은 교황의 뜻을 거스를 의사가 전혀 없다고 전했습니다. 하지만 두 사람 사이의 관계에 대하여 별 관심이 없었던 프랑스 왕이, 프랑스 내의 영국령에 대한 영국 왕의 권리마저 부정하자 양국 간에는 전쟁이 벌어지게 됐습니다.

이 전쟁과 관련한 이야기의 본말이 관련 당사국들이 저지른 음모와 술수의 기록으로 인해 왜곡되는 것을 방지하기 위해 영국이 스페인이라는 멍청한 조력자를 선택하고 분쟁에 말려들어간 사실을 밝혀두고자 합니다. 스페인이 별도로 프랑스와 협정을 맺고 영국을 곤경에 빠뜨렸기 때문입니다.

서리 백작의 아들이자 용맹스러웠던 에드워드 하워드 경은 프랑스와의 싸움에서 참으로 뛰어난 무훈을 보여줬습니다. 하지만 그는 불행하게도 용맹스러웠을 뿐 현명하지는 못했습니다. 그는 프랑스와의 전투에서 목숨을 잃은, 또 한 명의 용맹스런 장수였던 토마스 나이베트 경에 대한 복수를 할 생각으로 불과 몇 척의 나룻배로 프랑스의 브레스트Brest 항구로 잠입하면서 대포로 무장한 프랑스의 거함들을 탈취하려고 시도했던 겁니다. 그는 결국 불과 10여명의 부하들과 한척의 배에 고립되어 있다가 바다에 빠져죽고 말았습니다. 하지만 그래도 그는 마지막 순간에 지휘권의 상징인 금 목걸이와 금 호루라기가 적군의 수중에 들어가 전리품이 되는 것을 방지하기 위해 스스로 그것들을 바다에 빠뜨려버렸습니다.

에드워드 하워드 경이 용맹스럽고 영예로운 영국의 자랑거리였으므로 그의 패배는 매우 쓰라린 것이었습니다. 그의 전사 소식을 접한 왕은 스스로 참전할 것을 결심했습니다. 왕은 먼저 부왕이 런던탑에 유폐시켰던 골칫거리 서퍽 백작을 처형한 다음, 왕비 캐서린에게 영국의 통치 권한을 위임하고 장도에 올랐습니다. 그는 칼레에 도착해서 독일의 맥시밀리언 황제와 힘을 합쳤습니다. 맥시밀리언은 힘을 보태는 대가로 돈을 지불받고, 영국의 허세 왕의 허영심에 부응이라도 하는 것처럼 아양을 떠는 어처구니없는 짓을 벌이기도 했습니다.

헨리 왕은 전쟁 훈련을 하면서는 큰 성공을 거뒀는지도 모릅니다. 그러나 그에게 있어 전쟁이란, 바람에 나부끼는 화려한 빛깔의 천막을 펼쳐놓고, 깃발이나 자랑삼아 늘어놓는 그런 정도에 불과했습니다. 하지만 다행이도 행운이 왕의 편에 섰습니다. 영국 왕이 기네게이트Guinegate라는 곳에서 천막을 펼치고, 깃발을 세우고, 황금색 휘장을 드리우는 등의 가장무도회 같은 준비를 하는 데 많은 시간을 들인 결과 프랑스 병사들이 이 모습을 보고 혼비백산해서 달아나기에 급급했던 겁니다. 그리하여 영국 사람들은 이 전쟁을 이후에 '박차拍車의 전쟁Battle of Spurs'이라 부르게 됐습니다. 왕은 우연치 않은 이 승리를 마무리 짓기보다 충분한 전투를 치렀다고 판단하고 영국으로 귀국하는 길을 택하였습니다.

한편 결혼을 통해서 헨리VIII세와 인척이 되었던 스코틀랜드의 왕이었지만 이 전쟁에서는 적국의 편에 섰습니다. 그리하여 서리의 백작이 영국 장군의 입장으로, 스코틀랜드를 출발해서 트위드 강을 건너오는 스코틀랜드의 왕을 대적하게 됐습니다. 스코틀랜드 왕이

박차拍車의 전쟁(Battle of Spurs)

틸Till 강을 건널 때 쯤 해서는 양측은 서로 쫓고 쫓기는 형세를 유지하다가 플로든 언덕Hill of Flodden에 진지를 마련하게 됐습니다.

전투가 시작되자 영국 측은 언덕 아래의 평지를 향해 진군해 나갔습니다. 다섯 곳으로 나눠 커다란 진을 펼치고 있던 스코틀랜드 군은 거의 완벽하게 침묵을 유지하며 아래쪽으로 밀고 내려왔습니다. 스코틀랜드군의 각 진영은 차례대로 순서를 바꿔가며, 일렬을 이뤄 전열을 갖추고 있던 영국군과 맞닥뜨렸습니다. 그들은 홈 경의 지휘 하에 창병槍兵 부대를 앞세워 영국군을 공격했습니다. 전투의 초반에는 스코틀랜드 군에게 전세가 유리하게 돌아갔습니다. 그러나 영국군들은 곧바로 전세를 회복하고, 용감하게 싸워서 왕실 깃발 아래까지 진격해온 스코틀랜드 왕을 살해할 수 있었습니다. 상황이 이렇게 돌아가자 스코틀랜드군 달아나기에 정신이 없었습니다.

플로든 언덕에는 1만 명이 넘는 스코틀랜드 병사들의 시신이 널려있었고, 그 중에는 귀족들처럼 신분이 높은 사람들의 시체도 상당수 차지했습니다. 하지만 그 뒤로도 한참동안을 스코틀랜드 농민들은, 영국 측이 스코틀랜드 왕이 차고 있던 강철 허리띠를 발견하지 못했기 때문에 사신들의 왕은 죽지

않았다고 믿었습니다. 스코틀랜드 왕은 부도덕한 왕자를 둔 죄를 참회하기 위해 철로 만든 허리띠를 두르고 다녔던 겁니다. 하지만 그의 허리띠야 어찌되었든 영국 측은 스코틀랜드 왕의 창과 단검과 손가락에서 빼낸 반지를 확보하고 있었으며, 상처로 얼룩진 그의 시신도 수습할 수 있었습니다. 그리고 스코틀랜드 왕에 대해 잘 알고 있던 영국의 기사들이 그의 시신을 확인했으므로 이 전투에서 스코틀랜드 왕이 전사한 사실에는 의심의 여지가 없습니다.

한편, 헨리VIII세가 프랑스 왕과 새로운 전쟁을 치를 결심을 굳힌 반면에 프랑스 왕은 평화를 궁리하고 있었습니다. 당시 죽음을 앞에 두고 있던 프랑스 왕비는, 비록 왕의 나이가 50을 넘어서고 있었지만, 그녀 사후에 남편이 영국 헨리 왕의 누이와 결혼하기를 바랐습니다.

헨리 왕의 여동생인 메리는 당시 16살에 불과했는데도 서퍽의 공작과 약혼을 한 상태였습니다. 어쨌든 메리의 의사와는 상관없이 이 정략결혼은 성사되었으며, 그녀는 시녀 한명만을 대동하고 프랑스로 건너가서 프랑스의 왕비가 됐습니다. 이때 메리가 프랑스로 데리고 갔던 어린 시녀가 서리 백작(그는 플로든 언덕의 전투에서 승리한 후 노퍽의 공작이 됐습니다.)의 질녀인 앤 불린입니다. 여러분은 이 여인의 이름을 꼭 기억해둬야 합니다. 그 이유는 잠시 후 등장합니다.

어린 아내 메리를 무척이나 자랑스러워하던 프랑스 왕은, 그녀가 프랑스에 도착했을 때 앞으로 펼쳐질 행복한 삶을 꿈꿨을 것이고, 반대로 메리는 그녀 앞에 펼쳐질 암울한 삶에 대해 슬픔에 잠겼을 것이 확실합니다. 하지만 프랑스 왕은 석 달 만에 숨을 거둠으로써 어린 메리를 과부로 만들고 말았습니다.

이후 새로 프랑스 왕위에 오른 프랑수아 I 세는, 메리의 두 번째 남편은 반드시 영국인이 되어야 자신에게 이익이 된다고 판단했습니다. 그래서 그는

토마스 울시

영국의 헨리 왕이 메리를 데려오도록 프랑스로 파견한 서퍽의 공작(그는 메리의 첫사랑이었습니다.)에게 그녀와 결혼할 것을 권했습니다.

서퍽의 공작을 너무나 사랑했던 메리는 그에게 당장 결혼하지 않으면 영원히 자신을 잃게 될 것이라고 협박 아닌 협박을 했고, 둘은 결혼에 성공했습니다. 후에 두 사람의 결혼 소식을 전해들은 헨리 왕은 그들을 용서해주었습니다. 그리고 헨리 왕과 우호적 관계를 유지하고 싶었던 서퍽 공작의 가문은 헨리 왕에게 토마스 울시라는 가문의 가장 측근을 천거한 바가 있었는데, 토마스 울시는 그의 독특한 영광과 몰락으로 인해 영국 역사에 분명한 족적을 남기게 됩니다.

울시는 서퍽의 입스위치에서 존경받는 정육업자의 아들로 태어나서, 훌륭한 교육을 받고 도셋 후작의 가정교사로 들어갔습니다. 그 인연으로 이후 후작은 울시를 선대왕의 왕실 목사 중 한 사람으로 천거해주었습니다. 이후 헨리 왕이 즉위하게 되자 울시는 총애를 받고 고속 승진을 하고 됐습니다. 그리하여 그는 요크의 대주교 자리에까지 오르게 됐으며, 나아가 교황은 그에게 추기경 자리까지 선사해주었습니다.

영국이나 영국 왕에게 접근하고자 하는 이는 이제 울시를 통하지 않고는 아무 것도 할 수 없을 정도가 됐습니다. 외국의 군주이든 영국의 귀족이든 위대한 추기경 울시와 친분을 맺어야만 영국 왕실과 가까워질 수 있었던 겁니다.

울시는 기본적으로 웃고 떠들고 술 마시고 노래하기를 좋아하는 쾌활한 인물이었습니다. 이런 그의 기질은 헨리 왕의 그것과 닮은꼴이었습니다.(그가 헨리 왕보다 조금 못 미쳤다고 할 수 있습니다.) 그는 사치와 화려함을 무척이나 밝혔고, 왕 또한 그랬습니다. 또, 그는 당시 교회가 사용하는 처세술에 능란한 재주를 지녔습니다. 그는 사람들이 저지른 잘못에 대해 핑계거리나 구실을 찾아주고, 검은 것을 흰 것으로 둔갑시키는 데 기가 막힌 솜씨를 발휘했던 겁니다. 이러한 그의 탁월한 능력은 왕도 매료시켰습니다.

울시는 그의 재주를 이용해 왕을 치켜세워주었고, 처세술에 능란한 인물들이 늘 그러하듯이, 왕을 요리할 줄 알았습니다. 그는 유능한 조련사가 늑대나 호랑이(그보다 더한 미지의 맹수라도)를 맘대로 조련하듯이, 어느 날 갑자기 달려들어 자신을 갈기갈기 찢어놓을 수 있는 대상을 마음대로 조종하였던 겁니다.

그때까지 영국에는 울시 추기경만큼 당당함을 뽐내던 인물이 없었습니다. 그는 재산이 왕실과 맞먹는다 할 정도로 어마어마한 갑부였습니다. 그의 궁전은 왕궁만큼이나 화려함을 자랑했고, 거느리는 수하들의 숫자만도 8백 명이 넘었다고 합니다. 그는 머리부터 발끝까지 빛나는 주홍색으로 치장을 하고, 보석으로 수를 놓은 신발을 신고 행차하기를 즐겼습니다. 또, 울시가 화려함으로 치장된 저속한 겸양을 내세우며 벨벳으로 된 안장과 마구, 그리고 황금 등자鐙子를 갖춘 노새에 올라 느릿느릿 활보하는 동안, 그의 수하들은 혈색 좋은 말들을 타고 그를 따랐습니다.

당당한 성직자 울시의 역할에 힘입어 프랑스(지역은 프랑스 지역이었지만 그 소유권은 영국에게 있던 지역)에서 영국 왕과 프랑스 왕 사이에 역사적 만남이 성사됐습니다. 그리고 때를 맞춰 양국의 친선우호를 축하는 성대한 축하연이 벌어졌고, 연락 사절들은 유럽의 각 도시들을 돌아다니며 놋쇠로 만든 나팔을 불면서 영국과 프랑스가 서로 화해협력하기로 한 것을 기념하기 위해 마상시합을 개최하니 참가를 희망하는 기사는 누구라도 참가해도 좋다고 알리고 다녔습니다.

한편 선대왕의 사망으로 독일의 새로운 황제에 등극한 찰스는 영국과 프랑스가 너무 가까워지는 것이 불안했던 나머지 영국으로 직접 찾아와서 영국 왕이 프랑스로 떠나는 길을 막아섰고, 자신이 힘을 발휘하면 다음 번 교황 자리를 울시에게 돌아가게 할 수 있다며 울시의 귀를 솔깃하게 했습니다.

독일 황제가 떠나는 날 영국 왕과 왕실 일행은 칼레를 향한 여정에 나섰고, 다시 그곳에서 아드레Ardres와 기스네Guisnes 사이에 있는 약속 장소로 출발했습니다. 그곳은 일반적으로 '금장의 언덕Field of the Cloth of Gold'이라 불리는 곳이었습니다. 회합 장소에는 사치와 낭비가 극을 이루었으며, 수많은 기사와 귀족들이 너무나도 사치스럽게 옷을 차려입어서 그들이 돈을 어깨에 걸고 다닌다는 소리가 나돌 정도였습니다.

그곳에는 임시로 지은 성과 예배당도 있었고, 와인을 내뿜는 분수와 방문자 모두가 물처럼 무료로 마실 수 있는 와인 저장고도 있었으며, 황금색 칠을 한 사자들과 황금 레이스 등이 끝도 없이 늘어져있었습니다. 그리고 그런 사치와 화려함의 한 가운데에는 부자 추기경이 누구보다도 우뚝 서있었습니다.

마치 원래부터 그럴 의도가 있었던 듯 양국 왕은 엄숙함 속에서 협약을 맺었고, 이어서 길이는 9백 피트에 달하고 폭은 320피트에 달하는 마상시합 참가자들의 일람표가 공개됐습니다. 양국의 왕비들은 수많은 귀족 부부와 함께 이 광경을 구경하였습니다. 그리고 양국의 정상은 10일 동안 매일같이 5경기를 치렀는데, 상대방에 대한 예의를 지켜가며 치열한 시합을 벌였습니다.

하지만 글로 전해지는 이야기에 의하면 한번은 프랑스 왕에게 걸려 넘어진 영국 왕이 분을 참지 못하고 정식으로 씨움을 벌이려 했다고 합니다. 또, '남

'금장의 언덕Field of the Cloth of Gold' 회합

장의 언덕' 사건과 관련하여서는 양국 간에 서로 믿지 못하는 불신의 벽이 가로놓여있었다는 이야기도 전해지는데, 그 불신은 이런 식으로 해소됐다고 합니다.

어느 날 아침 프랑스의 프랑수아 I 세가 홀로 말을 몰고 영국의 헨리 왕이 잠들고 있는 텐트에 도착해서 아직 잠이 덜 깬 헨리 왕에게 농담 삼아 자신은 이제 헨리 왕의 포로가 됐다고 말을 했습니다. 그러자 침대에서 벌떡 일어난 영국 왕은 프랑스 왕을 껴안았고, 프랑스 왕은 영국 왕이 입을 옷을 자신의 몸으로 데워주며 그가 옷 입는 것을 도와주었다고 합니다. 그러자 헨리 왕은 그에 대한 보답으로 프랑스 왕에게 훌륭한 칼라(깃)를 선사했으며, 이에 보답으로 프랑스 왕이 헨리에게 팔찌를 선물했다고 합니다. 이 모든 이야기가 당시부터 수없이 반복적으로 기록되고 구전되어서 전 세계의 사람들은 이제 이 이야기만 들어도 신물이 올라올 지경일 겁니다.

물론 이러한 우호적인 분위기는 정말로 얼마가지 않았고, 양국은 금세 전쟁을 벌이고는 혈맹이라 했던 형제국 끼리 상대방에 치명상을 입히기 위해 안달을 냈습니다. 한편 이 전쟁이 발발하기 전에 영국에서는 버킹엄의 공작이, 해고된 하인이 앙심을 품고 밀고를 하는 바람에 누명을 쓰고 타워힐Tower Hill에서 치욕스럽게 죽어가는 일이 발생했습니다.

　사실, 버킹엄의 공작은 남의 말에 쉽게 넘어갔다는 점 외에는 죄를 찾을 수 없었습니다. 그는 자신의 아들이 영국에서 큰일을 할 운명을 타고 났다는 자칭 예언자인, 홉킨스라는 어느 탁발승의 떠벌림을 너무 쉽게 믿어버렸던 겁니다. 사람들은 그가 위대한 추기경 울시를 공공연히 비난했기 때문에 죽어야 했다고 믿었습니다. 그가, '금장의 언덕'에 들인 비용과 어리석음을 거론하며 추기경을 비난했기 때문입니다. 어쨌든 그는 별다른 죄도 짓지 않고 목이 달아났습니다. 그리고 그 상황을 목도한 사람들은 무척이나 분노했고, 정육업자의 아들이 꾸민 일이라고 떠들어댔습니다.

　앞서 언급한 양국 간의 전쟁은, 비록 서리의 백작이 프랑스로 다시 쳐들어가 피해를 주기는 했어도, 그리 길게 끌지는 않았습니다. 이 전쟁은 두 왕국 간에 다시금 평화협정을 맺음으로써 끝이 났고, 그 결과 독일 황제가 그의 호언장담만큼 그렇게 영국에 우호적인 인물이 아니라는 점이 드러났습니다.

　영국 왕의 간청에도 불구하고 독일 황제는 약속을 어기고 울시를 교황에 앉히지 않았습니다. 그 사이 두 명의 교황이 짧은 생을 마감하고 세상을 떠났으며, 외국의 성직자들은 추기경이 상대하기에는 너무 벅찬 상대였습니다. 그들은 울시가 교황의 자리에 오르는 것을 거부했던 겁니다. 그래서 왕과 추기경은 독일 황제는 믿을 인물이 못된다고 판단했고, 이에 따라 왕의 딸인 메리(웨일즈의 여주인)와 독일 황제와의 결혼 약속을 깨버리고, 그녀를 프랑스의 프랑수아 I 세나 그의 장남과 결혼시키는 것이 어떤가, 궁리하기 시작했습니다.

　이때 독일의 위템버그Wittemberg에서 대변혁의 물결을 불러일으킬 위대한 인물이 등장했습니다. 그 물결을 영국에서는 종교개혁이라 부르며, 이는 성직자들에게 예속되어 노예처럼 살았던 사람들에게 자유를 가져다주는 운동이었습니다.

마르틴 루터

이 운동을 일으킨 인물은 마르틴 루터 박사라고 불리는 뛰어난 학자였습니다. 루터 박사는 그 자신이 성직자요, 수도승 생활을 직접 해 봤기 때문에 그들이 속사정을 너무나 잘 알고 있었습니다. 또, 위클리프의 설교나 저작들은 이 주제와 관련하여 많은 사람들이 생각을 달리하는 계기를 주었습니다.

루터는 어느 날 너무나 놀랍게도 성직자들이 읽지 못하도록 했던 신약성서라는 책자가 있음을 발견했습니다. 그 책자에 그동안 성직자들이 감추고 싶어 했던 진실이 담겨있음을 알게 된 그는 열정적으로 교황과 그 하부 조직에 반기를 들기 시작했습니다.

루터가 민중들을 각성시키는 위대한 작업에 본격적으로 뛰어들기 전에 테트젤이라 불리는 어느 뻔뻔스런 사기꾼 탁발승이 이른바 '면죄부Indulgence'라는 것을 사람들에게 도매로 팔아넘기는 사건이 벌어졌습니다. 모아진 돈은 로마에 있는 성베드로 대성당의 외관을 꾸미는 일에 사용될 예정이었습니다. 그 면죄부를 사는 사람은 누구나 자신이 저지른 죄에 대한 하늘의 처벌을 면제 받을 수 있다고 들었습니다. 루터는 사람들에게, 그 면죄부는 하나님 앞에서는 단순한 종잇장에 불과한 것이며, 테트젤이나 그의 우두머리들은 그런 것을 판매하는 사기꾼들이라고 강조했습니다.

왕과 추기경은 루터의 이러한 무례한 행동에 대단히 화가 났고, 왕은 토마스 모어 경의 도움을 받아(토마스 모어 경은 학식이 뛰어난 인물이었지만 이후 왕은 그의 목을 베는 것으로 그에게 보답하게 됩니다.) 그에 관한 책자를 쓰기도 했는데, 이 사실을 안 교황은 크게 기뻐하며 영국 왕에게 '신앙의 옹호자'[2]라는 칭호를 부여하게 됩니다. 왕과 추기경은 나아가 민중들에게 루터의 책을 읽으면 파문할 것이라는 경고문을 공포하기도 했습니다. 그럼에도 불구하고 민중들은 루터의 글들을 읽었고, 그 안에 들어있는 내용에 관한 소문은 폭넓게 퍼져나갔습니다.

이런 위대한 변화가 진행되는 동안에 헨리 왕은 그의 참모습이면서도 너절한 본색을 드러내기 시작했습니다. 자매가 함께 프랑스로 건너갔던, 나이 어린 소녀였던 앤 불린은 이때쯤에는 성장해서 아름다운 여인이 되어있었으며, 캐서린 왕비의 시중을 드는 시녀 중의 한명으로 일을 하고 있었습니다. 왕비인 캐서린은 이제 더 이상 매력적이지도 젊지도 않았으며, 아마도 그녀는 성품도 그리 온순한 편은 아니었던 듯싶습니다. 그녀는 언제나 우울했으며, 이는 아마도 너무 이른 나이에 죽음을 맞이한 자신의 네 명의 아이들 때문이었을 겁니다. 그래서 왕은 젊고 예쁜 앤 불린과 사랑에 빠져서, 스스로에게 '도대체 어떻게 하면 저 골치 아픈 마누라를 제거하고 앤과 결혼할 수 있을까?'라고 중얼기리기 시작했습니다.

여러분은 캐서린 왕비가 헨리VIII세의 형의 아내였던 것을 기억할 겁니다. 어떻게 하면 무난하게 캐서린과 이혼하고 앤과 새롭게 결혼할 수 있을까를 고민하던 왕이 선택한 고육책은 성직자들을 모아놓고 다음과 같이 넋두리를 늘어놓는 길밖에 없었습니다. '아! 짐은 그동안 캐서린과의 결혼이 합법적이지 않았다는 사실 때문에 너무나도 메마르고 불편한 결혼생활을 보냈도다. 하지만 새로운 배필을 맞이하고자 하나 여러 제약이 따르니 이를 어떡하면 좋단 말인가?'

왕의 하소연을 듣고 있던 성직자들 중 누구 하나도 왕의 머릿속에는 이미 꿍꿍이가 들어차있음을 지적하거나, 그동안 언제 왕이 왕비 캐서린 때문에

---

2   the Defender of the Faith, 영국 왕의 전통적 칭호

영화에 등장하는
아라곤의 캐서린
(Catherine of Aragon)

마음고생을 했는지 의문을 제기하는 자가 한명도 없었습니다. 그들은 오히려 '너무 지당하신 말씀입니다. 쉽지 않은 일이기는 하나 폐하께서 새로운 배필을 만나 평화로운 가정을 꾸미고, 마음의 고통을 지우기 위해서는 현 왕비와 이혼을 하시는 길밖에는 없습니다.'라며 왕의 비위를 맞췄습니다. 그러자 왕은 기다리기라도 했다는 듯이 '맞소. 분명 그 길밖에 없는 듯하오.'라고 말했습니다. 그리하여 모두는 그 일을 성사시키는 과업에 떨쳐 일어났습니다.

캐서린과의 이혼을 성사시키기 위해 궁정에서 벌어졌던 온갖 음모와 흉계들을 이 자리에서 다 거론한다면 여러분들은 아마도 영국 역사야 말로 세상에게 가장 지루한 이야기로구나 하고 생각할 겁니다. 그래서 필자는 다음과 같이 간단하게 그 과정을 설명하는 것으로 끝내겠습니다.

영국 왕실과 수차례의 협상과 교황청의 책임 회피 등이 오고간 다음 교황은 울시 추기경과 캄페지오 추기경(이 인물은 교황의 명을 받고 이태리에서 영국으로 건너갔습니다.)에게 영국 내에서 벌어지고 있는 일에 대한 판결의 대리권을 주었습니다. 일반적으로 울시는 왕비 캐서린과 사이가 안 좋은 것으로 알려져 있으며, 필자는 이런 세간의 판단에는 나름대로 이유가 있다고 판단합니다. 왜냐하면 왕비가 그동안 울시의 오만하고 사치스러움에 대해 비난을 서슴지 않았기 때문입니다. 하지만 울시는 처음에는 왕이 앤 불린과 결혼하고 싶어하는 지를 눈치채지 못했습니다. 그러나 왕의 본심을 알고 난 다음에는 왕을 말리기 위해 온갖 노력을 다 기울였습니다.

　추기경들은 지금도 런던에 같은 이름의 다리가 서있는, 블랙 프라이어Black Friars 수도원에 재판장을 마련했고, 왕과 왕비는 지금은 흉물스런 감옥으로 남은 브라이드웰Bridewell 궁에 여정을 마련했습니다. 재판이 열리던 날 왕과 왕비는 재판장에 모습을 드러냈고, 왕에게 버림받은 왕비는, 아직도 칭송받을 만한 여성으로서의 아름다움을 유지하며, 위엄과 단호함을 잃지 않고 왕 앞에 무릎 꿇고, 자신은 이국땅에서 영국으로 건너와 20년간을 왕의 충실한 아내로서 최선을 다해 살아왔으며, 지금 재판장 역할을 하고 있는 추기경들은 자신의 거취를 결정한 권한이 없다고 말했습니다. 이 말을 마치고 그녀는 일어나 재판장을 걸어 나갔고, 이후 다시는 그 재판장으로 돌아오지 않았습니다.

　왕은 짐짓 평정을 잃지 않은 척하며 말했습니다. 여러분! 캐서린 왕비가 얼마나 훌륭한 여인이었습니까! 짐은 진정으로 그녀와 백년해로를 하고 싶었으나 형수와 살고 있다는 그 불편함이 나를 미칠 지경으로 만들고 있으니 어쩌면 좋단 말이오! 이렇게 해서 심리는 계속 진행됐고, 2달 동안 지루한 공론만이 오고갔습니다. 그리고 교황의 대리 역할을 하면서도 오로지 연기밖에 할 줄 모르던 캄페지오 추기경은 결정을 또 두 달 뒤로 미뤄버렸습니다. 또, 그 두 달 째가 당도하기도 전에 이번에는 교황이 직접 왕과 왕비가 로마까지 와서 심리를 받을 것을 요구하며 결정을 무한정 연기해버렸습니다.

　하지만 왕에게는 다행스럽게도, 토마스 크랜머라는 케임브리지 학자가 교황과 만찬을 갖기로 했다는 소식이 당도했습니다. 토마스 크랜머는 사방팔방의 모든 학자들과 주교들에게 사건의 내막을 알리고, 왕의 결혼은 합법적인 것이 아니었다는 견해를 이끌어냄으로써 교황에게 왕 부부의 이혼을 허락하도록 압력을 넣고 있던 중이었습니다. 앤 불린과의 결혼에 안달이 난 왕은 토마스 크랜머의 기지에 탄복을 하고 신속히 그에게 선살을 보냈고, 앤 불린의 아버지인 로취포트 경에게도 전갈을 보내, '크랜머를 귀하의 시골집으로 초빙해서, 그가 연구할 수 있는 최고로 좋은 방을 내주고, 짐이 귀하의 딸과 결혼하는 데 유리한 모든 자료를 찾아내도록 해주시오.'라고 지시했습니다. 이를 마다할 리가 전혀 없는 로취포트 경은 그 학자에게 가능한 최선의 안락한 여건을 제공해주었고, 그 학자는 이번 사건이 왕에게 유리하도록 심혈을 기울여 연구를 했습니다. 이러는 사이에도 왕과 앤 불린은 매일같이 편지를 주고받으며 하루빨리 심리가 좋은 쪽으로 결정 나기를 기다렸습니다. 그리고 앤 불린은 나중에는 자신에게 칼날을 들이댈 운명의 여신 앞에 스스로를 있는 그대로 드러내기를 주저하지 않았습니다.

왕의 조력자로서의 역할을 크랜머에게 빼앗긴 것은 울시 추기경으로서는 크나큰 실수가 아닐 수 없었는데, 설상가상으로 그가 왕과 앤 불린의 결혼을 말리려했다는 사실은 그에게는 더욱 낭패의 원인으로 작용했습니다. 헨리 Ⅷ세 같은 왕을 모셨던 울시 같은 신하라면 언제든지 나락으로 떨어질 가능성은 있었지만, 그는 어느 날 갑자기 이전 왕비 측근의 증오와 새로운 왕비가 될 여인 측근의 증오 사이로 떨어져버렸습니다.

어느 날 울시는 자신이 의장으로 있던 대법관실로 출근하던 도중 미리 기다리고 있던 노퍽과 서펙의 공작으로부터 사직 명령이 내려졌다는 전갈을 받았습니다. 그에게는 모든 직책에서 물러나, 서리의 에서Esher에 있는 거처에 조용히 물러가 대기하라는 명령이 내려졌던 겁니다. 이 말을 들은 추기경이 명령을 거부하자 공작 둘은 급히 말을 몰아 달려가 왕에게 고했고, 그들이 다음날 왕의 친서를 들이대자 추기경은 명령을 따를 수밖에 없었습니다.

요크에 있는 추기경의 궁전(지금은 화이트홀이라 불림) 내의 모든 재산 목록이 발표되었고, 추기경 울시는 슬픔에 잠긴 채 바지선을 타고 강을 따라 퓨트니Putney로 출발했습니다. 자신의 궁지에 걸맞지 않은 처량한 신세가 된 울시는, 야속한 운명에 압도당한 채, 그의 성에서 쫓겨나 에서를 향해 출발

토마스 울시 추기경의 묘지

하면서, 왕으로부터 위로의 메시지와 반지를 가지고 당도한 왕실 의전관을 보자 말에서 내려 모자를 벗고 더러운 땅바닥에 엎드렸습니다. 적어도 이 순간만은 추기경보다는 그를 위해 봉사하던 불쌍한 광대가 더 돋보였습니다. 추기경은 잘 나가던 시절 자신의 여흥을 위해 궁정에 어떤 재능이 뛰어난 광대를 두고 있었는데, 추기경이 왕에게 자신은 그 광대 외에는 바칠 것이 아무 것도 없다고 하자 그 광대가 추기경과 떨어지지 않기 위해 몸부림을 쳤기 때문입니다. 그 충직한 광대를 떼어놓기 위해서는 장정이 6명이나 필요했습니다.

한때 오만했던 추기경의 명예는 곧바로 추락했으며, 추기경은 가장 비참한 꼴로 그의 주군에게 편지를 썼습니다. 그의 주군은 그날그날의 기분에 따라 어떤 날은 그를 한없이 깔보다가도 어떤 날은 치거세워주기도 하더니, 이제는 물러가 요크의 관구에서 조용히 지내라는 명령을 내린 겁니다. 추기경은 자신의 운명이 너무 가련하다고 말했습니다. 하지만 필자는 어떻게 그의 입에서 그런 소리가 나왔는지 이해할 수 없습니다. 왜냐하면 그는 160명의 하인을 거느리고, 어마어마한 재산을 소유하고 있었기 때문입니다. 그는 또 낙향해서도 자신에게 닥친 불운을 적당히 이용해 사람들에게 측은하게 보이고, 부드러운 이미지를 심어줌으로써 모두의 환심을 사기도 했습니다. 어쨌든 그는 한참 권력을 누리고 있을 때 교육을 위해 뛰어난 업적을 남기기도 했습니다.

그리고 마침내 그는 일급 반역죄로 체포되어 런던으로 압송되는 신세가 되었습니다. 압송 과정에서, 이둠이 내릴 무렵, 아픈 몸을 이끌고 레스터 수도원에 도달한 울시는 등불을 들고 마중 나온 수도사에게 그곳에 몸을 누이고 싶다고 말했습니다. 그런데 그는 그곳에서 정말로 몸을 영원히 뉘게 됐습니다. 그는 잠자리로 안내된 침대에서 다시는 일어날 수 없었기 때문입니다. 그는 마지막으로 이런 말을 남겼습니다.

"내가 만일 왕에게 바친 만큼의 열성을 하나님께 바쳤다면, 하나님께서는 나를 이렇게 내버리지는 않았을 텐데……. 하지만 신이 아니라 인간 주군에게 바친 수고와 열정의 대가라고 하기에는 참으로 허망하구나!"

추기경의 사망 소식은 웅장한 햄톤 궁Hampton Court의 정원에서 활쏘기를 하며 여흥을 보내고 있던 왕에게 재빠르게 전해졌습니다. 햄톤 궁은 바로 그 추기경이 왕에게 헌납한 왕궁이었습니다. 한때는 충직한 신하였다가 나락으로 떨어진 인물에게 보여준 왕의 복잡한 심정은 그 신하가 어디엔가 숨겨놓았다고 알려진 1500파운드에 달하는 돈을 어떻게 하면 차지할 수 있을까 하는 욕망의 표현이었을지 모릅니다.

학자들과 주교들 및 기타 여러 사람들로부터 취합한, 영국 왕의 마음을 흡족하게 하는, 이혼 요청 건이 교황에게 제출되었고, 그들은 모두 이제 교황이 이를 허락해야 한다고 주장했습니다. 재수 없이 골칫거리를 만난 교황은 소심한 성품의 소유자로, 영국 왕의 요청을 들어주지 않으면 영국에서 자신의 입지가 곤란을 겪을지 모른다는 우려와 캐서린 왕비의 조카인 독일 황제의 심기를 건드려서는 안 된다는 고민 사이에서 갈피를 잡지 못했습니다. 그런 진퇴양난 속에서 교황은 여전히 상황을 회피하기만 하고 아무런 결정을 내리지 못하고 있었습니다.

그러자 울시의 최측근 중 하나였던 토마스 크롬웰이(그는 울시의 추락 이후에도 왕의 곁에 남아있을 수 있었습니다.) 이 문제를 왕이 직접해결 하도록 조언을 했습니다. 그는 왕에게 왕이 스스로 영국의 모든 교회의 수장首長이 되는 것이 좋겠다고 알려주었습니다. 그리고 드디어 왕은 여러 가지 계책을 동원해서 크롬웰이 귀띔해준 일에 착수했습니다. 그는 대신에 성직자

들에게는 루터의 신교운동을 지
지하는 사람들을 얼마든지 박해
할 수 있는 권한을 주었습니다.
그는 성직자들이 원하는 만큼
루터 지지자들을 색출해서 불태
워 죽이도록 했던 겁니다. 여기
서 여러분들은 토마스 모어 경
이 울시를 대신해서 총리대신에
임명된 사실을 기억하고 넘어가
야 합니다. 토마스 모어 경은 학

토마스 모어

식이 뛰어났던 학자로 학문을 통해 왕을 보필했습니다. 그러나 그는 악행을
저지르는 교회보다는 참된 신앙을 따르던 사람이었으므로 상황이 이렇게
돌아가자 결국 공직에서 사임하고 말았습니다.

이제 캐서린 왕비를 제거하고 이런저런 복잡한 과정 없이 앤 불린과 결혼
하기로 마음을 굳힌 왕은 크랜머를 캔터베리의 대주교로 앉히고 캐서린에
게는 왕궁을 떠날 것을 명령했습니다. 캐서린은 그 명령을 따랐지만, 자신은
어디를 가든 여전히 영국의 왕비이고 앞으로도 영원히 그럴 것이라는 답변
을 남기고 떠났습니다. 그리고 나서 왕은 앤 불린과 사적인 결혼식을 올렸
으며, 새로이 캔터베리의 대주교가 된 크랜머는 6개월도 지나지 않아서 왕
과 캐서린의 결혼은 무효라고 선언한 후 앤 불린의 머리에 왕비의 왕관을 씌
워줬습니다.

앤 불린은 그런 악행의 결과로는 어떤 선한 결과도 기대할 수 없다는 사실
을 깨달았어야 하며, 그 뚱뚱한 악마가 첫 번째 부인에게 잔인하고 신의 없
이 대한 것보다 둘째부인에게 더 못되게 굴 수도 있다는 사실을 간파했어야
합니다. 그녀는, 왕이 자신과 사랑에 빠졌을 때, 그녀의 주변이나 거처에 이
상한 병에 걸린 사람이라도 생기면 그 병에 옮을까봐 겁쟁이처럼 꽁지 빠

지게 달아나기 바빠하는 모습을 보았을 때, 왕이 비열한 이기주의자라는 사실을 미리 짐작했어야 합니다. 하지만 그녀는 이 모든 사실을 너무 늦게 알아버렸으며, 너무나 값비싼 대가를 치러야 했습니다. 비열한 인간과 연연을 맺은 그녀의 잘못된 결혼은 자연스런 결과를 맞이하게 됩니다. 우리가 얼마 있지 않아 목격하게 되겠지만, 이 결혼의 자연스런 결말은 그녀의 마지막을 자연스럽게 만들지는 못했습니다.

앤 불린

[2부]

영국 왕의 새로운 결혼 소식을 접한 교황은 화가 머리끝까지 났습니다. 그리고 영국 내의 상당수 수도승들도 자신들의 지위가 위협받게 될 것을 염려하여 교황과 보조를 맞췄습니다. 심지어 그들은 교회에서 왕의 면전에 대고 큰소리로 외치기도 했으며, 그들의 외침은 왕이 '닥치시오!'라고 소리칠 때까지 계속되곤 했습니다. 왕은 생각만큼 상황을 심각하게 받아들이지 않았고, 새 왕비가 딸아이를 낳자 크게 기뻐하며 아기의 세례명을 엘리자베스라고 짓고, 아이의 언니를 그렇게 부른 것처럼, '영국의 공주Princess of Wales'로 봉했습니다. 이렇게 해서 이제 영국에는 아기의 언니인 메리와 함께 두 명의 '영국의 공주'가 생기게 됐습니다.

헨리VIII세의 통치기간 중 가장 폭력적인 일은 왕이 종교적인 문제에서 개혁적인 입장과 보수적인 입장 사이를 왔다 갔다 함으로써 수많은 인명 피해를 불러왔다는 사실입니다. 왕은 교황과 갈등이 심해지면 질수록 자신이 정통 가톨릭 신앙에서 멀어지는 것이 아니라는 사실을 보여주기 위해 무고한 인명을 죽음으로 몰아갔습니다. 그리하여 존 프리스라는 불운한 학생과 그를 무척 사랑했던 앤드루 히웻이라는 여인이 스미스필드에서 화형에 처해지는 일도 발생했습니다. 앤드루 히웻은 그녀의 연인이 믿는 신앙이라면 무엇이든 자신도 믿는다고 공언을 했었습니다.

살생은 이것으로 끝나지 않았습니다. 이번에 희생이 된 인물들은 훨씬 저명한 유명 인사들로, 토마스 모어 경과 로체스터의 주교인 존 피셔가 그들입니다. 이 중에서 존 피셔 주교는 온화한 성품의 인물로서, 그는 '켄트의 성녀 Maid of Kent'라고 불리던 엘리자베스 바톤의 말을 너무 쉽게 믿어버렸다는 죄 말고는 특별한 죄목이 없었던 인물이었습니다.

엘리자베스 바톤은 신의 계시를 받았다고 자처하며, 온갖 이적을 행한다고 알려진 여인이었습니다. 하지만 그 이적이라는 것은 그런 류의 인물들이 항상 그렇듯이 말도 안 되는 계략으로 꾸민 것들이었습니다. 존 피셔 주교는 바로 이런 간계에 속아 넘어간 죄로, 그러나 실제적인 이유는 그가 왕이 영국 교회의 수장이라는 점을 인정하지 않았다는 이유로 곤욕을 치르고 감옥에 갇히는 신세가 됐습니다. 이때는 이미 켄트의 성녀와 추종자들에게는 죽음의 철퇴가 내려진 뒤였고, 주교의 감옥 생활은 생지옥이나 다름없었습니다.

그래도 교황은 영국 왕을 곤경에 빠뜨리기 위해 피셔를 추기경으로 만들기로 마음을 먹었습니다. 하지만 이 소식을 접한 왕은, 교황이 피셔를 추기경으로 봉하기 위해서는 그에게 빨간 모자를 보내야 하는데(당시 추기경에 오를 사람은 교황이 보낸 빨간 모자를 착용해야 하는 관습이 있었습니다.), 아마도 그 모자를 쓰게 될 머리가 없어질 것이라는 무시무시한 농담을 했습니다. 결국 피셔 주교는 불공정한 재판을 받고 사형을 언도받았습니다. 피셔 주교는 마지막 순간에도 그 명성을 후대에 남길 정도로 덕망 있는 인품과 당당함을 잃지 않았습니다.

필자는 감히 말힙니다만, 왕은 이런 상황을 목도한 토마스 모어 경이 낭연

414

토마스 모어의 처형

히 겁을 먹었을 것으로 판단했을 겁니다. 하지만 쉽게 꺾이지 않는 성품을 소유한 데다 교황의 권위를 철저하게 신봉했던 토마스 모어 경은, 영국 왕은 교회의 수장이 될 수 없다는 단호한 신념을 굽히지 않았습니다. 그는 거의 일 년을 감옥에서 보내며 재판을 받고 극형을 언도받았습니다.

토마스 모어 경이 최후를 맞이하는 날, 당시의 국사범들을 처형할 때는 늘 그렇듯이, 사형집행인의 날카로운 도끼날이 그의 목을 향한 채 그는 처형장으로 끌려갔습니다. 그는 모든 것을 담대하게 받아들이며, 웨스트민스터 홀에 몰려든 군중들 틈을 뚫고 다가선 아들을 향해 마지막 축복을 내렸습니다. 하지만 그는 이동 중에, 사랑했던 딸 마가레트 로퍼가 경비병을 열심히 헤치고 나아가 그에게 키스를 하며 눈물을 흘릴 때는 일순간 흔들림을 보이지 않을 수 없었습니다. 하지만 그는 곧바로 평정을 되찾고 이후로는 용기와 당당함을 잃지 않았습니다.

그는 처형대에 올라가면서는 처형대의 계단이 흔들리는 것을 발견하고는 런던탑의 부소장을 향해, "내가 내 힘으로 똑바로 올라갔다 내려오는 것을 지켜보시오."라며 농담을 건네기도 했고, 처형대에 목을 들이밀고서는 집행관을 향해, "내 수염을 앞쪽으로 좀 옮기게 해주시오. 최소한 내 수염은 반역을 저지르지 않았으니 말이오."라고 말하기도 했습니다. 이렇게 해서 그는 목이 달아났습니다.

이들 두 명의 유명인을 처형한 것은 헨리VIII세의 면모를 적나라하게 드러낸 것이었습니다. 토마스 모어 경은 그의 시대에 가장 덕망 있는 인물이었으며, 피셔 주교는 그의 오래되고 진실된 친구 중 한명이었습니다. 그러나 왕의 친구가 된다는 것은 왕의 부인이 된다는 사실만큼이나 위험천만한 일이었습니다.

이 두 사람에 대한 처형 소식이 전해지자 교황은 역사상 유래가 없을 정도로 화가 폭발해서, 칙령을 발간하고 그의 추종자들에게 영국 왕을 폐위시키기 위한 전쟁에 돌입하도록 명령을 내렸습니다. 그러자 왕은 이 칙령이 영국 땅에 당도하지 못하도록 심혈을 기울이는 한편 앙갚음으로 수많은 영국의 수도원들을 파괴하는 일에 돌입했습니다.

이 파괴는 왕이 총애하던 크롬웰을 우두머리로 하는 위원회에 의해 자행돼서, 완전한 파괴가 이뤄지는 데까지 거의 일 년을 끌었습니다. 이들 수도원들이 이름만 종교적인 수도원이었지 실제로는 게으르고 방탕한 수도승들로 가득 차 있던 점은 분명해보입니다. 그들은 어떻게든지 온갖 계략을 부려서 사람들을 현혹했습니다.

수도승들은 자신들이 조작한 조각품들도 하늘의 뜻에 따른 기적의 산물인 것처럼 꾸며댔으며, 사자의 해골에서 나온 이빨을 각자가 수없이 지니고 다니면서 모두가 한 사람의 성인으로부터 나온 것이라 포장했는데, 그 말이 사실이라면 그 성인은 참으로 거대한 아가리를 소유한 인물이었음에 틀림없을 겁니다. 또, 그들은 성 로렌스Saint Lawrence를 불태워 죽일 때 사용했다는 석탄 덩어리를 증표로 보이기도 했고, 또 다른 위대한 성인의 몸에서 나왔다는 발톱이나 칼, 부츠, 수도복 등을 내보이며 이런 것들이 모두 이른바 '유물'이라고 장광설을 늘어놓았으니, 순진한 사람들이 이에 속아 넘어간 것도 무시할 수 없는 사실이었습니다.

물론 진정한 수도사들도 찾아볼 수는 있었지만 그들은 왕이나 그의 부하들에게 혹독한 탄압을 받아야했습니다. 왕의 사람들은, 의롭지 못한 행동을 하면서 수많은 뛰어난 유물과 귀중한 서적 및 그림들, 그리고 스테인드글라스와 도로道路 및 조각품 등을 파괴했습니다. 그리고 왕과 그 측근들은 이들 약

헨리8세의 종교개혁 기간에 파괴된 카톨릭 수도원

탈품들을 서로 차지하려고 혈안이 됐습니다. 왕이 이런 약탈 행위에 얼마나 혈안이 됐었는지, 이미 오래 전에 죽은 토마스 베케트를 반역자로 선언하고 그의 무덤을 부관참시 하는 만행을 저지르기도 했습니다.

당시 수도승들이 꾸며대던 대로 하면, 머리의 해골이 온전하게 발견된 토마스 베케트는 기적을 남긴 위대한 성인이 틀림없었습니다. 왜냐하면 베케트의 죽음 이후 그들은 그동안 엉뚱한 다른 해골을 그의 진품 유골이라고 떠벌이고 다녔기 때문입니다. 물론, 그들은 그런 거짓말로 엄청난 돈을 벌어들였지요. 베케트의 사당에서 나온 금은보화는 큰 상자 두 개에 가득 찼으며, 이를 옮기는 데만도 8명이나 되는 장정이 힘에 부칠 정도였습니다. 당시 수도원들의 축재蓄財가 얼마나 심했는지, 왕이 이들을 쥐어짜서 긁어모은 돈이 무려 일 년에 십삼만 파운드에 이를 지경이었으며, 이는 당시로서는 참으로 엄청난 금액에 해당하는 돈이었습니다.

이와 같은 모든 소동들이 사람들의 불만 없이 조용히 이뤄졌던 것은 아닙니다. 수도승들이 여행자들에게는 단비와 같은 역할을 해왔기 때문입니다. 그리고 그들이 상당한 양의 옥수수와 과일 및 곡식 들을 기부해온 것도 사실이었습니다. 당시는 열악한 도로 여건이나 운송수단 등으로 인해 물품을 현금화하기가 쉽지 않은 세상이었습니다. 따라서 수도원들은 막대한 양으로 쌓아놓고 있던 물품들을 사람들에게 방출하곤 했습니다. 그렇게 하지 않았다면 사람들은 굶어죽어야 했을 겁니다. 그러다 보니 수많은 사람들이 스스로 일을 해서 먹거리를 마련하기보다는 수도원에서 방출하는 것들을 기다리는 신세가 되기도 했던 겁니다.

　이런 분위기가 팽배했기 때문에 수도원에서 쫓겨나 갈 곳을 잃어버린 수도 승들이 주민들의 불만을 충동질 했던 것도 가능했던 겁니다. 결국, 링컨서와 요크서에서는 대대적인 민중봉기가 일어나게 됐으며, 이는 끔찍한 처형들로 막을 내렸습니다. 수도승들도 이 참혹한 결과를 피해갈 수 없었으며, 이 과정에서 왕은 마치 왕실의 살찐 돼지처럼 투덜대고, 꿀꿀대고 난리가 아니었습니다.

　지금까지 우리 역사의 한 때 종교 집단에서 벌어졌던 이야기를 간략하게 정리했습니다. 이제 다시 왕의 국내 정치 이야기로 돌아가지요.

　비운의 왕비 캐서린은 이미 사망한 상태였으며, 왕은 첫 번째 부인에게 그랬던 것처럼 이제 슬슬 두 번째 부인에게 싫증을 느끼고 있었습니다. 앤 불린이 캐서린 왕비의 시녀 노릇을 할 때 왕을 만났던 것처럼 이제 왕은 앤 불린 왕비의 시녀와 사랑에 빠지게 됐습니다. 사필귀정이라! 이제 왕비 앤 불린이 권력을 탐했던 자신의 행위를 얼마나 스스로 질책했을까를 생각해보기 바랍니다.

　왕의 마음을 새로이 사로잡은 여인은 제인 시모어라는 여인이었으며, 왕은 이 여인에게 꽂히자마자 앤 불린의 목을 베기로 결심했습니다. 그리하여 왕은 무고한 죄를 수없이 뒤집어씌워 앤을 죄인으로 만들고, 그것으로도 부족해서 그녀의 오빠와 몇몇 귀족들을 공모자로 만들어버렸습니다. 그들 공모자들 중에는 노리스와 음악가였던 마크 스미톤이라는 기억할 만한 인물도 섞여있었습니다.

　귀족들과 각료들은 왕을 두려워했고, 민중들도 특별히 왕에게 저항할 여력이 없었으므로 결국 앤 불린과 공모자들에 유죄가 내려졌습니다. 그리고 이들 공모자로 몰린 귀족들은 한 사람을 빼고는 모두 남자답게 죽어갔습니다. 그 한 사람은 스미톤이었는데, 그는 자백을 하면 살려준다는 왕의 꼬임에 넘어가 거짓 자백을 했으며, 이후 자신은 사면될 것으로 기대했지만, 다행스럽

418

처형 직전의 앤 불린(영화의 한 장면)

게도, 사면되지 않았습니다.

이제 왕비 앤 불린의 처리 문제만이 남았습니다. 그녀는 런던탑에 유폐되어 왕의 첩자 역할을 하는 시녀들에 둘러싸여 있었습니다. 그녀는 그곳에서 부당하고도 끔찍한 박해와 중상모략을 견뎌야했습니다. 하지만 그녀는, 곤경 속에서도 정신을 차리고, 외로움에 홀로 남겨진 런던탑 안에서 왕의 마음을 돌려보려고 왕에게 편지를 작성하기도 했지만(이 편지는 지금까지도 전해져 내려오고 있습니다.) 결국은 모든 것을 체념하고 죽음을 받아들이기로 합니다. 그녀는 밝은 모습으로 주위 사람들에게, 듣자하니 사형 집행인이 좋은 사람이라 하더라며 자신은 목이 가늘어서(그녀는 이 말을 하면서 손바닥을 치면서 웃었다고 합니다.) 고통에서 금세 해방될 것이라고 말했습니다. 그리고 그녀는 예상대로 런던탑의 잔디밭에서 금세 목이 잘려 숨이 끊어졌으며, 몸뚱이는 상자에 담겨 예배당 아래로 옮겨졌습니다.

이때 왕은 자신의 궁전에 앉아 처형의 완료를 알리는 대포 소리를 초조하게 기다리다, 대포 소리가 들리자 마침내 벌떡 일어나 사냥개를 풀고 활기차게 사냥길에 나섰다는 이야기가 전해지고 있습니다. 그는 충분히 그럴 수 있던 인물이었습니다. 어쨌든 왕이 그런 정도로 잔인한 성품의 소유자였든 아니든 간에 그가 바로 다음 날 제인 시모어와 결혼한 것은 틀림없는 사실입니다.

필자는 제인 시모어가 에드워드라는 이름의 아들을 남기고, 열병을 앓다가 요절한 기록을 거론함에 있어 기분이 그리 좋은 편은 아닙니다. 왜냐하면 왕과 같은 사악한 남자와 결혼하고, 왕의 손이 무고한 사람의 피로 더럽혀졌음을 아는 여인이라면, 아마 그녀가 좀 더 오래 살기만 했다면 그녀도 왕의 도끼날을 피하지 못했을 것이라는 사실을 너무도 잘 알기 때문입니다.

이 와중에도 크랜머는 종교와 교육을 목표로 교회가 지니고 있던 재산을 지키기 위해 노력을 했습니다. 하지만 너무나도 막강한 가문들이 이를 탈취하기 위해 온갖 짓을 서슴지 않았으므로 그는 재대로 그 뜻을 이루지 못했습니다. 심지어는 성경을 영어로 옮기는 데 무한한 공을 세운 마일즈 커버데일조차도(종교개혁을 거부하던 구교도들이었다면 절대로 이 과업을 이룩할 수 없었을 겁니다.) 이 위대한 가문들이 교회의 토지와 재산을 움켜쥐고 놓지 않는 바람에 극도의 가난에 노출될 수밖에 없었습니다.

그리고 사람들은 이제 왕실이 막대한 부를 차지했으므로 더 이상 자신들에게 세금 부과는 하지 않을 것으로 판단했습니다. 그러나 이후에도 곧바로 새로운 세금이 부과됐습니다.
이처럼 왕이나 귀족들은 민중들의 고혈을 짜내는 데만 혈안이 되어있었습니다. 하지만 역설적이게도 수많은 귀족들이 재물에 탐을 냈다는 사실은 민중들에게는 하나의 이점으로 작용하기도 했습니다. 왜냐하면 부富가 왕실에만 편중됐었다면 그 뒤로도 수 백 년 동안 왕실의 폭정은 멈추지 않았을 것이기 때문입니다.

한편, 교회의 편에 서서 왕의 행위를 적극적으로 반대했던 사람이 다름 아닌 왕실 가문에서 나왔습니다. 그는 왕실의 먼 친척으로 레지날드 폴이라 불리던 인물이었습니다. 그는 왕으로부터 연금을 받고 있었음에도 불구하고 왕을 극도로 반대하는 글을 쓰는 일에 매달리며 교회의 편에 서서 싸웠습니다. 하지만 그가 이탈리아에서 활동을 벌였으므로 왕의 손아귀에서 벗어나 있자, 왕은 토론을 통해 현안을 해결하자며 그를 영국에 초대했지만, 영국으로 돌아가면 어떻게 된다는 점을 잘 알고 있던 그는 이탈리아에서 꼼짝도 하지 않았습니다.

일이 이렇게 돌아가자 왕은 화가 치숫아, 엑세터의 후작이던 그의 형제 몬타규 경과 몇몇 다른 사람들에게 화풀이를 했습니다. 그들은 이탈리아에 있는 레지날드와 연락을 취하며 일급 반역죄를 꾸몄던 것으로 보이며, 모두 체포되어 처형당했습니다.

교황은 레지날드 폴을 추기경에 임명했지만 이는 그의 야망을 충족시키지는 못했습니다. 레지날드 폴은 내심 영국의 왕위를 노렸고, 메리 공주와 결혼하기를 꿈꾸고 있었습니다. 하지만 그는 최고위직의 성직에 오름으로써 이 야망을 접어야 했습니다. 결국, 왕의 분노는 마지막으로 영국에 남아있던 레지날드의 모친인 비운의 솔즈베리 공작부인에게 돌아갔습니다.

처형대 위에 늙은 목을 올리라는 명을 들은 레지날드의 모친은 사형집행인에게, "아니오! 내 머리는 결코 반역을 꾀한 적이 없소. 나를 죽이고 싶다면 나를 잡아보시오."라며 형장을 뛰어다녔고, 집행인은 그녀를 처형하기 위해 애를 먹어야 했습니다. 결국, 그녀의 노쇠한 머리는 피범벅이 되었고, 왕의 부하들에게 끌려서 강제로 집행대 위에 머리가 올려질 때도 그녀는 야만적 살인자의 의도에 희생될 수 없다며 완강히 저항했습니다. 이런 상황에서도 민중들은, 다른 모든 것들처럼, 그저 묵묵히 견뎌나가고 있었습니다.

민중들에게는 참으로 고통스런 세월이었습니다. 스미스필드의 화염이 지속적으로 천천히 타오르며 사람들을 불태워 죽이고 있었던 겁니다. 이는 순전히 왕이, 자신이 얼마나 독실한 가톨릭교도인가를 보여주기 위한 행위에 불과했습니다.

왕은 그때 이미 영국에 도달해 있는 교황의 칙령을 무시하는 대신에 교황과 종교적 신념을 달리한다는 이유만으로 수많은 사람을 화형에 처하는 이율배반적인 행동을 저질렀던 겁니다.

이와 같은 이유로 재판을 받
던 사람들 중에는 램버트라는
어느 가련한 인물이 있었습니
다. 왕 앞에 선 그를 6명의 주
교들이 차례대로 닦달했으며,
더 이상 참지 못한(6명의 주
교를 어떻게 감당할 수 있었
겠습니까!) 그는 왕에게 자비
를 청했습니다. 하지만 왕은
이교도에게는 자비를 베풀 수
없다고 대노했고, 그는 결국
화형장의 이슬로 사라졌습니
다.

헨리8세의 종교 박해-화형식

사람들은 이 모든 고통을 여전히 감내하고 있었습니다. 이때쯤에는 영국
에서는 국가의 정신이라는 것이 사라져버린 것처럼 보였습니다.

바다 건너 동방에서는 술탄이 정적들을 끔찍한 방법으로 처형하고 있었
으며, 멀리 러시아의 오래된 폭군도 반대자들을 죽을 때까지 펄펄 끓는 물
과 차가운 물을 교대로 부어가며 살해하고 있다는 소식이 영국 땅에까지 전
해졌습니다. 허세부리기 좋아하던 영국 왕도 이 소식에 자극이나 받은 듯이
정적들이나 부인들, 그리고 친구들은 처형했는데, 이들은 처형대 위해서 왕
이 훌륭하고 자비로운 왕이라는 소리를 지르며 죽어가야 했습니다.

영국 의회도 악독하기는 왕 못지않아서 왕의 전횡을 막지 않았습니다. 그
들은 왕의 이런저런 몹쓸 행동에 날개를 달아줬을 뿐 아니라 왕 마음대로 반
역자를 지목하도록 했고, 지목된 인사들을 왕 마음대로 처분하도록 내버려
두었습니다. 이런 악행 중에서도 가장 악독했던 것은 일반적으로 '6술의 채

찍법whip with six strings’이라고 알려진 ‘6조문법Act of Six Articles’이었는데, 이는 교황의 뜻에 반하는 죄를 무자비하게 처벌하고, 종교의 가장 폐해가 되는 부분을 여실히 보여주는 그런 악법이었습니다.

크랜머는 하려고만 했다면 6조문법을 수정할 수 있었을지 모릅니다. 하지만 가톨릭교도들에게 압도당한 그는 그럴 권한이 없었습니다. 이 법의 한 조항에 성직자들의 결혼을 금지하는 내용이 포함되었으므로, 이미 결혼을 했던 그는 가족들을 독일로 피신시킬 수밖에 없었으며, 자신에게까지 화가 닥칠까봐 전전긍긍하지 않을 수 없었습니다.

‘6조문법’은 바로 왕의 눈앞에서 만들어진 법입니다. 헨리Ⅷ세가, 사람들이 교황의 교리에 반대해서 별다른 이득을 얻지 못할 때도, 그 교리의 폐단을 옹호하며 민중들을 잔인하게 탄압했던 사실을 결코 잊어서는 안 될 것입니다.

여색을 밝혔던 왕은 이제 또 새로운 결혼을 꿈꾸고 있었습니다. 그는 프랑스 왕에게 프랑스 왕실에서 영국 왕의 여자가 될 새로운 후보 몇몇을 추천해달라고 부탁했습니다. 하지만 프랑스 왕은 여자들을 말 경매시장에 내놓듯이 할 수는 없다며, 대신 밀라노의 공작 미망인을 천거했습니다. 하지만 밀라노의 미망인은 만일 자신의 목이 두 개라면 그 제안을 한 번 고려해보겠지만 유감스럽게도 목이 한 개라 그 목이라도 안전하게 보존하고 싶다고 했습니다. 그러자 하는 수 없이 크롬웰은 독일의 신교도 출신 공주를 왕 앞에 들이밀었습니다.

‘신교도Protestant’란 그 운동을 이끌던 지도자들이 개혁을 거부하던 기존 교회의 폭압과 사기 행각에 저항protest했기 때문에 붙여진 이름입니다. 크롬웰이 추천한 인물은 ‘클레브스의 앤Anne OF Cleves’이라 불리던 여인으로, 아름답고도 왕의 의도에 합당한 여인으로 보였습니다. 왕은 크롬웰에게, 자신이 뚱뚱하니 혹시 이 여인도 몸집이 큰 여자가 아닌가 하고 물었습니다. “그렇습니다. 폐하.” 크롬웰이 대답했습니다. “몸집이 무척 장대한 여인입니다.” 이 말을 듣자 왕은 당시 명성을 떨치던 화가 한스 홀바인에게 명해서 그녀의 초상화를 그려오도록 했습니다. 한스는 그녀의 모습을 꽤 아름다운 자태로 그려서 가져왔고, 왕이 이를 보고 만족스러워하자 결혼이 결정됐습니다.

하지만 누군가 한스를 매수해서 그녀의 모습을 위장하도록 했는지, 아니면 한스 및 함께 동행 했던 몇몇 화가들이, 그들이 으레 그러듯이, 모델의 모습을 실제보다 아름답게 꾸몄는지 필자로서는 확인할 바가 없습니다. 다만, 필자가 알 수 있는 것은 앤이 영국에 당도했을

한스 홀바인이 그린 클레브스의 앤

때 로체스터로 그녀를 마중나간 왕이 그녀를 보자마자, '플랑드르의 거대한 암말'처럼 생겼다며 절대로 그녀와 결혼할 수 없다고 우겼다는 점입니다. 하지만 이미 엎질러진 물을 되 담을 수는 없었으며, 왕은 준비해 온 선물을 건네지도 않았고, 그녀를 다시 처다보지도 않았습니다. 그리고 왕은 일을 그 지경으로 만든 크롬웰에게 화를 냈습니다. 크롬웰의 몰락은 바로 그 시점부터 시작됐습니다.

이러한 틈을 타서 크롬웰의 정적들은, 종교개혁에 반대하던 자신들의 뜻을 관철하기 위해, 왕실 만찬 자리에 노퍽 공작의 조카인 캐서린 하워드를 재빠르게 들이밀었습니다. 캐서린 하워드는 체구는 작고 특별히 뛰어난 미모를 소유하지는 않았지만 기품 있는 자태를 지닌 젊은 여인이었습니다. 그녀를 보자마자 그 즉시 사랑에 빠진 왕은 클레브스의 앤에게 폭언을 퍼붓고, 그녀가 이미 다른 남자와 약혼한 사이라는 핑계를 잡아 그녀와 이혼한 후 캐서린과 결혼했습니다. 그리고 왕은 크롬웰을 치형대로 보냈는데, 그 날은 하

고많은 날 중에 하필이면 왕이 캐서린과 결혼하는 날이었던 것으로 짐작됩니다. 그리고 왕은 더 나아가 결혼을 기념하기 위해 사람들을 불태워 죽였습니다. 신교도 죄수들은 교황의 교리에 거역했다는 이유로, 로마가톨릭의 구교도 죄수들은 왕 자신의 권위에 도전한다는 이유로 화형장의 이슬로 사라져야 했습니다. 하지만 민중들은 여전히 이를 참아내고 있었으며, 귀족들 중에서도 누구하나 왕에게 반기를 들지 않았습니다.

캐서린 하워드의 처형(1542년 2월 13일)

하지만 왕에게 응징이라도 내리듯이, 캐서린 하워드가 왕과 결혼하기 전부터 부정한 짓, 그러니까 왕이 누명을 씌워 두 번째 아내인 앤 불린을 처형했던 바로 그 죄를 저질렀다는 사실이 드러났습니다. 결국 새로운 왕비는 그 시대 수많은 사람들처럼 비운의 운명을 맞아야했고, 그 무시무시한 도끼날은 다시 한 번 왕을 홀아비로 만들었습니다. 그런가 하면, 왕은, 당대의 사정으로서는 충분히 있을 수 있는 일로서, '기독교인들을 위한 교리집Necessary Doctrine for Any Christian Man'이라는 서적을 편찬하는 일을 독려하기도 했습니다.

이때 쯤 해서는 왕의 심리상태가 왔다갔다했을 것으로 필자는 생각합니다. 왜냐하면 그가 스스로는 사악한 행위를 저지르면서도 타인에게는 진심을 드러내기도 했기 때문입니다. 그 타인 중에 크랜머가 있었는데, 왕은 노퍽의 공작과 같은 크랜머의 정적들이 그를 제거하기 위해 무수한 노력을 했지만 일관되게 그를 보호하기도 했습니다. 하지만 왕은 크랜머에게 어느 날 자신이 끼고 있던 반지를 빼주기도 하다가도, 다음날이면 그에게 반역죄를 추궁하기도 했습니다. 이 크랜머라는 인물은 그의 정적들을 무척이나 혼란스럽게 했음이 틀림없습니다. 아마도 왕은 크랜머와 좀 더 많은 시간을 함께하고자 했지 않았나, 생각해봅니다.

왕은 한 번 더 결혼을 하게 됩니다. 그렇습니다. 좀 이상하게 들릴지 모르지만, 왕은 새로운 아내가 될 대상으로 이번에는 영국 내에서 여인을 선택했으며, 그 여인은 래티머 경의 미망인인 캐서린 파였습니다.

캐서린은 신교를 학습한 여자로, 그녀가 매 건마다 종교적 교리를 앞세우며 왕을 괴롭혔다는 사실은 유쾌한 이야기입니다. 하지만 그녀는 그렇게 함으로써 스스로를 거의 파멸로 몰고 갔습니다.

어느 날 캐서린과 격한 말다툼을 벌인 왕은 무척이나 화가 나서 교황의 교리를 지지하던 가디너 주교에게 그녀를 재판에 회부할 법안을 만들 것을 지시했습니다. 그 법안이 제정됐다면 그녀는 앞 선 여인들처럼 처형대에서 이슬로 사라질 운명을 피할 수 없었을 겁니다. 그러나 캐서린의 측근 중 한명이 왕의 지시가 담긴 문서가 궁정 안에 떨어진 것을 우연히 발견하였고, 때맞춰 이 사실을 그녀에게 알려주었습니다.

캐서린은 두려움에 치를 떨면서도, 왕이 그녀에게 법에 저촉이 되는 말을 유도해내려고 할 때 왕을 잘 구슬려서 위기를 모면했습니다. 그녀는, 자신은 단지 왕의 마음을 다른 곳으로 돌려보려 했을 뿐이고, 왕의 비범한 지혜로부터 지식을 얻고자 했을 뿐이라고 왕을 회유했고, 이 말을 들은 왕은 기분이 누그러져서 그녀에게 키스를 하며 '내 사랑'이라고 불렀습니다. 그리고 다음날 대법관이 그녀를 런던탑에 가두기 위해 찾아왔을 때 그를 짐승이나 악당, 바보천치라고 부르며, 지위에서 해고해버렸습니다. 이렇게 해서 캐서린은 저승 문턱에서 가까스로 살아난 셈이 됐습니다.

이 시기에 스코틀랜드와 전쟁이 있었으며, 스코틀랜드를 도왔다는 이유로 프랑스와 어쭙잖은 선쟁이 벌어지기도 했습니다. 하지만 국내에서 벌어지고 있는 사정이 너무 끔찍했고, 민중들에게 인내를 강요하고 있었기 때문에 해외에서 벌어진 일에 대해서는 거론하지 않겠습니다.

이 시기는 몇 가지 더 끔찍한 일을 빚으며 끝을 내게 됩니다. 앤 에스큐라는 한 여인이 링컨서에 살고 있었습니다. 그녀가 신교를 지지했기 때문에 구교의 맹신자였던 그녀의 남편은 그녀를 집에서 내쫓아버렸습니다. 이후 그녀는 런던으로 끌려가서, '6조문법'을 위반한 죄로 런던탑에 갇혀 고문을 받게 됐습니다. 그녀가 고문의 고통을 견디지 못하고 그 법에 저촉되는 다른 사람들의 이름을 거론한다면 큰 수확이었고, 설령 고통 때문에 거짓 진술을 한다고 해도 그다지 나쁜 성과는 아니었습니다.

하지만 그녀는 런던탑의 부소장이 부하들에게 고문을 중지하라고 명령을 내릴 때까지 별다른 소리를 지르지 않고 고문을 견뎌냈습니다. 그러자 이번에는 옆에서 이를 지켜보던 신부들이 사제복을 걷어재끼며 앞으로 나섰습니다. 그들은 고문대의 바퀴 손잡이를 직접 돌리며 그녀의 살갖을 찢고 뼈를 비트는 등 온갖 고통을 가하다가 마침내는 불길 속에 쳐 넣어버렸습니다. 그녀는 어느 신사와 수도승, 그리고 한 명의 양복쟁이 이렇게 세 명과 함께 불길 속에서 죽어갔으며, 세상은 그런 식으로 굴러가고 있었습니다.

한편 왕은, 노퍽 공작 부자父子의 권력이 커가는 것을 견제하려던 것인지, 아니면 그들이 실제로 어떤 범죄를 저질렀는지 모르지만, 어쨌든 왕은 다른 정적들처럼 공작 부자를 처단하기로 맘먹었습니다. 먼저 공작의 아들이 재판을 받았습니다. 별다른 죄도 없이 재판을 받은 공작의 아들은 맹렬히 자신을 변호했지만, 당연하게 유죄판결을 받았고, 또 당연히 처형됐습니다. 다음으로 그의 아버지가 심판대에 올라섰다가 최후의 여행을 떠났습니다.

그러나 왕 자신도 전지전능한 하늘의 왕의 뜻에 의해 마지막 여행길을 나설 수밖에 없었습니다. 마침내 대지의 여신이 그를 불러들이려 하고 있었

습니다. 왕은 다리에 끔찍한 종기가 생겨서 몸이 부어오르는 등 목불인견
을 연출하였고, 악취를 심하게 풍겨서 그의 곁에 다가가기 위해서는 많은 용
기가 필요할 정도였습니다. 왕이 사경을 헤매게 되자 사람들이 크로이돈 궁
에 머물고 있던 크랜머에게 급히 전갈을 보냈고, 지체 없이 달려온 크랜머는
누워있는 왕을 발견하고 할 말을 잃었습니다. 이렇게 해서 왕은 죽음으로써
생의 고통을 끝낼 수 있었습니다. 그때 왕의 나이는 56세였으며, 재위 38년
을 기록하던 날이었습니다.

　헨리 Ⅷ세는 그의 시대에 종교개혁이 완료됐었기 때문에 신교도 작가들에
게 칭송을 받기도 했습니다. 하지만 종교개혁의 공적은 왕이 아니라 다른
사람들에게 돌아가야 합니다. 그리고 그의 죄악으로 인해 그의 업적은 조금
도 빛을 발하지 못합니다. 분명한 사실은 왕이 도저히 용서할 수 없는 악인
이었고, 인간성을 짓밟았으며, 영국 역사에 피로 얼룩진 오점을 남겼다는 점
입니다.

헨리8세의 임종

제28장
에드워드VI세
ENGLAND UNDER EDWARD THE SIXTH
[생몰 : 1537.10.12~1553.7.6 / 재위 : 1547년~1553년]

헨리VIII세는, 16명의 위원을 지명해서 그의 어린 아들이(당시 10세에 불과했습니다.) 장성할 때까지 영국을 통치하도록 했으며, 또 다른 12명의 위원들로 하여금 그들을 돕도록 했습니다. 첫 번째 위원회에서 가장 강력한 권력을 지닌 인물은, 어린 왕의 삼촌인 하트포드 백작이었으며, 그는 지체 없이 그의 조카를 정중한 예의를 갖춰 모신 후 다시 런던탑으로 옮겼습니다. 에드워드VI세가[1] 부왕의 죽음을 무척이나 슬퍼했다는 이야기가 전해오고 있지만, 아버지의 죽음을 애도하는 것은 인간이라면 당연한 이야기이므로 그 이야기는 더 이상 하지 않겠습니다.

헨리VIII세는 유언 집행인에게 자신의 유언장에 적힌 내용이 하나도 빠짐없이 이행되도록 요청했습니다. 하트포드 백작이나 다른 귀족들은 그 유언장의 내용을 무척이나 궁금해 하면서도 그 내용 안에는 분명 자신들의 지위를 높이고 부자로 만들어주라는 것이 들어있을 것이라고 믿었습니다. 그래서 하트포드 백작은 스스로 섬머셋 공작에 앉고, 그의 동생 에드워드 세이모어를 남작에 앉혔습니다.

그리고 더불어서 여러 사람들이 추가로 지위 상승의 혜택을 맛보았는데, 자기들끼리의 잔치에 모두들 즐거워했으며, 이는 선대왕을 추억하고 기념하는 행위로도 손색이 없어 보였습니다. 그리고 그들은 선대왕의 추억을 더욱 환기라도 하려는 듯이 교회의 토지를 빼앗아 배를 불리고 안락한 생활을 했습니다. 또, 섬머셋의 새로운 공작은 스스로를 호국경 자리에 올리고, 영국의 실제적인 최고권력자의 자리를 차지했습니다.

어린 에드워드VI세가 신교도의 교리 하에서 교육되었기 때문에 사람들은 영국 내에 신교적 분위기가 금세 넘쳐흐를 것으로 짐작했습니다. 그러나 신

---

1 런던 출생. 헨리 8세의 아들. 10세에 즉위하여 처음에는 외삼촌 섬머셋 공작이 섭정하였으나, 인클로저 금지책으로 섬머셋 공작이 실각한 뒤에는 노섬벌랜드 공작이 실권을 잡았음. 태어나면서부터 몸이 허약하여 16세에 세상을 떠났기 때문에, 그의 개성이 정치에 반영된 일은 거의 없었음. 종교면에서는 열렬한 신교도였으며, 중신들도 그의 뜻을 따라서 예배통일법 (1549, 1552)과 일반 기도서의 제정 등 부왕의 종교개혁을 계승하여 신교정책을 추진하였음.

교도 운동의 중심인물인 크랜머는 신교를 천천히 그리고 확실하게 전파하고자 했습니다. 많은 미신적 행위들이 금지되었지만, 실제 생활에서는 별다른 피해를 주지 않는다면 크게 방해받지 않고 이뤄지기도 했습니다.

 호국경인 섬머셋 공작은 어린 왕을 스코틀랜드의 공주와 결혼시켜, 스코틀랜드가 다른 나라와 손을 잡는 것을 방지하고자 했습니다. 그러나 스코틀랜드의 권력을 쥐고 있던 다수파가 이 계획에 반대하자 그는 스코틀랜드를 침공했습니다. 공작이 스코틀랜드를 침공한 표면적 이유는 양국의 접경지역을 공동으로 관리하던 스코틀랜드 측 인사가 영국의 이익에 반하는 행동을 했다는 것이었습니다. 그러나 이 점에 있어서는 동전의 양면과도 같은 측면이 있었습니다. 왜냐하면 국경을 공동 관리하던 영국 측 인사도 스코틀랜드에 피해를 주기는 마찬가지였기 때문입니다.

 수 세기 동안 양국의 국경에는 분쟁이 끊이지를 않아서 이와 관련된 수많은 이야기들과 노래들이 전해질 정도였습니다. 어쨌든 호국경은 스코틀랜드를 공격했고, 스코틀랜드의 섭정이던 아란은 영국의 병력보다 두 배나 많은 숫자로 영국과 맞서기 위해 일어났습니다. 양측은 에든버러에서 얼마 먼 시않은 에스크Esk 강둑에서 맞닥뜨리게 됐습니다.

 서너 번의 작은 교전을 끝낸 후 호국경은 스코틀랜드가 그들의 공주를 다른 나라에 시집보내지 않겠다는 약속만 해준다면 전투를 끝낼 수 있다는 협상을 제안했습니다. 하지만 스코틀랜드의 섭정은 영국이 겁을 먹었기 때문에 이 제안을 해온 것으로 오판하고 결정적 실수를 저질렀습니다. 결국 수륙 양면에서 진을 치고 있던 영국의 보병과 수병들이 일제히 공격을 감행해서 스코틀랜드 병사들은 혼비백산 줄행랑을 놓아야했습니다.

 결과적으로 만 명 이상의 스코틀랜드 병사들이 죽음을 맞이하게 됐습니다. 이는 포로들과 패잔병들을 무참히도 학살한 끔찍한 전투였습니다. 에든버러까지 6킬로가 넘는 길 위에는 병사들의 시체가 널려있었으며, 잘린 팔과 다리, 목 등이 사방에 나뒹굴었습니다. 그리고 강물에 몸을 숨겼던 병사

에스크Esk 강

들은 익사해 죽기도 했고, 갑옷을 벗어재끼고 도망가던 병사들은 거의 알몸인 상태로 죽음을 맞이해야 했습니다.

그리고 스코틀랜드 측의 막대한 피해에도 불구하고 영국 측은 핀키Pinkey에서 벌어진 이 전투에서 고작 2~3백 명의 전사자만을 기록했을 뿐입니다. 스코틀랜드 병사들보다 더 튼튼한 전투복을 차려입었던 영국 병사들은 전투가 끝난 후 스코틀랜드 병사들의 처참한 모습에 혀를 내두를 지경이었습니다.

섬머셋 공작이 귀환하자 의회가 열렸고, 의회는 '6조문법'을 폐지하는 등 몇 가지 법률 개선에 착수했습니다. 하지만 정부가 강요한 신앙을 지키지 않는 사람을 화형시키는 법률은 불행히도 여전히 존속됐습니다. 또, 의회는 거지들을 근절시킨다는 이유로, 3일 이상을 게으르게 빈둥거리는 사람은 누구든지 뜨거운 쇳조각으로 고문을 하거나, 노예로 삼든지, 철수갑을 채운다는 등의 말도 안 되는 법률을 제정하기도 했습니다. 그러나 이런 야만적 어리석음은 이내 끝을 맺었고, 이어서는 바보·천치 같은 법률을 제정하는 시기로 돌입합니다.

이제 호국경은 기세가 등등해져서 의회에 나가 왕좌王座를 옆에 두고 귀족들 앞에 섰습니다. 그러자 호국경을 시기하던 다른 많은 귀족들은 당연히 그의 정적이 됐습니다. 호국경은 자신의 형제인 세이모어 경이 그에게 위협적인 존재로 부상했다는 소식을 듣고 급거 귀국한 것처럼 보입니다.

당시 영국의 군 최고사령관 자리에 오른 세이모어 경은 빼어난 용모를 자랑하던 인물로, 특히 궁정의 여인들에게 사랑을 받았습니다. 심지어는 엘리자베스 공주조차 다른 모든 경쟁자들을 제치고 그와 다정하게 노닐기를 좋아했습니다. 세이모어 경은 선대왕의 미망인인 캐서린 파와 결혼을 했었지만, 캐서린은 그때 사망한 상태였습니다. 그는 스스로의 권력을 강화하고자 어린 왕에게 남몰래 금전적 공세를 퍼부었습니다. 그는 어린 왕을 빼내기 위해 심지어 자기 형의 정적들과도 비밀리에 손을 잡았습니다.

어쨌든 그는 이런저런 죄목으로 런던탑에 갇히고, 탄핵을 받고, 유죄 판결을 받았습니다. 차마 입에 올리기 서글프고 비인간적인 이야기지만, 그의 처형을 결정한 인물들의 첫머리에는 형의 이름이 올라있었습니다.

세이모어 경은 자신에게 씌워진 반역죄를 부인하며 타워힐에서 형장의 이슬로 사라졌습니다. 그가 처형되기 전까지 심혈을 기울였던 일은 엘리자베스와 메리 공주에게 밀서를 보내는 일이었고, 그의 하인이 신발에 숨겨서 전달한 그 밀서에서 그는 그녀들에게 자신의 형을 반대할 것과 원수를 갚아줄 것을 부탁한 것으로 알려져 있습니다. 그 밀서 안에 어떤 내용이 들어있었는지는 정확하지 않지만, 그가 한때 엘리자베스 공주에게 지대한 영향을 미쳤던 것만은 분명합니다.

이러는 사이 신교는 서서히 자리를 잡아가고 있었습니다. 그동안 사람들에게 각인되었던 기존의 종교적인 이미지들은 교회에서 그 자취를 감춰가고 있었습니다. 사람들은 자신들이 원하지 않는다면 성직자 앞에서 고해를 하지 않아도 된다는 사실을 알게 됐으며, 일반인들도 쉽게 알 수 있도록 영어로 쓰인 기도서들이 자리를 잡아가고 있었고, 다른 면에서도 서서히 진보가 일어났습니다.

크랜머는 매우 온건한 인물이어서 신교의 성직자들에게도 구교를 너무 심하게 비난하지 않도록 했습니다. 사실, 신교 성직자들이 구교를 헐뜯는 일이 자주 있었으며 이는 좋은 모범은 아니었습니다.

한편, 민중들은 여전히 도탄에 빠져있었습니다. 교회의 토지를 차지한 귀족들이 포악한 지주 노릇을 하고 있었기 때문입니다. 그들은 거대한 토지를 독차지하고서는 양들을 방목했는데, 당시에는 양을 기르는 것이 곡식을 재배하는 것보다 훨씬 더 이득을 가져다주었기 때문입니다. 바로 이 점 때문에 민중들은 더욱 고통을 받아야했습니다. 결국, 정세가 어떻게 돌아가는지 자세히 알 길이 없던 민중들은, 호시절에 자신들과 좋은 관계를 유지하던, 쫓겨난 구교 성직자들의 말을 곧이곧대로 받아들이게 됐습니다. 구교의 수도승들은 사람들에게 이 모든 고통은 신교도들 때문에 발생한 것이라고 충동질을 했고, 그리하여 전국 각지에서 봉기가 일어나게 됐습니다.

이때의 민중봉기 중에서 가장 유명한 것은 데번셔와 노픽에서 일어난 봉기였습니다. 특히 데번셔의 봉기는 맹위를 떨쳤는데, 며칠이 되지 않아 1만 명이나 모여서 엑세터를 점령하기까지 했습니다. 그러나 러셀 경이 그 지역을 방어하고 있던 진압군에 가세하고 나서 봉기는 진압되었고, 반란군 측에 섰던 시장과 목사가 교회의 첨탑에 목이 매달려야 했습니다. 그리고 데번셔 한 지역에서만 약 4천명에 달하는 반군들이 교수형을 당하거나 목이 달아났던 것으로 추산됩니다.

반면에 노픽의 봉기는 개신교에 대한 거부감에서 출발하기보다는, 귀족들이 울타리를 확대해서 농민들이 경작하던 땅을 빼앗았던 이유로 일어났는

'개혁의 나무' 아래 앉은 로버트 캣

데, 봉기의 주모자는 와이몬드햄Wymondham에서 가죽 무두질을 하던 로버트 캣이라는 인물이었습니다. 이 폭동의 초기는 존 플라워두라는 귀족이 로버트 캣과의 개인적 원한을 갚기 위해 사람들에게 로버트 캣을 공격하도록 사주하는 것으로 시작됐습니다. 그러나 그 가죽 무두질 업자는 사람들을 재빨리 자신의 편으로 끌어들임으로써 존 플라워두보다 훨씬 뛰어난 실력을 발휘했고, 노리치 인근에 이르러서는 정식 군대 수준의 병력을 이끄는 지도자로서 자신의 입지를 굳히는 데 성공했습니다.

노리치 인근의 마우스홀드 언덕Moushold Hill에 커다란 참나무가 한 그루 있었는데, 캣은 그 나무를 '개혁의 나무'라 명명하고, 여름 한철에 푸른 나뭇가지 밑에서 측근들과 정의의 광장을 열고 나라의 앞날에 관해 토론하곤 했습니다. 그들은 심지어는 민중들 사이에서 대변자를 뽑아, 하지 않으려는 사람에게 억지로라도, 개혁의 나무 아래서 지도부의 잘못을 지적하도록 했습니다. 캣과 지도부 일행은 사람들이 자신들의 잘못을 지적하더라도 불만을 제기하지 않고 이를 경청했습니다.

그러던 중 7월의 어느 해맑은 날에 어느 사자使者가 나무 아래 나타나서 켓과 그 지지자들에게 당장 그 자리에서 해산하고 집으로 돌아가지 않으면 그들은 모두 반역자의 낙인을 벗을 수 없을 것이라고 선언을 했습니다. 그리고 그는 모두 해산한다면 죄를 용서받을 것이라는 말도 덧붙였습니다. 그러나 켓과 일행들은 사자의 말을 무시하고 전보다 더욱 용기백배하였습니다.

하지만 그들은 수많은 군사들을 이끌고 그들을 추격하던 워릭 백작에 의해 괴멸되고 말았습니다. 폭동 세력들은 반역죄를 뒤집어쓰고 일부는 목이 매달렸고, 일부는 말에 매달려 질질 끌려 다니다 사지가 찢기기도 했습니다. 그리고 그들의 신체 각 부분들이 경각심을 불러일으키기 위해 전국 각지로 보내졌습니다. 주동자 9명은 개혁의 나무 9개의 가지에 목이 매달려서, 얼마 있지 않아 그 나무가 고사하고 말았다는 이야기가 돌았습니다.

호국경은 오만하기는 했어도 민중들의 고통을 살피고, 그들을 도와주고자 하는 열의가 있던 인물이었습니다. 그러나 그는 민중들의 지지를 꾸준히 확보하기에는 너무나 도도하고 고상한 인물이었으며, 많은 귀족들은 자신들이라고 그만큼 거만하지 못할 이유가 없었기 때문에 그를 부러워하면서도 시기했습니다.

호국경은 당시에 스트랜드 가街에 거대한 궁전을 짓고 있었는데, 건축에 필요한 돌을 구하기 위해 교회 첨탑을 폭파시키고, 주교들의 집을 허물기도 함으로써 사람들의 원성을 더욱 샀습니다.

마침내 호국경의 숙적인 워릭 백작 더들리와 그의 아들이(더들리의 아들은 지난 헨리VII세의 시기에 리처드 엠손과 서로 앙숙이었던 인물입니다.) 위원회의 다른 7명의 위원들과 결탁하여 호국경에 대항하는 별도의 결사체를 구성했습니다. 이들은 얼마 지나지 않아 호국경의 세력을 능가하게 됐고, 결국 호국경을 체포해서 29가지의 죄를 뒤집어씌워 런던탑으로 보내버렸습니다.

새로운 위원회는 호국경의 재산과 토지를 몰수하고, 항복의 의사를 받은 후 그를 사면해주었습니다. 호국경은 실각하고 추락한 후, 자신의 딸인 앤 세이모어를 워릭 백작의 장남과 결혼시킨 후 다시 위원회로 복귀가 허락되기도 했습니다. 하지만 이런 관계에서 화해란 오래가지 않는 법이지요. 서로 좋은 관계를 유지한 기간은 1년을 넘지 못했습니다. 이제 워릭 백작은 스스로 노섬벌랜드의 공작에 올랐고, 지지자들에게도 한자리씩 떼어준 후, 호국경 즉 섬머셋 공작과 그의 친구인 그레이 경 및 지지자들을 반역죄로 잡아들였습니다.

결국 호국경 일파는, 왕을 나포하고 왕위를 찬탈하려 했고, 나아가 노섬벌랜드 공작과 공작의 친구인 노샘프턴 경과 펨브룩 경까지 공격하려했다는 죄목으로 재판에 회부됐습니다. 그들이 공작과 그의 친구들을 죽이고, 도시를 폭동으로 몰아가려 했다는 겁니다. 물론, 호국경은 이런 모든 죄상에 대해 적극적으로 부인했습니다. 그는 공작과 그의 친구 두 명을 제거하는 문제를 검토하기는 했지만 결코 실행에 옮길 의도는 아니었다는 자백을 하기도 했습니다.

결국, 호국경은 반역죄에 대해서만 무죄를 언도받았고, 나머지 혐의는 모두 유죄가 인정됐습니다. 그리하여 호국경이 선정을 베풀려고 노력했던 점을 기억하던 사람들은, 목숨이 경각에 달렸던 그가 호송관과 함께 재판장을 나오자, 완전히 무죄로 풀려나는 것으로 착각하고 환호를 지르며 기뻐했습니다.

그러나 호국경 섬머셋 공작은 아침 8시면 타워힐에서 목이 달아날 운명이었고, 사람들에게는 오전 10시까지는 집밖을 나와서는 안 된다는 명령이 하달됐습니다. 하지만 사람들은 날이 밝자마자 거리로 몰려나와 처형장으로 향했고, 무시무시한 처형대 위로 올라가는, 한때는 최고 권력을 누리던 호국경의 모습을 서글픈 심정으로 바라봤습니다. 공작은 처형대에서 남자답게 마지막 말을 남기면서, 특별히 사람들을 향해 자신의 종교 개혁 운동에 지지

타워힐에서 형장의 이슬로 사라지는 섬머셋 공작, 에드워드 세이모어(Edward Seymour, Duke of Somerset)

를 보내준 것에 감사한다는 말을 했습니다. 바로 그때 위원회의 한 위원이 말을 타고 처형장 주위에 나타난 것이 목격되자, 사람들은 다시 한 번 형의 집행을 중지하라는 명령서가 당도한 것이라며 소리를 지르고 기뻐했습니다. 그러나 호국경은 냉정을 유지하며 사람들에게 진정하라고 타이르고 처형대에 목을 올려놓았고, 그의 목은 일격에 잘려나갔습니다.

공작의 처형을 지켜보던 많은 사람들은 그의 목이 잘리자, 그를 향한 자신들의 애정을 표하기 위해 그의 몸에서 나온 피에 손수건을 적셨습니다. 섬머셋 공작은 살아생전 실로 좋은 일을 많이 했고, 그 중 어떤 일은 그의 사후에 드러나기도 했습니다.

더럼의 어떤 주교가, 인물됨은 훌륭했지만, 위원회에 반대하는 운동을 하고 있다는 첩보가 공작이 권좌에 있을 때 드러난 일이 있었습니다. 그 주교는 개신교에 반대하는 폭동을 일으키자는 제안에 화답하는 서신을 보냈는데, 그 서신이 발각된 것이었습니다. 하지만 그 편지가 구체적 물증으로 발견되지 않아서 그는 무죄로 방면되었습니다. 하지만 주교의 인품을 아까워하던 공작이 개인적으로 그 편지를 숨겨놓았던 것이 공작 사후에 드러났습니다. 결국, 주교는 자리에서 쫓겨나, 모든 재산을 빼앗겨야 했습니다.

어린 왕이, 그의 삼촌이 감옥에서 죽을 날만 기다리는 동안 아무 것도 모른 채 각종 놀이나 무도회, 전쟁놀이 등에 정신이 팔리도록 길러지고 있었다는 사실은 별로 유쾌한 이야기가 아닙니다. 이와 관련해서는 왕이 자신의 일지에 모든 것을 기록해놓았기 때문에 이는 명백한 사실입니다.

반면에 이 시기에는 로마가톨릭을 믿었다는 이유로 박해를 받은 사람이 단 한 명도 없었다는 사실은 듣기에도 유쾌한 이야기이지요. 비록 운 사나운 2명이 이단이라는 죄목으로 처형되기는 했지만 말입니다. 그 중 한명인 조안 보처라는 여인은 자기 스스로도 알아듣기 힘든 이상한 언어를 사용했으며, 또 한명은 독일사람 본 파리스였는데 그는 런던에서 외과의사를 하던 인물이었습니다.

하지만 어린 왕 에드워드VI세는 이상하게도 조안 보처라는 여인의 처형을 명하는 서류에는 서명하기를 꺼려했습니다. 그는 서명을 강요하는 크랜머에게(사실 크랜머도 그 여인의 완강한 고집만 아니었다면 그녀의 목숨까지 빼앗지는 않았을 겁니다), 눈물을 흘리며, 사람을 죽이라는 끔찍한 명령을 내린 죄는 자신에게 있는 것이 아니라, 자신에게 그 짓을 강요한 자에게 있다는 소리를 했습니다. 크랜머는 이후 왕의 이러한 저항의 목소리를 슬픔과 회한으로 기억하게 되는데, 우리는 얼마 있지 않아 그 장면을 보게 될 것입니다.

크랜머와 리들리는 이 시기에 가장 강력한 힘을 지닌 사제들이었습니다. 특히 리들리는 로체스터의 첫 번째 주교가 되고, 이후 런던의 주교로 임명됩니다. 다른 성직자들은 아직도 구교로부터 벗어나지 못하고 있다는 이유로 재산을 빼앗기고 감옥으로 보내졌습니다. 이런 식으로 박해를 받은 성직자들에는 윈체스터의 주교인 가디너, 우스터의 주교인 히스, 치체스터의 주교인 데이, 그리고 리들리에게 자리를 빼앗긴 런던의 주교인 보너 등이 있었습니다.

한편 메리 공주는 어머니를 닮아 음울한 성격을 지니게 됐으며, 그녀의 어머니가 고통 받고, 힘든 세월을 보낸 것은 개신교 때문이라고 여김으로써 신교에 대한 증오심을 지니고 있었습니다. 그녀는 진실이 기록된 서적은 단 한권도 읽으려 하지 않으면서, 어머니의 억울함 외에는 다른 사항에 대해서는 알려고 하지를 않았습니다. 결국, 그녀는 구교에 집착하게 되었고, 영국에서 옛날식 미사가 허락되는 유일한 인물이 됐습니다.

메리가 로마가톨릭 식으로 예배를 볼 수 있었던 것은, 왕이 아무리 그녀에게 호의를 베풀었다고는 하나, 크랜머와 리들리의 힘이 컸습니다. 이들의 설득이 없었다면, 왕은 이를 허락하지 않았을 겁니다. 왕은 메리의 종교적 성향에 대해서 언제나 불안감을 느꼈고, 병을 얻어 몸 상태가 안 좋게 되자 그 불안은 공포로 바뀔 정도였습니다. 왕은 홍역 뒤 끝에 천연두까지 걸리게 되었고, 만일 자신이 죽게 되면 왕위를 이을 메리가 영국에 로마가톨릭을 부흥시킬 것을 심히 염려하였습니다.

노섬벌랜드의 공작은, 메리 공주가 왕위를 차지하게 되면 신교 운동에 참여한 자신의 지위가 흔들릴 것이 확실했으므로, 왕의 이러한 불안감을 부채질했습니다. 이때 헨리VII세의 직계자손인 서퍽 공작의 미망인이 있었는데, 그녀에게는 제인 그레이라는 딸이 있었습니다. 노섬벌랜드 공작은 바로 그녀를 이용하기로 마음먹고, 그의 아들인 길포드 더들리와 결혼을 시켰습니다.

노섬벌랜드 공작은 왕의 공포심을 자극해서, 메리와 엘리자베스 공주를 왕의 의중에서 지워버리고, 후계자를 새로이 지정할 수 있는 왕의 권한을 일깨워주려 줄기차게 노력했고, 그에 따라 젊은 왕은 자신이 직접 수차례나 서명한 문서를 왕실 변호사에게 건네주었습니다. 그 문서에는 바로 제인 그레이를 영국 왕의 후계자로 삼는다는 내용이 들어있었고, 왕은 자신의 유지가 법률로 공고하게 자리 잡기를 원했습니다.

왕실의 법률문제를 담당하는 사람들은 처음에는 왕의 뜻에 무척 반대했지만, 노섬벌랜드 공작이 폭력적으로 변하여 그들을 공격하려 하고, 웃통을 벗어재끼면서, 왕의 뜻을 거역하는 자는 누구든지 가만두지 않겠다고 엄포를 놓자 굴복할 수밖에 없었습니다. 크랜머도, 처음에는, 자신은 메리에게 왕위가 돌아가도록 한다는 것을 맹세했다며, 왕의 뜻에 따를 것을 망설였습니다. 하지만 그는 우유부단한 인물이어서, 이후에 위원회의 다른 구성원들과 함께 서류에 서명하였습니다.

하지만 왕위 계승 문제는 쉽게 결말이 나지 않았습니다. 에드워드 왕의 병세가 급격히 악화되었기 때문입니다. 신하들은 왕의 병을 고쳐보고자, 병을 고칠 수 있다고 자처하는 어떤 여자 의사에게 왕을 맡겨보기도 했지만, 왕의 병세는 최악의 상황으로 치달았습니다.

1553년 7월 6일, 왕은 마침내 숨을 거두었습니다. 그는 신교에 신의 가호가 내리기를 기도하며, 평화롭고 경건하게 마지막 순간을 맞이했습니다.

이때가 왕의 나이 16살이었으며, 왕위에 오른 지 7년째 되던 해였습니다. 당시 궁정에는 수많은 귀족들이 야심을 채우기 위해 왕의 주위에 포진하고 서로 싸우고 있었기 때문에 어린 나이에 사망한 왕이 계속 집권을 했다면 어떠한 왕으로 성장했을지 점치는 것은 쉽지 않은 일입니다. 그러나 그는 뛰어난 자질을 지닌 상냥한 인물이었으며, 잔인함이나 거친 면은 찾아볼 수 없는 성품을 지녔습니다. 그의 아버지를 떠올리면 그런 아들이 나왔다는 사실이 믿기지 않을 정도지요.

제29장
여왕 메리Ⅰ세
ENGLAND UNDER MARY
[생몰 : 1516.2.18~1558.11.17 / 재위 : 1553년~1558년]

노섬벌랜드 공작은 두 공주를 자신의 손아귀에 두기 위해 왕의 죽음을 어떻게 해서든지 감추려고 했습니다. 하지만 아픈 동생을 병문안하기 위해 런던으로 향하던 중 동생의 사망 소식을 접한 메리는 말머리를 돌려 노퍽으로 향했습니다. 이때 애런델 백작이 친구로서 그녀를 돕고 있었는데, 그녀에게 돌아가는 상황을 알려주며 경고를 보낸 것도 백작이었습니다.

더 이상 비밀을 유지할 수 없게 된 노섬벌랜드 공작과 위원들은 런던 시장과 시의회 의원들에게 전령을 보내 왕의 서거를 알림으로써, 이를 공표하는 공훈을 자신들이 차지해버렸습니다. 그런 다음 그들은 민중들에게도 왕의 서거 소식을 알리고, 제인 그레이에게는 그녀가 영국의 새로운 여왕이 됐다는 통보를 했습니다.

당시 제인 그레이는 불과 16살 밖에 되지 않은 어여쁜 소녀였으며, 온화하고 학식이 많았고 매우 총명했습니다. 귀족들이 그녀를 찾아와 무릎을 꿇고 결정된 소식을 알려주자 그녀는 매우 놀라 정신을 잃을 뻔했습니다. 잠시

제인 그레이

후 정신을 차린 그녀는 왕의 서거에 슬픔을 표하며, 자신은 영국을 다스리는데 적합하지 않으며, 만일 꼭 여왕이 되어야 한다면 신에게 그 길을 인도해 달라고 기도할 것이라 말했습니다.

제인 그레이는 당시에 브랜트포트Brentford 근처의 시온 하우스Sion House에 살고 있었는데, 귀족들은 그녀를 정중하게 강으로 데리고 가 런던탑으로 인도한 후, 전통에 따라, 대관식 때까지 그곳에서 지내도록 했습니다. 하지만 민중들은 왕관의 임자는 제인이 아니라 메리라며 그녀에게 호감을 보이지 않았고, 특히 노섬벌랜드 공작을 무척이나 미워했습니다. 이에 공작은 군중들 속에서 어떤 포도주 업자의 하인을 붙잡아, 칼을 씌우고 귀를 칼에 못질한 다음 잘라내서 사람들에게 자신이 얼마나 화가 나있는지를 보여주려 했지만, 민중들의 분노는 가라앉지를 않았습니다.

그러는 와중에 강력한 힘을 지닌 귀족들 몇몇이 메리의 편에 서게 됐습니다. 그들은 병력을 동원해서 메리를 지지했고, 노리치에서 그녀가 왕임을 선언하도록 한 후, 노퍽 공작의 소유였던 프램링햄Framlingham 성에 있던 그녀 주변으로 속속 모여들었습니다. 메리의 지지자들은 아직까지는 그녀의 신변이 완전히 안전하다 할 수 없었으므로 바다에 인접한 성에 그녀를 모신 후, 만일의 경우 그곳을 통해 국외로 탈출할 수 있도록 했습니다.

이에 반해 궁정의 위원들은 제인 그레이의 아버지인 서픽 공작을 지휘관으로 선발해서 메리 세력을 진압하는 군대를 파견하려 했습니다. 그러나 제인이 그녀의 아버지는 자신과 함께 있어야 한다고 간청하고, 서픽 공작이 매우 나약한 인물이었으므로 그 대신에 노섬벌랜드의 공작이 출전을 강요받았습니다.

노섬벌랜드 공작은 원래 위원회를 좋아하지 않았으므로 그들의 강요가 별로 마음에 내키지 않았지만 명령을 거절할 별다른 구실이 없었으므로 이를 받아들였습니다. 그는 무거운 마음으로 출정 길에 나서면서, 병력들의 선두에 서서 자신의 옆을 따라오는 어떤 귀족을 바라보았습니다. 몰려든 사람들

446

은 환호를 지르며 야단이었지만 그 둘은 그저 조용할 따름이었습니다.

공작의 불안감은 현실로 드러났습니다. 그가 케임브리지에 도착해서 위원회가 보내는 추가 병력을 기다리는 동안 위원회가 제인에게 등을 돌리고, 메리를 지지하기로 했던 겁니다. 일이 이렇게 돌아가게 된 데는 앞서 거론한 애런델 백작의 공이 컸습니다. 애런델 백작은 머리가 잘 돌아가던 런던시장과 시의원들과 두 번째 면담에서 자신은 신교가 위험에 처해있다고 생각하지 않는다고 강조했고, 옆에서는 펨브룩 경이 그의 말을 뒷받침이라도 하려는 듯이 칼을 번쩍거리고 있었습니다. 그러자 시장과 의원들은 뭔가 깨달았다는 듯이 왕위는 메리 공주에게 돌아가야 한다고 말했습니다. 그렇게 해서 성 바울 대성당에서 메리가 여왕임이 선포되고,[1] 수십 통의 포도주가 민중들에게 하사되었고, 사람들은 횃불을 밝힌 채 술에 취해 떠들고 좋아했습니다. 하지만 불쌍한 민중들은 이후에 메리의 이름으로 어떤 횃불들이 타오를지 전혀 알지를 못했습니다.

제인 그레이는, 열흘 동안 여왕에 대한 꿈을 꾸며 지내다가, 기꺼이 왕관을 포기했습니다. 그녀는 자신은 오로지 부모의 지시를 순종했을 뿐이라고 말하고, 강가에 있는 자신의 집으로 경쾌하게 돌아가 다시 책 속에 파묻혔습니다. 이때쯤 메리는 런던으로 입성하고 있었으며, 도중에 에섹스의 원스테드 Wanstead에서 이복동생인 엘리자베스와 합류했습니다. 그들은 런던의 거리들을 통과해 런던탑에 도착해서는, 그곳에 갇혀있던 유명 인사들을 만나 키스하고 자유를 주었습니다. 이들 유명 인사들 중에는 지난 정권 하에서 로마 가톨릭을 버리지 않는다는 이유로 박해를 받았던 윈체스터의 주교의 가디

---

1   영국 튜더왕조의 여왕으로, 메리 튜더라고도 불리며, 헨리8세와 제1왕비 캐서린의 딸임. 부왕父王의 종교개혁 시대에는 불우하였으나, 이복동생 에드워드 6세의 뒤를 이어 즉위하였음. 열렬한 구교도로서, 즉위 이듬해에 구교의 나라 스페인의 필립2세와 결혼하여, 아버지와 동생의 종교개혁 사업을 부정하고 구교 부활에 주력하였으며 수많은 신교도를 박해하고 학살하였음. 그 때문에 후세에 '피의 메리Bloody Mary'라고 불렸음. 대외적으로는 남편의 편을 들어 프랑스와 싸웠으나, 결과적으로는 영국이 대륙에 보유하고 있던 마지막 거점 칼레를 잃고 말았음.

너가 있었습니다. 그는 곧이어 각료로 임명 됩니다.

그리고 노섬벌랜드 공작은 그의 아들 및 다른 5명의 측근들과 함께 재빠르게 체포되어 위원회 앞에 서는 신세가 됐습니다. 그는 당연히도, 스스로를 변호하기 위해, 국새國璽로 봉인된 명을 받아 군사를 움직인 것이 반역인지를 물었습니다. 그는 나아가 자신의 행위가 죄가 된다면, 그 명령을 함께 받든 위원회의 위원들이 자신을 재판을 수 있는지를 물었습니다. 그러나 위원들은 그의 주장에 귀를 기울이지 않고, 그를 완전히 제거하기로 하고 그에게 사형을 언도했습니다.

노섬벌랜드 공작은 타인의 목숨을 담보로 권력을 잡더니, 일단 실권하게 되자(얼마든지 예상할 수 있었던 대로) 그저 단순한 비극의 주인공이 되고 말았습니다. 그는 지푸라기라도 잡는 심정으로 가디너에게 목숨을 구걸하기도 했지만 소용이 없었습니다. 또, 그는 타워힐에서 참수를 당하기 위해 처형대 위로 올라가면서 사람들에게, 비굴한 몰골을 하고, 자신은 그저 남의 사주를 받았을 뿐이라며, 로마가톨릭이 자신의 원래의 신앙이라고 주장하기도 했습니다. 지금 보면 그는 마지막 순간까지 자신이 신앙고백을 하면 목숨을 건질 수 있을 것으로 판단한 것처럼 보입니다. 하지만 그가 어떤 신앙을 백하는지 그건 이미 문제가 되지 않았습니다. 결국, 그의 목은 달아났습니다.

메리는 이제 정식으로 왕관을 쓰고 여왕이 됐으며, 이때 나이는 37살이었고, 키가 작고 삐쩍 말랐으며, 얼굴에는 주름이 가득한, 건강하지 못한 모습을 지닌 여인이었습니다. 하지만 그녀는 치장하기를 좋아하고, 특히 밝은 색을 드러내기를 즐겨했으며, 그녀를 따라 궁정의 여인들도 무척이나 화려한 치장을 하고 다녔습니다. 또, 그녀는 특별한 감각도 없이 지난날의 관습을 무척이나 좋아했는데, 대관식 때도 옛날 방식으로 몸에 기름을 두르고, 축복을 받는 등 모든 절차를 구습에 따랐습니다. 어쨌든 필자는 당시 그녀의 모습이 아름다워 보였기를 수망해봅니다.

여왕 메리는 곧바로 신교를 탄압하고, 구교를 다시 일으켜 세우는 일에 착수했습니다. 하지만 민중의 의식이 전보다 많이 각성되어 있어서 여왕은 이를 실행에 옮기는 데 무척이나 신중을 기해야 했습니다. 민중들은 심지어는, 어떤 왕실 목사가 대중 예배에서 신교를 비난하자 돌멩이 세례를 퍼붓기도 했습니다. 그 돌멩이는 가끔가다 칼로 변하기도 했습니다.

어쨌든 여왕과 신부들은 구교의 영향력을 꾸준히 넓혀갔습니다. 지난 정권 하에서 강력한 권력을 누리던 리들리 주교는 체포되어 런던탑으로 보내졌습니다. 역시 지난 정권에서 권세를 누리던 성직자 중의 한명인 래티머도 마찬가지로 런던탑 행을 면할 수 없었으며, 크랜머가 그 뒤를 곧바로 이었습니다. 래티머는 그때 이미 노년에 접어들어 있었으며, 경비병들이 그를 끌고 스미스필드를 지나갈 때, 그는 그곳을 돌아보며 혼자 중얼거렸습니다. "여기는 그동안 나를 위해 많이도 울어준 곳이로구나!"

래티머는 이미 어떤 횃불이 곧 타오를 것인지 알고 있었던 겁니다. 앞으로 닥칠 일을 예감하는 사람은 그뿐만이 아니었습니다. 감옥은 빠르게 신교도들로 채워지고 있었으며, 그들은 비위생적인 감옥의 어둠 속에서 친지들과 분리된 채 굶주림에 허덕여야 했습니다. 그중에서도 탈출할 시간을 벌 수 있었던 신교도들은 영국에서 달아났지만, 굼뜬 사람들은 앞으로 어떤 일이 닥칠 지를 몸소 경험해야 했습니다.

그것은 생각보다 빠르게 진행됐습니다. 의회는 자신들의 결정이 공정한지 아닌지에 대해 조금도 돌아보지 않고 일사분란하게 돌아갔습니다. 그들은 이전 정권에서, 크랜머가 주도한, 여왕의 어머니와 헨리Ⅷ세 사이에 맺어졌던 이혼계약을 무효화했으며, 선대왕인 에드워드Ⅵ세 시절에 만들어진 종교 관련법들을 모두 폐기했습니다. 그들은, 법률을 어겨가면서까지, 자신들이 보는 앞에서 미사가 라틴어로 진행되도록 했으며, 무릎을 꿇지 않는 주교를 내쫓기도 했습니다.

또, 그들은 제인 그레이를 왕권을 탈취하려 한 반역자로 몰았고, 그녀의 남편을 반역자의 남편이라는 죄로 기소했으며, 앞에서 거론한 미사를 인정하지 않았다는 이유로 크랜머를 죄인으로 만들었습니다. 그리고 그들

토마스 와이어트

은 여왕에게 은혜의 기도를 내리며, 여왕이 하루빨리 배우자를 선택하기를 기원했습니다.

이제 누가 왕비의 남편이 되느냐의 문제가 각 세력들 간에 커다란 논란거리로 떠올랐습니다. 어떤 세력은 폴 추기경이 적격자라고 말했지만, 여왕 자신은 그가 너무 나이 먹었고 책상물림이어서 남자답지 않다고 싫어했습니다. 또, 다른 세력들은, 여왕이 직접 데번셔의 백작으로 임명한, 용맹스런 코트네이가 적임자라고 주장했고, 여왕도 한동안 그를 배필감으로 생각했었습니다.

하지만 그녀는 마음이 변했습니다. 그리고 마침내 스페인의 왕자인 필립이 적임자로 등장했습니다. 하지만 영국의 민중들은 그를 여왕의 남편으로 받아들이지 않았습니다. 그들은 이 결혼을 처음부터 끝까지 반대했습니다. 왜냐하면 그들은, 그 스페인 왕자가 외국 군대와 결탁해서 영국 땅에 교황의 종교를 강요하는 폭정을 펼치고, 나아가서는 끔찍한 종교재판 자체가 벌어질 것으로 믿었기 때문입니다.

이러한 불만은 코트네이를 엘리자베스 공주와 결혼시켜 그들을 영국의 통치자로 만드는 음모로까지 이어지는 등 영국 전체에 걸쳐 여왕을 반대하는 소요사태가 발생하게 됐습니다. 가디너는 이러한 사태를 재빠르게 감지하

고 대처해나갔습니다. 하지만 저항의 고장인 켄트 지방 사람들이 그들 특유의 저항정신으로 무장하고 일어났습니다. 그들의 리더는 토마스 와이어트라는 매우 용맹스런 인물이었습니다. 그는 메이드스톤에서 깃발을 세우고, 로체스터로 진군해가서 어느 오래된 성에 자리를 잡고, 노퍽의 공작과 결전을 치를 준비를 했습니다.

노퍽의 공작은 여왕의 경비병들과 5백 명의 런던 시민군들을 동원해서 토마스 와이어트를 진압하기 위해 다가오고 있었습니다. 하지만 대부분의 런던 시민들은 메리보다는 엘리자베스를 더 지지하고 있었기 때문에 성 앞에 도달한 노퍽 공작의 병사들이 와이어트 편에 가담해버렸습니다. 이렇게 해서 노퍽 공작은 퇴각하지 않을 수 없었고, 와이어트는 1만5천명으로 늘어난 병력을 이끌고 데프트포드Deptford까지 진출했습니다.

그러나 와이어트 세력은 차츰 그 위력을 잃어가서, 서더크에 도달할 때쯤에는 병사들의 숫자가 2천명밖에 남지 않았습니다. 이때 무장을 한 런던 시민들과 런던탑을 지키던 병사들이 반란군이 강을 넘어오는 것을 제지하기 위해 전투 준비를 하고 있었습니다. 그러나 와이어트는 이를 발견하고도 두려워하지 않고, 병력을 템스 강에 있는 킹스턴어폰템스 방향으로 몰아갔습니다. 그곳에 가면 런던으로 들어가는 관문인 러드게이트Ludgate로 건너가는 다리가 있을 것으로 판단했기 때문입니다.

그곳에 도착한 와이어트는 다리가 파괴된 것을 발견하고 이를 수리한 다음, 다리를 건너 러드게이트 언덕으로 향하는 플리트스트리트Fleet Street로 진출하기 위해 용맹스런 전투를 벌였습니다. 러드게이트의 문이 잠겨있는 것을 발견한 그는 템플 바 [2] 쪽으로 방향을 바꿔 진격해 들어가기 위해, 검을 한순간도 손에서 놓지 않고, 계속된 싸움을 벌였습니다. 그러나 템플 바 인근에서 적에게 압도당한 와이어트는 스스로 항복하고 말았습니다. 그를 따르던 사람들은 1백 명이 전사한 것 외에도 3~4백 명이 그와 함께 포로가 됐

---

2 Temple Bar, 런던 시 서쪽 끝에 있던 문으로, 반역자나 죄인들의 목을 매달던 곳, 1879년에 교외로 이전되었음.

습니다.

와이어트는 이후, 어쩌면 고문을 받아서 그랬는지 모르지만, 어려운 순간을 이겨내지 못하고 자신이 반란을 일으킨 데는 엘리자베스의 역할도 어느 정도 있었다는 자백을 해버렸습니다. 그러나 그는 곧바로, 남자다움을 되찾고, 억지 자백으로 목숨을 구걸하지 않겠다는 다짐을 했습니다. 결국, 오랜 악습대로, 그의 사지는 절단되어 사방각지로 보내졌으며, 50에서 1백 명에 이르는 반란군들은 교수형을 당하고 죽어갔습니다. 그리고 나머지 참여자들은 죄를 용서받기 위해 목에 굴레를 차고, '신께서 메리 여왕을 구하셨다!'고 울부짖으며 행진을 벌여야 했습니다.

이 반란이 극에 치달아 위험에 처했을 때도 여왕 메리는 불굴의 의지를 보여줬습니다. 그녀는 안전지대로 대피하기를 거부하고, 여왕의 지팡이를 손에 쥐고, 길드홀에 도착해서 런던 시민들과 시장을 향해 과감히 연설을 했습니다. 그리고 와이어트의 봉기가 완전히 진압된 다음 날, 여왕의 통지 기간 중 가장 잔인한 행동을 실행에 옮겼습니다. 제인 그레이를 처형하는 문서에 서명을 했던 겁니다.

그들은 제인 그레이에게 구교를 받아들이도록 설득을 했습니다. 하지만 그녀는 분명하게 이를 거절했습니다. 형이 집행되는 날 아침, 그녀는 감옥 창문으로 목이 잘린 채 피를 흘리며 들것에 실려 가는 남편의 시신을 지켜봐야 했습니다. 그녀의 남편도 방금 전 타워힐의 처형대에서 생을 마감했던 겁니다. 그녀는 남편이 처형되기 전 그를 면회함으로써 스스로의 신념이 꺾일 것을 두려워 해 마지막으로 남편 얼굴 보는 것을 거절했었습니다.

제인 그레이는 마지막까지 굳은 절개와 평온함을 보임으로써 역사에 귀감이 되고 있습니다. 그녀는 흔들림 없는 걸음걸이로 처형대를 향해 묵묵히 걸어 올라간 후 사람들을 향해 마지막 연설을 했습니다. 처형장에 모여 있던 사람들의 숫자는 그리 많지 않았습니다. 많은 사람들이 지켜보는 타워힐에서, 그녀 남편처럼 처형하기에는 그녀는 너무 어렸고, 결백했으며, 의로웠

제인 그레이의 처형

기 때문에 그녀의 처형은 사람들의 눈을 피해 런던 탑 안에서 이뤄졌습니다.

제인 그레이는, 자신이 메리 여왕의 왕권을 탈취하려 했지만, 이는 나쁜 의도가 있어서 그랬던 것은 아니었다고 말했습니다. 그리고 기독교인으로 죽음을 겸허히 받아들이겠다고 했습니다. 그러면서 그녀는 집행인에게 집행을 서둘러달라고 부탁했습니다. 그녀는 집행인에게, "그대는 내가 처형대에 목을 올리기 전에 집행을 해줄 수 있겠나요?"라고 물었습니다. "아니요. 그건 불가합니다."집행인이 대답했지요. 그러자 그녀는 사람들이 그녀의 눈을 가릴 때까지 조용히 기다렸습니다. 눈이 가려져서, 자신의 목을 올려놓을 처형대를 바로 찾지 못하자, 그녀는 손으로 처형대를 더듬어나가며 중얼거렸습니다. "처형대가 어디에 있나요?" 그러자 사람들이 그녀를 처형대 위로 안내했고, 집행인이 그녀의 목을 내리쳤습니다.

여러분들은 저 무시무시한 사형집행인들이 수많은 세월동안 얼마나 끔찍한 집행을 자행했으며, 그들의 도끼날에 스러져간, 용맹스럽고 현명했던 수많은 목들을 알고 있습니다. 그러나 이번만큼 그렇게 잔인하고 악독했던 집행은 없었습니다.

레이디 제인의 아버지도 곧바로 그녀와 같은 운명을 걸었습니다. 그러나 그는 딸만큼 동정을 받지는 못했습니다.

메리 여왕의 마수魔手는 이제 엘리자베스에게 뻗쳤습니다. 여왕은 갖은 수단으로 엘리자베스를 제거하고자 했습니다. 여왕은 엘리자베스가 은둔하고 있는 버캠프스테드Berkhampstead 근처의 에쉬리지Ashridge로 5백 명이나 되는 병력을 보내서 그녀를 죽이든 살리든 상관없이 데려오도록 명령했습니다.

  그들이 밤 10시 경에 들이닥쳤을 때 엘리자베스는 몸이 아파 병석에 누운 상태였습니다. 그러나 그들은 이에 상관하지 않고 그녀의 침실에까지 들어가 그녀를 지키고 있다가 다음날 아침 가마를 이용해 그녀를 런던으로 이송했습니다. 엘리자베스는 몸 상태가 너무 안 좋아서 길 위에서 5일이나 보내야 했지만, 자신의 실상을 민중들에게 드러내기를 열망해서, 이동용 가마의 커튼을 열어놓았습니다.

  가로를 지나가는 그녀의 모습은 몹시도 창백하고 병색이 완연했습니다. 도중에, 엘리자베스는 언니에게 자신은 결백하며, 왜 죄인 취급을 받는지 모르겠다는 편지를 써 보냈습니다. 그러나 아무런 답장도 받지 못하고 런던탑에 갇히게 됐습니다. 그들은 엘리자베스를 '반역자의 문Traitor's Gate'을 통해 런던탑으로 들어가도록 했고, 그녀는 이에 강하게 저항했지만 아무 소용없었습니다. 이때 비가 내리고 있었으므로 그녀를 호위하던 기사 한명이 입고 있던 망토를 벗어 그녀에게 덮어주려 하자 그녀는 이를 경멸하듯 뿌리치며 런던탑 안으로 들어가, 안마당의 돌 위에 앉았습니다.

  사람들이 그녀에게 비를 피해 안으로 들어올 것을 간청했지만, 그녀는 그런 불편한 장소보다는 그곳이 더 낫다며 이를 거절했습니다. 하지만 그녀는 결국 어쩌지 못하고, 자신에게 할당된 방으로 들어가 죄수의 신분이 됐습니다. 그리고 그녀는 이후에 우드스탁Woodstock으로 유배되어 정말로 중죄인 같은 생활을 했는데, 그곳에서 어느 날 그녀는, 시골 목장의 소녀가 밝은 햇빛 아래에서 초원을 지나며 경쾌한 목소리로 노래 부르는 것을 듣고는, 자신보다는 저 소녀의 팔자가 훨씬 나을 것이라는 신세한탄을 했다고 합니다.

  한편 포악한 성품으로는 그를 따를 자가 없던 성직자 가디너는 엘리자베스를 제거하고자 하는 자신의 흉중을 서슴없이 드러냈습니다. 그는 이단이라는 나무의 뿌리를 제거하지 않고 단순히 잎사귀나 가지치기만을 해서는 그 이단은 없어지지 않는다는 주장을 했습니다. 하지만 그는 자신의 독실한 계획을 완수하지 못했습니다. 엘리자베스는 해트필드 하우스Hatfield House에서 토마스 포프 경의 보호를 받아야 한다는 단서가 붙기는 했지만 마침내 풀려나게 됐습니다.

엘리자베스가 풀려나게 된 데는 스페인의 군주인 필립의 역할이 결정적이었던 것처럼 보였습니다. 필립은 온화한 성품의 소유자는 아니었고, 오히려 오만하고 건방지며 어두운 면이 많았던 인물이었습니다. 그러나 여러 스페인 귀족들을 데리고 영국으로 건너온 필립은 엘리자베스에게 폭력이 가해지는 것을 분명한 어조로 반대했습니다. 그의 이러한 처사에는 정치적 계산이 깔려있었을지 모르지만, 우리는 그보다는 그가 남자다운 명예를 위해 그리했기를 바랍니다.
메리 여왕은 남편감인 필립을 초조하게 기다려왔는데, 비록 필립이 그녀에 대해 한 번도 크게 관심을 가져본 적이 없었지만, 그가 도착하자 크게 기뻐했습니다. 그들은 가디너의 주례로 윈체스터에서 결혼식을 올렸습니다. 민중들은 이 결혼식을 맞이해서 또 한바탕 마시고 놀았지만, 그들이 이전부터 가지고 있었던 스페인 왕자에 대한 불신을 지워버린 것은 아니었으며, 이 점에서는 의회도 마찬가지였습니다. 비록 의회의 구성원들이 진실하지 못하고, 스페인 측에 매수된 자들이 많다는 비난을 받고는 있었지만, 그들은 메리 여왕이 엘리자베스를 제쳐두고 자신이 원하는 후계자를 지목하도록 하는 법안을 통과시키지는 않았습니다.

메리 여왕이, 엘리자베스를 처형대로 보내고, 다른 후계자를 지목하도록 하는 계획이 수포로 돌아가기는 했지만, 가디너는 구교를 부흥시키는 위대한 발자취를 계속해나갔습니다. 신교도는 단 한명도 포함하지 않은 채 새로운 의회가 구성되었으며, 교황의 사자인 폴 추기경을 영국에 받아들이는 준비가 진행됐습니다. 폴 추기경은, 교회의 재산을 획득한 귀족들은 누구라도 그 재산을 그냥 사유해도 좋다는 교황의 성스러운 선언을 가지고 영국으로 건너왔는데, 이는 영국 귀족들의 사욕을 채워줌으로써 그들을 자신의 편으로 끌어들이려는 교황의 속셈이 숨어있는 선언이었습니다. 그리고 곧 이어서 여왕에게 결정적 승리를 안겨다 주는 계기가 찾아오게 됩니다.

폴 추기경은 떠들썩한 환대를 받는 와중에 대단한 점잔을 빼며 도착해서 의회의 탄원서를 받았습니다. 그 탄원서에는 그동안

메리 여왕과 스페인의 필립 대공

영국이 국교를 바꾸려고 시도했던 기간 동안에 그들이 겪은 슬픔과, 따라서 영국을 로마가톨릭의 품에 다시 한 번 받아달라는 청원이 들어있었습니다.

여왕은 왕좌에 앉아있고, 필립 대공이 그 옆에, 그리고 추기경이 그 맞은편에 앉은 상태에서 가디너가 탄원서를 큰소리로 읽어 내려갔습니다. 이어서 추기경이 일어나, 큰 혜택이라도 베풀 듯이, 모든 것을 용서하며 잊어버리고 새 출발을 하자는 일장연설을 했습니다. 이렇게 해서 영국은 로마가톨릭의 품에 다시 한 번 엄숙하게 안기게 됐습니다.

이제 저 끔찍한 화형의 불꽃을 위한 모든 준비가 완료됐습니다. 여왕이 이미 각료회의에 서신을 보내 각료들의 입회가 아니라면 자신은 신하들을 화형에 처하지는 않을 것이며, 화형식이 있는 경우에는 반드시 그에 합당한 설교가 따를 것이라고 천명한 바가 있기 때문에 각료들은 그 다음에는 무슨 일이 일어날지를 잘 알고 있었습니다. 그리하여 화형식 행렬의 서문을 장식이라도 하는 것처럼 추기경이 모든 주교들을 축복한 다음, 수상 가디너가 던던

로거스의 순교

대교 옆에 있는 서더크에 자리 잡은 세인트 메리 오버리Saint Mary Overy에서 이단자들을 처단하기 위한 고등재판을 열었습니다.

지난날의 신교도 성직자였던 글로스터 주교 후퍼와 성 바울대성당의 목사인 로거스가 재판을 받기 위해 그곳으로 끌려왔습니다. 첫 번째로 후퍼가, 성직자임에도 불구하고 결혼을 했으며, 미사를 신봉하지 않았다는 죄목으로 재판장에 섰습니다. 그는 기소내용을 시인하고, 미사는 사악한 사기극이라는 말을 남겼습니다.

이어서 그들은 로거스를 재판했고, 로거스도 후퍼와 같은 말을 남겼습니다. 다음 날 두 사람은 최종판결을 받기 위해 끌려나왔고, 그 자리에서 로거스는 죽기 전에 마지막으로 영국 물정에 어두웠던 자신의 독일인 아내를 만나고 싶다는 말을 했습니다. 하지만 비인간적이었던 가디너는, 그녀는 더 이상 그의 부인이 아니라고 했습니다. "아니요. 그녀는 저의 아내입니다." 로거스가 말했습니다. "그녀는 18년 동안 저의 아내였으며, 지금도 저의 아내입니다." 그의 호소에도 불구하고 그의 요청은 받아들여지지 않았으며, 두 사람은 뉴게이트[3]로 이송됐습니다.

이때 길거리에서 장사하던 장사치들에게는 모든 등불을 끄라는 명령이 하달됐습니다. 그들의 등불로 인해 끌려가는 두 사람의 모습이 사람들의 눈

---

3 런던시의 서문西門에 1902년까지 자리했던 유명한 교도소

에 띨까 두려웠던 겁니다. 그러나 런던 시민들은 스스로의 등불을 들고 대문 앞에 나와서, 두 사람이 거리를 지나갈 때 그들을 위해 기도를 올렸습니다. 로거스는 감옥에서 곧바로 끌려나와 스미스필드의 화형대로 향했고, 그는 도중에 군중들 틈에 끼어있던 그의 불쌍한 부인과 10명의 자식들을 발견했습니다. 그 자식들 중에는 어린 아이도 있었습니다. 그는 그렇게 화형대에서 스러져갔습니다.

다음 날은 글로스터에서 후퍼의 처형이 있기로 예정된 날이었습니다. 그는 화형대까지의 마지막 여정에서 얼굴에 두건을 쓰도록 명령받았습니다. 민중들이 그의 얼굴을 알아볼까 두려웠던 거지요. 그럼에도 불구하고 민중들은 후퍼가 자신이 사랑했던 도시를 이끌려 내려 갈 때 그를 분명하게 알아보았으며, 글로스터에 거의 도착했을 때는 그를 위해 기도를 올리고, 그의 죽음을 애도했습니다.

그날 밤 후퍼는 경비병들의 삼엄한 경비 속에서 마지막을 보냈고, 비교적 잠을 잘 잤습니다. 하지만 다음 날 아침 9시에 일어난 그는 경비들의 부축을 받고 형장으로 이동할 수밖에 없었는데, 그가 마지막으로 보낸 감옥의 공기가 너무 차서 몸을 제대로 가눌 수 없을 정도로 심한 감기에 걸렸기 때문입니다.

후퍼를 묶을 쇠기둥과 쇠사슬이, 성당 앞의 널따란 광장에 솟아있는 커다란 느릅나무 근처에 세워졌습니다. 그 성당 앞의 광장은, 후퍼가 글로스터의 주교였을 때, 햇살 좋은 일요일이면 사람들에게 설교하고 축복해주던 바로 그 장소였습니다. 때가 2월이었으므로 그 느릅나무에는 이파리가 돋아있지 않았지만, 사람들은 그 나무 주위로 몰려들었습니다. 그리고 글로스터 대학의 신부들이 이 장면을 창문을 통해 무심하게 내려다보고 있었으며, 이 끔찍한 화형장이 바라보이는 곳곳마다 수많은 인파가 이를 지켜보고 있었습니다.

누석한 후퍼가 화형대 앞의 연단에 무릎 꿇고 큰소리로 기도를 올렸고, 바로 근처에 있던 사람들이 그의 기도에 동참하는 듯한 반응을 보이자, 경비병들이 그들을 뒤로 물러나도록 했습니다. 로마가톨릭교도들에게는 신교도의 기도 내용은 그저 불경스러운 것에 불과했기 때문입니다. 기도가 끝나자 경비병들이 그를 화형대로 끌고 올라가서 윗옷을 벗기고 화형을 위해 쇠사슬로 그를 묶었습니다. 그의 처지를 애처롭게 여기던 경비병 중의 하나가 그의 고통을 줄여주기 위해 그의 몸 여기저기에 화약뭉치를 함께 묶었습니다.

그리고 그들은 불을 때기 위한 나무와 갈짚들을 튼튼히 쌓아올렸습니다. 그러나 불행이도 그 나무들은 젖은 나무들이었고, 마침 바람이 심하게 불어서 불길이 한쪽으로 날리게 됐습니다. 결국, 선량했던 노년의 그 성직자는 불길이 사그라질 때까지 무려 45분 정도를 불에 타고, 연기에 그을리고, 구워지는 고통을 겪으며 죽어가야 했습니다. 하지만 그 와중에서도 사람들은 기도 소리를 중얼거리는 그의 입술을 볼 수 있었고, 한쪽 손이 불에 타버린 상태에서도 나머지 손으로 가슴을 치는 그의 모습을 확인할 수 있었습니다.

크랜머와 리들리, 그리고 래티머는 옥스퍼드로 이송돼서 성직자와 학자들로 구성된 위원회와 미사의 문제를 놓고 토론을 벌이게 됐습니다. 그들은 치욕적인 대접을 받았으며, 기록에 따르면, 옥스퍼드의 학자들은 전혀 학자답지 않은 태도로 으르렁거리며 불순한 언사를 남발했다고 합니다. 그 죄수들은 다시 감옥에 갇힌 후 세인트 메리 교회St. Mary's Church에서 재판을 받고, 모두 유죄판결을 받았습니다. 10월 16일에 리들리와 래티머는 또 한 번의 잔인한 화형식의 희생자가 됐습니다.

이들 두 명의 선한 신교도에 대한 잔인한 박해 장면은 발리올 대학Baliol College 인근에 있는 도시의 자연 수로水路에서 벌어졌습니다. 그 끔찍한 장소에 도착한 두 사람은 화형대에 입맞춤을 하고 서로 껴안았습니다. 그러자 어떤 저명한 학자 하나가 일어나 미리 마련된 연단으로 나아가 성경을 인용하며 설교를 시작했습니다. '내 몸을 불사르게 내어줄지라도 사랑이 없으면 아무 유익이 없느니라.'[4] 산채로 사람을 불사르면서 사랑이라는 단어를 입에 담는 장면을 떠올려보면 여러분들은 그 학자라는 인물이 얼마나 철면피였을까 상상이 갈 겁니다.

만일 허락되기만 했다면 리들리는 그 설교가 끝나고 분명히 자신의 의견을 말했을 겁니다. 그러나 그는 그럴 수 없었습니다. 한편, 집행관들이 래티머의 윗옷을 벗기자 그가 특별한 수의壽衣를 입고 있는 것이 눈에 띄었으며, 그 상태에서 그가 사람들을 향해 일어서자 그의 모습은 오래도록 기억될 정도로 늠름했습니다. 그는 방금 전까지만 해도 몸을 구부정하게 굽히고 다니던 허약한 사람이었지만, 자신이 정의와 위대한 뜻을 위해 산화한다는 것을 깨달은 지금은 몸을 곧추세웠고, 그 모습이 참으로 아름다웠습니다.

이때 리들리의 매제妹弟가 화약주머니를 들고 대기하고 있다가 죄수들의 몸이 묶이게 되자 그것을 죄수들의 몸에 매달아 주었습니다. 그리고 곧바로 장작더미 위로 불길이 던져졌습니다. "편안한 안식을 얻기를 바라겠소, 리들리 경." 그 참혹한 순간에 래티머가 소리쳤습니다. "그리고 남자답게 산화합시다. 우리가 신의 뜻에 따라 영국 땅에 밝힌 광명의 촛불은 영원히 꺼지지 않을 것이오!" 그런 다음 그는 마치 화염에 손을 씻기라도 하는 듯한 모습을 보이더니, 다시 그 손으로 얼굴을 가리면서, "하늘에 계신 아버지, 제 영혼을 받아주소서!"라고 울부짖었습니다.

래티머는 이내 숨이 끊어졌지만, 불길은 리들리의 다리 부분만을 태우고 잦아들어버렸습니다. 이렇게 되자 리들리는 화형대에 묶여서 죽음을 맞이하지 못하고 울부짖었습니다. "불길이 멈춰버렸소. 제발이지 빨리 불길이 타오르게 해주시오!" 비명을 듣고 그의 매제가 장작더미를 더 쌓아올렸지만, 타오르는 연기 속에서 그의 가공할 비명 소리는 멈추지 않았습니다. "빨리 불길을 당기시오, 빨리!" 마침내 불길이 화약주머니에 닿았고, 그제야 그의 고통은 끝이 났습니다.

이런 끔찍한 화형식이 거행되고 3일 후, 가디너도 생전에 그가 저지를 악

4　고린도전서 13장 3절

행들로 인해 신 앞에 불려가는 운명을 면할 수 없었습니다.

크랜머는 아직 살아서 감옥에 갇혀있었습니다. 2월이 되자 그는 조사와 재판을 받기 위해 다시 한 번 런던의 주교인 보너 앞에 서야 했습니다. 보너는, 가디너 못지않은 잔혹한 성품의 소유자로, 가디너의 역할을 이어받은 인물이었고, 가디너 생전에 그가 피곤하거나 바쁘면 그를 대신해서 손에 피를 묻히곤 했었습니다. 크랜머는 이제 직급이 일반 신부로 강등되어 죽을 날만 기다리고 있던 신세였습니다. 하지만 크랜머를 극도로 미워했던 메리 여왕은 그에게 완전한 파멸과 불명예의 길을 안겨주기를 원했습니다. 사정이 이러했기 때문에 여왕과 대공이, 크랜머에게 잔혹한 화형의 불길을 당기는 결정을 하루빨리 내려주기 원한다는 서신을 각료회의 보낸 것은 의심할 나위가 없어 보입니다.

크랜머는 심지가 굳은 사람이 아니라고 알려져 있었기 때문에 여왕의 사주를 받은 사람들이 꾀를 내어 크랜머를 로마가톨릭으로 개종시키려는 시도를 했습니다. 학자들과 성직자들이 그를 면회해서 음식과 다른 여러 편의시설들을 제공하면서 회유하기도 했고, 감옥에서 필요한 돈을 주는 등 그의 신념을 꺾기 위해 온갖 수단을 동원했습니다. 그 결과 유감스럽게도 그는 무려 여섯 번이나 개종改宗 서류에 서명을 할 수밖에 없었습니다. 그러나 끝내는 화형장으로 끌려나오게 됐을 때 그는 자신의 자아 앞에 당당했으며, 생의 마지막을 영광스럽게 끝낼 수 있었습니다.

크랜머의 마지막 예배의식은, 감옥에 갇혀있던 크랜머를 개종시키기 위해 온갖 계책을 동원했던 콜리 박사라는 성직자가 맡았습니다. 그는 크랜머에게 마지막으로 군중들을 향해 신앙고백을 할 수 있도록 했습니다. 콜리는 크랜머가 로마가톨릭에 대한 지지를 천명하고 죽을 것으로 생각했을 겁니다. "진정으로 저의 신앙고백을 하겠습니다." 크랜머가 입을 열었습니다.

크랜머는 군중들을 향해 일어나서는 수사복의 소매 춤에서 미리 준비한 기도문을 꺼내 큰 소리로 읽어나갔습니다. 그런 후 그가 무릎을 꿇고 주기도

문을 암송하자 몰려있던 군중들이 이를 함께 따라했습니다. 그러고 나서 그는 다시 한 번 군중들을 향해 일어서더니, 자신은 성경을 믿으며, 자신이 최근에 서명한 서류들은 진심을 담고 있는 것이 아니라고 선언했습니다. 그리고 나아가 자신의 오른손이 그 못된 서류들에 서명을 했으므로 화형을 당할 때 제일 먼저 오른손부터 태워버리겠으며, 교황은 하나님의 뜻을 거스른 자이므로 자신은 교

화형 당하며 순교하는 크랜머

황의 뜻에 따를 수 없다는 말까지 해버렸습니다. 상황이 이렇게 돌아가자 구교에 대한 믿음이 투철했던 콜리 박사는 경비병을 향해, 저 이단자의 입을 당장 틀어막고, 빨리 화형대로 끌고 가라는 외마디 비명을 질렀습니다.

경비병들이 서둘러 크랜머를 끌고 가 화형대에 쇠사슬로 묶자, 크랜머는 기다렸다는 듯이 스스로 옷들을 벗고 불길을 맞이했습니다. 그는, 대머리에 흰 턱수염을 휘날리며 군중들을 향해 당당하게 섰습니다. 최악의 순간이 닥쳤는데도 그는 대담함을 잃지 않고, 자신의 변절은 거짓이었다고 다시 한 번 밝혔습니다. 그런 그의 모습이 얼마나 당당하고 인상적이었는지 형을 감독하던 지체 높은 귀족 중의 한명이 집행관들에게 집행을 서두르라고 재촉했을 정도입니다.

불길이 당겨지자 크랜머는 자신의 마지막 선언대로 오른손을 불길 쪽으로 내밀고, "이 손이 부정한 행동을 했구나!"라며 그 손이 불에 그슬리고 탈 때까지 움직이지 않았습니다. 화형이 끝난 잿더미 속에서도 그의 심장만은 살

아 있었고, 그는 마침내 영국 역사에 기록될 위인으로 남게 됐습니다. 폴 추기경은 그날 처음으로 미사를 집전하며 크랜머의 죽음을 축하했고, 다음날 그는 크랜머를 대신해서 캔터베리의 대주교가 됐습니다.

한편, 그때는 이미 대부분의 시간을 자신의 나라인 스페인에서 보내며, 신하들과 자기 부인에 대한 흉이나 보고 있던 여왕 메리 I 세의 남편 필립 대공은 프랑스와 전쟁을 치르다가 지원을 요청하기 위해 영국으로 건너왔습니다. 영국 조정은 처음에는 그를 도와줄 생각이 전혀 없었지만, 프랑스 왕이 영국의 해안을 공격하는 일이 발생하자 하는 수 없이 전쟁에 참여하게 됐습니다. 이에 따라 여왕은 권력을 남용해서 부당한 방법으로 전쟁 비용을 조달하게 됐습니다. 하지만 프랑스 왕이 칼레 지역을 급습하자 영국은 무참한 패배만을 맛보고, 아무런 소득을 얻지 못했습니다. 그 결과 프랑스의 국민적 자존심은 심각한 타격을 입었고, 여왕은 이 참패로부터 영영 헤어·나오지를 못했습니다.

그 시기에 영국에 위중한 열병이 퍼졌고, 여왕이 이 병에 걸려 죽을 날이 얼마 남지 않게 됐다는 사실은 참으로 다행스런 일이 아닐 수 없었습니다. 임종을 맞이하며 여왕은 둘러선 신하들에게 이런 소리를 했습니다. "내가 죽고, 내 몸을 살펴보면, 내 가슴에는 '칼레'라는 글자가 쓰여 있을 것이오."
하지만, 필자 생각에는, 만일 어떤 글씨가 거기에 쓰여 있었다면 그것은 '제인 그레이, 후퍼, 로거스, 리들리, 래티머, 크랜머, 그리고 여왕의 4년간의 통치기간 중에 산채로 불에 타죽은, 60명의 여성과 40명의 어린 아이들을 포함한, 3백 명의 이름'이었을 겁니다. 그러나 그들의 죽음에 대한 기록은 하늘나라에 기록되는 것으로 충분했겠지요.

1558년 11월 17일, 통치기간 5년 반을 채우지 못하고, 여왕은 44살을 일기로 세상을 하직했습니다. 그리고 폴 추기경도 같은 열병으로 다음 날 사망했습니다.

여왕은 '피의 여왕 메리Bloody Queen Mary'라는 그 유명한 칭호로 불리게 되었고, 그녀는 '피의 여왕'답게 영국민들에게 공포와 혐오감으로 기억될 것입니다. 여왕에 대한 혐오감이 너무 깊게 자리잡아왔던 반작용으로 이후에 어떤 작가들은 여왕을 편들어 그녀가 대체로 상냥하고 유쾌한 군주였다고 주장하기도 합니다.

우리 주께서는, '그들의 열매로 그들을 알리라.'[5]라고 말씀하셨습니다. 화형의 끔찍한 불길은 여왕 시대의 열매입니다. 그리고 우리는 메리 여왕의 시대를 그것 말고는 어떤 것으로도 평가할 수 없습니다.

---

5 마태복음 7장 20절

제30장
여왕 엘리자베스 Ⅰ세
ENGLAND UNDER ELIZABETH
[1533.9.7~1603.3.24 / 재위 1558~1603]

[1부]

각료회의의 귀족들이 엘리자베스를[1] 영국의 새로운 여왕으로 맞이하기 위해 해트필드로 몰려가자 전국에는 큰 기쁨이 넘쳐흘렀습니다. 메리 여왕 시대의 야만적 폭정에 신음하던 민중들은 새로운 군주에 대한 희망과 기대에 가득 찼습니다.

온 나라가 참혹한 꿈에서 깨어난 것처럼 보였으며, 사람을 산채로 죽음으로 몰고 갔던 화형식의 연기에 가려졌던 하늘이 다시 한 번 밝은 모습을 드러내는 듯했습니다.

대관식을 치르기 위해 런던탑에서 웨스트민스터 사원을 향해 런던의 거리를 말을 타고 지나갈 때 엘리자베스의 나이는 25살이었습니다. 그녀의 모습은 다소 긴장되어 보였지만, 전체적으로 위엄과 기품을 유지하고 있었으며, 머리카락은 붉은 색이었고, 코는 여성의 코 치고는 다소 길고 날카로운 편이었습니다. 그녀는 빼어난 용모를 소유하지는 않았지만, 선대왕 메리의 음울

---

1 영국 절대주의의 전성기를 이룬 여왕. 국교의 확립을 꾀하고 종교적 통일을 추진하였으며 화폐제도를 통일하고 중상주의 정책을 펼쳤음. 빈민구제법에 의하여 토지를 잃은 농민의 무산화를 방지하였고 영국의 동인도회사를 설립하였음.
1533년 9월 7일 잉글랜드 런던 근처 그리니치Greenwich 에서 튜더 왕조의 헨리8세와 두 번째 왕비 앤 불린의 딸로 태어났음. 어머니가 간통과 반역죄로 참수된 뒤 궁정의 복잡한 세력다툼의 와중에서 왕위 계승권이 박탈되었음. 또한 이복 언니 메리1세의 가톨릭 복귀 정책이 민중들의 원성을 사게 되어 와이어트 반란으로까지 확대되었을 때, 그녀도 반란 가담의 혐의를 받아 런던탑에 유폐(1554)되는 등 힘겨운 소녀시절을 보냈음. 석방된 뒤 인문주의자 R.어스컴에게 그리스·라틴의 고전을 배우고, 독일·프랑스·이탈리아 등의 외국어를 공부하여, 역사·음악·신학에 능통하였음. 메리1세가 죽자 뒤를 이어 25세에 즉위하였으며, 스페인 왕 필립의 구혼을 받았으나 즉위하면서 이를 거절하였음. 여왕의 오랜 치세는 영국의 절대주의 전성기를 이루었으므로 국민으로부터 '훌륭한 여왕 베스'라고 불리며 경애의 대상이 되었음.
종교정책에서 선대왕 메리1세의 가톨릭적 반동에 의해서 신구 양파의 항쟁이 격화되었을 때, 여왕은 수장령首長令과 통일령(1558)을 부활하여 국왕을 종교상의 최고 권위로서 인정받도록 하였고, 동시에 전국민에게 국교회國敎會의 의식과 기도서를 강제로 지키게 함으로써 국교의 확립을 꾀하고 가톨릭과 퓨리턴을 억압하여 종교적 통일을 추진하였음.
의회에 대한 행정은 강제와 양보의 양면작전으로 조종하여 권한을 축소시켰고, 45년간의 치세 중에 의회를 열지 않은 횟수는 불과 10회였음. 추밀원樞密院 중심의 정치를 폈고, 정치범을 위한 성실청星室廳 외에도 종교범을 위하여 특설 고등법원을 설치하였음. 윌리엄 세실, 웰싱햄 등을 중용하고 베이컨, T.그레셤 등의 진언을 받아들였으며, 지방에서 명망 있는 사람을 치안판사로 임명하여 지방행정을 담당하게 하였음.

한 분위기에 비하면 훨씬 뛰어난 자태를 보유하고 있었던 것만은 분명합니다.

엘리자베스는 뛰어난 학식에도 불구하고 절제할 줄 아는 글 솜씨를 지녔으며, 함부로 공약을 남발하기보다는 약속을 삼가는 성품의 여인이기도 했습니다. 또, 그녀는 현명하기는 했어도 교활하게 남을 속일 줄 몰랐으나, 부친의 과격한 성징을 물려받기도 했습니다. 엘리자베스 여왕을 두고 한쪽에서는 지나치게 칭송 일변도이고, 그런가 하면 또 다른 측에서는 과도한 비난만이 난무하므로, 필자는 그녀의 내면적 모습을 거론하고자 합니다. 여왕 엘리자베스가 진정으로 어떤 인물이었는지를 이해하지 못하고서는 위대했던 그녀 통치기간을 제대로 이해할 수 없기 때문입니다.

엘리자베스 여왕이 그녀의 첫 국정업무를 윌리엄 세실 장관의 도움으로 시작할 수 있었던 것은 그녀에게는 대단한 행운이 아닐 수 없었습니다. 여왕은 나중에 세실 장관을 벌리 경으로 봉합니다.

길거리에서 축하 행렬이 벌어졌을 때, 민중들에게는 그 어느 때보다도 더 그 행렬을 기쁜 마음으로 맞이해야 할 충분한 이유가 있었습니다. 온갖 쇼와 화려한 형상들이 준비되었고, 사원들의 꼭대기에는 고그와 마고그 상像[2] 이 내걸렸으며, 자치단체에서는, 의무적으로, 젊은 여왕에게 금화 1천 마르크를 선물했는데, 이것이 너무 무거워서 여왕은 양손을 내밀어 받아야 했습니다.(이 선물 전달식이야말로 이날 행렬의 주된 목적이기도 했습니다.)

대관식은 큰 성공을 거두었고, 다음 날 신하 중 한명이 여왕에게 대관식같이 기쁜 날에는 죄수 몇몇을 풀어주는 것이 관례라는 청원을 올리면서, 그동안 갇혀있던 4명의 복음주의자들을 속박에서 풀어주는 은혜를 베풀어주기를 바란다는 간청을 했습니다. 그동안 이상한 언어 속에 파묻혀서 일반 민중들에게 다가가지 못했던 그 4명의 이름은, 마태와 마가, 누가, 그리고 요

2　GOG and MAGOG, 런던의 시의회 의사당에 있는 목제의 큰 거인상

한이었으며, 사도 바울도 이들 해방자들의 틈에 끼였습니다. [3]

신하의 이러한 주청이 있자, 여왕은 무엇보다 중요한 것은 그들 해당자들이 스스로 속박에서 풀려나기를 원하는지를 알아보는 일이라고 답변했습니다. 그리하여 두 종교집단의 대표들이 웨스트민스터 사원에 모여 대대적인 대중토론(일종의 종교집회)이 열리게 됐습니다. 참석자들은, 민중들이 복을 받기 위해서는 그들이 암송하는 내용을 정확히 이해하는 것이 필요하다는, 지극히 상식적인 결론을 도출하였습니다. 결과적으로, 이해하기 쉬운 영어로 진행되는 예배 의식이 일반 영국의 민중들 사이에 정착되었고, 종교개혁의 위업을 완성하는 다른 법률과 규칙들이 수립되었습니다. 그렇다고 해서 로마가톨릭의 주교와 종사자들이 박해를 받은 것은 아니었으며, 오히려 배려를 받았습니다. 여왕의 신하들은 양쪽 모두에게 사려 깊고 박애적인 태도를 취했습니다.

이 시기의 가장 골칫거리 중의 하나는, 스코틀랜드의 여왕인 메리 스튜어트와 관련된 일이었으며, 불행히도 피를 부르는 소요사태를 동반하게 됐습니다. 필자는 여기서 메리 스튜어트가 누구이며, 무슨 일을 했고, 왜 엘리자베스 여왕의 눈엣가시가 됐는지 가능한 짧은 이야기로 살펴보겠습니다.

메리 스튜어트는 스코틀랜드의 섭정이었던 가이스의 메리Mary of Guise의 딸이었습니다. 그녀는 아직 어린아이 일 적에 프랑스 왕의 후계자와 결혼을 했지요. 한편, 자신의 은혜로운 허락 없이는 어느 누구도 영국의 왕관을 쓸 수 없다고 믿었던 교황은, 엘리자베스가 바로 그 은혜를 요청하지 않았다는 이유로 그녀를 무척이나 반대했습니다. 그래서, 영국 의회가 왕위 계승권을 바꾸지 않았다면 영국 왕권의 적통은 스코틀랜드의 여왕 메리에게 돌아갔을 수도 있었기 때문에 교황과 그를 따르던 불만 섞인 추종자들은 영국의 왕은 메리이며, 엘리자베스에게는 왕이 될 권한이 없다고 주장했습니다.

또, 메리 스튜어트는 영국에 대한 시기심에 사로잡혀있던 프랑스와 긴밀

스코틀랜드 여왕 메리 스튜어트

한 관계를 유지하고 있었습니다. 문제는 바로 여기에서 발생했습니다. 그녀를 도와줄 상대가 주위에 아무도 없었다면 그녀는 도발할 마음을 가지지 않았겠지만, 프랑스라는 강력한 힘을 가진 나라가 그녀를 지원했기 때문에 문제가 발생했던 겁니다. 그리고 그녀의 젊은 남편이, 그의 아버지가 죽자, 프랑스의 왕위에 올라 프랑수아 II 세가 되자 문제는 더욱 심각하게 돌아갔습니다. 급기야 이 부부는 스스로를 영국의 왕과 왕비라고 부르는 지경에까지 이르렀고, 교황은 그가 할 수 있는 모든 악행을 동원해서 이들을 지원할 태세였습니다.

그때 이미 스코틀랜드에는 존 녹스라는 힘 있는 목사 등의 엄격한 지휘 아래 종교개혁의 움직임이 눈에 띄게 벌어지고 있었습니다. 하지만 스코틀랜드는 아직도 여전히 살인과 폭력이 지속적으로 난무하는 반은 야만적인 사회로 남아있었습니다. 이들 종교개혁의 선구자들은 스코틀랜드 야만인들을 종교개혁으로 바로 유도하기보다는 그들의 폭력적인 구습舊習을 척결하기로 마음먹고, 교회와 예배당들을 폐허로 만들며, 그림과 재단들을 끌어내리고, 프란체스코의 수도사나 도미니크의 수도사, 그리고 카르멜회의 수도사들을 비롯한 각지의 모든 수도승들을 몰아냈습니다.

스코틀랜드의 종교적 선각자들의 이러한 불굴의 정신은(스코틀랜드 사람들은 종교적인 문제에 있어서는 무뚝뚝하고 쉽게 다그기기 이려운 사람들이었습니다.) 프랑스 궁정의 가톨릭 신도들의 피를 끓게 해서, 프랑스가 스코틀랜드로 군대를 보내서 앞서 예를 든 수도승들이 설자리를 잃지 않도록 하려 했습니다. 프랑스는 우선 스코틀랜드에서 종교개혁의 분위기를 갈기 갈기 찢어놓아 가톨릭이 자리를 잃지 않도록 하고, 그 다음으로는 영국을 그렇게 만들려고 했습니다.

자신들끼리 단체를 만들고, 스스로를 '광야의 유대인들'이라 칭했던 스코틀랜드의 종교개혁가들은 엘리자베스 여왕에게 서신을 보내, 만일 스코틀랜드의 종교개혁이 파국을 맞는다면 그 다음 차례는 영국이 될 것이라고 호소했습니다. 그래서 엘리자베스는, 비록 스코틀랜드의 왕과 왕비는 그들이 원하는 바대로 행할 권리가 있다고 믿기는 했었지만, 자신들의 군주에게 반기를 든 그들 종교개혁가들을 돕기 위해 스코틀랜드로 군대를 보내지 않을 수 없었습니다. 이러한 사태의 전개는 결국 에든버러에서 평화협정이 맺어지는 데까지 흘러갔고, 그 협정에 따라 프랑스는 스코틀랜드에서 군대를 철수하였습니다. 그리고 메리와 그녀의 남편과는 또 다른 협정을 맺어 그들이 자칭한 '영국의 왕과 왕비'라는 칭호를 철회하기로 하였습니다. 하지만 그들은 이 협정을 한 번도 지키지 않았습니다.

이런 우여곡절을 겪은 후, 프랑스의 젊은 왕이 어린 신부 메리를 홀로 남겨놓고 운명을 달리하게 됐습니다. 그리고 스코틀랜드의 신하들은 메리에게 고국으로 돌아와 자신들을 다스려달라는 요청을 보냈습니다. 그녀는 자신이 프랑스에 남아 있어봤자 더 이상 행복해질 것 같지 않자 얼마 후 그들의 요청을 받아들였습니다.

엘리자베스의 통치 3년째 접어드는 해에 스코틀랜드의 여왕 메리 스튜어트는 칼레를 떠나 이전투구의 나라인 그녀의 고국을 향하는 항해 길에 올랐습니다. 그녀가 막 항구를 벗어나는 순간에 배 한척이 그녀의 눈앞에서 사라져버렸습니다. 이를 본 그녀는 혼자 중얼거렸습니다. "오, 신이시여! 이런 항해에 배를 잃어버리다니, 이것은 무슨 징조인가요?" 그녀는 진정으로 프랑스를 좋아했고, 갑판에 앉아 눈물을 흘리며 날이 어두워질 때까지 멀어져 가는 프랑스 땅을 바라보았습니다. 그녀는 잠자리에 들면서 수하들에게 만일 날이 밝을 때까지 프랑스 땅이 눈에 보인다면, 마지막으로 한 번 더 보고 싶으니, 새벽에 자신을 깨워달라고 지시했습니다.

새벽이 되어 날씨가 맑자 수하들이 그녀를 깨웠고, 그녀는 다시 한 번 자신이 두고 온 나라를 향해 눈물을 흘리며, "안녕, 프랑스! 안녕, 프랑스! 이제 다시는 너를 볼 수가 없겠구나!"라며 여러 번 중얼거렸습니다. 이 모든 일들은 이후에 19살의 어린 여군주에게 서글프고도 흥미로운 기억으로 이후 오랫동안 기억에 남게 됩니다. 애처롭게도, 이때의 기억은, 보통 사람들의 향수鄕愁 이상으로, 그녀의 앞날의 생애에 다시는 돌아가지 못할 그리운 추억으로 자리 잡게 되었습니다.

메리는 스코틀랜드로 돌아와 에든버러에 있는 홀리루드Holyrood 궁에 거처를 마련하고 나서, 자신이 투박하고 낯선 사람들에 둘러싸여 있고, 프랑스의 궁정에서는 경험하지 못한 매우 야만적이고 불편한 관습 속에 놓인 것을 발견했습니다. 그녀를 사랑한다는 바로 그 사람들이 두통을 야기하는 장본인들로서, 항해에 지친 그녀를 향해 화음도 맞지 않는 세레나데를(틀림없이 그 공포의 백파이프 소리였을 겁니다.) 들려주기도 했고, 그녀와 그녀의 물품들을 긁어서 피골이 상접한 불쌍한 말들에 태워 궁으로 옮겨가기도 했습니다.

그런가 하면 그녀는 반대파들 사이에서 종교개혁의 강력한 리더들을 발견했는데, 그들은 그녀가 아무리 순수하다고 해도 그녀의 취미와 기호를 혐오했으며, 그녀의 음악과 춤을 악마의 사주를 받은 짓거리로 몰아갔습니다. 존 녹스 자신은 격노하며 종종 그녀를 심하게 꾸짖었고, 그녀에게 불행을 안겨주는 결정적 역할을 하고 있었습니다. 이러한 요인들로 인해 메리는 더욱더 로마가톨릭에 매달리게 됐으며, 그녀에게나 영국을 위해서도 너무나 경솔하고 위험한 결단을 내리고 말았습니다. 즉, 그녀는 만일 그녀가 영국의

엘리자베스 여왕과
레스터 백작
로버트 더들리

왕권을 차지한다면 영국에 로마가톨릭이 다시 부흥하도록 하겠다는 약속을
로마가톨릭의 책임자들에게 하고 말았던 겁니다. 메리의 불행한 인생에 대
한 이야기를 접할 때면 여러분들은 언제나 이점을 염두에 둬야합니다. 그녀
는 평생을 로마가톨릭의 편에 서서 여러 가지 형태로 엘리자베스 여왕을 반
대하는 일에 매진했던 겁니다.

엘리자베스가 메리를 좋아하지 않았다는 점도 분명한 사실처럼 보입니다.
엘리자베스는 자만심이 강하고 질투심이 많았으며, 특히 결혼한 사람들을
좋아하지 않았습니다. 그녀는 목이 잘려 사망한 제인 그레이의 동생인 캐서
린 그레이를, 단지 그녀가 비밀결혼을 했다는 이유 하나로 치욕적일 정도로
혹독하게 다뤄, 죽인 후 그녀의 남편은 패망의 길로 들어서도록 했을 정도입
니다. 그렇기 때문에 메리의 두 번째 결혼에 관한 이야기가 나돌자 엘리자
베스는 그녀를 더욱 미워했을 겁니다. 여왕 자신도 스페인, 오스트리아, 스
웨덴, 그리고 영국 등에서 구애를 해오는 남성들이 여럿 있었지만 별로 탐탁
하게 생각하지 않았습니다.

당시 엘리자베스 여왕에게는 로버트 더들리라는 영국인 연인이 있었는데,
여왕은 그에게 마음을 빼앗긴 상태였습니다. 더들리는 레스터의 백작으로,

그에게는 비밀리에 결혼한 영국 귀족의 딸인 에이미 로브사르트라는 아내가 있었지만, 그는 여왕과 자유롭게 결혼하기 위해 그녀를 자신의 시골집인, 버크서의 컴노르 홀Cumnor Hall에서 살해했다는 강한 의심을 받고 있었습니다.

위대한 작가인 월터 스콧 경은 이 이야기를 그의 유명한 로맨스 소설의 소재로 삼기도 했습니다. 하지만 엘리자베스는 그녀의 잘 생긴 연인을 자신의 자만과 사랑노름에 이용할 줄도 알았지만, 긍지를 잃어버리지 않고 끝낼 줄도 알았습니다. 그녀의 사랑과 약속들은 아무 것도 아닌 것이 되었지요. 여왕은 언제나 한결같은 목소리로 그녀는 절대로 결혼을 하지 않을 것이며, 처녀 여왕으로 살다 죽을 것이라고 천명했습니다. 이는 여왕의 가장 칭찬할 만한 장점이었다고 필자는 믿지만, 이점이 과도하게 포장되어 떠들썩하게 소문이 나도는 점에 대해서는 신물이 날 지경입니다.

여러 나라의 왕자나 군주들이 메리와 결혼할 후보로 거론됐습니다. 그러나 영국 왕실에게는 그들 후보자 모두를 인정하지 못하는 충분한 이유들이 있었고, 오히려 한걸음 나아가서 정책적으로 메리에게, 한때는 영국 여왕의 남편 자리를 노렸던, 레스터의 백작과 결혼할 것을 종용히기도 했습니다. 마침내 스코틀랜드 왕가의 일원인 레녹스 백작의 아들 단리가, 엘리자베스의 허락 아래, 자신의 운을 시험해보기 위해 홀리루드 행을 결심했습니다.

단리는 키만 멀쩡한 얼간이였으며, 놀기를 좋아하는 인물이었습니다. 하지만 그가 술이 잔뜩 취해있거나, 게걸스럽게 뭔가를 먹고 있거나, 여러 비천한 행동을 저지름으로써 남들의 비웃음을 샀다는 것 외에는 필자는 그에 대해서 별로 아는 바가 없습니다. 하지만 그는 자신의 목적을 위해서 남의 환심을 사는 재주가 있었는데, 메리의 최측근이었던 데이비드 리지오에 접근하는 데 성공함으로써 그녀의 마음을 얻어내고, 곧이어 그녀와 결혼하는 데 성공했습니다.

하지만 메리의 오빠이자, 스코틀랜드 신교도의 시노사인 머리 백작Earl of

474

Murray은 종교적인 이유와 매제의 멍청함 때문에 이 결혼을 반대했습니다. 오빠가 자신의 결혼을 정식으로 반대하고 나오자 메리는 영향력 있는 귀족들을 자신의 편으로 포섭한 후 그를 추방해버렸고, 이에 화가 난 머리 백작과 그의 추종자들은 신교를 수호한다는 명분으로 무기를 들고 일어섰습니다. 그러자 메리는 결혼 후 한 달 만에 자신이 직접 총을 들고 그들과 싸우기 위해 나섰습니다. 그리고 스코틀랜드 밖으로 내몰린 반란군들은 엘리자베스를 찾아갔습니다. 엘리자베스는 공개적으로는 그들을 반란자들이라 칭했지만, 그녀의 꾀 많은 본성대로, 속으로는 그들을 은밀히 지원하고 있었습니다.

메리는 결혼하고 얼마 지나지 않아 남편을 미워하게 됐고, 그녀의 남편 또한, 자신이 그의 환심을 사려고 그렇게 애를 썼던 데이비드 리지오를 증오하게 됐습니다. 단리는 데이비드 리지오가 메리와 연애를 하고 있다고 굳게 믿고 있었습니다. 리지오에 대한 단리의 증오가 얼마나 심했던지, 그는 루스벤 경 및 다른 세 명의 귀족들과 함께 리지오를 제거하기로 결의를 맺을 정도였습니다.

이들 음모자들은 1566년 3월 1일에 자못 진지하게 결의를 맺은 후, 9일 토요일 밤에 단리의 인도로 여왕의 거처에 이르는 어둡고 높은 계단을 오르기 시작했습니다. 그곳에서 여왕 메리는 여동생인 아가일과 그 운 없던 남자와 함께 저녁을 먹고 있었습니다.

단리는 방에 들어서자마자 여왕의 허리춤을 붙잡았고, 이 살인극을 위해 병석을 털고 일어났던, 루스벤 경이 무시무시한 얼굴로 두 사람을 향해 다가갔습니다. 순간 리지오는 잽싸게 여왕의 뒤로 숨어버렸습니다. "그를 순순히 내놓으시지요." 루스벤이 여왕에게 말했습니다. "나는 그를 내어줄 수 없소." 여왕이 대답했습니다. "당신의 얼굴을 보아아니 당신은 그를 죽일 작정인 것 같은데, 그렇기 때문에 나는 그를 더더욱 보호해야 할 의무가 있소." 그러자 음모자들은 공격을 감행해서, 탁자를 뒤집어엎고 리지오를 붙잡아

메리 스튜어트와 단리의 결혼식

서는 칼로 무려 56곳을 찔러 죽였습니다. 리지오의 사망 소식을 접한 여왕은, "더 이상 눈물을 흘리지 않겠다. 내게 남은 일이라고는 복수밖에 없다."는 말을 했습니다.

이틀 뒤 여왕은 남편 단리를 만나 설득해서, 음모를 꾸미는 일을 그만두고 그녀와 함께 던바로 건너가도록 하는 데 성공했습니다. 그곳에서 단리는 과감하지만 어리석게도 지난날의 살인극에 대해서는 자신은 아는 바가 없다는 선언을 해버렸습니다. 그리고 그들 부부는 그곳에서 보스웰 백작 및 몇몇 귀족들과 합류했습니다. 백작 일행의 도움으로 그들은 8천명의 병력을 확보한 후 에든버러로 돌아온 후 암살자들은 영국으로 보내버렸습니다. 메리 여왕은 얼마 있지 않아 아들을 낳았지만, 복수에 대한 여념은 여전했습니다.

메리가 지난번 일의 비겁과 반역심을 겪으면서 그녀 남편을 더욱 경멸하게 된 것은 당연한 일처럼 보입니다. 그녀는 이제 보스웰과 사귀면서 단리를 제거할 방법을 상의하기에 이르렀습니다. 보스웰은 여왕에게 리지오의 암살자들을 용서해줄 것을 권할 수 있을 정도로 강력한 영향력을 지니고 있었습니다. 그리하여 어린 왕자의 세례식을 전담하는 일이 보스웰에게 맡겨졌습니다. 보스웰은 그 행사의 가장 영향력 있는 인물이 되어있었으며, 왕자의 이름은 제임스라 붙여졌습니다. 그리고 비록 참석은 하지 않았지만, 엘리자베스가 왕자의 대모가 됐습니다.

일주일 뒤 메리를 떠나 글래스고에 있는 그의 아버지 집으로 향하던 단리가 천연두에 걸려 앓아눕게 되자 메리는 자신의 주치의를 그에게 보냈습니다. 그리니 여왕의 이런 행동은 단순히 쇼에 불과했다고 믿을 만한 충분한 이유가 있었습니다. 한 달이 지나지 않아 보스웰이, 지난번 리지오의 살인에 참여했던 음모자들에게, 이번에는 단리를 죽여줄 것을 부탁했기 때문입니다. "그가 사라져주는 것이 여왕의 확고한 마음이오!" 그는 말했습니다. 이렇듯 메리는 자신이 원하는 대로 단리를 가지고 노는 데 성공할 수 있었습니다. 그녀는 그에게 자신과 함께 에든버러로 돌아가서, '들판 교회'라 불리는 시 외곽의 한적한 곳에서 살자고 제안했습니다. 그는 그곳에서 메리와 일주일을 살았습니다. 그런 후 어느 일요일 밤, 메리는 10시까지 머물다가 홀리루드에서 열리는 어느 측근 하인의 결혼 축하연에 참석하기 위해 자리를 떴습니다. 새벽 2시가 되자 도시는 외곽에서 들리는 폭발 소리에 눈을 떴고, 들판 교회가 폭발해서 재로 변해버린 것을 발견할 수 있었습니다.

단리의 시신은 다음날 꾀 거리가 떨어진 곳의 어떤 나무 아래서 발견됐습니다. 그리고 그의 시신이 어떻게 해서 하나도 손상되지 않고, 화약에 그을리지도 않은 채 발견됐으며, 그런 이상하고 서투른 범죄를 누가 저질렀는지에 대해서는 전혀 알 수가 없었습니다. 메리나 엘리자베스의 음흉한 성품은 그 둘이 역사상 함께 하는 부분에서는 거의 언제나 불확실하고 모호한 내용을 만들어냈기 때문입니다.

하지만 필자는 유감스럽게도 메리가 그녀 남편의 죽음에 일단의 책임이 있다고 생각합니다. 바로 그녀가 장담했던 복수의 결과이기 때문입니다. 스코틀랜드 사람들도 일반적으로 그렇게 믿었습니다. 에든버러 거리에는 그날 밤의 살인극 때문에 비난의 소리가 끊이지 않았습니다. 공공의 장소에는 보스웰을 살인자로, 여왕을 공범으로 비난하는 대자보가 나붙었고, 당시 유부남이었던 보스웰이 여왕과 결혼하자 민중들의 분노는 한계에 다다랐습니다. 그중에서는 여왕에 대한 여성들의 분노가 특히나 심해서 여왕이 길거리를 지날 때면 야유의 함성이 끊이지를 않았다고 합니다.

이들 부부의 그릇된 결합은 결코 오래가지 못했습니다. 어린 왕자를 보호하기 위해 스코틀랜드 귀족들이 두 사람을 반대하는 모임을 결성하는 데 성공하자 두 사람의 결혼 생활은 한 달 만에 끝이 났습니다. 보스웰은 어린 왕자에 대해 나쁜 마음을 먹고 있었고, 만일 충성스런 마 백작Earl of Mar의 영예롭고 단호한 행위가 없었다면 그는 분명히 왕자를 살해하려 했을 겁니다. 스코틀랜드의 귀족들의 이러한 분노가 폭발하기 전에 보스웰은 해외로 도주해서, 그 후 9년 동안이나 감옥에서 미친 채 생활하다가 생을 마감했습니다.

기회 있을 때마다 메리가 자신들을 기만하려 했다는 것을 발견하게 된 스코틀랜드의 귀족들은 여왕 메리를 붙잡아, 호수 한 가운데 서있는 로취레벤 성Lochleven Castle에(이 성에 접근하기 위해서는 배를 타고 들어가야만 했습니다.) 가둬버렸습니다. 그리고 그곳에서 매우 포악한 성격의 린지 경이(단순한 메신저 임무를 맡길 거라면 귀족들은 그보다는 좀 더 부드러운 성격의 인물을 선택하는 쪽이 나았을 겁니다.) 메리를 겁박해서 왕권을 포기하도록 하고, 대신에 머리 백작을 스코틀랜드의 섭정으로 임명하는 데 서명하도록 했습니다. 새로 섭정이 된 백작도 그 외딴 섬에 홀로 서글프게 남겨져 있는 메리의 상태를 확인할 수 있었습니다.

메리로 말할 것 같으면, 그녀는 그곳이 비록 호수의 잔물결과 벽에 비추는 물그림자만이 친구인, 외로움에 사무치는 곳일지라도 그곳을 떠나서는 안 됐습니다. 하지만 그녀는 그곳의 삶을 견디지 못하다가 두 번의 탈출을 감행했습니다. 그 첫 번째는 그녀의 빨래를 도와주는 하녀의 복장으로 변장하고 거의 성공할 뻔 했지만, 그녀가 얼굴 가리개를 건드리지 못하도록 자꾸만 얼굴 부분을 손으로 가리는 것을 이상하게 여긴 뱃사공이 그녀의 흰 얼굴색을 알아보고 배를 다시 돌리는 바람에 실패하고 말았습니다.

그 일이 있은 지 얼마 지나지 않아 더글러스라고 불리던 성의 심부름꾼 소년이 메리의 상냥한 태도에 감동을 받아, 성의 대문 열쇠를 훔쳐내어, 경비병들 놀래 메리와 성을 빠져나온 뒤, 다시 내문을 밖에시 잠가 버리고는, 베를 저어 그녀를 멀리 도피시켜주었습니다. 호수의 반대편 둑에 도달한 메리는 더글러스의 형 및 귀족들 몇몇과 해후한 후 해밀턴_{Hamilton}으로 말을 몰아가서 3천 명에 달하는 병력을 동원하였습니다.

그리고 메리는 해밀턴에서 자신이 이전에 서명한 왕권 포기 각서는 정당한 절차를 거친 것이 아니므로 섭정은 자신에게 왕권을 다시 돌려줘야 한다는 성명을 발표했습니다.

비록 많은 병력을 거느리지는 못했지만 천성이 침착한 군인이었던 섭정 머리 백작은 처음에는 메리의 이야기를 들어주는 척하다가, 자신이 스스로 병력을 동원하여(그 숫자는 비록 메리의 병사 숫자의 반밖에는 되지 않았지만) 메리와 전투를 벌였습니다. 그리고 전투가 시작된 지 15분 만에 메리의 모든 희망은 수포로 돌아갔습니다. 메리는 다시 한 번 60마일에 이르는 긴 고난의 여정을 말 위에서 보내야 했습니다. 그녀는 던드레넌 수도원_{Dundrennan Abbey}에 잠시 피신해 있다가 엘리자베스의 보호 아래로 도피했습니다.

스코틀랜드의 여왕 메리가 영국으로 도피한 것은 그녀 자신의 패망의 길이자 스코틀랜드 왕국의 고통의 길이었으며 수많은 사람들을 죽음으로 내모는 선택이었습니다. 그로부터 9년 뒤 세상이 어떻게 돌아가게 되는지 우리는 지금부터 분명히 지켜보게 될 것입니다.

[2부]

돈 한 푼도 없이, 심지어는 입고 있던 것 외에는 여분의 옷 쪼가리 하나 없이 영국에 당도한 메리는 엘리자베스 여왕에게 편지를 써서, 자신은 아무 죄도 없이 고통을 받고 있으니 스코틀랜드 신하들이 다시금 자신을 떠받들고, 명령에 복종하도록 도와달라고 탄원하였습니다.

하지만 그녀가 겉으로 떠들고 다니는 것과는 본질이 전혀 다른 여인일지 모른다고 의심을 하던 영국 조정은 그녀에게 먼저 자신의 결백을 명백하게 밝히라고 요청하였습니다. 영국의 이러한 태도에 불편함을 느낀 메리는 영

국에 머물기 보다는 스페인이나 프랑스, 아니면 스코틀랜드로 다시 돌아가는 길을 선택했을 수도 있었습니다. 그러나 그녀가 그런 선택을 하는 것 자체가 영국에는 또 다른 골칫거리를 안겨줄 것이라는 판단이 서자 그녀를 영국에 잡아두기로 결정이 내려졌습니다. 그녀는 먼저 칼라일로 이송된 다음 이 성 저 성을 떠도는 죄인의 신세로 전락하고 말았는데, 그 이후 영국을 다시 떠날 수는 없었습니다.

자기 자신이 아무런 잘못이 없다고 굳이 밝히지 않아도 되도록 온갖 노력을 기울이던 메리는 영국 내의 친구인 헤리스 경의 조언을 듣고, 자신을 기소한 스코틀랜드의 귀족들이, 엘리자베스 여왕이 지목한 영국 귀족들 앞에서 그녀의 죄상을 밝힌다면 그에 대한 답변을 하는 데 동의했습니다. 그에 따라 요크에서 첫 재판이 열렸고, 이어서 햄프턴에서 두 번째로 열렸습니다.

이 재판장에 나타난, 단리의 부친인 레녹스 경은 메리가 자신의 아들을 살해했다고 공개적으로 비난했습니다. 그리고 오늘날 메리의 편을 드는 사람들의 주장이 어떻든지 간에, 그녀의 오빠인 머리 이 백작이 여동생과 보스웰 사이에 주고받은 서신들이 들어있는 함을 유죄의 증거로 제출하자 그녀가 말없이 재판장을 떠났다는 점은 분명한 역사적 사실입니다. 결과적으로 그녀는 당시 정확한 사실에 근거해서는 유죄로 보인 것은 분명하지만, 그녀의 심정을 이해하는 관대한 분위기가 있었던 것도 사실입니다. 하지만 그건 합리적인 판단은 아니었지요.

한편, 자신의 명예에 비해 다소 심약한 성품을 소유하고 있던 노픽의 공작은 메리의 매력과 자신의 야망 및 엘리자베스를 반대하던 모사꾼들의 계략에 걸려들어서 자신이 스코틀랜드의 여왕과 결혼할 수도 있다는 꿈을 꾸게 됐습니다. 그리고 그의 이런 꿈은 레스터 백작을 비롯한 엘리자베스 신하들 몇몇으로부터 지지를 받았고, 메리도 결혼에 동의하는 의사를 표명했으며, 프랑스 왕이나 스페인 왕도 그 결혼에 찬성의 뜻을 표했습니다.

그러나 이 계획이 너무 공공연히 진행되는 바람에 사전에 엘리자베스의 귀에 들어갔고, 그녀는 노픽의 공작에게 '당신이 어떤 운명을 맞을 것인지 스스로 잘 알아서 판단하라.'는 경고를 보냈습니다. 그러자 공작은 한동안은 여왕의 눈치를 보는 듯하더니 이내 여왕에게 반감을 드러냈습니다. 결국 그를 위험스런 존재로 판단한 여왕은 그를 런던탑으로 보내버렸습니다.

이처럼, 메리는 영국에 들어오자마자 모든 음모와 고통의 씨앗이 되고 있었던 겁니다.

이런 사건이 있은 뒤 얼마 있지 않아 북부 지역에서 가톨릭의 부흥 운동이 있었고, 그 결과 수많은 인명이 피를 흘려야 했습니다. 그리고 곧바로 교황과 로마가톨릭을 숭배하는 유럽의 여러 군주들이 합심해서 엘리자베스를 폐위하고 메리를 옹립한 다음, 구교인 가톨릭을 다시 세우려는 대규모의 음모가 진행됐습니다.

메리 스튜어트가 이 음모를 미리 알고 있었고, 승인까지 했다는 점은 의심할 나위 없는 사실입니다. 그리고 교황 자신은 이 음모를 앞장서 지지하면서 엘리자베스를 영국의 '거짓 여왕'이라 공개적으로 비난하며 그녀를 파문하는 교서를 발간하기도 했습니다. 그는 나아가 엘리자베스를 지지하는 신하들까지 모두 파문해버렸습니다.

교황의 이 교서는 런던까지 스며들었고, 급기야는 어느 날 아침 런던의 주교 집 앞 대문에 나붙기까지 했습니다. 범인을 책출하기 위한 대대적인 단속이 벌어졌지만 그러는 사이에도 런던의 법학원에 다니는 학생의 방에서 또 다른 사본이 발견됐습니다. 그 학생은, 고문을 받은 끝에, 자신은 그것을 템스 강 건너 서더크에 거주하는, 존 펠턴이라 불리는 돈 많은 신사로부터 받았다고 자백했습니다. 그리고 존 펠턴은, 그 역시 고문을 받고나서, 주교의 저택 대문에 대자보를 붙인 것은 자신이라고 실토했습니다. 그는 4일을 넘기지 않고 성 바울대성당 마당에서 교수형을 당한 다음, 시신은 4등분 됐습니다. 민중들은 이미 종교개혁을 지지하는 입장에 있었으므로 교황의 교서 그 자체는, 여러분들도 짐작하겠지만, 큰 영향을 미치지 못했습니다. 교황이 그들을 버렸듯이 일반 민중들도 교황을 버린 것입니다. 그 교서는 길거리에서 회자되는 노랫말보다 더 보잘 것 없는 한낱 종이쪽에 불과했습니다.

한편, 펠턴이 재판을 받던 날, 가련한 노퍽의 공작은 풀려났습니다. 공작의 운명이, 런던탑과의 인연을 거기에서 끝내고, 그를 그런 곳에 가뒀던 사람들과 더 이상 교류를 하지 않도록 되었다면 얼마나 좋았을까요. 그러나 그는 그런 황량한 곳에 갇혀서도 메리와 서신을 주고받았으며, 풀려나자마자 또 다른 음모를 꾸미기 시작했습니다.

공작은 교황이 자신과 메리와의 결혼을 위해 압력을 넣어주기를 바랐고, 로마가톨릭을 배척하는 법률들이 폐지되기를 바란 나머지 교황과도 서신을 주고받았는데, 이것이 적발돼서 그는 다시금 런던탑에 투옥되어 재판을 기다리는 신세가 됐습니다. 그는 만장일치로 유죄판결을 받고, 참형을 언도받았습니다.

세월이 한참 지난 지금에 와서, 게다가 서로 다른 주장들이 상존하는 상황에서, 엘리자베스 여왕이 진정으로 인간적인 성품을 지녔는지, 아니면 그렇게 보이기를 원했는지, 아니면 민중들에게 커다란 인기를 얻고 있던 중요 인사에게 참형을 안겨주기를 싫어했는지는 확실하지 않습니다. 어쨌든 그녀는 공작의 재판이 끝나고도 집행을 두 번씩이나 취소했고, 그 형의 집행은 5개월간이나 이뤄지지 못했습니다.

하지만 끝내 단두대는 타워힐에 마련되었고, 공작은 남자답게 죽어갔습니다. 그는 자신은 죽음이 전혀 두렵지 않다며 눈 가리기를 거부했고, 자신의 죄명을 인정하며 죽어갔습니다. 그랬기 때문에 민중들은 그의 죽음을 더욱 안타까워했습니다.

메리는 가장 중요한 순간에 자신의 무죄를 입증하지 못하고 뒤로 물러났지만 그래도 유죄로 판결나지 않기 위해 무척이나 애를 썼습니다. 엘리자베스는 그녀가 풀려나기 위한 전제조건으로 어떤 형태로든 그녀가 자신의 죄를 인정할 것을 요청했습니다. 하지만 어떤 결론에도 도달하지 못했고, 게다가 두 여자의 머리싸움이 도를 넘고 있었으므로, 둘 사이에 어떤 합의가 이뤄질 것으로 예상하는 일은 불가능했습니다.

결국, 교황의 책동에 반발한 의회가 영국에서 가톨릭이 전파되는 것을 금지하는 강력한 법안들을 통과시켰고, 만일 누구든지 여왕이나 그 후계자를 비방하는 자가 있다면 그를 반역자로 다스리겠다는 선언을 했습니다. 의회는, 만일 엘리자베스의 중재 노력이 없었다면, 그보다 더 가혹한 법률을 제정했을 겁니다.

종교개혁이 활발히 전개된 이래로 영국에는 세 종류의 종교적 분파들이 있었습니다. 즉, 개혁 교회에 속하는 신교도들과 구교인 가톨릭교도들, 그리고 자신들을 청교도라고 부르던 신앙인들이 그들이었습니다. 그 중 '청교도Puritan'들은 교회의 예배의식의 모든 내용이 정화pure되고 단순한plain 형태를 유지해야한다고 주장했기 때문에 붙여진 이름입니다. 이들 청교도들은 기

괴한 옷을 입고, 서로 코맹맹이
소리를 내며, 모든 종류의 쾌락
을 거부하는, 상대하기 다소 거
북한 집단이었습니다. 그러나
청교도들은 강력한 세력을 형성
하고 있었고, 신념이 강직했으
며, 스코틀랜드 여왕에게는 철
저한 반대자였습니다.

성 바돌로메의 학살

그리고 영국에서의 신교도 운
동은 프랑스나 네덜란드의 신교
들이 받고 있는 잔인한 박해의 소식으로 더욱 공고한 힘을 받게 됐습니다.
수만 명의 신교도들이 이들 나라에서 가장 잔인한 방법으로 목숨을 잃고 있
었으며, 마침내 1572년 가을 프랑스 파리에서 세상에서 가장 야만적인 만행
이 저질러지게 됩니다.

그 만행은 성 바돌로메[4] 축일 이브에 발생했기 때문에 역사적으로 '성 바돌
로메의 학살'이라 불립니다. 그것은 8월 23일 토요일 밤에 시작됐습니다. 그
날 스스로를 '위그노Huguenot'라 부르던 프랑스 신교도의 지도자들이 모두 모
여 그들의 지도자인, 젊은 왕 나바르와 샤를IX세의 누이와의 결혼을 축하하
고 있었습니다. 샤를IX세는 당시 프랑스 왕이기는 했지만 제대로 왕 노릇을
못하던 가련한 처지에 있던 인물이었습니다.

어리석은 샤를IX세는 그의 어머니와 가톨릭 맹신자들에게 휘둘려서 위그
노들이 그를 살해하려 한다고 믿게 되었으며, 그에 따라 교회의 거대한 종이
울림과 동시에 위그노들을 살해하라는 명령을 내리게 됩니다. 왕의 명령을
받은 중무장한 사람들은 위그노들이 발견되는 대로 족족 학살을 감행했습
니다.

---

4 Bartholomew, 예수의 12사도 중의 한 사람

약속된 시간에 그의 어머니 손에 이끌려 발코니에 나선, 어리석은 왕은 온몸을 전율하며 끔찍한 폭력의 현장을 지켜봐야 했습니다. 종이 울리자 살인자들이 날뛰기 시작했습니다. 그날 밤과 이어지는 이틀 동안 학살자들은 신교도들의 집을 습격하고 불 질렀으며, 신교도들이면 남녀노소 가리지 않고 총으로 쏘고, 칼로 찔러 죽인 다음 시신을 강물에 던져버렸습니다. 신교도들은 길을 지나다가 총을 맞아 죽기도 해서 길가의 도랑물이 피로 홍건할 정도였습니다. 파리 한 곳에서만 약 만 명 이상의 신교도들이 학살당했으며, 프랑스 전체로 보면 그 숫자는 네다섯 배를 넘어설 겁니다.

이 지옥과도 같았던 학살극에 대한 고마움을 표시라도 하듯이 교황과 추종자들은 로마의 군중들 앞에서 축하 행렬을 벌이고, 부끄러운 줄도 모르고, 그 사건을 기념한다면서 기념 메달을 주조하기도 했습니다. 그러나 권력의 상층부에게는 이 참극이 큰 즐거움을 가져다줬을지 모르지만, 꼭두각시 어린 왕은 그로부터 아무런 위안도 받지 못했습니다.

그 뒤로 프랑스 왕이 단 한순간도 평화로운 적이 없었다는 사실은 그나마 조금의 위안입니다. 그는 자신이 목격한, 위그노들의 피로 얼룩진 주검을 떠올리며 늘 울부짖으며 보내다가, 1년을 넘기지 못하고 죽었습니다. 비명에 스러져간 위그노들처럼 그도 실성한 것처럼 쉿소리를 내며 비명을 지르고 죽어갔습니다. 어린 왕의 극심한 고통은 그때까지 존재했던 교황이 모두 달려와도 그에게는 조금의 위안이 되지 못했을 겁니다.

프랑스의 대학살 소식이 전해지자 영국 사람들은 충격을 받았습니다. 만일 그들이 구교도들에게 어느 정도 해코지를 했었다면, 피의 메리 시대가 지난 지 얼마 되지 않아서 찾아온 그런 끔찍한 소식 때문이었다는 것을 우리는 반드시 기억해야 합니다. 하지만 영국 왕실은 민중들만큼 솔직하지 않았습니다. 그들은 프랑스 대사가 찾아왔을 때 모든 귀족 남녀들이 애도 복장으로 차려입고 깊은 침묵 속에서 그를 맞이했습니다. 그런 엄숙한 분위기 속에서도 성 바돌로메 학살이 있기 불과 이틀 전에 프랑스 대사가 알랑숑 공작

(그는 프랑스 왕의 동생으로 당시 나이 17살의 소년이었습니다.)을 대신해서 요청했던 결혼 제안이 진행되고 있었습니다. 그런가 하면 여왕은 그 와중에도, 그녀의 특징인 간계함을 발휘해서, 프랑스 위그노들에게 자금과 무기를 은밀히 제공하고 있었습니다.

반복해서 강조하기가 피곤할 정도로, 엘리자베스는 처녀 여왕으로 살다 죽겠다는 약속을 수도 없이 했습니다. 하지만 그 공언에 비하면 여왕에게는 결혼의 기회가 너무 자주 찾아온 것도 사실입니다.

그녀는 변덕이 죽 끓듯 함으로써 신하들을 괴롭혔으며, 프랑스의 알랑숑 공작과는 수년 동안을 밀고 당기기를 하기도 했습니다. 그러다가 프랑스 공작이 드디어 영국으로 건너온 후 결혼약정서가 준비되고, 6주 이내에 결혼식을 거행하기로 했습니다. 여왕은 이 결혼을 속으로 바라고 있었기 때문에, 스터브스라는 청교도와 페이지라는 책 판매업자가 그 결혼을 반대하는 인쇄물을 출간하자 그들을 기소해버렸습니다.

죄인들은 오른손이 잘려나갔으며, 불쌍한 스터브스는, 필자 같으면 그런 상황에서 도서히 그러한 충성심을 발휘할 수 없었을 텐데, 왼손으로 모자를 벗고, "신이시여, 여왕님을 보살펴주소서!"라고 외치기도 했습니다. 결국 스터브스는 쓸데없는 고통을 당한 결과가 되고 말았습니다. 왜냐하면 비록 엘리자베스 여왕이 자신의 손에서 반지까지 빼주며 공작에게 결혼을 약속했지만, 결국 그 결혼은 성사되지 않았기 때문입니다. 공작은 아무런 소득도 없이 돌아가야 했습니다. 공작은 10년 동안을 지속적으로 구애를 하다가, 2년 뒤 사망했습니다. 공작을 진정으로 좋아했던 것으로 보이는 여왕은 그의 죽음에 안타까워했습니다. 하지만 이는 여왕의 명예에 금이 가는 오점으로 남습니다. 왜냐하면 알랑숑 공작은 그야말로 비루한 집안의 비루한 인물이었기 때문입니다.

영국에서 로마가톨릭을 되살리기 위해, 신부들로 이뤄진 두 딘체가 활빌한 활동을 벌였고, 그들은 사람들에게 공포의 대상이 됐습니다. 그들은 예수회Jesuit(그들은 여러 가지로 변장을 하고 민중들의 삶 곳곳에 숨어있었습니다.)와 예수회 신학교 수사들의 모임이었습니다. 민중들은, 그들이 자신들이 승인한 목적에 부합하기만 하면 살인도 정당하다고 가르쳤기 때문에 예수회 사제들을 무척이나 두려워했습니다. 그리고 예수회 신학교 수사들에 대해서는, 그들이 구교의 전파자를 자처했고, (멸종하지 않고 끈질기게 살아남은) 메리 여왕의 사제들의 후손임을 떠들고 다녔기 때문에 이들에 대한 두려움을 버리지 못했습니다.

하지만 이들 구교의 부흥을 꾀하던 단체들을 가혹하게 탄압하는 법률이 제정되어 무자비하게 시행됐습니다. 그들에게 은신처를 제공했던 사람들은 인도적인 배려를 베푼 죄 때문에 중한 처벌을 받았습니다. 그리고 인간의 사지를 갈기갈기 찢어놓는 고문들이 끊임없이 자행됐습니다. 이런 죄수들이 심한 고문 속에서 털어놓은 사실들은, 인간이란 일반적으로 그런 혹독한 고통을 벗어나기 위해 말도 안 되는 범죄들을 실토하는 수가 있기 때문에, 전적으로 의심의 눈을 가지고 살펴봐야 합니다. 하지만 이번 경우는 문서로 입증되었기 때문에 상당한 음모가 진행됐다는 사실만은 의심의 여지가 없어 보입니다. 구교를 부활시키기 위해 예수회 사제들과 프랑스와 스코틀랜드, 스페인에서 엘리자베스 여왕을 무너뜨리고 스코틀랜드의 메리를 옹립하는 운동이 전개됐던 겁니다.

영국민들이 이 음모를 믿었던 데에는 필자가 앞서 이야기 한 것처럼 그럴 만한 충분한 근거가 있었습니다. 성 바돌로메의 학살에 대한 기억이 아직도 새로운 때 네덜란드의 위대한 신교도 영웅, 오렌지 공Prince of Orange[5]이 예수회의 사주를 받은 암살자에 의해 저격당하는 사건이 벌어졌던 겁니다. 네덜란드 사람들은 이 사건에 질겁해 엘리자베스에게 자신들의 군주가 되어달

---

5 지금의 프랑스 남부 론 강 계곡의 '오랑주Orange'라는 마을, 당시에는 네덜란드의 영토였음

라는 요청을 했지만, 여왕은 그
들의 영예로운 부탁을 거절하고
대신에 레스터 백작의 지휘 아
래 약간의 군대를 보내주었습니
다. 하지만 레스터 백작은 훌륭
한 신하이긴 했지만 뛰어난 장
군은 아니었습니다.

레스터 백작은 네덜란드에서
거의 한 일이 없었기 때문에, 만
일 그의 일행 중 한 인물의 죽음
이 없었다면 그의 업적은 아마
도 영원히 잊혀졌을 겁니다. 그

부하에게 물을 양보하는 필립 시드니 경

는 다름 아닌, 당대뿐만 아니라 어느 시대에 내놔도 가장 뛰어난 작가이며
기사이자 신사였던 필립 시드니 경이었습니다.

필립 경은 아직 길들이지 않은 말에 올라타다 오발된 머스켓 총[6]에 넓적다
리를 맞아 큰 상처를 입었습니다. 그는 상처를 입은 채 말에 올라 먼 거리를
되돌아와야 했으며, 피를 너무 많이 흘리고 피로가 겹쳐 거의 실신할 상태에
서 물을 급하게 찾았습니다. 하지만 경은 참으로 훌륭한 인격을 소유한 신
사여서, 심하게 상처를 입은 일반 병사가 불쌍하게도 길바닥에 쓰러져있는
것을 발견하고는, 갈증이 가득한 눈망울을 하고 이렇게 말했습니다. "그대
가 나보다 물이 더 절실하구나." 그러면서 그는 물을 그 병사에게 양보했습
니다.

고귀한 영혼의 이 감동적인 행위는 아마도 역사의 어떤 사건보다 더 잘 알
려져 있으며, 런던탑의 도끼와 처형대 아래에서 스러져간 셀 수 없는 인명들
의 잔혹사보다 훨씬 폭넓게 감동을 주는 이야기가 될 것입니다. 참된 인간
애를 담은 진정한 행위는 듣기만 해도 너무나 벅찬 이야기라 그것을 기억하

─────────────

6 구식 장총

는 우리는 참으로 기쁘다 아니할 수 없습니다.

국내에서는 음모와 관련된 정보가 나날이 늘어가고 있었습니다. 필자는 민중들이 그때처럼 자신들을 엄습하고 있는 가톨릭의 부흥이나 화형, 그리고 독살 같은 지속적인 공포 속에 놓였던 적은 일찍이 없었다고 판단합니다. 이점에 있어서 우리는 반드시, 민중들이 점점 그런 종류의 끔찍한 현실에 무감각해져갔으며, 자신들의 경험으로부터 어떤 극악한 범죄행위를 연상해내기란 그리 어려운 일은 아니었다는 점을 기억해야 합니다.

그리고 정부 또한 두려움을 드러내고, 사실을 밝히기 위해 안절부절 못했습니다. 그래서 정부는 혐의자를 고문하는 것 외에도 돈을 들여 첩자를 고용하곤 했는데, 늘 그렇듯이, 이들 첩자들은 돈이라면 어떤 거짓말도 서슴지 않는 자들이지요. 이들은 심지어는 평소에 원한이 있던 사람들에게 조작된 편지를 보내, 그들이 거짓 음모에 가담한 것처럼 만드는 일도 다반사로 저질렀습니다.

마지막으로 확실하게 꾸며진 거대한 음모가 드러났고, 이로 인해 스코틀랜드의 메리는 인생을 마감하게 됐습니다.

예수회의 신학생이었던 발라드와 스페인 군인 출신 세비지는 일부 프랑스 사제들의 사주를 받아 안토니 바빙톤과 여왕을 살해하려는 음모를 꾸몄습니다. 바빙톤은 더비셔에 사는 돈 많은 젠틀맨으로, 한때는 메리 스튜어트의 비밀 업무를 담당하기도 했던 인물이었습니다. 바빙톤은 이 계획을 자신의 친구들인 다른 가톨릭교도들에게 알려주었고, 그들은 기꺼이 그 음모에 가담하였습니다.

하지만 그들은 허영에 차있고, 심지가 굳지 못한 젊은이들로서, 어리석은 의기투합을 하고, 자신들의 계획에 대한 말도 안 되는 자만심으로 똘똘 뭉쳐 있었습니다. 그들은 나아가서 엘리자베스의 살해에 직접 가담할 6명의 선발 인원을 그림으로 남기기까지 했는데, 그 그림의 한 가운데는 바빙톤이 자리

잡고 있었습니다.

그러나 그들 중 두 사람이(한 사람은 신부였습니다.) 엘리자베스 여왕의 각료인 프랜시스 웰싱햄에게 모든 음모를 처음부터 낱낱이 보고하고 있었습니다. 결국, 바빙톤이 궁색한 처지에 있던 세비지에게 여왕을 살해하는 거사에 착용할 옷을 사 입으라며 손가락에서 반지를 빼주고, 지갑의 돈까지 건네줄 때까지 반역자들은 철저하게 기만당하고 있던 셈이었습니다. 이제 가담자들에 대한 완벽한 증거를 확보한 웰싱햄은 메리가 보낸 2장의 편지까지 손에 쥐고서 그들 모두를 체포하기로 했습니다.

이렇게 되자 뭔가 이상한 낌새를 눈치 챈 반란자들은 한사람씩 도시 밖으로 피신해서 성 요한의 숲St. John's Wood 등으로 숨어들었습니다. 그러나 그들은 결국 모두 체포되어 처형됐습니다. 그들이 검거됐을 때 궁정에서 파견된 젠틀맨 한 사람이 메리에게 반란의 전모가 발각됐으며, 메리도 연루됐다는 사실을 전달했습니다. 이점에 비추어보면, 메리의 측근들은 그녀가 심하게 학대당하고, 가혹한 구금 상태를 겪고 있다고 불만을 제기했지만, 사실은 그렇지 않았던 것으로 보입니다. 왜냐하면 메리는 바로 그날 아침 사냥을 하기도 했기 때문입니다.

엘리자베스 여왕은, 반란의 내막을 상세히 알고 있던, 프랑스에 있는 지인으로부터 만일 메리를 산채로 체포하게 되면 그녀는 여왕에게 두고두고 골칫거리를 제공할 것이라는 경고를 오래전부터 보내주고 있었습니다. 또, 런던의 주교는 스코틀랜드 여왕의 머리를 당장에 날려버리라는 충고가 담긴 서신을 엘리자베스의 측근 각료에게 보내기도 했습니다.

결국 메리를 어떻게 처리할 것인가 하는 문제가 남게 됐습니다. 레스터의 백작은 네덜란드에서 편지를 보내 메리를 조용히 독살하는 것이 좋겠다고 주장하기도 했습니다. 그 백작은 그런 식의 대처법에 익숙했던 여왕의 측근이었던 겁니다. 하지만 그의 주장은 묵살되었고, 메리는 재판을 받기 위해 노샘프터셔에 있는 포서링게이 성Fotheringay Castle으로 옮겨져서, 신·구교 양쪽에서 선발된 40명의 재판관들 앞에 서게 됐습니다. 그리고 재판은 웨스트민스터의 성실청[7]으로 옮겨져서 무려 2주간이나 지속됐습니다.

메리는 열성적으로 스스로를 변호했지만, 바빙톤과 다른 연루자들이 실토했던 자백을 부인하는 정도이거나, 자신의 비서가 발견해서 넘겨준 서신들이 모두 조작된 것이라고 주장하는 정도였습니다. 다시 말해, 그녀는 모든 것을 부인하기만 했다는 말입니다. 결국 그녀는 유죄가 인정되어, 사형을 언도받았습니다. 의회는 판결을 승인하고, 여왕에게 처형의 결단을 내려줄 것을 요청했습니다. 그러자 여왕은 의회에 답변을 보내, 자신이 불이익을 당하지 않고서, 메리가 목숨을 건질 수 있는 방안을 찾아보라고 요청했습니다. 의회는 다시 만나서 여왕의 요청이 불가능하다는 결론을 내렸으며, 시민들은 집에 등불을 밝히거나 횃불을 피워서 모든 반란의 음모와 고통이 스코틀랜드 여왕의 죽음으로 끝나게 될 것을 축하했습니다.

자신의 생이 서서히 종막을 고하고 있다는 것을 직감한 메리 스튜어트는 영국 여왕에게 편지를 써서 세 가지의 탄원을 했습니다. 첫째로, 자신이 사후에 프랑스에 묻힐 수 있도록 해줄 것. 둘째로, 자신의 처형을 비공개로 하지 말고, 자신의 하인들이나 다른 친지들이 보는 앞에서 집행해줄 것. 셋째로, 자신이 죽고 난 뒤 친지들이 핍박받지 않고 각자의 고향으로 돌아가 그녀가 남겨준 유산으로 평안하게 살아갈 수 있도록 해줄 것 등이 그것이었습니다. 그것은 메리의 배려심이 묻어있는 편지여서 엘리자베스는 읽고 난 뒤 큰 감동을 받고 눈물을 흘렸지만, 아무런 답신을 보내지 않았습니다. 그리고 이어서 프랑스와 스코틀랜드로부터 특별대사들이 건너와 메리 스튜어트의 목숨을 구하려는 시도를 했습니다. 그러자 전국은 메리의 죽음을 요구하는 소동이 끊이지를 않았습니다.

지금으로서는 당시의 엘리자베스의 진정한 의중이 무엇이었는지 알기는

---

7   星室廳, Star Chamber, 1641년 폐지된 형사 법원, 배심원을 두지 않았으며, 불공정하기로 유명하였음

사촌인 엘리자베스 여왕의 명령으로 참수 당하는 메리 스튜어트

어렵습니다. 그러나 필자는 그녀가 메리의 죽음 이상의 어떤 것을 노렸다고 강하게 의심하는데, 그건 바로 자신이 그녀를 죽였다는 비난에서 벗어나는 일이었다고 생각합니다.

1587년 2월 1일 벌리 경이 메리를 처형하는 집행문에 서명을 하자 여왕은 비서실장 데이비슨을 보내 이를 가져오도록 한 다음, 자신이 승인할 것인지 살펴보았습니다. 그녀는 집행을 승인하는 서명을 했지만, 다음 날 데이비슨이 메리의 집행이 가결됐다고 보고하자, 꼭 그렇게 급하게 서둘러야 했을 필요가 있느냐며 화를 내기도 했습니다. 하지만 여왕은 하루밖에 지나지 않은 그 다음 날 그에 관해 농담을 하고, 화를 내지 않았으며, 바로 그 다음 날에는 사형이 빨리 집행되지 않는 것을 두고 불만을 표하기도 했습니다. 여왕의 의중을 정확히 파악하기란 여전히 쉬운 일이 아니었습니다. 어쨌든 7일에 켄트와 쉬루즈베리 백작이 노샘프턴셔의 주장판과 함께 처형 집행문을 들고 포서링게이Fotheringay로 건너가 스코틀랜드 여왕에게, 처형 결정이 내려졌다는 최후통첩을 했습니다.

저승사자와 같은 이들 메신저가 돌아가자 메리는 마지막 식사를 간소하게 마친 후, 하인들을 위해 축배를 들고, 자신의 유언장을 낭독한 후, 잠시 눈을 붙이고, 남은 시간은 기도를 하며 보냈습니다. 아침이 되자 그녀는 깨끗한 옷으로 갈아입은 후, 8시가 되어 그녀가 있는 예배당으로 주장관이 찾아오자, 함께 그곳에서 예배를 드리고 있던 하인들에게 작별인사를 하고, 한손에는 성경책을, 그리고 다른 손에는 십자가를 들고 계단을 내려갔습니다. 그리고 메리의 측근들 중 여성 두 명과 남성 네 명이 그녀의 집행에 참관할 수 있도록 허락됐습니다.

홀에는 지상에서 단지 2피트 높이밖에 되지 않는 낮은 단두대가 검은 천으로 둘러싸여 마련되어 있었으며, 그 옆에는 런던탑에서 파견된 망나니와 보조자가 검은 벨벳 옷을 입고 서있었습니다. 홀 안은 사람으로 가득했습니다. 집행문이 낭독되는 동안 그녀는 의자에 앉아 있다가 낭독이 끝나자, 전에 주장하던 그대로 자신은 죄가 없다는 말을 반복했습니다. 그러자 켄트의 백작과 피터보로우 가톨릭 교구장이, 신교를 향한 열정이 넘쳐난 나머지, 굳이 할 필요가 없는 말을 그녀에게 쏟아 부었습니다. 그 말을 들은 메리는 자신은 가톨릭의 품안에서 죽어가는 것이므로 그들은 그 문제를 가지고 골머리를 썩일 필요는 없다고 말했습니다. 그리고 집행관들이 그녀의 머리와 목을 덮고 있는 부분을 벗기려 하자 그녀는 지금까지 이렇게 많은 사람들 앞에서 그런 식으로 옷이 벗겨진 적이 없었다고 저항했습니다. 결국 메리의 시녀 중 한명이 이를 도와주자 그녀는 처형대 위에 목을 올려놓고, 라틴어를 사용하여 여러 번 중얼거렸습니다.

"오, 신이시여! 당신의 손에 저의 영혼을 맡깁니다." 어떤 이들은 그녀의 목이 두 번째 도끼질에 달아났다고도 하고, 어떤 이들은 세 번째라고도 합니다. 사실이야 어쨌든, 집행 후 피가 철철 흐르는 그녀의 목이 들려졌을 때,

그녀가 오랫동안 착용하고 있던 가발 속에 가려진 진짜 머리카락이 드러났는데, 당시 그녀 나이가 46살이었음에도 불구하고, 그 머리카락의 모습이나 색깔이 70 노파의 모습으로 보였습니다. 그녀의 모든 아름다움이 사라져버렸던 겁니다.

그러나 그녀는 그녀가 기르던 강아지에게 만은 충분히 아름다운 존재였습니다. 그 강아지는 그녀 발아래 웅크리고 있다가, 그녀가 단두대 위로 걸어 올라가자 놀라 쳐다보다, 지상에서의 모든 고통을 끝낸, 주인의 목 없는 시신 옆에 누워 있었습니다.

[3부]

스코틀랜드 여왕에 대한 형이 집행됐다는 보고를 받은 엘리자베스 여왕은 짐짓 슬픔과 함께 화를 내며 신하들을 쫓아버리더니 급기야는 데이비슨을 런던탑에 가둬버렸습니다. 데이비슨은 감옥에서 풀려나기 위해 엄청난 벌금을 물어야 했고, 그로 인해 파산을 당하고 말았습니다. 엘리자베스는 자신의 행위를 합리화하기 위해 불필요한 과잉행동을 했을 뿐 아니라 그녀의 명령을 수행한 것 말고는 별다른 죄도 없는 측근 신하를 파멸로 몰고 가는 비열한 짓을 저질렀던 겁니다.

메리의 아들이자 스코틀랜드의 당시 왕이었던 제임스는 어머니의 처형 소식을 접하고 마차가지로 격노하는 쇼를 연출했습니다. 그러나 그는 영국으로부터 해마다 5천 파운드에 달하는 연금을 받고 있었으며, 무엇보다 어머니에 대한 기억이 별로 없었던 인물이었습니다. 그는 아마도 어머니가 아버지를 살해한 장본인이라 여겼을 것이며, 따라서 별다른 소란 없이 조용히 넘어가게 됐습니다.

그러나 처형 소식을 접한 스페인 왕 필립은 가톨릭을 부흥시키고 영국의 신교도들에게 따끔한 맛을 보여주겠다는 협박을 어느 때보다 강도 높게 해 왔습니다. 하지만 스페인 왕이 이탈리아 파르마의 군주와 합심해서 영국을 침공하려한다는 정보를 미리 접한 엘리자베스는 선수를 쳐서 드레이크 제독(이 사람은 전 세계 여기저기를 여행한 유명한 항해가로서 이미 스페인에서 상당한 약탈 행위를 저지른 전력이 있었습니다.)을 카디스 항으로 파견해서 짐을 잔뜩 실은 백 여척의 선박을 불태워버리도록 했습니다. 이 공격으로 피해를 입은 스페인은 영국의 공격 계획을 일 년이나 연기해야만 했습니다.

하지만 그 피해에도 불구하고 스페인의 무력은 가공할 만한 것이었습니다. 스페인은 130척의 함선과 1만9천명의 보병 및 8천명의 수병, 그리고 2천명의 노예들을 거느리고 있었으며, 거기에다 약 2~3천정의 신식 소총을 보유하고 있었습니다. 그러나 이 가공할 상대를 대적하기 위해 영국도 만반의 준비를 기울이고 있었습니다. 16살에서 60살에 이르는 모든 남성들이 징집되어 훈련을 받았고, 전함의 숫자가(처음에는 불과 34척으로 시작했으나) 대중 모금과 귀족들의 기부 덕으로 늘어나기 시작했습니다. 또, 런던 시는 자발적으로 모금한 전함들보다 두 배나 많은 숫자의 배와 전투 요원들을 제공하기도 했습니다. 전국이 일치단결하여 스페인에 저항하기 위해 떨쳐 일어났던 겁니다.

그리고 여왕의 측근 중 몇몇이 영국 내의 가톨릭 주요 인사들을 체포해서 죽여 버리자는 제안을 했지만, 명예를 중히 여기던 여왕은 자신은 단 한 번도 자신의 신하들을 의심한 적이 없고 이는 부모가 자식을 의심하지 않는 것과 같다며 그 제안을 일축해버리고, 단지 그 중 가장 의심이 가는 몇몇 인사만을 추려서 링컨서의 늪지대에 가둬버렸습니다. 당시 영국 가톨릭교도의 대부분은 여왕으로부터 그런 신뢰를 받을 만했습니다. 그들은 가장 충성스럽고 모범적이며, 용감하게 행동했기 때문입니다.

그리하여 템스 강의 양안을 요새화하고, 보병들은 단단히 무장을 하고, 수병들은 배에 올라 전의를 다지는 등 모든 영국민들이 하나의 불길로 타올라 자만심에 차있던 스페인의 이른바 '무적함대Invincible Armada'가 다가오기를 기다리고 있었습니다. 여왕 자신도 무장을 하고 백마에 올라, 양 옆으로는 에

섹스 백작과 레스터 백작의 호위
를 받으며, 그레이브센드 맞은편
의 틸베리 항Tilbury Fort에서 대기 중
이던 병사들에게 전의를 불태우
는 명연설을 했는데, 이 연설은 그
때까지는 들어보지 못했던 열정을
병사들에게 심어줬습니다.

드디어 스페인의 무적함대가 도
버해협에 모습을 드러냈습니다.
그들은 폭이 7마일이나 되는 거대
한 함대로 반달 모양의 포진을 이
루며 다가오고 있었습니다. 그러
자 영국 측은 곧바로 그들에게 다
가가서, 특히 반달 대형에서 이탈

스페인의 무적함대를 무찌르자는 명연설 중인 엘리자베스 여왕

한 함선들을 향해 공격을 퍼부었습니다. 그러자 스페인의 함대가 결코 무적
함대가 아니라는 사실이 곧 드러났습니다. 한 여름 밤에 드레이크 제독은
포함砲艦 8척을 과감하게 적진 한 가운데로 들여보낼 수 있었기 때문입니다.
대경실색한 스페인의 함선들은 바다를 향해 빠져나가려다가 사분오열되고
말았으며, 영국 측은 파죽지세로 그들을 추격해 들어갔습니다. 이어서 폭풍
우가 몰려와 스페인 함선들을 암초와 여울목으로 내몰았습니다.

마침내 스페인의 무적함대는, 30척의 함선과 1만병의 병력을 잃고, 전의를
상실한 채, 고국을 향해 걸음아 날 살려라 패주하는 데 정신이 없었습니다.
그들이 영국을 빠져나갈 때, 영국해협에 대한 두려움이 얼마나 컸던지 스코
틀랜드와 아일랜드로 완전히 우회해서 탈출할 수밖에 없었습니다. 그러는
와중에 그들은, 기상이 나빠져서 이들 지역의 해안에서 일부 배들이 좌초당
한 후, 당시 야만인과 다름없었던 아일랜드 인들에게 약탈을 당하거나 목숨

을 잃기도 했습니다. 영국을 쳐부수겠다는 위대한 야망은 결국 이런 식으로 끝이 나고 말았습니다. 만일 또 다른 나라의 무적함대가 같은 목적을 가지고 영국에 접근하려 했다면, 그래도 스페인의 무적함대보다는 결과가 좋았을 것이라고 필자는 감히 주장합니다.

스페인 왕은 영국인들의 용맹함에 쓴맛을 보고서도 정신을 못 차리고 욕심을 버리지 못했고, 한 술 더 떠 그의 딸을 영국 왕에 앉히겠다는 어리석은 생각까지 품게 됐습니다. 그러나 에섹스 백작과 월터 롤리 경, 그리고 토마스 하워드 경과 다른 뛰어난 지도자들이 플리머스 항을 출발해 또 한 번 스페인의 카디스 항으로 잠입해서 그곳에 정박해있던 선박들을 공격해 대성공을 거두고 도시를 점령해버렸습니다. 그들은 이 과정에서, 여왕의 당부가 있었으므로, 매우 높은 인도주의적 태도를 보여줬습니다.

이 전투로 스페인이 겪은 가장 큰 손실은 몸값으로 지불해야 할 막대한 자금이었습니다. 이 전투는 이 시기 해양에서 거둔 수많은 용맹스런 업적 중의 하나에 불과했습니다. 월터 롤리 경은(경 자신은 궁정의 시녀와 결혼함으로써 여왕의 분노를 사기는 했지만) 이미 황금을 찾아 남아프리카까지 원정 항해를 마친 상태이기도 했습니다.

한편 그때 레스터 백작은 유명을 달리한 상태였고, 토마스 웰싱햄 경과 벌리 경도 곧이어 그를 따랐습니다. 이제 여왕의 주요 측근은 에섹스 백작 한 사람뿐이었습니다. 그는 힘이 넘치고 용모가 수려한 인물로 여왕뿐만 아니라 민중들에게도 인기가 많았고, 존경받을만한 품성을 많이 지니고 있었습니다. 조정에서는 스페인과 평화협상을 맺는 것이 좋은지 아닌지에 대한 격렬한 논쟁이 지속됐는데, 에섹스 백작은 주전론자主戰論者에 속했습니다. 그는 나아가 아일랜드 부지사로 자신이 임명되어야 한다고 강하게 주장하기도 했습니다.

어느 날, 이런 문제로 격론을 벌이던 중, 그는 성급하게 여왕의 화를 돋웠습니다. 그러자 여왕은 자신에게 무례하게 굴면 어떻게 되는지를 보여주기라도 하듯이 그의 뺨을 힘차게 후려치고, 지옥으로나 떨어지라는 욕설을 퍼부었습니다. 백작은 지옥으로 가지 않고 대신 집으로 돌아가서 약 반년 동안을 궁정에 모습을 드러내지 않았습니다. 그러나 (일부 사람들이 지적하듯이) 여왕과 백작 사이에는 진정한 화해는 돌아오지 않았습니다.

이때부터 여왕과 백작의 운명이 함께 뒤섞여 돌아가는 것처럼 보였습니다. 아일랜드 사람들은 여전히 자기들끼리 투쟁을 벌이고 있었는데, 에섹스 백작은 아일랜드의 총독이 되어 그곳으로 건너갔고, 이는 백작의 정적들— 그중에서도 월터 롤리 경 같은 이에게는, 그를 멀리 보내버릴 수 있어서, 희소식이 아닐 수 없었습니다.

한편, 아일랜드에서의 임무가 원활히 돌아가지도 않았고, 그의 정적들이 여왕과 결탁해서 자신이 자리를 비운 사이 자신에게 흠집을 내고 있음을 두려워 한 에섹스 백작은 여왕의 명령이 없었는데도 불구하고 고향으로 돌아와 버렸습니다. 여왕은 갑자기 나타난 그를 보고 놀라서 처음에는 손을(이미 이때는 자애로운 손길이 아니었지요.) 내밀어 그의 키스를 받았고 그는 기뻐했지만, 바로 당일 밤 그에게 집안에서만 은신하라는 조치가 내려졌고, 2~3일 뒤에는 그를 구속해버렸습니다.

여왕은 이제, 그녀가 왕관을 쓴 여왕이든 단순한 노파이든 상관없이, 변덕이 죽 끓듯 하는 나이가 되었고, 그 변덕이 발동하여 백작이 근심걱정 끝에 병석에 누웠다는 이야기를 듣고서는 자신의 식탁에서 수프를 보내주고, 그를 위해 눈물을 흘리기도 했습니다.

에섹스 백작은 조용히 뒤로 물러나 책이나 읽으면서도 위안을 얻을 수 있는 그런 인물이었고, 한동안 실제로 그런 삶을 살기도 했습니다. 하지만, 감히 말 하건데, 그에게는 그리 즐거운 시간은 아니었을 겁니다. 한편 백작은 와인 판매 독점권을 지니고 있었는데, 이는 그의 허락 없이는 어느 누구도 와인을 판매할 수 없다는 것을 의미했습니다. 그런데 그 판매 독점권이 기

엘리자베스 여왕과 에섹스 백작
(영화의 한 장면)

간이 다 돼서 그 권한을 다시 연장하고 싶어 했습니다. 그러나 여왕은, '말 안 듣는 못된 아이에게서는 밥그릇을 뺏어버려야 한다.'는 심한 표현을 써 가면서까지 백작의 요청을 거부했습니다. 이 소식을 접한 백작은(그는 이미 거의 모든 공직을 박탈당한 상태였습니다.) 몹시 분노했고, 자신의 패망이 목전에 있음을 직감하고 여왕에게 반기를 들었습니다.

그는 여왕을 향해, 생긴 것만큼이나 정신 상태도 괴이하게 늙어버린 멍청한 노파라고 비난을 퍼부었습니다. 그러자 궁정의 여인네들이 이 불경스런 언사를 잽싸게 여왕에게 일러바쳤습니다. 하지만 그네들이 여왕으로부터 좋은 소리를 듣지 못했음은 분명합니다. 그 궁정의 여인네들이란, 그녀들이 충분히 아름다운 타고난 머리카락을 지니고 있던 시절에도 엘리자베스 여왕처럼 빨간 가발을 쓰고 다니던 여인들로서, 지체는 높았을지 모르지만, 영혼은 허접하기 그지없던 여인들이었습니다.

에섹스 백작과 그를 따르던 무리들은 사우샘프턴 경의 저택에서 자주 회합을 가졌었는데, 이들의 최악의 목적은 여왕을 사로잡고, 각료들과 측근들을 쫓아내는 것이었습니다. 1601년 2월 7일 토요일에 각료회의는 뭔가 기미가 수상하다는 것을 눈치채고 백작을 소환했습니다. 하지만 백작은 병을 핑계로 이를 거부했으며, 그의 동료들은 다음 날 일요일에 성 바울 대성당 앞의 교차로에 언제나처럼 많은 군중들이 운집하면 백작이 감동적인 연설을 통해 그들을 선동해서 왕궁으로 몰려가는 계획을 세웠습니다.

이리하여 백작과 몇 안 되는 지지자들은 일요일 아침에 스트랜드 가街에 있는 백작의 저택을 나서서 템스 강 쪽으로 방향을 잡았습니다. 그들은 출발하기 전에 백작을 조사하러 찾아왔던 각료들을 백작의 저택에 가둬놓기도 했습니다. 백작은 일행의 선두에 서서 런던 시내로 서둘러 들어서며, "여왕님을 위해, 여왕님을 위해! 목숨을 걸고 거사를 진행합니다!"라고 외쳐댔습니다. 그러나 그들의 외침에 귀를 기울여주는 사람들은 아무도 없었으며, 그들이 성 바울 대성당에 다다랐을 때 그곳에도 인적이 끊겼습니다.

그러는 사이 백작의 저택에 갇혀있던 각료들은, 바로 백작의 측근 중 한 사람의 손에 의해 풀려날 수 있었습니다. 그리고 백작은 그 즉시 반역자로 선포되었고, 런던의 거리에는 바리케이드가 쳐지고 경비병들이 배치됐습니다. 백작은 강을 통해 간신히 자신의 거처로 되돌아올 수 있었습니다. 하지만 그는 그의 저택을 포위한, 대포로 무장한 병사들과 한동안 전투를 벌이다가 결국 그날 밤 항복하고 말았습니다.

백작은 19일에 재판에 회부되어 유죄 판결을 받고, 25일에 타워힐에서 처형됐습니다. 그때가 그의 나이 34살이었으며, 그는 당당하게 그러나 참회하면서 최후를 맞이했습니다. 그리고 그의 계부도 그와 같은 운명을 맞이했습니다. 백작의 이야기를 마치면서 필자는 이 이야기를 꼭 하고 싶습니다. 그의 정적이었던 월터 롤리 경도 단두대에 목이 날아갈 운명을 옆에 끼고 살았다고 해도 과언은 아닙니다. 하지만 그는 백작만큼 그렇게 빨리 목이 달아나지는 않았지요. 우리는 그 이야기를 잠시 후 살펴볼 것입니다.

엘리자베스 여왕은 에섹스 백작의 경우에 있어서도, 노퍽의 공작이나 스코틀랜드 여왕 메리의 경우에서 볼 수 있었던 것처럼, 백작의 처형을 최후 결정함에 있어 명령을 내렸다가 취소하기를 몇 번씩이나 반복했습니다. 젊고 용맹스런 충복이었던 인물을 그것도 한참 꽃을 피울 나이에 죽게 했다는 죄책감이 두고두고 여왕을 괴롭혔을 것으로 판단됩니다. 하지만 여왕은 그 뒤로도 몇 년간을 특유의 자만심과 완고함, 그리고 변덕을 발휘하며 보냈습니다.

그리고 여왕은 국가의 경축일에 궁정의 신하들 앞에서 춤을 추며, 70살의 나이에 거대한 목둘레 깃털과 조끼를 자랑하며, 최고 권위자의 뛰어난 어리석음을 유감없이 보여주었습니다. 그리고 이어서 몇 년 동안은, 여전히 고집스럽기는 했지만, 더 이상 춤을 추지 않고, 감상적이고 슬픔에 젖어 모든 것을 상실한 사람처럼 보였습니다.

마침내 1603년 3월 10일에 여왕은 심한 감기에 걸린데다가 가까운 친구였던 노팅엄 백작부인의 사망 소식이 겹쳐서 병석에 누워 혼수상태까지 이르렀고, 회생이 불가능하다는 진단을 받았습니다. 하지만 여왕은 다시 의식을 회복했고, 이후 어느 누구도 그녀를 다시 잠자리로 유도하지 못했습니다. 여왕은 사람들에게 만일 다시 잠들면 자신은 영원히 일어나지 못할 것 같다는 소리를 했습니다. 그랬기 때문에 해군제독이 거의 반강제로 그녀를 침실로 이끌 때까지 여왕은 마루의 쿠션 의자에 앉아 열흘 동안이나 아무 음식도 먹지 않고 시간을 보내기도 했습니다.

그리고 여왕은 신하들이 후계자를 누구로 지정하는 것이 좋겠느냐고 물었을 때, 자신의 자리는 왕들의 자리이므로 '시정잡배의 자식이 아닌, 왕의 자식'이 자리를 이어야 한다고 말했습니다. 이 말을 들은 참석자들은 서로를 쳐다보며, 그가 누구인지 실례를 무릅쓰고 다시 한 번 물었습니다. 그러자 여왕은, "스코틀랜드에 있는 영국 왕실의 사촌 말고 내가 누구를 말하겠는가?"라고 대답했습니다.

이런 대화가 있었던 날은 3월 23일이었습니다. 신하들은 그날 여왕이 말을 할 수 없게 된 뒤에도 그녀의 의중에 변함이 없는지를 다시 한 번 물었습니다. 여왕은 침대에서 일어나보려고 안간힘을 쓰다가, 손을 이마 위로 올려 왕관 모양을 만드는 것으로 세상에서의 마지막 의사표시를 했습니다. 그리고 여왕은 다음 날 새벽 3시, 통치 45년의 기간을 마치고, 조용히 잠들었습니다.

엘리자베스 여왕의 치세는 참으로 영광스런 시대였으며, 그 시대의 뛰어난 인물들의 활약 덕으로 영원히 기억될 것입니다. 이 시대가 낳았던 위대

윌리엄 섹스피어

한 항해사들과 정치가, 그리고 학자들과는 별도로 베이컨, 스팬서, 섹스피어와 같은 이들의 이름은 문명사회에서 존경과 긍지로 기억될 것이며, 그들의 영광의 일부를 엘리자베스라는 이름과 함께 공유할 것입니다.

이 시대는 지리상의 발견과 상업의 부흥, 그리고 영국의 기업과 정신을 이룩한 위대한 시대였습니다. 또, 이 시대는 영국을 자유로운 나라로 만드는데 큰 공을 세운 신교도와 종교개혁 운동의 위대한 시대였습니다. 여왕은 민중들로부터 대단한 사랑을 받았고, 행차나 여행 중에는 그들로부터 진심어린 환대를 받았습니다. 사실 여왕은, 드러난 것만큼 그렇게 좋은 인물도 나쁜 인물도 아니었을지도 모릅니다. 그녀는 스스로 훌륭한 자질을 지녔었지만 세월이 지나 나이가 들면서 거칠고, 변덕이 심하고, 음모를 꾸미기 좋아하는, 자만심으로 똘똘 뭉친 여인네로 변모해갔습니다. 전반적으로 필자가 여왕에게 완전한 지지를 표하기에는 그녀는 자신의 아버지를 너무 많이 닮았다고 아니 할 수 없습니다.

이 시기 45년 동안 민중들의 일반적 생활에서도 많은 개선이 이룩됐고, 화려한 문물이 도입됐습니다. 그중에서도 닭싸움, 소와 개의 씨움, 곰과 개의

싸움은 지금까지도 이어져 국가의 오락거리로 남아 있습니다. 그리고 재미 있는 사실은, 당시에 마차는 아주 드물게 볼 수 있는 것이었고, 무척이나 귀 찮은 존재로 받아들여졌기 때문에 심지어는 여왕 자신도, 공식적인 행사라 할지라도, 직접 말 등에 올라 대법관 뒤를 따르곤 했었다는 사실입니다.

엘리자베스 여왕의 죽음

제31장
제임스 I 세
ENGLAND UNDER JAMES THE FIRST
[생몰 :1566.6.19~1625.3.27 / 재위 : 1603~1624]

[1부]

영국 왕실의 사촌 제임 I 세는[1] 못생기고 서투른 데다 몸과 마음이 모두 우유부단한 인물이었습니다. 그의 혀는 입에 비해 과도하게 컸고, 그의 다리는 몸뚱이를 지탱하기에 너무 허약했으며, 무감각하게 희번덕거리는 눈망울은 바보나 다름없었습니다. 그는 교활하고, 욕심 많고, 낭비가 심

---

1 스튜어트 왕가의 개조開祖. 이름은 찰스 제임스 스튜어트(Charles James Stuart)이며, 스코틀랜드의 여왕인 메리 1세(Mary I of Scotland)와 단리 경(Lord Darnley) 헨리 스튜어트(Henry Stuart) 사이에서 태어났음. 메리 1세가 영주들에 의해 왕위에서 물러나자 1567년 7월 24일 돌이 갓 지난 나이에 스코틀랜드의 왕이 되어, 스코틀랜드에서는 제임스 6세로 불렸음.

1589년 8월 덴마크의 왕인 프레데리크2세(Frederick II)의 딸 앤(Anne of Denmark)과 결혼했으며, 1594년에 맏아들 헨리(Henry)를 낳았으며, 1600년 둘째 아들 찰스(Charles, 뒷날의 찰스 1세)를 낳았음. 1598년 아들 헨리를 위해 왕권에 관해 논한 〈자유로운 군주권의 참된 법(The True Law of Free Monarchies)〉을 저술하여, 왕권신수설(王權神授說)에 기초해 왕은 의회의 조언이나 승인 없이 자유롭게 법률이나 칙령을 제정할 수 있다고 주장했음.

1603년 잉글랜드의 엘리자베스 1세가 후계자를 남기지 못하고 죽자 후계자로 지명된 후 잉글랜드로 가서 그해 7월 25일 왕위에 올라 스코틀랜드와 잉글랜드, 아일랜드의 통합 왕이 되었음. 잉글랜드에서는 제임스1세라고 불렸는데, 스튜어트 왕가에서는 처음으로 잉글랜드의 왕이 된 것임. 그리고 앤(Anne) 여왕 때인 1707년 그레이트브리튼 왕국(Kingdom of Great Britain)으로 통일되어 하나의 국가가 될 때까지 잉글랜드와 스코틀랜드는 공통의 왕 아래에서 서로 다른 의회와 정부를 가지고 있어 '왕관연합(Union of the Crowns)'이라고도 불리는 동군연합(同君聯合, Personal union)의 관계에 놓이게 되었음.

재위기간 동안 그는 잉글랜드와 스코틀랜드의 통일을 추진했다. 스스로를 그레이트브리튼의 왕(King of Great Britain)이라고 불렀으며, 유나이트(the Unite)라는 공동화폐를 만들어 통용시켰고, 잉글랜드의 국기인 성 조지의 십자가(St. George's Cross)와 스코틀랜드의 국기인 성 앤드류의 십자가(St. Andrew's Cross)를 합하여 유니언 잭(Union Jack)이라고 불리는 오늘날의 영국의 국기를 만들어 통일의 상징으로 사용하기도 했지만, 의회의 완강한 반대에 통일을 이루지는 못했음.

한편, 그는 1604년 국교회의 예배에 사용할 수 있는 표준 성경을 영어로 만들게하여, 1611년 오늘날 킹 제임스 번역본(King James Version, KJV)이라고 불리는 〈흠정역 성서(欽定譯聖書)〉를 간행했는데, 〈흠정역 성서〉는 19세기 말까지 영국 국교회에서 사용된 유일한 공식 영어 성경이며, 오늘날까지도 널리 사용되고 있다.

하지만 왕은 잉글랜드 의회와는 계속해서 갈등을 빚었음. 그는 의회의 특권과 관행을 무시했고, 사사건건 의회와 대립했으며, 1622년 화이트홀 궁전(Palace of Whitehall)을 확장하는 등 재정 지출을 늘려 의회의 반발을 사기도 했음. 그리고 가톨릭과 청교도를 억압하여 국교회로의 개종을 강요하였음. 그는 1604년 국교회와 청교도 등의 종교계 대표자들을 소집하여 회의를 열었는데, 여기에서 가톨릭과 청교도의 양극을 배제하겠다고 선언함으로써 가톨릭과 청교도의 반감을 사서, 1605년에는 가이 포크스(Guy Fawkes, Guido Fawkes라고도 함) 등의 가톨릭 세력이 제임스1세를 암살하려다가 미수에 그친 화약음모사건(Gunpowder Plot)이 일어나기도 했음.

대외적으로는 엘리자베스1세 시대에 적대적 관계를 가져왔던 스페인과 화해하면서 유럽에 평화를 유지하였음. 아메리카대륙에 대한 개척이 시작된 것도 그의 재위기간에 일어난 일인데, 1607년 5월 14일 북아메리카에 영국인의 정착지가 처음으로 만들어졌고, 이곳은 그의 이름을 따서 제임스타운(Jamestown)이라고 불렸음. 1620년에는 필그림 파더스(Pilgrim Fathers)라고 불리는 청교도들이 메이플라워(Mayflower) 호를 타고 북아메리카로 집단 이주하기도 했음.

한데다가, 게으르고, 술주정뱅이였으며, 지저분한 겁쟁이, 허풍쟁이였습니다. 태어날 때부터 구루병에 걸려있던 그의 모습은 참으로 우스꽝스럽기 그지없었는데, 칼에 찔리는 것을 방지하기 위한 방탄용 옷감을 덧댄 의복을 (그것도 머리부터 발끝까지 온통 녹색으로 만들어진) 입고(그는 평생을 그런 공포 속에서 지냈습니다.), 허리춤에는 칼 대신 사냥나팔을 차고, 움직일 때마다 깃털이 눈을 찌르는 모자를 쓰곤 했습니다.

또, 그는 측근들의 어깨에 기대어 축 늘어져 있거나, 그들의 얼굴에 침을 흘리며 키스를 퍼붓거나, 그들의 뺨을 꼬집곤 했습니다. 그런가 하면 그의 위대한 최측근 신하 중 하나는 자신의 주군에게 편지를 보낼 때마다 스스로를 '폐하의 충실한 노예이며 강아지'라고 표시했으며, 자신의 주군을 가리켜 '돈하'[2]라 부르곤 했습니다. 그 주군은 말을 형편없이 탈줄 모르면서도 자신이 누구보다 말을 잘 탄다고 떠벌이곤 했습니다. 그는 수많은 스코틀랜드 표현들 중에서도 가장 무례한 언변을 자랑했으며, 상대방이 어안이 벙벙하면 그것을 자신의 자랑거리로 삼았던 위인이었습니다.

그는 세상에서 가장 지루한, 마법에 관한 논문을 몇 편 쓰기도 했는데, 그 안에서 자신이 무척이나 독실한 신앙인이라 주장하면서 마치 대단한 작가라도 된 양 행동했습니다. 그는, 왕은 그가 원하는 법이면 무엇이든지 만들 수도, 폐기할 수도 있으며, 이에 대해 어느 누구에게도 책임이 없다고 믿었으며, 그런 식으로 글을 쓰거나, 행동했습니다.

이상은 궁정의 주변에서 기생하던 위인들이 왕에게 아첨하고 추켜세우던 모습을 그대로 묘사한 것입니다. 따라서 필자는 한 인간의 기록치고 이처럼 치욕적인 것은 없다고 확신합니다.

제임스 I 세는 너무나 쉽게 왕위에 올랐습니다. 후계 계승과 관련해서 수많은 분란을 보아왔던 신하들은, 엘리자베스가 사망한지 몇 시간 되지 않아서 그를 왕으로 선포해버렸으며, 그에게 나라를 훌륭히 통치하겠다는 맹세

2　豚下, his Sowship, 돼지각하

도 받지 않고, 또 나라에 만연한 불평등을 해소하겠다는 약속도 받지 않고 그를 왕으로 인정해 버렸습니다.

제임스 I 세가 에든버러에서 런던까지 오는 데는 한 달 정도가 걸렸는데, 그는 그 과정에서 자신의 권위를 시험이라도 하듯이 소매치기를 붙잡아 재판도 없이 목을 매달아버렸고, 자신의 손길이 닿는 모든 이들에게 기사작위를 내려주었습니다. 그가 런던의 왕궁에 도착하기 전에 작위를 내린 기사들의 숫자는 2백 명에 이르렀고, 왕이 된 후 3개월 이내에 무려 7백 명의 기사들이 탄생했습니다. 그는 또 무려 62명이나 되는 귀족들을 하원의원으로 새로 위촉했으며, 당연한 이야기겠지만, 여러분들은 그 하원들에는 스코틀랜드 출신들이 우글거렸다고 믿어도 틀림없습니다.

돈하豚下(그의 신하들이 그를 이렇게 불렀으므로 필자는 제임스 I 세를 호칭할 더 이상 좋은 표현을 발견할 수 없습니다.)의 수상은 세실이라는 인물이었는데, 그는 월터 롤리 경과 코브엄 경과는 사이가 안 좋았습니다. 돈하의 첫 번째 시련은 이 두 사람이 관련된 음모로부터 시작합니다. 그 음모라는 것은, 늘 그리하듯이, 각료들을 해임할 때까지 왕을 사로잡아 감옥에 가둬두는 것이었습니다. 또, 그 음모에는 가톨릭 신부들과 청교도 귀족들이 포함되어있었습니다.

가톨릭과 청교도들은 서로 심하게 반목하고는 있었지만, 돈하께서 겉으론 안 그런 척 하면서도 자신들에게 불리한 정책을 마음에 품고 있음을 알았기 때문에, 돈하에 대항에서는 뜻을 합칠 수가 있었습니다. 제임스 I 세는 신교만이 가장 고귀하고 영국에 어울리는 종교이므로 그것을 믿든 안 믿든 영국 국민이면 누구나 신교도가 되도록 하는 정책을 꾸미고 있었던 겁니다. 그런데 이 음모는 또 다른 하나의 음모와 뒤섞어 진행되었습니다. 이 또 하나의 음모는 아라벨라 스튜어트를 언젠가는 여왕의 자리에 옹립한다는 계획과 연관이 이었습니다.

아라벨라 스튜어트는 돈하의 작은아버지
의 딸로 태어났다는 숙명 외에는 별다른 불
행을 겪어야 할 이유가 없는 여인이었고, 실
제로 그런 음모와는 아무런 관련이 없었습
니다. 그리고 이 사건과 관련하여 월터 롤
리 경은 코브엄 경이 자백을 하는 바람에 기
소되었는데, 코브엄은 이랬다저랬다 말을
바꾸던 줏대 없는 사람이어서 그의 말은 사
실 믿을 것이 하나도 없기는 했습니다.

월터 롤리

월터 롤리 경을 다루는 재판은 아침 8시부
터 거의 자정까지 계속됐으며, 그는 자신에
게 기소된 내용을 천재적 말솜씨와 뛰어난 정신력을 활용해 반박해 나갔습
니다. 그는 나아가 자신에게 온갖 모욕을 퍼붓고 학대하던 법무대신 코크를
향해서도 굽히지 않고 맞섰습니다. 그리고 롤리 경을 면회하고 온 사람들은
한 결 같이 그를 존경하게 되고, 특별히 의심할 만한 것이 없음을 알 수 있었
습니다. 그러나 그럼에도 불구하고 롤리 경은 유죄가 인정되어 사형을 언도
받았습니다. 하지만 형의 집행은 연기되고, 그는 런던탑으로 이송됐습니다.
그러나 두 명의 가톨릭 신부들은 운 나쁘게도 처형을 당했고, 코브엄 경과
다른 두 사람은 단두대 바로 앞에서 사면을 받을 수 있었습니다.

돈하께서는 죄수들을 단두대 바로 앞에서 살려줌으로써 사람들에게 자신
을 확실하게 각인시킬 수 있을 것으로 판단했을 겁니다. 하지만 그는 항상
그렇듯이 큰 실수를 저지르고 말았습니다. 왜냐하면 사면 소식을 들고 온
전령이 늦게 도착하는 바람에 처형장 앞으로 들어서지 못하고 군중들에 밀
려 뒤에서 자신의 목적을 큰소리로 알려야했기 때문입니다. 불쌍한 코브엄
은 그날 목숨을 구하기는 했지만 여생을 불행히 보내야했습니다. 그는, 사람
들로부터 철저히 무시당하며 죄수와 거지 신분으로 13년 동안을 가난하게
살다가, 예전 자신의 하인이었던 사람의 헛간에서 쓸쓸이 죽어갔습니다.

이 음모가 무사히 진압되고, 월터 롤리 경도 안전하게 런던탑에 유폐시켜 놓은 다음, 돈하께서는 이번에는 자신에게 청원서를 올린 청교도들과 한 판 싸움을 벌여야 했습니다. 그는 이 문제를 해결함에 있어 다른 어느 누구의 말도 듣지 않고 독단적인 결정을 내림으로써 주교들의 감탄을 자아냈습니다. 그리하여 영국에는 오로지 하나의 종교만이 존재하며, 모든 국민들은 모두 똑같은 생각을 해야 한다는 결정이 아무 거리낌 없이 내려지게 됐습니다. 하지만 이 결정이 2백5십년 전에 내려졌고, (감옥에 보내고 벌금을 물리는 등) 법률에 의해 강압적으로 시행되고 있지만, 필자는 지금도 이것이 성공한 조치라고 생각하지 않습니다.

군주로서 극도로 높은 자만심에 싸여있던 돈하께서는 의회가 뻔뻔스럽게도 자신을 통제하려 한다는, 의회 경시 태도를 지니고 있었습니다. 그가 왕이 되고 일 년 만에 첫 의회를 소집했을 때 그는 당연히 자신이 의회보다 우월한 지위에 있다고 생각하고, '절대군주'로서 의회를 통솔하겠다고 천명했습니다. 의회는 이를 왕의 일방적 의사표현으로 받아들이고 자신들의 권위를 높일 필요가 있다고 판단했습니다. 돈하에게는 헨리, 찰스, 그리고 엘리자베스 이렇게 자식이 셋이 있었는데, 이들 중 한 명이[3] 의회와의 관계에서 만일 그의 아버지의 무모함을 타산지석으로 삼았다면, 불행한 일을 겪지는 않았을 겁니다. 우리는 이와 관련된 이야기를 잠시 후 살펴보게 됩니다.

한편, 민중들이 구교인 가톨릭의 공포에서 여전히 벗어나지 못하고 있자 의회가 가톨릭을 반대하는 엄격한 법률을 부활시켜 강화해 나갔습니다. 그러자 전통 있는 가문의 로버트 케츠비라는 인물은 무척이나 화가 나서 몸 둘 바를 모르다가 인간이 할 수 있는 가장 악독한 결정을 내리게 됩니다. 그것은 바로 '화약 음모Gunpowder Plot'를 저지르는 것이었습니다.

그의 목표는, 다음 의회가 열려 왕과 귀족들, 평민들이 모였을 때 엄청난

---

[3] 찰스 I 세를 말함

양의 폭약을 터뜨려서 그들을 일거에 몰살
시키는 것이었습니다. 그가 이런 끔찍한 계
획을 처음으로 털어놓은 사람은, 우스터서
의 귀족으로 외국에서 군대 생활을 한 적이
있는, 토마스 윈터였는데, 그는 가톨릭교도
들의 계획을 은밀히 돕고 있었습니다. 윈터
는 아직 계획의 실행을 완전히 결정하지 못
한 채, 스페인 왕이 제임스 I 세에게 개입함
으로써 영국에 가톨릭을 부흥시킬 수 있는
지를 스페인 대사에게 알아보기 위해 네덜
란드로 건너갔습니다. 그런데 윈터는 그곳

가이 포크스

오스텐드에서 키가 크고, 얼굴이 검으며, 두려움을 전혀 모를 것 같은 인물
을 만났습니다. 두 사람은 외국에서 군대 생활을 할 때 서로 알고 지내던 사
이였으며, 그의 이름은 가이 포크스라 불렸습니다.(혹은 기도Guido라는 이
름으로 불리기도 했습니다.) 윈터는 음모에 정식으로 가담하기로 결정하고,
과감하게 폭파를 결행할 적임자가 가이 포크스라 판단하고 그에게 음모를
털어놓은 후 두 사람은 영국으로 돌아왔습니다.

　영국으로 돌아온 두 사람은 노섬벌랜드 백작의 인척인 토마스 퍼시와 백작
의 매제인 존 라이트를 더 끌어들였습니다. 이들 모두는, 당시 클레멘트 여
인숙Clement's Inn 근처의 들판에 세워진 외떨어진 민가에(이곳은 현재는 접근
이 쉽지 않도록 차단되어 있는 런던의 한 구역입니다.) 함께 모여 비밀결사
를 맺었고, 이때 케츠비가 자신의 계획을 들려주었습니다. 그들은 이어서 다
락방으로 올라가 제라르드 신부로부터 성찬聖餐을 받았습니다. 예수회 소속
이었던 제라르드 신부는 당시에는 화약음모에 관해서 전혀 모르고 있었다
고 알려져 있지만, 필자는 그가 뭔가 중대한 사건이 임박했음을 충분히 짐작
했을 것으로 믿습니다.

　토마스 퍼시는 연금을 받는 귀속이었고, 이따금씩 궁정을 드나드는 업무

화약음모사건 연루자들

를 보고 있었으며, 관청에도 무시로 출입하였기 때문에 그가 웨스트민스터 인근에 산다고 해도 아무도 의시할 사람이 없었습니다. 그래서 그는 여기저기 잘 살핀 끝에, 의회의 벽을 파내기 위해, 의회 건물과 붙어있는 집을 발견하고 페리스라는 사람에게 세를 내고 빌렸습니다. 음모자들은 이 집 말고도 템스 강의 램버스 구에 또 다른 장소를 빌려, 나무와 화약 및 다른 폭발용 소모품들을 저장하는 장소로 사용하였습니다. 이 물건들은 밤에 웨스트민스터의 집으로 하나씩 옮겨지게 됩니다. 그리고 램버스의 물건들을 감시할 믿을 만한 사람이 필요하자 그들은 로버트 케이라는 가난한 가톨릭 귀족을 끌어들였습니다.

준비는 여러 달에 걸쳐 이루어졌고, 12월의 어느 어둡고 쌀쌀한 밤에 그동안 감시의 눈을 피해 뿔뿔이 흩어져있던 음모자들은 웨스트민스터의 집에 모여 벽을 파기 시작했습니다. 그들은 식사 때문에 외부로 들락거리지 않도록 충분한 먹을거리를 미리 장만해 놓고, 온 정성을 다해 파고 또 팠습니다. 하지만 의회의 벽이 그들이 감당하기에는 엄청나게 두꺼워서 진척을 보이지 않자 그들은 존 라이트의 동생인 크리스토퍼 라이트를 새로 영입해서 젊은 피를 수혈하기로 했습니다. 크리스토퍼 라이트는 기대한 대로 신참의 역할을 충분히 해주었고, 그들은 밤낮을 가리지 않고 작업을 계속했습니다.

가이 포크스는 언제나 경계의 책임을 맡았는데, 그는 참여자들이 용기를 잃을 만하면 "여러분, 우리에게는 충분한 화약이 있고, 만일의 경우 그것을 활용할 수 있습니다. 혹시 발각되더라도 우리는 절대로 산채로 잡히는 일은 없을 겁니다."라고 말하며 그들을 독려했습니다.

경계 책임자로서 여기저기 정보를 수집하고 다니던 포크스는 왕이 의회가 열리는 것을 처음에 계획했던 2월 7일에서 10월 3일로 연기했다는 정보를 얻었습니다. 이 소식을 접한 음모자들은 크리스마스 휴가철까지 각자 흩어져 있으면서, 어떤 경우에도 서로 간에 서신을 교환하는 등의 왕래를 하지 않기로 했습니다. 그래서 웨스트민스터 숙소의 문은 다시 한 번 굳게 닫혔고, 이웃들은 그 집에 살던, 어두운 얼굴색의 사람들이 도통 대문 밖 출입을 잘 안 하더니 이제는 어디로 크리스마스 휴가라도 떠났나보다고 생각했을 겁니다.

케츠비가 웨스트민스터의 거처에서 그의 동료들을 다시 만난 때는 1605년 2월 초순경이었습니다. 그리고 가담자는 3명이 추가로 늘었습니다. 다소 우울한 기질을 가진 워릭의 귀족인 존 그랜트(이 사람은 스트랫퍼드온에이번 근처의 외딴 저택에서 담을 높게 두르고 해자垓字를 깊게 파서 사람들의 접근을 멀리하며 살았습니다.), 토마스 윈터의 형인 로버트 윈터, 그리고 마지막으로 케츠비 자신이 보기에 음모를 눈치챈 것 같은 그의 하인 토마스 베이츠, 이렇게 세 사람이 그들이었습니다. 이들 세 사람은 엘리자베스 여왕 시절 자신들의 신앙 때문에 이런저런 고초를 겪어야 했었습니다. 이들 모두는 다시 새롭게 벽을 파기 시작했으며, 밤낮을 쉬지 않고 열심히 팠습니다.

그들은 엄청난 인명 피해를 불러올 끔찍한 비밀을 가슴에 안고 자기들끼리만 두더지처럼 벽을 파는 작업을 하면서도 스스로 황량한 생각을 버릴 수 없었습니다. 또 그들은 격렬한 환상에 사로잡히기도 했습니다. 그들은 때때로 의회 건물의 지허 깊은 곳에서 이떤 거다란 종소리가 울리는 것을 듣기도 했으며, 어떤 때는 그들의 화약 음모에 관해서 중얼거리는 소리가 들리는 듯도 했습니다. 그러다가 어느 날은 그들이 땀을 뻘뻘 흘리면서 파 들어가던 갱도 위에서 정말로 커다란 울림이 들렸습니다. 모두는 작업을 중단하고 놀란 눈으로 서로를 쳐다보며 무슨 일이 일어난 것인지 궁금해 했습니다. 그러자 경계의 임무를 맡고 있던 가이 포크스가 밖으로 나가 상황을 파악하고 들어와서는, 그 소리는 의회 건물 밑을 점유하고 석탄 장사를 하던 석탄 업자가 그의 석탄을 다른 곳으로 옮기면서 발생한 소리라는 사실을 알려주었습니다. 이 말을 들은 음모자들은 아직도 멀기만 한 두꺼운 벽의 굴착 계획을 수정하기로 했습니다.

그들은 상원 건물 바로 밑에 있던 바로 그 석탄 저장소를 세를 내기로 했습니다. 그리고 그곳에다 36통의 화약을 옮겨놓고 그 위에 장작더미와 석탄들로 덮어놓았습니다. 그들은 9월까지 다시 흩어져있기로 했고, 9월에 그들이 다시 모였을 때는 참가자들이 몇 명 더 늘었습니다. 글로스터서의 에드워드 베인햄 경, 러틀랜드서의 에버라르드 디그비 경, 서퍽의 암브로스 루크우드, 노샘프턴서의 프랜시스 트리샘이 새로 참여한 사람들의 이름이었습니다. 이들 새로운 참여자들은 모두 부자들로서 어떤 이는 자금을 동원해서, 어떤 이는 말들을 제공해서 거사를 돕기로 한 사람들입니다. 음모자들은 이들이 제공한 말들을 이용해서 의회가 폭파된 후 전국을 돌며 가톨릭교도들을 선동하기로 했습니다.

의회의 개회가 10월 3일에서 11월 5일로 다시 한 번 연기됐습니다. 그러자 음모자들은 자신들의 음모가 발각될까봐 좌불안석이 되었고, 이에 개회의 연기가 발표되는 날 토마스 윈터가 상원으로 올라가 무슨 일이 벌어지는지 살펴보겠다고 말했습니다. 하자만 특별히 문제될 상황은 발견되지 않았습니다. 자신들의 발아래 36통의 엄청난 폭약이 장착된 것을 모르는 관료들이 서로 담소를 나누며 이리저리 움직이고 있었던 겁니다. 토마스 윈터가 염탐을 마치고 돌아와서 상황을 그대로 알려주자 그들은 본격적인 준비에 착수했습니다. 그들은 배를 한 척 세를 내어 템스 강가에 대기시켜 놓았습니다. 화약을 폭발시킬 도화선에 불을 붙인 후 포크스는 그 배를 이용해서 플랑드르로 건너갈 예정이었습니다. 또, 거사 당일 에버라르드 디그비 경은 공개적으로 한 무리의 가톨릭 귀족들을, 사냥 파티를 구실로, 던처치Dunchurch로 초대해서 행동을 함께 하기로 했습니다. 그렇게 해서 모든 준비가 갖춰지게 됐습니다.

그런데 이 사악한 음모의 시작부터 마음 한 구석에 자리 잡고 있던 불안이 그들을 사로잡기 시작했습니다. 음모자들의 대부분은 상원 건물의 집회에 참여하는 인사들과 친인척 관계를 유지하고 있었는데, 이들은 거사일인 11월 5일이 점점 다가올수록 폭발과 함께 날아가버릴 그 친인척들에 대한 걱정을 하다가 그들에게 미리 귀띔을 해주고 싶어 했습니다. 그들은 대의를 위해서라면 아들이라도 포기해야 한다는 맹세에는 그리 크게 개의치 않는 듯했습니다.

한편, 트리샘에게는 그날 의회의 집회에 참여할 것이 확실했던 마운트이글이라는 매제가 있었습니다. 트리샘은 음모자들에게 친지들을 구할 방법을 연구해보자고 간청했지만, 받아들여지지 않자 황혼 무렵 매제의 숙소를 찾아가 알듯 모를 듯한 편지를 남겨놓았습니다. 그는 그 편지에서 '하나님과 인간이 합심해서 시대의 불의를 벌하려한다.'는 메시지를 남기고, 의회가 개회돼도 참석하지 말 것을 권했습니다. 그는 나아가 '의회는 결정적 타격을 입을 것이고, 누가 무슨 짓을 했는지 전혀 알지 못할 것'이라는 말도 남기면서, '이 편지를 즉시 불태워버리면 그대의 위험은 끝나는 것'이라는 말로 마무리를 지었습니다.

각료들과 신하들은, 돈하께서는 하늘이 내려주신 기적으로 이 편지가 무엇을 의미하는지 즉각 알아차렸다고 자랑스러워했습니다. 그러나 웬만한 사람이라면 그 정도를 알아차리는 것은 식은 죽 먹기였을 겁니다. 어쨌든 그 음모와 관련해서는 의회가 열리는 당일 날까지 내버려두기로 결론이 났습니다.

음모자들이 공포에 떨고 있었던 것만큼은 확실해보입니다. 트리샘 자신은 참여자들에게 자신들은 죽은 목숨이나 마찬가지라는 말을 했기 때문입니다. 그리고 비록 그가 비겁하게 도망가지는 않았지만 매제인 마운트이글 경 말고도 다른 사람들에게도 정보를 흘렸다고 믿을 만한 근거들이 있습니다. 하지만 어쨌든 음모자들의 의지는 단호했고, 강철 같은 의지를 지니고 있던 포크스는 하루도 거르지 않고 밤낮으로 지하 저장소를 확인하러 다녔습니다.

4일 오후 2시경 시종장侍從長과 마운트이글 경이 저장소 문을 밀고 들어왔을 때도 포크스는 그곳에 있었습니다. "당신은 누구시오?" 두 사람이 포크스에게 물었습니다. "저……," 포크스가 머뭇거리며 대답했습니다. "저는 퍼시 씨의 하인으로 그의 명령으로 여기서 땔감을 찾고 있는 중입니다." "당신 주인은 참으로 훌륭한 창고를 두었구만." 그들은 이런 말을 남기고 문을 닫고 가버렸습니다. 그러자 포크스는 곧바로 동료들에게 달려가서 일이 아무 문제없이 잘 진행되어 가고 있음을 알리고, 어둠침침한 지하 저장소로 다시 돌아와 시계가 12시를 가리키며 11월 5일을 알리는 소리를 들었습니다.

하지만 그로부터 약 2시간 뒤 조용히 문을 열고 밖으로 나와 동태를 살피는 순간 그는 토마스 네베트 경이 지휘하는 일단의 경비병들에게 그 자리에서 체포됐습니다. 체포되는 순간 포크스의 옆에는 (불을 붙이기 위한)썩은 나무와 부싯깃, 그리고 도화선이 마련되어있었으며 문 바로 뒤쪽 안에는 양초가 타고 있던 등잔이 놓여있었습니다. 그는 언제든지 곧바로 배로 출발할 수 있도록 장화와 박차를 착용하고 있던 상태였습니다. 그를 체포했던 병사들의 입장에서는 그를 순식간에 체포할 수 있었던 것이 천만다행이라 할 일이었습니다. 포크스에게 불을 댕길 잠깐의 시간이라도 주어졌더라면 그는 분명 등불을 화약 무더기로 던졌을 것이고 그와 병사들 모두는 함께 날아가버렸을 겁니다.

가이 포크스는 제일 먼저 왕의 침실로 끌려갔고, 왕은 (그를 자신으로부터 멀리 떨어진 곳에 단단히 붙잡도록 한 다음) 어떻게 그렇게 많은 무고한 사람들을 죽일 계획을 세울 수 있는지에 대해서 물었습니다. "그것은" 포크스는 대답했습니다. "지독한 병에는 극약처방이 최선이기 때문이지요." 그리고 테리어 강아지처럼 생긴 얼굴을 한 자그마한 스코틀랜드 귀족이 (특별히 기발한 질문도 아니지만) 뭐하려고 그렇게 많은 화약을 긁어모았냐고 묻자 그는 스코틀랜드 인들을 자기들의 고향으로 날려 보내려면 그 정도의 폭약은 필요했다고 대답했습니다.

다음 날 가이 포크스는 런던탑으로 이송됐지만 자백은 하지 않았습니다. 포크스는 혹독한 고문을 받으면서도 정부가 이미 알고 있는 사실 외에는 털어놓지 않았습니다. 지금도 그의 친필 사인이 남아있는데, 그가 고문대 위로 올라가기 전의 것과 비교하면 얼마나 극심한 고문을 받았을지 짐작할 수 있습니다. 그리고 음모자들 중에서는 의외의 인물이라 할 수 있었던 베이츠가 곧이어 고문을 받고, 예수회 수도사들도 음모에 연루됐다는 실토를 했습니다. 그런 잔인한 고문 끝에는 그보다 더한 말도 했을 겁니다.

트리샘도 검거돼서 런던탑에 수용된 후 자백을 해서 여러 사람을 패망의 길로 인도한 다음 병에 걸려 죽었습니다. 던처치로 달려갈 수 있는 말들을 항상 준비시켜놓았던 루크우드는 음모의 이야기가 온 런던에 다 퍼진 오후가 돼서야 말을 타고 런던을 빠져나갔습니다. 그는 라이트 형제와 케츠비, 퍼시와 길에서 합류할 수 있었으며, 그들 모두는 노샘프턴셔로 말을 몰아 갔습니다. 그리고 그곳에서 다시 집회가 약속돼있던 던처치를 향해 달려갔습니다. 하지만 음모가 있었고, 그 음모가 발각됐다는 소식을 접한 사람들이 밤사이에 집회를 취소해버려서, 던처치에 당도한 그들은 에버라르드 디그비 경만 덩그렇게 홀로 남아있는 것을 발견했습니다. 그래서 그들은 다시 말을 몰아 스태퍼드서 주의 경계에 있는 홀비치Holbeach라는 주택을 향해 워릭서와 우스터셔를 통과해서 달려갔습니다.

그들은 도중에 가톨릭교도들을 선동해보려 했지만, 문전박대만 당하고 말았습니다. 그러는 내내 그들은 우스터 주시사 및 숫자가 점점 늘어가는 다른 추적자들의 끈질긴 추격을 받아야했습니다.

마침내 홀비치에서 방어전을 펼치기로 결정한 그들은 대문을 걸어 잠그고, 젖은 화약을 말리기 위해 모닥불 옆에 내놓았습니다. 하지만 그 화약이 폭발해서 케츠비가 펑 소리와 함께 날아가며 치명상을 입었고, 나머지들도 중상을 입었습니다. 그래도 자신들의 죽음이 임박했다는 것을 감지한 그들은 기왕에 죽을 거면 그 자리에서 죽기로 하고 손에 유일한 무기인 검을 들고 창가로 나가 우스터 주지사와 추적자들이 쏘는 총알을 맞을 준비를 했습니다. 그리고 케츠비는, 토마스 윈터가 오른팔에 총알을 맞고 팔을 힘없이 떨어뜨리자 그에게 다가가 '내 옆으로 서시오, 톰. 우리 함께 죽읍시다.'고 말했습니다. 그들은 하나의 총에서 쏟아진 두 개의 탄환을 맞고 숨을 거뒀습니다. 존 라이트와 크리스토퍼 라이트 형제, 그리고 퍼시도 총을 맞았습니다. 루크우드와 디그비는 생포됐으며, 루크우드는 팔이 부러지고 몸에는 중상을 입은 상태였습니다.

이때가 1월 15일이었으며, 이어서 가이 포크스를 비롯해 살아남은 자들에 대한 재판이 열렸습니다. 그들 모두는 유죄를 언도받고, 목이 매달린 후 말에 끌려 다니다가 사지가 절단되는 형을 받았습니다. 또 어떤 이들은 의사당 건물 앞에 있는 러드게이트 언덕Ludgate hill 꼭대기의 성 바울 대성당 마당에서 형을 받았습니다.

그리고 헨리 가네트라는 예수회 신부가 이 가공할 음모와 연루됐다는 이유로 추가로 붙잡혀 재판을 받았는데, 또 다른 불쌍한 신부 한 명과 그의 하인 두 명도 함께 체포돼 무자비한 고문을 받았습니다. 가네트 자신은 고문을 받지는 않았지만, 반역자들로 우글거리는 런던탑에 유폐됨으로써 억울하게도 반역죄를 자복하지 않을 수 없었습니다. 그는, 자신은 사전에 음모를 막아보기 위해 모든 수단을 동원했지만, 고해성사를 통해 들은 내용을 차마 공표할 수는 없었다는 진술을 하기도 했습니다. 하지만 필자는 가네트 신부가 고행성사가 아닌 다른 방법을 통해 그 음모를 알았을 것으로 짐작합니다.

가이 포크스와 제임스1세

어쨌든 신부는 남자답게 할 말을 다한 후 사형을 언도받고 죽음을 맞이했고, 로마가톨릭은 그를 성인의 반열에 올려주었습니다. 또 음모와는 관계가 없었던 일부 부유층 인사들도 성실청 법원에 의해 벌금과 감옥행을 언도받았으며, 반역의 기운이 팽배했던 기톨릭교도들은 일반적으로 전보다 훨씬 더 가혹한 법률의 저촉을 받아야 했습니다. 이렇게 해서 화약음모 사건은 막을 내리게 됐습니다.

[제2부]

돈하께서는 분명히 의회를 공중으로 날려버리고 싶었을 겁니다. 왜냐하면 그의 통치 전 기간을 통해서 의회에 대한 그의 공포와 시기는 그 끝을 몰랐기 때문입니다. 그는 자금으로 압박을 받을 때는, 그 방법 외는 달리 도리가 없었기 때문에, 의회와 얼굴을 맞댈 수밖에 없었습니다. 그러다가 의회가, 국민들의 원성을 사고 있는 전매제도를 폐지하고 다른 잘못된 제도들도 개정할 것을 요구하자 화가 머리끝까지 나서 의회를 해산시켜버렸습니다. 또, 한 번은 왕이 스코틀랜드와의 합병을 승인해달라고 의회에 요청한 다음 그 문제를 놓고 의회와 엄청난 갈등을 겪었습니다. 또 다른 때는 의회는 왕에게, 고등법무재판소High Commission Court라 불리던 악명 높았던 교회 탄압 제도를 폐지할 것을 요청했고, 왕은 이 문제를 놓고도 의회와 대립했습니다.

그런가 하면 의회는 왕에게, 대주교들이나 주교들에 대한 편애를 중지할 것을 요구하기도 했습니다. 이들 주교들과 대주교들은 차마 입에 담기 부끄러울 정도로 왕을 칭송하고 다니면서도, 자신들의 교리대로 설교하지 않고 마음대로 설교한다는 이유로 힘없는 청교도 성직자들을 박해했습니다. 왕과 의회는 이 문제를 놓고도 격렬한 싸움을 벌였습니다.

간단히 말해서, 왕은 의회를 미워하면서도 겉으론 안 그런 척하고, 자신과 대립하던 의원들을 뉴게이트나 런던탑으로 보내버리고, 나머지 의원들에게는 관계없는 일에 주제넘게 나서서 대중을 선동하지 못하도록 협박을 하는 등 어르고 뺨치는 행동을 하면서도 한편으로는 겁을 먹기도 했습니다. 의회는 왕에게 있어 눈엣가시가 분명했습니다. 하지만 의회는 자신들의 권위를 지키는데 군건했으며, 법률은 의회가 제정해야지 왕이 혼자 일방적으로 선언해서는 안 된다는 주장을 굽히지 않았습니다.

의회와의 이러한 불화, 사냥, 음주, 그리고 침대에서 빈둥거리기(왕은 사실 대단한 게으름뱅이였습니다.) 등이 왕의 생활 전반을 휘어잡았습니다. 그리고 왕은 나머지 시간은 대부분 측근들과 딱 달라붙어서 철부지처럼 보냈습니다.

왕의 아양을 받아준 첫 번째 측근은 필립 허버트 경으로, 그는 개나 말과 사냥에 대한 것 말고는 아무 것도 아는 바가 없는 인물이었지만, 왕은 그를 몽고메리 백작에 임명했습니다. 그 다음 차례의 측근이면서 더욱 명성이 자자했던 인물은 로버트 카 혹은 로버트 커(어느 것이 정확한 그의 이름인지는 확실하지 않습니다.)인데, 그는 국경지방에서 건너와 얼마 있지 않아 로체스터 자작 자리에 올랐으며, 나중에는 섬머셋 백작 자리까지 차지하게 됩니다. 그런데 돈하께서 이 젊고 잘 생긴 청년에게 베푼 애정은 그 청년을 향한 당시대 위인들의 굽실거림보다 더욱 꼴불견이었습니다.

이 로버트 카의 절친한 측근은 토마스 오버베리 경이라는 인물이었는데, 그는 로버트 카의 연애편지 대필도 해주고, 그가 무지로 인해 관직에서 쫓겨나지 않도록 그를 적극적으로 도왔습니다.

한편, 로버트 카는 에섹스의 미모의 백작부인과 그릇된 정략결혼을 서두르는데(에섹스 백작부인은 이 결혼을 위해 이혼을 준비 중이었습니다.) 토마스 경이 나서서 이를 용감하게 뜯어말리고, 이에 격분한 백작부인은 토마스 경을 런던탑에 가두고, 나중에 독살시켜버립니다. 그리고 로버트 카와 백작부인은 마치 자신들이 지구상에서 가장 착한 선남선녀인 것처럼 야단법석을 떨며, 왕의 애완견인 주교의 주례로 공개적인 결혼식을 올렸습니다.

그러나 사람들의 예상보다는 상당히 긴 기간, 약 7년간의 호사를 누리던 섬머셋 백작 앞에 또 다른 준수한 청년이 나타나서 그의 영광을 좀먹기 시작했습니다. 그는 다름 아닌 리스터서 귀족의 젊은 아들인 주지 빌리어스라는 인물로, 파리의 최신 유행 패션을 하고 궁정에 나타나서는 지금까지의 어떤 난봉꾼들보다 훌륭한 춤을 선보였습니다. 그는 춤 솜씨 덕으로 곧바로 왕의 은총을 흠뻑 받게 됐으며, 그 춤으로 이전의 왕의 최측근을 몰아낼 수 있었습니다. 결국 섬머셋의 백작과 그의 부인이 그런 엄청난 특혜와 환대를 받아야 할 특별한 이유가 없음이 한꺼번에 드러났고, 두 사람은 토마스 오버베리 경을 살해한 죄목 및 기타 다른 죄목으로 각자 재판을 받았습니다.

하지만 섬머셋 백작이 왕과의 은밀한 비밀을 알고 있고, 실제로 그것을 터뜨리겠다고 협박을 했으므로 왕은 그를 심리할 때 경비병 두 명을 시켜서, 각자 망토를 들고 그의 옆을 지키고 있다가 그가 해서는 안 될 말을 내뱉을 경우 그 망토를 그의 얼굴에 뒤집어씌워 제지하도록 했습니다. 결국 재판은

첫번째 솔즈베리 백작, 로버트 세실

미리 짜여진 반쪽짜리 재판이 될 수밖에 없었고, 섬머셋 백작에게 내려진 형은 일 년에 4천 파운드를 받고 공직에서 은퇴를 하는 것이었습니다. 백작부인은 사면을 받고, 은퇴할 수 있도록 배려를 받았습니다. 이들 부부는 이때쯤에는 서로를 증오하고 헐뜯는 사이가 됐으며, 그 뒤로도 몇 년간을 서로에게 고통만 전가하며 살았습니다.

이런 사건들의 와중에서도 돈하께서는 어떤 돼지우리에서도 볼 수 없는 온갖 추대를 해마다, 매일같이 연출하고 있었으며, 그러는 사이 영국 역사에서 눈에 띄는 세 명의 죽음이 발생합니다. 그 첫 번째는 솔즈베리의 백작이자 장관이었던 로버트 세실의 죽음입니다. 그는 장애를 안고 태어나 60살이 될 때까지 단 한 번도 건강한 삶을 살아본 적이 없었습니다. 그는 임종의 순간에 더 이상 살고 싶은 생각이 없다는 소리를 했는데, 그런 불명예와 치욕의 시대를 살다 간 각료라면 의당 그런 소리를 했을 겁니다.

두 번째는 아라벨라 스튜어트의 죽음인데, 그녀는 헨리VII세의 후손인 보챔프 경의 아들인 윌리엄 세이모어와 남몰래 결혼을 함으로써 왕을 놀라게 한 일이 있었습니다. 왕은 이 두 사람의 결혼은 결과적으로 윌리엄 세이모어가 자기 부인의 왕권을 더욱 강하게 주장하게 할 것으로 받아들였습니다. 결국 그녀의 남편은 런던탑에 갇히고, 그녀는 남편과 강제로 헤어져 배편으로 더럼으로 보내져 그곳에서 유폐 생활을 하게 됐습니다. 그녀는 남자의 옷으로 갈아입고 그레이브센드에서 프랑스로 떠나는 프랑스 배편으로 탈출하는 데 성공합니다. 그러나 그녀는 불행하게도 미리 탈출해 대기 중이던 남편을 놓치게 되고, 결국 체포되고 말았습니다. 아라벨라 스튜어트는 가혹한 런던탑 생활로 인해 완전히 미쳐버렸으며, 그곳에서 4년 뒤 사망했습니다.

　마지막으로, 세 건 중 가장 기억할 것은, 왕위 계승자인 헨리 왕자의 요절이었습니다(그는 19년의 짧은 생을 마감해야했습니다.). 그는 장래가 촉망되는 젊은이로 사람들로부터 상당한 사랑을 받았습니다. 조용하고 행동이 바른 청년이었던 그는 두 가지 특징으로 세상에 알려져 있습니다. 먼저, 그의 아버지가 그를 매우 시기했다는 점입니다. 다음으로, 그는 그 시기 내내 런던탑에 갇혀 쇠락해가던 월터 롤리 경과 친분을 유지하고 있었는데, 그는 종종 사람들에게 자신의 아버지가 아니라면 어느 누구도 그런 식으로 불쌍한 새를 새장에 가둬놓지는 않을 것이란 소리를 하곤 했습니다.

　헨리는 여동생 엘리자베스 공주가 외국의 왕자와 결혼을 하게 돼서(이 결혼은 나중에 불행한 결혼으로 판명 납니다.) 매제 될 사람을 환영하기 위해, 병을 앓고 있던 리치몬드에서 화이트홀의 궁전으로 돌아왔습니다. 화이트홀에 돌아온 그는 매우 차가운 날씨에도 불구하고 셔츠 차림으로 대규모의 테니스 경기를 벌인 후 발진티푸스에 걸려 이 주일을 넘기지 못하고 사망했습니다. 한편 월터 롤리 경은 이 젊은 왕자를 위해, 런던탑에서의 감옥 생활에서도, 그의 서서인 「세계사_History of the World_」의 집필을 시작했습니다. 이는 왕이, 신체는 구금할 수 있었는지 몰라도, 위대한 인물의 정신만은 결코 가둬둘 수 없음을 보여주는 좋은 예라 하겠습니다.

　한편, 비록 결점이 많기는 했지만, 고통과 역경 속에 있었기 때문에 자신의 장점을 피력할 기회를 잡지 못했던 이 월터 롤리 경에 관해서는 그의 서글픈 인생여정의 마무리를 언급 안 할 수가 없습니다. 런던탑에서 12년 동안의 수감 생활 끝에 그는 왕에게, 예전의 자신의 장기인 항해를 다시 시작하게 해주면 남아메리카로 가서 황금을 가져오겠다는 제안을 합니다. 그의 제안을 받은 돈하께서는, 그가 남아메리카로 가려면 반드시 스페인을 거쳐야 하는데, 오랫동안 자신의 아들 헨리를 스페인의 공주와 결혼시킬 꿈을 품고 있었으므로, 스페인의 심기를 건드릴 필요가 있겠는가 하는 걱정과 황금을 손에 쥐고 싶은 욕망 사이에서 어찌할 바를 몰랐습니다. 그러나 종국에는 왕은 반드시 돌아온다는 다짐을 받고 월터 경을 풀어주었습니다.

원정 준비를 마친 월터 경은 1617년 3월 28일에, 무슨 예감이라도 한 듯 '운명'이라 이름을 붙인 배에 올라 출항하였습니다. 그러나 원정은 실패로 돌아갔습니다. 자신들이 기대했던 황금이 없다는 것을 발견한 선원들이 선상반란을 일으켰고, 과거 월터 경의 공격으로 피해를 본 스페인 사람들이 그에게 전투를 걸어왔기 때문입니다. 그는 세인트 토마스Saint Thomas라고 불리는 작은 마을을 점령해서 불태워버렸습니다. 이 행위로 인해 스페인 대사는 돈하를 찾아가 그를 해적이라 비난했습니다. 결국 그는 꿈과 재물을 모두 잃고 크게 상심해서 귀국했고, 지지자들은 모두 흩어졌으며, 그의 용감한 아들도 잃고, 인척인 사악한 부제독의 음모에 걸려 사로잡히게 됐습니다. 그리고 그는 다시 한 번 집과 같은 감옥에 수감되었습니다.

돈하께서는 황금을 전혀 손에 쥐지 못하게 되자 무척이나 실망했고, 월터 롤리 경은 불공정한 재판을 받아야 했습니다. 재판에 동원된 판사들과 관리들, 그리고 교회의 책임자들은 그런 왕 밑에서 습관적으로 자행됐던 거짓말과 책임회피로 일관했습니다. 월터 경의 진술을 뺀 나머지 대부분을 대충 얼버무리고 넘어간 재판의 결과, 그는 15년 전의 죄목으로 사형을 언도받았습니다. 그리하여 1618년 10월 28일에 그는 웨스트민스터의 게이트 하우스Gate House에 수감되어 생의 마지막 밤을 보내게 되었습니다. 그는 그 자리에서, 좀 더 나은 삶을 살 수도 있었던 자신의 충직한 아내에게 작별인사를 고했습니다.

다음날 아침 8시 경쾌한 마음으로 식사를 마치고, 담배를 한 대 핀 뒤, 와인을 한잔 마신 후 그는 처형대가 마련된 웨스트민스터의 올드 펠리스 야드Old Palace Yard로 끌려 나갔습니다. 그곳에는 그의 죽음을 지켜보려는 귀족들이 벌써 운집해있어서 그를 처형대까지 인도하는데 상당한 애를 먹어야 했습니다.

경은 참으로 당당하게 행동했습니다. 하지만 그의 마음에 걸리는 딱 한 가지가 있다면 그것은 목이 달아나는 것을 자신의 눈으로 목격했던 에섹스 백작의 죽음이었습니다. 그렇기 때문에 그는 마지막으로, 자신은 에섹스 백작이 단두대에서 목숨을 거둔 데에는 책임이 없고, 그의 죽음을 슬

처형 직전의 월터 롤리 경

퍼하며 눈물을 흘렸었다는 말을 했습니다.

아침 날씨가 무척이나 추웠으므로 주지사가 경에게 잠시 내려와 모닥불을 쬐며 몸이라도 녹이겠느냐고 물었습니다. 그러나 월터 경은 그에게 감사의 표시를 하며, 형이 바로 집행되기를 원하며, 자신이 지금 학질과 열병을 앓고 있는데, 만일 형이 지체된다면 자신이 병으로 경련을 일으킬 것인데 이를 본 정적들이 그가 두려움으로 벌벌 떠는 것으로 오해할 것이라는 말을 했습니다. 그 말을 마치고 그는 무릎을 꿇고 매우 성스러운 기도를 올렸습니다. 그는 단두대 위에 목을 올려놓기 전에 날카로운 도끼날을 쳐다보며, 만면에 웃음을 짓고, '이는 참으로 가혹한 약이기는 해도 가장 지독한 병을 고치는 데는 좋은 약이 될 것'이라는 말을 하기도 했습니다. 죽을 준비를 하고 무릎을 꿇으면서 그는 망나니가 도끼질을 머뭇거리는 것을 보고, "무엇이 두려운가? 어서 내려치게!"라고 나직이 외쳤습니다. 그리하여 도끼날이 허공을 갈랐고, 그는 나이 66살을 일기로 세상을 하직했습니다.

새로운 측근은 빠르게 대체됐습니다. 그는 자작이 되었으며, 버킹엄의 공작이 되었고, 후작이 되었으며, 사마관[4]이 되었으며, 해군 최고사령관이 되

---

4 司馬官, 왕의 수레와 말을 관리하는 왕실 제3위의 고관

524

었습니다. 또, 스페인의 무적함대를 무찌른 용감한 영국 군대의 최고사령관 자리가 그를 위해 비워졌습니다. 그는 전 국토를 그의 손아귀에 장악했으며, 그의 모친은 국가의 모든 명예와 재산을 무슨 가게라도 차린 듯 팔아재꼈습니다. 그리고 그는 다이아몬드와 다른 값비싼 보석들로, 머리띠부터 귀고리와 신발에 이르기까지, 온몸을 번쩍거리게 치장하고 다녔습니다.

하지만 그는 외모와 춤 솜씨를 빼고는 무식하고, 주제넘고, 거들먹거리는 멍청한 무뢰배의 모든 특성을 한꺼번에 갖춘 인물이었습니다. 이자는 스스로를 폐하의 개나 노예라고 칭하며, 자신의 주군을 '돈하Your Sowship'라고 칭했습니다. 돈하께서는 그를 스티니⁵라고 불렀습니다. 그것은 아마도 '스티니'가 '스티븐Stephen'이라는 이름의 별칭이고, 성 스티븐이 일반적으로 수려한 용모를 지닌 성인으로 각인되어있었기 때문이 아닌가 싶습니다.

돈하께서는 자신의 아들을 외국의 돈 많은 공주와 결혼시킨 다음 며느리의 재산을 자신의 주머니에 챙겨 넣고 싶은 욕망이 컸습니다. 바로 그런 이유 때문에 때때로, 국내에서의 가톨릭에 대한 반감과 가톨릭 국가인 외국의 눈치를 봐야 하는 어쩔 수 없는 상황에 빠지곤 했습니다.

당시 영국의 황태자인 찰스 왕자 ―혹은 그의 아버지가 그를 즐겨 불렀던 대로 '우리 아기 찰스Baby Charles'를 위해 진행됐던 예전의 계획, 그러니까 스페인 왕의 딸과 결혼하는 문제가 다시 불거졌습니다. 하지만 스페인 공주는 교황의 허락 없이는 신교도와 결혼할 수 없기 때문에 돈하께서는 은밀히 교황성하께 편지를 보내 결혼의 허락을 요청했습니다. 스페인과의 이 결혼 협상과 관련하여 저명한 책들이 많은 페이지를 할애해 소개하고 있지만 결론은 다음과 같습니다.

스페인 왕실이 결혼 결정을 오랫동안 차일피일 미루자 '우리 아기 찰스'와 스티니는 평범한 토마스 스미스 씨와 존 스미스 씨로 변장을 하고 스페인 공주의 모습을 보기 위해 여행길에 올랐습니다. '우리 아기 찰스'는 스페인 공

5　STEENIE, 버킹엄 공작 Sir George Villiers를 가리킴

제임스1세와 자손들

주를 너무나 사랑하는 척하면서 그녀를 직접 보기 위해 궁궐의 담을 넘었고, 여러 가지 멍청한 짓을 저질렀습니다. 그는 스페인 공주를 영국의 황태자비라 불렀고, 스페인의 온 왕실은, 그가 말한 대로, 영국 황태자가 자신들의 공주를 쟁취하기 위해서는 무슨 짓이라도 할 사람이라고 믿게 됐습니다. 그러고 나서 '우리 애기 찰스'와 스티니는 고국으로 돌아와 개선장군이나 되는양 환영을 받았습니다.

　그러나 사실 '우리 아기 찰스'는 그가 파리 여행 중에 한번 본적이 있는 프랑스의 공주 앙리에타 마리아에 푹 빠져있었습니다. 그는 자신이 스페인 사람들을 완전히 속일 수 있었던 것을 대단히 재치가 뛰어난 왕자다운 행동이었다고 자부했습니다. 그러면서, 고국으로 돌아와 안전을 확보하게 되자, 그는 낄낄거리며 자신의 말을 믿은 스페인 사람들은 엄청난 멍청이들이란 소리를 했습니다.

　대부분의 정직하지 못한 인간들이 그러하듯이, 왕자와 측근도 자신들이 멋지게 속여 넘긴 사람들이 매우 비열한 사람들이었다고 합리화시켰습니다. 그리고 그들이 스페인과의 결혼 문제를 설명함에 있어, 스페인 사람들이 엉뚱한 흑심을 품고 있었다고 잘못 전달함으로써 영국 내에서는 스페인과 전쟁을 해야 한다는 여론이 높아가게 됐습니다.

비록 스페인 사람들이 전쟁을 하겠다는 영국 왕의 태도에 코웃음을 쳤지만 영국 의회는 왕의 적개심에 돈을 대줬습니다. 그리고 얼마 있다 전쟁을 끝내기 위한 협정이 재빠르게 성사됐습니다. 한편, 영국 주재 스페인 대사는, 아마도 실각한 이전 왕의 측근 섬머셋 백작의 도움으로, 영국 왕을 직접 알현하지는 못했지만, 자신이 작성한 서신을 전달할 수는 있었습니다. 그는 그 서신에서 자신은 자택에 연금되어 죄수나 마찬가지인 신세라고 주장하며, 버킹엄의 공작과 그의 동료들에 의해 완전 꼼짝 못하고 있다는 하소연을 했습니다. 이 편지를 받아든 왕의 첫 번째 반응은 화를 내고 투덜거리는 것이었고, 곧 이어서 '우리 아기 찰스'를 스티니로부터 떼어내서 윈저 궁으로 돌아가는 것이었습니다. 하지만 이 소동은 돈하께서 다시금 그의 '노에 개'를 껴안고 대단히 만족스러워 하는 것으로 끝이 났습니다.

왕은 황태자와 그의 측근에게 스페인과의 결혼과 관련하여 교황과 협상함에 있어 거의 무제한적인 권능을 부여해준 바가 있었습니다. 그리고 이제는 프랑스 며느리를 맞이할 목적으로 영국 내의 로마가톨릭교도들이 자유롭게 종교 활동을 할 수 있는 협정에 서명을 했습니다. 이는 영국의 가톨릭교도들이 국교회와 다른 종교를 믿을 때도 별다른 서약을 하지 않아도 됨을 의미했습니다. 이런 조치와 (결코 칭찬할 수 없는) 다른 양보들 덕택으로 앙리에타 마리아는 영국의 황태자비가 될 것이고, 8십만 크라운이라는 엄청난 부를 왕에게 안겨줄 것이었습니다.

왕은 그의 탐욕스런 인생여정이 끝날 때 쯤 해서는 돈을 너무 밝혀서 그랬는지 눈이 점점 더 충혈되기 시작했습니다. 그러다가 2주일 동안 병석에 눕더니, 1625년 3월 27일 일요일에 완전히 눈을 감았습니다. 왕은 영국을 22년 동안 통치하다가 59세의 나이로 생을 달리한 것입니다. 필자는 어떤 역사에서도 그의 통치기간만큼 왕에 대한 아첨이 판을 치던 시대를 본 기억이 없습니다. 그의 궁정은 뻔뻔한 거짓말로 일관된, 악덕과 부패가 습관화 되어버린 그런 장소였습니다.

　그리고 사람들로부터 명예로운 칭송을 받고 있는 한 인물이 진정으로 제임스 I 세의 옆을 올바르게 지키고 있었는지에 대해서도 우리는 충분히 의심을 해봐야 한다고 생각합니다. 뛰어난 철학자였던 프랜시스 베이컨 경은, 왕의 통치기간 중에 대법관 자리에 올랐으면서도, 부정과 불명예의 표상이 되었습니다. 그리고 돈하에 대한 그의 저급한 아첨과 돈하의 '개와 노예'에 대한 비굴한 처신의 그의 명예를 더욱 떨어뜨렸습니다. 어쨌든 돈하와 같은 인물이 왕위에 오른 사실 자체가 역병과 같은 일이므로, 모든 사람은 그 역병에 감염될 수밖에 없었을 겁니다.

프랜시스 베이컨

제32장.
찰스 Ⅰ 세
ENGLAND UNDER CHARLES THE FIRST
[생몰 : 1600.11.19~1649.1.30 / 재위 : 1625년 ~ 1649년]

[1부]

'**우**리 아기 찰스'가 나이 25살에 영국의 왕에 올라 찰스 I 세가[1] 되었습니다. 그의 아버지와는 달리 그는 개인적 성품이 온화하고, 태도에서는 위엄을 잃지 않았습니다. 그러나 그는, 그의 아버지와 같이, 왕의 권위에 대해 광적인 집착을 보였고, 책임을 질 줄 모르는 등 전반적으로 신뢰할 수 없는 인물이기도 했습니다. 그가 언행에 좀 더 신뢰성을 주었다면 그의 역사는 또 다른 결말을 맺었을지도 모릅니다.

왕이 취임하고 첫 번째로 한 일은 그 오만한 버킹엄 공작을 프랑스로 보내 앙리에타 마리아를 파리에서 데려와 아내로 삼는 일이었습니다. 프랑스로 건너간 공작은, 그의 본성인 뻔뻔함을 다시 한 번 무기삼아, 오스트리아의 젊은 여왕에게 사랑을 호소했습니다. 그리고 그 과정에서 자신의 행동을 문제 삼는 프랑스 대신인 리셸루 추기경에게 무례한 행동을 서슴지 않았습니다.

영국민들은 새로운 왕비를 기쁜 마음으로 맞이할 충분한 준비가 되어있었으며, 그녀가 도착하자 성대한 환영을 베풀며 맞이했습니다. 하지만 그녀는 신교에 대한 지독한 반감을 드러내면서, 별로 반갑지 않은 상당수의 가톨릭 신부들을 대동했습니다. 바로 그 신부들이 왕비를 사주해서 엉뚱한 짓을 하

---

1   제임스1세의 차남. 그는 형 헨리가 죽음으로써 황태자가 되었으며, 즉위 직후에 프랑스 앙리4세의 딸 앙리에타 마리아와 결혼하였음. 총신龍臣 버킹엄 공작의 실정이 국민의 불만을 산데다가, 카디스 원정, 라로셰르의 위그노 구원, 그리고 30년전쟁에서의 덴마크 왕에 대한 전쟁비용 제공 등, 무익한 대외정책에 국고를 탕진하고 국민에게 중세를 과하였기 때문에, 1628년의 의회에서 권리청원이 제출되어 악정을 비난당하였음. 왕은 스스로 잘못을 인정하기는 하였지만, 이듬해에 의회를 해산하고 그 후로는 11년간 의회를 소집하지 않았으며, W.로드와 T.W.스트래퍼드를 등용하여 친정을 실행하여 선박세 등의 불법과세를 강요했음.
그러나 스코틀랜드에 국교國敎를 강요하여 1640년에 스코틀랜드에서 반란을 초래하였음. 이 반란에 대한 처리비용에 곤경을 겪자 단기의회, 그리고 이어 장기의회를 소집, 1642년에는 스스로 하원에 나가 지도급 의원 5명을 체포하려 한 것이 드디어 의회와의 정면대결을 초래하였는데, 이것이 그 해 여름의 청교도혁명으로 확대되었음. 1646년에 왕은 네이즈비전투에서 패배하였으며 이듬해 항복하고 유폐되었다. 그는 한때 와이트섬으로 피신하여 가서 스코틀랜드군과 공모하여 제2차 내전을 일으켰으나 실패하고, 1649년 1월 재판결과에 따라 '국민의 적'으로서 처형당하였음.

찰스1세와
왕비 앙리에타 마리아

도록 했으며, 민중들의 반감을 사는 행위를 공개적으로 자행했습니다. 이렇게 되자 얼마 있지 않아 영국민들은 새 왕비에게 등을 돌리게 됐으며, 왕비도 곧바로 영국민들을 미워하게 됐습니다. 결론적으로 왕비는 찰스 I 세의 (그는 과도하게 왕비에게 빠져있었습니다.) 통치기간 내내 왕과 신하들 사이가 멀어지도록 하는데 지대한 공을 세웠습니다. 그래서 차라리 그런 여자는 태어나지 않았던 것이 왕을 위해 좋은 일이었을 겁니다.

여러분들은 이제 찰스 I 세가, 자신은 어느 누구에게도 책임을 지지 않는 최고 권력의 위치에 있다는 스스로의 결의와 왕비의 사주로 인해, 의회를 찍어 누르고 사신을 그 위에 올려놓으러 애쓴 인물임을 보게 될 것입니다. 또 여러분들은, 왕이 그런 잘못된 생각을 실행에 옮김에 있어서도(그런 생각 자체만 해도 한 군주를 파멸시키기에 충분했거늘) 단 한 번도 정도를 걸어본 적이 없고, 언제나 비뚤어진 방법만을 고집했다는 사실을 알게 될 것입니다.

왕은, 이전에 있었던 스페인과의 결혼 협상 과정 때문에 신중하게 된 의회나 국민들이 이제 더 이상 전쟁을 원치 않는데도 스페인과의 전쟁을 고집했습니다. 하지만 왕은 자신의 뜻을 강력하게 밀어붙이면서 불법적인 방법으로 전비를 모금한 후, 그의 통치 첫 해에, 스페인의 카디스를 공격했다가 큰 실패를 맛봐야 했습니다.

스페인 원정은 막대한 재물을 약탈해 올 수 있을 것으로 믿고 결행되었지만, 결과적으로 성공을 거두지 못하고 의회에 자금 지원을 요청해야 하는 지경까지 가고 말았습니다.

전혀 우호적이지 못한 분위기에서 왕과 의회는 얼굴을 마주했고, 왕은 의회에 빨리 자신을 지원해주지 않으면 의회가 큰일을 겪을 것이라고 엄포를 놨습니다. 이 말에 화가 더욱 치솟은 의회는 왕의 측근인 버킹엄의 공작을, 국민들의 원성을 사고 잘못된 정책을 실시했다는 이유로(이는 틀림없는 사실이기는 했습니다.) 탄핵해버렸습니다. 그러자 왕은 그를 구출하겠다는 일념으로, 자기가 원하던 자금 지원 약속을 받지도 않고, 의회를 해산시켜버렸습니다. 그리고 귀족들이 그를 찾아와 이 결정을 재고하고 시간을 더 달라고 탄원하자, "아니, 단 일분도 줄 수 없소!"라고 일축해버렸습니다. 그러고 나서는 스스로 다음과 같은 방법을 동원해 돈을 모금하기 시작했습니다.

왕은 의회의 승인을 받지도 않고, 그리고 어떤 합법적인 근거도 없이, 톤세tonnage와 파운드세poundage라고 불리는 세금을 부과했습니다. 그는 전투함들이 정박한 항구도시들에게 석 달간 함선을 운용하는 데 필요한 모든 돈을 내라고 요구했습니다. 그는 또 국민들이 조를 짜서 상당한 액수의 돈을 왕에게 빌려주도록 하는 조치도 마련했지만, 그 돈을 다시 갚을 가능성은 희박했습니다. 그리고 가난한 사람들이 이 조치를 거절하면 군인들이나 선원들을 시켜 그들을 탄압하기도 했고, 젠트리[2]들이 반발하면 감옥으로 보내버렸습니다. 토마스 다넬, 존 코벳, 월터 얼, 존 헤브닝엄, 에버라르드 햄프덴 등의 다섯 귀족은 이 조치를 반대했다는 이유로 어떤 근거도 없이 왕의 추밀원Privy Council에서 발행된 영장에 의해 감옥에 가야했습니다.

그러자 왕의 이러한 행위들이 대헌장Magna Charta을 위반한 것이며, 국민들의 숭고한 권리에 대한 침탈이 아니냐는 중대한 의문이 제기됐습니다. 이

---

2 Gentry, 귀족으로서의 지위는 없었으나 가문의 휘장을 사용할 수 있도록 허용 받은 중간 계층

의문에 대해 왕의 변호사들
은, 국민들의 권리를 침해한
다는 것은 왕이 국민들에게
부정한 짓을 저지른다는 것
을 의미하지만 왕은 부정한
짓을 저지른 것이 아니라고
주장했습니다. 그리고 물렁
물렁한 판사들은 이런 어처
구니없는 판단에 힘을 실어
줬습니다. 왕과 국민들 사이

권리청원을 통과시키는 의회의 모습

의 결정적 불화는 바로 여기에서 발생한 것입니다.

　이런 상황 하에서 의회를 다시 한 번 소집해야 할 필요성이 대두됐습니다.
그러자 자신들의 자유가 위협받고 있다는 것을 감지한 국민들은 왕에게 가
장 굳게 맞설 수 있는 인물들을 대표로 뽑았습니다. 그러나 여전히 안하무
인격인 왕은 국민의 대표들을 만나서, 경멸적인 태도로, 그가 의회를 소집한
것은 단지 돈이 필요했기 때문이라고 했습니다. 하지만 왕의 오만함을 꺾어
놓아야 한다는 결연한 의지를 지니고 있던 의회는, 왕의 그런 소리에는 개
의치 않고, '권리청원Petition of Right'이라고 하는 역사상 가장 위대한 문서 중의
하나를 왕에게 들이밀었습니다.

　권리청원에는, 영국의 자유민은 누구라도 왕에게 더 이상 돈을 빌려줄 필
요가 없고, 이를 반대한다는 이유로 탄압받거나 감옥에 가서는 안 된다는 내
용이 들어있었습니다. 권리청원은, 나아가, 왕이 특별한 명령이나 영장을 남
발해 영국의 자유민들을 함부로 구금하는 행위는 국민들의 권리와 자유 및
국가의 법질서를 침해하는 행위이므로 이를 중지해야 한다고 주장하고 있
었습니다. 이 청원서를 받아든 왕의 첫 번째 반응은 어떻게 해서든지 그 상
황을 모면하는 것이었습니다. 그러나 의회가 버킹엄 공작을 탄핵하면서 자

권리청원

신들의 결연한 의지를 드러내자 왕은 질 겁하고 청원서의 모든 요구사항들을 받아 들이겠다는 약속을 했습니다.

이때 암적 존재와도 같았던 버킹엄 공작은, 자신의 상처받은 자존심을 만회하기 위해, 나라를 스페인뿐만 아니라 프랑스 와도 전쟁의 소용돌이로 몰고 갔습니다. 전쟁이란 것이 그런 하찮은 인간의 하찮 은 명분에 의해 발생할 수 있다는 것도 아 이러니가 아닐 수 없습니다.

그러나 운명은 세상에 대한 그의 악행을 거기에서 끝내도록 배려를 했습니다. 어느 날 아침 마차를 타기 위해 집을 나서던 공작은, 그와 함께 있던 프라이어 대령이라는 인물에게 말을 걸기 위 해 몸을 돌리는 순간, 괴한으로부터 가슴에 칼을 맞았습니다. 이 사건은 그 의 집 홀에서 발생했고, 그는 방금 전 위층에서 프랑스 귀족들과 말다툼을 벌였던 터라, 그의 하인들은 그 프랑스 귀족들을 범인으로 지목했고, 그 귀 족들은 가까스로 공격을 피해 탈출할 수 있었습니다.

이 소동의 와중에, 부엌을 통해 손쉽게 밖으로 빠져나갈 수도 있었던 진짜 범인이 다시 나타나 칼을 빼들고 소리쳤습니다. "내가 찔렀다!" 그는 군대에 서 장교로 제대한 신교도 존 펠턴이었습니다. 그는, 자신은 공작에게 개인적 악감정이 있는 것이 아니라 공작이 영국에 대하여 망령된 짓을 저질렀기 때 문에 그를 찌른 것이라는 말을 했습니다. 그의 일격은 정확하게 명중했습니 다. 버킹엄 공작은 '이 악당!'이라는 소리를 지르고 칼을 뽑다가 탁자 위로 쓰 러져 죽음을 맞이했습니다.

조사 위원회는 이 사건이 비록 단순해보이기는 했지만 존 펠턴을 조사하는 데 엄청난 공을 들였습니다. 존 펠턴은, 그 거사를 위해 70마일을 달려왔다고 진술했으며, 자신이 살해 현장에서 주장했던 이유 때문에 거사를 결행했다고 말했습니다. 이때 도셋의 후작이 그에게 고문하겠다며 겁을 줬는데, 그는 만일 위원회가 정말 그를 고문한다면 바로 그 도셋의 후작을 공범으로 물고 들어가겠다고 응수했습니다. 그럼에도 불구하고 왕은 그를 고문대에 올리고 싶어 안달을 냈습니다. 그러나 심판관들이 사람을 고문하는 것이 영국의 법에 위배된다는 사실을 알고 있었으므로(이런 사실을 왜 그때야 알았을까요?) 존 펠턴은 고문 없이 단순히 그가 저지른 살인죄로만 처형됐습니다. 그의 죄는 분명 살인이었으며 추호도 동정할 여지가 없지만, 가장 방탕하고 비열하며 보잘 것 없는 측근에게 영국 왕실이 시달려왔는데 그로부터 영국을 구출한 그의 공만은 인정해야 할지도 모릅니다.

이즈음 완전히 이질적인 인물이 새로 등장했습니다. 그는 요크서의 귀족인 토마스 웬트워스라는 인물인데, 오랫동안 국회의원을 지내기도 했으며, 기본적으로는 독단적이고 오만한 성품의 소유자이기는 했지만, 버킹엄 공작의 횡포가 심했을 때는 민중들의 편을 들기도 했었습니다. 왕은, 그가 기본적으로 자신의 원칙에 호의적인데다 매우 뛰어난 자질을 갖추었으므로 그를 발탁해서 자자의 지위를 하사하는 등 높은 관직을 부여하며 그를 완선한 자신의 충복으로 만들어버렸습니다.

한편 당시에 의회가 개회 중이었고, 의회는 왕에게 호락호락하지 않았습니다. 1629년 1월 20일에 권리청원을 제청할 때 결정적 역할을 했던 존 엘리어트 경은 왕의 통치 수단들을 견제할 강력한 법률들을 들고 나와 의장에게 이를 투표에 부칠 것을 요청하였습니다. 그의 제안에 의장은 '자신은 왕으로부터 그런 지침을 하달 받은 바가 없다'라고 답을 하며 의장석에서 일어나려 했습니다. 의장이 의장석에서 일어난다는 것은 당시 의회의 규칙에 따르면 상정된 안건을 더 이상 다루지 않고 산회散會한다는 것을 의미했습니다. 그러나 곧바로 홀리스와 빌렌디인 두 의원이 의장을 다시 붙잡아 앉혔습니다.

그러자 의회에서는 의원들 간에 일대혼란이 벌어졌습니다.

의회는 의원들이 뽑아든 칼로 인해 살풍경을 연출하고 있었고, 모든 상황을 보고받고 있던 왕은 근위대장에게 의회로 가서 의회의 문을 걸어 잠그라는 명을 내렸습니다. 그러나 의회는 투표를 진행한 후 산회하였습니다. 그리고 이어서 존 엘리어트 경과 의장을 주저앉혔던 두 명의 의원들이 위원회에 신속하게 호출됐습니다. 이 자리에서 그들은, 자신들은 의회 안에서 한 행동에 대해 의회 밖에서 어떤 책임도 질 필요가 없다고 주장했기 때문

존 엘리어트

에 곧바로 런던탑으로 보내졌습니다. 그리고 왕은 의회로 내려가 의회를 해산시켜 버렸습니다. 그는 이 자리에서 연설을 하며 의원들을 '독사들'이라고 불렀습니다. 그런데 그 말은 결코 그에게 도움을 주지 못하는 표현이 되고 말았습니다.

왕에 반대했던 의원들이 지난날 자신들의 행위가 지나쳤다고 사과를 하며 스스로 자유 찾기를 포기했음에도 불구하고 특히나 보복심리가 강했던 왕은 그들의 무례함을 용서하지 않았습니다. 왕은 그들이 왕좌재판소King's Bench에 나가 진술할 수 있게 해달라고 할 때도 그들을 이 감옥 저 감옥으로 옮겨 수용하는 행위를 지속했으며, 그럴 목적으로 부당한 구속영장을 남발했습니다.

마침내, 왕이 회심의 미소를 짓고 있는 가운데, 그들에게 엄청난 벌금과 함께 감옥행이 판결났습니다. 그러고도 존 엘리어트 경이, 건강이 나빠져서, 왕에게 심신의 회복을 위해 석방을 원한다는 탄원서를 올리자, 왕은 탄원서

의 문구가 건방지다며 이를 되돌려 보냈습니다.(아, 얼마나 그의 아버지 돈하와 비슷한지!) 그러자 경은 이번에는 아들 편에 탄원서를 보내, 만일 자신을 임시로 석방해주면 건강이 회복 되는대로 다시 감옥으로 돌아가겠다는 애처로운 요청을 올렸습니다.

그러나 왕은 이번에도 이를 묵살했습니다. 결국 엘리어트 경은 감옥에서 숨을 거뒀고, 그의 자식들이 왕에게 아버지의 시신을 고향인 콘월 지방의 조상들 무덤에 함께 매장할 수 있도록 해달라는 탄원을 올렸지만 왕으로부터 돌아온 답은, '존 엘리어트 경의 시신을 그가 죽은 그 교구의 교회무덤에 매장하라.'는 것이었습니다. 왕으로서는 너무나 속 좁은 행위를 한 것이지요.

그리고 12년이라는 긴 세월 동안 일관되게 자신을 높이고 국민들을 얕잡아 보던 왕은 단 한 번도 의회를 소집하지 않고, 국정을 일방적으로 운영했습니다. 실제로 그런 서적들이 적지 않은 것처럼, 찰스 I 세를 칭송하는 1만2천 권의 책이 12년 동안 동안 씌어졌다면, 그 기간 동안 그가 신하들—특히 자신에게 반대한 신하들의 재물을 강제로 빼앗고, 고삐 풀린 권력을 이용해 그들을 벌하는 등 국정을 불법적이고 독재적으로 운영했다는 것도 부정할 수 없는 사실도 남아있습니다. 또, 일부 사람들 사이에서 찰스 I 세의 생애가 갑자기 종말을 맞았다고 평하는 것이 유행처럼 되어있지만, 필자는 그가 충분히 살만큼 살았다고 확신합니다.

캔터베리의 대주교 윌리엄 로드는 국민들의 자유를 깔아뭉개는 데 종교적인 측면에서 오른팔 역할을 했던 인물이었습니다. 그는 학식이 뛰어나며 신실한 성품을 소유하기는 했지만 사회적 감각이 결여된 인물이었습니다. 그는 신교도이기는 했지만, 가톨릭교도와 별로 다른 생각을 지니지 않아서, 만일 자신이 그럴 처지만 됐다면 교황은 아마 자신을 추기경에 앉히려 했을 것이라 믿기도 했습니다. 그는 예배의식에서 세례 서약이나 제복, 양초, 조상彫像 따위들을 너무나 소중하게 여겼습니다. 그는 또 대주교들과 주교들을 이

적을 행하는 인물들로 간주했고, 그의 그런 주장을 반대하는 사람들을 집요하게 괴롭혔습니다. 따라서 리튼이라는 스코틀랜드 성직자가, 주교들을 겉만 번지르르한 사기꾼들이라고 비난한 죄로 목에 칼을 차고, 채찍질을 당하며, 뺨에 낙인을 찍히고, 한쪽 귀와 한쪽 콧구멍이 잘리는 형벌을 당할 때 그는 하나님께 감사기도를 올리고 영적인 쾌락을 맛보고 있었습니다.

또, 윌리엄 로드는 어느 일요일 아침 리튼과 비슷한 주장을 하던 윌리엄 프린이라는 변호사를 고소하기도 했는데, 윌리엄 프린은 1천 파운드에 달하는 벌금을 물고도, 목에 칼을 차고, 양쪽 귀가 잘린 데다 종신형을 언도받기도 했습니다. 로드 대주교는 나아가 의사였던 바스트윅 박사에 대한 처벌에도 적극적으로 관여했는데, 바스트윅 박사도 1천 파운드의 벌금을 물고도 양쪽 귀를 잘리고, 무기징역을 살아야 했습니다. 언제나 그렇듯이, 누군가는 이런 처벌들도 사람을 변화시키는 방법치고는 관대한 처분에 속한다 할지 모릅니다. 그러나 필자는 이런 처벌들은 국민들을 겁주기 위해 아주 교묘하게 준비된 조치였다고 생각합니다.

누군가는, 금전적인 요소로 국민들의 자유를 박탈하는 데 있어서도 왕은 다른 일들처럼 매우 관대했다고 주장할지 모르지만, 필자는 이 또한 왕이 매우 놀랄만한 짓을 저질렀다고 주장합니다. 그는 톤세와 파운드세를 계속 부과했을 뿐 아니라 자기 마음대로 세율을 올렸습니다. 그는 또 국민들의 누적된 원성에도 불구하고 전매사업권을 특정한 회사들에 부여해서 그 회사들이 자금을 모아 자신에게 상납하도록 했습니다.

또, 그는 자신의 아버지 돈하 시절에 제정된 법률을 위반하는 사람들에 대해서도 벌금을 부과했습니다. 왕은 원성의 대상이던 산림법Forest Law을 부활시켜 개인의 사유지를 빼앗기도 했습니다. 특히 왕은 해군력을 유지하기 위해 조함세(造艦稅, Ship Money)라는 것을 제정했는데, 고대에 그러한 세금을 전국에서 걷었다는 근거를 알아내고는, 항구도시들뿐만 아니라 전국 각지에서 징수하였습니다. 이 조함세에 대한 원성이 자자해서 존 체임버라는 런던 시민 한 사람이 납부를 거절하자 런던 시장은 그를 감옥에 가둬버렸고, 이에 질세라 그는 런던 시장을 상대로 소송을 제기했습니다. 또, 세이 경도, 행동을 과격하게 하지는 않았지만, 세금을 못 내겠다는 선언을 했습니다.

미국의 메사추세추로 이주한 영국의 청교도들

하지만 이 조함세를 가장 극렬하게 반대한 사람은 존 햄프덴이라는 버킹엄셔의 귀족이었는데, 그는 왕이 자신들을 향해 '독사들'이라는 독설을 내뱉을 때 하원 의석에 앉아있었으며, 옥사한 존 엘리어트 경의 절친이기도 했습니다.

햄프덴의 재판은 재무재판소[3]에서 12명의 재판관들 앞에서 이뤄졌는데, 왕의 변호사들은, 왕이 아무리 무리한 조치를 취하더라도 왕의 행위는 타고 나면서부터 무오류이므로, 조함세가 잘 못됐다고 비난하는 것은 있을 수 없는 일이라고 했고, 왕은 12년 동안 국가를 위해 참으로 열심히 국정을 운영해왔다고 주장했습니다. 결국 판사들 중 7명은 햄프덴에게 세금을 내라고 판결했고, 5명은 그 반대되는 결정을 내렸습니다. 이렇게 해서 왕은 승리에 도취됐지만(적어도 그는 그렇게 생각했을 겁니다.) 존 햄프덴은 당시 영국에서 가장 인기 있는 인물로 부상했습니다.

이때 왕의 폭정에 견디다 못한 많은 신실한 영국민들이 식민지를 발견하기 위해 고국을 버리고 미국의 매사추세츠를 향해 항해의 길을 떠나기도 했습니다. 바로 햄프덴과 그의 친지인 올리버 크롬웰도 이 항해를 떠날 준비를 하고 실제로 배에 오르기까지 했는데, 왕실의 허락 없이는 그런 승객들을 태울 수 없다는 조치가 선장들에게 하달되는 바람에 출발 직전에 그들의 계획

---

3   Court of Exchequer, 영국의 옛 상급법원

하나님과 인간과의 약속을 의미하는
'(신의) 약속The Covenant'을 결성 중인
스코틀랜드 사람들

이 수포로 돌아갔다는 이야기가 전해지고 있습니다. 하지만 왕은 그 두 사람이 영국을 떠날 수 있도록 했어야했습니다. 당시 영국의 상황은 이런 식으로 돌아가고 있었습니다. 그리고 스코틀랜드의 상황은 다음과 같습니다.

왕에게 2인자의 권능을 부여받은 로드 대주교는(감옥에서 막 풀려난 미치광이라도 그처럼 스코틀랜드에 악행을 저지르지는 않았을 겁니다.) 스코틀랜드에 자신의 종교적 신념과 제도, 그리고 자신을 지지하는 주교들을 무리하게 강요함으로 그 지역을 광란의 상태로 몰고 갔습니다.

스코틀랜드 사람들은 이에 맞서 자신들의 고유한 종교를 지키기 위해 '(신의) 약속The Covenant'이라는 엄숙한 결맹을 형성했습니다. 그들은 전역에 걸쳐 들고 일어나, 민중들에게 기도에 동참할 것을 호소하고, 하루에 두 번씩 드럼을 쳐서 민중들을 일깨우고, 찬송가를 부르며 자신들의 적을 지금까지 있었던 모든 악마들의 표상으로 묘사했습니다. 그리고 그 악마들을 칼로 처단할 것을 결의했습니다. 왕은 처음에는 이들을 강압적으로 제압하려 했고, 이어서 협상을 시도하다가 스코틀랜드 의회를 동원하기도 해봤지만 의회는 묵묵부답이었습니다. 그러자 왕은 마침내, 아일랜드에 파견되어 있던, 스트랫퍼드Strafford의 백작 토마스 웬트워스 경에게 도움을 요청했습니다. 그는,

아일랜드의 번영과 이익을 위한다는 명분이기는 했지만, 아일랜드를 매우 강압적으로 통치했었습니다.

웬트워스와 로드는 스코틀랜드를 무력으로 진압하고 싶어 했습니다. 하지만 다른 대신들이 의회를 열어 논하는 것이 좋겠다고 하자 왕은 마지못해 이에 동의했습니다. 그렇게 해서 1640년 4월 13일에, 그동안 좀처럼 보기 드물었던, 의회가 열리는 장면을 웨스트민스터에서 보게 됐습니다. 하지만 이 의회는 매우 짧은 기간 열렸기 때문에 '단기 의회Short Parliament'라고 불립니다.

의원들이 서로 얼굴만 쳐다보는 가운데 정말 그럴 수 있을까 하고 여겨졌던 핌이라는 의원이 일어나서 지난 12년 동안의 왕의 불법적 행위들에 대해 공격을 하며, 영국이 퇴행을 거듭했다고 주장했습니다. 이 용기 있는 행동이 자극제가 돼서, 비록 인내와 절제를 동반하기는 했지만, 다른 의원들도 진실을 자유롭게 털어놓기 시작했습니다. 그러자 적지 않게 놀란 왕은 자신에게 말미를 준다면 더 이상 조함세를 거두지 않겠다는 약속을 보내왔습니다. 의회가 이틀 동안 격론을 벌인 후 무조건 왕의 제안을 거부하기로 결정하자 왕은 다시 의회를 해산시켜버렸습니다.

그러나 의회는 왕이 자신들을 필요로 할 것을 잘 알고 있었고, 왕은 예상대로 그날 늦게 의회의 필요성을 절감하게 됐습니다. 9월 24일 스코틀랜드 군에 대항하기 위해 모집된 병사들과 함께 요크에 주둔하던 왕은 (물로 이때도 전국 각지에서는 왕에 대한 불만이 끊이지 않았지요.) 11월 3일에 다시 의회를 소집하겠다는 약속을 했습니다. 이때 스코틀랜드의 '(신의) 약속' 군대들은 영국을 향해 진군을 계속하면서 석탄생산지로 유명한 영국의 북부지역을 점령했습니다. 결국 영국 병사들이, 석탄 없이는 꼼짝할 수가 없었고, 음울한 열정에 휩싸여 있던 '(신의) 약속' 군들에게 제대로 대항하지 못했으므로 휴전이 성사되었고, 이어서 평화협정이 거론됐습니다. 그러는 사이 북부지역들은 석탄을 건드리지 않는다는 조건으로 '(신의) 약속' 세력에게 비용을 지불하고 평화를 약속받았습니다.

1640년 4월 13일에 처음 열린 단기 의회

지금까지 '단기 의회'에 대해 살펴보았습니다. 이제 우리는 다음으로 '장기 의회Long Parliament'와 관련해서 어떤 역사적 사건이 있었는지를 보게 될 것입니다.

[2부]

'장기 의회'는 1641년 11월 3일에 열렸습니다. 일주일 전에 요크로부터 도착해있던 스트랫퍼드 백작은, 국민들의 자유를 번번이 침탈한 자신에 대해 의원들이 반감을 가지고 있다는 사실을 잘 알고 있었습니다. 하지만 왕은 그를 위로하며, 의회는 백작을 손끝 하나 건드리지 못할 것이라고 장담했습니다. 그러나 바로 다음날 하원의 핌 의원이 엄혹하게 스트랫퍼드 백작을 반역죄로 탄핵해버렸습니다. 그 결과 백작은 즉시 구금되어, 드높던 자긍심이 하루아침에 실추됐습니다.

백작은 3월 22일 재판을 받기 위해 웨스트민스터 홀에 섰습니다. 그는 몸 상태가 무척 안 좋았지만 자신을 아주 훌륭하게 변호했습니다. 그러나 재판을 진행한지 13일째 되는 날 핌 의원은, 젊은 헤리 베인 경이 발견한 문서의 사본을 하원에 제출하였습니다. 베인 경은 그 문서를 그의 아버지 소유의 붉은 벨벳 장롱에서 발견했는데, 그의 아버지는 스트랫퍼드 백작이 참여한 각료회의의 총무 일을 보고 있었습니다.

그 문서에 따르면 스트랫퍼드 백작은 왕에게, 분명한 소리로, 왕은 정부의 모든 제약과 의무로부터 자유로우며, 왕이 원하는 일이라면 국민들에게 무슨 일이든지 할 수 있다고 말한 것으로 드러났고, 백작은 나아가 왕에게 "폐하께서 만일의 경우 이 왕국을 제압할 때 사용할 수 있는 군대가 아일랜드에 있습니다."라고 진언한 것으로 되어있었습니다. 그가 '이 왕국'이라 표현했을 때 그것이 스코틀랜드를 가리켰는지 아니면 영국을 가리켰는지는 분명하지 않습니다. 하지만 의회는 그것이 영국이라고 단정 짓고, 백작을 반역자로 규정했습니다. 그리고 백작의 시민권을 박탈하는 조치가 결의됐는데, 이는 명백한 반역행위의 증명이 필요한 탄핵 재판 이전에 우선 그의 자유를 박탈할 의도였던 것 같습니다.

그리하여 백작의 자유를 박탈하는 문서가 하원의 다수에 의해서 우선적으로 상원에 제출됐습니다. 그리고 상원이 이를 통과시킬지, 또는 왕이 이를 수용할지가 아직 미정인 상태에서 핌 의원이, 왕과 왕비가 장교들과 결탁해서 군대를 동원해 의회를 접수하고, 런던탑에 2백 명의 병사들을 들여보내 백삭을 빼내려 한다는 음모를 폭로해버렸습니다. 이 음모는 조지 고링이라는 어느 귀족의 자제에 의해 드러났는데, 그는 원래 그 음모에 가담했다가 배반 행위를 한 것이었습니다.

왕은 이미 2백 명의 병사들이 런던탑에 난입하는 허가서를 발행한 바가 있었는데, 벨포라는 이름을 가진, 강인한 성격의, 스코틀랜드 출신 런던탑 소장의 반대가 없었다면 런던탑은 왕의 부하들에게 점령당했을 겁니다. 이러한 소식은 발 빠르게 번져서 수많은 민중들이 의회 밖에 모여서, 왕의 폭정의 하수인 노릇을 하던 스트랫퍼드 백작의 처형을 요구하였습니다. 그 사이에 백작의 자유를 박탈하는 문서가 상원을 통과했고, 의회의 허락 없이 왕이 함부로 당시 열려있던 의회들 해산하거나 연기시킬 수 없다는 내용을 담은

처형장으로 떠나기 직전 로드 대
주교로부터 마지막 기도를 받는
스트랫퍼드 백작

법률과 함께 왕에게 제출됐습니다.

스트랫퍼드 백작에 대해 특별한 애정을 지닌 것은 아니지만 왕은 그래도 충직했던 신하를 구출하겠다는 일념으로 무슨 방도가 없을까를 골똘히 궁리했지만 다른 도리가 없자 두 개의 법안을 승인하는 서명을 했습니다. 그러나 그는 마음속으로는 백작을 해치려는 법안이 매우 불공정하고 불법적인 것이라는 믿음을 버리지는 못했습니다. 그러자 백작은 왕에게 편지를 써서 자신은 왕을 위해 죽을 각오가 돼있다는 의사를 표시했습니다. 그러나 그는 그의 주군이 그렇게 빨리 자신의 맹세를 시행할 것이라고는 믿지 않았을 겁니다. 자신의 운명이 다한 것을 안 날 그는 가슴에 손을 얹고 중얼거렸습니다. "군주들을 절대로 믿지 말지어다!"

단 하루도, 단 한 장의 문서에도 진실된 적이 없던 왕은 상원에 서신을 보내 (왕은 황태자를 시켜 이 서신을 상원에 전달하도록 했습니다.) 그 불행한 백작이 감옥에서 평생을 보내도 좋으니 목숨만은 건질 수 있도록 해달라는 요청을 했습니다. 그리고 왕은 그 편지의 추신 난에, 만일 백작이 죽어야 한다면 토요일까지는 연명할 수 있는 자비를 베풀어달라고도 했습니다. 만일 스트랫퍼드 백작의 운명에 약간의 틈새라도 있었다면 왕의 이러한 우유부단함 덕으로 백작은 목숨을 구했을지도 모릅니다. 그러나 백작은 바로 그 다음날, 그러니까 5월 12일에 참수형을 위해 타워힐로 이송되었습니다.

  한편, 사람들의 귀를 자르고 코를 찢어놓기를 좋아했던 로드 대주교도 이때는 이미 스트랫퍼드의 백작처럼 런던탑에 갇힌 신세였습니다. 주교는, 백작이 단두대를 향해 가는 도중에, 소장에게 특별히 요청해서, 마지막 축복을 해주기 위해 그를 만났습니다. 그 두 사람은 왕의 정치적 이념을 함께 떠받들며 우의를 다졌던 사이였습니다. 자신들이 한참 잘 나갈 때, 스트랫퍼드 백작은 주교에게 편지를 보내, 조함세의 납부를 거부하는 햄프덴을 다그치기 위해 공개적으로 채찍질을 가하는 것이 합당하다고 주장한 적도 있었습니다. 하지만 권불십년이라! 그들의 모든 영광의 순간들은 사라지고 이제 백작은 기품을 잃지 않으려고 노력하며 죽음의 길을 떠나고 있었던 겁니다.

  런던탑의 소장은 백작에게, 그가 성난 군중들의 공격을 받을까봐, 마차를 타고 런던탑의 정문을 나설 것을 권했습니다. 그러나 백작은 도끼날에 죽으니, 사람들 손에 죽나 마찬가지라며 이를 거절하고 당당하게 걸음걸이를 옮기면서 가끔씩 사람들을 향해 모자를 벗고 인사를 하기까지 했습니다. 군중들은 엄숙할 정도로 침묵을 유지했습니다. 그는 단두대 앞에서 자신이 미리 준비해온 원고를 읽었고, 그 원고는 그의 목이 달아난 뒤 땅바닥을 나뒹굴었습니다. 그는 49살의 나이에 단 일격의 도끼질로 목이 달아났습니다.

  의회가 이렇듯, 여러 가지 조치들을 포함한, 과감한 행동에 떨쳐나선 것은 오로지 왕이 그동안 권력을 너무나도 오랫동안 남용했기 때문이었습니다. 그리고 그동안 불법적인 방법으로 조함세를 포함한 다른 가렴주구苛斂誅求에 매달렸던 주지사와 관료들에게 범죄자의 꼬리표가 달라붙었습니다. 햄프덴을 다룬 재판은 상황이 완전히 역전이 됐습니다. 햄프덴에게 불리한 판결을 내린 판사들은 이제 의회가 어떤 결성을 내리든지 이를 감수해야 하는 처지가 됐으며, 고등재판소에 앉아있던 한 인물은 체포되어 감옥에 수감됐습니다.

로드 대주교는 탄핵되었고, 그의 명령으로 귀가 잘리고 코가 떨어져나갔던 불쌍한 희생자들은 감옥에서 풀려나 승리의 기쁨을 맛볼 수 있었습니다. 그리고 의회가 3년마다 반드시 열려야 하고 만일 왕이나 관료들이 이를 거부한다면 국민들이 나서서 의회를 소집할 수 있도록 하는 법안이 통과됐습니다. 전 국토는 이런 조치들을 환영하는 국민들의 환호성으로 들끓었습니다. 의회가 이런 분위기를 이용하고, 나아가 모든 수단을 동원해 선동하기까지 했던 것은 사실입니다. 하지만 여러분들은, 12년이라는 긴 세월 동안 찰스 I 세가 민중들에게 저지르려 줄기차게 시도했던 악행들을, 행위의 성공 여부를 떠나서, 먼저 기억해야 합니다.

한편, 이러는 와중에, 주교들이 의회에 참여하는 문제를 두고 국민들 사이에 종교적 불만이 터져 나오고 있었습니다. 이 문제를 두고는 스코틀랜드 사람들이 특히 반대가 심했습니다. 영국은 이 문제를 놓고 의견이 양분됐으며, 이런 불일치와 의회가 거의 모든 세금을 면제해줄 것이라고 기대했던 것이 무너지는 바람에 상당수 국민들은 동요하기 시작하고, 다시 왕에게 마음이 기울어지는 사람들도 생겨나기 시작했습니다.

필자는, 왕이 그의 재임 기간 중 제정신을 가진 단 한 사람으로부터라도 신뢰를 받았다면 자신의 목숨과 왕위를 보존했을지도 모른다고 생각합니다. 그러나 왕은, 영국 군대가 해산된 뒤에도, 자신의 과거의 악습을 반복하면서, 몇몇 장교들이 주동한 의회 지도자들에 대한 공격 음모를 승인하는 명백한 오류를 저지르고 말았습니다. 그리고 스코틀랜드 군대가 해산됐을 때도 그는 에든버러까지 4일 만에 주파해서(당시에 그 거리를 4일 만에 도착한다는 것은 왕이 엄청 서둘렀다는 것을 의미합니다.) 음모를 꾸몄습니다. 이러한 왕의 행위들은 너무 비밀리에 진행됐기 때문에 도대체 당시 그의 진정한 의도가 무엇이었는지를 짐작하기 어렵게 하고 있습니다.

어떤 사람들은 왕이, 실제로 그런 결과를 낳은 것처럼, 선물과 기타 호의를 베풀어서, 스코틀랜드 의회와 귀족 등 영향력 있는 인물들을 포섭하고자 했다고 말하기도 합니다. 또, 어떤 사람들은 왕이, 영국 의회 지도자들이 반란을 꾀하기 위해 스코틀랜드 사람들에게 도움을 청했다는 증거를 잡기 위해서 스코틀랜드로 건너갔다고 말하기도 합니다. 어쨌든 무슨 목적을 가지고 갔던지 왕의 스코틀랜드 행은 그에게는 아무런 도움을 주지 못했습니다.

어쨌든 왕은, 당시 궁지에 몰려있던 몬트로스 백작Earl of Montrose의 사주를 받아(이 사람은 반란 음모와 관련하여 감옥에 수감 중이었습니다.) 감옥을 빠져나온 세 명의 스코틀랜드 귀족들을 납치하려했습니다. 한편 그동안 왕을 은밀히 추적 중이던 영국 의회 소속 특별위원회로부터 왕의 행적과 관련한 보고를 받은 의회에서는 새로운 소란이 일어났습니다. 아니, 어쩌면 의회는 왕의 행적 보고에 짐짓 놀란 척했는지 모릅니다. 그러면서 의회는 당시 군 총사령관이던 에섹스 백작에게 연락을 해서 자신들을 보호해달라는 요청을 했습니다.

또, 왕이 아일랜드에서도 추가로 음모를 꾸몄다는 특별한 증거는 발견되지 않았지만, 필자는 그럴 개연성은 충분하다고 생각합니다. 왕도 그럴 의도가 있었고, 왕비도 그랬으며, 특히 왕은 아일랜드 인들의 소란을 지원함으로써 그들을 자기편으로 만들고 싶어 하는 강한 의지를 드러냈습니다. 사실이야 어쨌든 아일랜드 사람들은 가장 극렬하고 잔인한 폭동을 일으켰습니다. 그들은 (가톨릭) 신부들의 사주를 받아서, 목격자들의 양심을 건 증언이 없었다면 아무도 믿을 수 없는, 영국인이라면 남녀노소를 가리지 않고, 무자비한 폭력행위를 저질렀습니다. 이 폭력 행위를 통해서 스러져간 신교도들이 십만 명을 헤아리는지 2십만 명을 헤아리는지는 알 길이 없지만, 아무리 야만적인 사회라 해도 그렇게 끔찍하고 잔인한 행위는 찾아볼 수 없을 겁니다.

이제 찰스 I 세는 실추한 권위를 되찾겠다는 강한 의지를 품고 스코틀랜드로부터 영국으로 돌아왔습니다. 그는 자신이 베풀었던 선물과 호의 덕으로 스코틀랜드가 자신의 편으로 돌아섰다고 판단했고, 마침 런던 시장이 자신에게 만찬을 베풀어줬으므로 고국에서 자신의 인기가 다시 제자리를 찾았다고 믿었습니다. 하지만 사람들의 마음을 돌리려면 수많은 시장이 필요했을 것이고, 왕은 자신이 오판했음을 곧 알게 됩니다.

어느 정도 시간이 흐른 뒤, 의회에서는 핌과 햄프덴 등의 의원들이 제출한 이른바 '간언서Remonstrance'에 대해 격론이 벌어졌습니다. 그 간언서에는 그동안 왕이 저지른 불법행위들이 소상히 적혀 있었던 반면에 왕의 측근들에 대해서는 비교적 완곡한 비판이 들어있었습니다.

왕은 그 간언서가 통과됐을 때도 자신이 여전히 런던탑의 벨포 소장을 해임시킬 수 있는 권한이 있다고 믿고, 그 대신 행실이 좋지 않은 인물을 그 자리에 앉히려했습니다. 하지만 하원이 즉각 이를 반대하자 어쩔 수 없이 포기하고 말았습니다.

이때쯤에는 전부터 분란을 일으키던 주교들에 대한 문제가 더욱 큰 골칫거리로 불거졌습니다. 늙은 요크 대주교가, 그를 향해 '주교들은 필요 없다!'고 큰소리로 외치던 소년을 어리석게도 매우 심하게 꾸짖은 적이 있었는데, 이에 분개한 폭도들이 상원으로 들어가려던 대주교를 공격해서 목숨이 위태로울 뻔한 사건이 발생했었습니다. 그러자 대주교는 도시의 모든 주교들에게 연락을 해서, 자신들이 의회에서 더 이상 목숨의 안전을 보장받지 못하므로, 자신들이 없는 상태에서 만들어진 모든 법률을 인정할 수 없다는 성명서를 발표했습니다. 그들은 이 성명서를 왕의 편에 상원에 전달했습니다. 그러자 하원은 주교들을 탄핵해버리고 그들 모두를 런던탑으로 보내버렸습니다.

하지만 왕은 아직도 자각하지 못하고, 이런 강경조치에 반대하는 온건파 의원들을 믿고, 마침내 1642년 1월 3일에 바른 정신을 가진 사람이라면 상상하지 못할 경솔한 짓을 저지르게 됩니다.

왕은 어느 누구와도 상의하지 않고, 법무대신을 상원으로 보내, 의회 내에서는 인기가 있었을지 모르지만, 자신이 가장 미워하는 의원들을 기소하도록 했습니다. 그들의 이름은 다음과 같습니다. 킴볼튼 경, 아더 하셀리그 경, 덴질 홀리스, 존 핌(이 사람은 의원들이 '왕 핌'이라 부를 정도로 막강한 권력을 지녔습니다.), 존 햄프덴, 그리고 윌리엄 스트로드였습니다. 왕은 이들의 집을 급습해서 서류를 압수하고, 동시에 하원에는 사절을 보내 이들 5명의 의원들을 즉시 내줄 것을 요청했습니다. 그러자 하원

존 햄프덴의 동상

은 합법적인 영장이 있다면 그들이 자발적으로 나갈 것이라며, 휴회를 선언해버렸습니다.

이튿날 하원은 런던 시장에게 왕이 의회의 권리를 침해했다는 사실을 알리고, 따라서 어떤 일에도, 이느 누구도 안전을 보장받을 수 없음을 통보했습니다. 그리고 그 5명의 의원들은 종적을 감춰버렸고, 이어서 왕이 2~3백 명의 귀족과 병사들을(그들 중 상당수가 무장을 하고 있었습니다.) 대동하고 직접 의회에 나타났습니다. 왕은 병력을 의사당 홀에 남겨놓고 조카와 함께 하원으로 들어가, 모자를 벗고 의장석을 향해 올라갔습니다.

의장이 자리에서 일어나자 왕은 그의 앞에 서서 한동안 그를 뚫어지게 쳐다보더니 그 5명의 의원들을 잡아들이기 위해 왔다는 말을 했습니다. 침묵이 이어지자, 왕은 존 핌의 이름을 부르고, 다시 아무도 말이 없자, 이번에는 덴질 홀리스의 이름을 불렀습니다. 역시 아무도 대답을 하지 않자, 왕은 의장에게 5명이 어디 있는지를 물었습니다. 그러자 의장은 무릎을 꿇고 정중하게, 자신은 의회의 종목이며, 의회가 명령한 것 외에는 눈이 있어도 보지

의회에 난입해서 5명의
의원들을 반역자로
낙인찍은 찰스1세

못하며 입이 있어도 말을 하지 못한다는 말을 했습니다. 이에 빈정상한 왕은, 그들이 반역죄를 지었으므로 자신이 직접 그들을 색출하겠다고 하며, 모자를 벗고, 알아듣지 못할 소리로 툴툴대며 자리를 떠났습니다.

의회 밖에서도 상황이 무척이나 급박하게 돌아가고 있었습니다. 5명의 의원들은 시내에 있는 콜맨 가Coleman-street의 안전가옥으로 몸을 피한 후 지지자들에 의해 밤새 보호를 받았으며, 온 시내가 그들을 지켜주는 것 같았습니다. 아침 10에, 자신이 저지른 일에 당혹감을 감추지 못하던 왕은, 대여섯 명의 수행원만 대동하고 길드홀에 가서 시민들에게 대역 죄인들을 숨겨주지 말 것을 요청했습니다. 다음날 왕은 5명을 구속시키겠다는 선언을 했지만, 의회는 이에 별로 신경을 쓰지 않았고, 5일 뒤 그들 5명을 대대적인 환영식 속에서 웨스트민스터로 맞이했습니다. 그러자 왕은 자신의 경솔을 깨닫게 되고, 가족들을 동반하고 화이트홀에 있는 궁을 떠나 햄프턴 코트로 거처를 옮길 수밖에 없었습니다.

5인의 용사들이 웨스트민스터로 보무도 당당하게 들어선 날은 5월 11일이었습니다. 그들은 템스 강을 따라 입성했으며, 그때 강은 그들을 호위하는 배들로 꽉 차서 강물이 보이지 않을 지경이었습니다. 용사들이 탄 배는 중무장을 한 병력들로 꽉 들어찬 바지선들로 겹겹이 호위를 받고 있었습니다. 그들은 목숨을 걸고 그들 용사들을 지키겠다는 의지에 불타고 있었습니다. 스트랜드 가에는, 템스 강의 이 선단을 보호하기 위해, 많은 수의 런던 민병대가 스키폰의 지휘 하에 도열하고 있었습니다. 그리고 민병대 뒤로는 군중들이 거리를 가득 메운 채 행진을 하면서 주교들과 교황 옹호자들에게 분노의 함성을 지르고, 화이트홀을 지나면서는 왕을 향해, '도대체 지금까지 왕이 한 일이 뭐냐?'며 경멸적인 야유를 퍼부었습니다.

의회 밖에서는 이렇게 대소동이 벌어지고, 안에서는 정적이 감도는 가운데 핌이 일어나서 자신들에게 베풀어준 의회의 처사에 무한한 감사를 표했습니다. 그리고 의회는 주지사들을 불러들여 그들에게 감사를 표하고, 스키폰의 민병대가 매일같이 자신들을 보호해주기를 요청했습니다. 그리고 이어서 버킹엄셔로부터 4천명의 기마 병력이 호위대의 역할을 자처하며 나타났는데, 그들은 자신들의 고장 출신이자 자랑거리이며 명예인 햄프덴이 왕의 공격으로 상해를 입은 데 대하여 분노하며 왕에게 올릴 탄원서를 소지하고 있었습니다.

한편, 왕이 햄프턴 코트를 향해 떠날 때 원래 그를 호위하던 귀족들과 병사들이 시 외곽의 킹스턴어폰템스까지 왕을 호위한 적이 있었는데, 다음날 디그비 경은 그들을 찾아가 왕의 보호를 요청했습니다. 이 소식을 접한 의회가 이는 영국에 대한 전쟁선포나 다름없다며 으름장을 놓자 디그비는 국외로 달아나버렸습니다. 그러자 의회는, 왕이 군권을 장악해 자신들을 공격하기 위해 비밀리에 뉴캐슬의 백작을 헐Hull로 보내 무기와 탄약을 확보하려 한다는 정보를 입수하고, 즉각 군대의 지휘권을 확보해버렸습니다.

당시에는 모든 나라에는 민병대를 위한 탄약고가 별도로 존재했었습니다. 그래서 의회는 그때까지는 그 권한이 왕에게 귀속되어있던 탄약고의 사용 권한을 민병대의 통솔권을 지닌 각 주의 지사들에게 돌아가도록 하고, 각 지역의 요새나 성들 및 수비대의 시휘권도 의회기 신뢰할 수 있는 인물에게 돌아가도록 하는 법안을 도입했습니다. 그리고 의회는 주교들로부터 선거권을 박탈하는 법안도 통과시켰습니다. 왕은 이런 법안들에 동의를 표시했지만, 각 주의 주지사에 대한 임명권만은 포기하지 않았습니다. 물론 주지사의 임명에 의회의 의견을 적극 반영한다는 단서를 달기는 했지만 말입니다. 그리고 이 문제를 두고 펨브룩의 백작이 재고의 여지가 없는지를 왕에게 물었을 때, 왕은 '신에게 맹세코, 단 한 순간도 재고해본 적 없소!'라고 대답했습니다. 이리하여 결국 왕과 의회는 전쟁을 치를 수밖에 없게 됐습니다.

한편, 공주를 오렌지공국[4]의 왕자와 약혼시킨 왕비는 딸을 사위에게 인계하러 간다는 핑계로 이미 네덜란드로 안전하게 피신해서, 왕을 돕기 위해 왕실의 보물들을 저당 잡힌 돈으로 군대를 모집하고 있었습니다. 그리고 그 사이 해군참모총장이 병이 들어 자리에 눕자 하원은 워릭 백작이 일 년간 그 자리를 대신하도록 조치를 취했습니다.

그러나 왕도 나름대로 후임자를 임명했고, 그럼에도 불구하고 의회는 자신들의 조치를 밀고나가 워릭 백작이 왕의 동의 없이 해군참모총장에 취임하는 일이 일어났습니다. 그리고 이어서 의회가 헐 지역으로 지시를 내려 보내 그곳에 있던 탄약고를 런던으로 옮기도록 하자 왕은 탄약고를 자신이 직접 접수하기 위해 헐 지역으로 내려갔습니다. 하지만 헐의 시민들은 왕이 자신들의 고장으로 들어오는 것을 막아섰으며, 주지사도 왕이 성 안으로 들어오지 못하도록 했습니다.

마침내 의회는 양원에 의해 통과된 안은, 왕의 동의가 없더라도, 법령으로 포고되며, 왕이 승인한 것과 같은 효력을 발휘한다는 결의를 했습니다. 그러자 왕은 당연히 이 결정에 저항했으며, 의회의 포고는 지킬 필요가 없다는 고지를 내렸습니다. 그리고 왕은 대다수의 귀족회의 멤버들과 상당수의 하원 의원들과 함께 요크에 자리를 잡고 들어앉아버렸습니다. 그리고 대법관

---

4 지금의 프랑스 남부 론 강 계곡의 '오랑주Orange'라는 마을, 당시에는 네덜란드의 영토였음

이 옥새玉璽를 들고 왕을 따라가자 의회는 새로운 옥새를 만들어버렸습니다. 이어서 왕비가 탄약과 무기가 가득찬 배를 보냈고, 왕은 높은 이자로 돈을 빌리겠다는 서신을 공표했습니다.

그러자 의회도 보병 20개 연대와 기병 75개 중대를 모집했고, 민중들은 돈은 물론이고 금은 식기류 및 보석이나 장신구들을 자발적으로 들고 나왔는데, 결혼한 여자들은 결혼반지를 바치기도 했습니다. 자신의 지역구에서 병사를 모집한 의원들은 각자 기호에 따라 색색의 군복을 갖춰 입고 병사들의 지휘에 나섰습니다. 그중에서도 가장 돋보이는 인물이 올리버 크롬웰이었는데, 그는 역사상 가장 뛰어나고, 열정적이며 가장 잘 무장된 기병을 이끌었습니다.

이와 같은 과정을 거치면서 의회 측은 이전의 법률과 관습을 무시하기도 했으며, 군중들의 광기에 의존하기도 했고, 자신들과 의견을 달리하는 사람들을 투옥하는 폭정을 저지르기도 했습니다. 그러나 다시 한 번 강조하지만, 이점에 있어서 여러분들은 그 이전에 왕이 무려 12년간이나 폭정을 휘둘러왔다는 점을 기억해야 합니다. 따라서 그 12년의 암흑기를 말끔히 지워버리는 조치가 뒤따르지 않았다면 세상을 정상적인 위치로 돌려놓기는 어려웠을 겁니다.

[3부]

필자는 찰스 I 세와 장기의회 사이에 거의 4년간이나 지속된 내란에 대해 일일이 열거하지는 않겠습니다. 이를 자세히 기록하자면 책을 여러 권을 써야할지도 모르기 때문입니다. 어쨌든 영국 땅에서 영국인들끼리 다시 한 번 싸움을 벌여야했다는 사실은 비극이 아닐 수 없었습니다. 하지만 그래도 양측이 모두 휴머니즘과 절제를 통해 명예를 추구하려 했다는 점은 그나마 위안을 주는 요소라 하겠습니다. 이런 점에 있어서는 의회 측이 왕의 군대보다 더 칭찬을 받아야 합니다 왕의 편에 섰던 상당수 병사들은 특별한 주장에 동조했다기보다는 그저 돈에 끌려 싸움에 참가했었습니다. 그러나 왕을 지지하던 귀족들과 젠트리들만은 왕을 위해 참으로 용맹스럽고 충성스럽게 싸웠으며, 이 점은 존경을 받을 만합니다. 왕당파들 중에는 대부분의 가톨릭교도들이 참여했는데, 이는 왕비가 자신들의 신앙을 군건히 지지해주었기 때문이었습니다.

만일 왕이 뛰어난 인물을 알아보는 혜안이 있었다면 그는 그런 불굴의 용사들에게 군대의 지휘권을 맡겼을지도 모릅니다. 하지만 그는 대신에 왕족을 중시하는 낡은 사고에서 벗어나지 못하고 지휘권을, 왕실 일원이며 자신을 돕기 위해 해외에서 달려온, 루퍼트와 모리스 두 명의 조카들에게 맡겼습니다. 사실 이 두 왕족들은 그냥 해외에 머물러 있는 편이 왕을 위해서는 훨씬 좋았을 겁니다. 루퍼트는 매우 충동적이고 성미가 급해서, 전투란 무조건 돌진해 들어가 총칼을 마구 휘두르는 것이란 생각밖에 없었던 인물이었기 때문입니다.

의회군의 총책임자는 명예로운 귀족이자 뛰어난 군인이었던 에섹스 백작이 맡았습니다. 그리고 내란이 발발하기 바로 전에 웨스트민스터에서는 법률을 공부하는 학생들과 군인들, 그리고 상인들과 직공들 사이, 즉 거리의 일반 민중들 사이에 소동이 벌어졌었습니다. 당시에 왕의 편에 섰던 사람들은, 의회를 지지하던 직공들이 머리를 짧게 깎고 나섰으므로 그들을 '둥근머리파'[5]라고 불렀으며, 반대로 의회파는 왕의 편들이 무척이나 군인다운 척하면서 물불을 가리지 않았기 때문에 적들을 '기사파'[6]라고 불렀습니다. 이 두 호칭이 굳어져서 내란에서 양측을 구별하는 데 사용되게 됐습니다. 그리고 왕당파들은 의회파들을 '폭도들Rebels'이라고 부르기도 했으며, 반면에 의회파들은 자신들이 신의 뜻을 따르는 정직한 사람들이라 자칭하며 왕당파들을 '악당들Malignants'이라 부르기도 했습니다.

---

5 Roundheads, 의회파

6 Cavaliers, 왕당파

의회파(Roundheads)와
왕당파(Cavaliers)

　전투는 포츠머스 항에서 발발했는데, 이곳에서 저 유명한 이중 반역자 고링은 처음에는 의회파에 섰다가 왕의 편으로 넘어간 후 의회파의 공격을 받게 됩니다. 이렇게 되자 왕은 에섹스 백작과 그를 따르는 장교들을 반역자라고 선언하며 자신을 따르는 신하들에게 8월 25일 무장을 하고 노팅엄에서 회동하자는 명령을 내렸습니다. 그러나 왕을 지지하며 모여든 무리들의 숫자는 소수에 불과했습니다. 삭풍이 몰아치는 을씨년스런 날에 왕의 깃발은 기세를 잃었으며, 왕을 둘러싼 상황은 우울하게만 흘러갔습니다.

　중요한 전투가 치러진 곳은 다음과 같습니다. 밴베리 인근의 홍마紅馬의 계곡, 브렌트퍼드, 데비지스, 찰그레이브 평원(이곳에서는 병사들의 선두에서 지휘를 하던 햄프덴이 중상을 입고 며칠 뒤 사망하였습니다.), 뉴베리(이곳에서는 왕당파의 뛰어난 귀족 포크랜드 경이 전사하였습니다.), 리스터, 네이즈비, 윈체스터, 요크 인근의 마스톤 무어, 그밖에 영국과 스코틀랜드의 여러 지역에서 교전이 벌어졌습니다.

　전투는 일진일퇴를 반복했습니다. 한번은 왕당파가 승리하면, 또 한 번은 의회파에게 승리가 돌아갔습니다. 하지만 주요한 도시들은 대부분 왕에게 반기를 들었습니다. 그리고 의회파가 런던을 지켜내야 할 필요가 대두됐을 때는 노동자와 여성으로부터 귀족·귀부인에 이르기까지 모든 시민이 열성을 바쳤습니다. 의회파에서 가장 두각을 나타낸 인물은 햄프덴과 토마스 페어팩스 경이었지만, 그 누구보다 두드러진 인물은 올리버 크롬웰과 그의 사위 아이어톤이었습니다.

내란이 벌어지는 내내 역겹고 값비싼 싸움을 치러야만 했던 민중들은, 가족들조차 서로 지지하는 입장이 달라 민심이 사분오열되는 고통을 겪자, 이제는 평화를 간절히 갈구하게 됐습니다. 그런 입장은 양측의 지도자들 사이에서도 마찬가지였습니다. 그리하여 양측에서는 평화협정에 관한 이야기가 나오기 시작했습니다. 협상은 요크나 옥스퍼드(이곳에서 왕은 소규모의 의회를 자신이 직접 꾸리기도 했습니다.), 그리고 억스브리지에서 진행됐지만 아무런 결과를 도출하지는 못했습니다.

어려운 협상과정이었지만 왕은 최선을 다했습니다. 그는 비겁하지 않았으며, 냉정하고 침착했으며, 영리하게 행동했습니다. 그러나 그가 원래 지니고 있던 좋지 못한 품성이 속에 항상 도사리고 있어서 그는 단 한순간도 믿음을 주지는 못했습니다. 그를 칭송하는 역사가들 중 한 사람인 클라렌돈 경은 왕이 어리석게도 왕비에게 그녀의 허락 없이는 절대로 평화협정을 맺지 않겠다는 약속을 했다고 주장합니다. 그리고 그것이 왕을 변호하는 구실로 이야기 되고 있는 것도 사실입니다. 하지만 왕은 약속을 지킨 적이 한 번도 없었습니다. 그는 피로 얼룩진 아일랜드 사람들을 돈으로 유혹해서 휴전협정을 맺고 그들에게 의회와 싸우는 자신을 도와줄 것을 호소하기도 했습니다.

그리고 네이즈비 전투에서 왕의 사물함이 습득되었는데, 그 안에서 왕이 왕비에게 보낸 서신이 발견되었습니다. 그 편지에서 왕은 왕비에게 자신이 '잡종들mongrel Parliament'을(그는 독사 같은 혀를 놀려 의회를 '잡종들'이라 불렀는데, 이는 그래도 좀 순화된 표현에 속한 것이었습니다.) 멋지게 속여 넘겼다고 떠벌였으며, 나아가 그 편지에는 왕이 1만 명의 외국 군대를 불러들이기 위해 로레인의 공작과 주고받은 비밀 내용이 들어있었습니다.

상황이 들통 나자 실망한 왕은 이번에는 가장 충성스런 신하인 글래모건의 백작을 아일랜드로 보내 가톨릭 세력과 비밀협상을 매듭지으려 했습니다.

왕은, 백작을 통해, 1만 명의 병력을 보내주면 가톨릭에 적극적으로 협조하겠다는 약속을 아일랜드에 했습니다. 하지만 이런 비밀협상이, 의회파와 국지전을 벌이다 사망한 아일랜드 대주교의 물품 속에서 발견되자 왕은 비겁하게도 이를 부인하고, 둘도 없는 측근인 백작을 일급반역죄로 몰아 처단해버렸습니다.

 드디어, 1646년 4월 27일 옥스피드 시내에 은거 중이던 왕은 의회군의 포위망이 점점 좁혀 들어오자 더 늦기 전에 탈출하기로 결심합니다. 그래서 그날 밤 왕은 머리와 수염의 모양을 바꾸고, 하인 복장으로, 망토를 뒤집어 쓴 채 말 위에 올라, 그 지역 사정에 밝은 측근 성직자 한 사람의 인도를 받으며 시내를 빠져나갔습니다. 그는 런던 방향으로 말을 몰아 해로우온더힐 인근에 다다르자, 갑자기 계획을 바꿔 스코틀랜드로 넘어가기로 했습니다. 당시 왕은 절망적 상황에서 온갖 수를 다 궁리하고 있었으므로 그가 어떤 마음을 가지고 그런 발걸음을 선택했는지는 지금으로서는 알 길이 없습니다.
 어쨌든 왕은 그와 같은 선택을 하고, 스코틀랜드 군의 총 참모장인 레벤 Leven의 백작에게 스스로 찾아갔고, 백작은 왕을 포로이긴 하지만 정중하게 대우했습니다. 그리고 왕을 어떻게 할 것인지 하는 협상이 영국 의회와 스

존 핌

코틀랜드 당국 사이에 다음 해 2월까지 계속됐습니다. 협상 과정 중에, 왕이 20년 동안 민병대의 거점을 포기할 수 없다고 의회를 향해 강경한 입장을 고수했고, 스코틀랜드 당국에게는 '(신의) 약속'을 인정할 수 없다고 우기는 바람에 스코틀랜드 당국은 상당한 금액을 받고 왕을 영국 의회에 넘겨주기로 합니다. 결국 왕은 그를 체포하기 위해 결성된 의회의 특별 위원회의 손에 넘어온 후, 노샘프턴서에 있는 알쏘르프Althorpe 인근의 홈비 하우스Holmby House라 불리던, 왕 자신 소유의 저택 중 한 곳에 머물게 됐습니다.

내전이 한참 진행 중인 와중에 존 핌이 세상을 떴고, 웨스트민스터에 묻혔습니다. 그의 장례는 대대적인 애도 속에 진행됐지만, 영국의 자유가 그와 햄프덴에 힘입은 바가 크기 때문에 그에 대한 애도는 아무리 정성을 쏟아도 지나치지 않았다고 할 것입니다. 그리고 두 번째 내란이 끝날 때 쯤 해서 에섹스 백작이 사망했습니다. 그는 윈저 숲에서 벌어진 사슴 사냥에 나섰다가 무리를 하는 바람에 열병에 걸렸고, 그로 인해 세상을 뜨게 된 것입니다. 백작도 장엄한 분위기에서 웨스트민스터 사원에 안장됐습니다.

또, 이 이야기는 별로 하고 싶지 않지만, 로드 대주교는 아직 내란이 종식되기 전에 단두대에서 이슬로 사라졌습니다. 그의 재판은 거의 일 년이나 지속됐는데, 그에게 씌워진 반역죄가 정당한 것인지는 당시에도 논란의 여지가 있었습니다. 찰스 I 세가 즐겨 사용했던 그 간교한 계략이 그에게 적용되었고, 사권私權을 박탈하는 증명서가 그에게 내려졌었습니다. 주교가 편견에 사로잡힌, 잔인한 성품을 소유하고 있었으며, 사람들의 귀를 자르고 코를 찢는 악행을 저질렀던 악인이었다는 것은 여러분도 잘 아실 겁니다. 하지만 그는 마지막 순간에는 당당한 노인으로, 그리고 비교적 평화롭게 세상을 떴습니다.

[4부]

왕을 손아귀에 넣게 된 의회는 이제 너무 세력이 커버린 자신들의 군대에[7] 대해 걱정하기 시작했습니다. 의회군에는 올리버 크롬웰이 최고의 실력자로 자리를 잡았는데, 그는 뛰어난 자질과 용맹을 지녔을 뿐만 아니라 당시 병사들 사이에서 상당한 인기를 얻고 있던 스코틀랜드 계통의 청교도 전통을 따르겠다고 공언함으로써 대단한 지지를 받고 있었습니다. 이들 청교도 병사들은 교황을 미워하는 만큼이나 주교들에 대한 반감이 컸으며, 매우 사적으로 운영되었고, 드럼을 치거나 트럼펫을 불기도 하고, 갑자기 벌떡 일어서서는 지루하게 설교를 이어나가는 등의 기이한 관습을 지니고 있어서 필자라면 절대로 그런 군대에는 가입하지는 않았을 겁니다.

사정이 이렇기 때문에, 이제 별로 할 일이 없어진 군대가 자신들을 향해 설교를 하거나 싸움을 걸지도 모른다고 판단한 의회는 군대의 대부분을 해산하고, 일부는 아일랜드의 폭도들을 진압하러 보내고, 영국에는 극히 일부만 남겨놓자는 제안을 내놓았습니다. 하지만 군대는 스스로가 내린 결정이 아니라면 어떤 제안도 들으려하지 않았고, 의회가 자신들을 강제로 해산시키려하자 예상하지 못했던 행동으로 나왔습니다.

조이스라는 이름의 군 장교 한 사람이 기병 4백 명을 대동하고 홈비 하우스에 나타나서 한 손에는 모자를 벗어들고, 다른 한 손에는 권총을 들고, 왕이 있는 방으로 들어가서 자신이 왕을 모셔가기 위해 왔다는 말을 했습니다. 그러자 왕은 다음날 자신의 이동이 공개적으로 밝혀지기만 한다면 충분히 그럴 용의가 있다고 답을 했습니다.

다음날 날이 밝자 왕은 집 앞 계단 위에 서서, 조이스의 부하들과 의회에서

---

7 왕당파에 승리한 의회파 내부에 균열이 생긴 후 군대를 중심으로 세력을 형성한 의회의 '독립파 군대'를 지칭함

배치한 경비병들에 둘러싸인 상태에서, 어떠한 권한으로 자신을 데려가는 것인지를 조이스에게 물었습니다. 그러자 조이스는, "군대로부터 부여된 권한에 의해서 입니다."라고 대답했습니다. "특별한 임명장 같은 것이라도 있소?" 왕이 재차 물었습니다. 그 말에 조이스는 그가 데리고 온 4백 명의 기병들을 가리키며, "저들이 저의 임명장입니다."라고 대답했습니다.

그러자 왕은 만면에 웃음 띠며, "나는 지금까지 이런 임명장을 본 적은 없지만, 공정하게 작성됐고, 저들의 얼굴에서 충분히 그 내용을 읽을 수 있을 것 같소. 여기 모인 분들은 모두 내가 오랫동안 봐온 신사들과 다름이 없는 것 같소."라고 말했습니다. 그리고 이어서 조이스가 왕에게 어디로 거처를 정할 것인지를 묻자 왕은 뉴마켓을 지정했습니다. 그리하여 조이스와 4백 명의 기병들은 왕과 함께 말에 올라 뉴마켓을 향해 출발했습니다. 이때 왕은 또 미소를 지으며 자신은 조이스나 다른 기병들만큼 말 타는 데 자신이 있다는 농담을 건네기도 했습니다.

필자의 생각으로는, 당시 왕은 군대가 자신을 지지한다고 판단한 듯하며, 또 왕은 실제로 올리버 크롬웰과 아이어톤이 의회의 보호 아래로 들어오라고 왕을 설득하러 왔을 때 페어팩스 경에게 그런 식으로 이야기를 했습니다. 왕은 군대의 보호 아래 있는 것이 더 유리하다고 판단한 것입니다. 그리고 군대는 의회를 겁주고, 자신들의 요구사항을 강요하기 위해 런던을 향해 점점 압박해 들어가면서 왕을 대동하고 다녔습니다.

영국이 무기를 쥔 군대라는 거대한 조직의 손아귀에 놓이게 된 점은 참으로 통탄을 금할 수 없는 일이었지만, 왕은 자신에게 있어 가장 중차대한 시기에 보다 합법적인 세력보다는 군대 쪽으로 마음이 기울어져 있었습니다. 하지만 군대가, 적어도 그때까지는, 의회보다 왕을 훨씬 더 존경과 호의로 받들었다는 점만은 인정할 수밖에 없습니다. 의회가 왕에게 가끔 말 타고 나가서 공놀이나 하는 것 말고는 아무것도 못하도록 가혹한 처사를 베푼 반면에, 군대는 왕이 신하들의 시중을 받도록 해줬고, 훌륭한 저택들에서 기거

할 수 있도록 해줬으며, 리딩Reading 근처의 케이브즈엄 하우스Cavesham House
에서 자녀들과 이틀 동안이나 지낼 수 있도록 해주기도 했습니다.

  이때까지만 하더라도 왕이 신뢰를 지켰다면 목숨을 잃는 일까지는 일어나
지 않았을 겁니다. 심지어는 올리버 크롬웰도, 왕이 자리를 지키고 있지 않
으면 자신의 권리를 평화롭게 유지할 수 있는 사람은 많지 않을 것이라는 소
리를 공공연히 했을 정도니까요. 크롬웰은 왕에 대해서 개인적인 반감을 지
니지는 않았었습니다. 그는 왕이 자녀들과 상봉할 때도 그 현정에 있었고,
왕의 처지에 대에 상당히 애처롭게 생각했었습니다. 그는 왕을 자주 알현했
었고, 햄프턴 코트의 긴 회랑이나 정원에서는 왕과 크롬웰이 대화를 나누며
거닐던 모습이 자주 목격되곤 했었습니다. 크롬웰은 군대에 대한 자신의 영
향력이 줄어들지도 모르는 위험을 감수하고 왕을 도우려했던 겁니다.
  그러나 왕은 은밀히 스코틀랜드에 도움을 요청했고, 그 가능성이 어느 정
도 엿보이자 자신에게 호의를 베풀던 군대에 냉랭하게 대하기 시작했으며,
장교들에게는 자신이 없이는 군대는 아무 일도 하지 못할 것이라고 큰소리
를 쳤습니다. 그리고 또 왕우 자신에게 예전의 권위를 되찾도록 해준다면
크롬웰과 아이어돈에게 부귀영화롤 보장한다는 약속을 하면서도, 한편으로
는 왕비에게 편지를 보내 그들을 처단할 생각이라는 속내를 비추기도 했습
니다. 크롬웰 일행은, 나중에 그런 편지의 존재를 이미 정보망을 통해 알고
있었다고 발표했습니다.

  크롬웰 일행은 어느 날 저녁 홀번의 어느 여인숙 마당에 병사로 변장을 하
고 미리 도착 해서, 그곳을 경유해서 도버로 넘겨지려는 그 편지(그 편지는
말안장에 숨겨져 있었습니다.)를 낚아챌 수가 있었습니다.
  필자는 이 이야기에는 특별히 의심할 내용이 없다고 생각합니다. 올리버
크롬웰이 왕의 가장 최측근에게 왕이 현재 의심을 받고 있으며, 혹시 일이
잘못된다면 자신은 뭐라 변호할 말이 없을 것이라는 이야기를 힌 것도 틀림

없는 사실입니다. 그러나 이런 일이 있고난 뒤에도 크롬웰은, 군대의 일부 세력에서 왕을 체포하려는 음모가 진행 중이라는 정보를 왕에게 흘림으로써 왕에게 한 약속을 지키려 했습니다. 따라서 필자는 크롬웰이, 왕이 고통과 위험을 피해서, 국외로 도피하기를 진심으로 바랐다고 믿고 있습니다. 한편 크롬웰 자신도 군대에서의 입지를 유지하기 위해 최선을 다했습니다. 병사들의 일부에서 그와 그의 노선에 대한 반감이 커져가자 그 중 우두머리 격인 자를 많은 병사들이 보는 앞에서 즉결처분해버리기도 했을 정도니까요.

크롬웰의 경고를 받은 왕은 햄프턴 코트로부터 탈출을 시도했습니다. 그는 여러 차례를 망설이다가 결국은 와이트 섬에 있는 카리스부르크 성 Carisbrooke Castle으로 행선지를 정했습니다. 왕은 그곳에서 처음에는 매우 자유로웠습니다. 하지만 왕은 그곳에서조차도 의회와 대화를 시도하는 척하면서 실제로는 스코틀랜드 대표들을 만나서 자신을 도울 군대를 보내달라는 협상을 맺고 있었습니다. 왕은 스코틀랜드와 협상이 진행되고, 반대로 의회와는 협상이 결렬된 후 죄인의 신분으로 강등된 후에도 뒤로 뭔가를 꾸미는 일을 그만두지 않았습니다. 그는 바로 그날 밤 왕비가 보낸 배를 섬에 정박시켜놓고 탈출할 음모를 꾸미고 있었던 겁니다.

하지만 왕이 스코틀랜드에 걸고 있던 한 가닥 희망이 사그라지고 있었습니다. 그가 스코틀랜드의 대표들과 맺었던 협약이 스코틀랜드 성직자들의 기대에 크게 미치지 못해서, 그 성직자들이 협정을 반대하고 나섰기 때문입니다. 결국, 스코틀랜드에서 보내온 군대는, 비록 영국에서 왕당파 병사들과 아일랜드 병사들과 합세하기는 했지만, 크롬웰과 페어팩스의 지휘를 받는 의회군을 이겨내기에는 역부족이었습니다. 그리고 영국의 황태자가 9척의 배를 이끌고(이때 영국 해군의 일부가 황태자의 손아귀에 들어있었습니다.) 아버지를 돕기 위해 네덜란드에서 건너왔지만 아무런 성과를 거두지 못하고 다시 돌아가야만 했습니다.

이 두 번째의 내전에서 가장 눈에 띄는 사건은 두 명의 왕당파 장군의 참혹한 처형이었습니다. 의회군이, 기근과 극도의 난관 속에서도 콜체스터를 거의 석 달간이나 지켜냈던 왕당파 장군 찰스 루카스 경과 조지 리슬레 경을 처형해버렸던 겁니다. 찰스 루카스 경이 총에 맞자 조지 리슬레 경은 그의 몸에 키스를 하고 자신에게 총을 겨눈 병사를 향해 말했습니다. "좀 더 가까이 와서 내가 누구인지 확인하게나." 그러자 그 병사 답을 했습니다. "귀하가 조지 리슬레 경인 것이 분명합니다. 당신을 처형할 겁니다." 이 말을 들은 리슬레 경은 웃음을 머금으며, "아, 그동안 내가 그대들 곁에 가까이 있었음에도 그대들은 나를 알아보지 못했었지."라고 말했습니다.

의회는, 군대가 자신들을 반대하는 7명의 의원들을 내놓으라고 위협을 하자, 투표를 통해 더 이상 왕과는 협상을 진행하지 않기로 뜻을 모았습니다. 그러나 그들은 2차 내전이 끝나갈 무렵(2차 내전은 6개월을 넘지 않았습니다.) 왕과 협상할 대표를 다시 임명했습니다. 이때 와이트 섬의 뉴포트Newport에 있는 개인 저택에서 살 수 있도록 허락을 받은 왕은 이 협상을, 지켜보는 사람들이 놀랄 정도로 잘 이끌었고, 마침내 그에게 요구된 모든 사항을 수락했습니다. 그는 심지어는, 그때까지 완강히 거부하던, 주교제도의 일시적 폐지와 교회의 토지를 왕실에 귀속시키는 안에도 양보를 했습니다.

그러나 왕의 오래된 치명적 결함인 나쁜 버릇이 다시 발동해서, 왕의 절친한 친구들이 협상 대표에 선발돼, 군대로부터 벗어나고자 한다면 요구된 모든 안을 다 수락할 것을 왕에게 간청하고 있는 중에도 한쪽으로는 와이트 섬에서 탈출할 계획을 꾸미고 있었습니다. 왕은, 그 사실을 부정하기는 했지만, 측근들 및 아일랜드의 가톨릭교도들과 서신을 주고받았는데, 자필로 작성된 그 서신에서 왕은 자신이 협상에서 양보를 했던 것은 단지 시간을 벌기 위해서였을 뿐이라고 주장했습니다.

군대가, 의회를 무시하고, 런던으로 진군했을 당시의 상황이 위와 같았습니다. 그럼에도 불구하고 의회는 이에 굴하지 않고 홀리스의 주도 하에 왕

의 양보만이 영국 땅에 평화를 가져올 것이라는 안을 당당하게 가결했습니다. 그러자 리치 대령과 프라이드 대령이 기병 연대와 보병 연대를 이끌고 하원으로 쳐들어갔고, 프라이드 대령은 군대의 미움을 사고 있는 의원들의 명단을 손에 들고 의사당 로비에 서 있다가 해당 의원들이 밖으로 나오자 그들을 모두 체포해버렸습니다. 이 과정을 이후 사람들은 우스갯소리로 '명예 숙청Pride's Purge'이라고 부릅니다. 당시 크롬웰은 부하들을 이끌고 북부지역에 있었지만 돌아와서는 이 상황을 그대로 승인해주었습니다.

군대는, 일부 의원들은 감옥으로 보내고 나머지 의원들은 멀리 쫓아버린 후, 하원의 숫자를 약 50명 선으로 줄어버렸습니다. 이어서 그들은, 왕이 의회와 국민들을 상대로 전쟁을 일으킨 것은 대역죄에 해당한다는 결의를 하고 왕을 반역죄로 재판하자는 포고령을 상원으로 보냈습니다. 하지만 상원은 16명 전원이 만장일치로 이를 부결시켜버렸습니다. 그러자 하원은 자신들만이 국가의 최고 통치기관이라 선언하고, 왕을 재판에 회부할 것이라는 포고령을 발표했습니다.

이때 왕은 허스트 성Hurst Castle에 유배되어 감시를 받고 있었는데, 바다 한가운데 우뚝 솟은 바위 위에 세워진 을씨년스런 그 성은 얕은 바닷물이 넘실거리는 2마일 가량의 바닷길을 통해 햄프서 해안과 연결되고 있었습니다. 그리고 왕은 그곳에서 다시 윈저 궁으로 옮기라는 명령을 받았고, 식사 중에도 군인 외에는 시중드는 사람 하나 없는 무례한 취급을 받은 후, 런던의 세인트 제임스 궁St. James's Palace에 유폐된 후 다음날 재판이 열릴 것이라는 통보를 받았습니다.

1649년 1월 20일 토요일에 역사적인 재판이 드디어 열렸습니다. 하원은, 의원들과 군 장교들 및 변호사와 일반 시민에서 선발한 135명이 이 재판을 주도하도록 했습니다. 재판의 장소는 웨스트민스터 홀이었고, 최고재판장은 변호사인 존 브래드쇼가 맡았습니다. 붉은 벨벳으로 만들어진 상석上席에는, 안전을 위해 쇠로 테두리를 두른 모자를 쓴 최고재판장이 앉았고, 나머지 재판관들이, 역시 모자를 쓴 채, 양옆의 의자에 자리를 했습니다. 왕의 자리는 최고재판장의 맞은편에 마련됐는데, 그 역시 벨벳으로 만들어진 의자가 마련됐습니다. 왕은 제임스 궁에서 화이트홀로 옮겨진 다음, 화이트홀에서 수로를 타고 재판장까지 이동했습니다.

재판장으로 들어선 왕은 재판장 내부와 수많은 관람객들을 한동안 뚫어지게 쳐다본 후 자리에 앉는가 하더니 이내 다시 일어나 또 한 번 좌중을 둘러보았습니다. '찰스 스튜어트의 반역'과 관련한 기소장이 낭독되자, 왕은 몇 번이나 쓴웃음을 짓고는, 상원이 없는 의회란 존재할 수 없는데 그곳에는 상원의원이 단 한사람도 없으므로 자신은 의회의 권위를 인정할 수 없다고 말했습니다. 또, 그는 그런 재판에는 반드시 왕이 자리를 해야 하는데 왕이 있어야 할 자리에 왕을 발견할 수 없다는 소리도 했습니다. 그러자 브래드쇼는, 그 법정은 그 자체로 충분한 권위를 확보하고 있으며, 그 권위는 신이 부여하고 국가가 부여한 권위라고 답변했습니다. 그리고는 재판을 다음 월요일로 연기했습니다. 월요일이 되어 재판은 다시 열려서, 일주일 내내 계속됐습니다.

토요일이 되어 왕이 자리에 앉기 위해 재판장을 가로질러 나아갈 때 일부

찰스1세의 재판

군인들과 청중들이 '정의를 위해!'라고 외치며 왕에게 극형이 내려질 것을 외쳤습니다. 그날 브래드쇼는, 평소에 입던 검은 가운을 입지 않고, 마치 분노한 술탄처럼 붉은 가운을 차려입고 있었습니다.

바로 그날 왕에게 사형이 언도됐습니다. 그리고 왕이 법정 밖으로 나올 때, 어느 병사가 홀로 나서서 왕에게, "나리, 축복을 빕니다!"라고 빈정댔고, 이를 지켜보던 그의 상관이 그를 때리는 일이 발생했습니다. 이 모습을 본 왕은 그 병사를 너무 심하게 다루지 말라는 당부를 하기도 했습니다. 그리고 재판 도중에 왕이 기대고 있던 지팡이의 머리 부분이 떨어지는 일이 발생했었는데, 그때 왕은 마치 자신의 목이 달아나는 것을 예감이라도 한 듯 몹시 불안에 떨었습니다. 마침내 왕은 모든 것이 끝났음을 직감하고 상황을 순순히 받아들였습니다.

화이트홀로 다시 옮겨진 왕은, 자신의 처형일이 임박하자 마지막으로 사랑하는 자녀들을 볼 수 있도록 해달라는 요청을 의회에 했고, 이 요청은 받아들여졌습니다. 왕은 다시 세인트 제임스 궁으로 옮겨진 후 브렌트퍼드 Brentford 인근에 있는 시온 하우스Sion House에서, 당시 영국에 있던, 13살의 엘리자베스 공주와 9살의 글로스터 공작과 마지막 작별인사를 했습니다. 왕은 이 자리에서 두 자녀들을 어루만지며 키스하고, 공주에게는 다이아몬드로 만들어진 두 개의 인장을 넘겨주며, 왕비에게 마지막 인사를 전달해달라는 부탁을 했습니다. 하지만 왕비는 왕의 이런 사랑을 받을 자격이 없는 여자였습니다. 그녀는 남편이 죽고 나서 얼마 있지 않아 그녀의 연인과 새롭게 결혼을 해버렸습니다. 그리고 마지막으로 왕은 자녀들에게 자신은 조국의 법률과 자유를 위해 목숨을 바친다는 유언을 남겼습니다. 필자는, 이 장면에서, 왕의 유언이 사실과 다르다는 언급을 하지 않을 수 없지만, 왕이 실제로 그렇게 믿고 있었던 것만은 분명해보입니다.

한편, 그날 네덜란드 대사 일행이 왕의 목숨을 구하고자 발 벗고 나섰습니다. 의회가 왕의 목숨만은 살려주었으면 하는 점은 여러분들이나 필자나 같은 심정일 겁니다. 하지만 그들은 의회로부터 어떤 답변도 듣지 못했습니다. 그리고 스코틀랜드 대표들도 중재에 나섰으며, 영국의 황태자도 다음 왕위에 대한 모든 결정을 의회에 맡긴다는 서신을 의회에 보내면서까지 아버지의 목숨을 구하려고 했고, 의회에 편지를 보내 선처를 부탁하기는 왕비도 마찬가지였습니다.

그럼에도 불구하고 왕의 처형을 결정하는 모든 서류에 서명하는 절차가 바로 그날 완료됐습니다. 이와 관련해서는, 올리버 크롬웰이 서명을 위해 펜을 꺼내다가 테이블 옆에 서있던 어느 위원의 얼굴에 잉크를 묻혔고, 이에 대해 그 위원도 자신의 서명 차례가 돌아오자 마찬가지로 잉크를 크롬웰의 얼굴에 묻혔다는 일화가 전해져옵니다.

잘스 I 세는 생의 마지막 밤이었음에도 불구하고 비교적 잠을 잘 잤으며, 1월 30일 아침이 되자, 동이 트기 두 시간 전에 자리에서 일어나 의복을 정성스럽게 차려입었습니다. 그는 차가운 날씨에 떨지 않도록 셔츠를 두 겹이나 끼워 입고, 머리를 단정하게 빗었습니다. 왕의 처형 명령은 이미 해커 대령, 헝크스 대령, 페이어 대령 이렇게 세 명의 장교들에게 하달되었으며, 아침 10시가 되자 해커 대령이 문 앞에 다가와 화이트홀로 이동할 시간이라는 사실을 알렸습니다.

왕은 원래 걸음이 빠른 사람이었습니다. 그는 평소의 보폭으로 하이드파크를 가로질러 걸어가며, 근엄한 얼굴을 하고, 경비병을 향해 "좀 더 빨리 걷게!"라고 말했습니다. 그리고 화이트홀에 도착해서는, 마지막 아침 식사기

마련된 침실로 안내됐습니다. 하지만 그는 이미 성찬을 마친 상태였기 때문에 더 이상 아무 것도 먹지 않았습니다. 그러나 교회의 종소리가 12시를 울릴 때 쯤 해서는(단두대가 아직 마련되지 않아서 그는 그 시간까지 기다려야 했습니다.) 왕은 그와 함께 대기 중이던 죽손 주교의 간청을 받아들여 약간의 빵과 포도주 한 잔을 마셨습니다. 왕이 이렇게 약간의 원기를 회복하자 곧바로 해커 대령이 집행 명령장을 들고 들어와 찰스 스튜어트의 집행을 알렸습니다.

몰락한 왕은, 화려했던 시절 그곳에서 측근들과 흥겨운 시간을 보냈던 화이트홀 궁의 기다란 회랑을 지나 연회장의 중앙에 당도했고, 그곳을 통해 시꺼먼 단두대가 마련된 처형장으로 들어섰습니다. 왕은 그 역시 검은 옷에 마스크를 쓰고 대기 중이던 두 명의 망나니들을 바라보았고, 조용히 그를 지켜보던 기병과 보병의 경비병들을 바라보다가, 먼발치서 지켜보던 군중들을 바라보았습니다. 그는 또 자신이 오랫동안 살았던 세인트 제임스 궁을 바라보다가 눈길을 단두대로 향했습니다. 그리고 그는 단두대가 너무 낮게 설치된 것을 발견하고 다소 당황한 듯하다가, 좀 더 높은 것은 없는지 물었습니다.

단두대에 다가선 왕은, '싸움을 먼저 시작한 쪽은 의회이지 나는 아니었다.'고 말했고, '하지만 의회에도 큰 잘못이 있다고 생각하지는 않는다. 다만 사악한 운명의 장난이 둘 사이를 갈라놓았을 뿐이다.'라고 중얼 거린 후, '어떤 의미에서는 내가 죄 없는 사람에게 부당한 처형 명령을 내렸었기 때문에 의당 받아야 할 벌을 받는 것일지도 모른다.'는 소리도 남겼는데, 이 대목에서 왕은 스트랫퍼드 백작을 떠올린 것이었습니다.

왕은 죽음을 두려워하지는 않았습니다. 그는 다만 숨이 빨리 끊어지기를 바랐습니다. 그리하여 그가 마지막 말을 남기고 있을 때 누군가가 도끼날에 손을 대자, 그는 하던 말을 중단하고 소리를 쳤습니다. "도끼날을 주의하거라. 도끼에서 손을 떼거라!" 그리고 해커 대령에게는 "저들이 내게 너무 큰

찰스1세의 처형

고통을 주지 않도록 하게나."라는 부탁을 하고는, 망나니들을 향해 자신이 기도를 가능한 짧게 끝내고 손을 들이밀 테니 그것을 신호로 삼으라는 부탁을 했습니다.

왕은, 주교가 가져디 준 흰색의 공단 모자 아래로 머리카락을 말아 올리고, 말했습니다. "나는 대의를 위해 싸웠으며, 위대한 신의 가호가 함께 할 것이다." 이어서 주교는 왕에게 이제 이 고단한 인생의 마지막 무대가 끝날 것이며, 그 무대가 고통으로 이루어지더라도 짧은 순간에 끝날 것이고, 이후에는 영광의 길(지상에서 하늘나라로 이어지는 길)만이 남을 것이라고 위로했습니다. 그러자 왕은 마지막으로, 외투와 가슴에 차고 있던 문장을 주교에게 넘겨주며, "기억하라!"는 말을 남겼습니다. 그리고 왕이 무릎을 꿇고 손을 처형대 위에 올려놓고 길게 뻗자, 집행은 순식간에 이뤄졌습니다. 그리고 그 순간 군중들 속에서는 합창이라도 하듯 동시에 신음소리가 울려나왔으며, 마치 동상처럼 꼼짝하지 않던 경비병들은 곧바로 몸을 움직여 군중들을 해산시키며 거리를 정리해나갔습니다.

이렇게 해서, 스트랫퍼드 백작이 도끼날 일격으로 세상을 뜬 나이와 같은 49살의 나이로 찰스 I 세는 세상을 하직했습니다. 그의 애처로운 운명에 대한 동정은 있지만, 필자는 그가 자신의 죽음을 '민중들을 위한 순교'로 표현한 것은 받아들일 수 없습니다. 왜냐하면 오히려 민중들이 왕에 대해 순교자였고, 왕의 권리에 대한 순교자였기 때문입니다. 어쩌면 왕은 '순교자'에 대해 잘못된 편견을 지니고 있었을지도 모릅니다. 그는 저 불명에스런 버킹엄 공작을 '왕권의 순교자'라고 부르곤 했었기 때문입니다.

제33장.
올리버 크롬웰
ENGLAND UNDER OLIVER CROMWELL
[생몰 : 1599.4.25~1658.9.3]

[1부]

찰스 I 세를 처형한 바로 그날 하원은, 황태자를 포함한 어느 누구에게라도 영국의 왕이라 부르는 사람은 반역자로 처단한다는 법안을 통과시켰습니다. 그리고 곧바로 의회의 상원은 불필요하고 불온한 존재이므로 폐지한다는 내용이 공표됐습니다. 또, 런던의 상업거래소 및 다른 공공장소에서 있던 왕의 동상이 끌어내려졌습니다. 이어서 교도소에서 탈출을 시도했던 왕당파의 핵심인사들이 속속 체포됐고, 해밀턴 공작과 홀랜드 경, 그리고 카펠 경이 궁정의 앞마당에서 처형됐습니다.(이들의 마지막 순간은 매우 당당했습니다.)

이 모든 과정을 끝낸 후 의회는 국가통치위원회가 영국을 통치하도록 했습니다. 통치위원회는 모두 41명의 위원으로 구성됐는데, 그중 5명은 귀족이었으며, 의장은 브래드쇼가 맡았습니다. 그리고 하원은 왕의 처형에 반대하던 의원들을 다시 받아들여 총의원수가 약 150명에 달하게 됐습니다.

하지만 하원에는 여전히 처리하지 못한 골칫거리가 하나 남았는데, 그건 바로 4만 명이 넘는 군대의 문제였습니다. 왕의 처형이 있기 전에 군대는 장교들을 선발해서 의회에 자신들의 불만사항을 전달하도록 했었는데, 이제는 일반 사병들까지 나서서 불만을 제기하고 있었습니다. 그리고 아일랜드에 파견된 사병들이 반란을 일으켰고, 런던에 주둔하던 군대의 일부는 스스로 깃발을 세우고 하달되는 명령을 거부하기까지 하였습니다. 통치위원회는 이 사태의 책임을 물어 부대의 책임자를 총살하기까지 했지만 사태는 가라앉지를 않았습니다.

총살당한 책임자의 동료들과 민중들은 그를 애도하는 대중적인 장례식을 치른 후, 트럼펫 장송곡이 울리는 가운데, 피에 적신 로즈마리를 든 채, 그의 시신을 메고 묘지까지 행진하였습니다. 이런 혼란을 잠재울 사람은 크롬웰[1] 뿐이었습니다. 그는, 한밤중에, 반란군의 본거지인 솔즈베리 인근의 버포드 Burford 시내로 쳐들어가서, 약 4백 명에 달하는 병사들을 포로로 잡은 후, 상당수를 군법에 의해 처형해버렸습니다. 그러자 다른 사람들처럼 군대도 올리버 크롬웰은 함부로 범접할 수 있는 인물이 아님을 알아차렸으며, 더 이상 반란은 일어나지 않았습니다.

　한편, 스코틀랜드 의회는 아직까지 올리버 크롬웰에 대해 정확히 아는 바

1　정치가이자 군인으로, 청교도혁명Puritan Revolution이라고도 불리는 영국내전(English Civil Wars, 1642~1651)에서 활약한 인물. 1642년 왕당파와 의회파 사이에 내전內戰이 시작되자, 혁명군을 지휘하여 왕당파를 물리치고 공화정Commonwealth을 수립하는 데 큰 공을 세웠음. 1653년에 통치장전Instrument of Government을 제정하여 초대 호국경Lord Protector의 자리에 올라 1658년 병으로 죽을 때까지 전권을 행사했음.

　크롬웰은 1628년 헌팅던Huntingdon에서 하원의 의원이 되었으나, 찰스1세는 이듬해 의회를 해산하여 그 뒤 11년 동안 소집하지 않았음. 1631년 크롬웰은 소유한 땅을 처분한 뒤 세인트 아이브스St. Ives로 이사하였다가, 다시 엘리Ely로 옮겼고, 이 시기에 크롬웰은 찰스 1세의 세금 및 부과금, 종교 정책에 비판 의식을 지닌 청교도들과 폭넓게 교류하였음.

　1640년, 찰스1세가 스코틀랜드와의 전쟁비용을 충당하기 위해 다시 의회를 소집하자, 크롬웰은 단기의회Short Parliament, 장기의회Long Parliament에서 케임브리지를 대표하는 의원으로 활동했음. 1642년 의회파와 왕당파 사이에 영국내전English Civil Wars이 일어나자, 크롬웰은 고향인 헌팅던에서 기병대를 조직하고, 10월 에지힐Edgehill 전투에 참여해 전공을 세워 군사 지도자로 두각을 나타내기 시작했음. 그는 엄격한 규율을 갖춘 기병연대를 편성하여 훈련시켰으며, 그의 부대는 여러 전투에서 뛰어난 전과를 거두며 '철기군Ironsides'이라는 명성을 얻었음.

　1645년 의회파는 그의 부대를 본떠 신형군New Model Army을 편성했으며, 크롬웰은 이를 이끌고 네이즈비Naseby와 랭포트Langport 전투에서 큰 승리를 거두었고, 1646년 찰스1세가 머무르고 있던 옥스퍼드를 포위 공격하여, 마침내 1647년 1월 찰스1세를 사로잡았음.

　그러나 1648년 의회파 사이에 분쟁이 일어난 틈을 타서 찰스1세가 와이트 섬Isle of Wight으로 탈주하면서 제2차 내전이 일어났음. 크롬웰은 웨일즈로 원정하여 왕당파의 봉기를 진압하였고, 잉글랜드로 침입해 오던 스코틀랜드군을 프레스턴Preston에서 격파하였음. 1649년 1월 30일 의회파는 찰스1세를 처형하고 귀족원을 폐지하여 공화국Commonwealth of England을 세웠음.

　호국경이 된 크롬웰은 1654년 9월 의회를 소집하였으나 1655년 1월 해산하였고, 1656년 9월에 소집된 의회도 1658년 2월에 다시 해산하였음. 이 시기에 그는 법률 개혁과 교육 진흥 등의 사회 개혁을 추진했고, 유대인의 입국을 허용했으며, 라틴어 교육을 담당하는 중등학교 육성에도 힘을 기울였음. 하지만 1655년 왕당파의 반란이 다시 일어나자, 전국을 10여개의 군사구역으로 나누어 군정장관을 배치하는 등 군정軍政을 강화하였음.

　크롬웰은 1658년 병으로 런던의 화이트홀Whitehall에서 죽었으며, 웨스트민스터 대수도원에 묻혔음. 그가 죽은 뒤에 아들인 리처드 크롬웰(Richard Cromwell, 1626~1712)이 호국경이 되었으나, 몽크에 의해 1660년 왕정이 복고돼 찰스2세가 즉위하였고, 왕정 복고 후에 크롬웰의 무덤은 파헤쳐졌으며, 그의 시신도 거리에 내걸려졌음.

가 없었습니다. 그래서 그들은 왕의 처형 소식을 듣자마자, 스코틀랜드의 결맹인 '(신의) 약속'을 인정하는 조건으로 영국의 황태자를 찰스Ⅱ세로 인정하기로 했습니다. 그때 황태자 찰스는 외국에 있었으며, 그와 스코틀랜드 대표 간의 연결고리가 되어준 몬트로스라는 인물도 외국에 있었습니다. 하지만 이런 희망도 곧 물거품이 되고 말았습니다. 독일에서 수백 명의 망명객들을 동원한 몬트로스가 그들과 함께 스코틀랜드 해안가에 도착했을 때 자신들을 반겨줄 것으로 믿었던 민중들이 등을 돌렸기 때문입니다.

몬트로스는 곧바로 체포되어 에든버러로 이송되어 온갖 모욕을 받았습니다. 그의 부하들이 두 명 씩 짝을 지어 앞서 끌려가고 그는 마차에 실려 감옥으로 끌려갔습니다. 그는, 의회의 결정에 따라, 30피트나 되는 높이의 교수대에 목이 매달렸고, 머리는 에든버러에 효수되었으며, 사지는 오래된 악습에 따라 전국 각지로 보내졌습니다.

몬트로스는 생전에, 자신은 언제나 왕실의 명령에 따라 일을 했으며 자신의 육신이 갈기갈기 찢겨서라도 기독교를 전파하는데 사용된다면 더 이상 바랄 것이 없다는 소리를 하곤 했습니다. 그가 남긴 이 말 때문에 그의 충성심은 더욱 칭송을 받게 됐습니다. 그는, 39살의 나이로, 밝게 빛나는 옷을 차려입고 단두대에 임했으며, 그의 마지막 모습은 꽤 당당했습니다. 그의 숨이 채 넘어가기도 전에 찰스 황태자는 그와의 기억을 지워버리고, 그에게 자신을 대신해서 봉기하라는 명령을 하달한 것을 부인했습니다.

한편, 아일랜드에서 반란이 일어났는데, 의회는 아일랜드의 군 통수권을 올리버 크롬웰에게 위임한 바가 있었습니다. 크롬웰은 이 반란을 무자비하게 진압했고, 그 결과 대 파괴가 뒤따랐습니다. 특히, 드로이다 지역을 공격하면서 그 정도가 극에 달했는데, 크롬웰은 적어도 1천명의 주민들이 큰 교회로 대피한 것을 알고는 이른바 '크롬웰의 철기군Oliver's Ironsides'으로 알려진 병사들로 하여금 그들 모두를 살해하도록 했습니다. 그들 중에는 탁발 사제들과 신부들이 끼어있었는데 크롬웰은 영국으로 급파한 문서에서 그들도 다른 사람들처럼 '목을 베었다'고 무감각하게 쓰고 있습니다.

그리고 스코틀랜드 사람들을 따라갔던 찰스 황태자는 '(신의) 약속' 사람들의 방침에 따라 지겨운 설교를 듣고, 우울한 일요일을 보내는 등 매우 따분하고 일상을 보내고 있었는데, 영국 의회는 황태자를 충동질하고 있는 스코틀랜드 사람들을 처단하기 위해 크롬웰을 고국으로 불러들였습니다. 크롬웰은 자신의 대리인으로 사위인 아이어톤(그는 이후 이곳에서 생을 마감합니다.)을 아일랜드에 남겨놓고 영국으로 향했습니다. 아이어톤은 장인의 뒤를 이어 아일랜드를 제압하고 영국 의회의 발아래 두는 확실한 정책을 실현했습니다.

마침내 의회는 아일랜드에 안정을 되찾아주는 법안을 수립했는데, 이 법안은 일반 평민들의 죄는 사하여주지만, 과거의 반란에서 반란군에 협력했던 부호들이나, 신교도들의 학살에 관여한 자, 그리고 영국에 끝까지 지항히는 자들에 대해서는 자비를 베풀지 않는 내용이 들어있었습니다. 이에 따라 수많은 아일랜드 사람들이 가톨릭 신앙이 자유로운 나라로 탈출을 시도했고, 반란에 협조했던 사람들의 광활한 토지들이 몰수되어 반란 초기에 영국 의회에 돈을 빌려주었던 사람들에게 분배됐습니다. 이런 정책들은 질풍노도처럼 시행됐지만 만일 올리버 크롬웰이 끝까지 아일랜드에 남아 이를 주도했다면 그 정도는 훨씬 심했을 겁니다.

한편 앞서 말한 대로, 의회는 크롬웰이 스코틀랜드 문제를 해결해주기를 바랐습니다. 그래서 영국으로 돌아온 크롬웰은 잉글랜드공화국 군의 총책임자가 되어 3일 후 1만5천명의 병력을 이끌고 스코틀랜드를 향한 출정에 올랐습니다. 그러자 조심성 많은 스코틀랜드 사람들은, 크롬웰의 철기군에 상대가 되지 않는다는 판단 하에 병사들은 에든버러의 참호에 깊숙이 은거하고, 농민들은 농토를 버리고 도시로 철수해버리도록 했습니다. 스코틀랜드 사람들은 그리하면 철기군들이 굶주림을 견디다 못해 퇴각할 수밖에 없을 것으로 판단했습니다. 이는 의심할 나위 없이 올바른 전술이었습니다.
그러나 이때 스코틀랜드의 성직자들이 나서면서 일이 틀어지기 시작했습니다. 아무것도 모르던 성직자들은 병사들에게 참호에서 나와 싸워야한다고 끊임없이 설교를 했고, 이 설교를 들은 병사들은 싸워야 한다는 일념으로 가득 차게 됐습니다. 결국 병사들은 재수 없게도 안전한 참호를 박차고 나왔으며, 크롬웰의 병사들은 그 즉시 공격을 감행해서 3천명을 살해하고 1만명을 포로로 잡았습니다.

찰스 황태자는, 스코틀랜드 의회의 비위를 맞추고, 그들의 호의를 유지하기 위해 그들의 주장에 동조하는 서명을 하며, 자신의 부모를 비난하면서 스스로 가장 신앙심이 돈독한 왕자인 척하면서, '(신의) 약속'을 충실히 받들 것을 맹세한 적이 있었습니다. 그러나 이는 찰스의 본심이 아니었습니다. 그는 얼마 있지 않아 말을 타고 북부의 산악 고지대로 달아나, 그곳에서 단검과 청룡도를 잘 쓰는 친구들과 합류했습니다. 하지만 그는 곧바로 따라잡혀서 귀환하도록 설득 당했습니다. 그래도 '출발The Start'이라 불리던 찰스의 이 시도는 그에게 어느 정도 이점을 가져다주었는데, 스코틀랜드 사람들은 이전처럼 찰스에게 무료하고 기나긴 설교를 더 이상 강요하지 않게 됐습니다.

1641년 1월 1일 찰스는 스코틀랜드 사람들에 의해 스콘Scone에서 왕위에 올랐습니다. 그는 취임 즉시 2만 병력의 군권을 쥐고 스털링으로 진군해 들어갔습니다. 그의 야망은 크롬웰이 학질에 걸려 자리에 눕자 최고조에 올랐습니다. 그러나 크롬웰은 곧바로 자리를 떨치고 일어나, 왕당파 군대를 금세 따라잡았고, 스코틀랜드 군과의 모든 소통 수단을 끊어버렸습니다. 따라서 찰스와 왕당파들은 영국 땅으로 넘어가는 수밖에 없어서, 시장과 일부 젠트리들이 찰스를 왕으로 선언한 우스터 지역으로 진출했습니다. 하지만 우스터에 도착한 찰스는 우스터 지역이 자신을 찰스II세라고 선언했음에도 불구하고 왕당파의 숫자는 얼마 되지 않음을 알고 실망하지 않을 수 없었고, 게다가 바로 그날 자신을 지지하던 두 사람이 타워힐에서 공개적으로 처형됐음을 알고 실망을 금하지 않을 수 없었습니다. 그리고 왕당파의 두 배 속도로 우스터에 도달한 크롬웰의 철기군과 찰스를 지지하는 스코틀랜드 왕당파 군 사이에 대대적 전투가 벌어져 스코틀랜드 군과 왕당파들은, 비록 훌륭히 싸우기는 했지만, 무참히 패하고 말았습니다.

찰스는 우스터 전투에서 패해 패퇴敗退하는 신세가 되었지만, 그의 무용담이 영국 민중들에게 안타까움을 가져다줌으로써 그의 앞날에 도움을 주었습니다. 찰스는 야음을 타 일행 60여명과 함께 스태퍼드셔에 있는 가톨릭교도 여인의 집으로 탈주를 감행했습니다. 찰스를 따르던 60여명은 그곳에서 그의 안전을 위해 모두 해산했습니다. 그는 머리를 자르고, 얼굴과 손은 햇볕에 그을린 것처럼 검게 변장하고, 시골 농부의 옷으로 갈아입은 다음 아침이 되어 손에 도끼를 들고 집을 나섰습니다. 그때 그를 수행하던 사람들은 네 명의 나무꾼 형제와 그들의 처남뿐이었습니다. 날씨가 매우 좋지 않았으므로 이들 선량한 주민들은 찰스를 위해 나무 밑에 잠자리를 마련해주었고, 그들 중 한 사람의 부인이 먹을거리를 준비해주었으며, 4형제의 어머니는 숲에서 찰스를 알현하고, 무릎을 꿇고, 자신의 자식들이 찰스의 목숨을 구하는데 앞장선 것에 대해 신에게 감사기도를 올렸습니다.

밤이 되어 찰스는 숲을 벗어나서 웨일즈로 넘어갈 생각으로 세번Severn 강가의 또 다른 집에 머물게 됐습니다. 그러나 그 지역에는 군인들이 우글거렸고, 다리에는 경비병이 배치되어있었으며, 모든 배들은 단단히 잡아매어져 있었습니다. 그래서 찰스는 건초더미에 한동안 숨어 있다가, 그 지역에서 알게 된 가톨릭교도인 케어리스 대령의 도움을 받아 그곳을 빠져나왔습니다. 그리고 그와 대령은 다음날 하루 종일 거대한 참나무의 그늘진 나무 가지 위에 숨어있었습니다. 다행이 그때가 아직 나뭇잎들이 지지 않은 9월이었던지라 찰스와 대령은 나뭇가지 위에서 아래로 지나가는 경비병들의 일거수일투족을 내려다 볼 수 있었습니다.

이런 이후에 찰스는 발바닥이 부르트도록 걷고 또 걸어서 어느 집에 당도해, 경비병의 수색을 피해 하루 종일 숨어 있다가, 지인인 윌못 경과 함께 벤틀리Bentley라는 곳에 당도했습니다. 그리고 그곳에 살던 신교도 처녀인 레인이라는 여성이 브리스틀에 사는 친척인 존 윈터 경의 집에 가는 통행허가증을 발급받았고, 찰스는 하인으로 변장하고 레인 양의 앞에서 말을 타고 앞장섰으며, 윌못 경은 대담하게도 지방의 일반 신사처럼 그 뒤를 따랐습니다.

존 윈터 경의 저택에 당도했을 때는, 한때 리치몬드 궁에서 하인노릇을 했던 집사가 찰스를 알아보기도 했지만, 충성심이 남달랐던 그 집사가 찰스를 모르는 척해주는 일이 있기도 했습니다. 하지만 찰스를 싣고 갈 배를 구할 수 없게 되자, 도셋서 주 셰르본Sherborne 인근의 트렌트Trent에 새로운 집을 찾아들어갔습니다. 이때까지도 찰스는 레인 양의 하인으로 변장하고 있었습니다. 이곳에서 레인 양과 그의 사촌 래쉴레(그는 일행의 여정을 줄곧 함께 했었습니다.)는 각자 집으로 돌아갔습니다. 필자는, 레인 양이 매우 대담하고 상냥한 처녀였으므로, 그녀와 그 사촌이 결혼을 했기를 바랍니다. 필자가 그 사촌이었다면 아마도 그녀를 사랑하지 않고는 배기지 못했을 겁니다.

레인 양을 떠나보내고 찰스가 홀로 남겨져 있을 때, 두 명의 신사를 프랑스로 태워주기 위한 배가 구해졌습니다. 같은 날 밤이 되어 또 다른 처녀의 하인으로 분장한 찰스는 배의 선장을 만나기 위해 차마우스Charmouth라는 지역의 선술집을 향해 출발했습니다. 하지만 선장의 아내가 남편이 골치 아픈 일에 개입하는 것을 꺼려서 선장의 앞길을 가로막는 일이 발생했습니다. 그래서 그들은 다시 브리드포트Bridport로 방향을 틀어 그곳 어느 여인숙에 당도했는데, 그곳 마구간 마당에는 이미 찰스를 추적 중인 수많은 병사들이 술을 마시고 떠들고 있었습니다. 이때 찰스는 대담하게도, 여느 하인들처럼 말을 몰고 앞장서서, "군인 아저씨들 자리를 좀 비켜주시겠습니까? 잠시 좀 지나가겠습니다."라고 소리를 쳤습니다. 그때 거나하게 취한 어느 말구종이 눈을 비비며 다가오더니 찰스에게, "젊은 친구, 나는 자네가 엑세터의 포터 씨 집 하인 일을 볼 때 만난 적이 있네. 맞지?"라고 물었습니다. 찰스가 이전에 엑세터의 그 집에 묵은 적이 있었기 때문에 그 말구종의 기억은 틀린 것이 아니었습니다. 그러자 찰스는, "맞습니다. 내가 그 집에 한동안 머문 적이 있었지요. 하지민 지금은 이야기를 길게 할 시간이 없군요. 나중에 기회가 되면 맥주나 한 잔 하시지요."라고 응수했습니다.

이 위험스런 장소를 떠나 찰스는 트렌트로 다시 돌아가, 며칠간을 숨어 지냈습니다. 그리고 나서 그는 솔즈베리 인근의 힐레Heale로 장소를 옮긴 다음 그곳의 어느 과부 집에서 5일간을 숨어 있다가, 프랑스로 떠나는 '어느 신사'의 안내자 역할을 자청하는 퇴역한 광산의 감독을 만나게 됐습니다. 10월 15일 밤, 두 명의 대령과 한 명의 상인과 함께, 찰스는 한적한 어촌 마을인 브라이튼Brighton으로 말을 달려, 배에 오르기 전 선장에게 저녁을 대접하려 했는데, 많은 사람들이 그를 알아봤고, 그 선장 또한 찰스가 누군지를 알아챘으며, 여인숙의 주인 부부도 찰스를 알아봤습니다. 찰스가 그곳을 떠나기 전 여인숙의 수인이 잘스가 앉은 의사 뒤로 다가 가더니, 그의 손에 기스를 하고, 나중에 그들 부부도 귀족이 되는 영광을 받았으면 좋겠다는 말을 했고, 찰스는 큰소리로 웃었습니다.

일행은 충분한 저녁 식사를 마치고 담배를 피우고 술을 마셨습니다. 그리고 선장은 찰스에게 자신이 항상 옆을 지켜주겠다는 약속을 했고, 그는 실제로 그렇게 했습니다. 출발할 때가 되어, 선장은 딜Deal 지방으로 출항하는 것으로 하고, 대신에 찰스가 선원들에게 자신이 빚쟁이에게 쫓기는 신사라고 소개한 뒤, 선원들이 선장을 설득해서 자신을 프랑스까지 데려다 주도록 부탁해달라고 요청하는 것으로 일을 꾸몄습니다. 그런 결과, 찰스가 자신의 역할을 매우 잘 수행했고, 선원들에게 술값 20실링을 제공했으므로 선원들은 선량한 신사 분이 요청하는 것을 들어주도록 선장에게 요구하게 됐습니다. 선장은 마지못해 선원들의 요청을 들어주는 척했고, 찰스는 무사히 노르망디에 상륙할 수 있었습니다.

이제 아일랜드는 진압되었고, 스코틀랜드는 크롬웰의 군대가 주둔함에 따라 평화를 유지하고 있었으므로 의회는 네덜란드와의 문제만 없었다면 비교적 조용하게 정국을 장악할 수 있었을 겁니다. 하지만 1651년 봄에 네덜란드는 반 트롬프 제독의 지휘 아래 함대를 영국의 고원지대로 파견해서, 네덜란드 함대의 반 정도의 함선을 보유하고 그곳을 지키고 있던 블레이크 제독에게 항복을 권유하는 일이 발생했습니다. 하지만 블레이크 제독은 항복은커녕 대포를 발사하며 트롬프 군을 격퇴시켜버렸습니다.

그러나 네덜란드 해군은 가을에 다시 쳐들어와서 여전히 전력이 열세이던 블레이크의 해군에 다시 싸움을 걸어왔습니다. 블레이크는 열심히 싸웠지만, 수적인 열세를 감당하지 못하고 야음을 타 도주해버렸습니다. 그러자 트롬프는, 함대의 돛대 끝에 네덜란드의 대형 금작화를 꽂고, 도버해협의 북포랜드North Foreland와 아이트 섬 사이의 영국 바다를 휩쓸어버리겠다는 시위라도 하듯 의기양양하게 통과하며 지나갔습니다. 그러나 석 달 뒤 블레이크는 반격을 시도해서 트롬프와 네덜란드 금작화의 기를 꺾어버렸습니다. 블

의회를 무시하는 올리버 크롬웰(1653년)

레이크와 다른 두 명의 지휘관인 딘과 몽크는 트롬프 부대와 3일간을 쉬지 않고 싸움을 벌여, 23척의 함선을 나포하고, 급작화를 갈기갈기 찢어놓았습니다.

정국이 좀 조용해지는가 싶더니 이번에는 군대가 의회를 향해, 국가를 올바로 운영하지 못한다는 불만과 함께 자신들이 직접 통치를 맡겠다고 나섰습니다. 이때쯤에는 이미 국가의 수장이 되겠다는 결심을 굳힌 크롬웰은 군대의 이와 같은 의견을 지지하며, 화이트홀에 있는 그의 거처로 군 장교들과 의회 내의 지지자들을 불러 모아, 의회를 폐지하는 방안에 대해 숙고하였습니다.

심사숙고 끝에 나온 결론은 크롬웰이, 평상시처럼 보기흉한 회색 스타킹에 평범한 검은 드레스를 입고, 그러나 평소와는 다르게 일단의 군인들을 대동하고 등원하는 것이었습니다. 크롬웰은 의회에 도착해서, 군인들을 로비에 남겨놓은 채, 회의장 안으로 들어가 자리에 앉았습니다. 그리고 얼마 있다가 일어서서, 하나님은 이제 더 이상 의회에 관심이 없다고 말하며 회의장 바닥을 발바닥으로 몇 번 내리찧더니, "따라서 이제 이런 의회는 더 이상 필요 없습니다."라고 잘라 말한 뒤 "병사들은 안으로 들어오라. 진입!"이라는 명령을 내렸습니다. 그의 명령을 신호로 회의장 문이 열리고 군인들이 나타났습니다. 이때 의원 중의 한 명인 헤리 베인 경이, "이건 정당하지 못한 행동이오!"라고 소리를 지르자, 크롬웰은 "아, 헤리 베인 경이시구만. 하나님은 바로 경과 같은 인물들의 손아귀에서 본인을 구하고자 하시는 거지!"라는 말을 했습니다.

그런 다음 그는 의원들 하나하나를 지목하며, 이 자는 술주정뱅이이고 저 자는 난봉꾼이고, 또 이 자는 거짓말쟁이라는 식으로 몰아갔습니다. 그리고 이어서 그는 의장에게 자리에서 일어나라고 명령한 다음, 병사들을 시켜 회의장을 정리하도록 하고, 의회가 개회 중임을 표시하는 탁자 위의 의사봉을 가리키며 겉만 번지르르한 멍청한 물건이라고 지칭하면서, "이리 와서 이걸 치워버려!"라고 명령했습니다. 이렇게 한바탕 소란을 피우고 난 다음 크롬웰은 조용히 일어나 나가면서 의회 문을 자물쇠로 잠그고는 열쇠는 주머니에 넣고 화이트홀로 돌아가서, 아직 해산하지 않고 모여 있던 측근들에게 무용담을 늘어놓았습니다.

정국을 비정상적인 상태로 몰고 간 다음 크롬웰 일행은 '국가통치위원회'를 구성하고 자신들의 구미에 맞도록 새로운 의회를 구성했고, 크롬웰은 개원 연설을 통해 이것이 완벽한 지상낙원의 시발점이 될 것이라 장담했습니다. 새로 구성된 의회에는 유명한 가죽 판매업자가 한자리를 차지했는데, 그는 '하나님의 말라깽이'라는 다소 특이한 이름을 지니고 있었으며, 사람들은 이 의회가 일반적으로 '작은 국회Little Parliament'라고 불림에도 불구하고 그의 이름을 따서 우스갯소리로 '말라깽이 국회Barebones's Parliament'라고 불렀습니다. 하지만 이 의회가 크롬웰을 국가의 최고통치권자로 떠받들지 않

영국과 네덜란드의 두 번째 해전(1665~1667)

자 전혀 '지상낙원의 시발점'처럼 보이지를 않았습니다. 그래서 크롬웰은 이 의회를 더 이상 봐줄 수가 없었습니다. 결국 그는 이전처럼 이 의회도 쓸어버렸으며, 이제 통치위원회의 위원들은 크롬웰이 '호국경Lord Protector of the Commonwealth'이 돼어야한다는 생각에 이르게 됐습니다.

그래서 1653년 12월 16일에 성대한 행사가 크롬웰의 집 앞에서부터 이뤄지는 가운데, 그는 검은 벨벳 양복과 부츠 차림으로 마차에 올라, 판사들과 시장 및 시의원들과 같은 유명 인사들의 호위를 받으며 웨스트민스터로 들어섰습니다. 그리고 웨스트민스터의 대법관청에서 그는 호국경의 자리를 공개적으로 수락했습니다. 이어서 그는 취임서약을 했고, 런던 시를 상징하는 칼과 인장을 포함한, 국왕 부부가 공식적으로 국가를 대표할 때 사용하는 모든 물품들이 그에게 주어졌습니다. 이로서 크롬웰이 호국경으로 자격을 갖추는 모든 행사가 완료됐고, 일부 철기군들은 밤늦도록 이날의 행사에 대해 장광설을 늘어놓기도 했습니다.

[2부]

사람들이 그를 가리켜 오래도록 '노익장Old Noll'이라고 불렀던 크롬웰은 호국경의 자리를 수락하면서, 왕당파나 가톨릭교도가 아닌, 4~5백병의 의원들로 구성된 새로운 의회를 소집한다는 약속이 적힌 문서에 서명한 적이 있었습니다. 그는 나아가, 의회 스스로가 해산을 선언하기 전에는, 개원 후 5개월 이내에 자신이 의회를 해산하는 일은 없을 것이라는 약속도 했습니다.

이 의회가 처음 열리자 크롬웰은 3시간의 일장연설을 통해 의회가 국가의 복리를 위해 어떤 책무가 있는지를 역설했습니다. 그리고 그는 의회 내의 강경파를 다스리기 위해 의원들의 행동을 제한하는 행동강령에 서명하도록 강요했는데, 이는 군권을 포함한 국가의 권력을 완벽하게 장악하기 위한 일환으로 취해진 조치였습니다. 그는 또 특유의 열정과 결단력으로, 자신을 악당이라 부르며 비난을 서슴지 않던, 광신적인 성직자들을 직접 찾아가 교회를 폐쇄하고 일부 성직자들은 감옥으로 보내기도 했습니다.

당시의 영국이나 그 어느 다른 나라에도 올리버 크롬웰만큼 국가를 잘 통치한 지도자는 없었습니다. 비로 강압적인 수단을 사용하고, 왕당파들에게 과도한 세금을 부과하기는 했지만(그렇다고 해서 왕당파들이 그의 목숨을 노리는 음모를 꾸밀 정도까지는 아니었습니다.) 그는 시대가 요구하는 현명한 통치자라 할 수 있었습니다. 그가 통치하던 시기의 영국은 외국으로부터 좋은 평판을 받던 시대에 속했기 때문에, 필자는 그 이후 왕이나 왕비를 받들며 영국을 통치하던 집권층들이 그의 집권 기록에서 많은 교훈을 얻기를 바랍니다.

크롬웰은 불굴의 해군 제독 블레이크를 지중해로 파견해, 영국의 상선들을 강탈하고 영국의 선원들에게 상해를 입힌 이탈리아의 토스카나 공작을 추궁해 6만 달러를 받아내기도 했습니다. 또 그는 블레이크와 함대를 알제리와 튀니지, 그리고 트리폴리 등지로 파견해서 그 지역의 해적들에게 나포됐던 영국의 선박들과 선원들을 구출하도록 했습니다. 이와 같은 일들은 너무도 명예롭게 이뤄졌습니다. 그에 따라 영국은 대단한 열정을 지닌 지도자가 통치하고 있으며, 다른 나라가 영국을 업신여기는 것을 절대로 용납하지 않을 것이라는 사실이 전 세계에 분명하게 각인되었습니다.

크롬웰의 대외적 업적은 이것뿐만이 아니었습니다. 네덜란드에 대항에 함대를 파견해서, 양측은 도버해협의 북 포랜드North Foreland에서 맞닥뜨리고, 하루 종일 전투를 벌였습니다. 그리고 전투 도중 딘 제독이 전사하자, 그와 함께 지휘를 맞고 있던 몽크는 수병들이 알지 못하도록 그의 시신을 외투로 가린 후, 대신 전투의 지휘를 맡았습니다. 영국 함대의 뱃전에서 대포가 불을 뿜자, 비록 무시무시한 반 트롬프 제독이 도망자들을 총으로 즉결처분했음에도 불구하고, 네덜란드 함선들은 꽁지 빠지게 달아나느라 정신이 없었습니다. 그리고 얼마 있지 않아서 양국은 네덜란드 해안에서 다시 한 번 교전을 벌이게 됐습니다. 이 전투에서 맹장猛將 반 트롬프는 가슴에 총을 맞고 전사했으며, 네덜란드는 항복했고, 마침내 평화가 찾아왔습니다.

한편, 스페인은 남아프리카에서 생산되는 모든 금과 은에 대한 권리를 독점하고, 그 지역을 지나치는 디른 니리의 모든 함선들을 해적으로 취급하며, 특히 영국의 신민을 잡아다가 저 끔직한 스페인의 마녀재판소의 감옥에 가둬놓곤 했었는데, 이러한 위압적이고 고집스런 스페인의 처사에 대해서도 크롬웰은 그냥 보아 넘기지를 않았습니다. 그래서 그는 스페인 대사를 불러, 영국의 함선은 어디든지 항해할 수 있으며, 영국의 상인들을 스페인의 성직자들이 멋대로 잡아다가 투옥해서는 안 된다고 엄중 경고했습니다. 그러자 스페인 대사는, 금과 은이 생산되는 국가와 마녀재판소는 스페인 왕의 양 날개이므로 자신은 그 둘 중 어떤 것도 막을 힘이 없다고 답변했습니다. "그렇다면 좋소." 스페인 대사를 향해 크롬웰이 말했습니다. "그렇다면 스페인 왕의 그 날개를 이 크롬웰이 당장 꺾어놓으리다."

그리하여 또 다른 함대가, 펜과 베너블스 두 상군의 지휘 하에, 이스파뇨라

블레이크 제독의 죽음

섬을 향해 출발했습니다. 하지만 이번에는 영국 해군은 스페인 군대를 이기지 못했고, 함대는 풀이 죽어 영국으로 돌아왔습니다.

두 부하 장군들이 블레이크 제독처럼 용감하게 행동하지 못한 것에 화가 머리끝까지 난 크롬웰은 그들을 감옥에 처 넣고는 스페인과 전쟁을 선포했습니다. 그리고 그는 블레이크 제독을 파견해서 스페인 함대와 교전을 벌이도록 했고, 그 결과 제독은 스페인 전함 네 척을 침몰시키고, 2백만 파운드의 은화가 가득 실려 있는 두 척의 배를 나포하는 전과를 거둘 수 있었습니다. 이 눈부신 전리품들은 포츠머스 항에서 마차에 실려 런던으로 운송되었는데, 민중들은 마차가 지나는 곳곳마다 몰려나와 환호성을 지르며 기뻐했습니다.

이러한 전승을 거둔 후, 블레이크 제독은 멕시코에서 출항하는 스페인 보물선들을 중간에서 차단하기 위해 다시 싼타 크루즈Santa Cruz 항을 향해 출발했습니다. 그곳에 도착한 제독은, 7척 선단의 호위를 받는 보물선 10척이 정박해있고, 섬에 우뚝 솟은 성에 설치된 7문의 대포에서는 그의 함선을 향해 포탄을 발사하는 것을 발견했습니다. 하지만 블레이크는 대포라고 해서 소총 이상으로 겁을 내거나 하지 않았으며, 포탄을 눈덩어리 정도로 가볍게 여겼습니다. 그는 항구를 향해 곧장 돌진해 들어가서는 적의 모든 배들을 나포해서 불태워버렸습니다. 그리고 나서 그는 다시 한 번 승리의 영국 깃발을 돛대에 높이 올리고 유유히 항구를 빠져나왔습니다.

하지만 그것이 이 위대한 해군 제독의 마지막 전투였습니다. 그는 극도로 심신을 혹사했으며, 민중들의 대대적 환영 속에서 자신의 함대가 플리머스 항으로 개선장군이 되어 진입할 때는 이미 숨을 거둔 상태였습니다. 그는 웨스트민스터 사원에 묻혔습니다.

이런 뛰어난 치적들과 더불어, 크롬웰은 프랑스 루선느Lucerne 계곡의 발도파[2] 신교도들이 가톨릭교도들에게 살해되는 등의 극심한 박해를 받고 있다는 사실을 접하고, 이를 저지하는 데도 힘을 기울였습니다. 그는 즉시 그곳의 가톨릭교도들에게 그와 같은 잔인한 종교 탄압은 신교 국가인 영국으로서 도저히 묵과할 수 없는 행위라고 주장하며, 자신의 이름을 걸고 뜻을 관철시켜, 발도파 신교도들이 자신들의 신앙에 따라 자유로이 종교 활동을 할 수 있도록 해주었습니다.

마지막으로, 크롬웰의 영국 군대는 프랑스와 손을 잡고 스페인과 전투를 벌여서, 던커크에 주둔 중인 스페인 군을 무찔렀는데, 프랑스 왕은 양국의 용맹과 무훈을 기념하기 위해 그 지역을 영국에 넘겨주었습니다.

한편, '제5왕국파Fifth Monarchy Men'라는 광신도들 및 공화주의자들로 구성된 단체가 크롬웰을 제거하려는 음모를 꾸미고 있었습니다. 크롬웰은 공화주의자들이 언제나 그를 반대하는 데 앞장서고 있었기 때문에 이들을 대처하는데 무척이나 애를 먹고 있었습니다. 그리고 '바다 건너 왕'(당시 사람들은 찰스를 그렇게 불렀습니다.)도 크롬웰의 목숨을 노리는 무리들과 끊임없이 연락을 취하고 있었습니다. 또, 군 내부에는, 한때는 크롬웰의 열렬한 지지자였던, 색스비 대령이라는 인물이 그에게 등을 돌리고 커다란 걸림돌 노릇을 하고 있었습니다. 색스비는 영국과 스페인 사이를 왕래하며 크롬웰에 불만을 가진 사람들의 가교 역할을 하고 있었으며, 프랑스로부터 버림을 받자 이제는 스페인과 손을 잡은 찰스와도 긴밀히 연락을 취하고 있었습니다.

그리는 도중에 색스비가 감옥에서 죽음을 맞이했습니다. 그리고 왕당파와 공화주의자들 사이에 매우 위중한 음모가 싹트며 영국 내부에서 폭동의 조

---

2 Vaudois, 프랑스 사람 Peter Waldo가 창시한 그리스도교 청교도의 한 파

짐이 일었습니다. 이들은 어느 일요일에 솔즈베리 시내로 쳐들어가서 다음 날 순회재판을 준비 중인 판사들을 붙잡았고, 아마 그들 내부의 온건파들의 반대가 없었다면, 그 판사들을 처형해버렸을 겁니다. 크롬웰은, 다른 반란에 대처했던 것처럼, 이들의 봉기에도 기민하게 대처해서 금세 진압해버렸으며, 주모자인 윌못 경(이 사람은 당시 로체스터의 백작으로 있었으며, 찰스가 국외로 탈출하는 것을 도왔던 경력을 지지고 있었습니다.)은 가까스로 탈출해서 목숨을 건졌습니다.

올리버 크롬웰은 어느 곳에든지 그의 눈과 귀를 심어놓은 것처럼 보였으며, 그의 적들은 감히 꿈도 꾸지 못할 정보력을 지니고 있었습니다. 예컨대 스스로를 '봉인 매듭Sealed Knot'이라 부르며 찰스와 긴밀한 유대관계를 유지하던 여섯 명의 비밀결사의 경우, 리처드 윌리스 경이 그 비밀모임의 핵심 역할을 맡고 있었는데, 그는 자신들 사이에서 일어나는 모든 일을, 일 년에 2백 파운드를 받고, 크롬웰에게 보고하는 정보원 역할을 하고 있었습니다.

그런가 하면 호국경을 반대하던 인물 중에는 이전 군대 출신의 마일즈 신다콤이라는 인물도 있었습니다. 신다콤은 세실이라 불리던 사람과 모의해서, 크롬웰의 경호원을 매수하여 그가 밖으로 나오는 순간에 저격을 할 수 있는 최상의 자리를 확보하려했습니다. 하지만 크롬웰이 스스로 많은 주의를 기울였던지 아니면 그의 운이 좋았던지 모르지만 이 계획은 수포로 돌아갔습니다. 그러자 크게 실망한 음모자들은 폭약을 준비하고, 화이트홀에 있는 어느 교회로 찾아들어가, 6시간 이내에 터지는 폭약을 장치해서, 폭약이 터지는 순간 혼란의 틈을 이용해 크롬웰을 처단하려 했습니다. 그러나 크롬웰의 경비원이 이 계획을 밝혀냈고, 그들 모두는 체포됐으며, 마일즈 신다콤은 처형장의 이슬로 사라지기 바로 전에 죽음을 맞이했습니다.(감옥에서 자결했다는 이야기도 있습니다.)

크롬웰은, 이러한 반란자들을 처리함에 있어, 일부는 목을 베었고, 또 일부는 교수형을 시켰으며, 무기를 직접 들고 대항했던 많은 수는 서인도제도로 보내 노예로 삼아버렸습니다.

올리버 크롬웰은 법 시행을 매우 엄격하고 공정하게 처리했습니다. 한번은 포르투갈 대사의 동생인 포르투갈 귀족이 사람을 잘못 알고 엉뚱한 사람을 살해한 적이 있었는데, 그는 이 인물이 외국인들로 구성된 배심원들 앞에서 재판을 받도록 한 후, 런던에 주재하던 모든 대사들이 그의 목숨을 살려달라고 간청했음에도 불구하고 사형을 집행한 일도 있었습니다.

크롬웰의 가까운 친구 중에 올덴버그Oldenburgh 공작이 있었습니다. 한번은 그가 6두마차를 크롬웰에게 선물한 일이 있었습니다. 그런데 이 선물은 지금까지 어떤 음모자들보다 왕당파들에게 큰 기쁨을 안겨주게 됩니다.
어느 날 크롬웰은 그의 비서와 다른 신사들과 함께 식사를 하기 위해 이 마차를 타고 하이드파크의 나무 밑을 지나고 있었습니다. 오찬을 끝낸 크롬웰은 친구들을 마차에 태워 집에 데려다주겠다는 제안을 했습니다. 당시의 관습대로 마부가 가장 앞에 있는 말에 올라타고, 크롬웰이 말채찍을 잡았는데, 크롬웰이 채찍을 너무 힘차게 휘두르자 말들이 놀라 날뛰는 바람에 앞에 있던 마부는 멀리 날아가 떨어지고, 크롬웰은 미치에 머리를 부딪히고, 바지에 차고 있던 권총이 마구와 뒤엉켜서 격발되는 바람에 하마터면 목숨을 잃을 뻔했습니다. 그는 신발 밑창이 터져 발가락이 나올 정도로 한참 동안을 마차에 질질 끌려가다가, 마차 바로 밑에서 간신히 멈출 수 있었고, 불운은 그걸로 끝이 났습니다.
마차에 동승했던 손님들도 경미한 타박상을 입는 데 그쳤고, 이 소식을 접한 크롬웰의 정적들은 너무나 안타까워했을 겁니다.

호국경으로서의 올리버 크롬웰과 관련된 이야기의 남은 부분은 의회와 관련된 것들입니다. 처음으로 소집됐던 의회가 마음에 들지 않자, 그는 5개월을 기다린 후, 곧바로 그 의회를 해산시켜버렸습니다. 그리고 나음으로 소집

590

된 의회는 그의 정치 이념과
훨씬 잘 부합되었고, 안전만
보장된다면, 그 의회를 통해
서 왕이라는 직책을 획득하
고자 했습니다.

크롬웰은 한동안 왕의 자
리를 욕심냈었는데, 이는 영
국 민중들이 왕이라는 직책
에 익숙해 있어서 왕의 자리
에 올라야 그들의 복종심을

존 밀턴을 방문한 올리버 크롬웰

더욱 잘 이끌어낼 수 있다고 그가 판단했거나, 아니면 진심으로 왕의 자리에
욕심이 났고, 그것을 차지하고 자신의 가족에게 왕위 계승권을 넘겨주고자
하는 욕심의 발로였는지는 확실하지 않습니다. 필자는, 크롬웰은 이미 영국
과 전 세계로부터 영국의 최고지도자로 인정을 받고 있었기 때문에 그가 단
순히 지위 자체에 관심을 갖은 것은 아니라고 생각합니다.

하지만 그럼에도 불구하고 하원은 '간청서Humble Petition and Advice'라는 형식
의 문건을 작성해 크롬웰에게 최고의 자리에 오르고, 그의 후계자까지 지정
하도록 요청했습니다. 이점과 관련해서는 만일 군대의 강력한 반대만 없었
다면 크롬웰이 이 청원을 받아들였을 것이라는 데에는 의문의 여지가 없습
니다. 크롬웰이 삼가는 태도를 취하고 간청서의 일부만 수용했던 것은 순전
히 군대의 눈치를 보았기 때문입니다. 이 사실과 관련하여 웨스트민스터에
서는 하나의 쇼가 연출되었는데, 하원의 의장은 크롬웰에게 공식적으로 담
비가죽으로 수를 놓은 보라색 가운을 입힌 후, 화려하게 장식된 성경책과 왕
의 홀笏을 그의 손에 건네주기도 했습니다.

이후 의회가 다음 차례 회합을 가질 때 크롬웰은, '간청서'에서 그에게 위임
한 대로, '60인 위원회'를 소집했습니다. 그러나 의회가 그의 성정性情을 거스

르고 국정을 소홀히 하자 그는 어느 날 아침 6명의 경비병만을 대동하고 마차에 올라타 의원들을 해산시켜버렸습니다. 필자는 크롬웰이 이러한 행동을 통해, 말로만 떠들지 말고 일을 제대로 하라는 경고를 의회에 보낸 것으로 믿고 싶습니다.

　1658년 8월에 올리버 크롬웰이 애지중지하던 큰딸, 엘리자베스 클레이폴(그녀는 최근에 장남을 잃은 일이 있었습니다.)이 병이 들어 자리에 눕자, 크롬웰은 큰 상심에 빠졌습니다. 그의 다른 딸은 펠콘버그 경과 결혼을 했고, 또 다른 딸은 워릭 백작의 손녀와 결혼을 하였고, 아들인 리처드는 상원의원이 되었습니다. 그는 자식들을 무척이나 사랑했고, 착한 아빠에 선한 남편이었지만, 그 중에서도 큰딸에 대한 사랑이 유별났습니다. 그는 큰딸을 보기 위해 햄프턴 코트 달려갔고, 그녀가 죽을 때까지 침대 옆에서 꼼짝을 하지 않았습니다.

　크롬웰은 종교와 관련해서는 어두운 구석이 많았지만, 개인적인 성품은 밝은 면이 많은 편이었습니다. 그는 집안에서 음악 듣기를 즐겼으며, 일주일에 한 번씩 군대의 장교들을 집으로 초대해서 대화를 했고, 사적으로는 언제나 조용하고 품위 있는 생활을 영위했습니다. 그는 또 학자들을 적극 지원하며, 언제나 지식인들을 자신의 곁에 두고 살았습니다. 밀턴[3]은 그의 친구 중 대표적 인물이었습니다. 크롬웰은 유머에도 남다른 감각을 소유했는데, 귀족들을 집으로 초대해서는 자신의 정보력을 자랑이라도 하듯이 자신은 그들이 언제 '바다 건너 왕'의 건강을 위해 축배를 들었는지 알고 있으며, 다음부터는 그런 짓을 하려면 좀 더 은밀하게 할 것을 권고하기도 했습니다.

　어쨌든 크롬웰은 무척 바쁘게 보냈으며, 자신의 건강을 돌보지 않고 국사國事를 돌보는 과중한 업무를 스스로 견뎌냈습니다. 그러다가 그는 통풍과 학질을 앓게 됐고, 그와 더불어 사랑하던 아들이 사망하자 완전히 기력을 상실하고 자리에서 다시는 일어나지 못했습니다. 그는 8월 25일에 담당 의사에

3　John Milton(1608-74), 영국의 시인

게, 신께서는 자신을 그런 하찮은 병으로 세상을 뜨게 하지는 않을 거라는 확신을 심어줬기 때문에 자신은 곧 회복될 것이라는 말을 했습니다. 하지만 이는 병중에 찾아온 그의 환상에 불과했습니다. 그는 9월 3일에(그날은 우스터 대전투를 기념하는 날이자 크롬웰이 스스로 운이 좋은 날이라고 점쳤던 날이었습니다.) 60살을 일기로 세상을 떴기 때문입니다. 그는 죽기 전 한동안 의식을 회복하지 못하고 헛소리를 중얼거리기도 했지만, 아주 희미하게 기도를 읊조리기도 했습니다.

전 국토가 크롬웰의 죽음을 안타까워했습니다. 만일 여러분들이 올리버 크롬웰의 진정한 가치와 그가 영국이란 나라에 바친 노력을 알고 싶다면 다음에 이어지는 찰스 II 세 치하의 영국과 크롬웰이 다스리던 영국을 비교하는 것 이상으로 좋은 방법은 없을 겁니다.

크롬웰은 아들 리처드를 자신의 후계자로 지목하고 세상을 떴습니다. 그리고 스트랜드 가의 섬머셋 하우스에서 아버지의 성대한 장례식이 끝난 후, 리처드는 호국경의 자리에 올랐습니다. 리처드는 온화한 성품을 소유하였지만, 아버지의 천재적 자질을 물려받지 못했고, 정치적인 반대자들이 우글거리는 세상에 어울리는 인물이 못 됐습니다. 그가 호국경으로 재직했던 1년 반 남짓의 기간은 군대의 장교들과 의회 간의 분쟁의 시기였고, 장교들 스스로 간에 극심한 불화를 겪던 시기였으며, 민중들에게는, 재미있는 일이라고는 전혀 없는, 과도한 종교적 의식과 설교만이 강요되던 시절이었고, 그래서 민중들 사이에는 변화에 대한 욕구가 강하게 자리 잡은 시절이었습니다.

마침내 몽크 장군이 군대를 완전히 장악한 다음, 크롬웰이 죽고 난 다음부터 은밀하게 마음속에 간직했던, 위대한 계획을 실행에 옮기고자 했습니다. 그는 왕을 다시 옹립하고자 하였던 것입니다. 하지만 그는 이 계획을 공공연하게 추진하지는 않았습니다. 그는 존 그린빌 경(이 사람은 데번서 출신

하원 의원으로, 찰스 스튜어트가 브레다에서 작성한 편지를 들고 하원에 등장했습니다.)의 제안을 강력하게 지지했습니다. 그는 이미 찰스와 은밀하게 연락을 취하고 있었습니다. 그리고 이어서 음모, 역음모들이 벌어지고, 장기 의회의 의원들이 다시 소집되었고, 왕당파들이 다시 급조되기도 하는 등 일대 혼란이 벌어졌습니다.

그러자 대부분의 사람들은 혼란스런 정세에 넌더리를 냈고, 올리버 크롬웰처럼 카리스마를 지니고 국가를 통치할 인물을 아쉬워하며, 찰스 스튜어트의 귀국을 기꺼이 받아들이기로 합니다. 하지만 식견 있는 사람들은 찰스가, 브레다 서신을 통해서, 국가를 잘 통치하겠다는 약속을 하지 않았으므로 귀국하기 전에 분명한 언질을 받아야 한다는 주장을 하기도 했습니다. 그러나 몽크 장군은 찰스가 귀국하면 모든 것이 잘 풀릴 것이라고 주장했습니다.

이렇게 되자, 또 한 명의 스튜어트를 왕으로 맞이하면 영국이 번영을 이루고 국민들이 행복해질 것이라는 장밋빛 환상이 갑자기 전국토를 사로잡게 됐고, 전국은 폭죽 소리와 축하의 횃불과 종소리로 떠들썩했고, 사람들은 모자를 하늘 높이 던지며 찰스의 귀국을 축하했습니다. 또, 사람들은 수 천 명씩 길거리에 몰려나와 세로운 왕의 건강을 위해 축배를 들며 기뻐했습니다. 이제 크롬웰의 공화국 군대는 설자리를 잃게 되고, 왕의 군대들이 다시 그 자리를 차지했으며, 왕실을 위한 자금이 모금되었습니다. 그리하여 왕을 위해서는 5만 파운드, 왕의 동생인 요크의 공작에게는 1만 파운드, 또 다른 동생인 글로스터의 공작에게는 5천 파운드가 준비됐습니다. 그리고 모든 교회에서는 이들 찰스 형제들을 위한 축복 기도가 올려 졌으며, 왕을 귀국시키기 위한 대표단이 네덜란드로 출발하였습니다.

몽크와 켄트 지방의 대공들이 도버로 마중 나가 그곳으로 상륙한 찰스 왕 앞에 무릎을 꿇었습니다. 그러자 찰스는 몽크를 껴안고 키스를 한 다음 자신의 마자에 태운 후, 동승하고 있던 동생들과 함께 런던에 입성했습니다.

1660년 5월 29일 찰스가 런던에 도착해서 블랙히스를 통과할 때 민중들 사이에서는 기쁨의 환호성이 끊이지를 않았고, 그날은 마침 찰스의 생일이기도 했습니다.

휘황찬란한 깃발과 주단이 깔린 간이 막사에서 만찬을 마친 왕은, 드럼과 트럼펫 소리와 함께, 거리마다 그를 환영하는 수많은 인파와, 화려하게 차려입은 귀족들과 도시의 상업조합원들 및 민병단원들, 그리고 런던 시장과 지체 높은 시의회 의원들의 환영을 받으며 화이트홀로 향했습니다. 그곳에 들어선 찰스는 이렇게 모든 사람들이 자신을 간절히 바란 것을 알았다면 좀 더 일찍 돌아올 것을 그랬다는 농담을 던지며, 자신의 복귀를 스스로 기뻐했습니다.

찰스2세(왼편)를 호위하는 몽크 장군

제34장.
'즐거운 군주'라 불리던 찰스Ⅱ세
ENGLAND UNDER CHARLES THE SECOND, CALLED THE MERRY MONARCH
[생몰 : 1630.5.29~1685.2.6 / 재위 : 1660~1685]

[1부]

영국 역사에서 찰스 II 세[1] 시절만큼 방탕한 시기는 없었습니다. 코가 유난히 크고, 거무튀튀하고 험상궂은 그의 초상화를 쳐다보면 여러분들은 가장 극악한 부랑자무리들(비록 그들이 귀족 남녀들이기는 했어도)과 어울려 먹고 마시며, 노름하고, 저질스런 대화에 탐닉하며, 방탕한 생활에 빠져있는 왕의 모습을 떠올릴 수 있을 겁니다. 그렇기 때문에 찰스 II 세가 '즐거운 군주'라 불리고 있는 것입니다. 그 시절 어떤 일들이 즐겁게 벌어졌는지—즐거운 영국의 즐거운 시절에, 이 즐거운 왕이 즐거운 왕좌에 앉아, 어떤 즐거운 일들을 벌였는지 한번 살펴봅시다.

첫 번째로 즐거웠던 일은 왕이, 스스로를 저물어가는 저녁 무렵에 새롭게 빛나는 태양과 같이 가장 고귀하고 현명한 군주라고 선언한 일입니다. 그리고 다음으로 즐겁고 유쾌한 일은 비굴하게도 그에게 일 년에 1백2십만 파운드씩을 바친 의회가 연출했습니다. 의회는, 그토록 원성의 대상이었고 투쟁

---

1 스튜어트왕조의 제3대 왕. 찰스1세의 아들. 청교도혁명 중인 1646년에 왕당파의 패배로 프랑스로 피신하였음. 1650년에 스코틀랜드의 반(反)공화국 반란에 호응하여 그곳으로 가서, 이듬해 스코틀랜드 왕으로서 대관하였으나, 공화국군에게 패배하여 다시 프랑스로 망명하였고, 그 후 독일·네덜란드 등지를 전전하였음. 올리버 크롬웰이 사망하고 1660년에 호국경 정치가 붕괴하자, 몽크의 교섭을 받고 브레다선언을 발표한 뒤에 귀국하여 왕정복고를 실현하였음.
   그는 임종할 때까지 자신이 가톨릭교도임을 숨기고 있었지만, 기회만 있으면 가톨릭을 옹호하고 부활시키려는 야심이 표면화하여 이것이 전제정치화하였음. 즉, 그의 치세 초기에는 측근인인 클라렌돈의 지도에 따른 《클라렌돈 법전》에 따라 비(非)국교도를 탄압하였음. 1670년에는 가톨릭국인 프랑스의 루이14세와 도버조약을 체결, 군사비를 담당하는 대가로 프로테스탄트국가인 네덜란드와의 개전을 약속하였으며, 1672년에는 신앙자유 선언을 발표하여 가톨릭의 부활을 꾀하였고, 또한 두 차례나 네덜란드와 전쟁을 치렀음(제2·3차 영국 네덜란드 전쟁).
   이와 같은 가톨릭적인 전제정치에 대하여 의회도 심사율(審査律, 1673)·인신보호법(人身保護法)으로 대항하였고, 또한 1680년에는 가톨릭교도인 왕의 아우 요크 공작(후의 제임스2세)을 왕위 계승권에서 제외시키고자 왕위배제 법안을 상정시키기도 하였음. 그러나 왕은 그의 만년의 4년간 의회를 소집하지 않았고 이로 인해 의회와의 대립을 심화시킴으로써 명예혁명의 한 요인을 만들기도 하였음. 한편, 왕의 만년에는, 의회에 청원자당請願者黨과 기탄자당忌憚者黨의 두 당파가 생겨, 후에 이것이 각각 휘그당과 토리당으로 발전하는 계기가 되었으며, 또한 그의 치세에는 혁명기의 청교도에 대한 반동으로 상류사회에는 프랑스류의 화려한 풍조가 팽만하였던 점 등이 특색이라 할 수 있음.

'왕의 시해범들'에게 가해진 잔인한 보복

의 대상이었던, 톤세와 파운드세를 종신토록 걸을 수 있는 권한을 왕에게 부여했습니다. 또, 몽크 장군이 알베말의 백작 Earl of Albemarle에 앉았고 몇몇 다른 왕당파들에게도 논공이 돌아갔으며, 선대왕을 순교자로 만드는 데 관여했던 '왕의 시해범'들에게[2] 법률이 어떤 처벌을 내릴 수 있는지가 검토되었습니다. 그리하여 시해범들 중 10명은 즐겁게 처형됐는데, 그들 중 6명은 판사였으며, 한명은 대신이었고, 나머지는 해커 대령과 처형장 경비의 책임을 맡았던 다른 군 장교 및 순교자를 향해 진정으로 마지막 설교를 했던 목사 휴 피터스였습니다.

이들에 대한 형 집행은 너무나 즐겁게 진행된 나머지 크롬웰에 의해 폐기됐던 온갖 잔인한 방법들이 동원되는 너무나도 끔찍한 광경을 연출했습니다. 산채로 심장을 도려내기도 했고, 사람이 보는 앞에서 내장을 끄집어내 불태우기도 했습니다. 또, 망나니는 다음 차례를 기다리는 죄수를 향해, 바로 앞에 처형된 사람의 피로 범벅이 된 손을 비비며 농담을 건네기도 했습니다. 그러나 이처럼 즐거웠던 제왕도 이들 중 단 한사람에게서도 과거 행적에 대한 반성의 소리를 얻어내지는 못했습니다. 아니, 그 정도가 아니라, 그들이 입에서 나온 말 중 가장 오래도록 기억될 말은 만일 그런 상황이 다시 온다고 해도 자신들은 똑같이 행동했을 것이라는 대답이었습니다.

공화주의자들의 가장 튼튼한 버팀목이자 스트랫퍼드 백작에게 불리한 결정적 증거를 찾아냈던 헤리 베인 경 또한 재판에 회부되어, 유죄 판결을 받

---

2   Regicides, 찰스 I 세를 사형에 처하도록 한 고등법원 판사들

고 형장의 이슬로 사라졌습니다. 그는 타워힐의 단두대에 올라설 때 마지막으로 남길 결정적 연설을 메모지에 작성해서 들고 올라갔는데, 경비병들이 이것을 강제로 빼앗아 찢어버렸고, 그의 연설이 군중들에게 들리지 않도록 드럼과 트럼펫 소리가 하늘에 울려 퍼졌습니다. 당시 사람들이 '왕의 시해범'들이 마지막 순간에 남긴 말에 깊은 영향을 받았기 때문에 단두대 밑에는 항상 드럼과 트럼펫 악단이 대기하다가 이들이 무슨 말을 하려고 하면 시끄럽게 소리를 울려대고 했습니다. 그래서 베인 경도, "죽어가는 이에게 마지막 말조차 하지 못하게 하다니, 참으로 어처구니없는 정권이로다!"라는 말만을 남기고 용감하게 죽어갔습니다.

  이러한 즐거운 모습들은 다른 즐거운, 아니 어쩌면 더욱 즐거운 광경으로 이어졌습니다. 선대왕 찰스 I 세의 기일에 올리버 크롬웰과 아이어톤, 그리고 브래드쇼의 시신들이 웨스트민스터 사원의 무덤에서 파헤쳐져 타이번까지 질질 끌려간 후, 교수대에 하루 종일 매달려 있다가 종내는 목이 잘려진 것입니다. 이 정권의 이야기를 끝까지 읽은 후, 여러분들은 부관참시를 당한 크롬웰 치하의 영국과 마치 가롯유다처럼 나라를 팔아먹은 '즐거운 군주' 치하의 영국 사이에 어떤 차이가 있는지 한눈을 팔지 말고 지켜봐야 할 것입니다.

  나아가 크롬웰의 부인과 딸의 유해도, 그녀들이 매우 훌륭한 여인네들이었음에도 불구하고, 당연히 무사하지 못했습니다. 당시 아주 비열한 성직자가 웨스트민스터 사원에 누워있던 그녀들의 유해를 정권에 넘겨주었고, 영국 역사에 두고두고 치욕거리로 남을 짓으로서, 그녀들의 유해는 이미 부패해가는 핌과 블레이크 장군의 유해와 함께 구덩이에 던져졌습니다.

  성직자들이 이러한 사악한 행위에 참여한 데에는 특별한 이유가 있었습니다. 그들은 국교를 반대하는 사람들을 현 정권에서 완전히 쓸어내고, 사람들의 개인적 신념이야 어떻든지 간에, 오로지 유일한 국교회의 기도서만을 신봉하도록 하고자 했던 것입니다. 이는 로마가톨릭을 대체한 신교도들로서

무덤에서 파헤쳐져 교수대에 매달린 크롬웰의 시신

는 더 없이 좋은 일이었습니다. 하지만 국교회 성직자들은 이 같은 조치를 너무 고압적인 테도로 추진했으며, 로드 대주교의 흔적이 채 가시지도 않은 기도서가 강요되었습니다. 결국 비국교도 성직자는 어떤 지역에서도 교구를 열지 못하도록 하는 법안이 통과됨으로써 국교회의 정규 성직자들만이 왕처럼 흥에 겨워 즐거운 시절을 구가할 수 있었습니다.

이쯤에서 왕의 가족관계를 언급하고 넘어갈까 합니다. 왕이 재임한지 얼마 되지 않아서 그의 동생인 글로스터 공작과 누이인 오렌지 공주가 몇 달간의 사이를 두고 천연두에 걸려 사망하게 됩니다. 그리고 왕의 남아있던 누이인 앙리에타 공주는 프랑스 왕인 루이14세의 동생과 결혼했습니다. 한편 왕의 동생인 요크 공작 제임스는[3] 해군 대장에 임명된 후 차츰 가톨릭으로 기울기 시작했습니다. 제임스는 우울하고 무뚝뚝하며 화를 잘 내는 성품의

___
3   이후 제임스 II 세로 영국 왕에 오르는 인물

소유자로, 특이하게도 못생긴 용모의 여성들을 무척이나 좋아했습니다. 그는, 서로 믿지도 못하는 상태에서, 클라렌돈 경의 딸인 앤 하이드와 결혼을 했는데, 클라렌돈 경은 당시 왕의 최측근 각료였지만 상서롭지 못한 왕궁에서 상서롭지 못한 행동에만 매달리던, 평판이 좋지 못한 인물이었습니다.

그리고 이제 왕이 결혼을 해야 할 시기가 다가오자 외국의 여러 군주들이 자신들의 딸을 영국의 왕에게 시집보낼 궁리들을 하고 있었는데, 그들은 사위의 인물 됨됨이에 대해서는 전혀 관심이 없었습니다. 그래서 포르투갈의 왕이 지참금 5만 파운드를 얹어서 그의 딸인 브래간자Braganza의 캐서린을 영국의 왕비 감으로 추천했으며, 그 결혼에 관심 있던 또 다른 사람인 프랑스 왕은 그 조건에다 5만 파운드의 차관을 제공하는 제안까지 했습니다. 그런가 하면 스페인 왕은 12명의 공주 중 아무라도 좋고 지참금도 충분히 주겠다는 제안을 했습니다. 하지만 결정적 승리를 쟁취한 이는 지참금을 이미 준비하고 있던 포르투갈의 캐서린이었습니다.

왕궁에는 타락하고 부끄러움을 모르던 남녀로 우글거렸고, 왕은 왕비가 자신의 저급한 친구들을 받아들일 때까지 험한 말로 모욕을 주었고, 결국 캐서린은 왕의 타락한 친구들로 인해 스스로 타락의 길을 걷게 됐습니다. 팔머부인이라는 여인이 있었는데, 그녀는 궁정을 어지럽히던 악녀들 중 가장 영향력이 컸고, 제임스 왕의 통치기간 중 결정적 영향을 미쳤던 여인으로, 왕은 그녀를 이미 캐슬메인Castlemaine의 귀부인으로 만들어주고, 이어서 클리블랜드Cleveland의 공작부인 작위까지 수여한 바가 있었습니다. 그리고 극장의 무희였던 몰 다비에스라는 또 한명의 즐거운 여인은 나중에 팔머와 경쟁 관계를 이루게 됩니다.

또, 왕 주변의 여인 중에 넬 권이라는 여인도 있었는데, 그녀는 오렌지 공국 출신의 배우였으며, 무엇보다 자신의 장점을 잘 알고 있던 여인이었습니다. 그녀와 관련한 최악의 사실은 그녀가 왕을 무척이나 사랑했다는 점입니다. 세인트 알반즈의 첫 번째 공작은 바로 이 오렌지 여인의 자식이었습니다. 왕은, 언제나처럼, 이 즐거운 시녀의 아들을 이후에 리치몬드의 공작에 앉혀줍니다. 물론 그녀에게는 포츠머스의 공작부인 자리가 돌아갔지요.

궁정의 즐거운 여인들 및 그네들과 똑같이 즐거운(어쩌면 똑같이 치욕스러운) 귀족 남녀들과 즐거운 시간을 보내느라 어쩔 줄 모르던 군주는 얼마 있지 않아서 십만 파운드라는 거금을 거의 탕진해버렸습니다. 그래서 군주는 쌈짓돈을 마련하기 위해 즐거운 장사거리를 찾기 시작했습니다. 그는 우선 던커크를 5백만 리브르를[4] 받고 프랑스에 팔아넘겼습니다.

왕은 비록 그의 아버지의 장점은 물려받지 못했지만, 사람들에게 신뢰감을 주지 못하는 면에서는 아버지를 빼다박았습니다. 브레다에서 의회에 서신을 보낼 때 그는 모든 신앙의 자유를 존중하겠다는 분명한 약속을 했습니다. 하지만 그는 권력이 공고해지자 전에 의회에서 통과된 가장 악랄한 법을 승인해버렸습니다. 이 법에 따르면 영국 국교회의 기도서를 따르지 않는 성직자는 더 이상 성직자로 재직할 수 없을 뿐 아니라 교회까지 빼앗기도록 되어있었습니다.

그 결과 약 2천명에 달하는 무고한 사람들이 신앙의 현장에서 쫓겨나 극심한 가난과 고통에 시달려야 했습니다. 그리고 이 법의 뒤를 이어 또 하나의 악법인 '예배법'이[5] 발효되어, 국교도의 기도서를 따르지 않는 예배에 참석한 16살 이상의 남녀는 첫 번째로 적발 시에는 석 달간, 두 번째로 적발되면 6개월 동안을 감옥에서 보내야 했으며, 그리고 세 번째 발각되면 유배지로 추방돼야 했습니다. 그 결과 당시 가장 처참했던 장소 중 하나였던 감옥은 이 법을 위반한 사람들로 들끓게 됐습니다.

한편 스코틀랜드에서는 '(신의) 약속' 추종자들에게는 벌써 안 좋은 일들이 벌어지고 있었습니다. 맨 정신으로 의회에 참석하는 의원들을 찾아보기 힘

---

4 옛날 프랑스의 화폐 단위

5 Conventicle Act, 비국교도의 예배를 금지하는 법

들어서 항상 '음주의회'라고 불리던 한심한 스코틀랜드 의회는 '(신의) 약속'을 깨부수기 위해 의기투합했고, 신앙에 있어 모든 사람들이 단 한가지만을 믿어야 한다고 강요했습니다. 그 결과 아가일의 후작은 왕의 자비심을 바라고 투항했지만, 불행이도 그는 돈 많은 부자였고, 그의 정적들은 그의 부를 탐했습니다. 그래서 그는 반역죄로 재판을 받아야했습니다. 그가, 신앙심 깊고 즐겁기만 한 지금의 왕보다는 고인이 된 호국경이 나라를 훨씬 잘 다스렸다는 편지를 작성한 적이 있었는데 그것이 발각되었던 겁니다. 그는 '(신의)약속'의 핵심 멤버 두 명과 함께 체포되었습니다. 그리고 한때는 장로교도들을 위해 앞장섰다가 그들을 배반한 반역자 샤프가 스코틀랜드 인들에게 신교의 성직자들을 존중하는 법을 가르치기 위해 성 안드레St. Andrew's 교회의 대주교로 임명됐습니다.

국내의 문제가 이처럼 즐겁게 돌아가자, 즐거운 군주는 눈을 밖으로 돌려 네덜란드와 전쟁을 치를 준비에 돌입했습니다. 아프리카에는 요크 공작의 주도 하에 사금과 노예를 조달하기 위한 영국의 아프리카 회사가 설립되어 있었는데, 네덜란드가 여기에 개입했기 때문입니다. 그리하여 상호비방전이 난무하더니 급기야 요크 공작이 98척의 전함과 2척의 포함을 이끌고 네덜란드 해안으로 진격하기에 이르렀습니다. 대격전의 결과 네덜란드는 18척의 함선과 7천명의 병사를 포함하여 4명의 제독들을 잃는 피해를 입게 됐습니다. 하지만 육지에 있던 영국인들은 이 소식을 듣고도 반길 수 있는 분위기가 아니었습니다.

런던에 저 유명한 대역병이[6] 발병했던 것입니다. 1664년 겨울부터 슬슬 위력을 떨치던, 페스트라 불리던 이 병으로 런던 외곽의 불결한 지역에 거주하는 일부 사람들이 하나둘 죽어나가기 시작했습니다. 당시 이 소식은 요즘처럼 빠르게 전파될 수 없었기 때문에 일부는 이를 사실로 받아들였고, 반대로

6　Great Plague, 1664~65년에 약 7만 명이 죽었음

어떤 이들은 이 사실을 믿지 않았고, 그러는 와중에 병에 대한 이야기가 사람들의 뇌리에서 잊혀져갔습니다. 그러나 1665년 5월에 성 자일즈St. Giles에서 병이 발병해 수많은 사람들이 죽었다는 소문이 급속히 퍼져나갔습니다. 그런데 이 소문은 유감스럽게도 사실로 밝혀졌습니다.

약 1십만명의 목숨을 앗아간 대역병(1665-1666)

런던에서 외곽으로 탈출하는 도로들은 도시를 빠져나가려는 인파들로 인산인해를 이뤘으며, 사람들은 탈것을 구하기 위해 막대한 돈을 지불하고 있었습니다. 역병은 아주 빠른 속도로 퍼졌기 때문에 환자가 있는 집은 격리되어 산 사람과의 교류를 철저히 차단해야 했습니다. 환자가 있는 집의 대문에는 붉은색으로 십자가 표시가 그려졌고, '하나님이이시여, 우리에게 자비를 베푸소서!'라는 문구가 나붙었습니다. 황폐화 된 도시에는 정막만이 삼돌았고, 거리에는 풀들이 무성하게 자라났습니다. 밤이 되면 죽은 자를 실어나르는 마차의 오싹한 울림소리가 들렸으며, 얼굴을 가리고 입에 마스크를 한 마차꾼들은, 서글픈 종소리를 울리며, '죽은 자를 내놓으시오!'라고 크게 외치며 돌아다니고 있었습니다.

마차에 실린 시신들은, 예배 의식도 없이, 햇불 아래서 큰 구덩이에 함께 파묻혀야했고, 사람들은 두려움에 떨며 지옥과도 같은 무덤가에 한동안 서 있곤 했습니다. 죽음에 대한 공포가 만연하였기 때문에 아이들은 부모와 가까이하려하지 않았고, 부모들도 아이들을 멀리했습니다. 그러다가 병이 들면 아무런 도움도 받지 못하고 홀로 죽어가야 했습니다. 어떤 병자들은 고용된 간호사들에 의해 찔려 죽거나 목 졸러 죽는 안락사를 낭해야했고, 이들 간호사들은 죽은 자들의 시신에서 돈을 훔치고, 병자들이 누워있던 침대를 빼내기도 했습니다. 또 어떤 이들은 정신 이상이 되어, 높은 창에서 뛰어내리기도 했고, 길거리를 미친 듯이 달리다가 공포와 광란 속에 강물에 뛰어들기도 했습니다.

공포는 그것으로 끝이 아니었습니다. 부랑자들은 절망에 싸여 술집에서 고래고래 소리를 지르다가 병을 얻어 죽어나가기도 했습니다. 또 미신에 사로잡힌 사람들은 불타는 검이나 거대한 무기 같은 초자연적 형상들을 하늘에서 목격했다고 전율하며 떠들고 다니기도 했으며, 어떤 이들은 시체를 파묻은 무시무시한 구덩이에서 밤만 되면 유령들이 무리지어 출몰하는 것을 목격했다며 사람들을 공포에 질리게 했습니다. 그리고 어떤 미친 사람은 벌거벗은 채 불타는 석탄 화로를 머리에 이고 거리를 활보하며, 하나님께서 사악한 런던에 지옥 불을 내리라는 임무를 자신에게 내려줬다고 헛소리를 하고 다녔습니다. 또 다른 광인은 '40일 이내에 런던은 죽음의 도시가 될 것이다.'는 소리를 끊임없이 중얼거리며 다니기도 했으며, 또 다른 미친 사람도 밤낮을 가리지 않고 황량한 거리를 오가며, '오, 위대한 분노의 신이시여!'라는 소리를 쉬지 않고 중얼거림으로써 그렇지 않아도 겁에 질려있는 환자들의 간담을 서늘케 했습니다.

7월에서 9월 사이에 대역병은 더욱 맹위를 떨쳤으며, 병이 잦아들기를 바라는 횃불이 거리 여기저기에서 피어올랐지만 대역병이라는 소낙비는 무심하게도 이 횃불들을 꺼버렸습니다. 그러다가 드디어 낮과 밤의 길이가 같아지는 춘분에 불어오는 바람이 불더니 황폐화된 도시에 생기를 불어넣기 시작했습니다. 사망자의 숫자는 줄어들기 시작했으며, 피난 갔던 사람들이 하나둘 돌아오고, 가게들이 다시 열리고, 거리에는 창백한 사람들의 얼굴이 보이기 시작했습니다. 역병은 영국 전역에 걸쳐 창궐했지만, 가장 피해가 극심했던 런던에서는 십만 명의 사람들이 목숨을 잃어야했습니다.

이러는 와중에도 즐거운 군주는 여전히 즐거웠고, 낭비를 즐기고 있었으며, 방탕한 귀족 남녀들은 부끄러움도 잊은 채 먹고 마시며, 춤추고 놀다가도, 자신들의 즐거운 분위기에 따라 언제 그랬냐는 듯이 서로 싸우고는 했습니다.

정부는 이런 극심한 환란 속에서도 아무런 교훈을 얻지 못했습니다. 의회가 옥스퍼드에서 만나 처음으로 한다는 짓이(이들은 아직도 두려움에 떨며 런던으로 돌아오지는 못하고 있었습니다.), '5마일법Five Mile Act'이라는 법을 만들어, 대역병의 와중에도 자신의 몸을 돌보지 않고 과감하게 민중들 속에서 고통을 함께 했던 비국교파 성직자들에게 불리한 법률을 제정하는 일이었습니다. 이 치욕적인 법에 따르면 이들 성직자들은 어떤 학교에서도 가르칠 수가 없었고, 마을이나 도시의 5마일 이내로는 접근이 불가했는데, 이로 인해 많은 성직자들이 굶어죽어야 했습니다.

한편, 해군들은 그 와중에도 건강하게 바다에 떠 있었습니다. 프랑스 왕은 일찍이 네덜란드와 동맹을 맺고, 영국과 네덜란드 해군이 전투를 벌이는 것을 관망하고 있었습니다. 이 전투에서 한번은 네덜란드가 이겼고, 또 다음에는 영국이 더 큰 승전을 올렸습니다. 그리고 해군 제독을 맡고 있던 루퍼트 왕자는 바람이 몹시 부는 어느 날 두버해협 밖에서, 바람이 폭풍으로 비꺼어 자신을 세인트헬렌스Saint Helen's로 유도해주기를 기다리며, 프랑스 군에 치명타를 날리기 위해 대기 중이었습니다. 그날은 1666년 9월 3일이었고, 그 바람은 런던의 대화재를 촉발시켰습니다.

이 화재는 런던대교 인근의 어느 빵가게에서(이 자리에는 대화재를 기리기 위해 지금 기념비가 서 있습니다.) 시작됐습니다. 화재는 며칠간을 계속 타오르며 지속적으로 번져갔고, 밤이 낮보다 더 환할 정도였습니다. 낮에는 거대한 연기가 하늘을 뒤덮었고, 밤이 되면 어마어마한 불기둥이 하늘로 치솟아서, 10마일 밖에서도 타오르는 불길을 관찰할 수 있을 정도였으며, 불길에서 솟아오른 재가 멀리 떨어진 지역에까지 비처럼 내렸습니다. 또 튀어오른 불덩이들이 멀리 있는 다른 지역으로 빈져 또 다른 화새를 일으켰는데,

런던의 대화재(1666)

동시에 20군데에서 발화가 일어날 정도였습니다. 그리고 교회의 첨탑들이 무서운 소리를 내며 무너져 내렸고, 가옥들은 수백 수천 채씩 잿더미로 변해 갔습니다. 여름 철 날씨는 도가 넘게 덥고 건조했으며, 거리는 비좁았고, 가옥들은 대부분 목조 건축물들이었습니다. 무엇으로도 화재를 막을 수 없었고, 불길은 오로지 더 태울 집을 요구할 뿐이었습니다. 불길은 런던탑에서 템플 바까지의 거리를 사막처럼 황폐화시켰고, 1만3천 채의 가옥과 89개의 교회를 잿더미로 만들어버렸습니다.

이 대화재는 당시에 하늘이 내린 가장 끔찍한 천재天災로, 수십만의 시민들을 길거리에서 노숙해야 하는 이재민으로 만들었고, 일부는 급조한 진흙 움막에서 기거해야 했으며, 거리는 가재도구들을 피신시키기 위한 수레들로 난장판을 이뤘습니다. 그러나 이 대화재는 이후 런던에 전화위복의 효과를 가져다주었습니다. 도시가 화재를 딛고, 새로운 모습으로 탈바꿈하여 런던은 더욱 질서가 잡히고, 훨씬 깨끗한 도시로 변모했고, 도시의 크기도 더 넓어졌으며, 결과적으로 훨씬 더 건강한 도시로 변모하게 됐습니다. 이 화재가 난지 거의 2백년이 지난 지금도 이 도시에는 여전히 무식하고 이기적이며 심보가 뒤틀린 사람들이 살고 있는데, 그렇지만 않다면 이 도시는 훨씬 더 건강한 도시가 됐을 겁니다. 따라서 필자는 또 다른 화재가 난다면 이들이 좀 더 정신을 차리고 훌륭한 시민이 되지 않을까 하는 불경한 생각도 해봅니다.

이 화재와 관련하여 나중에 가톨릭교도들이 런던의 화재를 일으킨 주범으로 몰렸으며, 어떤 미친 프랑스 사람 하나가 처음에 불을 지른 것은 자기 자신이라고 자복하는 일이 벌어지기도 했습니다. 하지만 이 화재가 실화가 아니라고 믿을 만한 근거는 어디에도 없었습니다. 화재를 기리는 기념비에는 오랫동안 이 화재가 가톨릭교도들에 의해 일어났다는 내용이 새겨져있었지만, 지금은 지워졌으며, 거짓과 유언비어만이 판을 치고 있었습니다.

[2부]

즐거웠던 군주는, 국민들이 역병과 대화재로 큰 고통을 받고 있던 그 즐거운 시간에도 의회가 전비戰費로 승인해준 돈을 측근들과 함께 마시고 노는 데 탕진하며 즐거워서 어쩔 줄을 몰랐습니다. 그 결과 강인했던 영국의 해병들은 즐겁게 굶주림에 시달렸으며, 길거리에서 방치된 채 죽어가야 했습니다. 반면에 드 위트, 드 루이터 제독의 지휘를 받은 네덜란드 해군은 템스 강으로 진입해서 메드웨이 강을[7] 따라 업노르Upnor까지 쳐들어와 경비함들을 불태우고, 영국군의 무기력한 포화를 진압하는 등, 6주간이나 영국 해안을 유린했습니다.

그 즐거웠던 시대에는 적을 무찔러야 할 영국군의 대부분의 배에는 포탄이나 소총 같은 무기들이 없었는데, 책임 있는 관리들은 왕을 본받아 나랏돈을 탕진하며 즐거운 시간을 보내는 데만 여념이 없었고, 세계에서 가장 은총을 받은 국가의 관리를 하고 있음을 기뻐하며 국방비를 개인적으로 착복하고 있을 뿐이었습니다.

---

7   River Medway, 켄트 지방과 메드웨이를 관통하며 흐르는 영국 남동부의 강

이때 클라렌돈 경은 사악한 왕 밑의 부도덕한 대신들이 걷는 길을 그대로 답습하고 있었습니다. 그는 결국 정적들에 의해 탄핵을 받았지만 간신히 위기를 모면했고, 이후 그는 프랑스로 물러가있으라는 왕의 명령을 받고, 자신을 변호하는 편지 한 장을 남긴 후, 프랑스로 건너갔습니다. 그는 이후 약 7년 뒤 국외에서 사망했지만, 고국에서는 쓰라린 경험을 맛본 적이 없었습니다.

그리고 이어서 '비밀 내각'이 등장하였습니다. 이 내각은, 클리포드Clifford 경과 알링턴Arlington 백작, 버킹엄Buckingham 공작(이 인물은 지독한 무뢰한으로서 왕의 최측근이었습니다.), 그리고 애쉴리Ashley 경 및 로더데일Lauderdale 공작, 이렇게 다섯 사람 이름의 첫 글자인 C.A.B.A.L을 따 '비밀 내각Cabal Ministry'이라 불렀습니다. 프랑스가 플랑드르 지방을 점령하자 '비밀 내각'이 맨 처음으로 행한 일은 프랑스를 대적하는 데 스페인과 연합하기 위해 네덜란드와 협약을 맺는 일이었습니다.

그런데 이 협약이 맺어지자마자, 자신의 낭비벽을 나무라지 않고 돈을 대줄, 영국 의회가 아닌 다른 대상을 찾던 즐거운 군주는 프랑스 왕에게 자신은 이 협약과는 아무런 관련이 없다는 사죄를 하고, 현금으로 2백만 리브르를 받고 추가로 해마다 3백만 리브르를 연금으로 받는 조건으로 프랑스 왕과 비밀 협정을 맺어버렸습니다. 그리고 나서 즐거운 군주는 네덜란드와 전쟁을 벌이기 위해 스페인을 배반하기로 약속했고, 적당한 시기가 도래하면 자신이 가톨릭 신봉자임을 선포하겠다는 약속까지 했습니다. 신심이 깊었던 군주는 이미 자신의 강렬한 가톨릭 성향에 관해 가톨릭의 형제에게 눈물로 고백한 적이 있었으며, 이제 때가 되어서 자신이 통치하던 조국을 배신하고, 어느 정도 안전이 보장됐다 싶었는지 재빠르게 가톨릭의 전사로 나선 것입니다. 이런 모든 행위는 그가 즐거운 목이 하나가 아니라 열 개가 있었다 해도 망나니의 도끼질을 면하지 못할 짓이었습니다.

프랑스와의 비밀 협약이 알려지면 영
국 왕에게는 하나밖에 없는 즐거운 목
이 달아날 수도 있었기 때문에 모든 일
은 은밀하게 진행됐고, 마침내 영국과
프랑스는 네덜란드를 상대로 전쟁을
선포하기에 이르렀습니다. 그러나 이
후의 영국 역사와 영국의 자유와 종교
라는 측면에 가장 큰 족적을 남길 걸출
한 인물이 나타나서 수년 동안 프랑스
의 계획을 무산시키게 됩니다. 그는 다
름 아닌 오렌지의[8] 군주, 나쏘의 윌리엄
William of Nassau이었습니다. 그의 아버지

오렌지 공, 윌리엄1세

는 오렌지라는 이름을 소유한 마지막 왕자였는데, 찰스 I 세의 딸과 결혼해
서 나쏘의 윌리엄을 낳았던 것입니다.

월리엄은 이때에 막 성년에 접어든 청년에 불과했지만, 불굴의 의지와 의
연함을 잃지 않은데다가 현명하기까지 한 청년으로 변모해있었습니다. 그
의 아버지는 자국민들에게 대단한 미움을 받았던지라, 네덜란드 사람들은
그가 세상을 뜨자마자 그의 아들인 윌리엄에게 돌아가는 것이 당연했던 '총
독' 자리를 없애버리고는, 대신에 윌리엄의 스승이었던 존 드 위트에게 권력
을 넘겨줬습니다.

하지만 이제 왕자가 네덜란드 국민들의 인기를 되찾게 되었고, 이를 못마
땅해 한 존 드 위트의 동생인 코넬리우스가 왕자를 살해하려는 음모를 꾸미
다 발각되어 유배를 당하는 일이 벌어졌습니다. 그러자 존이 동생을 빼내기
위해 감옥에 잠입을 시도했고, 이를 알아차린 네덜란드 민중들이 대거 몰려

---

8   지금의 프랑스 남부 론 강 계곡의 '오랑주Orange'라는 마을, 당시에는 네덜란드의 영토였
음

들어 존 드 위트 형제를 살해해버렸습니다. 이렇게 해서 네덜란드의 권력은 윌리엄 왕자의 손으로 들어갔으며, 그는 이후부터 콘드, 터렌느라는 뛰어난 두 장군과 더불어, 신교도들의 지원을 등에 업고, 프랑스와 대적하는 데 온 정열을 쏟았습니다. 그 결과 프랑스와 네덜란드가, 니메구엔Nimeguen이라는 곳에서 협정을 맺고, 이 전쟁을 끝내는 데는 무려 7년이라는 세월이 걸렸습니다.

이로써 오렌지의 윌리엄은 전 세계에 확고하게 자신을 알리게 됐습니다. 하지만, 속물적 행동의 도가 더해갔던 영국의 즐거운 군주는 프랑스 왕이 던져주는, 일 년에 십만 파운드(나중에 이 금액은 두 배로 늘어납니다.)의 연금에 눈이 어두웠던 나머지 오로지 프랑스 왕의 마음에 쏙 드는 일만 하고 있었습니다. 게다가 부패한 대사(그가 신뢰할 수 없는 정보를 자국에 보고한 것으로 필자는 믿고 있습니다.)의 정보만을 믿고 있던 프랑스 왕은 우리 영국 의회의 의원들을 매수하는 일에 나서기까지 하였습니다. 결론적으로 단언하건데, 이 즐거웠던 시기에 영국의 왕 노릇을 하고 있었던 이는 사실상 프랑스 왕이었다 할 수 있을 겁니다.

그러나 잘못된 것을 바로잡을 시기가 다가오고 있었으니 그 주된 역할을 한 이가 바로 오렌지의 왕자 윌리엄이었습니다.(물론 그의 삼촌, 즐거운 군주는 이를 기뻐할 리 없었지요.) 윌리엄은 영국으로 건너와서, 요크 공작의 장녀인 메리를 만나 그녀와 결혼을 했습니다. 우리는 이제 이 결혼이 어떤 결과를 가져다줄지 지켜볼 것이며, 어째서 이 결혼이 그토록 중요한 사건이었는지를 알게 될 것입니다.

가톨릭이었던 어머니와 다르게. 일곱 형제 중 유일하게 살아남은 메리와 그녀의 동생 앤은 신교를 믿고 있었습니다. 앤은 이후 덴마크 왕의 형제인 덴마크 대군 조지와 결혼을 합니다.

여러분들이 혹시 즐거운 군주가 좋은 성품을 지녔거나(그는 무엇이든 자기 마음대로 할 수 있을 때를 제외하고는 결코 좋은 성품의 인물이 못 되었습니다.), 또는 고상한 인격의 소유자일지도 모른다고 생각할까봐 필자는 이 자리에서 그가 하원 의원인 존 코벤트리 경에게 한 행위를 소개하고자 합니다.

코벤트리 경은 의회에서 극장에 세금을 물리는 문제에 관해 연설을 한 적이 있었는데 이것이 왕을 화나게 했습니다. 왕은 자신의 사생아(이 인물은 외국에서 태어났으며, 왕에 의해 몬모스의 공작[9]으로 임명되었습니다.)와 함께 코벤트리 경을 해코지하기로 하고, 밤에 15명의 무장 병력을 매복시켰다가 경을 급습해서 그의 코를 베어버리기도 했습니다.

그리고 왕의 측근이던 버킹엄 공작은 집으로 돌아가던 오르몬드Ormond 공작을 암살을 시도한 혐의를 짙게 받고 있었는데, 오르몬드 공작의 혈기왕성한 아들인 오소리 경은 버킹엄 공작의 혐의를 확신하고, 왕이 옆에 있었음에도 불구하고 궁정에서 그에게, "나는 경이 내 아버지의 불행에 깊숙이 관련되어있음을 잘 알고 있습니다. 경고하건데, 만일 내 아버지가 잘못된 결과를 맞이한다면 그의 피에 대한 보답을 할 것입니다. 당신이 비록 폐하의 옥좌 옆에 있더라도 내 총이 당신을 용서하지 않을 것입니다. 폐하의 안전에서 내가 이런 수리를 했으니, 맹세코 경께서는 내 의지를 의심하지 않기 바랍니다."

위와 같은 이야기는 참으로 즐거운 시대의 일화 중 하나였지만, 이야기는 거기에서 그치지 않습니다. 블러드라는 이름을 지닌 사람이 있었는데, 그는 공범 두 명과 함께 감히 런던탑에서 왕실의 보석들을 훔쳐내려 한 죄목으로 붙잡혔습니다. 그들은 런던탑의 보물 보관소에서 왕관을 포함해 왕의 장갑과 홀笏을 훔치려했습니다. 어깨에 힘만 잔뜩 들어간 악당에 불과했던 블러드는, 체포된 후, 자신이 바로 오르몬드 공작을 암살하려 한 장본인이고 그뿐만 아니라 그는 왕이 베터시에서 목욕을 할 때 왕을 암살하려하기도 했지

9　James Scott, Duke of Monmouth(1649-85): 영국왕 찰스2세의 서자; 제임스2세의 왕위를 노렸으나 실패하고 처형당했음.

612

만, 그 풍채에 위압당해 마음을 접었다는 사실을 폭로했습니다.

필자는, 왕의 용모가 남의 위압할 정도였다는 블러드의 진술에 동의할 수가 없습니다. 그건 그렇고, 블러드의 진술을 듣고 왕이 기분이 좋았는지, 또는 버킹엄이 오르몬드 공작을 죽이려고 블러드를 고용했다는 사실을 왕이 믿었는지에 대해서는 지금으로서는 확인할 바가 없습니다. 하지만 왕이 이 절도범을 용서하고, 일 년에 5백 파운드의 소득을 올릴 수 있는 부동산을 하사한 후, 나아가서는 궁정의 방탕한 남녀들에게 소개까지 했습니다. 부끄러운 줄도 모르고 향락에만 빠져있던 궁정의 귀족 남녀들은 이 절도범을 높게 치하했는데, 아마도 그들은 왕이 소개했다면 악마라도 찬양했을 겁니다.

치욕적으로 연금을 구걸하고서도 왕은 여전히 돈이 부족해서 결국 의회를 소집하지 않을 수 없었습니다. 이 의회와 관련하여 신교도들의 목표는, 두 번씩이나 결혼을 한 가톨릭교도 요크 공작의 앞길을 차단하는 것이었습니다. 요크 공작은[10], 가톨릭교도였던 모데나Modena 공작의 15살짜리 누이와 결혼을 한 상태였습니다. 요크 공작을 반대하는 일에 있어 신교도들은, 불이익을 무릅쓰고, 신교도 저항단체들의 지원을 받았습니다. 권력의 주변에서 가톨릭을 몰아내는 일이라면 그들은 스스로를 희생시킬 각오가 되어있었던 겁니다.

상황이 이러했기 때문에 왕은, 자신은 분명한 가톨릭교도였음에도 불구하고, 신교도인 척할 수밖에 없었습니다. 그는 신앙을 매개로 프랑스 왕과 거래를 했음에도 불구하고 영국의 주교들에게 자신이 아주 열렬하게 영국 국교를 신봉하고 있음을 내보였습니다. 그는 자신의 독재 권력을 위해서, 주교들과 영국 왕실에 충직한 신하들을 속이는 짓을 서슴지 않았던 악한이었습니다. 하지만, 자신에게 연금을 받아먹던 즐거운 영국 왕을 잘 알고 있던 프랑스 왕은 영국 의회 내의 왕 반대자들과도 별도로 은밀히 연락을 주고받고 있었습니다.

---

10 찰스Ⅱ세의 동생, 이후 제임스Ⅱ세가 됨

요크의 공작이 왕권을 쥐게 되면 영국이 다시 가톨릭의 손아귀에 들어갈지도 모른다는 민중들의 두려움과, 그러한 공포를 이해하는 척하던 왕의 교활함으로 인해 매우 끔찍한 사건이 벌어지게 됩니다.

톤지 박사라는 국교회 성직자가 있었는데, 그는 매우 악질적인 티터스 오아테스라는 사기꾼의 손에 놀아나게 됩니다. 티터스 오아테스는, 왕의 암살과 가톨릭의 부활을 획책 중이라는 음모를 해외에서 예수회 단원들로부터 들었다며 톤지 박사에게 접근했습니다. 재수 없게 걸려든 톤지 박사를 앞세운 티터스 오아테스는, 멍청한 말을 수도 없이 지껄였지만, 각료들 앞에서 그럴듯하게 심사를 받은 후, 요크 공작부인의 비서인 콜먼을 물고 들어갔습니다. 여러분들이나 필자나 그가 콜먼에게 누명을 씌웠으며, 진짜 가톨릭의 위협은 즐거운 군주가 프랑스 왕과 짝짜꿍이 되어 만들어내고 있다는 사실을 잘 알고 있지만, 불행하게도 콜먼의 편지에서 ‘피의 메리여왕’ 시대를 그리워하며 신교도를 저주하는 내용이 발견되었습니다. 이것은 티터스에게는 더 없는 기회였지만, 그는 일단 그 서신을 아직 발표하지는 않았습니다. 그러다가 콜먼의 조사를 담당했던 행정관 에드먼드베리 고드프리 경이 프림로스 언덕Primrose Hill에서 갑자기 사망하는 일이 벌어졌는데, 가톨릭교도들이 그를 살해했다는 의심을 받게 됐습니다. 하지만 필자는 분명하게도 고드프리 경은 정신이상 상태에 있었고, 스스로 목숨을 끊은 것으로 확신합니다. 어쨌든 경에 대한 장례가 성공회(국교회) 식으로 성대하게 치러졌으며, 티터스는 일거에 국민적 영웅으로 떠올라, 일 년에 1천2백 파운드의 연금을 받게 됐습니다.

티터스 오아테스의 사기극이 성공을 거두게 되자, 윌리엄 베들로라는 또 다른 악당이 하나 나타났습니다. 그는, 고드프리 경의 살인자 목에 걸린 5백 파운드의 현상금에 눈이 멀어, 두 명의 예수회 단원들과 몇몇 다른 사람들이 왕비의 사주를 받고 경을 살해했다고 밀고를 했습니다. 티터스는 베들로와 손을 잡고 불쌍한 왕비를 반역죄로 고발하는 일까지 감행했습니다. 그리

614

고 두 사람 못지않은 악당이 세 번째로 나타나서, 스테일리라는 가톨릭교도 은행원이 왕을 세상에서 가장 사악한 인물로 비난하고(사실 이는 크게 틀린 말은 아니었지요.), 왕을 직접 살해하겠다는 말을 했다며 고발하는 일도 일어났습니다. 이 은행원은 재판을 받고 즉석에서 처형됐으며, 콜먼과 다른 두 사람도 재판 후 처형됐습니다.

그리고 그 또한 가톨릭을 믿던 가엾은 은세공업자인 프랜스가 베들로의 고발로 붙잡혔는데, 그는 심한 고문을 받고 자신을 포함한 다른 세 사람이 고드프리 경의 살해에 가담했다고 자백을 했습니다. 그러고 나서 5명의 예수회 단원들과 프랜스가 티터스와 베들로에 의해 정식으로 기소되어, 유죄를 받고, 말도 안 되는 죄목으로 처형됐습니다. 이어서 왕비의 전임 의사와 세 명의 수도승들이 재판에 회부됐지만, 이번에는 너무 멀리까지 가버린 티터스 오아테스와 베들로의 말이 먹히지 않았고, 혐의자들 모두가 무죄로 석방됐습니다.

하지만 대중의 여론은 아직도 가톨릭의 음모에 대해 완전히 의구심을 버리지 않았고, 요크 공작 제임스를 여전히 의심하고 있었기 때문에 제임스는 하는 수 없이, 자신이 없는 사이 자신의 권리가 몬모스 공작에게 돌아가지 않도록 한다는 단서를 달고, 형의 명을 따라 가족들과 함께 브뤼셀로 넘어갔습니다. 하지만 하원은, 왕의 바람을 저버리고, 공작이 권좌에 앉지 못하도록 하는 법안을 통과시켜버렸습니다. 그러자 왕은 이에 대한 앙갚음으로 의회를 해산시켜버렸습니다. 왕은 한때 자신의 최측근이었으나, 지금은 자신에 반기를 든 버킹엄 공작을 저버린 것입니다.

이 즐거웠던 시기에 스코틀랜드 사람들이 겪었던 불행을 다 이야기 하려면 수백 페이지가 필요할지 모릅니다. 그들은 국교회 주교들을 거부하고 독실한 마음으로 '(신의)약속'에만 매달렸기 때문에 그 결과 간담을 서늘케 하는 폭력이 그들에게 가해지게 됐습니다. 기마병들의 폭압적인 말발굽은 교회를 저버린 농민들을 용서하지 않았으며, 아버지가 숨은 곳을 발설하지 않

은 자식들은 아버지의 집 대
문 앞에서 목이 달아나야했
고, 남편을 배반하지 않았다
는 이유로 아내들은 고문을
받고 죽어가야 했습니다. 또,
사람들은 거리로 내몰려 재
판도 없이 총을 맞고 죽어가
야 했습니다. 그런가 하면 심
지를 죄수들의 손에 묶고 불
을 붙이기도 했고, '부트Boot'

보스웰 다리 전투

라고 불리는 고문 방법이 고안되어 끊임없이 자행됐는데, 이는 철로 된 쐐기
로 죄인들의 발이 으스러질 때까지 힘을 가하는 극악한 고문 방법이었습니
다.

　죄수들뿐만 아니라 목격자까지 똑같이 고문을 받았습니다. 감옥은 항상
만원이었고, 목이 매달릴 사람들로 교수대는 늘 북적거렸습니다. 한마디로
살인과 약탈이 스코틀랜드를 거의 황폐화시켜버렸던 겁니다. 하지만 그럼
에도 불구하고 '(신의)약속'을 굳게 믿었던 사람들은 결코 국교회의 교회로
발길을 옮기지 않았고, 자신들이 옳다고 믿는 신에 대한 믿음을 고수했습니
다. 그리고 클레버하우스Claverhouse의 그래함의 지휘를 받던, 고지대의 야만
적 부족들도 산에서 내려와 스코틀랜드를 침탈했는데, 이들의 침략행위도
영국 기병들 못지않아서 그 이름이 스코틀랜드 역사에 길이 전할 정도로 잔
인하기 그지없었습니다.

　한편 샤프 대주교는 이와 같은 폭력을 직접 사주한 적은 없었지만 비극적
종말을 맞이했습니다. 스코틀랜드 민중들의 고통이 극에 달해있을 때, 대주
교는 마차를 타고 황무지를 지나고 있었는데, 마침 압제자를 응징하기 위해
대기 중이던 스코틀랜드의 존 밸포 일행과 마주치게 되었습니다. 그러자 존
밸포 일행은 하나님이 주교를 자신들의 손에 넘겨주었나고 기뻐 고함을 시

르며 그를 살해해버렸습니다. 필자는 샤프 대주교가 응당 맞이해야 할 죽음을 맞이했다고 판단합니다.

이 사건은 그 즉시 큰 소동을 불러일으켰습니다. 의회의 계산보다 훨씬 큰 규모의 군대를 동원하려고 스코틀랜드 사람들을 일부러 자극했다는 의심을 받던 즐거운 군주는 아들인 몬모스 공작을 총사령관으로 임명해 스코틀랜드로 파견해서, 반란군들과 이른바 휘그파Whigs 무리들을 닥치는 대로 무찌르도록 했습니다. 1만 명의 병력을 이끌고 에든버러에서 출발한 몬모스 공작은 클라이드 만灣의 보스웰 다리Bothwell Bridge 인근에서 진을 치고 있던 스코틀랜드 반군들 4~5천 명과 마주쳤습니다.

반군들은 곧 격파됐습니다. 이때는 몬모스 공작은, 이전에 의회 의원들을 붙잡아 코를 베어버릴 때와는 다르게 훨씬 인도주의적인 태도를 보여줬습니다. 하지만 로더데일 공작만은 용서할 수 없는 대역죄인 이어서, 클레버하우스를 보내 그를 완전히 장악하도록 했습니다.

이리하여 요크 공작은 점점 국민들의 인기를 잃게 되고, 반면에 몬모스 공작의 인기는 치솟게 됐습니다. 사실 이후에 제임스를 왕위에서 배제하기로 하는 법안은 의회에서 투표에 부쳐지지 않는 것이 훨씬 더 좋았을지 모릅니다. 그러나 몬모스 공작은, 상원의 난롯가에 앉아 마치 연극 구경이나 하듯이 토론을 지켜보곤 하던 왕의 눈에 들기라도 하려는 듯이, 이를 밀어붙였습니다.

결국 하원이 제임스를 왕위에서 배제하는 법안을 대다수의 찬성으로 통과시켰습니다. 그러나 신교도 지도자인 러셀 경이 이를 다시 상원으로 이첩했지만 부결되었고, 그 결과 다시금 가톨릭의 음모에 대한 공포가 사람들 사이에 자리 잡기 시작했습니다. 그리고 뉴게이트 교도소에서 빠져나온 데인저필드라는 인물이 새롭게 등장했는데, 그는 '쟁반 음모 사건'으로 실제보다 훨씬 더 유명세를 타게 됩니다.

교도소 출입을 밥먹듯하던 이 상습 전과자는
가톨릭 간호사인 셀리어 부인의 도움으로 뉴게
이트에서 출소한 다음, 가톨릭 신도가 된 후, 장
로교들 사이에서 왕을 시해하려는 음모가 진행
중이라는 사실을 자신이 알고 있다고 말했습니
다. 장로교도들을 극도로 미워했던 요크 공작은
이 말을 듣고, 무척이나 고무돼서 데인저필드를
치하했습니다. 나아가 공작은 데인저필드에게
20기니의 포상금까지 주고, 왕을 알현할 수 있
도록 했습니다.

쟁반 음모 사건

　그러나 제 버릇을 개 못주던 데인저필드는 다
시 뉴게이트에 수감된 후, 요크 공작에게 갑작스런 실망을 안겨주면서, 그
가톨릭 간호사가 자신을 사주해서 그런 엉터리 자백을 하도록 했으며, 사실
자신이 알고 있는 것은 정반대로 왕을 제거하려는 가톨릭교도들의 음모였
다고 떠벌렸습니다. 그러면서 그는 자신의 주장이 맞는지는 셀리어 부인 집
의 쟁반에 숨겨진 메모들을 찾아보면 될 것이라고 덧붙였습니다. 물론 데인
저필드가 미리 그 메모들을 쟁반에 숨겨놓았기 때문에 그의 말은 사실로 드
러났고, 이렇게 해서 '쟁반 음모Meal-Tub Plot' 사건이라는 이름이 붙게 된 겁니
다. 하지만 이후 벌어진 재판에서 그 간호사는 무죄로 풀려났으며, 이 사건
은 유야무야돼버렸습니다.

　한편 '비밀 내각Cabal Ministry'의 애쉴리 경은 이제 쉐프트베리 경이 되었고,
요크 공작 제임스가 왕위를 승계하는 데 결정적 반기를 들고 있었습니다.
그리고 하원은 프랑스 왕과 결탁한 영국 왕에 대한 의심 때문에 여론이 악화
될 대로 악화되어서 제임스를 거부하는데 온힘을 기울이고 있었습니다. 당
시의 전반적인 분위기는 가톨릭에 대한 극도의 혐오감 그 자체였습니다.
　가톨릭에 대한 거부감이 어느 정도였는지 의회는, 유감스럽게도, 70살이나

된 존경받던 가톨릭 귀족인 스태퍼드 경에게 왕을 시해하려했다는 혐의를 씌워 탄핵해버렸습니다. 증언은 오아테스와 다른 몇몇 불한당들이 섰고, 그에 따라 스태퍼드 경은 우습지도 않은 증거를 내세워 유죄로 인정된 후, 타워힐에서 목이 달아났습니다. 경이 처음에 단두대에 모습을 나타냈을 때는 사람들은 그를 야유했지만, 그가 자신이 얼마나 결백하며 억울하게 죄를 뒤집어썼는지를 역설하자 군중들의 마음은 경을 동정하는 쪽으로 기울어져, 끝내는 '경이시여, 우리는 당신을 믿습니다. 신의 가호가 함께 하시기를 바랍니다!'라며 경의 마지막 가는 길을 안타까워했습니다.

하원은 왕이 '배제법'을[11] 승인할 때까지 자금을 집행하지 못하도록 했습니다. 하지만 왕은 프랑스 왕으로부터 자금을 지원받고 있었기 때문에 의회의 이런 처사를 대수롭지 않게 여겼습니다. 왕은 옥스퍼드에서 의회를 소집해놓고는 마치 자신이 목숨을 위협받고 있음을 내보이기라도 하려는 듯이 온갖 무력과 경호를 대동하고 의회에 참여했으며, 이에 대꾸라도 하듯이 왕의 반대파들도, 왕의 측근에 포진한 교황주의자들의 음모에 대비한다며 무력을 갖추고 의회에 참여했습니다.

왕의 정적들은 '배제법'을 통과시키기 위해 열성을 다했고, 왕의 신속한 행동이 없었다면 그들은 이를 다시 한 번 가결시켰을 겁니다. 그러나 그 순간 왕은 왕관과 용포龍袍를 가마에 집어 던지고, 자신도 함께 올라타 상원 의원들이 회합을 갖고 있던 장소로 신속히 이동한 후, 의회를 해산시켜버렸습니다. 그런 후 왕은 자신의 거처로 잽싸게 몸을 피신했고, 의원들 또한 집으로 도망가기 바빴습니다.

당시 스코틀랜드에 머물던 요크 공작 제임스는 가톨릭을 배제시키는 법률 밑에서는 어떤 공적인 역할도 수행할 수 없었습니다. 그러나 그럼에도 불구하고 그는 스코틀랜드에서 왕의 사절 역할을 하면서, 자신의 냉정하고 잔인

---

11 Exclusion Bill, 제임스를 왕위에서 배제하는 법

한 성품을 '(신의)약속'을 탄압하는
데 유감없이 발휘하고 있었습니다.
이때 보스웰 전투에서 목숨을 건진
카길과 카메론이라는 두 명의 목사
가 있었는데, 이들은 스코틀랜드로
돌아가서 비록 소규모이기는 했지
만 불굴의 용기를 지닌 '(신의)약속'
교도들의 세를 다시 규합해서 그 이
름을 '카메론주의자들'이라[1 2] 불렀
습니다. 하지만 카메론이, 왕을 거
짓으로 가득 찬 폭군이라고 공공연
히 비난했기 때문에 그는 전투에서
살해당했으며, 그를 추종하던 사람
들도 모두 불행한 운명을 맞이해야
했습니다. 고문을 특별히 좋아했던

영국의 종교박해를 피해, 보초를 세우고,
산에서 예배를 보는 스코틀랜드 사람들

요크 공작은 추종자들 중 일부에게 만일 단두대에서 '신이시여, 왕을 보호하
소서!'라고 부르짖는다면 목숨만은 살려주겠다는 제안을 하기도 했습니다.
  그러나 그들의 친지들이나 농민들은 이 즐거운 시기에 얼마나 야만적인 고
문을 받아야했던지 그들의 입에서는 왕을 찬양하는 말 대신 차라리 죽여 달
라는 소리가 절로 나왔으며, 실제로 죽음을 면하지 못했습니다. 그런 후 공
작은 즐거운 형으로부터 스코틀랜드 의회를 장악하도록 허가를 받았으며,
스코틀랜드 의회는 철면피하게도 속임수를 사용하여 가톨릭을 반대하고 신
교도를 숭상하는 법안을 통과시켰습니다. 의회는 이어서 가톨릭교도인 공
작이 왕권을 물려받는 데는 아무런 하자가 없다는 선언서도 채택했습니다.
이렇듯 이중적인 태도로 시작한 스코틀랜드 의회는 요크 공작의 신앙이 합
법적이라는 결의를 했는데, 이는 어떤 사람도 믿지 못할, 하지만 어쩔 수 없

---

1 2   Cameronians, 개혁장로교회원들

이 받아들일 수밖에 없는 서약이나 마찬가지였습니다.

한편 아가일의 백작은, 자신의 충성심이나 신교도 교리에 합당하도록 개종을 하지 않았다는 이유로, 반역죄로 기소되어 스코틀랜드의 배심원단 앞에 섰습니다.(이 재판의 배심원장은 몬트로즈 후작이 맡았습니다.) 하지만 그는 딸인 소피아 린지의 하인들 틈에 끼여 탈출함으로써 단두대에서 목이 달아날 운명을 간신히 피할 수 있었습니다. 그러자 스코틀랜드의 일부 대신들은 소피아를 에든버러의 길거리에서 태형에 처해야한다고 주장했습니다. 하지만 이 제안은 공작도 받아들이지 않았습니다. 공작은, 평소와는 다르게, 당시에는 남자다움을 유지하며 영국 남자들은 숙녀를 그런 식으로 대해서는 안 된다고 주장했던 겁니다. 그 즐거웠던 시기에는 영국인들의 너절한 행위를 제외하고는 어떤 것도 스코틀랜드 아첨쟁이들의 잔인한 노예근성을 따라갈 만한 것이 없었습니다.

이와 같은 소소한 사건을 치른 후 요크 공작은 영국으로 돌아와서 각료의 일원으로 참여했고, 해군참모총장으로서 임무를 수행했습니다. 이 모두는 왕인 형의 전폭적인 지원으로 이뤄졌지만, 법을 대놓고 무시하는 처사였습니다. 그리고 공작이 가족들을 데리러 스코틀랜드로 가던 도중 배가 모래둔덕에 좌초해, 2백여 명의 수병과 함께 수몰되는 일이 있었는데, 이때 공작은 측근 몇 명과 함께 작은 배로 간신히 탈출하였습니다.

만일 그때 공작이 죽었어도 영국에게는 그리 큰 손해는 아니었을 겁니다. 한편 그때 영국의 수병들은 매우 용맹스럽고 이타적인 태도를 보여줬는데, 그들은 물에 빠져 죽어가면서도 공작의 배가 휘몰아치는 파도에 실려 멀어져 갈 때까지 공작을 위해 만세삼창을 불렀습니다.

의회를 해산시켜버린 즐거운 군주는 이제 재빠르게 본격적인 독재자의 길로 접어들었습니다. 그는 북아일랜드 아르마의 올리버 플런켓 주교를, 북아일랜드에 가톨릭을 전파하기 위해 프랑스 군대를 동원하려했다는 거짓 누명을 씌워 처형했으며, 쉐프트베리 경을 제거하려다 실패하자 이번에는 지방자치단체들을 장악하려는 시도를 했습니다. 지방자치단체를 장악하기만 하면 왕 마음대로 배심원단을 구성할 수 있고, 조작된 판결을 유도해낼 수 있었기 때문이었으며, 의회가 다시 열리게 되면 자신이 선택한 의원들로 이를 채울 수 있었기 때문이었습니다.

또, 이 즐거웠던 시기는 제프리스라는 주정뱅이 악당을 왕좌재판소Court of King's Bench의 최고재판장으로 만들어주기도 했는데, 그는 부푼 몸집에 붉은 얼굴의 끔찍한 형상을 하고 위압적인 목소리를 지닌 지극히 야만적인 품성을 지닌 인물이었습니다. 이 괴물 같은 인물은 즐거운 군주의 특별한 측근이었고, 그는 왕을 숭배하는 징표로 자신이 끼고 있던 반지를(사람들은 이 반지를 제프리스 판사의 혈석血石이라 불렀습니다.) 왕에게 선물하기도 했습니다. 왕은 제프리스에게, 런던을 필두로 해서 각 지방자치단체들을 무자비하게 장악해나가도록 했는데, 제프리스는 이 행위를 '언변言辯으로 그들을 제압했다.'는 그럴듯한 말로 포장했습니다. 그리고 제프리스는 이 행위를 아주 철저하게 수행해서, 해당 단체들은 옥스퍼드 대학을 제외하고는 모두가 영국에서 가장 비천한 아첨꾼이 되어버렸습니다. 옥스퍼드 대학은 너무 걸출한 대상이어서 감히 손을 댈 수 없었기 때문이었습니다.

쉐프트베리 경(그는 자신을 제거하려는 왕의 음모가 실패로 돌아가고 얼마 있지 않아 사망했습니다.)과 윌리엄 러셀 경, 몬모스 공작, 하워드 경, 저시 경, 알저르논 시드니, 존 햄프덴(저 유명한 햄프덴의 손자임), 그리고 다른 몇몇 인사들은, 의회가 해산된 후, 만일 왕이 그의 가톨릭 신앙과 관련된 의지를 결행하려 한다면 이를 어떻게 대처해야 좋을지를 논의하는 비밀 회합을 갖곤 했습니다. 이들 중 쉐프트베리 경이 가장 과격했는데, 그는 이 비밀모임에 두 명의 폭력배를 데리고 왔습니다. 공화주의자 군대의 사병이었던 럼지와 변호사인 웨스트가 그들이었습니다. 이 두 사람은 럼볼드라 불리는 크롬웰 군의 퇴역 장교와 친분이 있었는데, 그는 몰트입자의 과부와 결혼

러셀 경의 재판(1683)

한 덕으로, 하트퍼드셔의 호데스돈Hoddesdon 인근에 라이하우스Rye House라 불리는 어느 외딴 주거지를 소유하고 있었습니다.

럼볼드는 일행에게 자신의 집이, 뉴마켓에서 이동할 때 자주 그곳을 오가는 왕을 저격하기에 얼마나 안성맞춤인지를 설명했습니다. 일행은 그의 계획을 좋은 생각이라 인정하고 받아들였습니다. 하지만 거사 전에 그 음모자들 중 한사람이 밀고를 해버리는 바람에, 와인 판매상인 쉐퍼드와 함께 일행 모두가—그러니까 러셀 경, 알저르논 시드니, 에섹스 경, 하워드 경, 그리고 햄프덴이 체포됐습니다.

러셀 경은 탈출하려면 할 수 있었을 겁니다. 그러나 그는 자신은 아무 죄가 없다며 도망치는 것을 비겁하게 생각했습니다. 에섹스 경도 탈출하려면 할 수 있었을 겁니다. 그러나 그는 자신이 도망치면 러셀 경에게 피해가 갈 것을 우려해 그렇게 하지 않았습니다. 하지만 에섹스 경은, 러셀 경이 무척이나 싫어하던 하워드 경(그는 이제 꼼짝없이 반역자의 신세가 됐습니다.)을 모임에 끌어들인 사실 때문에 너무나 마음이 무거웠고, 이 때문에 고민하다

러셀 경이 올드 베일리에서[13] 재판을 받기 전에 스스로 목숨을 끊어버렸습니다.

　러셀 경은, 자신이 그릇된 두 형제들(그 중 한명은 왕좌에 앉아있고, 또 한 명은 그 옆에 대기하고 있었지요.)에 반대하는 신교도 운동에 언제나 대장부답게 선봉에 섰으므로 죽음을 피할 수 없음을 잘 알았습니다. 그에게는 후덕한 인품을 지닌 부인이 있었습니다. 그녀는 재판 과정에서 남편의 보조자 역할을 했고, 남편을 면회하고 마지막 만찬을 함께 했습니다. 그녀가 베푼 사랑과 미덕, 그리고 헌신은 그녀의 이름을 영원히 기억하도록 할 것입니다. 물론 당연히 러셀 경은 유죄판결을 받았고, 자신의 집에서 가까운 링컨의 인필드Inn-fields에서 참수형에 처해지는 판결을 받았습니다.

　집행 전날 러셀 경이 자녀들과 마지막 작별인사를 할 때도 그의 부인은 저녁 10시까지 그와 함께 머물렀습니다. 이 세상에서의 마지막 작별의식을 마치고 경은 부인에게 고맙다는 인사를 하며 수없이 키스를 했습니다. 그때 마침 밖에서는 비가 내리고 있었는데, 그는 비를 바라보며, "이 비가 내일의 행사를 망치겠구나. 비가 내리는 날의 사형집행이란 무료하기 짝이 없는 일이지."라고 조용히 중얼거렸습니다. 그는 자정이 되어 잠이 들어 새벽 네 시까지 잤고, 하인이 잠을 깨운 후에도 옷이 준비되는 틈을 이용해 다시 잠이 들었습니다. 그는 틸로트슨과 버넷이라는 저명한 목사와 함께 자신의 마차를 타고 처형장으로 향했으며, 조용히 찬송가를 불렀습니다. 이때 그의 모습은 마치 보통 때 산책을 나온 사람처럼 조용하고 단호했습니다. 그는, 이렇게 많은 사람들이 모일 줄을 몰랐다는 말을 남기고, 베개에 머리를 누이듯 단두대에 목을 올려놓았고, 두 번의 도끼질로 그의 목은 달아났습니다. 그의 부인은 이때에도 여전히 분주하게 움직였는데, 남편에 충직했던 그녀는 그의 마지막 말을 인쇄해서 여기저기 뿌리고 다녔습니다. 그 인쇄물은 영국의 모든 의로운 사람들의 피를 끓게 만들었습니다.

　이날 특이하게도 옥스퍼드 대학은 러셀 경의 유죄를 확신하고, 왕은 '생명

13　Old Bailey, 런던의 중앙 형사재판소

의 활력이며 기름 부음을 받은 자'라는 성명서를 발표를 했습니다. 이 성명서는 나중에 의회의 명령을 받은 집행인에 의해서 불태워졌는데, 이런 문서는 액자를 만들어 대중이 다 보는 공공장소에 인간의 비천함을 경멸하는 전시물로 길이 보전했어야 하는 건데 그러지 못해 유감일 뿐입니다.

다음으로 알저르논 시드니의 재판이 열렸습니다. 이 즐거운 시대의 재판장을 맡고 있던 제프리스는 거대한 붉은 두꺼비처럼 분노로 일그러지고 부풀어 오른 몸짓으로 땀을 뻘뻘 흘리며 판결문을 낭독한 후, "시드니 경, 지금 그대를 보니 건강하게 천국으로 갈 것 같지는 않지만 나는 그대가 천국에 갈 수 있도록 신에게 기도하겠소."라고 말했습니다. 그러자 죄수는 침착하게 손을 내밀며, "재판장님, 내 맥박을 재보시지요. 나는, 지금처럼 더없이 평안한 상태에서 죽음을 맞이하게 된 것을 신께 감사합니다."라고 말했습니다.
그는 1683년 12월 7일에 타워힐에서 생을 마감했습니다. 그는 매우 당당했으며, 자신의 평소 신념을 지키며 죽어갔습니다. 그는, 어려서부터 '분명하고 선량한 원칙과 하늘이 자신을 통해 자주 영광을 드러냈다.'는 신념을 지니며 살았던 인물이었습니다.

몬모스 공작은, 왕실의 일원으로 전국 각지를 돌아다니며 민중들의 편익을 도모해줌으로써 작은아버지 요크 공작의 시기를 받고 있었습니다. 그는 민중들의 자녀들의 대부가 되어주기도 하고, 연주창[14] 환자들의 얼굴을 어루만져 병을 낫게 하기도 했었습니다. 그의 아버지는 그에게 음모에 가담했음을 시인하는 편지를 작성하도록 했습니다. 그 음모가 드러나 러셀 경 같은 이는 목이 달아나기도 했지요.
하지만 몬모스 공작은 천성적으로 심신이 미약한 인물이어서 그 편지를 쓰자마자 부끄러움을 느끼고 이를 찢어버렸습니다. 이렇게 되자 그는 어쩔 수 없이 네덜란드로 추방됐습니다. 그러나 그는 이내 돌아와서 작은아버지 제

---

14 King's Evil, 이 시대에는 왕의 손이 닿으면 이 병이 낫는다고 여겼음

임스 모르게 왕인 아버지와 면담을 가졌습니다. 그가 다시 아버지의 총애를 획득하는 것처럼 보였고, 반면에 요크 공작은 그로부터 멀어지는 것처럼 보였습니다. 하지만 때를 같이해서 화이트홀에는 죽음의 그림자가 드리워지며 방탕하고 부끄러운 줄 모르던 귀족 남녀들을 소스라치게 놀라게 했습니다.

1685년 2월 2일 월요일에, 프랑스 왕의 수족이자 즐거운 연금수혜자는 뇌졸중으로 쓰러졌습니다. 화요일이 되어도 찰스II세의 병세는 가망이 없었고, 수요일에는 그에게 마지막이 가까이 왔다는 통보가 주어졌습니다. 왕이 신교의 주교에게 성찬식을 받는 데 어려움이 따르자 요크 공작은 주변에 둘러선 사람들을 물리치고 형의 귀에 속삭이며, 가톨릭 신부를 청할지를 물었습니다. 그러자 왕은, '신에게 맹세코, 그렇게 해 주게나 동생!'이라고 외쳤습니다. 공작은 가발과 가운으로 변장을 한 가톨릭 신부를 몰래 불러들였습니다. 그는 우스터의 전투가 끝난 후 왕의 목숨을 구해준 적이 있던 허들스톤 신부였습니다. 공작은 형에게, 가발을 쓴 이 사람이 한때는 왕의 육체적 생명을 구해줬지만, 이제는 그의 영혼을 구해준 것이라고 말해주었습니다.

즐거웠던 군주는 그날 밤을 넘기고 다음날인 6일 금요일 성오 식전에 사망했습니다. 그가 마지막으로 남긴 두 가지 말은 인간애를 담고 있어서, 우리들에게 그나마 그에 대한 좋은 기억으로 남아있습니다.

왕비가 자신의 몸 상태가 너무 좋지 않아 왕의 마지막 길을 지켜주려 달려갈 수 없으니 이를 용서해달라는 연락을 보내오자, 왕은 "아, 가련한 여인이 나의 용서를 청하는 구나. 나도 진심으로 그녀에게 용서를 구하노니, 나의 대답을 왕비에게 전하거라!"라고 대답했습니다. 그리고 그는 넬 귄을[15] 위해서도 한마디 남겼습니다. "불쌍한 넬리가 굶는 일이 없도록 하거라!"

왕은 통치 25년 만에, 55세의 나이를 끝으로 세상을 등졌습니다.

---

1 5　왕의 정부情婦

제35장.
제임스Ⅱ세
ENGLAND UNDER JAMES THE SECOND
[생몰 : 1633.10.14~1701.9.16 / 재위 : 1685~1688]

왕제임스II세는[1] 너무나 인기가 없어서, 저명한 역사가들조차 그보다는 그의 형 찰스II세를 더 칭찬할 정도입니다. 왕의 길지 않은 통치기간 중 유일한 목표는 영국에 가톨릭을 다시 부활시키는 것이었으며, 이를 위해 어리석은 고집을 피움으로써 스스로 짧은 정치일정을 끝내게 됩니다.

왕이 처음으로 시행한 일은, 법률에 제정된 대로 교회와 국가의 원칙 하에서 국가를 운영해갈 것이라는 점을 분명하게 각료들에게 밝히는 것이었습니다. 그러면서 그는 국교회를 떠받드는 데에 최선을 다할 것을 약속했습니다. 왕의 이러한 선언이 있자 민중들은 그를 열렬히 지지했으며, 그 말을 곧이곧대로 믿은 순진한 사람들은 교회의 연단을 비롯한 여러 곳에서, 왕은 약속을 철저하게 지킬 것이라며 찬사를 아끼지 않았습니다. 하지만 왕은 음흉한 예수회 단원인 피터 신부를 앞세워서 가톨릭을 위한 비밀 위원회를 꾸리고 있었습니다. 그리고 왕은 프랑스 왕으로부터, 감사의 눈물을 흘리며, 50십만 리브르에 달하는 그의 첫 연금을 수령하였지만, 타고난 비열함과 오만함으로 인해 돈은 챙기면서도 프랑스 왕에게 예속되지 않았다는 사실을 부각시키려 노력했습니다.

그런가하면 제임스II세가 그의 형인 선대왕이 작성해서 금고에 보관 중이던, 가톨릭을 찬양하는 두 건의 문서를 정식으로 출간을 했고, 나아가 가톨릭의 미사에 공공연히 모습을 드러냈음에도 불구하고 왕에게 잘 보이려고 애를 쓰던 의회는 그에게 거액을 안겨줬습니다. 이리하여 왕은 국정의 첫출발을 자신이 원하는 대로 끌고 갈 수 있다는 확신을 가지게 됐습니다.

---

1 찰스1세의 차남이며 찰스2세의 동생. 1643년에 요크공작에 임명되었고, 청교도혁명 때에는 의회당에 의하여 한때 유폐되기도 하였으나, 대륙으로 망명하였다가 1660년의 왕정복고로 귀국하여 해군총사령관에 임명되었음. 그러나 가톨릭으로 개종하였기 때문에 1673년에 성립된 심사율審査律에 저촉되어 사임하였음. 그 뒤 신앙문제로 그의 왕위계승의 지위를 박탈하기 위한 왕위계승 배제 법안이 의회에 제출되었으나 부결되고, 1685년에 형 찰스2세의 뒤를 이어 즉위하였음. 즉위 후 가톨릭 복고를 꾀하고 절대주의적 경향을 강화하자 1688년에 명예혁명이 일어나 프랑스로 망명한 후, 1689년에는 루이14세의 원조로 프랑스군을 이끌고 아일랜드에 상륙하여 재기를 꿈꾸었으나, 다음해 보인강의 전투에서 패하고 프랑스로 돌아가 상제르망에서 병사하였음.

　이 시대의 이야기를 정식으로 시작하기 전에, 티터스 오아테스의 이야기를 마무리 짓고자 합니다. 그는 새 왕의 대관식이 있고 나서 2주일 후 위증죄로 재판을 받았습니다. 그 결과 그는 거금의 벌금형에 처해지는 것 말고도, 하루에 두 번씩이나 칼을 목에 차고 채찍질을 받으며 알드게이트에서 뉴게이트까지 걸어야 했고, 이틀 뒤에는 다시 뉴게이트에서 타이번까지 이동했으며, 살아있는 동안 일 년에 다섯 번씩 이와 같은 형벌을 받아야 했습니다.

　이러한 처벌은 이 악당에게 결정적 타격을 입혔습니다. 첫 번째 매질을 견디지 못하고 쓰러진 그는 들것에 이끌려 뉴게이트에서 타이번까지 끌려가면서 매질을 당했습니다. 하지만 그는 매우 강단 있는 악당이어서 그 정도의 고문으로도 죽지 않고 살아나서, 결국에는 사면을 받고, 보상까지 받았습니다. 물론 그의 말을 믿어주는 사람은 더 이상 아무도 없었지요. 음모를 꾸미고도 목숨을 부지했던 또 다른 모사꾼 데인저필드는 그렇게 운이 좋지 못했습니다. 그는 뉴게이트에서 타이번까지 채찍질을 당하면서 끌려가며 거의 죽을 뻔 했고, 그 정도 형벌로는 양이 차지 않다고 생각한 어느 과격한 변호사가 지팡이로 그의 눈을 찌르는 바람에 사망에 이르고 말았습니다. 그 변호사는 붙잡혀서 응분의 재판을 받고, 처형됐습니다.

　제임스가 왕위에 오르자마자 아가일 백작과 몬모스 공작은[2] 브뤼셀에서 로테르담으로 건너가, 그곳에서 열린 스코틀랜드 망명객들의 모임에 참석해, 영국에서 봉기를 일으키기로 합의했습니다. 우선 아가일은 스코틀랜드로 상륙하고, 몬모스는 영국으로 잠입하기로 합의가 이뤄졌고, 아가일과는 믿을 만한 영국인 두 사람이 동행하고, 몬모스와는 스코틀랜드인 두 명이 동행하기로 했습니다.

　거사 계획에 따라 먼저 몸을 움직이기로 한 사람은 아가일이었습니다. 하

2　James Scott, Duke of Monmouth(1649-85): 영국왕 Charles2세의 서자; James2세의 왕위를 노렸으나 실패하고 처형당했음.

몬모스 공작

지만 그와 동행하던 두 사람의 영국인을 오크니 제도[3]에서 체포한 영국 정부는 음모를 눈치채고, 2~3천 명 이상의 고원지대 지지자들을 규합하려던 그의 계획을 좌절시켜버렸습니다.

아가일은, 북부 고원지대 부족들이 족장들의 규합 아래 한참 흥이 올랐을 때 이 부족 저 부족, 이 지역 저 지역으로 불이 타는 십자가를 보내 지원을 요청했지만 소용이 없었습니다. 그러자 그는 몇 안 되는 병력을 이끌고 글래스고로 이동했는데, 이때 일부 부하들이 그를 배신하는 바람에 붙잡혀서, 손이 뒤로 묶인 채 에든버러 궁에 있는 오래된 감옥으로 압송됐습니다. 왕 제임스는 3일 이내에 아가일을 처형하도록 명령했고, 아가일은 고문으로 자신의 발이 으스러질 것을 두려워했지만 다행이 고문 없이 목이 잘렸고, 에든버러 감옥 꼭대기에 효수되었습니다.

아가일과 동행했던 영국인들 중 한 사람은 바로 라이 하우스의 주인이었던, 퇴역 군인 럼볼드였습니다. 그는 중상을 입었지만, 아가일이 체포되어 고통을 훌륭히 견뎌내고 있을 때, 왕의 즐거움을 위해, 산채로 재판을 받게 됐습니다. 그 또한 자신을 당당히 변호하다가 처형당했습니다. 그는 마지막으로, 하나님은 민중들에게 멍에를 지우고 고문을 가하는 권세를 귀족들에게 주지 않았음을 확신한다는 명언을 남겼는데, 필자는 럼볼드의 이런 최후 진술이 백번 지당하다고 생각합니다.

---

3 Orkney Islands, 스코틀랜드 북부의 오크니 제도

몬모스 공작은 일부는 일정으로 인해 발이 묶이는 바람에, 또 일부는 그의 타고난 게으름으로 인해 그의 친구보다 5~6주 정도 늦게 도셋의 라임Lyme 지역에 상륙했습니다. 이때 공작은 워크의 그레이Grey of Werk 경이라 불리던 불길한 인물을 옆에 두고 도움을 받고 있었는데, 이 인물 때문에 성공했을 수도 있는 원정길이 수포로 돌아가게 됩니다.

공작은 도착 즉시 시장 한가운데에 깃발을 꽂고서는, 왕을 폭군이요 천주교 약탈자라고 비난했습니다. 그는 왕을 비난하면서, 실제로 왕이 저질렀던 악행들을 거론하기도 했지만, 런던에 불을 질렀다거나 선대왕을 독살했다는 식으로, 왕이나 기타 어떤 이들도 하지 않은 거짓 사실들을 예로 들었습니다. 이런 선동을 통해서 약 4천명의 병력을 동원한 공작은, 가톨릭을 극도로 증오하던 신교도들이 모여 있던 톤턴으로 행군해 들어갔습니다.

톤턴 시민들은 부자나 가난한 사람들을 가리지 않고 공작 일행을 환영했고, 숙녀들은 창문에서 거리를 지나는 공작을 향해 손을 흔들며 길 앞에 꽃잎을 뿌려주었으며, 온갖 찬사가 공작에게 쏟아졌습니다. 또 20명의 젊은 처녀들이 성장盛粧을 하고 앞으로 나와, 자신들이 직접 손으로 장식을 한 성경책을 다른 선물들과 함께 바쳤습니다.

이러한 환대에 고무된 공작은 스스로를 왕으로 선언하고, 브리지워터Bridgewater 쪽으로 행군을 계속했습니다. 그러나 그는 그곳에서 피버쉠 백작의 지휘를 받는 정부군이 얼마 멀지 않은 곳에 진을 치고 있음을 발견하였고, 자신을 도와줄 강력한 원군이 절대적으로 부족함을 느끼고 낙담하며, 군대를 해산하고 탈출을 감행할 것인지에 대해 고민하게 됩니다. 바로 그때 그 불길한 그레이 경은 세지무어라 불리던 소택지 인근에서 야영을 하던 왕의 군대를 야밤을 타서 공격하자는 제안을 했습니다.

그레이 경은 결코 용맹스런 지휘관은 아니었지만, 기병들에게 공격 명령을 내렸습니다. 하지만 그는 첫 번째 난관인 깊은 수로를 만나자 곧바로 싸움을 포기해버렸으며, 농민들은 낫과 몽둥이, 쇠스랑 등과 같은 무력한 무기를 들고 몬모스 공작을 위해 일어났지만 잘 훈련된 왕의 군대를 감당하지 못하고 뿔뿔이 도망가기에 바빴습니다. 그리고 이런 혼란 속에서 몬모스 공작은 행방이 묘연했습니다. 하지만 운 없는 그레이 경은 다음 날 일찍 체포되었고, 공작의 옆을 지키던 측근 한 명이 붙잡혀서, 자신이 네 시간 전까지 공작과 함께 있었다는 진술을 했습니다.

곧이어 철저한 수색이 벌어졌고, 공작은 농민으로 변장한 채 양치류 덤불 속에 숨어있다 붙잡혔습니다. 그때 공작의 주머니에서 나온 것은 들판에서 수거한 콩 몇 알이 전부였습니다. 그가 유일하게 별도로 지니고 있었던 것은 문서 몇 장과 소책자 몇 권뿐이었는데, 그 책들 중 한 권에는 공작이 직접 써넣은 것으로 보이는 주문이나 노랫말, 비문秘文, 그리고 기도문 등이 어지러이 적혀있었습니다. 그의 모습은 완전히 탈진한 사람의 몰골이었습니다. 그래도 공작은 왕에게 간절한 편지를 써서, 자신을 꼭 한번만 만나주기를 요청했습니다. 그리하여 그는 꽁꽁 묶인 채 런던으로 압송되어 왕 앞에 섰고, 무릎으로 기어가서, 차마 눈으로 봐줄 수 없는 장면을 연출했습니다.

왕 제임스는 어느 누구에게도 자비를 베푼 적이 없던 인물인지라 조카가 라임에서 자신을 왕이라 선언한 것을 용서하지 않았고, 조카에게 마지막을 준비하라는 말을 했습니다.

1685년 7월 15일, 이 불행한 민중들의 친구는 처형을 위해 타워힐로 옮겨 졌습니다. 처형장에는 무수한 군중들이 운집했고, 집집마다 옥상에는 구경 꾼들로 들끓었습니다. 공작은 런던탑에서 부인인 버클루취Buccleuch 공작의 딸을 마지막으로 보았고, 자신이 그토록 사랑했으며 생의 마지막 기억을 남겨준 여인인 헤리엇 웬트워스에 관해 많은 이야기를 남겼습니다. 그리고 그는 처형대 위에 목을 올려놓기 전에 도끼날을 쳐다보고는, 망나니에게 도끼날이 충분히 갈아진 것 같지 않고, 도끼가 너무 가벼워 한번으로 끝날 것 같지 않다는 불안감을 털어놨습니다. 이에 대해 망나니가 충분히 한 방으로 끝낼 수 있다고 하자, 몬모스 공작은, "기도하노니, 저 러셀 경을 집행할 때처럼 서투르지 않게 해주게."라고 간청했습니다.

　이 말에 부담을 느꼈는지 망나니가 손을 떨며 도끼질을 하는 바람에 첫 번째 도끼질로는 그의 목에 큰 상처만 내고 말았습니다. 그러자 공작은 고개를 들어 망나니의 얼굴을 책망하듯 바라봤습니다. 이어서 망나니는 두세 번의 도끼질을 더 하고는, 도끼를 내려놓고 더 이상 진행할 수 없다며 울부짖었습니다. 그러자 주지사가 나서서 망나니에게, 제대로 하지 않으면 거꾸로 망나니가 죽게 될 것이라고 위협을 했고, 망나니는 다시 도끼를 들고 네 번, 다섯 번을 내리쳤고, 공작의 가련한 목이 마침내 잘려나갔습니다.

　이렇게 해서 몬모스의 공작 제임스가 36살의 나이로 세상을 떠났습니다. 그는 뽐내기를 좋아했지만 고상한 인품을 소유했었고, 대중들로부터 사랑을 받을 만한 장점을 많이 지닌 인물이었고, 실제로 많은 사랑을 받기도 했습니다.

　몬모스 공작의 반란을 빌미로 저질러진 정부의 폭력은 영국 역사에 가장 어둡고 통탄할 만한 페이지를 기록하게 됩니다. 여러분들은, 엄청난 피해를 입고 농민들이 뿔뿔이 흩어졌고, 그 지도자들이 붙잡혔으므로 왕의 분노가 사라앉았을 것으로 생각할 겁니다. 하지만 아닙니다. 7는 도저히 용서받지 못할 괴물 같은 인물인 커크 대령을 개처럼 풀어놓았습니다. 커크는 아프리카의 무어인들을[4] 탄압하는 일에 종사했던 인물로, 그의 부하들이 깃발에 기독교를 상징하는 양을 그리고 있었기 때문에 사람들은 그들을 '커크의 양들'이라 불렀으며, 포악하기로는 양들의 주인 못지않았습니다.

　이들 인간의 형상을 한 악마들이 저지른 악행은 차마 입에 담기조차 어려운 것들이었습니다. 끔찍한 살인과 약탈 행위를 저지르고, 목숨을 살려주는 대가로 민중들이 가진 모든 것을 빼앗는 비열한 짓 외에도, 커크와 그 일행들에게 즐거움을 선사했던 일이 하나 더 있었던 것만은 밝혀두고자 합니다.

　커크와 부하 장교들은 저녁 식사 후에, 술잔을 기울이며 왕을 위해 건배하

4　Moors, 아프리카 서북부에 거주했던 종족, 8세기에 스페인을 점령하기도 했음

대법관 제프리스에 의해 자행된 '피의 순회재판'

고, 일단의 죄수들을 창밖에서 교수형에 처하도록 한 다음, 그들이 단말마의 고통으로 몸을 떨며 죽어갈 때, 이를 즐겁게 지켜보며, 이럴 때는 음악이 있어야 한다며 드럼과 트럼펫 연주를 지시하곤 했다는 사실입니다. 그리고 무도한 왕은 커크의 이러한 처사에 크게 만족하고 있다며 그를 치하했습니다. 하지만 무엇보다 왕을 기쁘게 했던 것은, 제프리스의 행적이었습니다. 제프리스는 다른 네 명의 판사들과 함께 서부로 달려가, 그곳 민중들을 반란에 가담했다는 이유로 재판에 회부했습니다. 왕은 즐거운 마음으로 그의 이러한 움직임을 '제프리스의 순회공연'이라 불렀지만, 해당 지역 민중들은 이를 오늘날까지 잊지 못하며, '피의 순회재판Bloody Assize'이라 부르고 있습니다.

그것은 윈체스터의 알리샤 리즐리 부인의 집에서부터 시작되었습니다. 리즐리 부인은 찰스 I 세 시절 판사(이 판사는 왕당파 암살자들에 의해 국외에서 암살당했습니다.)의 미망인으로, 그녀는 세지무어 반란의 도망자 두 명을 집에 숨겨주었다는 혐의를 받고 있었습니다. 배심원들은 리즐리 부인에게 유죄를 내리기를 세 번이나 거부했지만, 제프리스는 그들을 협박해서 기어코 그릇된 평결을 받아내고야 말았습니다. 필자는 감히 단언하건데, 그가 배심원들에게 강권할 때, "여러분, 만일 내가 여러분이라면 리즐리 부인이 내 어머니라고 해도 유죄 판결을 내렸을 겁니다.", 분명히 이렇게 압박했을 겁니다. 그리고 그는 부인을 그날 오후에 당장 화형시키라는 판결을 내렸습니다. 하지만 성직자들과 다른 인사들이 개입해서 화형만은 재고해달라는 요청을 했고, 결국 그녀는 일주일이 못되어 목이 잘렸습니다.

왕은 제프리스의 이러한 행적을 치하하는 의미에서 그를 대법관에 임명했으며, 그는 더욱 기가 살아 도체스터와 엑세터, 그리고 톤턴 및 웰즈Wells 등지로 종횡무진 무대를 넓혀갔습니다. 당시에 저질러졌던 엄청난 불의와 야만적 행위에 대한 기록을 읽다보면 그 때 어째서 아무도 재판장 석에 앉아있던 제프리스를 습격하지 않았는지 의아할 정도입니다.

남녀를 가리지 않고 어떤 인물이 제프리스 앞에서 반역죄로 유죄 판결을 받는 데는, 평소에 원한을 가지고 있던 사람의 고발만 있으면 가능했습니다. 어떤 사람은 스스로 무죄를 주장하다가 즉석에서 끌려 나가 교수형을 당하기도 했습니다. 이런 모습들은 사람들을 더욱 공포에 떨게 해서 대부분의 사람들은 유죄를 인정하지 않을 수 없었습니다. 도체스터 한 곳에서만 단 며칠 동안에 무려 80명이 교수형에 처해졌으며, 매질을 당하고 유배를 가고, 투옥되고, 노예로 팔려간 사람들의 숫자는 이루 헤아릴 수가 없을 정도였습니다. 제프리스가 목숨을 빼앗은 사람의 숫자는 무려 대략 300명에 이릅니다.

이런 참극은 36곳의 도시와 마을에서 역도로 몰린 죄인들의 친지들을 대상으로도 벌어졌는데, 그들의 시신은 난도질되어, 펄펄 끓는 역청과 타르에 적셔진 채, 가로에 있는 교회들에 내걸렸습니다. 절단된 시신들의 모습과 냄새, 그리고 커다란 솥에서 역청과 타르가 끓는, 생지옥과 같은 아우성 및 민중들의 눈물과 공포는 말로는 도저히 형언할 수 없을 지경이었습니다. 시신들을 그 검은 솥에 집어넣는 일을 담당했던 한 시골 사람은 '펄펄 끓는 톰'이라 불렸으며, 그 이후 형의 집행을 담당하는 형리刑吏를 '젝 케치Jack Ketch'라 부르게도 됐는데, 이는 그런 이름을 가진 어떤 사람이 제프리스의 명령으로 하루 종일 사람을 처형하는 일만 한 데서 유래합니다.

여러분들은 아마도 프랑스 혁명의 잔혹함에 대해 공포를 느끼고 있을 것입니다. 프랑스에서 끔찍한 일들이 많이 벌어졌던 것은 사실입니다. 그러나 그 공포의 시기 동안 제정신이 아닌 사람들이 프랑스에서 무슨 일을 저질렀든지 간에, '피의 순회재판' 기간 동안 영국의 최고 재판부가 영국 왕의 묵인 하에 저질렀던 악행보다 더 악독한 짓은 찾아볼 수 없을 겁니다.

악행은 이뿐만이 아니었습니다. 제프리스는 다른 사람의 불행을 즐긴 만큼이나 스스로 재물에 대한 욕심이 넘쳐났던 인물이어서, 사면권을 남발하면서 자신의 주머니를 채웠습니다. 또 톤턴의 젊은 처녀들이 성경책을 만들어 바치고 궁정에서 시녀로 종사하기도 했는데, 한창 때의 소중한 처녀들로서는 참으로 견디기 힘든 거래였을 겁니다.

한편 '피의 순회재판'이 한참 극에 달했을 때, 왕은 리즐리 부인이 처형당한 바로 그 장소에서 경마시합을 즐기고 있었습니다. 그리고 제프리스가 자신의 임무를 충실히 수행하고 귀환하자 왕실 관보官報는 그를 극찬하는 기사를 싣기도 했습니다. 그리고 그가 술을 너무 많이 마셔 몸져누워있다는 소식을 듣자 왕은 제프리스만한 인물은 어디에서도 쉽게 찾아볼 수 없다며 안타까워했습니다.

이밖에도 런던의 전 주지사인 코니쉬가, 럼지의 자백에 따른 억지 재판을 거친 후에, 자신의 집이 빤히 쳐다보이는 곳에서 교수형을 당했는데, 그는 라이 하우스 음모에 가담했다는 누명을 쓰고 죽어가야 했습니다. 하지만 럼지가 억지로 자백한 내용은 러셀 경이 재판에서 진술한 내용과는 정면으로 반대되는 것이었습니다. 그리고 같은 날 덕망 있던 과부 엘리자베스 곤트는 불쌍한 수배자에게 피난처를 제공했다는 이유로 타이번에서 화형을 당했는데, 그녀는 자신이 숨겨준 수배자가 그 사실을 털어놓는 바람에 죽음을 맞이하게 되었습니다. 그녀는 화형주에 서서 불이 빨리 타오르도록 스스로 기름을 주변에 뿌리면서, 자신은 '쫓기는 자에게 피난처를 제공하고, 방황하는 자를 외면하지 말라.'는 하나님의 명령을 따랐을 뿐이라고 당당하게 밝혔습니다.

왕은 자신의 백성들에게 이런 식으로 교수형과 참수형 및 화형, 그리고 끓는 물에 집어넣기와 사지를 절단하기, 샅샅이 파헤치기, 재산을 몰수하기, 유형 보내기, 노예로 팔기와 같은 일들을 저지른 후 자연스럽게 자신이 하고자 하는 일은 무슨 일이든지 할 수 있다고 생각하게 됐습니다. 그리하여 그는 가능한 빨리 국가의 종교를 바꾸는 일에 착수하고자 했으며, 그 일은 이렇게 진행됐습니다.

왕은 우선 가톨릭교도가 공직에 취임하는 것을 금지한 '심사율'을[5] 자신이 가진 사면권을 이용해서 무력화하려 시도했습니다. 왕은 한 번의 재판에서 이 사면권을 시도했는데, 이때 12명의 판사들 중 11명이 왕의 편을 들어주었고, 또 한 번은 옥스퍼드 대학의 고위관리인 로마가톨릭교도 세 명에게도 이 권한을 적용해서 그들이 지위를 잃지 않도록 해주기도 했습니다. 또, 왕은 자신을 대놓고 반대하던 런던의 주교 컴프톤을 제거하기 위해 '교무위원회Ecclesiastical Commission'를 부활시켰습니다. 그리고 그는 영국에 대사를 보내는 영예를 베풀어 달라고 교황에게 간청했는데, 다소 민감한 성격의 소유자였던 교황은 마지못해 그 청을 들어줬습니다.

왕은 대중들 앞에서 피터 신부에 대한 칭찬을 기회 있을 때마다 늘어놓기도 했고, 런던의 여러 곳에 수녀원을 세우는 일을 적극 지원하기도 했습니다. 왕은 또 길거리나 심지어는 궁정에서도 예배를 집전하는 수도승이나 탁발승들이 북적거리는 것을 좋아했으며, 자신의 주위에 있는 신교도들을 가톨릭으로 개종시키기 위해 끊임없이 노력했습니다. 왕은 의회의 요직에 있는 의원들을 대상으로, 자신이 '비밀회담'이라 부르는 개인 면담을 자주 갖고 자신의 의중에 있는 내용을 의원들에게 은근히 강요하고, 그들이 이를 따르지 않을 경우 면직을 시키고 그 자리를 가톨릭교도로 대체하도록 했습니다.

왕은 나아가 군대 내의 신교도들을 어떻게 해서든지 쫓아내고는 그 자리를 가톨릭을 믿는 군인으로 갈아치웠습니다. 그는 이 같은 짓을 각 자치단체에

---

5   Test Act, 공직 취임 때 국교 신봉의 선서를 규정한 법률, 1673~1828

도 강요했으며, 원하는 결과를 얻지는 못했지만, 특히 각 지방의 주지사들에게도 가톨릭을 강요했습니다. 왕은 이런 모든 억지 책동을 강요하기 위해 하운슬로우 히드에 1만5천명의 군사들을 주둔시키고, 장군의 막사에서 공개적으로 미사를 올리며, 신부들이 장병들 틈을 돌아다니며 가톨릭을 믿으라고 설복하도록 했습니다.

이러는 와중에 병사들을 향해 원래의 신앙이 지시하는 바를 충실히 따르라는 메모지를 돌리던 존슨이라는 신교도 목사가(이 사람은 고인이 된 러셀 경의 개인 목사이기도 했습니다.) 체포되어 목에 칼을 세 번이나 차는 수모를 겪고, 뉴게이트에서 타이번까지 매질을 당하며 이동하는 일이 벌어지기도 했습니다. 이밖에도 왕은 처남이 신교도라는 이유로 각료에서 해임하고, 앞서 거론한 피터 신부를 추밀원장에 임명했습니다. 한편 왕은 아일랜드의 통치권을 티어코넬Tyrconnell의 백작인 리처드 텔봇에게 넘겼는데, 그는 아무 짝에도 쓸모없는 타락한 악당으로, 그의 주인을 위해 아일랜드 인들에게 악행을 저질렀습니다.

영국 왕의 이러한 극단적 행위를 보고 있던 가톨릭교도들은, 교황부터 문지기까지 올바른 판단력을 가진 이들이라면, 왕이 자기 스스로도 위험에 빠뜨릴 수 있으며 나아가 그가 주장하고자 하는 신앙의 원칙까지 손상시킬 수 있는, 성격이 삐뚤어진 멍청이라는 점을 알게 됐습니다. 그러나 왕은 주변의 모든 이성적 소리에 귀를 닫아버렸습니다. 하지만 영국에게는 참으로 다행스럽게도 바로 이런 맹목적 결점으로 인해 왕은 스스로의 덫에 걸려들고 말았습니다.

이때쯤에는 슬슬 어떤 움직임이 싹트고 있었지만, 그 술주정뱅이 바보 왕은 그런 움직임을 전혀 눈치채지 못하고 있었습니다. 먼저 그는 케임브리지 대학에서 뭔가 이상하다는 점을 느끼게 됐습니다. 과거에 옥스퍼드 대학의 학장을 가톨릭교도로 앉힐 때도 아무 반대가 없었으므로 왕은 케임브리지의 예술대학 학장 자리에 어떤 가톨릭 수도승을 임명하고자 했습니다. 하지

만 케임브리지는 왕의 뜻을 거역
하고 이를 보기 좋게 물리쳐버렸
습니다. 그러자 왕은 자신의 충실
한 원군이던 옥스퍼드로 눈길을
돌렸습니다. 그는, 옥스퍼드 모
들린 대학Magdalen College의 총장이
사망하자 그 자리에 앤서니 파머
가 앉아야한다고 주장했는데, 그
이유는 단지 파머가 자신과 같은
종교를 믿는다는 이유 때문이었
습니다. 이에 대해 옥스퍼드는 용
기를 발휘해 왕의 결정에 반대했
습니다. 그러자 왕은 학장 자리에
다른 인물을 천거했지만, 대학은

제임스2세에게 탄원서를 전달하는 성직자들

자신들이 결정한 허그라는 인물이 학장이 되어야 한다는 주장을 굽히지 않
았습니다. 이렇게 되자 아둔한 폭군은 허그를 포함해서 25명이나 되는 사람
들을 처벌하고, 그들을 추빙하면서 그들 중 이느 누구도 다시는 교회의 요지
에 오를 수 없다고 선언했습니다. 그리고 나아가 왕은 스스로 가장 권위 있
다고 생각하던 족적을 남기게 됩니다. 하지만 이는 그의 마지막 무모한 돌
진으로 기록되게 됩니다.

왕은 가톨릭에 대한 장벽을 무너뜨리기 위해 종교 시험이나 형벌을 폐지할
것이라는 포고를 발표했습니다. 그러나 신교도 반체제 인사들은 이에 굴하
지 않고 국교회와 연합하여 왕의 지침을 극렬히 반대하는 운동에 떨쳐나섰
습니다. 그러자 왕과 피터 신부는 어느 일요일을 선택해 전국의 모든 교회
에서 주교들이 이 포고문을 발표하도록 강요했으며, 주교들은 이 문제를 놓
고 왕의 눈밖에 나있던 캔터베레의 대주교와 상의를 했습니다. 그 결과 주

교들은 왕의 포고문을 발표하지 않기로 하고, 나아가 왕에게 자중할 것을 권고하는 청원서를 올리기로 결정을 내렸습니다. 청원서는 대주교 자신이 직접 작성했고, 6명의 주교들이 그날 밤 이를 들고 왕의 침소로 찾아가 왕을 무척이나 놀라게 했습니다.

다음 날은 포고문이 발표되기로 한 일요일이었습니다. 하지만 1만 명의 성직자들 중 겨우 2백 명만이 포고문을 낭독했습니다. 그러자 왕은 어떤 충고도 듣지 않고 6명의 주교들을 왕좌재판에 회부한 후, 3주일 이내에 추밀원에 출두하도록 한 후, 런던탑에 가두도록 명령을 내렸습니다.

6명의 주교들이 강가에 자리 잡은 그 음침한 교도소로 이끌려 갈 때 무수한 시민들이 몰려나와 눈물을 흘리며 무릎 꿇고 주교들을 위해 기도를 올렸으며, 주교들이 런던탑에 당도하자 탑의 경비를 맡은 관리와 군인들도 주교들에게 자비가 내려지기를 간청했고, 주교들이 수감되어있는 중에도 군인들은 매일같이 그들이 석방되기를 바라며 큰소리로 기도를 드렸습니다. 하지만 그럼에도 불구하고 주교들이 재판을 받기 위해 왕좌재판에 임했을 때, 법무대신은 그들이 정부를 비난하고 국사에 간섭하는 중죄를 저질렀다고 비난했으며, 이때 주교들의 옆에는 많은 수의 귀족들과 젠틀맨들이 함께 배석했습니다.

한편, 이날의 배심원단에는 왕을 위해 술을 제조하던 양조업자가 한명 끼어있었습니다. 밤 7시가 되어 평결을 심의하기 위해 배심원단이 밖으로 나가자 왕을 제외한 참석자 모두는 배심원들이 그 양조업자의(그는 왕의 편에 서서 평결을 내려야 한다고 강하게 주장했습니다.) 의견을 따르기보다는 차라리 굶어죽는 길을 택할 것이라는 점을 잘 알고 있었습니다. 그리고 배심원들이 밤새 그 양조업자의 강권을 이겨내고 마침내 주교들에게 무죄를 선언하자 지금까지 한 번도 들어보지 못했던 함성이 웨스트민스터 홀에 울려 퍼졌으며, 이 소리는 멀리 있는 템플 바[6]나 런던탑에 수감 중이던 사람들의 귀에 까지 들렸습니다.

그 소리는 동쪽만이 아니라 서쪽으로도 울려 퍼져서, 하운슬로우 주둔지까지 당도했는데, 이곳에 주둔 중이던 1만5천명의 병사들은 이 소리를 받아서 자신들도 함성을 질렀습니다. 하지만 그때 피버쉠 백작과 함께 있던, 여전히 아둔한 왕은 그 우렁찬 울림을 듣고서는 깜짝 놀라며 저 소리가 무슨 소리냐고 물었고, 이에 대해 백작이 단지 주교들이 무죄로 풀려난 소리일 뿐이라는 대답을 하자, 고집불통의 왕은 "뿐이라고 했소? 저러면 저럴수록 저들에게는 더 나쁜 일만 생길 것이오."라고 응수했습니다.

청원이 있고 재판이 벌어지는 사이에 왕비가 아들을 낳았는데, 피터 신부는 이는 오로지 위니프레드 성인聖人 덕이라고 떠벌였습니다. 그러나 새로운 왕위 계승자가 가톨릭교도가 될 것이라는 우려감으로 인해, 쉬루즈베리 백작과 댄비 백작, 데번셔 백작, 럼리 경, 런던의 주교, 러셀 제독, 그리고 시드니 대령 등이 해외에서 오렌지의 왕자를 영국에 초빙할 궁리를 했으므로 위니프레드 성인이 정말로 왕을 위해 아들을 점지해준 것인지는 의문이라 하지 않을 수 없습니다.

왕의 두 딸들은 신교도들이었습니다. 왕은 마침내 자신에게 위험이 닥친 것을 감지하고 두려움에 사로잡혀 대폭적인 양보를 단행했지만, 다른 한편으로는 4만 명에 달하는 병사들을 모집하고 있었습니다. 그러나 제임스 II 세는 오렌지의 왕자를 상대하기에는 깜냥이 되지 못했습니다. 오렌지의 왕자는 이미 모든 준비를 끝마친 상태에서 결연한 각오로 영국을 향해 출발할 준비를 하고 있었기 때문입니다.

하지만 왕자가 출발 준비를 다 끝마친 상태에서 서쪽으로부터 거대한 폭풍이 무려 이주일간이나 몰아쳐서 함대의 출발을 지연시켰으며, 바람이 잠잠

6　Temple Bar, 런던 시 서쪽 끝에 있던 문으로, 반역자나 죄인들의 목을 매달던 곳, 1879년에 교외로 이전되었음.

영국 해안에 접근하는
오렌지의 윌리엄
William of Orange
(이후에 영국의
윌리엄3세가 됨)

해져서 항해를 시작했지만 또 다시 거센 폭풍이 몰아쳐 배들이 부서지는 바람에 이를 수리하기 위해 회항하지 않을 수 없었습니다. 그리고 1688년 11월 1일에 마침내, 오랫동안 사람들이 그렇게 불러오던 '신교도의 동풍'이 불어왔고, 11월 3일에 도버와 칼레의 주민들은 도버해협 사이를 힘차게 항해하는 20마일 길이의 선단을 목격할 수 있었습니다. 그리고 월요일인 5일에는 그 선단은 데번셔의 토베이Torbay에 닻을 내렸고, 오렌지의 왕자는 뛰어난 부하들과 함께 엑세터로 진군해 들어갔습니다.

그러나 엑세터와 같은 서부지역에 거주하던 주민들은 '피의 순회재판' 때문에 극심한 고통을 받았던 터라 정신상태가 이미 피폐할 대로 피폐해져 있었기 때문에 오렌지 왕자를 대대적으로 환영할 수가 없었습니다. 이러한 이유로 극소수만이 왕자를 환영하며, 그들과 합류하고자 했으므로 왕자는 실망을 금치 못하고 되돌아갈 궁리를 했습니다. 그러면서 그는 자신이 영국에 입성한 것은 위에 언급한 영국의 귀족들이 초빙이 있었기 때문이라는 성명서를 발표하고자 했습니다.

이러한 긴박한 순간에 일단의 젠트리들이 왕자와 합류를 선언했고, 마침 왕의 군대도 약세를 보이기 시작했습니다. 그리하여 오렌지 왕자를 초빙하는 데 관여했던 인물들은 계약서에 서명을 하고, 자신들은 세 왕국[7]의 법률과 자유, 그리고 개신교와 오렌지 왕자를 위해 헌신할 것을 약속했습니다. 그때부터 일은 일사천리로 풀려나가기 시작했습니다. 주요 도시들이 차례대로 오렌지의 왕자 편으로 돌아섰으며, 옥스퍼드 대학까지 나서서 만일 왕자가 자금이 필요하다면 자신들이 가지고 있는 귀금속을 제공해서라도 그를 돕겠다고 하자 왕자는 마침내 모든 것이 안전하게 돌아가고 있음을 확신하게 됐습니다.

이때까지도 왕은 보기 딱할 정도로 여기저기 돌아다니며 백성들의 연주창을 낫게 해준다며 어루만지거나, 병사들을 점검하느라 바빴고, 그러다가 코피를 흘리는 일이 있기도 했습니다. 그리고 사람들이 오렌지 왕자를 포츠머스로 모셔오자, 마침내 피터 신부는 전광석화처럼 프랑스로 달아나버렸으며, 뒤를 이어 가톨릭 신부들과 탁발승들도 힘을 잃고 뿔뿔이 흩어졌습니다. 또 왕의 주요 측근들도 차례대로 왕을 버리고 오렌지 왕자 편으로 넘어가고 있었습니다. 그리고 한밤을 틈타서 왕의 둘째 딸 앤마저 화이트홀 궁에서 탈출을 시도했습니다. 이때 그녀 앞에는, 한때 군인으로 근무하기도 했던 런던 주교가 손에는 칼을 쥐고 말안장에는 총을 건 채 앞서서 인도하고 있었습니다. 일이 이렇게 되자 왕은 처량하게 울부짖었습니다. "신이시여, 저를 도우소서! 바로 제 딸이 저를 저버렸나이다!"

왕은 정신이 산만한 상태에서, 앞서 런던의 귀족들과 의회를 소집할 것인지 말 것이지를 놓고 격렬한 논쟁을 벌이고, 그들 중 세 명을 오렌지 왕자에게 보내 협상을 하게 한 결과 프랑스로 피신할 결심을 굳혔습니다. 그는 포츠머스에 있던 어린 황태자를 데려오게 한 후, 어느 안개가 자욱한 밤에 왕비와 함께 뚜껑도 없는 배에 올라 강을 건너 램버스로 무사히 빠져나갔습니다. 이날은 12월 9일이었습니다.

---

7 잉글랜드, 스코틀랜드, 웨일즈

11일 새벽 1시에, 그간의 협상에 대해 분명한 거부 의사를 밝힌 오렌지 왕자의 서신을 받아든 왕은 그의 방에서 함께 밤을 지새운 노섬벌랜드 경에게 아침이 되기까지는 방의 문을 열지 말도록 당부한 다음 뒤쪽 계단을 이용해 거처를 빠져나가, 작은 배를 이용해 강을 건넜습니다. 왕은 그 과정에서 국새國璽를 강물에 빠뜨리기도 했습니다. 그리고 간신히 말을 구한 왕은 에드워드 해일스 경의 호위를 받으며 피버쉠Feversham으로 말을 달려갔고, 그곳에서 세관의 범선에 승선할 수 있었습니다.

세관 범선이 출발한 후 선장은 배의 안전을 위해 바닥짐을 더 싣고자 도중에 쉐피 섬Isle of Sheppy에 들렀는데, 범선 주위로 몰려든 어부들과 밀수꾼들은 왕을 보고 얼굴이 갸름한 것을 보니 혹시 예수회 성직자가 아닌지 수군거리더니 왕이 가진 돈을 빼앗고 왕을 놓아주려 하지 않았으며, 이렇게 되자 왕은 자신의 신분을 밝히고, 오렌지의 왕자가 자신을 죽이려한다고 하소연을 하며 눈물로 배를 돌려줄 것을 간청했습니다. 왕은 이에 그치지 않고 여전히 눈물을 흘리며 오는 도중 배에 오르다가 자신이 '주님의 십자가'라고 부르던 나뭇조각을 잃어버렸다고 울먹이기도 했습니다.

결국 제임스II세는 자신의 처분을 그 지역의 주지사에게 의탁하기로 했으며, 왕이 주지사의 손아귀에 들어있다는 소식이 곧바로 오렌지의 왕자에게 들어갔습니다. 오렌지 왕자는, 왕의 행선지가 어디이든지간에, 오로지 왕이 사라져주기만을 바랐기 때문에 사람들이 왕의 갈 길을 막아선 것에 대해 적잖이 당황해했습니다. 하지만 그는 어쩔 수 없이 경비병들을 보내 왕을 화이트홀로 정중히 안내하도록 했습니다.

왕이 패주敗走했다는 소식에 민중들의 정신 상태는 혼란을 겪을 수밖에 없었고, 아일랜드 출신 군인들이 신교도들을 학살할지 모른다는 불안감에 사로잡혀있었습니다. 그래서 사람들은 종을 울리고 불을 밝힌 다음 가톨릭 성당들을 불태우기 시작했으며, 눈에 불을 켜고 피터 신부와 예수회 소속 수도사들을 찾아 나섰습니다. 그러는 사이 교황의 대사는 하인 복장을 하고 몸

보인 강에서의 마지막 전투(the Battle of Boyne)가 실패로 돌아가고 영국을 빠져나가는 제임스2세(1690)

을 피해버렸고, 사람들은 예수회 소속 수도사들을 한 사람도 발견할 수 없었습니다.

그러나 순회재판 과정에서 겁에 질린 채 증언대에 올랐던 어떤 사람이 제프리스의 얼굴을 기억하고 있다가, 와핑Wapping에 이르러서, 어느 집 창문으로 밖을 내려다보던 얼굴이 퉁퉁 부은 술주정뱅이를 발견하였습니다. 그 인물은 선원 복장을 하고 있었지만, 그는 그가 바로 저 저주받은 판사라는 사실을 이내 알아차리고 그를 붙잡았습니다. 그러나 사람들은 제프리스를 붙잡기는 했지만 그에게 심한 린치를 가하지는 않고, 약간의 폭행을 가한 후 벌벌 떨고 있는 판사를 런던 시장에게 넘겨주었습니다. 그리고 런던 시장은 판사의 애원에도 불구하고 그를 런던탑에 유폐시켰고, 제프리스 판사는 그곳에서 생을 마감했습니다.

혼란 상태는 계속됐습니다. 사람들은 이제 횃불을 밝히고 마치 왕이 다시 돌아온 것을 기뻐해야 할 특별한 이유라도 있는 듯 분위기가 들떠있었습니다. 하지만 왕이 머문 기간은 극히 짧았습니다. 화이트홀에서 영국 근위병들이 철수하고, 대신에 네덜란드 출신의 근위병들이 경비를 맡았으며, 왕은 전前 대신으로부터 오렌지 왕자가 다음 날이면 런던으로 입성할 예정이니 햄Ham으로 거처를 옮기는 것이 좋겠다는 말을 들었기 때문입니다. 그러자 왕은 햄은 날씨가 춥고 습도가 높은 지역이니 자신은 차라리 로체스터로 옮기겠다고 말했습니다. 이러면서 왕은 로체스터를 통해 프랑스로 피신할 계획을 그리며 스스로가 참으로 영민하다는 생각을 했습니다.

오렌지 왕자와 그 측근들은 왕의 이런 계략을 분명하게 미리 알고 있었지만 별다른 움직임을 보이지는 않았습니다. 그리하여 왕은 귀족들 몇몇과 함께 네덜란드 경비병들의 감시를 받으며 바지선을 타고 그레이브센드로 이동할 수 있었습니다. 이때 인정 많은 사람들은 왕의 비참한 처지를 가엽게 여겨서 왕이 자신들에게 베풀어준 마음씨보다 훨씬 더 너그러운 태도로 그를 지켜봤습니다. 그리고 12월 23일 밤이 되어 마침내 왕은, 모두가 자신이 사라져주기를 바란다는 사실도 모른 채, 로체스터의 정원을 통해 메드웨이 강으로[8] 빠져나가서, 프랑스로 탈출한 후 그곳에서 왕비와 재회하는 데 성공했습니다.

왕이 자리를 비운 사이 귀족들과 런던의 고위 관료들끼리 회합을 가졌었습니다. 그리고 왕이 떠난 다음 날 오렌지 왕자는 런던에 입성해서 귀족들을 불러 모았고, 곧이어 찰스 II 세 치하의 의회에서 활동했던 모든 사람들을 소집했습니다.

이 자리에서 귀족들은, 왕의 자리가 공석이 된 것은 왕 제임스 II 세 때문이

8　the Medway, 로체스터 주변의 메드웨이 타운과 켄트 지방을 통과해 템스 강 어귀로 흐르는 영국 남동부의 강

며, 가톨릭교도 왕이 신교도 국가를 다스린다는 사실은 국가의 안위에 배치되는 일이므로 오렌지의 왕자와 왕자비가 영국의 왕과 왕비가 되어야하며, 그들의 자손들이 왕위를 이어받아야 한다고 결의하였습니다. 그리고 왕자와 왕자비 사이에 소생이 없다면 앤 공주와 그녀의 아이들이 왕위를 이어받을 것이며, 앤 공주에게도 소생이 없다면 오렌지 왕자의 상속자가 그 자리를 이어받는다는 것까지 결의를 하였습니다.

　위와 같은 조건 하에서, 1689년 1월 13일에, 오렌지의 왕자와 왕자비는 화이트홀의 왕좌에 올랐습니다. 이로써 영국에는 신교가 확립되었고, 영국의 위대하고 영광스러운 명예혁명이 완수되었습니다.

윌리엄3세와 메리의 즉위식

제36장. 대단원

빅토리아 여왕QUEEN VICTORIA

이제 영국 역사를 다룬 필자의 이야기가 종착역에 다다랐습니다. 1688년의 명예혁명에 이어지는 사건들은 이 책으로 쉽게 이야기하거나 이해시킬 수 있는 문제가 아닙니다.

오렌지의 윌리엄과 메리는 5년간을 함께 통치했습니다. 그리고 이후 메리가 죽자 윌리엄은 홀로 7년을 더 통치했습니다. 윌리엄의 통치기간 중, 1701년 9월 16일에 한때는 영국의 왕 제임스Ⅱ세였던 가련한 인물도 프랑스에서 생을 마감했습니다. 그 사이에 제임스Ⅱ세는 프랑스에서도, 별로 성공을 거두지는 못했지만, 윌리엄을 악착같이 암살하려 시도했으며, 자신의 영토를 다시 차지하기 위한 운동을 벌였습니다. 그리고 프랑스 왕은 제임스의 아들이 영국의 적법한 왕이라고 선언했습니다. 제임스의 아들은 프랑스에서는 세인트 조지라는 작위로 불렸으며, 영국에서는 '노참왕Pretender'이라 불렸습니다.

한편 영국의 일부 넘어 나간 사람들과 스코틀랜드의 일부 인사들은, 스튜어트 왕가에 질리지도 않았다는 듯이, 수시로 이 노참왕의 주장에 동조를 하였고, 이에 따라 많은 인명이 피해를 입었으며, 수많은 비참한 일들이 벌어졌습니다.

윌리엄 왕은 1702년 3월 7일 낙마 사고로 운명을 달리했습니다. 그는 한결같이 용맹스럽고 애국적인 군주였으며, 뛰어난 자질을 소유한 인물이었습니다. 그는 냉정한 성품으로 주위에 친구가 많지는 않았지만, 왕비를 지극히도 사랑했습니다. 그가 사망했을 당시 왕비의 머리 타래가 반지에 감긴 채 그의 왼쪽 팔목에 검은 리본으로 묶어있을 정도였습니다.

윌리엄이 사망하고 영국의 통치권은 앤 공주에게 넘어갔으며, 그녀는 국민들의 사랑을 받으며 12년간을 통치했습니다. 앤 여왕의 통지 기간 중, 1707년 5월에 잉글랜드와 스코틀랜드의 통합이 단행되었으며, 두 국가는 대영제국Great Britain의 이름으로 통합되었습니다. 그리고 1714년부터 1830년까지 네 명의 조지Georges 왕이 등극하였습니다.

그러는 사이, 1745년 조지 II 세의 통치기간 중 '노참왕'이 마지막 발악을 위해 모습을 드러냈습니다. 그때 이미 노년에 접어든 '노참왕'과 제코바이트들은[1] 젊은 훈작으로 불리던 노참왕의 아들 찰스 에드워드를 앞세워 왕위 탈환 시도를 벌였습니다. 그리고 스

제코바이트들Jacobites

튜어트 왕가를 맹목적으로 추종하며 골칫거리를 만들던 스코틀랜드 고지대의 종족들이 이들의 운동에 동참하였습니다. 찰스 에드워드는 이들과 합류해서 왕위를 탈환하기 위한 반란을 일으켰고, 이로 인해 수많은 훌륭한 귀족들이 목숨을 잃어야했습니다.

그 결과 목에 커다란 상금이 내걸린 찰스 에드워드는 국외로 탈출하기에 안간힘을 써야 했지만, 그에게 너무나도 충성스러웠던 스코틀랜드 사람들의 도움으로, 여러 고초를 겪기는 했지만, 찰스 II 세와는 다르게 그는 간신히 프랑스로 탈출하는 데 성공했습니다. 이 사건을 계기로 제코바이트들의 정서를 대변하는 흥미로운 이야기들과 매혹적인 노래들이 만들어졌는데, 만일 이런 일조차 없었다면 스튜어트 왕가는 그저 민폐에 불과했을 것으로 생각합니다.

조지 III 세 때는 일방적으로 세금 부과를 고집하다 영국이 북아메리카를 잃어버리는 일이 벌어졌습니다. 그 광대한 영토를 보유한 나라는 워싱턴의 영도 하에 독립을 쟁취했고, 결국 지구상에서 가장 강력한 국가인 미국으로 탄생하였습니다. 필자가 이 글을 쓰고 있는 지금 미국은 단호한 태도로 자국

---

1   Jacobites, 제임스 II 세와 스튜어트 왕가를 지지하던 일파

652

민이 어디를 가든지 그들을 보호하는 데 게을리 하지 않는데, 이 점은 영국이 본받아야할 점입니다. 우리끼리 이야기지만, 이런 측면에서는 영국은 올리버 크롬웰 시대 이후 국가의 영토를 잃어버린 것과 마찬가지라 생각합니다.

그 자체로 엄청난 고통을 야기하고 있는, 대영제국과 아일랜드의 통합은 조지III세의 치세 기간인 1798년 7월 2일에 단행됐습니다.

1830년에 조지IV세의 뒤를 이어 윌리엄IV세가 등극하고, 7년을 통치했습니다. 그리고 윌리엄IV세의 조카딸이자, 켄트 공작(공작은 조지III세의 넷째 아들이었습니다.)의 무남독녀, 빅토리아 여왕이 1837년 6월 20일에 왕위에 올랐습니다. 그녀는 1840년 2월 10일에 삭스 고터Saxe Gotha의 알버트 공과 결혼하였습니다. 빅토리아 여왕은 훌륭한 인물로 국민들의 사랑을 한몸에 받고 있습니다. 그래서 필자는 이 말로 대단원의 막을 내립니다.

신이시여, 여왕을 보호하소서!

빅토리아 여왕과 알버트 공

부 록

영국 왕실 가계도

[비 왕조시대]
Egbert : 829-839
Ethelwulf : 839-858
Ethebald : 858-860
Ethebert : 860-866
Ethelred Ⅰ : 866-871

[웨섹스 왕조West Saxon(871~1016)]
웨섹스의 알프레드 대왕이 처음으로 잉글랜드를 통일하고 세운 왕조
Alfred Great : 871-901
Edward the Elder : 901-924
Athelstan : 924-940
Edmund Ⅰ :940-946
Edred : 946-955
Edwy : 955-959
Edgar : 959-975
Edward Martyr : 975-978
Ethelred II : 978-1016
Edmund II : 1016-1016

[데인족 왕조Danish Dynasty(1016~1042) : 덴마크, 바이킹 계 정복 왕조]
Knut(Canute) : 1016-1035
Harold Ⅰ : 1035-1040
Hardecanute(HARDICANUTE) : 1040-1042

[색슨 왕조Saxon Dynasty(1042-1066)]
Edward the Confessor : 1042-1066
Harold II : 1066-1066

[노르만 왕조Norman Dynasty(1066~1154) : 노르만(프랑스) 계]
William Ⅰ : 1066-1087(정복자 윌리엄William Conqueror)
William II : 1087-1100
Henry Ⅰ : 1100-1135
Stephen : 1135-1154

[플랜태저넷 왕조Plantagenet(1154~1399) : 프랑스 계]
노르만 왕조 헨리 I 세의 외손으로, 프랑스인 아버지를 둔 헨리 II 세가 왕위를 계승함으로
성이 바뀜
Henry II : 1154-1189
Richard I : 1189-1199
John : 1199-1216
Henry III : 1216-1272
Edward I : 1272-1307
Edward II : 1307-1327
Edward III : 1327-1377
Richard II : 1377-1399

[랭커스터 왕조House of Lancaster(1399~1471)]
플랜태저넷 가의 분가로 플랜태저넷 왕조 에드워드 III세의 손자 헨리 IV세가 개창
Henry IV : 1399-1413
Henry V : 1413-1422
Henry VI : 1422-1461/1470-1471

[요크 왕조House of York(1471~1485)]
플랜태저넷 가의 분가로 플랜태저넷 왕조 에드워드 III세의 고손高孫인 요크 공작 에드워드가
에드워드 IV세로 즉위함으로 개창
Edward IV : 1461-1470 / 1471-1483
Edward V : 1483 1483
Richard III : 1483-1485

[튜더 왕조House of Tudor(1485~1603)]
랭커스터 가 마지막 왕 헨리 VI세의 이복 조카인 헨리 튜더가 요크 왕조 에드워드 IV세의 딸
엘리자베스와 혼인하여 장미전쟁을 마무리 짓고 헨리 VII세로 즉위하여 개창
Henry VII : 1485-1509
Henry VIII : 1509-1547
Edward VI : 1547-1553
Mary I : 1553-1558
Elizabeth I : 1558-1603

[스튜어트 왕조House of Stuart(1603~1649) : 스코틀랜드 계]
헨리 VII세의 딸 마가레트가 스코틀랜드로 시집가 남긴 후손들이 이어져 튜더 왕조 단절 후
잉글랜드 왕위를 계승
James I : 1603-1625

Charles I : 1625-1649

[공화정치 시대 Commonwealth & Protectorate(1649-1660)]
Oliver Cromwell : 1653-1658
Richard Cromwell : 1658-1659

[스튜어트 왕조 부활 House of Stuart Restored(1660-1714)]
1707년 England, Wales, Scotland 합병으로 Great Britain 탄생
Charles II : 1660-1685
James II : 1685-1688
William III : 1689-1702
Mary II : 1689-1694
Anne : 1702-1714

[하노버 왕조 House of Hanover(1714~1901) : 독일 계]
스튜어트 왕조의 시조 제임스 I 세의 딸 마가레트 스튜어트가 독일로 시집가 낳은 손자인 하
노버 공작 조지 I 세가 스튜어트 왕조의 단절 후 즉위하여 개창
George I : 1714-1727
George II : 1727-1760
George III : 1760-1820
George IV : 1820-1830
William IV : 1830-1837
Victoria : 1837-1901

[삭스 코버그 고다가 House of Saxe-Coburg-Gotha(1901-1910)]
하노버 왕조 남계 후손의 절손으로 윌리엄 IV세의 질녀인 빅토리아가 여왕으로 즉위, 빅토리
아의 아들 에드워드 VII세의 즉위 후, 그녀의 남편이었던 독일인 알베르트 공의 성姓인 Saxe-
Coburg-Gotta가 왕조명이 되었음
Edward VII : 1901-1910
윈저House of Windsor : 1917-현재

프랑스 왕실 가계도

[카롤링거 왕조(843년 - 987년)]
샤를 II세 : 843년 - 877년 10월 6일
루이 II세 : 877년 10월 6일 - 879년 4월 10일
루이 III세 : 879년 4월 10일 - 882년 8월 5일
샤를로망 : 882년 8월 5일 - 884년 12월 6일
샤를 III세 : 885년 - 888년 1월 13일
외드 : 888년 2월 29일 - 898년 1월 1일
샤를 III세 : 898년 1월 1일 - 922년 6월 30일
로베르 I세 : 922년 6월 30일 - 923년 6월 15일
라울 : 923년 7월 13일 - 954년 9월 10일
로테르 : 954년 11월 12일 - 986년 3월 2일
루이 V세 : 986년 6월 8일 - 987년 5월 22일

[카페 왕조]
카페 직계 : 987년 - 1328년
위그 카페 : 987년 7월 3일 - 996년 10월 24일
로베르 II세 : 996년 10월 24일 - 1031년 7월 20일
앙리 I세 : 1031년 7월 20일 - 1060년 8월 4일
필리프 I세 : 1060년 8월 4일 - 1108년 7월 29일
루이 VI세 : 1108년 7월 29일 - 1137년 8월 1일
루이 VII세 : 996년 10월 24일 - 1031년 7월 20일
필리프 II세 : 1180년 9월 18일 - 1223년 7월 14일
루이 VIII세 : 1223년 7월 14일 - 1226년 11월 8일
루이 IX세 : 1226년 11월 8일 - 1270년 8월 25일
필리프 III세 : 1270년 8월 25일 - 1285년 10월 5일
필리프 IV세 : 1285년 10월 5일 - 1314년 11월 29일
루이 X세 : 1314년 11월 29일 - 1316년 6월 5일
장 I세 : 1316년 11월 15일 - 1316년 11월 20일
필리프 V세 : 1316년 11월 20일 - 1322년 1월 3일
샤를 IV세 : 1322년 1월 3일 - 1328년 2월 1일

[발루아 왕가(1328년 - 1589년)]
필리프 VI세 : 1328년 2월 1일 - 1350년 8월 22일
장 II세 : 1350년 8월 22일 - 1364년 4월 8일
샤를 V세 : 1364년 4월 8일 - 1380년 9월 16일
샤를 VI세 : 1380년 9월 16일 - 1422년 10월 21일

샤를 Ⅶ세 : 1422년 10월 21일 - 1461년 7월 22일
루이 ⅩⅠ세 : 1461년 7월 22일 - 1483년 8월 30일
샤를 Ⅷ세 : 1483년 8월 30일 - 1498년 4월 7일
발루아-오를레앙 가문 : 1498년 - 1515년
루이 ⅩⅡ세 : 1498년 4월 7일 - 1515년 1월 1일
발루아-앙굴렘 가문 : 1515년 - 1589년
프랑수아 Ⅰ세 : 1515년 1월 1일 - 1547년 3월 31일
앙리 Ⅱ세 : 1547년 3월 31일 - 1559년 7월 10일
프랑수아 Ⅱ세 : 1559년 7월 10일 - 1560년 12월 5일
샤를 Ⅸ세 : 1560년 12월 5일 - 1574년 5월 30일
앙리 Ⅲ세 : 1574년 5월 30일 - 1589년 8월 2일

[부르봉 왕가(1589년 - 1792년)]
앙리 Ⅳ세 : 1589년 8월 2일 - 1610년 5월 14일
루이 ⅩⅢ세 : 1610년 5월 14일 - 1643년 5월 14일
루이 ⅩⅣ세 : 1643년 5월 14일 - 1715년 9월 1일
루이 ⅩⅤ세 : 1715년 9월 1일 - 1774년 5월 10일
루이 ⅩⅥ세 : 1774년 5월 10일 - 1792년 8월 10일
루이 ⅩⅦ세 : 1793년 1월 21일 - 1795년 6월 8일

(1792년부터 1804년까지는 제1공화국 시대로 왕정이 단절되었음.)

[보나파르트 왕조, 제1제정(1804년 - 1814년)]
나폴레옹 Ⅰ세 : 1804년 5월 18일 - 1814년 4월 11일

[카페 왕조]
부르봉 왕가 : 1814년
루이 ⅩⅧ세 : 1814년 5월 2일 - 1815년 5월 13일

[보나파르트 왕조 제1제정 : 백일천하 (1815년)]
나폴레옹 Ⅰ세 : 1815년 5월 20일 - 1815년 6월 22일
나폴레옹 Ⅱ세 : 1815년 6월 22일 - 1815년 7월 7일

[카페 왕조]
부르봉 왕가 : 1815년 - 1830년
루이 ⅩⅧ세 : 1815년 7월 7일 - 1824년 9월 16일
샤를 Ⅹ세 : 1824년 9월 16일 - 1830년 8월 2일
루이 ⅩⅨ세 : 1830년 8월 2일

앙리 Ⅴ세 : 1830년 8월 2일 - 1830년 8월 9일

[부르봉-오를레앙 왕가 : 7월 왕정 (1830년 - 1848년)]
루이 필리프 (1830년 8월 9일 - 1848년 2월 24일)
(1848년부터 1852년까지는 제2공화국 시대로 왕정이 단절되었음.)

[보나파르트 왕조 제2제정 (1852년 - 1870년)]
나폴레옹 Ⅲ세 (1852년 12월 2일 - 1870년 9월 4일)

[인명 찾아보기]

가디너 : Gardiner
가이 포크스 : Guy Fawkes
거트럼 : Guthrum
건힐다 : Gunhilda
고드윈 : Godwin
고드프리 : Godfrey
고드프리 크랜컴 : Godfrey Crancumb
고링 : Goring
그래함 : Grahame
그레이 : Grey
그리피스 : Griffith
기도 : Guido
길버트 : Guilbert
길버트 드 레글 : Guilbert de L'aigle
길버트 베케트 : Guilbert Becket
길포드 더들리 : Guilford Dudley
나바르 : Navarre
네빌 : Nevil
넬 귄 : Nell Gwyn
넬리 : Nelly
노리스 : Norris
니콜라스 : Nicholas
니콜라 캠빌 : Nicholas Camville
다이아나 : Diana
단리 : Darnley
더글러스 : Douglas
더들리 : Dudley
더몬드 맥 머로우 : Dermond Mac Murrough
던스탄 : Dunstan
데이 : Day
데이비드 : David
데이비드 리지오 : David Rizzio
데이비슨 : Davison
데인저필드 : Dangerfield
덴질 홀리스 : Denzil Hollis
드레이크 : Drake
드 루이트 : De Ruyter
드 위트 : De Witt
디그비 : Digby
딘 : Dean
랄프 : Ralph
래눌프 드 브락 : Ranulf de Broc
래쉴레 : Lascelles

래트클리프 : Ratcliffe
래티머 : Latimer
랜돌프 : Randolph
램버트 : Lambert
램버트 심넬 : Lambert Simnel
러셀 : Russell
럼리 : Lumley
럼볼드 : Rumbold
럼지 : Rumsey
레오프 : Leof
레웰린 : Llewellyn
레이디 스펜서 : Lady Spencer
레인 : Lane
레지날드 : Reginald
레지날드 폴 : Reginald Pole
레지날드 핏저스 : Reginald Fitzurse
로거스 : Rogers
로드 : Laud
로버트 : Robert
로버트 더들리 : Robert Dudley
로버트 브레큰베리 : Robert Brackenbury
로버트 브루스 : Robert Bruce
로버트 세실 : Robert Cecil
로버트 윈터 : Robert Winter
로버트 카 : Robert Carr
로버트 커 : Robert Ker
로버트 케이 : Robert Kay
로버트 케츠비 : Robert Catesby
로버트 켓 : Robert Ket
로버트 클리포드 : Robert Clifford
로버트 트레실리언 : Robert Tresilian
로버트 핏츠 스티븐 : Robert Fitz-Stephen
로버트 핏츠 월터 : Robert Fitz-Walter
로사몬드 : Rosamond
로웬나 : Rowena
로저 모티머 : Roger Mortimer
로저 비곳 : Roger Bigod
로취포트 : Rochfort
루스벤 : Ruthven
루이 : Louis
루퍼트 : Rupert
리들리 : Ridley
리셀루 : Richelieu
리처드 : Richard
리처드 드 클레어 : Richard de Clare
리처드 래트클리프 : Richard Ratcliffe

스캐일스 : Scales
스크룹 : Scroop
스키폰 : Skippon
스태퍼드 : Stafford
스탠리 : Stanley
스터브스 : Stubbs
스테일리 : Stayley
스튜어트 : Stuart
스티건드 : Stigand
스티븐 : Stephen
스티븐 랭톤 : Stephen Langton
스팬서 : Spenser
시드니 : Sidney
시몬 벌리 : Simon Burley
시몬스 : Simons
시몽 드 몽포르 : Simon de Montfort
아가일 : Argyle
아그리콜라 : Agricola
아담 드 고돈 : Adam de Gourdon
아더 왕 : King Arthur
아더 하셀리그 : Arthur Haselrig
아델라 : Adela
아델라이스 : Adelais
아델레 : Adele
아델스탠 : Athelstan
아델울드 : Athelwold
아라벨라 스튜어트 : Arabella Stuart
아란 : Arran
아울루스 플라우티우스 : Aulus Plautius
아울루스 플로티우스 : Aulus Plautius
아이어톤 : Ireton
안래프 : Anlaf
안셀름 : Anselm
안토니 바빙톤 : Antony Babington
알랑숑 : Alençon
알렉산더 : Alexander
알렉산더 이든 : Alexander Iden
알리샤 리즐리 : Alicia Lisle
알버트 : Albert
알저르논 시드니 : Algernon Sidney
알프레드 대왕 : Alfred the Great
암브로스 루크우드 : Ambrose Rookwood
앙리에타 마리아 : Henrietta Maria
앤 : Anne
앤드루 히   : Andrew Hewet
앤 불린 : Anne Boleyn

앤서니 파머 : Anthony Farmer
앤 세이모어 : Anne Seymour
앤 에스큐 : Anne Askew
앤 하이드 : Anne Hyde
어거스틴 : Augustine
에그버트 : Egbert
에델레드 : Ethelred
에델버트 : Ethelbert
에델볼드 : Ethelbald
에델울프 : Ethelwulf
에델지바 : Ethelgiva
에드가 : Edgar
에드가 아델링 : Edgar Atheling
에드레드 : Edred
에드릭 : Edric the Wild
에드먼드 : Edmund
에드먼드 더들리 : Edmund Dudley
에드먼드 모티머 : Edmund Mortimer
에드먼드베리 고드프리 : Edmundbury Godfrey
에드먼드 폴 : Edmund Pole
에드버가 : Edburga
에드워드 : Edward
에드워드 그림 : Edward Gryme
에드워드 모티머 : Edward Mortimer
에드워드 베인햄 : Edward Baynham
에드워드 세이모어 : Edward Seymour
에드워드 플랜태저넷 : Edward Plantagenet
에드워드 하워드 : Edward Howard
에드워드 해일스 : Edward Hales
에드위 : Edwy
에드윈 : Edwin
에드지타 : Edgitha
에디싸 : Editha
에릭 : Eric
에메릭 : Emeric
에바 : Eva
에버라르드 디그비 : Everard Digby
에버라르드 햄프덴 : Everard Hampden
에섹스 : Essex
에이미 로브사르트 : Amy Robsart
엘레노르 : Eleanor
엘레노르 드 몽포르 : Eleanor de Montfort
엘리스 : Alice
엘리스 페레르 : Alice Perrers
엘리자베스 : Elizabeth

존 올드캐슬 : John Oldcastle
존 윈터 : John Winter
존 챈도스 : John Chandos
존 체임버 : John Chambre
존 코민 : John Comyn
존 코벤트리 : John Coventry
존 코벳 : John Corbet
존 펠턴 : John Felton
존 폴스타프 : John Falstaff
존 프리스 : John Frith
존 플라워두 : John Flowerdew
존 피셔 : John Fisher
존 핌 : John Pym
존 햄프덴 : John Hampden
존 헤브닝엄 : John Heveningham
죽손 : Juxon
줄리어스 시저 : Julius Caesar
지오프리 : Geoffrey
찰스 : Charles
찰스 루카스 : Charles Lucas
찰스 스튜어트 : Charles Stuart
찰스 에드워드 : Charles Edward
카길 : Cargill
카뉴트 : Canute
카라독 : Caradoc
카라우시우스 : Carausius
카라칼라 : Caracalla
카락타쿠스 : Caractacus
카렐리스 : Careless
카메론 : Cameron
카스월론 : Caswallon
카시벨로너스 : Cassivellaunus
카펠 : Capel
캄페지오 : Campeggio
캐너트 : Canute
캐서린 : Catherine
캐서린 고돈 : Catherine Gordon
캐서린 그레이 : Catherine Grey
캐서린 파 : Catherine Parr
캐서린 하워드 : Catherine Howard
캐터스 : Catus
커크 : Kirk
컴프톤 : Compton
케이츠비 : Catesby
코넬리우스 : Cornelius
코니쉬 : Cornish

코브엄 : Cobham
코이피 : Coifi
코크 : Coke
코트네이 : Courtenay
콘드 : Conde
콘스탄스 : Constance
콜리 : Cole
콜먼 : Coleman
크래싱햄 : Cressingham
크랜머 : Cranmer
크롬웰 : Cromwell
크리스토퍼 라이트 : Christopher Wright
크리스토퍼 콜럼부스 : Christopher Columbus
클라렌돈 : Clarendon
클라우디우스 : Claudius
클레버하우스 : Claverhouse
클리포드 : Clifford
킴볼튼 : Kimbolton
탄크레드 : Tancred
터렌느 : Turenne
테트젤 : Tetzel
텔봇 : Talbot
토마스 고르네이 : Thomas Gournay
토마스 나이베트 : Thomas Knyvett
토마스 네베트 : Thomas Knevett
토마스 다넬 : Thomas Darnel
토마스 모어 : Thomas More
토마스 베이츠 : Thomas Bates
토마스 베케트 : Thomas Becket
토마스 블라운트 : Thomas Blount
토마스 스미스 : Thomas Smith
토마스 어핑엄 : Thomas Erpingham
토마스 오버베리 : Thomas Overbury
토마스 와이어트 : Thomas Wyat
토마스 울시 : Thomas Wolsey
토마스 웬트워스 : Thomas Wentworth
토마스 웰싱햄 : Thomas Walsingham
토마스 윈터 : Thomas Winter
토마스 크랜머 : Thomas Cranmer
토마스 크롬웰 : Thomas Cromwell
토마스 퍼시 : Thomas Percy
토마스 페어팩스 : Thomas Fairfax
토마스 포프 : Thomas Pope
토마스 하워드 : Thomas Howard
토우웨드 : Towed the Proud

[지명 찾아보기]

가스코뉴Gascogne, Gascony : 프랑스 서남부의 대서양 연안에서 랑그도크 사이에 있는 지방. 7세기 후반부터 공국公國을 이루어 실질적인 독립을 유지하여 왔으나, 백 년 전쟁 중에는 영국의 지배를 받다가 1453년에 프랑스령이 되었음.

건지Guernsey : 건지 섬, 도버해협에 있는 섬

겐트Ghent : 벨기에 서북부, Scheldt강과 Lys강의 합류점에 있는 항구 도시

귀엔느Guienne : 프랑스 서남부의 옛 주

그레이브센드Gravesend : 영국 동남부, Kent 주 서북부의 Thames 강에 면한 항구 도시

글래모건Glamorgan : Wales 동남부의 옛 주州. 지금은 Mid, South, West Glamorgan으로 나누어져 있음.

글래스고Glasgow : 스코틀랜드 남서부의 항구 도시

글래스톤베리Glastonbury : 영국 서남부의 도시

글로스터Gloucester : Gloucestershire의 주도

글로스터셔Gloucestershire : 영국 남서부의 주

길드홀Guildhall : 런던의 시의회 의사당; 시의회 · 시장 선거나 공식연회 따위에 사용됨

나쏘Nassau : 독일 중서부 지방; 이전에 공국이었음(1816~1866). 이 지역을 중심으로 오렌지 가문House of Orange이 일어남.

네이즈비Naseby : 영국 중부, Northamptonshire주 서부의 마을; 청교도 혁명 때 왕당파가 패배한 곳(1645).

노르망디Normandy : 도버해협에 면한 프랑스 서북 지역의 지방

노리치Norwich : 영국 Norfolk 주의 주도

노샘프턴Northampton : 영국 중부 Northamptonshire 주의 주도

노샘프턴셔Northamptonshire : 영국 중부의 주

노섬벌랜드Northumberland : 영국 북동부의 주

노섬브리아Northumbria : 영국 북부의 옛 왕국

노팅엄Nottingham : 영국 Nottinghamshire의 주도

노팅엄셔Nottinghamshire : 영국 중북부에 있는 주

노퍽Norfolk : 영국 동부의 주

뉴게이트Newgate : London의 서문西門에 1902년까지 있었던 유명한 교도소

뉴마켓Newmarket : 영국 남동부의 도시; 경마로 유명

뉴어크Newark : 노팅엄셔에 위치한 영국 중부의 도시

뉴캐슬Newcastle : 영국 북부의 항구 도시

뉴 포레스트 New Forest : 영국 남부 Hampshire주 서남부의 삼림지대; 면적 376km²

다마스쿠스Damascus : 시리아의 수도

더럼Durham : 영국 북동부의 주와 주도

더블린Dublin : 아일랜드의 수도

더비Derby : 영국 중부 Derbyshire주의 주도

더비셔Derbyshire : 영국 중부의 주

던바Dunbar : 스코틀랜드 동남부, Forth만 입구에 있는 소도시; 1650년 Cromwell이 스코틀랜드를 패배시킨 곳

던커크Dunkirk : 프랑스 북부의 항구도시; 도버해협에 면함

데번Devon : 영국 서남부 Devonshire주의 주도

데번셔Devonshire : 영국 서남부의 주; 수도는 Exeter

도버Dover : 영국 동남부의 항구 도시

도셋Dorset : 영국 남부 도셋셔 주의 주도

도셋셔Dorsetshire : 영국 남부의 주

도체스터Dorchester : 도셋셔Dorsetshire 주의 주도

드로이다Drogheda : 아일랜드 공화국 동북부, Boyne 하구 부근의 항구 도시; 1649년 Cromwell에게 점령당하고 주민이 학살되었음.

램버스Lambeth : 런던 남부의 자치구

랭스Rheims : 프랑스 북동부의 도시

랭커셔Lancashire : 영국 서북부의 주; 면업 중심지

랭커스터Lancaster : 영국 Lancashire 주의 주도

러들로Ludlow : 영국 서부 쉬랍셔Shropshire 주에 있는 시장市場으로 유명한 도시

러틀랜드Rutland : 영국 중부 Rutlandshire주의 주도

러틀랜드셔Rutlandshire : 영국 중부의 옛 주

레딩Reading : 영국 중남부 Berkshire 주의 주도.

레스터Leicester : 영국 중부 Leicestershire주의 주도

레스터셔Leicestershire : 영국 중부의 주

로더데일Lauderdale : 스코틀랜드의 변경 지방

로레인Lorraine : 프랑스 동부의 지방

로체스터Rochester : 영국 동남부, Kent 주 북부의 도시

로테르담Rotterdam : 네덜란드 남서부의 항구 도시

루앙Rouen : 프랑스 북부 센 강 연안 도시; 잔 다르크를 처형한 도시

루이스Lewes : 영국 남부 이스트 서섹스East Sussex 주의 주도

리모주Limoges : 비엔 강Vienne 가에 있는 프랑스

쉬루즈베리Shrewsbury : 영국 쉬랍셔Shropshire 주의 주도

스노우돈Snowdon : 웨일스 북서부, Gwynedd 주에 있는 최고의 산(1,085m)

스미스필드Smithfield : 런던 시의 한 지구; 식육 시장으로 유명함

스카보로Scarborough : 영국 동북부, Yorkshire 주 동부의 항구 도시

스쿤Scone : 스코틀랜드 Perth 교외의 마을

스태퍼드셔Staffordshire : 영국 중부의 주

스털링Stirling : 영국 스코틀랜드 중부에 있는 주와 주도의 이름; 면적1,168km²; Forth 강에 면해 있는 도시임

스테인즈Staines : 영국 북 서리N Surrey에 위치하는 남동부의 도시; 템스 강가에 있음.

스트랜드Strand : 런던의 스트랜드 가街; 옛 템스 강 해안이었음.

스트랫퍼드온에이번Stratford-upon-Avon : 영국 중부지방의 도시; Shakespeare의 출생지

시농Chinon : 프랑스, 앙드르 에 루아르 주의 도시로, 루아르 강의 지류 비엔 강가에 있음.

시실리Sicily : 시칠리아라고도 함. 이탈리아 남쪽에 있는 섬; 지중해에서 제일 큰 섬

아가일Argyle : 스코틀랜드 서부 지방

아드리아 해 Adriatic Sea : 이탈리아와 발칸 반도 사이의 바다

아르덴Ardenne : 프랑스 북동부, 벨기에와 접한 산림 지대; 제1·2차 세계 대전의 격전지

아르마Armagh : 북아일랜드 남부의 주

아르마냐크Armagnac : 프랑스 서남부에 있는 역사적인 지방; 아르마냐크 백작의 옛 영지이며, 지금은 제르 주에 속함.

아미앵Amiens : 프랑스 북부 Somme 강 연안의 도시; 노트르담 대성당이 있음.

아쟁쿠르Agincourt : 프랑스 북부, Calais 부근의 마을; 백년전쟁 중 HenryV세가 이끈 영국군이 프랑스군에게 승리한 고장(1415)

아크레Acre : 이스라엘 북부의 갈릴리 서부에 있는 도시

알드게이트Aldgate : 런던 동부의 지역

앙주Anjou : 프랑스 서부에 있던 옛 공국

애런델Arundel : 영국 남부, West Sussex주 남부의 소도시; 유명한 옛 성 Arundel castle이 있음.

애버딘Aberdeen : 스코틀랜드 동부의 주, 주도; 어업의 중심

앤트워프Antwerp : 플랑드르(지금의 벨기에)의 도시

앵걸시Anglesea : 웨일스 북서부의 섬

억스브리지Uxbridge : 옛 Middlesex 주의 도시; 현재 Greater London 서부의 Hillingdon의 한 지구

에든버러Edinburgh : 스코틀랜드의 수도

에섹스Essex : 영국 남동부의 주; East Saxons에서 유래한 말임

에어Ayr : Ayrshire의 주도로, 항구도시

에어셔Ayrshire : 스코틀랜드 남서부의 옛 주

에이번 강 Avon : 영국 중부의 강; Shakespeare의 출생지 Stratford는 이 강가에 있음

엑세터Exeter : 영국 서남부에 있는 데번셔 주의 수도; 영국 최고最古의 도시

오를레앙Orleans : 프랑스 중북부의 도시

오스텐드Ostend : 북해의 플랑드르 서부, 벨기에 북서부에 있는 항구도시

옥스퍼드Oxford : 영국 남부 템스 강 상류의 도시

옥스퍼드셔Oxfordshire : 영국 남부의 주

와이트 섬 Isle of Wight : 도버해협에 있는 섬으로 영국의 한 주에 속함

요느Yonne : 프랑스 중부의 도道; 면적 7,462km², 주도는 Auxerre

요크York : 요크셔 주의 수도

요크셔Yorkshire : 영국 북동부의 옛 주

우스터Worcester : 영국 Hereford and Worcestershire 주의 주도

우스터셔Worcestershire : 영국 남서부의 옛 주

워릭Warwick : 영국 Warwickshire 주의 주도

워릭셔War·wick·shire : 영국 중남부의 주

워터포드Waterford : 아일랜드 남부의 항구 도시; Munster 지방의 주 및 주도

웨스트모랜드Westmoreland : 영국 북서부의 옛 주

웨스트민스터Westminster : 런던 시 중앙의 한 구; 상류 주택지 및 여러 관청 소재지; 영국 국회 의사당, 웨스트민스터 사원이 자리함.

웨이크필드Wakefield : 영국 West Yorkshire 주의 주도

윈저Windsor : 영국 Berkshire 주에 있는 윈저 궁의 소재지

윈저 궁 Windsor Castle : 영국 왕가의 주된 주거 공간

윈체스터Winchester : 영국 햄프셔Hampshire 주의 주청 소재지

윌트셔Wiltshire : 영국 남부의 주

햄프셔Hampshire : 영국 남해안의 주 이름; Hants
라고도 함.
햄프턴 코트 Hampton Court : 햄프턴 구왕궁;
Hampton Palace라고도 함
헤리퍼드Hereford : 예전 Herefordshire의 주도
헤리퍼드셔Herefordshire : 영국 서부의 옛 주;
1974년 Hereford and Worcestershire 주로 편입
헤이스팅스Hastings : 영국 서섹스Sussex 주 동남
해안의 도시
험버 강 River Humber : 영국 동부의 강
홀번Holborn : 옛 London의 Metropolitan boroughs의 하
나; 1965년부터 Camden의 일부
화이트홀Whitehall : 런던의 관청 가

색인
(Index)